让法律被信仰

中银律师事务所
ZHONG YIN LAW FIRM

破产
典型案件实务精要

张艾 主编
胡庆治 龚夫 副主编

法律出版社
LAW PRESS·CHINA

绪　言

本书分上下两篇，上篇是破产案件审理的宏观策略，具体包括两个专题。专题一是破产案件审理的法律与政策依据，专题二是典型破产案件审理的策略与启迪。下篇是破产案件审理的具体规范，涉及七个专题，分别是破产的申请与受理、职工的身份与权益、破产撤销权的行使、破产重整与和解、破产中的特定权利、破产责任与清算、破产中的其他问题。

从大的范围来说，破产案件围绕两条主线：一是通过破产和解、重整制度挽救破产企业，使其重新焕发生机，走上正轨；二是通过破产清算，清理债权债务，妥善解决挽救无望的企业及时退出市场，使有用的资源再次得到利用。在挽救破产企业的两项制度中，破产重整制度尤其重要，2018 年《全国法院破产审判工作会议纪要》认为，重整制度集中体现了破产法的拯救功能，代表了现代破产法的发展趋势，全国各级法院要高度重视重整工作，妥善审理企业重整案件，通过市场化、法治化途径挽救困境企业，不断完善社会主义市场主体救治机制，并从重整企业的识别审查、重整案件的听证程序、重整计划的制订及沟通协调、重整计划的审查与批准、重整计划草案强制批准的条件、重整计划执行中的变更条件和程序、重整计划变更后的重新表决与裁定批准、重整后企业正常生产经营的保障以及探索推行庭外重组与庭内重整制度的衔接九个方面提出了原则性要求。在有关破产重整案件的具体审判中，如何把这些要求落到实处，事关党的十九大报告提出的贯彻新发展理念、建设现代化经济体系的战略布局，也关系能否充分发挥人民法院破产审判工作在完善社会主义市场经济主体拯救和退出机制中的积极作用。为此，笔者从最高人民法院在 2016 年和 2018 年公布的 20 个破产典型案例中，进一步优化出 16 个典型案例，精心研究，并以“案件启迪”的形式展现给大家，希望我们的“砖”能够换回大家的“玉”。

从 1994 年开始，为转换企业经营机制，建立现代企业制度，实现国有企业 3 年脱困，开始开展“优化资本结构”试点工作，政策性破产由此而生。为此国家先后颁布了国务院《关于在若干城市试行国有企业破产有关问题的通知》(国发〔1994〕59号)、国务院《关于在若干城市试行国有企业兼并破产和职工再就业有关问题的补充通知》(国发〔1997〕10号)、《关于1999年国有企业兼并破产工作有关问题的通知》(国经贸企改〔1999〕301号)、《关于2000年全国企业兼并破产工作意见的通知》(〔2000〕15号)等系列文件,总的要求是凡是纳入"全国企业兼并破产和职工再就业工作计划"并获国务院批准,均可适用国务院的特殊政策,进行政策性破产,享受以破产企业财产优先安置职工的优惠政策。如何在遵循相关法律法规的前提下,深刻领会政策精神,相信读者通过本书定会有所裨益。

政策性破产毕竟带有时代痕迹,是当时既要进行国企改制,又要维护社会稳定、保障职工权益的产物,由政策性破产迈向市场规律支配下的破产是必然趋势,在这个过渡阶段,本书选取的广东国际信托投资公司破产案极具典型性,在当时破产法律不太完善的情况下,案件法官按照"依法、按规、遵循国际惯例"的原则,克服种种困难,终使这一世纪大案平稳落幕,赢得了中外当事人的赞誉,树立了中国法律人的形象。其中与党委及时沟通、与政府紧密合作以及"一带三"的审理模式,在今天仍有很强的启发意义。

破产案件审理的具体规范,笔者以无讼案例平台为抓手,从总共171,217个案例中进行甄别,最终选出134个典型案例,其中最高人民法院的案例50个,高级人民法院的案例8个,中级人民法院的案例72个,基层人民法院的案例4个,是名副其实的万里海选、千里挑一。在这些活生生的案例中,既有高大上的最高人民法院判例,也有接地气的基层法院案件;既涉及职工的权益维护,也涉及担保人的责任承担;既要按照法律法规依法判案,也要遵守国家政策灵活处置;既有法官的思维,也有当事人的辩解,更有以"专业释评"形式出现的笔者的观点。总之,书中内容丰富翔实,只要阅读,总能找到你所需。

由于才疏学浅,本书不当之处在所难免,恳请读者不吝赐教、批评指正!

Contents

目　录

上篇　破产案件审理的宏观策略

下篇 破产案件审理的具体规范

上篇

破产案件审理的宏观策略

专题一　破产案件审理的法律与政策依据

政策性破产部分

问题一 政策性破产的含义及依据是什么

政策性破产，又称计划内破产，是指国务院有关部门确定的纳入国家破产兼并计划并享受相应优惠政策的国有企业的破产。

从1994年开始，为转换企业经营机制，建立现代企业制度，实现国有企业3年脱困，开始开展"优化资本结构"试点工作，政策性破产由此而生。

政策性破产有一个演变过程。1994年10月25日，国务院《关于在若干城市试行国有企业破产有关问题的通知》（国发〔1994〕59号）规定，上海、天津等18个被国务院确定为优化资本结构试点工作的城市的国有企业破产，企业依法取得的土地使用权转让所得首先用于安置职工，企业在破产前为维持生产经营而向职工筹措的款项视为破产企业所欠职工的工资优先清偿。

1997年3月2日，国务院《关于在若干城市试行国有企业兼并破产和职工再就业有关问题的补充通知》（国发〔1997〕10号）将试点城市由18个扩大到111个，国务院成立"全国企业兼并破产和职工再就业工作领导小组"，制订全国企业兼并计划，凡纳入该计划的国有企业破产，即使其土地使用权被抵押，亦应用转让所得安置职工。不足部分还应以企业其他财产支付。

1999年4月16日，国家经济贸易委员会、中国人民银行《关于1999年国有企业兼并破产工作有关问题的通知》（国经贸企改〔1999〕301号）规定，凡列入1999年国家兼并破产项目的国有企业破产，无论是否在试点城市，均适用上述两个文件规定的优惠政策。2000年全国企业兼并破产和职工再就业工作领导小组又在《关于2000年全国企业兼并破产工作意见的通知》（〔2000〕15号）中规定：凡经国务院批准的兼并、破产、关闭项目，无论是否在试点城市，均执行国务院规定的有关政策。

至此，政策性破产已突破了试点城市的范围，取消了试点城市的规定，而以纳入国家破产计划为标志，凡是纳入《全国企业兼并破产和职工再就业工作计划》并获国务院批准，均可适用国务院的特殊政策，进行政策性破产，享受以破产企业财产优先安置职工的优惠政策。

问题二 破产企业职工安置的基本原则是什么

在实施企业破产中，首先要妥善安置破产企业职工，保持社会稳定。

安置破产企业职工的费用，从破产企业依法取得的土地使用权转让所得中拨付。破产企业以土地使用权为抵押物的，其转让所得也应首先用于安置职工，不足以支付的，不足部分从处置无抵押财产、抵押财产所得中依次支付。破产企业财产拍卖所得安置职工仍不足的,按照企业隶属关系,由同级人民政府负担。

职工安置费一律拨付到再就业服务中心,统筹使用。安置费标准,原则上按照破产企业所在试点城市的企业职工上年平均工资收入的3倍计算,暂时尚未就业的职工,由再就业服务中心发给基本生活费,再就业后即停止拨付。自谋职业的可一次性付给安置费,标准不高于试点城市的企业职工上年平均工资收入的3倍。

问题三 破产企业职工安置的具体方式是什么

破产企业所在地的市或者市辖区、县的人民政府应当采取转业培训、介绍就业、生产自救、劳务输出等各种措施,妥善安排破产企业职工重新就业。

政府鼓励破产企业职工自谋职业。对自谋职业的,政府可以根据当地的实际情况,发放一次性安置费,破产企业职工不再保留国有企业职工身份。一次性安置费原则上按照破产企业所在市的企业职工上年平均工资收入的3倍发放,具体发放标准由各有关市人民政府规定。

破产企业职工失业期间,依照《国有企业职工待业保险规定》享受失业保险待遇。失业保险期满无法重新就业的职工,符合社会救济条件的,由当地民政部门按照规定发给社会救济金。

破产企业中的劳动合同制职工的安排,依照《国营企业实行劳动合同制暂行规定》等法律、行政法规的规定办理;临时工的安排,依照《全民所有制企业临时工管理暂行规定》办理。

值得注意的是,以上内容是当时的规定,仅适用当时的破产行为及相关的利害关系人。

问题四 破产企业离退休职工的社保如何兑现

破产企业离退休职工的离退休费和医疗费由当地社会养老、医疗保险机构负责管理。破产企业参加养老保险、医疗机构基金社会统筹的,其离退休费、医疗费由所在试点城市社会养老、医疗保险机构分别从养老保险、医疗保险基金社会统筹中支付。没有参加养老、医疗保险基金社会统筹或者养老保险、医疗保险基金社会统筹不足的,从企业土地使用权出让所得中支付;处置土地使用权所得不足以支付的,不足部分从处置无抵押财产、抵押财产所得中依次支付。

问题五 破产企业财产处置的基本原则是什么

破产企业的职工住房、学校、托幼园(所)、医院等福利性设施,原则上不计入破产财产,由破产企业所在地的市或者市辖区、县的人民政府接收处理,其职工由接收单位安置。但是,没有必要续办并能整体出让的,可以计入破产财产。

企业在破产前为维持生产经营,向职工筹借的款项,视为破产企业所欠职工工资处理,借款利息按照供款实际使用时间和银行同期存款利率计算。职工在企业破产前作为资本金投资的款项，视为破产财产。

企业破产财产处置前，应由破产清算组委托具有国务院国有资产管理行政主管部门认证的资产评估机构进行评估，并由国有资产管理行政主管部门确认评估结果。其中，涉及以划拨方式取得的土地使用权或涉及改变出让合同条件的土地使用权价格评估的，须由具有土地估价能力的资产评估机构进行评估，并由土地行政主管部门确认评估结果后，并入整体资产评估结果。企业破产财产应以评估确认的价格为依据，按国家有关规定确定底价，以拍卖方式为主，依照有关法律、法规转让。转让价格由市场确定。

问题六　破产企业重生的具体政策有哪些优惠

国家鼓励优势企业兼并困难企业，兼并企业要全部承担被兼并企业的债务并负责人员安置。被兼并企业的富余职工也要实行下岗分流，下岗职工进入兼并企业再就业服务中心。兼并企业承担被兼并企业的全部债务，其中银行债务可按《中国人民银行、国家经贸委、财政部关于鼓励和支持18个试点城市优势国有企业兼并困难国有工业生产企业后有关银行贷款及利息处理问题的通知》（银发〔1995〕130号）的有关规定精神，享受免除利息、分年还本等方面的优惠。

对濒临破产的企业，企业所在地的市或者市辖区、县的人民政府可以采取改组企业管理层、改变企业资产经营形式、引导企业组织结构调整等措施，予以重组。企业所在地的市或者市辖区、县的人民政府认为企业不宜破产的，应当给予资助或者采取其他措施，帮助企业清偿债务。

濒临破产的企业在申请破产前，经拥有2/3以上债权额的债权人同意，并经企业所在地的市或者市辖区、县的人民政府批准，可以将企业效益好的部分同企业分立。分立后的企业，应当按照商定的比例承担原企业的债务。

人民法院裁定清算组提出的破产财产分配方案后，执行分配方案前，其他企业整体接收破产企业财产、承担分配方案确定清偿的破产企业债务、安置破产企业职工的，可以按照国家有关规定，享受兼并企业的优惠待遇。

破产会议纪要部分

问题一 如何理解破产审判的总体要求

破产审判并不仅仅是清算企业财产，更重要的是挽救企业，使其获得重生。即使不能挽救，也要妥善处理破产过程中的一系列法律关系，平衡好各方当事人的利益，尤其要处理好破产企业员工的利益关系。具体内容体现在以下方面。

一要发挥破产审判功能，助推建设现代化经济体系。人民法院要通过破产工作实现资源重新配置，用好企业破产中权益、经营管理、资产、技术等重大调整的有利契机，将不同企业分类处置，把科技、资本、劳动力和人力资源等生产要素调动好、配置好、协同好，促进实体经济和产业体系优质高效。

二要着力服务构建新的经济体制，完善市场主体救治和退出机制。要充分运用重整、和解法律手段实现市场主体的有效救治，帮助企业提质增效；运用清算手段促使丧失经营价值的企业和产能及时退出市场，实现优胜劣汰，从而完善社会主义市场主体的救治和退出机制。

三要健全破产审判工作机制，最大限度释放破产审判的价值。要进一步完善破产重整企业识别、政府与法院协调、案件信息沟通、合法有序的利益衡平四项破产审判工作机制，推动破产审判工作良性运行，彰显破产审判工作的制度价值和社会责任。

四要完善执行与破产工作的有序衔接，推动解决“执行难”。要将破产审判作为与立案、审判、执行既相互衔接、又相对独立的一个重要环节，充分发挥破产审判对化解执行积案的促进功能，消除执行转破产的障碍，从司法工作机制上探索解决“执行难”的有效途径。

问题二 管理人制度完善的亮点有哪些

管理人是破产程序的主要推动者和破产事务的具体执行者。管理人的能力和素质不仅影响破产审判工作的质量，还关系破产企业的命运与未来发展。为此，最高人民法院提出了具体要求，其中最突出的有以下几点。

1. 完善管理人队伍结构。人民法院要指导编入管理人名册的中介机构采取适当方式吸收具有专业技术知识、企业经营能力的人员充实到管理人队伍中来，促进管理人队伍内在结构更加合理，充分发挥和提升管理人在企业病因诊断、资源整合等方面的重要作用。

2. 探索管理人跨区域执业。除从本地名册选择管理人外，各地法院还可以探索从外省、市管理人名册中选任管理人，确保重大破产案件能够遴选出最佳管理人。两家以上具备资质的中介机构请求联合担任同一破产案件管理人的，人民法院经审查符合自愿协商、优势互补、权责一致要求且确有必要的，可以准许。

3. 建立竞争选定管理人工作机制。破产案件中可以引入竞争机制选任管理人，提升破产管理质量。上市公司破产案件、在本地有重大影响的破产案件或者债权债务关系复杂，涉及债权人、职工以及利害关系人人数较多的破产案件，在指定管理人时，一般应当通过竞争方式依法选定。

4. 发挥管理人报酬的激励和约束作用。人民法院可以根据破产案件的不同情况确定管理人报酬的支付方式，发挥管理人报酬在激励、约束管理人勤勉履职方面的积极作用。管理人报酬原则上应当根据破产案件审理进度和管理人履职情况分期支付。案情简单、耗时较短的破产案件，可以在破产程序终结后一次性向管理人支付报酬。

5. 推动建立破产费用的综合保障制度。各地法院要积极争取财政部门支持，或采取从其他破产案件管理人报酬中提取一定比例等方式，推动设立破产费用保障资金，建立破产费用保障长效机制，解决因债务人财产不足以支付破产费用而影响破产程序启动的问题。

问题三　如何识别破产企业的重整价值

破产重整的对象应当是具有挽救价值和可能的困境企业。人民法院在审查重整申请时，应当根据债务人的资产状况、技术工艺、生产销售、行业前景等因素加以判断，如果能够认定债务人明显不具备重整价值以及拯救可能性的，应裁定不予受理。

对于债权债务关系复杂、债务规模较大，或者涉及上市公司重整的案件，人民法院在审查重整申请时，可以组织申请人、被申请人听证。债权人、出资人、重整投资人等利害关系人经人民法院准许，也可以参加听证。听证期间不计入重整申请审查期限。

问题四　法院如何协调重整计划的制定

最高人民法院认为，重整制度集中体现了破产法的拯救功能，代表了现代破产法的发展趋势，全国各级法院要高度重视重整工作，通过市场化、法治化途径挽救困境企业。一方面，人民法院要加强与管理人或债务人的沟通，引导其分析债务人陷入困境的原因，有针对性地制定重整计划草案，促使企业重新获得盈利能力，提高重整成功率。另一方面，人民法院要与政府建立沟通协调机制，帮助管理人或债务人解决重整计划草案制定中的困难和问题。

问题五　重整计划审批的一般要求是什么

重整不限于债务减免和财务调整，重整的重点是维持企业的营运价值。人民法院在审查重整计划时，除合法性审查外，还应审查其中的经营方案是否具有可行性。重整计划中关于企业重新获得盈利能力的经营方案具有可行性、表决程序合法、内容不损害各表决组中反对者的清偿利益的，人民法院应当自收到申请之日起 30 日内裁定批准重整计划。

问题六 重整计划强制批准的条件是什么

人民法院应当审慎适用《企业破产法》第87条第2款,不得滥用强制批准权。确需强制批准重整计划草案的,重整计划草案除应当符合《企业破产法》第87条第2款规定外,如债权人分多组的,还应当至少有一组已经通过重整计划草案,且各表决组中反对者能够获得的清偿利益不低于依照破产清算程序所能获得的利益。

问题七 如何变更重整计划的条件与程序

债务人应严格执行重整计划,但因出现国家政策调整、法律修改变化等特殊情况,导致原重整计划无法执行的,债务人或管理人可以申请变更重整计划一次。债权人会议决议同意变更重整计划的,应自决议通过之日起10日内提请人民法院批准。债权人会议决议不同意或者人民法院不批准变更申请的,人民法院经管理人或者利害关系人请求,应当裁定终止重整计划的执行,并宣告债务人破产。

人民法院裁定同意变更重整计划的,债务人或者管理人应当在6个月内提出新的重整计划。变更后的重整计划应提交给因重整计划变更而遭受不利影响的债权人组和出资人组进行表决。表决、申请人民法院批准以及人民法院裁定是否批准的程序与原重整计划的相同。

问题八 法院如何协调重整计划的执行

企业重整后,投资主体、股权结构、公司治理模式、经营方式等与原企业相比,往往发生了根本变化,人民法院要通过加强与政府的沟通协调,帮助重整企业修复信用记录,依法获取税收优惠,以利于重整企业恢复正常生产经营。

问题九 破产宣告的条件及程序是什么

人民法院受理破产清算申请后,第一次债权人会议上无人提出重整或和解申请的,管理人应当在债权审核确认和必要的审计、资产评估后,及时向人民法院提出宣告破产的申请。人民法院受理破产和解或重整申请后,债务人出现应当宣告破产的法定原因时,人民法院应当依法宣告债务人破产。

破产宣告的程序及转换限制。相关主体向人民法院提出宣告破产申请的,人民法院应当自收到申请之日起7日内作出破产宣告裁定并进行公告。债务人被宣告破产后,不得再转入重整程序或和解程序。

问题十 担保权人的权利如何行使

在破产清算和破产和解程序中，对债务人特定财产享有担保权的债权人可以随时向管理人主张就该特定财产变价处置行使优先受偿权，管理人应及时变价处置，不得以须经债权人会议决议等为由拒绝。但因单独处置担保财产会降低其他破产财产的价值而应整体处置的除外。

问题十一 如何提高破产财产处置效率

破产财产处置应当以价值最大化为原则，兼顾处置效率。人民法院要积极探索更有效的破产财产处置方式和渠道，最大限度提升破产财产变价率。采用拍卖方式进行处置的，拍卖所得预计不足以支付评估拍卖费用，或者拍卖不成的，经债权人会议决议，可以采取作价变卖或实物分配方式。变卖或实物分配的方案经债权人会议两次表决仍未通过的，由人民法院裁定处理。

问题十二 人民法院如何保护职工权益

破产程序中要依法妥善处理劳动关系，推动完善职工欠薪保障机制，依法保护职工生存权。由第三方垫付的职工债权，原则上按照垫付的职工债权性质进行清偿；由欠薪保障基金垫付的，应按照《企业破产法》第113条第1款的顺序清偿。债务人欠缴的住房公积金，按照债务人拖欠的职工工资性质清偿。

问题十三 破产债权的清偿原则是什么

对于法律没有明确规定清偿顺序的债权，人民法院可以按照人身损害赔偿债权优先于财产性债权、私法债权优先于公法债权、补偿性债权优先于惩罚性债权的原则合理确定清偿顺序。因债务人侵权行为造成的人身损害赔偿，可以参照《企业破产法》第113条第1款第1项规定的顺序清偿，但其中涉及的惩罚性赔偿除外。破产财产依照《企业破产法》第113条规定的顺序清偿后仍有剩余的，可依次用于清偿破产受理前产生的民事惩罚性赔偿金、行政罚款、刑事罚金等惩罚性债权。

问题十四 破产清算终结的要求是什么

人民法院终结破产清算程序应当以查明债务人财产状况、明确债务人财产的分配方案、确保破产债权获得依法清偿为基础。破产申请受理后,经管理人调查,债务人财产不足以清偿破产费用且无人代为清偿或垫付的,人民法院应当依管理人申请宣告破产并裁定终结破产清算程序。

问题十五 保证人的求偿权如何行使

破产程序终结前,已向债权人承担了保证责任的保证人,可以要求债务人向其转付已申报债权的债权人在破产程序中应得清偿部分。破产程序终结后,债权人就破产程序中未受清偿部分要求保证人承担保证责任的,应在破产程序终结后6个月内提出。保证人承担保证责任后,不得再向和解或重整后的债务人行使求偿权。

问题十六 关联企业破产审理的立足点是什么

人民法院审理关联企业破产案件时,要立足于破产关联企业之间的具体关系模式,采取不同方式予以处理。既要通过实质合并审理方式处理法人人格高度混同的关联关系,确保全体债权人公平清偿,也要避免不当采用实质合并审理方式损害相关利益主体的合法权益。

人民法院在审理企业破产案件时,应当尊重企业法人人格的独立性,以对关联企业成员的破产原因进行单独判断并适用单个破产程序为基本原则。当关联企业成员之间存在法人人格高度混同、区分各关联企业成员财产的成本过高、严重损害债权人公平清偿利益时,可例外适用关联企业实质合并破产方式进行审理。

问题十七 实质合并申请的审查要求是什么

人民法院收到实质合并申请后,应当及时通知相关利害关系人并组织听证,听证时间不计入审查时间。人民法院在审查实质合并申请过程中,可以综合考虑关联企业之间资产的混同程序及其持续时间、各企业之间的利益关系、债权人整体清偿利益、增加企业重整的可能性等因素,在收到申请之日起30日内作出是否实质合并审理的裁定。

裁定实质合并时利害关系人的权利救济。相关利害关系人对受理法院作出的实质合并审理裁定不服的,可以自裁定书送达之日起15日内向受理法院的上一级人民法院申请复议。

问题十八 实质合并审理的管辖原则是什么

采用实质合并方式审理关联企业破产案件的,应由关联企业中的核心控制企业住所地人民法院管辖。核心控制企业不明确的,由关联企业主要财产所在地人民法院管辖。多个法院之间对管辖权发生争议的,应当报请共同的上级人民法院指定管辖。

问题十九　实质合并审理的法律后果是什么

人民法院裁定采用实质合并方式审理破产案件的,各关联企业成员之间的债权债务归于消灭,各成员的财产作为合并后统一的破产财产,由各成员的债权人在同一程序中按照法定顺序公平受偿。采用实质合并方式进行重整的,重整计划草案中应当制定统一的债权分类、债权调整和债权受偿方案。

问题二十　实质合并审理后的企业状况如何

适用实质合并规则进行破产清算的,破产程序终结后各关联企业成员均应予以注销。适用实质合并规则进行和解或重整的,各关联企业原则上应当合并为一个企业。根据和解协议或重整计划,确有需要保持个别企业独立的,应当依照企业分立的有关规则单独处理。

问题二十一　如何确定非实质合并审理的管辖

多个关联企业成员均存在破产原因但不符合实质合并条件的,人民法院可根据相关主体的申请对多个破产程序进行协调审理,并可根据程序协调的需要,综合考虑破产案件审理的效率、破产申请的先后顺序、成员负债规模大小、核心控制企业住所地等因素,由共同的上级法院确定一家法院集中管辖。

问题二十二　协调审理的法律后果是什么

协调审理不消灭关联企业成员之间的债权债务关系,不对关联企业成员的财产进行合并,各关联企业成员的债权人仍以该企业成员财产为限依法获得清偿。但关联企业成员之间不当利用关联关系形成的债权,应当劣后于其他普通债权顺序清偿,且该劣后债权人不得就其他关联企业成员提供的特定财产优先受偿。

问题二十三　执行程序如何与破产程序衔接

执行部门要高度重视执行与破产的衔接工作,推动符合条件的执行案件向破产程序移转。执行法院发现作为被执行人的企业法人符合《企业破产法》第 2 条规定的,应当及时询问当事人是否同意将案件移送破产审查并释明法律后果。执行法院作出移送决定后,应当书面通知所有已知执行法院,执行法院均应中止对被执行人的执行程序。

问题二十四 跨境破产案件的处理原则是什么

人民法院在处理跨境破产案件时，要妥善解决跨境破产中的法律冲突与矛盾，合理确定跨境破产案件中的管辖权。在坚持同类债权平等保护的原则下，协调好外国债权人利益与我国债权人利益的平衡，合理保护我国境内职工债权、税收债权等优先权的清偿利益。

依照《企业破产法》第5条的规定，人民法院认可外国法院作出的破产案件的判决、裁定后，债务人在中华人民共和国境内的财产在全额清偿境内的担保权人、职工债权和社会保险费用、所欠税款等优先权后，剩余财产可以按照该外国法院的规定进行分配。

破产司法解释部分

问题一　具备破产原因的情形是什么

债务人不能清偿到期债务并且具有下列情形之一的，人民法院应当认定其具备破产原因：(1)资产不足以清偿全部债务；(2)明显缺乏清偿能力。相关当事人以对债务人的债务负有连带责任的人未丧失清偿能力为由，主张债务人不具备破产原因的，人民法院应不予支持。

问题二　如何认定不能清偿到期债务

不能清偿到期债务，是指债务人以明示或默示的形式表示其不能支付到期债务，强调的是债务人不能清偿债务的外部客观行为，而不是债务人的财产客观状况。认定不能清偿到期债务应当同时具备三个方面的要件：第一，债权债务关系依法成立。如债务人不否认或者无正当理由否认债权债务关系，或者债务已经生效法律文书确定。第二，债务人不能清偿的是已到偿还期限的债务。破产程序本质上属于概括执行程序，债务尚未到期的，债务人不负有立即履行的义务。第三，债务人未清偿债务的状态客观存在。无论债务人的客观经济状况如何，只要其没有完全清偿到期债务的，均构成不能清偿到期债务。

问题三　如何认定不足以清偿全部债务

通常用来判断债务人是否资不抵债的标准为资产负债表，其反映了企业资产、负债、所有者权益的总体规模和结构，以此判断债务人的资产状况具有明确性和客观性。所以，债务人的资产负债表，或者审计报告、资产评估报告等显示其全部资产不足以偿付全部负债的，人民法院应当认定债务人资产不足以清偿全部债务。但考虑到资产负债表反映的企业资产价值具有期限性和不确定性，在其由企业自行制定的情况下可能存在严重的虚假情况。所以，法律同时规定，如有相反证据足以证明债务人资产不能够偿付全部负债的除外。

问题四　如何认定明显缺乏清偿能力

债务人账面资产虽大于负债，但存在下列情形之一的，人民法院应当认定其明显缺乏清偿能力：(1)因资金严重不足或者财产不能变现等原因，无法清偿债务；(2)法定代表人下落不明且无其他人员负责管理财产，无法清偿债务；(3)经人民法院强制执行，无法清偿债务；(4)长期亏损且经营扭亏困难，无法清偿债务；(5)导致债务人丧失清偿能力的其他情形。

问题五 如何向上级法院申请破产

申请人向人民法院提出破产申请,人民法院未接收其申请,未向申请人出具收到申请及所附证据的书面凭证,或者未在法定期限内作出是否受理的裁定等情形下,申请人可直接向上一级人民法院提出破产申请。上一级人民法院接到破产申请后,应当责令下级法院依法审查并及时作出是否受理的裁定;下级法院仍不作出是否受理裁定的,上一级人民法院可以径行作出裁定。上一级人民法院裁定受理破产申请的,可以同时指令下级人民法院审理该案件。

问题六 申请债务人破产的条件是什么

根据《企业破产法》第 7 条第 2 款的规定,债务人不能清偿到期债务是债权人提出债务人破产申请的条件,债权人向人民法院提出申请时,只要证明债务人不能清偿其到期债务即可。至于债务人系基于什么原因不能清偿其到期债务,以及债务人是否出现了"不能清偿到期债务并且资产不足以清偿全部债务",或者"不能清偿到期债务并且明显缺乏清偿能力"的破产原因,无需债权人提出债务人破产申请时举证证明,因此,只要债权人提出申请时证明债务人不能清偿其到期债务,且债务人未能依据《企业破产法》第 10 条第 1 款的规定,及时举证证明其既非资产不足以清偿全部债务,也没有明显缺乏清偿能力的,人民法院即可当然推定债务人出现了上述两个破产原因之一。因此,在债权人申请债务人破产清算的情形下,不能清偿到期债务既是债权人提出破产申请的条件,也是债务人存在破产原因的推定依据。

问题七 申请债务人破产的举证范围如何

对债权人而言,其在提出破产申请时,除需提交自身债权依法存在的证据以及破产申请外,还应当举证证明债务人存在未清偿到期债务的有关事实。由于企业破产法未以债务人资产不足以清偿全部债务或者明显缺乏清偿能力,作为债权人提出申请的原因或条件,因此未要求债权人申请时提交债务人的有关财务凭证等材料,事实上债权人也没有能力提交此类证据材料。

根据《企业破产法》第 11 条第 2 款的规定,人民法院裁定受理债权人提出的破产申请后,债务人应当在法定期限内向人民法院提交相关财务凭证等材料。这表明:其一,债权人提出破产申请的,提交有关财务凭证材料的义务人为债务人;其二,即便债务人不提交上述材料,只要债权人对债务人提出的破产申请符合《企业破产法》规定的上述条件,人民法院也应予以受理;其三,人民法院裁定受理破产申请后,债务人不提交有关财务凭证等材料的,人民法院可以对债务人的直接责任人员依法采取罚款等强制措施。

问题八 法院如何审查当事人的破产申请

根据《企业破产法》第2条、第7条和第8条的规定，人民法院对于破产申请应从实质要件和形式要件两个方面进行审查。实质要件的审查主要包括申请人主体资格、债务人主体资格以及债务人是否具有破产原因三项内容。形式要件的审查是对申请人提交的书面材料进行的审查。如果材料有欠缺，人民法院应当及时告知申请人所需补充或补正的事项，且当事人补充、补正材料的时间不计入法定的审查期间。

问题九 如何缴纳破产案件诉讼费用

破产案件诉讼费用作为破产费用，应在案件受理后根据破产财产情况确定数额，并从债务人财产中随时拨付，申请人不负有预交破产案件诉讼费用的义务。司法实践中，有的法院要求申请人预交破产案件诉讼费用，并在申请人未预先交纳案件诉讼费用时，以此为由裁定不予受理破产申请或者驳回破产申请，这种做法明显不符合法律规定。另外，如果相关当事人以申请人未预先交纳诉讼费用为由，对破产申请提出异议的，人民法院应不予支持。

问题十 如何确定债务人财产的范围

除债务人所有的货币、实物外，债务人依法享有的可以用货币估价并可以依法转让的债权、股权、知识产权、用益物权等财产和财产权益，人民法院均应认定为债务人财产。

债务人已依法设定担保物权的特定财产，人民法院应当认定为债务人财产。对债务人的特定财产在担保物权消灭或者实现担保物权后的剩余部分，在破产程序中可用以清偿破产费用、共益债务和其他破产债权。

债务人对按份享有所有权的共有财产的相关份额，或者共同享有所有权的共有财产的相应财产权利，以及依法分割共有财产所得部分，人民法院均应认定为债务人财产。

破产申请受理后，依法执行回转的财产，人民法院应当认定为债务人财产。

下列财产不应认定为债务人财产：(1)债务人基于仓储、保管、承揽、代销、借用、寄存、租赁等合同或者其他法律关系占有、使用的他人财产；(2)债务人在所有权保留买卖中尚未取得所有权的财产；(3)所有权专属于国家且不得转让的财产；(4)其他依照法律、行政法规不属于债务人的财产。

问题十一 如何确定可撤销行为的起算点

债务人经过行政清理程序转入破产程序的，《企业破产法》第31条和第32条规定的可撤销行为的起算点，为行政监管机构作出撤销决定之日。

债务人经过强制清算程序转入破产程序的，《企业破产法》第31条和第32条规定的可撤销行为的起算点，为人民法院裁定受理强制清算申请之日。

问题十二 哪些属于合法的个别清偿行为

债务人对债权人进行的以下个别清偿，管理人依据《企业破产法》第32条的规定请求撤销的，人民法院不予支持：(1)债务人为维系基本生产需要而支付水费、电费等的；(2)债务人支付劳动报酬、人身损害赔偿金的；(3)使债务人财产受益的其他个别清偿。

问题十三 破产过程中的时效有何特殊规定

债务人对外享有债权的诉讼时效，自人民法院受理破产申请之日起中断。

债务人无正当理由未对其到期债权及时行使权利，导致其对外债权在破产申请受理前1年内超过诉讼时效期间的，人民法院受理破产申请之日起重新计算上述债权的诉讼时效期间。

问题十四 哪些属于高管人员的非正常收入

债务人有《企业破产法》第2条第1款规定的情形时，债务人的董事、监事和高级管理人员利用职权获取的以下收入，人民法院应当认定为《企业破产法》第36条规定的非正常收入：(1)绩效奖金；(2)普遍拖欠职工工资情况下获取的工资性收入；(3)其他非正常收入。

债务人的董事、监事和高级管理人员拒不向管理人返还上述债务人财产，管理人主张上述人员予以返还的，人民法院应予支持。

债务人的董事、监事和高级管理人员因返还上述(1)(3)非正常收入形成的债权，可以作为普通破产债权清偿。因返还上述(2)非正常收入形成的债权，依据《企业破产法》第113条第3款的规定，按照该企业职工平均工资计算的部分作为拖欠职工工资清偿；高出该企业职工平均工资计算的部分，可以作为普通破产债权清偿。

问题十五 债务人占有的他人财产如何处理

原则上应当返还给他人，但债务人占有的他人财产被违法转让给第三人，依据《物权法》第106条的规定第三人已善意取得财产所有权，原权利人无法取回该财产的，人民法院应当按照以下规定处理：

(1)转让行为发生在破产申请受理前的，原权利人因财产损失形成的债权，作为普通破产债权清偿；

(2)转让行为发生在破产申请受理后的,因管理人或者相关人员执行职务导致原权利人损害产生的债务,作为共益债务清偿。

债务人占有的他人财产被违法转让给第三人,第三人已向债务人支付了转让价款,但依据《物权法》第106条的规定未取得财产所有权,原权利人依法追回转让财产的,对因第三人已支付对价而产生的债务,人民法院应当按照以下规定处理:

(1)转让行为发生在破产申请受理前的,作为普通破产债权清偿;

(2)转让行为发生在破产申请受理后的,作为共益债务清偿。

问题十六　他人财产取得的代位物如何处理

债务人占有的他人财产毁损、灭失,因此获得的保险金、赔偿金、代偿物尚未交付给债务人,或者代偿物虽已交付给债务人但能与债务人财产予以区分的,权利人主张取回就此获得的保险金、赔偿金、代偿物的,人民法院应予支持。

保险金、赔偿金已经交付给债务人,或者代偿物已经交付给债务人且不能与债务人财产予以区分的,人民法院应当按照以下规定处理:

(1)财产毁损、灭失发生在破产申请受理前的,权利人因财产损失形成的债权,作为普通破产债权清偿;

(2)财产毁损、灭失发生在破产申请受理后的,因管理人或者相关人员执行职务导致权利人损害产生的债务,作为共益债务清偿。

债务人占有的他人财产毁损、灭失,没有获得相应的保险金、赔偿金、代偿物,或者保险金、赔偿物、代偿物不足以弥补其损失的部分,人民法院应当按照上述(2)的规定处理。

问题十七　对相关人员的职务行为如何担责

管理人或者相关人员在执行职务过程中,因故意或者重大过失不当转让他人财产或者造成他人财产毁损、灭失,导致他人损害产生的债务作为共益债务,由债务人财产随时清偿不足弥补损失,权利人向管理人或者相关人员主张承担补充赔偿责任的,人民法院应予支持。

上述债务作为共益债务由债务人财产随时清偿后,债权人以管理人或者相关人员执行职务不当导致债务人财产减少给其造成损失为由提起诉讼,主张管理人或者相关人员承担相应赔偿责任的,人民法院应予支持。

问题十八　所有权保留遭遇破产时如何处理

买卖合同双方当事人在合同中约定标的物所有权保留,在标的物所有权未依法转移给买受人前,一方当事人破产的,该买卖合同属于双方均未履行完毕的合同,管理人有权依据《企业破产法》第18条的规定决定解除或者继续履行合同。

出卖人破产，其管理人决定继续履行所有权保留买卖合同的，买受人应当按照原买卖合同的约定支付价款或者履行其他义务。

买受人未依约支付价款或者履行完毕其他义务，或者将标的物出卖、出质或者作出其他不当处分，给出卖人造成损害，出卖人管理人依法主张取回标的物的，人民法院应予支持。但是，买受人已经支付标的物总价款75%以上或者第三人善意取得标的物所有权或者其他物权的除外。

问题十九 债务人财产和破产财产有何关联

企业破产法理论中债务人财产又称为破产财团或者财团财产。我国《企业破产法》对债务人财产这个概念在破产宣告前后的不同阶段，分别用了债务人财产和破产财产两个不同称谓，但其本质均为法人财产，二者范围是一致的。债务人财产在破产程序中的构成范围上有固定主义与膨胀主义两种立法模式。在固定主义模式下，债务人财产在破产申请受理或者破产宣告时即已确定，是指破产申请受理时或破产宣告时债务人所有的财产。在膨胀主义模式下，债务人财产在破产宣告后仍有所扩大膨胀，即不仅包括破产申请或者被宣告破产时债务人所有的财产，而且包括其在破产程序终结前所新取得的财产。我国《企业破产法》在破产财产范围上采用的是膨胀主义立法模式。债务人财产包括破产申请受理时属于债务人的全部财产，也包括破产申请受理后至破产程序终结前债务人取得的财产，甚至包括破产程序终结后又发现的应当供分配的其他债务人财产。即债务人财产既包括债务人破产时占有的静态财产和债务人破产时没有占有但基于相关权利依法应当追回的属于债务人的动态财产，也包括债务人继续营业时新取得的财产。

问题二十 债权人与管理人的撤销权如何衔接

合同法下债权人撤销权和企业破产法下管理人撤销权，均将债务人无偿转让财产、放弃债权、以明显不合理的价格转让财产这三类行为，规定为可撤销的行为。在一般情况下，债务人进入破产程序后，对上述行为的撤销应由管理人依据企业破产法的规定予以撤销。但考虑到，一方面，由于合同法撤销权和企业破产法撤销权行使权利的方式和期限有所不同，有的情况下管理人依据企业破产法不能撤销的行为，债权人依据合同法却可以撤销。另一方面，上述两个撤销权事由竞合的场合，如管理人不作为导致企业破产法撤销权落空时，债权人也可通过行使合同法撤销权追回相关债务人财产。因此，从实现债务人财产最大化角度，司法解释规定，在管理人未依据企业破产法撤销债务人上述行为的，债权人可以依据合同法的规定提起撤销权诉讼，但要特别强调的是，债权人提起的该类诉讼性质上当属代表诉讼，由此追回的财产应当归入债务人财产，而不得用以清偿个别债权人的债务。

问题二十一 如何理解破产启动后的时效中断

根据《企业破产法》的规定,法院受理破产申请后,由管理人接管债务人的财产、印章、账簿和文书等资料,调查债务人财产状况,代表债务人参加诉讼、仲裁或者其他法律程序,替代债务人原管理层进行有关债务人财产的管理、处置、变价、分配等工作。但是,由于管理人并未参与企业原经营管理活动,其在接管后客观上需要一定的时间清理财产、查看账簿文书等,以便追收债务人财产。而且,根据《企业破产法》第 17 条的规定,破产申请受理后债务人的债务人应当向管理人清偿债务,因此,提出清偿要求是破产程序依法启动的题中应有之义。因此,为避免管理人接管过程中因诉讼时效超过导致债务人财产不当减损,司法解释规定,债务人对外享有的债权,其诉讼时效自破产申请受理之日起中断。

另外,对于债务人无正当理由未对其到期债权及时行使权利,导致其对外债权超过诉讼时效期间的不作为行为,属于债务人恶意放弃其到期债权的行为。此时也无法行使撤销权。因此,为实现对债务人恶意减少其财产的消极放弃债权行为产生类似于撤销其积极放弃债权行为的法律效果,司法解释从重新计算诉讼时效的角度作出了制度安排。

专题二　典型破产案件审理的策略与启迪

案例一 广东国际信托投资公司破产案①

1 基本案情

广东国际信托投资公司(以下简称广东国投公司)原名为广东省信托投资公司,1980 年 7 月经广东省人民政府批准在广州市工商行政管理局注册成立,系全民所有制企业法人。1983 年经中国人民银行批准为非银行金融机构并享有外汇经营权;1984 年 3 月经广东省工商行政管理局注册登记更改名称为广东国际信托投资公司,注册资金为 12 亿元。1992 年以来,广东国投公司由于经营管理混乱,存在大量高息揽存、账外经营、乱拆借资金、乱投资等违规经营活动,导致不能支付到期巨额境内外债务,严重资不抵债。1998 年 10 月 6 日,中国人民银行决定关闭广东国投公司,并组织关闭清算组对其进行关闭清算。

广东省高级人民法院认为:《企业破产法(试行)》(以下简称《企业破产法》)第 3 条第 1 项规定:“企业因经营管理不善造成严重亏损,不能清偿到期债务的,依照本法规定宣告破产。”第 8 条规定:“债务人经其上级主管部门同意后,可以申请宣告破产。”广东国投公司管理极度混乱,严重资不抵债,不能清偿境内外巨额到期债务,符合法律规定的破产条件,于 1999 年 1 月 16 日裁定:(1)广东国投公司破产还债。(2)指定清算组接管广东国投公司。

2 审理精要

裁定宣布后,广东国投公司的破产清算工作依法按以下步骤进行:

1. 债权的申报、审核和确认

1999 年 1 月 16 日,广东省高级人民法院分别在《人民日报》《人民法院报》刊登受理广东国投公司破产申请公告,要求债权人自公告之日起 3 个月内申报债权,逾期未申报的,视为自动放弃。对广东国投公司的其他民事执行程序依法中止执行,申请执行人可凭生效的法律文书申报债权,对广东国投公司的其他民事诉讼程序也依法终结或中止。公告期限内,共计 320 家债权人申报了债权,申报债权总金额共计 387.7738 亿元(包括 167 家境外债权人申报债权 320.1297 亿元)。

破产清算组对债权人申报的债权进行了登记和审核后,将审核结果分别以确认债权或拒绝申报的方式通知各债权申报人。债权人对清算组确认的债权无异议的,清算组提请债权人会议表决通过;债权申报人对清算组的确认结果有异议的,向广东省高级人民法院提请裁定。广东省高级人民法院最终确认,广东国投公司破产案的债权人共计 200 家,债权金额总计 202.2317 亿元。

---

① 最高人民法院公报案例《中华人民共和国最高人民法院公报》2003 年第 3 期。

2. 破产财产的审核、确认和处理

广东国投公司破产清算组经清算认定，广东国投公司被宣告破产时的账面总资产为209.3748亿元。当事人对破产清算组有关破产财产的认定提出异议的，依法提请广东省高级人民法院裁定。

根据当事人的申请，广东省高级人民法院依法裁定确认了下列异议申请：

(1)确认原登记在广东省信托房产开发公司(以下简称房产公司)和广信实业有限公司(清盘中)(以下简称广信公司)名下的广东国际大厦实业公司的100%股权为广东国投公司破产财产。(2)确认广东国投公司在其全资子公司中的投资权益为破产财产。(3)确认广东国投公司所属证券交易营业部收取的股民保证金所有权属于股民所有。

3. 破产财产分配与终结破产程序

对广东国投公司破产财产追收和变现后，依法优先拨付了破产清算费用(含中介机构专业服务费用、评估费用及其他清算费用)，于2000年10月31日、2002年6月28日和2003年2月28日分别召开债权人会议，在优先清偿广东国投公司所欠职工工资、劳动保险费用和所欠税款后，分三次按照比例清偿破产债权。对境外债权人的债权，经征得外汇管理部门同意，一律兑换外币支付。

3 案件启迪

案件虽然发生在20世纪90年代，但在今天如何依法、依规、创造性地开展破产工作，依然有很大的启迪作用。

第一，宏观策略方面：党委高度关注、政府密切配合。被称为世纪大案的广东国投公司破产案，自然引起中央高度关注，时任国家主席江泽民在第九届全国人大第二次会议期间的讲话中指出，中央希望广东省在防范金融风险方面，为全国提供更多的有益经验。时任总理朱镕基指示要依法、按规、参照国际惯例审理好这起案件。在审理该案时，法院始终坚持依靠党的领导和政府的支持。广东省委帮助法院排除各方面干扰，确保法院独立公正审理该案。广东省政府积极配合法院开展审判工作，支持法院解决审理中遇到的各种难题，诸如个人储户存款、股民保证金支付、破产企业职工安置等。

第二，基本原则方面：依法开展破产工作。从前后4年多审理过程来看，法院始终围绕“依法开展破产工作”这一主线。首先是依法成立清算组开展破产财产清算。1999年1月，该案一进入破产程序，广东省高级人民法院和广州市、深圳市两个中级人民法院就及时依法指定成立了4个清算组。其次是依法开展债权确认。广东国投公司等4家企业进入破产程序时，共有

494 家境内外债权人申报债权，申报债权总额达人民币 467 亿多元。合议庭严格依法审查确认每笔债权，及时处理债权申报人提出的异议。依法界定破产财产的范围。依法采取强制措施追收破产企业的对外债权。最后是依法拍卖破产财产，努力提高债权清偿率。广东国投公司的主要资产均采取拍卖的方式予以变现。

第三，方式方法方面：创造性开展破产工作。当时我国的法律法规还不太健全，司法解释也缺乏相应规则，如何公正、高效地审理好该案件，需要人民法院进行创造性的司法活动。

广东省高级人民法院首创了"一带三"的审理模式，即一个母公司和三个全资子公司，分别由广东省高级人民法院、广州市中级人民法院和深圳市中级人民法院审理，从而保证了审理的统一、公正和高效；广东省高级人民法院首次聘请中介机构参与破产清算工作并在债权人会议中设立债权人主席委员会制度，提高了破产清算工作的透明度；首创基本结案后仍保留清算组的做法，以便继续追收和追加分配破产财产，使债权人的利益得到最大保护。

案例二　浙江南方石化工业有限公司等三家公司破产清算案①

1 基本案情

浙江南方石化工业有限公司（以下简称南方石化）、浙江南方控股集团有限公司、浙江中波实业股份有限公司是绍兴地区最早一批集化纤、纺织、经贸为一体的民营企业，三家公司受同一实际控制人控制。其中南方石化年产值 20 亿余元，纳税近 2 亿元，曾入选中国民营企业 500 强。由于受行业周期性低谷及互保等影响，2016 年上述三家公司出现债务危机。2016 年 11 月 1 日，浙江省绍兴市柯桥区人民法院（以下简称柯桥法院）裁定分别受理上述三家公司的破产清算申请，并通过竞争方式指定联合管理人。

2 审理精要

由于南方石化等三公司单体规模大、债务规模大，难以通过重整方式招募投资人，但具有完整的生产产能、较高的技术能力，具备产业转型和招商引资的基础。据此，本案采取"破产

① 以下 15 个案例是从最高人民法院近 2 年公布的破产典型案例中精选而成，除了前面的"基本案情""审理策略"为引用外，笔者重点对"案件启迪"部分进行了深入探讨，以期对相关法律人有所启迪。

不停产、招商引资”的方案,在破产清算的制度框架内,有效清理企业的债务负担,阻却担保链蔓延;后由政府根据地方产业转型升级需要,以招商引资的方式,引入战略性买家,实现“产能重整”。

三家公司共接受债权申报54.96亿元,裁定确认30.55亿元,临时确认24.41亿元。其中南方石化接受债权申报18.58亿元,裁定确认9.24亿元,临时确认9.34亿元。鉴于三家公司存在关联关系、主要债权人高度重合、资产独立、分散以及南方石化“破产不停产”等实际情况,柯桥法院指导管理人在充分尊重债权人权利的基础上,积极扩展债权人会议职能,并确定三家公司“合并开会、分别表决”的方案。2017年1月14日,柯桥法院召开南方石化等三家公司第一次债权人会议,高票通过了各项方案。2017年2月23日,柯桥法院宣告南方石化等三家公司破产。

2017年3月10日,破产财产进行网络司法拍卖,三家公司550亩土地、26万平方米厂房及相关石化设备等破产财产以6.88亿余元一次拍卖成交。根据通过的《破产财产分配方案》,职工债权获全额清偿,普通债权的清偿率达14.74%。破产财产买受人以不低于原工作待遇的方式接受员工,1310余名员工中1100余人留任,一线员工全部安置。本案从宣告破产到拍卖成交,仅用时54天;从立案受理到完成财产分配仅用时10个半月。

3 案件启迪

第一,通过竞争方式指定联合管理人,提升破产管理质量。管理人是破产程序的主要推动者和破产事务的具体执行者。管理人的能力和素质不仅影响破产审判工作的质量,还关系破产企业的命运与未来发展。最高人民法院《全国法院破产审判工作会议纪要》要求上市公司破产案件、在本地有重大影响的破产案件或者债权债务关系复杂,涉及债权人、职工以及利害关系人人数较多的破产案件,在指定管理人时,一般应当通过竞争方式依法选定。就本案而言,该三家公司是当地最早一批集化纤、纺织、经贸为一体的民营企业,其中南方石化年产值20亿余元,纳税近2亿元,曾入选中国民营企业500强。另外,不但单体规模大、债务规模大,而且,三家公司受同一实际控制人控制。所以,该案属于在当地有重大影响且关系复杂的破产案件,审判法院通过竞争方式指定联合管理人,不但严格贯彻了《全国法院破产审判工作会议纪要》精神,也确保了管理人的工作质效。

第二,以非实质合并方式审理关联企业破产案件,提高审理质效。《全国法院破产审判工作会议纪要》认为,人民法院审理关联企业破产案件时,要立足于破产关联企业之间的具体关系模式,采取不同方式予以处理。既要通过实质合并审理方式处理法人人格高度混同的关联关系,也要避免不当采用实质合并审理方式损害相关利益主体的合法权益。本案法院根据该案三家公司同受一个实际控制人控制但又没达到人格高度混同的地步的实际情况,采取了非实质合并方式的模式进行审理,既符合会议精神,也符合现实情况。从审理结果来看,职工债权获全额清偿,普通债权的清偿率达14.74%。破产财产买受人以不低于原工作待遇的方式接受员工,1310余名员工中1100余人留任,一线员工全部安置。本案从宣告破产到拍卖成交,仅用时54天;从立案受理到完成财产分配仅用时10个半月。提高了审理质效。

第三,破产不停产,通过招商引资等手段,使旧资源换发新活力。《全国法院破产审判工作会议纪要》要求人民法院要通过破产工作实现资源重新配置,把科技、资本、劳动力和人力资源等生产要素调动好、配置好、协同好。本案中,审理法院通过运用政府的产业和招商政策,利用闲置土地,并通过托管和委托加工方式,实现了资产快速市场化处置和实质性的重整效果。

案例三 松晖实业(深圳)有限公司执行转破产清算案

1 基本案情

松晖实业(深圳)有限公司(以下简称松晖公司)成立于2002年12月10日,主要经营工程塑料、塑胶模具等生产、批发业务。2015年5月,松晖公司因经营不善、资金链断裂等问题被迫停业,继而引发1384宗案件,经诉讼或仲裁后相继进入强制执行程序。在执行过程中,深圳市宝安区人民法院(以下简称宝安法院)查明,松晖公司名下的财产除银行存款3483.13元和机器设备拍卖款1,620,000元外,无其他可供执行的财产,459名员工债权因查封顺序在后,拍卖款受偿无望,执行程序陷入僵局。2017年2月23日宝安法院征得申请执行人深圳市宝安区人力资源局同意后,将其所涉松晖公司执行案移送破产审查。2017年4月5日,广东省深圳市中级人民法院(以下简称深圳中院)裁定受理松晖公司破产清算案,松晖公司其他执行案件相应中止,所涉债权债务关系统一纳入破产清算程序中处理。

2 审理精要

深圳中院受理松晖公司破产清算申请后,立即在报纸上刊登受理公告并依法指定管理人开展工作。经管理人对松晖公司的资产、负债及经营情况进行全面调查、审核后发现,松晖公司因欠薪倒闭停业多年,除银行存款3483.13元和机器设备拍卖款1,620,000元外,已无可变现资产,而负债规模高达1205.93万元,严重资不抵债。2017年6月28日,深圳中院依法宣告松晖公司破产。按照通过的破产财产分配方案，可供分配的破产财产1,623,645.48元，优先支付破产费用685,012.59元后，剩余938,632.89元全部用于清偿职工债权11,347,789.79元。2017年12月29日，深圳中院依法裁定终结松晖公司破产清算程序。

3 案件启迪

《全国法院破产审判工作会议纪要》认为，执行程序与破产程序的有效衔接是全面推进破产审判工作的有力抓手，也是破解“执行难”的重要举措。为此，要求人民法院要将破产审判作为与立案、审判、执行既相互衔接又相对独立的一个重要环节，从而探索从司法工作机制上解决“执行难”的有效途径。

而本案就是通过执行不能案件移送破产审查，从而有效化解执行积案、公平保护相关利益方的合法权益、精准解决“执行难”问题的典型案例。本案带来的启迪是：

第一，程序上，执审法院之间依法对接。

《全国法院破产审判工作会议纪要》要求执行法院发现作为被执行人的企业法人符合《企业破产法》第2条规定的，应当及时询问当事人是否同意将案件移送破产审查并释明法律后果。本案在执行过程中，宝安法院查明，松晖公司名下的财产除银行存款3483.13元和机器设备拍卖款1,620,000元外，无其他可供执行的财产，执行程序陷入僵局。宝安法院征得申请执行人深圳市宝安区人力资源局同意后，马上将其所涉松晖公司执行案移送破产审查。深圳中院裁定受理松晖公司破产清算申请后，立即在报纸上刊登受理公告并依法指定管理人开展工作。这一系列行为表明执审法院之间依法、有序、高效的衔接工作对下一步的处理的重要性。

第二，实体上，结果处理彰显实质公平。

由于松晖公司财产严重资不抵债，而459名员工债权因查封顺序在后，按照通常还债方式，员工权益得不到保障，通过充分发挥执行转破产工作机制，在消化执行积案1384宗的基础上，及时让459名员工的权益优先得到了受偿，避免了职工集体闹访、上访情况的发生，维护了社会秩序，充分彰显了破产制度价值和破产审判的社会责任，诠释了法律效果与社会效果相统一的内涵。

案例四　重庆钢铁股份有限公司破产重整案

1 基本案情

重庆钢铁股份有限公司(以下简称重庆钢铁)于1997年8月11日登记注册,主要从事钢铁生产、加工和销售,其股票分别在香港联合交易所(以下简称联交所)和上海证券交易所(以下简称上交所)挂牌交易。截至2016年12月31日,重庆钢铁合并报表资产总额为364.38亿元,负债总额为365.45亿元,净资产为-1.07亿元。因连续2年亏损,重庆钢铁股票于2017年4月5日被上交所实施退市风险警示。经债权人申请,重庆市第一中级人民法院(以下简称重庆一中法院)于2017年7月3日依法裁定受理重庆钢铁重整一案。

2 审理精要

在法院的监督指导下,管理人以市场化为手段,立足于依托主营业务,优化企业内涵,化解债务危机,提升盈利能力的思路制定了重整计划草案。该重整计划通过控股股东全部让渡所持股份用于引入我国第一支钢铁产业结构调整基金作为重组方;针对企业"病因"制定从根本上重塑其产业竞争力的经营方案;处置无效低效资产所得收益用于债务清偿、资本公积金转增股份抵偿债务等措施,维护重庆钢铁1万余名职工、2700余户债权人(其中申报债权人1400余户)、17万余户中小股东,以及企业自身等多方利益。重整计划草案最终获得各表决组的高票通过。

2017年11月20日,重庆一中法院裁定批准重整计划并终止重整程序;12月29日,裁定确认重整计划执行完毕。据重庆钢铁发布的2017年年度报告显示,通过成功实施重整计划,其2017年度获得归属于上市公司股东的净利润为3.2亿元,已实现扭亏为盈。

3 案件启迪

《全国法院破产审判工作会议纪要》认为,重整制度集中体现了破产法的拯救功能,代表了现代破产法的发展趋势,全国各级法院要高度重视重整工作,妥善审理企业重整案件,通过市场化、法治化途径挽救困境企业。破产重整的对象应当是具有挽救价值和可能的困境企业,要根据债务人的资产状况、技术工艺、生产销售、行业前景等因素具体判断。人民法院要加强与管理人或债务人的沟通,引导其分析债务人陷入困境的原因,有针对性地制定重整计划草案,要与政府建立沟通协调机制,帮助管理人或债务人解决重整计划草案制定中的困难和问题。由此可见,在涉及企业的重整程序中,涉案法院的法官除了扮演裁判角色外,更重要的是沟通、引导和协调的角色,尤其是与政府相关部门的协调很重要。

本案中,人民法院积极作为,促成了上交所首次调整资本公积金转增除权参考价格计算公式、联交所首次对召开类别股东大会进行豁免、第三方担保问题成功并案解决,是法院作为桥梁、纽带作用的集中体现。

案例五 江苏省纺织工业(集团)进出口有限公司等6家公司破产重整案

1 基本案情

江苏省纺织工业(集团)进出口有限公司(以下简称省纺织进出口公司)及其下属的5家控股子公司江苏省纺织工业(集团)轻纺进出口有限公司、江苏省纺织工业(集团)服装进出口有限公司、江苏省纺织工业(集团)机电进出口有限公司、江苏省纺织工业(集团)针织进出口有限公司、无锡新苏纺国际贸易有限公司,是江苏省纺织及外贸行业内有较高影响力的企业,经营范围主要为自营和代理各种进出口业务及国内贸易。在国际油价大幅下跌的背景下,因代理进口化工业务的委托方涉嫌违法及自身经营管理等原因,省纺织进出口公司及其5家子公司出现总额高达20余亿元的巨额负债,其中80%以上为金融债务,而6家公司经审计总资产仅6000余万元,资产已不足以清偿全部债务。

2 审理精要

根据债权人的申请,江苏省南京市中级人民法院(以下简称南京中院)分别于2017年1月24日、2017年6月14日裁定受理省纺织进出口公司及5家子公司(其中无锡新苏纺国际贸易有限公司经请示江苏省高级人民法院指定南京中院管辖)重整案,并指定同一管理人接管6家公司。管理人对6家公司清理后认为,6家公司存在人员、财务、业务、资产等人格高度混同的情形,据此申请对6家公司进行合并重整。南京中院在全面听证、审查后于2017年9月29日裁定省纺织进出口公司与5家子公司合并重整。基于6家公司在纺织及外贸行业的影响力及经营前景,管理人通过谈判,分别引入江苏省纺织集团有限公司及其母公司等作为战略投资人,投入股权等优质资产增资近12亿元,对债务人进行重整并进行资产重组,同时整合省纺织进出口公司与子公司的业务资源,采用"现金清偿+以股抵债"的方式清偿债权。2017年11月22日,合并重整债权人会议及出资人组会议经过分组表决,各组均高票或全票通过管理人提交的合并重整计划草案。经管理人申请,南京中院审查后于2017年12月8日裁定批准省纺织进出口公司及5家子公司的合并重整计划;终止省纺织进出口公司及5家子公司的合并重整程序。

3 案件启迪

《全国法院破产审判工作会议纪要》要求，人民法院在审理企业破产案件时，应当尊重企业法人人格的独立性，以对关联企业成员的破产原因进行单独判断并适用单个破产程序为基本原则。当关联企业成员之间存在法人人格高度混同、区分各关联企业成员财产的成本过高、严重损害债权人公平清偿利益时，可例外适用关联企业实质合并破产方式进行审理。

该案是探索关联企业实质合并重整、实现企业集团整体脱困重生的典型案例。该案审理后的启迪是：

第一，审理程序符合法律法规及相关政策要求。

在听取管理人汇报 6 家公司存在人员、财务、业务、资产等人格高度混同的情形后，南京中院又对此问题进行了全面的听证、审查，而后于 2017 年 9 月 29 日裁定该 6 家公司合并重整，体现了法律的严谨性。

第二，指定同一管理人接管 6 家公司，确保破产管理工作质优高效。

管理人的能力和素质不仅影响破产审判工作的质量，还关系破产企业的命运与未来发展。由于 6 家企业存在高度的人格混同，指定同一管理人接管 6 家公司，不但可以避免各管理人各为其主、权力上互相争夺、责任上互相推诿的局面发生，而且有利于在上下左右一盘棋的布局下提高工作效率。

第三，综合运用“现金清偿 + 以股抵债”等方式，凸显破产重整中的综合治理。

《全国法院破产审判工作会议纪要》要求各级法院在审理破产案件尤其是重整案件时，要通过市场化、法治化途径挽救困境企业。此处把市场化排在了前面，足以显示尊重市场规律的重要性。本案通过引入江苏省纺织集团有限公司及其母公司等作为战略投资人，同时整合省纺织进出口公司与子公司的业务资源，采用“现金清偿 + 以股抵债”的方式清偿债权等不同手段，不仅使案件审理效率大为提升，债权人的整体清偿利益得到有效维护，还实现了 6 家企业整体脱困重生，效果良好。

案例六 云南煤化工集团有限公司等5家公司破产重整案

1 基本案情

云南煤化工集团有限公司（以下简称煤化工集团）是云南省国资委于 2005 年 8 月组建成

立的省属大型集团企业，下辖近百家企事业单位，并是上市公司云南云维股份有限公司（以下简称云维股份）的控股股东。2012 年至 2015 年煤化工集团经营性亏损合计超过 100 亿元，涉及经营性债权人 1000 余家，整个集团公司债务约 650 亿元，云维股份则面临终止上市的紧迫情形。如债权人维权行为集中爆发，煤化工集团进入破产清算，集团旗下 4.3 万名职工中大多数将被迫离开工作岗位，72 亿元债券面临违约，数百亿金融债权将损失惨重。

2 审理精要

2016 年，债权人先后分别申请煤化工集团及下属 4 家企业（分别为云维集团、云维股份、云南大为、曲靖大为）重整。基于 5 家公司的内部关联关系和不符合实质性合并条件等客观情况，云南省高级人民法院决定分别受理上述系列案件，并指定云南省昆明市中级人民法院（以下简称昆明中院）集中管辖。2016 年 8 月 23 日，昆明中院裁定受理了上述 5 家企业破产案件，确保了该系列案的统一协调、系统处理和整体推进，提升了破产案件的处理效率，减少了破产费用。

由于煤化工集团 5 家公司之间存在四级股权关系，债权结构复杂，偿债资源分布不均匀，呈现出"自下而上，债务总额越来越大，偿债资源越来越少"的趋势。为了最大化实现债权人在煤化工集团多家重整主体的整体利益，该系列重整案确定了"自下而上"的重整顺序，由子公司先完成重整，保证了下层公司通过偿还上层公司内部借款，向上输送偿债资源，解决了债务和偿债资源不匹配的问题，奠定了成功实现重整整体目标的基础。云维股份及其子公司率先完成重整，确保云维股份保壳成功，同时通过资本公积金转增股票向云维集团和煤化工集团提供股票，并通过债务关系、担保关系实现偿债资源的有序输送，使两家公司能够制定最为合理的重整计划，绝大部分金融债权能够获得 100% 兜底清偿。该系列重整案前后历时 10 个月，5 家公司重整方案均获得债权人会议表决通过，重整计划付诸实际执行，系列重整案件基本圆满终结。

3 案件启迪

第一，在技术层面，基于 5 家公司的内部关联关系和不符合实质性合并条件等客观情况，云南省高级人民法院决定分别受理上述系列案件，并指定云南省昆明中院集中管辖，符合《全国法院破产审判工作会议纪要》要求人民法院审理关联企业破产案件时，要立足于破产关联企业之间的具体关系模式，采取不同方式予以处理。既要通过实质合并审理方式处理法人人格高度混同的关联关系，确保全体债权人公平清偿，也要避免不当采用实质合并审理方式损害相关利益主体的合法权益。

第二，在实质层面，通过重整程序，集团旗下关闭煤矿 18 家，清理过剩煤炭产能 357 万吨/年，分流安置职工 14，552 人，化解债务危机的同时为企业后续持续健康发展奠定基础。符合《全国法院破产审判工作会议纪要》要求人民法院通过破产工作实现资源重新配置。通过运用重整手段实现市场主体的有效救治，帮助企业提质增效；运用清算手段促使丧失经营价值的企业和产能及时退出市场，实现优胜劣汰。

案例七　北京理工中兴科技股份有限公司破产重整案

1　基本案情

北京理工中兴科技股份有限公司（以下简称京中兴公司）现是在全国中小企业股转系统代办股份转让的非上市公众公司，成立于 1992 年 12 月 1 日，注册资本 2.5 亿余元。1993 年 4 月，经海南省证券管理办公室批准，公司定向募集 1.2 亿股在中国证券交易系统（National Electronic Trading System，NET 系统）上市交易，流通股 17，090 万股，股东达 1.4 万余名。截至 2017 年，公司资产总额 979.66 万元，负债总额近亿元，已严重资不抵债。债权人以不能清偿到期债务为由，向北京市第一中级人民法院（以下简称北京一中院）申请京中兴公司破产重整，该院于 2017 年 9 月 15 日裁定受理。

2　审理精要

为提高重整成功率，北京一中院采用预重整模式，以听证形式多次组织相关主体开展谈判协商，并在对公司是否具有重整价值和挽救可能进行有效识别的基础上，引导主要债权人与债务人、投资方签署“预重整工作备忘录”等文件，就债权调整、经营方案以及重整路径等主要问题达成初步意向。同时，还通过预先摇号方式选定管理人提前开展工作。

通过有效对接预重整工作成果，加快审理节奏，本案在受理 80 余天便召开债权人会议表决重整计划草案，债权人组 100% 表决通过（申报债权均为普通债权），出资人组经现场和网络投票，通过率亦超 87%。2017 年 12 月 21 日，北京一中院裁定批准破产重整计划，终止重整程序。根据重整计划，投资人承诺在受让京中兴公司 1 万股后，注入不低于 8 亿元的优质旅游资产并转增股份用于偿还公司债务，预计债权清偿率达 69.25%（不含复牌后可能溢价的部分）。

截至 2018 年 2 月底，投资人已实际受让 1 万股，并完成对注入资产的审计评估工作，重大资产重组的相关工作亦进展顺利。

3 案件启迪

本案最大的亮点是采用预重整方式，通过对识别机制、重整听证程序、沟通协调机制的综合运用，大大提高重整的效率和成功率，充分发挥了预重整的成本优势和效率优势，实现了多方利益的共赢。

预重整，是使受到影响的公司债权人在重整程序启动之前，自愿重组谈判中谈判商定的计划发生效力而启动的程序。具体地讲，是公司在进入法院重整程序前先与债权人、重组方等利害关系人就债务清理、营业调整、管理层变更等共同拟定重整方案，然后再将形成的重整方案带入由法院主导的重整程序由法院审查。一旦法院批准重整方案，该方案就取得了执行力，重整程序宣告结束。

在很多预重整中，因各方当事人在企业进入法院重整程序前已经就企业经营和债务清理等问题形成了处理方案，随后的司法程序中法院主要是对方案进行合法性、公平性审查，有利于节约司法资源，提高审判质效。在我国的相关法律中，虽然没有明确的预重整制度规定，但《全国法院破产审判工作会议纪要》已经要求探索、推行庭外重组与庭内重整制度的衔接。即在企业进入重整程序之前，可以先由债权人与债务人、出资人等利害关系人通过庭外商业谈判，拟定重组方案。相信本案例预重整活动的开展及其经验的总结，不但会为后来的相关案例所借鉴，也会为我国相关的立发、司法提供良好素材。

案例八 庄吉集团有限公司等4家公司破产重整案

1 基本案情

庄吉服装是温州地区知名服装品牌，庄吉集团有限公司（以下简称庄吉集团）、温州庄吉集团工业园区有限公司（以下简称园区公司）、温州庄吉服装销售有限公司（以下简称销售公司）、温州庄吉服装有限公司服装公司（以下简称服装公司）4家公司长期经营服装业务，且服装业务一直经营良好。但因盲目扩张，投资了并不熟悉的造船行业，2014年受整体经济下行影响，不但导致投入造船业的巨额资金血本无归，更引发了债务人的银行信用危机。2014年10月9日，除服装公司外，其余3家公司向浙江省温州市中级人民法院（以下简称温州中院）申请破产重整。

2 审理精要

2015 年 2 月 27 日，温州中院裁定受理庄吉集团、园区公司、销售公司 3 家公司的重整申请，并根据企业关联程度较高的情况，指定同一管理人。本案中债权人共有 41 人，申报债权约 20 亿元，确认约 18 亿元。2015 年 8 月 20 日，管理人请求温州中院将重整计划草案提交期限延长 3 个月。2016 年 1 月 27 日，服装公司亦进入重整程序。由于 4 家公司存在人格高度混同的情形，符合合并重整的基础条件，且合并重整有利于公平清偿债务，符合《企业破产法》的立法宗旨。温州中院在经债权人会议决议通过 4 家公司合并重整的基础上，经过该院审委会讨论决定，对管理人提出的实质合并重整申请予以准许。随后管理人制定整体性的重整计划草案，并在债权人会议表决的过程中获得了绝大部分债权人的认可，仅出资人组部分股东不同意。经与持反对意见的股东沟通，其之所以反对主要是对大股东经营决策失误有怨言，对重整计划本身并无多大意见。2016 年 3 月 17 日，温州中院强制裁定批准该重整计划草案。在重整计划草案通过后，温州中院及时根据《中共温州市委专题会议纪要》(〔2016〕9 号)对重整企业进行信用修复，使重整企业隔断历史不良征信记录、恢复正常使用包括基本户在内的银行账户、正常开展税务活动、解除法院执行部门的相关执行措施，为重整企业营造了良好的经营环境。

3 案件启迪

在涉及重整计划草案强制批准的条件时，《全国法院破产审判工作会议纪要》要求人民法院应当审慎适用《企业破产法》第 87 条第 2 款，不得滥用强制批准权。确需强制批准重整计划草案的，重整计划草案除应当符合《企业破产法》第 87 条第 2 款规定外，如债权人分多组的，还应当至少有一组已经通过重整计划草案，且各表决组中反对者能够获得的清偿利益不低于依照破产清算程序所能获得的利益。此处规定毕竟是抽象的条文，如何具体领会其精神，还需要大量的实践经验的总结。本案中，对于管理人制定的重整计划草案，在绝大部分债权人认可的情况下，如何对待少数股东的不同意见需要整体权衡。最后得知其之所以反对主要是对大股东经营决策失误有怨言，对重整计划本身并无多大意见的情况下，温州中院才强制裁定批准该重整计划草案。这样的慎思精神值得称赞。

另外，对于重整后企业正常生产经营的保障问题。《全国法院破产审判工作会议纪要》要求人民法院要通过加强与政府的沟通协调，帮助重整企业修复信用记录，依法获取税收优惠，以利于重整企业恢复正常生产经营。在庄吉服装系列公司重整计划通过后，温州中院及时根据《中共温州市委专题会议纪要》（〔2016〕9号），对重整企业进行信用修复，恢复正常使用包括基本户在内的银行账户、正常开展税务活动、解除法院执行部门的相关执行措施等，为重整企业营造了良好的经营环境。

由此可见，法院审判破产案件，不但体现在审判中，也体现在审判后；不但是裁判人，也是协调者；不但依法行事，还要贯彻国家的政策精神。

案例九 福建安溪铁观音集团股份有限公司及其关联企业破产重整案

1 基本案情

福建省安溪茶厂有限公司（以下简称安溪茶厂）成立于1952年，是我国历史最为悠久的三大国营茶厂之一，是福建安溪铁观音集团股份有限公司（以下简称铁观音集团）全资子公司。铁观音集团成立后，投入大量资金启动上市计划并于2012年6月进行首次公开募股（Initial Public Offerings，IPO）预披露，由于国家政策及市场变动等因素，2013年铁观音集团终止上市计划。之后随着国家宏观经济下行、消费环境变化和市场调整等不利因素的影响，尤其是担保链断裂等因素，铁观音集团和安溪茶厂陷入资金和经营困境。2016年1月，债权人分别申请铁观音集团和安溪茶厂重整，泉州市中级人民法院（以下简称泉州中院）、安溪县人民法院（以下简称安溪法院）分别受理两个案件。安溪法院受理后以案件疑难复杂为由将案件移送泉州中院审理。

2 审理精要

泉州中院受理后，共裁定确认铁观音集团债权41家合计约4.78亿元、安溪茶厂债权137家合计约3.32亿元（其中茶农债权人83名，债权金额合计约776万元）。管理人采用公开遴选的方式，引入投资人向铁观音集团增资2.2亿元，持有铁观音集团股权76.2%，原股东的股权稀释为23.8%；铁观音集团普通债权清偿率7.54%（其中10万元以下部分清偿率30%），比清算条件下的清偿率提高3倍；安溪茶厂普通债权清偿率16%（其中10万元以下部分清偿率40%），两案重整计划草案均获得高票通过。2016年11月3日，泉州中院裁定批准重整计划，终止重整程序。2017年8月31日重组方投资全部到位，2017年10月31日，泉州中院裁定确认两案的重整计划执行完毕。

3 案件启迪

第一,该案重整的结果表明,即使是传统农业企业,通过科学合理的破产重整举措,同样能够转型升级,达到了《全国法院破产审判工作会议纪要》所期望的发挥破产审判功能,助推建设现代化经济体系建设的目标。由此使我们对现代破产法有了新的认识,破中有立、破中有生、破中有新。破产审判也是生产力。

第二,本案中,一方面,存在母子关系,且母公司对子公司百分百控股,是典型的关联企业;另一方面,两家企业在主要财产、交易渠道、账册等方面又不存在高度混同情形,所以,法院既未采用实质性合并重整的方式,也没有采用完全各审各的单一的重整模式,而是采取分中有合、合中有分的审理模式。可见,根据现实情况灵活运用法律规则多么的重要。

案例十　中顺汽车控股有限公司破产重整案

1 基本案情

中顺汽车控股有限公司(以下简称中顺汽车)成立于2002年,主要业务为轻型客车的制造、销售。受2008年全球金融危机和市场竞争加剧等因素影响,企业陷入困境。2009年开始停产,诉讼集中爆发,职工大规模上访。至2017年1月,累计负债27亿元,其中拖欠职工工资、社保1440人,普通债权人130余家,相关执行案件130余件,严重资不抵债。2017年1月13日,辽宁省沈阳市中级人民法院(以下简称沈阳中院)根据债权人申请,裁定受理中顺汽车破产重整案件。

2 审理精要

法院裁定受理后,基于该企业停产时间长、社会稳定压力突出、协调审批事项复杂等现实情况,法院通过“沈阳工业企业依法破产(重整)工作小组”会商后决定指定清算组担任管理人。在重整工作中,法院牵头抓总,主导重整程序推进;清算组除管理人基本职责外,侧重解决职工安置、维护稳定,协调、审批,产业政策把握等事务。

针对企业的困境成因,在重整计划草案制定中,一方面立足于化解债务问题,保证公平清偿;另一方面着眼于促进企业提质增效,增强盈利能力。在重整投资人引入过程中,采用市场化招募方式,将引入新能源产业作为目标,指导管理人利用全国企业破产重整案件信息网发布招募公告,将符合国家政策支持导向并具有技术创新能力作为核心要件,通过严格的招募遴选程序,从报名的主体中择优选定威马汽车制造温州有限公司(以下简称威马汽车)及其子公司沈阳思博智能汽车技术有限公司作为重整投资人。威马汽车作为致力于新能源汽车研发、生产的企业，给中顺汽车注入活力，构建绿色出行，智慧出行，实现了中顺汽车由传统汽车制造企业向新能源汽车产业基地的转型升级。2017 年 6 月 30 日，债权人会议各组均表决通过重整计划草案。2017 年 7 月 6 日，沈阳中院裁定批准重整计划。2018 年 1 月，中顺汽车管理人提交重整计划执行完毕报告。

3 案件启迪

2017 年 1 月 19 日，由沈阳市人民政府办公厅牵头，市经济和信息化委、公安局、财政局、人力资源社会保障局、规划国土局、房产局、审计局、工商局、金融办、信访局、法制办、国资委、国税局、地税局以及企业所在区县（市）政府的分管领导等组成的“沈阳工业企业依法破产（重整）工作小组”宣告成立。主要职责是负责协调推动该市困难工业企业依法破产（重整）工作，基本宗旨是配合国家有关破产工作大政方针的落实，调整产业结构，优化资源配置，增强金融对实体经济支撑能力，使该市破产或濒临破产的工业企业走出困境。

沈阳中院在中顺汽车案件审理中，充分利用“沈阳工业企业依法破产（重整）工作小组”平台优势，判断企业的救治价值和可能性，并在重整计划执行阶段，督促、协调有关部门快速完成变更、审批事项，在法院依法完成程序推进工作的基础上，共同实现重整工作。

法院借助“沈阳工业企业依法破产（重整）工作小组”平台优势，成功审理中顺汽车破产案，进一步启迪我们，破产并非单纯的司法工作，其离不开政府的支持。而政府要想在当地破产工作中实实在在地做些工作，必须落实到具体的部门和人员，甚至要有相应的权责约束。令人欣慰的是，其他地方也有类似的举动，如泉州成立了企业兼并重组和破产处置领导小组，温州成立了企业破产风险处置领导小组，并出台了《企业破产处置工作联席会议纪要》。但愿这一星星之火能在神州大地形成燎原之势。

案例十一 桂林广维文华旅游文化产业有限公司破产重整案

1 基本案情

桂林广维文华旅游文化产业有限公司（以下简称广维公司）拥有被称为全球第一部山水实景演出、广西旅游活名片、阳朔旅游“晴雨表”的《印象 · 刘三姐》剧目。该公司为股东及其关联控制人代偿或担保债务涉及总额超过 15 亿元，导致不能清偿到期债务且资不抵债，据此提出破产重整申请。

2 审理精要

2017 年 8 月 15 日，广西壮族自治区高级人民法院（以下简称广西高院）裁定受理本案并指定管理人。管理人采取邀请招标方式并经公开开标，从交纳投标保证金、具体重整方案的细化可行性情况确定北京天创文投演艺有限公司（以下简称文投公司）以 7.5 亿元出资额成为重整投资方。2017 年 11 月 8 日，第一次债权人会议召开，重整计划草案确定相关债权数额并将出资人权益调整为零，明确文投公司义务。享有担保权的债权组，代表债权金额275,892,800.36元，表决通过该草案；普通债权组过半数同意，代表债权金额 761,128,974.33 元，占该组债权总额的 77.30%，超过 2/3 以上；出资人组表决未通过该草案。2017 年 12 月 4 日，广西高院裁定批准重整计划草案，终止重整程序。2018 年 1 月，文投公司出资资金到位；1 月 26 日，广西高院裁定确认柳州银行股份有限公司等 15 位债权人债权共计1,469,526,673.18元，其受偿金额分配共计 589,207,646.36 元；2 月中旬，文投公司完成股权过户。

3 案件启迪

根据《全国法院破产审判工作会议纪要》要求，对于债权债务关系复杂、审理难度大的破产案件，高级人民法院可以探索实行中级人民法院集中管辖为原则、基层人民法院管辖为例外的管辖制度；对于债权债务关系简单、审理难度不大的破产案件，可以主要由基层人民法院管辖，通过快速审理程序高效审结。由此可见，原则上我国的破产案件审理根据难易复杂程度等因素，分别由中级人民法院和基层人民法院审理。

就本案而言，考虑到公司经营项目为国际知名大型实景《印象·刘三姐》剧目，对广西旅游业、地方经济影响较大，且公司所有资产被国内、区内数十家法院查封、涉及职工人数众多且成分复杂等情况，将本案作为全区重大有影响案件由省高级人民法院立案受理，这也是《企业破产法》、2017 年《民事诉讼法》实施以来全国首个直接由高级人民法院受理的破产重整案件，虽然突破了《全国法院破产审判工作会议纪要》的要求，但仍被最高人民法院作为典型破产案例公布，对于如何理解“本辖区有重大影响”这一问题不无启迪。

案例十二 长航凤凰股份有限公司破产重整案

1 基本案情

长航凤凰股份有限公司(以下简称长航凤凰)系上市公司,是长江及沿海干散货航运主要企业之一。自2008年全球金融危机以来,受财务费用负担沉重、航运运价长期低迷等因素影响,长航凤凰经营逐步陷入困境。截至2013年6月30日,长航凤凰合并报表项下的负债总额合计达58.6亿元,净资产为-9.2亿元,已严重资不抵债。经债权人申请,湖北省武汉市中级人民法院(以下简称武汉中院)于2013年11月26日依法裁定受理长航凤凰重整一案,并指定破产管理人。因连续3年亏损,长航凤凰股票于2014年5月16日起暂停上市。

2 审理精要

在武汉中院的监督指导下,管理人以市场化的重组方式为基础,制订了重整计划草案,获得了债权人会议及出资人会议表决通过。由于无外部重组方参与长航凤凰破产重整,如何通过长航凤凰自身筹集足够资产以提高普通债权清偿比例,以促使普通债权人支持重整是重整工作有序推进的重点。为解决偿债资金筹集的问题,经过武汉中院与管理人多番论证,最终制定了以公司账面的货币资金、处置剥离亏损资产的变现资金以及追收的应收款项、出资人权益调整方案以及股票公开竞价处置等多种渠道的资金筹集方案。实践证明,上述资金筹集方案具有可行性。通过资产公开处置、出资人权益调整以及股票公开竞价处置,长航凤凰不但清偿了重整中的全部债务,同时,由于股票公开竞价处置产生溢价,公司在重整程序中依法获得了约7000万元的资金用于补充公司现金流。

2014年3月18日,武汉中院裁定批准了重整计划并终止重整程序。通过成功实施重整计划,在无国有资产注入及外部重组方资金支持的情况下,长航凤凰2014年年底实现净资产约1.2亿元、营业利润约2.24亿元,成功实现扭亏,股票于2015年12月18日恢复上市。

3 案件启迪

《全国法院破产审判工作会议纪要》要求全国各级法院在审理企业重整案件时,通过市场化、法治化途径挽救困境企业。人民法院要加强与管理人或债务人的沟通,引导其分析债务人陷入困境的原因,有针对性地制定重整计划草案,从而促使企业重新获得盈利能力,提高重整成功率。

长航凤凰重整案是以市场化方式化解债务危机的典型案例。在无外部重组方参与长航凤凰破产重整的情况下,如何通过自身努力筹集足够资金,成为重整工作有序推进的重点。经受理法院与管理人多番论证，最终长航凤凰以市场化方式成功剥离亏损资产、调整了自身资产和业务结构，彻底摆脱了经营及债务困境。

此时的法院不再单纯是司法机构，此时的法官也不再是单纯的裁判者，而是成了运筹帷幄的“军师”、经营管理的“高管”。该案的实践证明，在破产审判工作中，我们的人民法院和人民法官通过市场化途径挽救破产企业是可以大有作为的。

案例十三　深圳中华自行车（集团）股份有限公司破产重整案

1　基本案情

深圳中华自行车（集团）股份有限公司（以下简称深中华）是上市的中外合资股份有限公司，成立于1984年8月24日，注册资本及实收资本均为人民币5.5亿余元。深中华生产的自行车曾远销欧美，市场占有度和知名度较高，但市场环境发生变化后，企业深陷亏损境地。曾经亚洲最先进的全自动化自行车生产线被迫下马停产，企业靠代工生产业务和物业出租养活187名员工。深中华原有的厂区经过多轮查封、冻结，无法变现和更改用途，且被出租给各个小企业用于生产，厂区存在严重的环保、安全、交通和监管隐患。因长期亏损，深中华连续多年被深交所退市风险警示，如其不能在2013年会计年度内通过重整计划，其股票将被终止上市。2012年10月12日，广东省深圳市中级人民法院（以下简称深圳中院）根据债权人申请，裁定受理深中华破产重整案。

2　审理精要

2012年10月29日，深中华向深圳中院申请自行管理财产和营业事务，深圳中院审查后于2012年10月31日依据《企业破产法》第73条第1款之规定，批准深中华在管理人的监督下自行管理财产和营业事务。

2013年8月22日，债权人会议表决重整计划，普通债权组未能表决通过，税款组、出资人组均表决通过。深圳中院在综合考察深中华的现状后，指导管理人积极作为，针对仍存疑虑的债权人进行沟通和释法，充分阐释通过重整企业原本无法变现资产的清偿率可以获得大幅提升，通过获取股权可以分享重组收益等有利因素，取得了债权人的支持。在同年10月15日的第二次表决中，高比率通过重整计划。同日，深圳中院裁定批准重整计划。同年12月27日，执行重整计划完毕。

3 案件启迪

根据《全国法院破产审判工作会议纪要》精神，人民法院应当审慎适用《企业破产法》第 87 条第 2 款，不得滥用强制批准权。确需强制批准重整计划草案的，重整计划草案除应当符合《企业破产法》第 87 条第 2 款规定外，如债权人分多组的，还应当至少有一组已经通过重整计划草案，且各表决组中反对者能够获得的清偿利益不低于依照破产清算程序所能获得的利益。也就是说，破产行为属于各利益当事人整个经营行为的组成部分，属于私法范畴，属于当事人自治范畴。司法不能无端干涉。

现实中，如何深刻领会“人民法院应当审慎适用强制批准权”这一基本要求，需要从活生生的案例中不断总结经验教训。深中华的重整计划草案经历了两次表决，法院在面临可能需要强制批准的情况下，没有简单化处理问题，而是指导管理人积极作为，尤其是本案法官“以利益导向、发展导向促成债权人态度转化”的思路，很有启发意义。

案例十四 中国第二重型机械集团公司与二重集团（德阳）重型装备股份有限公司破产重整案

1 基本案情

中国第二重型机械集团公司（以下简称二重集团）为中央直接管理的国有重要骨干企业，是国家重大技术装备制造基地。二重集团（德阳）重型装备股份有限公司（以下简称二重重装）为二重集团的控股子公司。自 2011 年起，二重集团、二重重装多年连续亏损，生产经营以及员工工资、社保基本靠向银行举债和股东提供的资金勉强维持。截至 2014 年年底，二重集团、二重重装金融负债总规模已经超过 200 亿元。二重重装已经严重资不抵债。

在国资委等有关部门的支持下，以农业银行、中国银行、光大银行为主席行，组织涉及二重集团、二重重装的近 30 家金融债权人成立了中国二重金融债权人委员会，与二重集团、二重重装及其股东展开了庭外重组谈判。2015 年 9 月 11 日，在银监会（现为银保监会）的组织下，各方达成了框架性的重组方案，其核心内容为在 2015 年内以“现金 + 留债 + 股票”清偿全部计息金融负债。同日，债权人机械工业第一设计研究院等向四川省德阳市中级人民法院（以下简称德阳中院）提起了针对二重集团、二重重装的破产重整申请。同月 21 日，德阳中院裁定受理二重集团、二重重装重整一案，并指定管理人接管了二重集团和二重重装。

2 审理精要

2015 年 11 月 27 日，债权人会议和出资人会议召开，各表决组均通过了《重整计划（草案)》。11 月 30 日,德阳中院作出民事裁定,批准重整计划并终止了二重集团和二重重装重整程序。重整计划执行中,120 亿元金融债权通过现金清偿和债转股,已得到 100% 清偿;对于非金融债权,按照重整计划已向各家债权人分别支付 25 万元,其余在 2 ~ 5 年内付清。2015 年,重整计划整体完成 90% 。

3 案件启迪

根据《全国法院破产审判工作会议纪要》关于探索推行庭外重组与庭内重整制度相衔接的要求,在企业进入重整程序之前,可以先由债权人与债务人、出资人等利害关系人通过庭外商业谈判,拟定重组方案。重整程序启动后,可以重组方案为依据拟定重整计划草案提交人民法院依法审查批准。

本案在审理过程中,在国资委等有关部门的支持下,以农业银行、中国银行、光大银行为主席行,组织涉及二重集团、二重重装的近 30 家金融债权人成立了中国二重金融债权人委员会,与二重集团、二重重装及其股东展开了庭外重组谈判。后在银监会的组织下,各方达成了框架性的重组方案,为后面法院裁定受理二重集团、二重重装重整奠定了坚实的基础。

从本案重整过程来看,几个关键点值得注意,一是该案属于国有企业,二是该案的主要债权人均是金融机构,他们之间进行庭外重整谈判,有自己的专业人才和职业判断能力,再加上政府相关机构如国资委、银监会等的协调,最后取得了成功。由此可见,庭外重组需要一定的条件促成,否则,预期目的不易实现。

案例十五 浙江玻璃股份有限公司及其关联公司合并破产案

1 基本案情

浙江玻璃股份有限公司(以下简称浙江玻璃)成立于 1994 年 5 月,2001 年 12 月 10 日在香港联合交易所上市。2003 年至 2005 年,浙江玻璃先后投资成立浙江工程玻璃有限公司、浙江长兴玻璃有限公司、浙江平湖玻璃有限公司、浙江绍兴陶堰玻璃有限公司,上述企业均从事玻璃生产、加工和销售,职工共计 4350 人,日熔化总量达 5150 吨。由于经营不善,盲目投资、高成本融资等原因,浙江玻璃及其 4 家关联公司生产经营遭遇巨大困难,陷入债务危机。2010 年 5 月 3 日,浙江玻璃因未能如期公布 2009 年年度财务报告被香港联合交易所处以暂停交易。鉴于浙江玻璃已具备破产原因,且作为一家尚具生产能力的境外上市股份公司,具有一定的重整价值,2012 年 6 月 28 日,浙江省绍兴市中级人民法院(以下简称绍兴中院)裁定受理债权人对浙江玻璃的重整申请并指定管理人，启动破产重整程序。

2 审理精要

2012年7月4日，管理人以浙江玻璃与其4家关联公司存在人格混同情形、合并重整有利于公平清偿债权为由，申请浙江玻璃与其4家关联公司合并重整，并提交了相关证据。其中，审计报告结论显示：浙江玻璃与其4家关联公司系作为一个整体进行运作，4家子公司虽然均为法人主体，但都在浙江玻璃的实际控制下运营，资金收支均由浙江玻璃掌控，已丧失其法人实体应当具备的财务独立性。2012年7月23日，绍兴中院组织召开合并重整听证会，听取各方对合并重整的意见。经听证，大部分债权人代表及浙江玻璃及其关联公司支持合并重整。经审查，绍兴中院依照《企业破产法》第1条、第2条规定，裁定浙江玻璃前述4家关联公司并入浙江玻璃重整。

2013年3月10日，在前期继续经营、成功招募重整投资人的基础上，浙江玻璃及其4家关联公司破产案召开第三次债权人会议，分组表决重整计划草案。受多种客观因素影响，普通债权组未通过重整计划草案，导致重整计划草案未能获得债权人会议通过。同月25日，绍兴中院依照《企业破产法》第88条的规定，裁定终止重整程序，转入破产清算。

转入破产清算后，继续维持生产的压力更加突出。玻璃生产具有特殊性，一旦生产线停产，将涉及停火冷窑、危化品处置等安全问题，并将导致资产大幅贬值和维护费用大幅增加。为此，经管理人在债权人会议中广泛征求意见，采取"托管经营"的方式，委托第三方公司继续生产经营，实现了破产清算条件下的正常生产。4月13日，第四次债权人会议表决通过《破产财产变价方案》。经公开拍卖或变卖，公司的资产变价金额合计约23.02亿元。9月22日，第五次债权人会议表决通过了《破产财产分配方案》。10月10日，绍兴中院裁定认可破产财产分配方案。12月12日，经管理人申请，绍兴中院裁定终结破产程序。

3 案件启迪

根据《全国法院破产审判工作会议纪要》要求，破产重整的对象应当是具有挽救价值和可能的困境企业；对于"僵尸"企业，应通过破产清算，果断实现市场出清。人民法院在审查重整申请时，根据债务人的资产状况、技术工艺、生产销售、行业前景等因素，能够认定债务人明显不具备重整价值以及拯救可能性的，应裁定不予受理。

就本案而言，受理法院多次组织召开合并重整听证会，听取各方对合并重整的意见，最后受多种客观因素影响，普通债权组未通过重整计划草案，导致重整计划草案未能获得债权人会议通过。对于债权人会议否决的事项,法院尊重当事人的意思自治,未采取强制批准措施。事实上,企业经营,优胜劣汰,是一种客观存在,并不是重整都必须取得成功,此时法院果断进入清算程序也是对企业破产法的正确执行。

案例十六 无锡尚德太阳能电力有限公司破产重整案

1 基本案情

无锡尚德太阳能电力有限公司(以下简称无锡尚德)成立于2001年1月22日,主要经营业务为研究、开发、生产、加工太阳能电池及发电产品系统等。尚德电力控股有限公司(以下简称尚德电力)是2005年在美国纽约证券交易所上市的民营企业。无锡尚德则是尚德电力旗下资产规模最大的生产基地,集中了95%以上的产能,10年间成长为全球最大的光伏组件生产商之一。2012年,由于行业恶性价格战、全球产能过剩,以及自身决策频繁失误和内部管理问题等原因,无锡尚德运行陷入极端困境,并导致尚德电力股价一度跌至0.6美元以下,3次收到纽约证券交易所停牌警告,并一度被强制进入退市程序。2013年3月18日,中国银行股份有限公司无锡高新技术产业开发区支行等8家银行以无锡尚德不能清偿到期债务为由,向江苏省无锡市中级人民法院(以下简称无锡中院)申请对无锡尚德进行破产重整。3月20日,无锡中院裁定批准无锡尚德进入破产重整程序。

2 审理精要

无锡中院受理后,指定由地方政府职能部门组成清算组担任管理人,同时建议清算组通过市场化运作遴选审计、评估、法律、财务等中介机构,充实清算组团队,发挥中介机构在市场价值判断、营业管理咨询等方面的专业优势。

由于无锡尚德是一家高科技型生产企业,营业事务涉及面广、专业要求高,需要熟悉公司业务和企业管理的专业人员参与,在无锡中院指导下,管理人聘请了在资产重组领域及企业管理等方面具备人才优势和丰富经验的公司负责管理无锡尚德重整期间的营业事务,实现了无锡尚德的复工。为了彻底恢复无锡尚德的持续经营能力,从2013年6月下旬开始,在无锡中院的指导下,管理人从全球范围内上百家光伏行业及上下游企业中,筛选潜在战略投资者,通过报名、资格审查、尽职调查、提交投标文件、工作小组专业评议等严格的招募程序,江苏顺风光电科技有限公司(以下简称顺风光电)获得无锡尚德战略投资者资格。

2013年10月底管理人提交了重整计划草案,重整计划中明确顺风光电作为战略投资者支付30亿元现金,用于解决无锡尚德相关费用与债务的清偿。出资人持有的无锡尚德100%股权全部无偿让渡。职工债权、税收债权、担保债权均按照100%比例以现金方式一次性受偿。为提高普通债权的清偿比例,每家债权人10万元以下部分的债权全额受偿;10万元以上部分在“现金”及“现金＋应收款”两种方式中择一受偿。以“现金”方式受偿，受偿比例为31.55%。以“现金＋应收款”方式受偿，即每家债权人除按照30.85%的清偿比例获得现金受偿外，还可以无锡尚德账面9笔应收款受偿。11月12日召开的第二次债权人大会上，职工债权组、税收债权组、担保债权组均全票表决通过上述重整计划草案，人数最多的普通债权组也高票通过。出资人组表示弃权。11月15日，无锡中院依法裁定批准《重整计划草案》，并终止重整程序。12月底偿债资金30亿元全部到位并分配完毕。

3 案件启迪

本案最引人关注的是无锡中院受理破产申请后，指定由地方政府职能部门组成清算组担任管理人，同时建议清算组通过市场化运作遴选审计、评估、法律、财务等中介机构，充实清算组团队，从而发挥中介机构在市场价值判断、营业管理咨询等方面的专业优势。根据《企业破产法》第24条规定，管理人可以由有关部门、机构的人员组成的清算组担任。但在《全国法院破产审判工作会议纪要》有关完善管理人制度的相关措施中，并没有政府职能部门组成清算组担任管理人的规定。笔者认为，主要的原因包括：第一，如果就某一个案件由政府职能部门组成清算组担任管理人，势必费时费力，劳民伤财；第二，政府人员毕竟不是该领域的专业人员，工作起来可能无法做到得心应手，反而很有可能事倍功半。所以，最好的办法还是成立一个类似“沈阳工业企业依法破产（重整）工作小组”的常设性组织，面对所有的破产案例，可以长期使用。

下篇

破产案件审理的具体规范

专题一　破产的申请与受理

问题一　破产申请被驳回能否成为怠于清算的理由

案例 山西R焦化有限公司煤气化分公司与乡宁县G煤焦实业有限责任公司等合同纠纷案[1]

1 案情简介

再审申请人(一审被告、反诉原告,二审上诉人):乡宁县G煤焦实业有限责任公司(以下简称G公司)。

法定代表人:高某某,该公司董事长。

再审申请人(一审被告、反诉原告,二审上诉人):高某某。

再审申请人(一审被告、反诉原告,二审上诉人):李某某。

被申请人(一审原告、反诉被告,二审被上诉人):山西R焦化有限公司煤气化分公司(以下简称R分公司)。

法定代表人:常某某,该分公司经理。

再审申请人G公司、高某某、李某某因与被申请人R分公司其他合同纠纷一案,不服山西省高级人民法院(2015)晋民终字第117号民事判决,最高人民法院申请再审。

2 当事人诉求

G公司、高某某、李某某申请再审称:

(一)原判决关于G公司股东"怠于履行清算义务",G公司"清算已丧失基础条件,已无法进行清算"的认定,缺乏证据证明

1. 原判决认定G公司股东"怠于履行清算义务"不成立。2006年12月,G公司被政府强制关闭后,股东就成立了清算组,对公司资产进行清理。当时G公司会计报表、税务报表等文件显示,截至2006年12月31日,G公司资产总计11,351,824.94元,负债合计20,568,142.28元,所有者权益合计-9,216,317.34元,属于严重资不抵债。为此,乡宁县工商管理局要求G公司进行破产清算,但是当G公司专门向破产管辖法院临汾市中级人民法院就申请破产进行咨询时,得到的答复却是临汾市中级人民法院不受理民营企业提出的破产申请。本案中,由于当时临汾市中级人民法院不受理民营企业的破产申请,导致G公司无法进行破产清算。G公司股东不存在怠于履行清算义务的恶意,不应被认定为"怠于履行清算义务"。

2. 原判决认定G公司"清算已丧失基础条件,已无法进行清算",没有依据。(1)G公司至今完整保存着公司成立以来的账册和重要文件。《审计报告》载明"本次审计G公司提供了相

---

① 最高人民法院(2016)最高法民申2320号。

对完整的财务资料,包括 2003 年 12 月至 2006 年 12 月的会计报表、税务报表、各年度总账、明细账及相关原始凭证”。(2)G 公司主要财产至今仍在 G 公司的经营场所内,没有灭失。G 公司是一家煤焦企业,企业的特点决定了 G 公司的主要财产是固定资产。依据《审计报告》,清算基准日为 2006 年 12 月 31 日。G 公司资产负债表显示 G 公司固定资产合计 10,693,819.55 元,占公司全部资产 11,537,649.57 元的 92.7%。上述固定资产包括焦炉及焦炉基建工程、电子磅、碳素厂基建工程、洗煤厂线路,和房屋建筑物、构筑物及其他辅助设施、机器设备、运输工具、办公楼、水井、不锈钢电动门等。

3. G 公司被吊销营业执照后主要资产贬值、毁损,是由于政府关闭焦炉以及煤焦企业自身的特点造成的,并非“因股东高某某、李某某怠于履行清算义务,未能及时对公司财产继续管理和处置”导致。

4. 在 G 公司股东不存在“怠于履行义务”,且 G 公司不存在“已无法进行清算”的情况下,G 公司股东不应当对 G 公司的债务承担连带清偿责任。

(二)原判决以高某某签署的有关文件认定 G 公司同意履行超过诉讼时效的债务,适用法律错误

1.《解除合作经营协议》(以下简称《解除协议》)签订后,由于发生了不可抗拒因素,R 公司不再向 G 公司主张剩余的 979.8 万元,R 公司对 G 公司 979.8 万元的债权超过诉讼时效。

2. 高某某在《协作单位往来核对通知单》(以下简称《通知单》)的《回执》上签字确认欠款金额,不能证明 G 公司同意履行已经超过诉讼时效的 979.8 万元债务。高某某在《回执》上签字,仅表示 G 公司对欠款数额 979.8 万元确认,并没有同意偿还债务的意思表示,不能以《回执》认定 G 公司放弃了诉讼时效抗辩权。原判决认定《对账单》和《通知单》催收了债权且 G 公司同意履行债务,979.8 万元债权的诉讼时效没有超过,法律依据不足。

综上所述,G 公司、高某某、李某某依据《民事诉讼法》第 200 条第 2 项、第 6 项,申请再审。

3 最高人民法院观点

最高人民法院经审查认为,G 公司、高某某、李某某的再审事由均不能成立。

(一)G 公司、高某某、李某某的申请不符合《民事诉讼法》第 200 条第 2 项规定情形

第一,原判决认定 G 公司股东“怠于履行清算义务”,并无不当。G 公司、高某某、李某某申请再审称,2006 年 12 月,G 公司已资不抵债,并就申请破产向法院进行咨询。G 公司未清算是因为法院不受理该公司的破产申请。G 公司、高某某、李某某对其上述陈述,并未提交其他证据予以证明,故不予采信。原审已查明,自 2006 年 12 月被责令关闭到本案二审期间的 2015 年,在长达近 10 年的时间内,G 公司均未进行清算。G 公司长时间不进行清算的事实,足以证明 G 公司股东怠于履行清算义务。

第二,原判决认定 G 公司“已无法进行清算”,并无不当。G 公司、高某某、李某某申请再审称,G 公司的主要财产、公司账册和重要文件均存在,故不会因主要财产、公司账册以及重要

文件的灭失导致无法清算。

首先,G公司主张公司账册和重要文件均存在的证据是《审计报告》的记载。《审计报告》写明"本次审计公司提供了相对完整的财务资料"。但该审计是由G公司在本案二审期间委托,审计所依据的公司账册以及重要文件是G公司单方提供,未经相对方RD分公司确认,故无法判断其真实性。而且,G公司委托审计时间在2015年,离2006年应当清算时间已过去近10年,清算背景情况也发生了变化。故《审计报告》中明确"本次审计G公司提供了相对完整的财务资料"这里的"相对"一词,本身就说明财务资料并非真正完整。再结合《审计报告》中记载:(1)因银行工作人员几经调动,且银行电脑系统只保留3年信息,现已无法对银行存款、银行借款实施函证;(2)对账面金额较大的企业及个人发出企业询证函,很多均未收到回函,无法确认其真实性;(3)本次审计日距清偿基准日已有8年以上,无法对实物资产进行盘点等事项可知,G公司提供的财务资料由其单方提供,未经R分公司确认,且财务资料存在要么缺失、要么相关记载无法得到证实的情形。这些都直接影响到公司正常清算。

其次,G公司、高某某、李某某再审主张,G公司的主要财产也即固定资产中,除了3辆轿车和1辆货车出借之外,其余均在G公司经营场所内,没有灭失。对此,《评估报告》已记载"焦炉本体报废,与其相关的焦炉基础等构筑物基本失去使用价值;从2006年停产至今无人看管导致房屋建筑物内水、电、暖气设施以及部分门窗丢失;装载机、电子磅、线路等设备均已经报废,无法继续使用;车辆均已出借他人,至今没能收回"等。因此,虽然固定资产等仍在G公司经营场所内,但已因无人看管导致设施损坏、丢失以及设备报废、车辆无法收回等价值大幅贬损。进而,也导致了《审计报告》中记载"本次审计日距清查基准日已有8年以上,无法对实物资产进行盘点,故存货及固定资产清算值以账面值列示"。

最后,G公司被吊销营业执照后主要财产是否灭失与关闭焦炉以及煤焦企业自身特点无关。根据G公司委托评估机构出具的《评估报告》可知,案涉焦炉于2006年12月底停产并拆除,焦炉本体报废后,与其相关的焦炉基础、烟囱、水池等构筑物基本失去使用价值。又根据一审已查明事实可知,G公司自2007年8月吊销营业执照后至一审诉讼期间未进行清算。可见,在G公司因吊销营业执照依法应进行清算之前,焦炉及其配套构筑物已经灭失,应从公司资产中剔除。一般而言,公司主要财产是公司资产总额构成中占比重较大的财产。而公司资产总额又与公司经营情况直接相关,随着经营状况好坏而发生动态变化。故公司具体哪些财产属于公司主要财产,应结合特定时间点来判断。本案中,虽然焦炉及其配套部分绝对价值较大,但其已在G公司股东应履行清算义务的时间点之前灭失,与本案因G公司股东怠于履行清算义务,导致公司主要财产灭失中的"主要财产"并非同一财产。事实上,本案争议的G公司主要财产应是指在G公司应当清算时这一时间点,G公司尚存资产总额中占比重较大的财产。而根据G公司单方委托的《审计报告》《评估报告》可知,G公司剔除焦炉部分之后的剩余财产中的主要财产因G公司未及时清算、妥善保管已毁损或灭失。

(二)G公司、高某某、李某某的申请不符合《民事诉讼法》第200条第6项规定情形

虽然G公司、高某某、李某某申请再审主张G公司法定代表人在2013年2月2日《回执》上的签字只表明G公司对欠款金额的确认,并没有同意偿还债务的意思表示。但从一审判决

可知,G公司、高某某、李某某并未提出诉讼时效的抗辩,二审中也未提出新的证据证明RD分公司的请求权已过诉讼时效期间。依照最高人民法院《关于审理民事案件适用诉讼时效制度若干问题的规定》第4条规定,“当事人在一审期间未提出诉讼时效抗辩,在二审期间提出的,人民法院不予支持,但其基于新的证据能够证明对方当事人的请求权已过诉讼时效期间的情形除外。当事人未按照前款规定提出诉讼时效抗辩,以诉讼时效期间届满为由申请再审或者提出再审抗辩的,人民法院不予支持”。对G公司、高某某、李某某该申请再审主张不予支持。

专业释评

本案涉及两个问题:一是民营企业破产的法律适用问题,二是是否存在怠于清算的问题。《企业破产法》于2007年6月1日开始实施,在此之前,我国的破产法律采取双轨制的形式,对于全民所有制企业法人的破产适用《企业破产法(试行)》,而对于非全民所有制企业法人的破产适用当时的《民事诉讼法》第19章“企业法人破产还债程序”,由此可知,如果属于法人型的企业,即使是民营企业,也是有破产的法律依据的。而对于再审申请人一方是否存在怠于清算的问题,最高人民法院的法官认为,2006年12月,G公司已资不抵债,并就申请破产向法院进行咨询。说明其已经认识到了自己资不抵债的事实,但自2006年12月被责令关闭到本案二审期间的2015年,在长达近10年的时间内,G公司均未进行清算。不管出于什么原因,G公司长时间不进行清算的事实,足以证明G公司股东怠于履行清算义务。

问题二　如何理解《企业破产法》第 21 条的含义

案例一　赵某某、梁某某等与安顺市G房地产开发有限公司合同纠纷案[①]

1 案情简介

上诉人(原审原告):赵某某。

上诉人(原审原告):梁某某。

上诉人(原审原告):陈某某。

上诉人(原审原告):王某。

上诉人(原审原告):梁某某。

上诉人(原审原告):周某某。

被上诉人(原审被告):安顺市 G 房地产开发有限公司。

诉讼代表人:唐某,安顺市 G 房地产开发有限公司破产管理人负责人。

上诉人赵某某、上诉人梁某某、上诉人陈某某、上诉人王某、上诉人梁某、上诉人周某某因与被上诉人安顺市 G 房地产开发有限公司商品房销售合同纠纷一案,不服贵州省高级人民法院(2016)黔民初 200 号民事裁定,向最高人民法院提起上诉。

2 当事人诉求

赵某某、梁某某、陈某某、王某、梁某、周某某共同上诉称,一审裁定依照《企业破产法》第 21 条的规定认定本案应由受理破产申请的贵州省安顺市中级人民法院专属管辖,是对法律机械、片面的认识。根据最高人民法院《关于适用〈中华人民共和国企业破产法〉若干问题的规定(二)》(以下简称《规定(二)》)第 47 条第 2 款的规定,"受理破产申请的人民法院管辖的有关债务人的第一审民事案件,可以依据民事诉讼法第三十八条的规定,由上级人民法院提审,或者报请上级人民法院批准后交下级人民法院审理"。该条实质上是对《企业破产法》第 21 条的调整,即涉及债务人的第一审民事案件也可以由破产案件受理法院的上一级法院予以审理,结合本案争议金额较大、事实较为复杂等因素,加之贵州省高级人民法院已受理本案,本案由贵州省高级人民法院作为本案一审管辖法院更适宜,更容易查清事实,从而节省司法资源,提高司法效率。故请求依法撤销贵州省高级人民法院(2016)黔民初 200 号民事裁定,裁定本案由贵州省高级人民法院作为一审法院。

被上诉人安顺市 G 房地产开发有限公司未发表答辩意见。

---

① 最高人民法院(2017)最高法民辖终 34 号。

3 最高人民法院观点

最高人民法院经审查认为,《企业破产法》第21条规定,“人民法院受理破产申请后,有关债务人的民事诉讼,只能向受理破产申请的人民法院提起”。《规定(二)》第47条第1款规定,“人民法院受理破产申请后,当事人提起的有关债务人的民事诉讼案件,应当依据企业破产法第二十一条的规定,由受理破产申请的人民法院管辖”。第47条第2款规定,“受理破产申请的人民法院管辖的有关债务人的第一审民事案件,可以依据民事诉讼法第三十八条的规定,由上级人民法院提审,或者报请上级人民法院批准后交下级人民法院审理”。2015年6月2日,贵州省安顺市中级人民法院作出(2015)安市破字第1－1号民事裁定,受理安顺市G房地产开发有限公司的重整申请。故有关安顺市G房地产开发有限公司的民事诉讼,应依照《企业破产法》和《规定(二)》之规定确定管辖。《规定(二)》第47条第2款仅表明“由上级人民法院提审,或者报请上级人民法院批准后交下级人民法院审理”,该条第1款重申了“应当依据企业破产法第二十一条的规定,由受理破产申请的人民法院管辖。”故《规定(二)》没有,事实上也不可能否定《企业破产法》第21条的相关规定。本案贵州省高级人民法院作出的一审裁定已经明确表明了不予提审的态度,上诉人认为应当由贵州省高级人民法院作为一审法院的上诉理由不能成立,应予驳回。

依照《民事诉讼法》第170条第1款第1项、第171条规定,裁定如下:驳回上诉,维持原裁定。

案例二 X市人民政府、H国际信托有限责任公司保证合同纠纷案①

1 案情简介

上诉人(原审被告):江西省X市人民政府。

法定代表人:董某某,该市人民政府市长。

被上诉人(原审原告):H国际信托有限责任公司。

法定代表人:周某某,该公司董事长。

上诉人江西省X市人民政府因与被上诉人H国际信托有限责任公司保证合同纠纷管辖权异议一案,不服江西省高级人民法院(2017)赣民初20号民事裁定,向最高人民法院提起上诉。

2 当事人诉求

X市人民政府上诉称,江西省高级人民法院(2017)赣民初20号民事裁定驳回其管辖权异议不当,请求撤销该裁定并将本案移送至江西省新余市中级人民法院审理。理由是:(1)X市

① 最高人民法院(2017)最高法民辖终244号。

人民政府与H国际信托有限责任公司之间无管辖约定。依据《民事诉讼法》第34条规定,"合同或其他财产权益纠纷的当事人可以书面协议选择被告住所地、合同履行地、合同签订地、原告住所地、标的物所在地等与争议有实际联系的地点的人民法院管辖,但不得违反本法对级别管辖和专属管辖的规定"。本案中,在X市人民政府向H国际信托有限责任公司出具的余府文〔2012〕55号《承诺函》中无发生纠纷的管辖权的约定。(2)根据《企业破产法》的规定,有关债务人的民事诉讼只能向受理破产申请的人民法院提起。依据《企业破产法》第21条规定,"人民法院受理破产申请后,有关债务人的民事诉讼,只能向受理破产申请的人民法院提起"。本案系由X市人民政府为江西SW L太阳能高科技有限公司出具《承诺函》而引发。2015年11月17日,X市中级人民法院作出(2015)余破字第4-1号《民事裁定书》,为该破产重整案件的受理法院。本案系与债务人有关的纠纷,因此本案应当向受理债务人破产申请的X市中级人民法院提起。(3)本案所涉的破产重整投资人明确表示终止履行重整计划,重整程序尚未终结,债务人所涉及的权利义务关系尚未明确,向受理破产申请的人民法院提起有关债务人的民事诉讼更为妥当。因中国证券监督管理委员会对并购重组配套募集资金的发行规模、定价方式作出重大调整,2017年2月23日,江西SW L太阳能高科技有限公司重整案的投资人中国P能源化工集团有限责任公司及河南Y新能源股份有限公司向SW公司破产管理人发函,决定终止Y新能重组SW两公司事项,同时在深圳证券交易所发布《关于终止重大资产重组事项的公告》,终止公司重大资产重组。本案所涉的破产重整投资人向SW公司破产管理人明确表示终止Y新能重组SW两公司事项,拒绝履行重整计划,现在重整程序尚未终结,债务人所涉及的权利义务关系尚未明确,因此向受理破产申请的人民法院提起有关债务人的民事诉讼更妥当。

被上诉人H国际信托有限责任公司提交答辩意见称,(1)H国际信托有限责任公司依据X市人民政府出具的《承诺函》,提起本案保证合同之诉。根据《民事诉讼法》第23条、第34条之规定,因合同纠纷提起的诉讼,合同当事人未协议选择管辖法院的,由被告住所地或者合同履行地人民法院管辖。同时,本案标的额达6.8亿元,按照最高人民法院《关于调整高级人民法院和中级人民法院管辖第一审民商事案件标准的通知》的规定,应当由江西省高级人民法院管辖。(2)H国际信托有限责任公司单独就X市人民政府出具的《承诺函》向X市人民政府主张保证责任,并未将债务人江西SW L太阳能高科技有限公司列为被告,故本案不属于《企业破产法》第21条规定的"有关债务人的民事诉讼",不适用破产法院集中管辖的相关规定。(3)债务人江西SW L太阳能高科技有限公司破产重整,不影响H国际信托有限责任公司向X市人民政府主张保证责任。并且,H国际信托有限责任公司要求X市人民政府承担保证责任,不以破产程序终结为前提。因此,X市人民政府关于本案由受理江西SW L太阳能高科技有限公司破产案件的法院审理更为妥当的主张,没有法律依据。

3 最高人民法院观点

最高人民法院经审查认为,最高人民法院《关于适用〈中华人民共和国担保法〉若干问题的解释》第44条第1款规定,“保证期间,人民法院受理债务人破产案件的,债权人既可以向人民法院申报债权,也可以向保证人主张权利”,本案中,H国际信托有限责任公司在债务人江西SW L太阳能高科技有限公司不能及时偿还信托贷款,且人民法院已受理该债务人破产案件的情况下,单独向保证人X市人民政府提起诉讼主张担保责任,符合法律规定。由于H国际信托有限责任公司仅起诉了作为保证人的X市人民政府,未将债务人江西SW L太阳能高科技有限公司列为被告,因此本案不适用《企业破产法》第21条关于“人民法院受理破产申请后,有关债务人的民事诉讼,只能向受理破产申请的人民法院提起”的规定。另外,本案H国际信托有限责任公司起诉标的额达6.8亿元。根据《民事诉讼法》第23条关于“因合同纠纷提起的诉讼,由被告住所地或者合同履行地人民法院管辖”的规定,以及最高人民法院《关于调整高级人民法院和中级人民法院管辖第一审民商事案件标准的通知》(法发〔2015〕7号)的规定,X市人民政府所在地的江西省高级人民法院对本案有管辖权。X市人民政府关于将本案移送至X市中级人民法院审理的上诉请求最高人民法院不予支持。

综上所述,X市人民政府的上诉请求和理由不能成立,应予驳回。原审裁定适用法律正确,应予维持。依照《民事诉讼法》第170条第1款第1项、第171条规定,裁定如下:驳回上诉,维持原裁定。

专业释评

《企业破产法》第21条规定,“人民法院受理破产申请后,有关债务人的民事诉讼,只能向受理破产申请的人民法院提起”。《规定(二)》第47条规定,“人民法院受理破产申请后,当事人提起的有关债务人的民事诉讼案件,应当依据企业破产法第二十一条的规定,由受理破产申请的人民法院管辖。受理破产申请的人民法院管辖的有关债务人的第一审民事案件,可以依据民事诉讼法第三十八条的规定,由上级人民法院提审,或者报请上级人民法院批准后交下级人民法院审理。受理破产申请的人民法院,如对有关债务人的海事纠纷、专利纠纷、证券市场因虚假陈述引发的民事赔偿纠纷等案件不能行使管辖权的,可以依据民事诉讼法第三十七条的规定,由上级人民法院指定管辖”。

以上这些规定,有以下几个方面的含义:第一,《企业破产法》是破产领域的基本法,该法第21条的规定是法院受理破产申请后,有关债务人民事诉讼管辖的一个基本原则,而《规定(二)》,是围绕《企业破产法》如何适用的一个司法解释,不能突破《企业破产法》的基本宗旨;第二,该解释第47条第1款的规定仍然坚持了《企业破产法》第21条的基本原则;第三,该解释第47条第2款、第3款谈到可以提审、指定下级法院审理,作为一个选择性规定,也可以不这样做,关键要看具体情况。

问题三 如何认定债务企业是否具备破产原因

案例 阜新ZL实业有限公司、阜新ZL物业管理有限公司债务纠纷案①

1 案情简介

再审申请人(一审申请人、二审上诉人):阜新 ZL 实业有限公司(以下简称 ZL 实业公司)。

法定代表人:姚某某,该公司董事长。

被申请人(一审被申请人、二审被上诉人):阜新 ZL 物业管理有限公司(以下简称 ZL 物业公司)。

法定代表人:王某,该公司董事长。

再审申请人 ZL 实业公司因与被申请人 ZL 物业公司申请破产清算纠纷一案,不服辽宁省高级人民法院(2016)辽民终 223 号民事裁定,向最高人民法院申请再审。

2 当事人诉求

ZL 实业公司申请再审称:

(一)该公司的破产申请符合法律规定

《企业破产法》第 7 条第 2 款规定:“债务人不能清偿到期债务,债权人可以向人民法院提出对债务人进行重整或者破产清算的申请。”本案中,ZL 物业公司与 ZL 实业公司之间的债权债务经辽宁省阜新市中级人民法院(以下简称阜新中院)(2012)阜民一初字第 4 号民事判决、辽宁省高级人民法院(2013)辽民一终字第 215 号民事判决确认,ZL 物业公司应赔偿 ZL 实业公司承包利润及经济损失 32,938,118 元。上述生效判决已于 2013 年 12 月 12 日申请强制执行,ZL 物业公司不能清偿债务,ZL 实业公司申请 ZL 物业公司破产符合法律规定。

(二)ZL 物业公司明显缺乏清偿能力

该公司除生效判决确认的 32,938,118 元债务外,另有其他债务。该公司是 ZL 实业公司的股东,占注册资本的 30%。阜新中院委托会计事务所审计,截至 2012 年 7 月 12 日 ZL 实业公司的净资产已经是 2,706,305.72 元,30% ZL 实业公司的股权净资产是 811,891.72 元。而 ZL 物业公司与 ZL 实业公司之间的几个诉讼案件,是 ZL 物业公司滥用诉权的无理缠诉行为。综上所述,ZL 物业公司已资不抵债,其是否存在纠纷与其承债能力无关,该公司符合破产条件。

---

① 最高人民法院(2017)最高法民申 3160 号。

（三）一审、二审裁定适用法律错误，是“同案不同判”

根据《企业破产法》及最高人民法院《关于审理企业破产案件若干问题的规定（一）》，债务人的财产情况不是受理破产申请的要件，一审、二审法院以双方仍存在诉讼为由，不予受理ZL实业公司的破产申请，是适用法律错误。另外，同类案件谭某申请阜新ZL贸易发展有限公司（以下简称ZL贸易公司）破产案件中，谭某基于与本案相同事实与理由申请ZL贸易公司破产，该案已由阜新中院受理。该院不予受理ZL实业公司对ZL物业公司的破产申请，明显不公。综上所述，ZL实业公司依据《民事诉讼法》第200条第2项、第6项的规定申请再审。

3 最高人民法院观点

最高人民法院经审查认为，最高人民法院《关于适用〈中华人民共和国企业破产法〉若干问题的规定（一）》第7条第2款规定：“人民法院收到破产申请后应当及时对申请人的主体资格、债务人的主体资格和破产原因，以及有关材料和证据等进行审查，并依据企业破产法第十条的规定作出是否受理的裁定。”据此，人民法院决定是否受理破产申请应对债务人是否具备破产原因进行审查。该规定第1条第1款规定：“债务人不能清偿到期债务并且具有下列情形之一的，人民法院应当认定其具备破产原因：（一）资产不足以清偿全部债务；（二）明显缺乏清偿能力。”第2条规定：“下列情形同时存在的，人民法院应当认定债务人不能清偿到期债务：（一）债权债务关系依法成立；（二）债务履行期限已经届满；（三）债务人未完全清偿债务。”第3条规定：“债务人的资产负债表，或者审计报告、资产评估报告等显示其全部资产不足以偿付全部负债的，人民法院应当认定债务人资产不足以清偿全部债务，但有相反证据足以证明债务人资产能够偿付全部负债的除外。”人民法院应依据以上规定审查判断被申请人是否具备破产原因。本案中，ZL实业公司与ZL物业公司之间存在多起诉讼案件尚未审理终结，并无证据证明以上诉讼系ZL物业公司恶意滥诉，双方之间的债权债务情况、ZL物业公司的财产状况目前还不能确定。而且，ZL实业公司申请再审中提及的司法审计报告是阜新中院于2011年委托会计师事务所对该公司的净资产作出的司法审计，不是对被申请人ZL物业公司所作的司法审计，该审计报告不属于最高人民法院《关于适用〈中华人民共和国企业破产法〉若干问题的规定（一）》第3条规定的情形，不能据此推定作为股东的ZL物业公司资不抵债。因此，现有证据不足以证明ZL物业公司具备破产原因。至于另案谭某申请ZL贸易公司破产案件已被阜新中院受理的问题，因ZL贸易公司与谭某的多笔债权债务已经人民法院生效判决确认，该案的情况与本案并不相同，故阜新中院受理谭某的破产申请与本案不属于同案不同判的问题。据此，本案一审、二审法院裁定不予受理ZL实业公司的破产申请并无不当。

综上所述，ZL实业公司的再审申请不符合《民事诉讼法》第200条第2项、第6项规定的情形。最终裁定驳回阜新ZL实业有限公司的再审申请。

专业释评

破产清算是终止债务人主体资格，清理当事人之间债权债务关系的一种手段，而且是一种非常重要的手段，甚至是最后的一种手段，所以，有关破产问题的法律法规对破产的原因作出了明确而具体的规定。就本案而言，ZL 实业公司与 ZL 物业公司之间存在多起诉讼案件尚未审理终结，双方之间的债权债务情况以及 ZL 物业公司的财产状况目前还不能确定。当然也就没办法确定 ZL 物业公司已经处于资不抵债、不能清偿到期债务的境地，所以法院最终驳回阜新 ZL 实业有限公司的再审申请于法有据。

问题四　如何认定破产申请的形式要件与实质要件

案例一　天水X轮毂制造有限公司再审申请案[①]

1 案情简介

再审申请人(一审申请人、二审上诉人):天水X轮毂制造有限公司(以下简称X公司)。

法定代表人:张某某,该公司经理。

再审申请人X公司因申请破产清算一案,不服甘肃省高级人民法院(2017)甘民终58号民事裁定,向最高人民法院申请再审。

2 当事人诉求

X公司申请再审称,本案符合《民事诉讼法》第200条第6项规定的情形,应予再审。请求:(1)撤销甘肃省高级人民法院(2017)甘民终58号民事裁定;(2)指令甘肃省高级人民法院审理,依法受理X公司的破产清算申请。事实和理由:(1)一审法院未按照最高人民法院《关于适用〈中华人民共和国企业破产法〉若干问题的规定(一)》,在收到破产申请时向再审申请人X公司出具收到申请及所附证据的书面凭证,亦未按照规定告知再审申请人X公司应当补充、补正相关材料的情况下,即认为再审申请人X公司"不能提供破产清算所需要的材料",进而裁定不予受理再审申请人X公司的破产清算申请,显属程序错误,且不能正确的适用法律规定。二审法院亦未严格按照法定程序对案件进行审查,仅仅以简单的"破产清算申请形式要件不完备",即认定再审申请人X公司破产申请应不予受理,显属错误。(2)再审申请人X公司已无法清偿到期债务,明显缺乏清偿能力,且资产也不足以清偿全部债务,符合法律规定的破产清算情形。(3)在本案中,再审申请人X公司财产,已经被银行、担保公司等申请查封、评估,如进入执行程序,也仅能够偿还银行、担保公司等极少数法人债权人的债务,绝大多数自然人债权人的债务将无法清偿,这些众多自然人债权人的利益将无法得到保障,而且案件执行过程中造成的积案也无法化解。

3 最高人民法院观点

最高人民法院经审查认为,《企业破产法》第8条规定,向人民法院提出破产申请,应当提交破产申请书和有关证据。破产申请书应当载明下列事项:(1)申请人、被申请人的基本情

---

① 最高人民法院(2017)最高法民申1172号。

况；(2)申请目的；(3)申请的事实和理由；(4)人民法院认为应当载明的其他事项。债务人提出申请的，还应当向人民法院提交财产状况说明、债务清册、债权清册、有关财务会计报告、职工安置预案以及职工工资的支付和社会保险费用的缴纳情况。现再审申请人申请破产清算，却始终未提供有关财务会计报告与财产状况说明、债务清册、债权清册相印证，一审、二审法院对再审申请人申请破产清算一案不予受理并无不当。

综上所述，X公司的再审申请不符合《民事诉讼法》第200条第6项规定的情形。最高人民法院最终裁定驳回天水X公司的再审申请。

案例二　张某某与北京T房地产开发有限公司破产债权确认纠纷案[①]

1　案情简介

再审申请人(一审原告、二审上诉人)：张某某。

被申请人(一审被告、二审被上诉人)：北京T房地产开发有限公司(以下简称T公司)。

诉讼代表人：北京市Z律师事务所，该公司破产管理人。

委托代理人：曹某某，T公司破产管理人负责人。

再审申请人张某某因与被申请人T公司破产债权确认纠纷一案，不服北京市高级人民法院(2016)京民终103号民事裁定，向最高人民法院申请再审。

2　当事人诉求

张某某申请再审称：

第一，北京市丰台区人民法院(2013)丰民初字第16225号张某某诉T公司房屋买卖合同纠纷案，该院判决T公司赔偿张某某440万元；张某某也是北京市丰台区公安分局京公丰经立字(2014)000352号合同诈骗案“张某某退赃99万元、郭某某退赃44万元”的受害人。上述事实说明，张某某对上述两案不承担任何法律责任。2015年6月18日，北京市第二中级人民法院选取北京市Z律师事务所作为T公司破产管理人。该管理人负责人曹某某与T公司法定代表人张某某合伙捏造T公司给张某某“个别清偿”，以张某某不配合为由，给张某某发送《不确认申报债权告知书》，并要求张某某15日内到北京市第二中级人民法院起诉T公司，否则将失去T公司破产案债权人的资格。依照《企业破产法》第25条的规定，请求最高人民法院责令本案二审裁定审判长递交以下资料：(1)递交T公司2011年8月11日出售“HK国际公寓”收取张某某购房款入账单和承建报告；(2)递交T公司2011年至2016年用张某某的购房款建造“HK国际公寓”的账单和报告；(3)递交T公司2015年2月3日建造HK国际公寓发生了所谓“个别清偿”的账单和经营报告。

---

① 最高人民法院(2016)最高法民申1787号。

第二,二审判决审判人员明知丰台区人民法院(2013)丰执字第08594号裁定存在,T公司不可能对张某某进行"个别清偿",丰台区人民法院早就查封了T公司的账户,查封了张某某名下的HK国际酒楼,把T公司列为首批"黑名单"企业,并且限制张某某出境。可见,张某某的受偿行为并非"个别清偿"。按照管理人提供银行计算确权公式,计算张某某享有债权数额不少于520万元,二审判决却蓄意协助《不确认申报债权告知书》,捏造退赃143万元是T公司个别清偿的公款,帮助张某某洗钱脱罪。

第三,依照《企业破产法》第31~33条,第78条第1项、第2项、第3项,第127条,第128条的规定,请求宣布T公司破产,撤销Z律所破产管理人的资格;依照《民事诉讼法》第111条第6项,第113条,第114条第1项、第2项、第3项、第4项,第115条,第216条,第224条,第241条,第244条的规定,追缴张某某侵吞私分转移骗来的所有钱款;依照《刑法》第312条的规定,追究张某某拒不执行北京市丰台区人民法院(2013)丰民初字第16225号民事判决的刑事责任。按照最高人民法院《关于完善人民法院司法责任制的若干意见》,检讨二审裁定审判长的7种违法行为。依据《民事诉讼法》第200条第2项、第3项、第4项、第5项、第6项、第9项、第10项、第11项、第12项、第13项的规定,请求再审本案。

T公司答辩称:

第一,T公司破产管理人依据《企业破产法》之规定,履行破产债权审查确认职责,并有权对法定期间内的个别清偿进行撤销追回。

第二,破产管理人在审查张某某申报的债权时,发现其于2015年2月3日获得T公司法定代表人张某某支付的143万元退房款,时间恰恰在T公司破产受理前6个月内,属于可以撤销的个别清偿,为此要求张某某返还143万元。本案中,张某某起诉债权确认,但又不要求确认具体债权数额。法官、陪审员多次释明要求其确认债权数额,但张某某撤诉后又起诉,仍不要求确认具体数额。因此,一审、二审法院裁定驳回张某某的起诉是正确的。

第三,管理人提起143万元的个别清偿撤销诉讼,现已经北京市第二中级人民法院认定,系在法院判决后给付的案款,故根据《企业破产法》司法解释不予撤销。管理人收到判决后,根据判决恢复实体审查,扣除143万元的退房款,确认张某某其余申报的债权。至此,张某某申报的债权数额是否得到确认实质上已经得到解决。综上所述,张某某的再审申请理由不能成立,请求予以驳回。

3 最高人民法院观点

最高人民法院认为,根据《民事诉讼法》第119条第3项的规定,起诉必须有具体的诉讼请求和事实、理由。本案中,2015年6月18日法院依法受理了案外人对T公司提出的破产申请。与此同时,张某某依据丰台区人民法院(2013)年丰民初字第16225号民事判决书,已享有对T公司债权,且该债权至法院受理T公司破产时并未得到全部清偿,故张某某享有对T公司主张破产债权的权利。《企业破产法》第57条第1款规定,"管理人收到债权申报材料后,应当登记造册,对申报的债权进行审查,并编制债权表"。第58条第3款规定,"债务人、债权人对债权表记载的债权有异议的,可以向受理破产申请的人民法院提起诉讼”。依照上述规定,破产管理人在收到申报材料后应当登记造册,并对申报的债权进行审查及编制债权表。现因T公司破产管理人对张某某的债权申报材料有异议,故未确认张某某提交的债权数额,进而未将该债务记载入债权表内。张某某基于T公司破产管理人对其申报的破产债权数额未予确认的事实,有权提起破产债权确认之诉。债权人资格与债权数额本身具有不可分离性,正是基于享有一定债权数额,才能取得债权人资格。张某某在本案中仅起诉要求确认其债权人身份而未要求确认债权数额,缺乏正当事由和法律依据。故一审、二审法院依据《企业破产法》第58条第3款、《民事诉讼法》第119条第3项之规定,裁定驳回其起诉,认定事实及适用法律并无不当。

此外,根据《民事诉讼法》第200条之规定,当事人的再审申请事由符合该条规定的13项情形之一的,人民法院应当将案件裁定再审。张某某要求二审法院审判人员递交涉及T公司的相关财务报表及资料、撤销破产管理人的资格,并依据最高人民法院《关于完善人民法院司法责任制的若干意见》的规定追究二审法院审判人员的相关责任,上述请求事项不属于本案再审审查范围。

综上所述,张某某的再审申请事由不符合《民事诉讼法》的相关规定。最高人民法院依照《民事诉讼法》的相关规定,裁定驳回张某某的再审申请。

专业释评

《企业破产法》作为民商法律的一个特别法,在诉讼程序方面作出特别规定有其必要性,《企业破产法》第8条明确规定,向人民法院提出破产申请,应当提交破产申请书和有关证据。破产申请书应当载明下列事项:(1)申请人、被申请人的基本情况;(2)申请目的;(3)申请的事实和理由;(4)人民法院认为应当载明的其他事项。而针对债务人提出破产的问题,由于可能涉及假借破产逃避债务的情形,所以法律要求还应当向人民法院提交财产状况说明、债务清册、债权清册、有关财务会计报告、职工安置预案以及职工工资的支付和社会保险费用的缴纳情况。

就第一个案例而言,再审申请人申请破产清算并不符合以上条件要求,所以最终被法院驳回于法有据。就第二个案例而言,张某某的主张仅要求确定其债权人的身份而没有主张具体债权份额,不符合《民事诉讼法》所要求的具体的诉讼请求,所以法院驳回其再审申请于法有据。

问题五　如何确定破产案件的级别管辖

案例一　淄博JZ热力有限公司、淄博JZ热电有限公司合同纠纷案[①]

1 案情简介

上诉人(一审被告):淄博 JZ 热力有限公司(以下简称 JZ 热力公司)。

法定代表人:颜某某,该公司董事长。

被上诉人(一审原告):淄博 JZ 热电有限公司(以下简称 JZ 热电公司)。

法定代表人:蒲某,该公司董事长。

上诉人 JZ 热力公司为与被上诉人 JZ 热电公司合同纠纷管辖权异议一案,不服山东省高级人民法院(2017)鲁民初 10 号民事裁定,向最高人民法院提出上诉。

2 当事人诉求

一审原告 JZ 热电公司因与被告 JZ 热力公司合同纠纷,以 JZ 热力公司违约未支付设备租赁费、未履行设备设施维护和维修义务为由,诉至山东省高级人民法院。请求法院判决:解除双方于 2008 年 11 月 21 日签订的《协议书》,并返还原告价值 176,560,000.01 元的租赁物,判令被告向原告支付租赁费 57,166,666.67 元,赔偿利息损失 1700 万元、因拆除原告设备损失 6000 万元。

3 一审法院观点

山东省高级人民法院受理案件后,JZ 热力公司在提交答辩状期间对管辖权提出异议,认为 JZ 热电公司诉请返还的租赁物所有权已发生转移。本案诉讼标的额应扣除该租赁物价值,仅为 134,166,665.99 元,未达到山东省高级人民法院级别管辖范围。山东省高级人民法院对本案没有管辖权。山东省淄博市中级人民法院已于 2017 年 1 月 23 日裁定受理了淄博 JC 公有资产经营有限公司对淄博 JZ 热电公司的破产清算申请,本案应移送至山东省淄博市中级人民法院审理。

山东省高级人民法院一审裁定认为:原告 JZ 热电公司起诉时请求返还价值 176,560,000.01元的租赁物、支付租赁费 57,166,666.67 元,赔偿利息损失 1700 万元及因拆除原告设备损失 6000 万元。根据该诉讼请求,本案诉讼标的额包含租赁物价值在内总计超过 3

---

① 最高人民法院(2017)最高法民辖终 187 号。

亿元,属该院受理第一审民商事案件级别管辖范围。至于涉案租赁物的所有权归属以及能否返还租赁物的问题,均属实体审理范畴,该院在程序审理阶段不予审查。被告 JZ 热力公司住所地在山东省淄博市周村区,属该院辖区。该院作为被告住所地具有第一审民商事案件的法院对本案享有管辖权。此外,JZ 热力公司主张淄博市中级人民法院已于 2017 年 1 月 23 日裁定受理了淄博 JC 公有资产经营有限公司对 JZ 热电公司的破产清算申请,但本案受理时间为 2017 年 1 月 19 日,早于淄博市中级人民法院受理 JZ 热电公司破产清算案件的时间,故 JZ 热力公司主张将本案移送山东省淄博市中级人民法院审理,缺乏法律依据。综上所述,JZ 热力公司提出的管辖权异议不能成立。裁定驳回 JZ 热力公司对本案管辖权提出的异议。

4 最高人民法院观点

JZ 热力公司不服一审裁定,向最高人民法院上诉称:上诉人提交生效的法律文书证明涉案租赁物的所有权归属于上诉人,被上诉人将该租赁物的价值计入诉讼标的额,显然是虚构事实。山东省淄博市周村区人民法院已经受理以被上诉人为债务人的破产案件,请求将本案移送山东省淄博市周村区人民法院。

JZ 热电公司答辩称:本案诉讼标的额超过 3 亿元,且已提供评估报告予以证明,符合山东省高级人民法院受理第一审民商事案件的管辖范围,一审裁定适用法律正确。返还租赁物是交由法院审理的争议事项,须经法院实体审理后作出裁判,该事项超出了立案审查范围,与级别管辖无关。JZ 热力公司上诉理由不成立。在山东省淄博市中级人民法院裁定受理对 JZ 热电公司破产申请前,一审法院已依法受理(2017)鲁民初 10 号案,JZ 热力公司主张将案件移送山东省淄博市中级人民法院或山东省淄博市周村区人民法院无法律依据。

最高人民法院认为:本案争议焦点为案件的级别管辖。一审原告 JZ 热电公司起诉请求 JZ 热力公司返还价值 176,560,000.01 元的租赁物、支付租赁费 57,166,666.67 元,赔偿利息损失 1700 万元及拆除原告设备损失 6000 万元,案件诉讼标的额超过 3 亿元。JZ 热电公司提供双方关于租赁生产设备的《协议书》一份,初步证明双方存在生产设备租赁法律关系。人民法院在立案阶段仅进行形式审查,租赁物的权属关系、本案诉争租赁物与以物抵债裁定中列明的生产设备是否具有同一性,均属于案件的实体问题,应待实体审理程序中查明。原审裁定根据 JZ 热电公司提出的诉讼请求额确定诉讼标的额为超过 3 亿元,并据此裁定山东省高级人民法院对案件有管辖权,并无不当。

本案立案受理时间早于山东省淄博市中级人民法院裁定受理债权人对 JZ 热电公司的破产申请时间,JZ 热力公司请求将本案移送山东省淄博市中级人民法院或山东省淄博市周村区人民法院审理,没有法律依据。综上所述,裁定驳回上诉,维持原裁定。

案例二 P银行股份有限公司珠海分行与珠海市F投资有限公司等借款合同纠纷案[①]

1 案情简介

上诉人(原审被告):珠海市F投资有限公司(以下简称F公司)。

法定代表人:赵某某,该公司执行董事兼经理。

被上诉人(原审原告):P银行股份有限公司珠海分行(以下简称P银行珠海分行)。

负责人:罗某,该分行行长。

原审被告:蔡某某。

原审被告:丁某某。

原审被告:蔡某立。

原审被告:蔡某辉。

上诉人F公司因与被上诉人P银行珠海分行,原审被告蔡某某、丁某某、蔡某立、蔡某辉金融借款合同纠纷一案,不服广东省高级人民法院(以下简称广东高院)(2015)粤高法民二初字第34-1号民事裁定(以下简称原裁定),向最高人民法院提起上诉。

2 当事人诉求

2015年11月2日,P银行珠海分行向广东高院提起诉讼,主张其依据与F公司签订的《综合授信额度合同》《固定资产贷款合同》,向F公司发放两笔贷款共计人民币59,820万元,F公司以其开发的某楼盘共计579套房产作为抵押。蔡某某、丁某某、蔡某立、蔡某辉分别与P银行珠海分行签订《最高额保证担保合同》,承诺对F公司应承担的上述债务(包括或有债务)本金、利息、复利及罚息、实现债权的一切费用承担担保责任。蔡某立、蔡某辉与P银行珠海分行分别签订《最高额质押担保合同》,以其所持F公司股份提供担保。因F公司未按合同约定按时足额归还本息,涉案抵押房地产已被广东省深圳市罗湖区人民法院查封,P银行珠海分行诉请:(1)判令P银行珠海分行与F公司签订的《综合授信额度合同》《固定资产贷款合同》提前到期,解除双方合同关系。(2)判令F公司偿还P银行珠海分行贷款本金余额人民币574,809,651.03元及利息103,995,123.14元,本息合计678,804,774.17元(暂计至2015年10月27日),2015年10月28日起至全部贷款清偿完毕之日止的利息、罚息、复利按《固定资产贷款合同》约定计算。(3)判令F公司承担本案律师费3,394,023.87元(其中前期律师费20万元,风险代理律师费3,194,023.87元)诉讼费、差旅费、公告费、送达费、执行费、过户费等一切实现债权费用。(4)判令P银行珠海分行对F公司名下的抵押物、质押物及对蔡某立、蔡某辉名下的质押物依法享有优先受偿权。(5)判令蔡某某、丁某某、蔡某立、蔡某辉对F公

---

① 最高人民法院(2016)最高法民辖终124号。

司的上述债务（暂计共计人民币682,198,798.04元）共同承担连带清偿责任。

F公司在提交答辩状期间内提出管辖权异议。F公司以其到期债务未达5亿元；涉案不动产所在地在广东省珠海市；涉案不动产已被广东省珠海市中级人民法院（以下简称珠海中院）查封；P银行珠海分行已向珠海中院申请了F公司破产重整，珠海中院已受理预立案；广东DB二建集团有限公司已向广东省珠海市香洲区人民法院起诉主张约5000万元的工程款，对涉案房产有优先受偿权，本案P银行珠海分行也主张有优先受偿权，有可能引起冲突判决；涉案房产已销售169套，房产的销售严重影响优先受偿权的判决结果，珠海中院已在处理169套已售房屋的问题等为由，认为本案应由珠海中院审理更加合适。

3　一审法院观点

广东高院认为，本案原、被告住所地均在广东高院所处省级行政辖区内。根据P银行珠海分行所提的诉讼请求，本案诉讼标的总金额为682,198,798.04元。P银行珠海分行亦已依据该诉讼标的总金额向广东高院预交一审案件受理费。根据最高人民法院《关于调整高级人民法院和中级人民法院管辖第一审民商事案件标准的通知》（法发〔2015〕7号）第1条"当事人住所地均在受理法院所处省级行政辖区的第一审民商事案件……广东高级人民法院，管辖诉讼标的额5亿元以上一审民商事案件……"的规定，本案应由广东高院管辖。因此，F公司认为本案应由珠海中院管辖的理由不能成立，广东高院不予支持。依照《民事诉讼法》第127条之规定，裁定如下：驳回F公司对本案管辖权提出的异议。管辖权异议受理费100元，由F公司负担。

4　最高人民法院观点

F公司不服原裁定，仍以F公司以其到期债务未达5亿元；涉案不动产所在地在广东省珠海市；涉案不动产已被珠海中院查封；P银行珠海分行已向珠海中院申请了F公司破产重整，珠海中院已受理预立案；广东DB二建集团有限公司已向广东省珠海市香洲区人民法院起诉主张约5000万元的工程款，对涉案房产有优先受偿权，本案P银行珠海分行也主张有优先受偿权，有可能引起冲突判决；涉案房产已销售169套，房产的销售严重影响优先受偿权的判决结果，珠海中院已在处理169套已售房屋的问题等为由，向最高人民法院提起上诉，认为原裁定违背事实和法律规定，本案由珠海中院审理更加合适。

P银行珠海分行、蔡某某、丁某某、蔡某立、蔡某辉均未提交意见。

最高人民法院认为，根据最高人民法院《关于调整高级人民法院和中级人民法院管辖第一审民商事案件标准的通知》（法发〔2015〕7号），当事人住所地均在广东高院所处省级行政辖区、诉讼标的额5亿元以上的第一审民商事案件，由广东高院管辖。本案上诉人、被上诉人及原审被告住所地均在广东省内，诉讼标的总金额为682,198,798.04元，原裁定据此认定本案应由广东高院管辖，适用法律并无不当。即便珠海中院已受理P银行珠海分行对F公司的破产申请,依据最高人民法院《关于适用〈中华人民共和国企业破产法〉若干问题的规定(二)》第47条之规定,广东高院亦对本案有管辖权。F公司关于本案应由珠海中院管辖的主张,于法无据,最高人民法院不予支持。

综上所述,驳回上诉,维持原裁定。

专业释评

级别管辖是要划分上下级法院之间受理第一审民事案件的分工和权限。中国有基层人民法院、中级人民法院、高级人民法院和最高人民法院四级法院,都可以受理第一审民事案件,但受理案件的范围不同。具体来说,一般民事案件都由基层人民法院管辖,或者说除了法律规定由中级人民法院、高级人民法院、最高人民法院管辖的第一审民事案件外,其余一切民事案件都由基层人民法院管辖。

中级人民法院管辖下列第一审民事案件:第一,重大涉外案件(包括涉港、澳、台地区的案件)。所谓涉外案件,是指具有外国因素的民事案件,如原告或被告是外国人、涉及的财产在外国等。所谓重大涉外案件,是指争议标的额大、案情复杂,或者居住在国外的当事人人数众多或当事人分属多国国籍的涉外案件。第二,在本辖区有重大影响的案件。所谓在本辖区有重大影响的案件一般是指在政治上或经济上有重大影响的案件。在政治上有重大影响的案件,主要是指诉讼当事人或诉讼标的及标的物涉及的人或事在政治上有重大影响,如当事人是党、政、军界要员或人大代表等。在经济上有重大影响的案件,主要是指诉讼标的金额较大、争议的法律关系涉及国家经济政策的贯彻等类案件。第三,最高人民法院确定由中级人民法院管辖的案件。目前这类案件主要有海事和海商案件、专利纠纷案件、商标侵权案件。海事、海商案件只能由海事法院管辖(海事法院与普通中级人民法院同级),其他法院不能管辖;专利纠纷案件只能由省级政府所在地的中级人民法院以及青岛、大连和各经济特区的中级人民法院管辖,其他法院没有管辖权。高级人民法院管辖的案件是在本辖区内有重大影响的第一审民事案件。最高人民法院管辖在全国范围内有重大影响的案件以及它认为应当由自己审理的案件。所谓在全国有重大影响的案件,是指在全国范围内案件性质比较严重、案情特别复杂、影响重大的案件,这类案件为数极少。所谓最高人民法院认为因当由本院审理的案件,是指只要最高人民法院认为某一案件应当由其审理,不论该案属于哪一级、哪一个法院管辖,它都有权将案件提上来自己审判,从而取得对案件的管辖权。

除了这些原则的规定,还有一个具体数额的划分标准,也就是最高人民法院《关于调整高级人民法院和中级人民法院管辖第一审民商事案件标准的通知》,即法发〔2015〕7号文件。就本问题案例一而言,案件诉讼标的额超过3亿元,符合山东省高级人民法院受案标准,所以,两级法院均裁定山东省高级人民法院受理本案具有法律依据。就案例二而言,涉案金额超过了6亿元,两级法院裁定由广东高院管辖,于法有据。

问题六　如何确定破产程序终结后案件的管辖

案例　Z投资控股有限公司等与G市纺织厂破产还债清算组等纠纷案[①]

1 案情简介

上诉人(原审被告):G市纺织厂破产还债清算组(以下简称纺织厂清算组)。

负责人:肖某某,该清算组组长。

被上诉人(原审原告):Z投资控股有限公司(以下简称Z公司)。

法定代表人:张某某,该公司董事长。

被上诉人(原审原告):H纺织有限公司(以下简称H公司)。

法定代表人:张某某,该公司董事长。

被上诉人(原审原告):T贸易有限公司(以下简称T公司)。

法定代表人:张某某,该公司董事长。

被上诉人(原审原告):X贸易有限公司(以下简称X公司)。

法定代表人:王某某,该公司董事长。

原审被告:G市人民政府国有资产监督管理委员会(以下简称G市国资委)。

法定代表人:肖某某,该委员会主任。

原审被告:G市投资控股(集团)有限公司(以下简称G市投资集体)。

法定代表人:马某,该公司董事长。

上诉人纺织厂清算组因与被上诉人Z公司、H公司、T公司、X公司及原审被告G市国资委、G市投资集团财产损害赔偿纠纷一案,不服四川省高级人民法院作出的(2015)川民初字第116号民事裁定,向最高人民法院提起上诉。

2 当事人诉求

纺织厂清算组上诉称,四被上诉人虽然是在破产终结裁定之后提起本案侵权诉讼,但从破产终结裁定第3项内容来看,整个程序并未终结,所谓的破产终结只是程序上的一种变通方式。2006年4月26日、2013年10月22日,四川省G市中级人民法院(以下简称G市中院)两次对纺织厂清算组成员进行变更,现纺织厂清算组仍然在继续履行法定职责。表面上看,四被上诉人主张的是侵权法律关系,实质上是有关破产职工安置义务的转移以及破产财产处分的合法性、合理性问题。而且,破产遗留问题的处理仍然在破产法院的主导下进行。综上,纺织

---

① 最高人民法院(2017)最高法民辖终78号。

厂清算组请求依法撤销一审裁定，将本案移送至G市中院管辖。

被上诉人Z公司、H公司、T公司、X公司及原审被告G市国资委、G市投资集团未提交答辩意见。

3 最高人民法院观点

最高人民法院经审查认为，本案是否应由受理破产申请的人民法院管辖是争议的焦点。1999年10月10日G市中院作出民事裁定，宣告G市纺织厂破产还债，1999年12月8日G市中院作出（1999）广经初破字第2－20号民事裁定，终结G市纺织厂破产程序，该裁定具有法律效力。最高人民法院《关于审理企业破产案件若干问题的规定》第97条第2款规定："破产程序终结后仍有可以追收的破产财产、追加分配等善后事宜需要处理的，经人民法院同意，可以保留清算组或者保留部分清算组成员。"纺织厂清算组称其破产程序终结后继续履行法定职责，以及在G市中院主导下处理与破产程序相关事宜等均符合该规定。上诉人据此主张G市纺织厂破产终结只是程序上的变通，理据不足。破产程序终结后，四被上诉人主张自身权益受损害，有权提起新的民事诉讼。纺织厂清算组主张本案应由受理破产申请的人民法院管辖的上诉请求，最高人民法院不予支持。

依照《民事诉讼法》第170条第1款第1项、第171条规定，裁定如下：驳回上诉，维持原裁定。

专业释评

破产案件的管辖是指各级人民法院及同级人民法院之间受理破产案件的分工和权限。破产案件的管辖分为级别管辖、地域管辖、移送管辖、指定管辖。

破产案件的级别管辖，是指法院组织系统划分各级人民法院对破产案件受理的分工和权限。我国人民法院的组织体系分为四级，即基层人民法院、中级人民法院、高级人民法院和最高人民法院。根据最高人民法院《关于审理企业破产案件若干问题的规定》第2条的规定，基层人民法院一般管辖县、县级市或者区的工商行政管理机关核准登记企业的破产案件；中级人民法院一般管辖地区、地级市（含本级）以上的工商行政管理机关核准登记企业的破产案件；纳入国家计划调整的企业破产案件，由中级人民法院管辖。

破产案件的地域管辖，是指确定同级人民法院在各自的辖区内管辖破产案件的分工和权限。根据《企业破产法》第3条规定，破产案件由债务人住所地人民法院管辖。债务人住所地，是指债务人主要办事机构所在地，无办事机构的，是指债务人注册地。

破产案件的移送管辖，是指某一法院对自己已经受理的破产案件，移送给有管辖权的法院审理。由于破产案件的管辖在我国目前规定得还不具体，破产申请人向无管辖权的法院提出申请并被受理的情况不可能完全避免。最高人民法院《关于审理企业破产案件若干问题的规定》第3条规定："上级人民法院审理下级人民法院管辖的企业破产案件，或者将本院管辖的企业破产案件移交下级人民法院审理，以及下级人民法院需要将自己管辖的企业破产案件交由上级人民法院审理的，依照民事诉讼法第三十九条的规定办理；省、自治区、直辖市范围内因特殊情况需对个别企业破产案件的地域管辖作调整的，须经共同上级人民法院批准。"

移送管辖应具备三个条件：(1)移送法院已经受理了某一破产案件；(2)移送法院对该破产案件无管辖权；(3)受移送法院必须对该破产案件拥有管辖权。同时具备此三个条件，移送法院方可作出移送管辖的裁定。移送法院的裁定，对受移送法院具有法律拘束力，受移送法院不得将该破产案件移送于其他法院。受移送法院认为自己无管辖权的，应报请上级法院指定管辖。

破产案件的指定管辖，是指上级人民法院依照法律规定，指定其辖区内的下级人民法院对某一具体破产案件行使管辖权。破产案件在移送管辖中所引起的指定管辖，是指定管辖的一种含义，同时，人民法院之间因管辖权发生争议，由发生争议的双方报请共同上级人民法院指定管辖，是指定管辖的另一层含义。

人民法院之间因破产案件管辖权发生争议，在审判实践中一般有两种情况：一种是争抢某一破产案件的管辖权；另一种是两个有管辖权的法院相互推诿，都不愿对某一破产案件行使管辖权。对于破产案件管辖权争议，首先应由争议双方协商解决；协商不成的，报请它们的共同上级人民法院指定管辖。共同上级人民法院在对破产案件进行指定管辖时，除考虑法律规定的管辖权的本意这个因素外，更要考虑破产案件本身的特点，本着方便当事人，便于案件的审理的原则和精神来确定指定管辖。

另外，《企业破产法》第21条规定，"人民法院受理破产申请后，有关债务人的民事诉讼，只能向受理破产申请的人民法院提起"。但就本案而言，原破产程序终结后，四被上诉人主张自身权益受损害，有权提起新的民事诉讼。此时的诉讼与原来的破产诉讼没有直接关联，只能按照一般的管辖原则确定管辖依据。因此，纺织厂清算组主张本案应由受理破产申请的人民法院管辖的上诉请求，没有法律依据。

问题七　申请债务人的保证人破产应具备什么条件

案例　吴某某再审审查与审判监督民事裁定书①

1 案情简介

再审申请人(一审申请人,二审上诉人):吴某某。

委托诉讼代理人:吴某(吴某某之子)。

被申请人(一审被申请人,二审被上诉人):江苏 HC 实业有限公司(以下简称 HC 公司)。

法定代表人:李某某,董事长。

再审申请人吴某某因与被申请人 HC 公司破产清算一案,不服江苏省高级人民法院(2016)苏破终 1 号民事裁定,向最高人民法院申请再审。

2 当事人诉求

吴某某申请再审称,原审裁定存在《民事诉讼法》第 200 条第 6 项规定之情形,应予再审。再审请求:撤销原审裁定,改判依法受理吴某某的破产申请。主要事实和理由如下:

第一,HC 公司符合破产条件,吴某某申请应予支持。根据《企业破产法》第 2 条规定,企业法人不能清偿到期债务,并且资产不足以清偿全部债务或者明显缺乏清偿能力的,依照本法规定清理债务。吴某某系 HC 公司债权人,HC 公司对其债务未作任何偿还,HC 公司已不能清偿到期债务。经江苏省高级人民法院强制执行,HC 公司已无财产偿还吴某某,明显缺乏清偿能力。另根据吴某某在二审提供的 HC 公司资产负债表,HC 公司资产已不足以清偿全部债务。因此,HC 公司已完全符合破产清算的法律规定。

第二,一审、二审法院均认为吴某某的申请应不予受理,于法无据。一审法院认为"主债务人未破产,从债务人不能破产",严重违法。最高人民法院《关于适用〈中华人民共和国企业破产法〉若干问题的规定(一)》第 1 条第 2 款规定:"相关当事人以对债务人的债务负有连带责任的人未丧失清偿能力为由,主张债务人不具备破产原因的,人民法院应不予支持。"根据上述规定及相关意见,本案中 JW 软件公司和 JT 公司的资产状况均不应成为法律衡量 HC 公司是否应当破产的原因。二审法院以互负债务的先后履行为由驳回吴某某上诉,没有法律依据。根据法律规定,对破产申请人的债权审查以及被申请人破产原因的审查,并不涉及债权形成的原因以及是否存在其他合同义务的履行。吴某某的债权系经最高人民法院民事判决所确认,付款期限早已届满,经强制执行后债权仍无法实现,完全符合破产清算条件,二审法院的裁

① 最高人民法院(2017)最高法民申 3217 号。

判理由没有法律依据。

HC公司未提交答辩意见。

3 最高人民法院观点

最高人民法院经审查认为，本案的争议焦点是吴某某能否申请HC公司进行破产清算。《企业破产法》第2条规定："企业法人不能清偿到期债务，并且资产不足以清偿全部债务或者明显缺乏清偿能力的，依照本法规定清理债务。企业法人有前款规定情形，或者有明显丧失清偿能力可能的，可以依照本法规定进行重整。"根据上述规定，企业法人不能清偿到期债务，且资产不足以清偿全部债务或者明显缺乏清偿能力的，债权人可以向人民法院申请破产清算。本案中，HC公司作为吴某某对JW软件公司债权的担保人，对JW软件公司的债务承担连带担保责任，与其他保证人一并对吴某某承担清偿责任。吴某某申请HC公司破产，需证明其债务不能得到清偿。根据本案查明的事实，作为主债务人的JW软件公司并未进行破产清算，且针对JT公司的执行终结，系因轮候查封所致，并非因JT公司无财产可供执行，故吴某某并无证据证明其债务不能得到清偿，吴某某申请HC公司破产没有事实和法律依据，原审法院对吴某某的破产申请裁定不予受理，并无不当。

最高人民法院《关于适用〈中华人民共和国企业破产法〉若干问题的规定（一）》第1条第2款规定："相关当事人以对债务人的债务负有连带责任的人未丧失清偿能力为由，主张债务人不具备破产原因的，人民法院应不予支持。"对于该条规定中所称"债务人"是指主债务人，"负有连带责任的人"即包含有负连带责任的保证人。本案中，主债务人为JW软件公司，HC公司为负连带责任的保证人，现吴某某申请HC公司破产，而非申请JW软件公司破产，故本案并不能适用该条司法解释的规定。

综上所述，吴某某的再审申请并不符合《民事诉讼法》第200条第6项规定之情形，裁定驳回吴某某的再审申请。

专业释评

根据法律规定，企业法人不能清偿到期债务，且资产不足以清偿全部债务或者明显缺乏清偿能力的，债权人可以向人民法院申请破产清算。这条原则同样适用于保证人。也就是说，当保证人负有的保证责任到期，但不能清偿其该负的债务，担保权人就可以向人民法院申请其破产。

就本案而言，由于保证人与主债务人属于连带之债，必须一体考虑保证人与主债务人的清偿能力进入了"不能清偿到期债务，且资产不足以清偿全部债务或者明显缺乏清偿能力的"界限时，才能够申请保证人或主债务人破产，但通过查到的案情得知，作为主债务人的JW软件公司并未进行破产清算，其是否已经资不抵债并不清楚。因此，法院驳回再审申请人具有法律依据。

问题八　破产申请权与其他权利是否可以并用

案例　Z银行股份有限公司太原分行与山西省W集团进出口有限公司质权纠纷案[①]

1 案情简介

上诉人(原审原告):Z银行股份有限公司太原分行(以下简称Z银行太原分行)。

负责人:姚某某,该行行长。

被上诉人(原审被告):山西省W集团进出口有限公司(以下简称W进出口公司)。

法定代表人:郭某某,该公司董事长。

上诉人Z银行太原分行因与被上诉人W进出口公司票据质权纠纷一案,不服山西省高级人民法院(2014)晋商初字第7号民事裁定,向最高人民法院提起上诉。

2 当事人诉求

Z银行太原分行上诉请求:撤销山西省高级人民法院(2014)晋商初字第7号民事裁定书,改判支持Z银行太原分行的诉讼请求。本案诉讼费用由被上诉人承担。

事实与理由:

第一,原审裁定剥夺了Z银行太原分行依法享有的诉权,应依法予以撤销。Z银行太原分行在支付票据款后享有持票人的权利,与本案具有直接的利害关系,起诉符合《民事诉讼法》第119条的规定。

第二,Z银行太原分行向其票据前手W进出口公司行使再追索权与向进入破产程序的出票人申报债权并行不悖,原审裁定驳回Z银行太原分行的起诉适用法律错误。

第三,最高人民法院类似情况的司法答复及既往判例与本案情形性质相同,均认为债权人有权起诉连带债务人,人民法院应当受理。

W进出口公司答辩称,一审裁定事实清楚,适用法律正确,程序合法,应予维持。

第一,案涉2张汇票的出票人和付款人分别为山西F煤化有限公司、柳林县H煤焦有限责任公司,以上两公司的破产重组计划已经得到批准,Z银行太原分行对案涉汇票债权已经在上述两公司破产程序中主张并得到确认,可以实现自己的权利,对其前手W进出口公司不应行使汇票的再追索权。

第二,案涉商业汇票,实际是Z银行太原分行的保贴业务,实为贷款业务,属于借款法律关系,应当由借款人即本案的出票人和保证人承担责任。

---

① 最高人民法院(2017)最高法民终715号。

第三,Z 银行太原分行未在追索期限内,依法定要件及形式向 W 进出口公司行使追索权,已丧失该权利。

第四,《Z 银行商业汇票贴现申请书(代贴现合同)》第 1 条第 3 项“贴现后,若 Z 银行太原分行依照有关规定向汇票付款人提示付款遭拒付,未能如期足额收回汇票金额,则 W 进出口公司无条件承担清偿汇票本金、应付利息(包括逾期利息)以及 Z 银行太原分行因此而发生的费用”的约定属格式条款,应认定无效。

3 一审法院观点

一审法院经审理查明,2013 年 6 月 20 日,W 进出口公司向 Z 银行太原分行申请商业汇票贴现(汇票号分别为:×××××××××××××526、×××××××××××××527、×××××××××××××528),申请贴现金额为 21,500 万元。同时 W 进出口公司向 Z 银行太原分行出具《商业汇票贴现申请书(代贴现合同)》,并在该申请书中以第 1 条第 3 项作出承诺:“贴现后,若 Z 银行太原分行依照有关规定向汇票付款人提示付款遭拒付,未能如期足额收回汇票金额,W 进出口公司无条件承担清偿汇票本金、应付利息(包括逾期复息)以及 Z 银行太原分行因此而发生的费用”,并确认了计息规则。Z 银行太原分行依 W 进出口公司申请为其办理了商业承兑汇票贴现业务,票面金额共计 21,500 万元。该 3 张商业承兑汇票的付款人开户行均为 Z 银行太原并州路支行,出票日均为 2013 年 6 月 17 日,汇票到期日为 2013 年 12 月 17 日。其中:×××××××××××××526 号商业承兑汇票付款人为柳林县 H 煤焦有限责任公司,票面金额 5000 万元;×××××××××××××527 号商业承兑汇票付款人为山西 L 能源投资有限公司,票面金额 11,500 万元;×××××××××××××528 号商业承兑汇票付款人为山西 F 煤化有限公司,票面金额 5000 万元。Z 银行太原分行于 2013 年 6 月 20 日将汇票向 W 进出口公司贴现后,于 2013 年 6 月 21 日将上述 3 张商业承兑汇票转贴现给 Z 银行兰州分行票据中心。汇票于 2013 年 12 月 17 日到期后,Z 银行兰州分行票据中心提示三汇票付款人付款遭拒,三付款人在《Z 银行结算、拒绝付款理由书》“拒付理由”一栏中加盖公章。Z 银行兰州分行票据中心于 2013 年 12 月 27 日向 Z 银行太原分行发出《关于托收票据逾期处理的函》,内容为:“贵行 2013 年 6 月 21 日转卖给我行的票据,于止息日 2013 年 12 月 17 日未托收回票款,现进行系统内追索,该笔票据由你行转为逾期贴现贷款”,并附有相应汇票的票面主要记载事项。Z 银行太原分行于当日向 Z 银行兰州分行票据中心通过转账偿还汇票款 21,500 万元。

另查明:山西省吕梁市中级人民法院审理的山西 L 能源有限公司及涉案汇票付款人山西 L 能源投资有限公司、山西 F 煤化有限公司、柳林县 H 煤焦有限责任公司等 32 家公司重整一案中,Z 银行太原分行已于 2015 年 5 月将其对山西 F 煤化有限公司、柳林县 H 煤焦有限责任公司拥有的债权进行申报,该两笔债权系本案中两支涉案商业汇票未得到上述两公司付款所产生的债权,已得到该 32 家公司合并重整管理人的确认,山西省吕梁市中级人民法院于 2017 年 3 月 8 日作出(2015)吕破字第(1-23、25-31)之 5 号民事裁定,对上述债权予以确认。

山西省吕梁市中级人民法院作出上述裁定后，一审法院即向32家公司合并重整管理人调取了Z银行太原分行关于山西L能源投资有限公司的债权申报资料。经组织双方质证，确认Z银行太原分行该申报债权与本案无关，并非本案涉案商业承兑汇票未得付款形成的债权。

Z银行太原分行对一审查明的案件事实予以认可，W进出口公司除对Z银行太原分行与Z银行兰州分行票据中心之间的汇票转贴现和Z银行兰州分行票据中心提示付款人付款的行为持有异议之外，对案件其他事实都予认可。

一审法院认为，Z银行太原分行持有的出票人及付款人为柳林县H煤焦有限责任公司的××××××××××××××526号商业承兑汇票和出票人及付款人为山西F煤化有限公司的××××××××××××××528号商业承兑汇票，因已被二付款人拒付，根据《票据法》第61条第1款“汇票到期被拒绝付款的，持票人可以对背书人、出票人以及汇票的其他债务人行使追索权”、第71条“被追索人依照前条规定清偿后，可以向其他汇票债务人行使再追索权，请求其他汇票债务人支付下列金额和费用……”之规定，Z银行太原分行在向其后手Z银行兰州票据中心清偿票款后，即享有对出票人、付款人及所有前手的票据追索权。

4 最高人民法院观点

本案在审理过程中，柳林县H煤焦有限责任公司、山西F煤化有限公司进入破产重整阶段，Z银行太原分行已依照《企业破产法》规定的程序要求，将对山西F煤化有限公司、柳林县H煤焦有限责任公司的该两笔本案涉案汇票债权进行了申报，并已得到山西L能源公司等32家公司合并重整管理人及吕梁市中级人民法院（2015）吕破字第（1－23、25－31）之5号民事裁定确认。

一审法院认为，如仍在本案中以票据追索的法律关系对Z银行太原分行已申报的债权进行认定和处理，会导致法院既依破产重整程序又依民事诉讼程序对Z银行太原分行主张的债权进行重复认定和处理，也必然影响山西L能源公司等32家公司合并重整管理人及吕梁市中级人民法院对山西L能源公司等32家公司破产重整一案的债权确认情况及工作程序。根据《企业破产法》第44条“人民法院受理破产申请时对债务人享有债权的债权人，依据本法规定的程序行使权利”之规定，Z银行太原分行应依《企业破产法》规定的法定程序，实现对债务人山西F煤化有限公司、柳林县H煤焦有限责任公司的债权主张为宜。Z银行太原分行在依上述破产程序主张债权已得到法院生效法律文书确认的情况下，对其前手W进出口公司不应行使该两笔汇票的再追索权。

综上所述，依照《企业破产法》第44条、《民事诉讼法》第124条第3项、第153条、第154条第1款第3项之规定，一审裁定：驳回Z银行股份有限公司太原分行对出票人及付款人为柳林县H煤焦有限责任公司的××××××××××××××526号商业承兑汇票和出票人及付款人为山西F煤化有限公司的××××××××××××××528号商业承兑汇票，共计100,000,000元汇票债权的起诉。对本案案件受理费的负担，本裁定中不予处理。

最高人民法院认为，Z银行太原分行持有的出票人及付款人为柳林县H煤焦有限责任公司的×××××××××××××526号商业汇票和出票人及付款人为山西F煤化有限公司的×××××××××××××528号商业汇票，因已被二付款人拒付，Z银行太原分行在向其后手Z银行兰州票据中心清偿票款后，即享有对出票人、付款人及前手的票据再追索权。虽然出票人柳林县H煤焦有限责任公司、山西F煤化有限公司进入破产重整阶段，Z银行太原分行也已依照《企业破产法》规定的程序要求，将对山西F煤化有限公司、柳林县H煤焦有限责任公司的该两笔本案涉案汇票债权进行了申报，并已得到山西L能源公司等32家公司合并重整管理人及吕梁市中级人民法院(2015)吕破字第(1－23、25－31)之5号民事裁定确认，但根据《票据法》第68条"汇票的出票人、背书人、承兑人和保证人对持票人承担连带责任。持票人可以不按照汇票债务人的先后顺序，对其中任何一人、数人或者全体行使追索权。持票人对汇票债务人中的一人或者数人已经进行追索的，对其他汇票债务人仍可以行使追索权。被追索人清偿债务后，与持票人享有同一权利"的规定，W进出口公司作为案涉票据的背书人，与出票人柳林县H煤焦有限责任公司、山西F煤化有限公司共同对持票人Z银行太原分行承担连带责任。Z银行太原分行已经向出票人柳林县H煤焦有限责任公司、山西F煤化有限公司进行追索的，对W进出口公司仍可以行使追索权。同时，《企业破产法》亦未禁止债权人向其他连带债务人提起诉讼。故一审裁定认为"Z银行太原分行在依上述破产程序主张债权已得到法院生效法律文书确认的情况下，对其前手W进出口公司不应行使该两笔汇票的再追索权"，从而驳回Z银行太原分行的起诉，没有法律依据。Z银行太原分行上诉主张原审适用法律错误，最高人民法院予以采纳。

另外，上诉人Z银行太原分行关于二审直接改判支持其诉讼请求的上诉请求，没有法律依据，本院不予支持。

综上所述，上诉人Z银行太原分行的上诉请求及理由部分成立，最高人民法院予以支持。一审裁定适用法律错误，应予以撤销。依据《民事诉讼法》第171条、最高人民法院《关于适用〈中华人民共和国民事诉讼法〉的解释》第332条之规定，裁定如下：

第一，撤销山西省高级人民法院(2014)晋商初字第7号民事裁定；

第二，本案指令山西省高级人民法院审理。

专业释评

对本案债权人Z银行太原分行来说，既可以依据《企业破产法》第44条"人民法院受理破产申请时对债务人享有债权的债权人，依据本法规定的程序行使权利"之规定，依法行使对对债务人山西F煤化有限公司、柳林县H煤焦有限责任公司的债权主张，也可以依据《票据法》第68条"汇票的出票人、背书人、承兑人和保证人对持票人承担连带责任。持票人可以不按照汇票债务人的先后顺序，对其中任何一人、数人或者全体行使追索权。持票人对汇票债务人中的一人或者数人已经进行追索的，对其他汇票债务人仍可以行使追索权。被追索人清偿债务后，与持票人享有同一权利"的规定，对W进出口公司仍可以行使追索权。这是两种不同性质的权利，权利人可以选择性使用，也可以一并使用。

问题九　破产申请受理后的执行如何处理

案例　章某、Z国际信托股份有限公司与南昌B农庄有限公司等合同纠纷案①

1　案情简介

申请复议人(申请执行人):章某。

申请执行人:Z 国际信托股份有限公司(以下简称 Z 公司)。

法定代表人:裘某,该公司董事长。

被执行人:南昌 B 农庄有限公司(以下简称 B 公司)。

法定代表人:陈某某,该公司董事长。

被执行人:江西靖安 M 实业有限公司。

法定代表人:邓某某,该公司董事长。

被执行人:南昌 S 贸易有限公司。

法定代表人:朱某某,该公司总经理。

被执行人:陈某某。

被执行人:宋某某。

被执行人:王某某。

申请复议人章某因其与 Z 公司申请执行 B 公司、江西靖安 M 实业有限公司、南昌 S 贸易有限公司、陈某某、宋某某、王某某等借款合同纠纷一案,不服江西省高级人民法院(以下简称江西高院)(2015)赣执异字第 5 号执行裁定,向最高人民法院申请复议。

Z 公司与 B 公司、江西靖安 M 实业有限公司借款合同纠纷一案,江西高院于 2014 年 6 月 3 日作出(2014)赣民一初字第 3 号民事调解书。Z 公司申请执行,执行标的额为本金 2.05 亿元及利息和相关费用,江西高院于 2014 年 6 月 26 日立案执行,案号为(2014)赣执字第 18 号。

2014 年 9 月 30 日,因申请执行人章某申请,江西高院作出(2014)赣执提字第 15 号执行裁定,决定将江西省南昌市中级人民法院(以下简称南昌中院)受理执行的(2013)洪中执字第 96 号章某申请执行 B 公司、南昌 S 贸易有限公司、陈某某、宋某某、王某某等借款合同纠纷一案提级执行,该案生效法律文书为南昌中院(2013)洪民二初字第 57 号民事调解书,其中约定,如该五被执行人未付清所有借款本息,则不得解除对 B 公司所有的位于 X 县某庄路南北两侧土地的土地使用权[产权证号:X 国用(2010)第 ××001 号]的查封,该案执行标的额 1010 万元及利息。

2014 年 10 月 11 日,江西高院作出(2014)赣执字第 18－3 号执行裁定,决定将(2014)赣

---

① 最高人民法院(2016)最高法执复 22 号。

执提字第 15 号案件并入(2014)赣执字第 18 号案件中一并执行。

2015 年 9 月 9 日,被执行人 B 公司向江西高院申请破产重整,该院于 2015 年 11 月 11 日作出(2015)赣破(预)字第 1 号民事裁定,受理了 B 公司的破产重整申请。同年 12 月 10 日,该院作出(2014)赣执字第 18－6 号执行裁定,中止该院(2014)赣民一初字第 3 号民事调解书、南昌中院(2013)洪民二初字第 57 号民事调解书的执行,在中止情形消失后,申请执行人可以申请恢复执行。

2 当事人诉求

章某不服(2014)赣执字第 18－6 号执行裁定,向江西高院提出执行异议。主要理由为:(1)被执行人 B 公司所有的产权证号为 X 国用(2010)第××001 号的土地使用权已被法院查封,该查封土地使用权的拍卖价款可以清偿被执行人欠异议人的借款本金及利息。对于被执行人 B 公司未清偿的债务,应当依法按照财产保全和执行中查封、扣押、冻结财产的先后顺序清偿,不能通过破产重整先行处置。(2)江西高院未告知异议人被执行人 B 公司已申请破产重整,亦未向异议人送达(2015)赣破(预)字第 1 号民事裁定、(2014)赣执字第 18－4 号和第 18－5 号执行裁定,违反法定程序,损害异议人合法权益。请求撤销该院(2015)赣破(预)字第 1 号民事裁定和(2014)赣执字第 18－6 号执行裁定,续封和拍卖 X 国用(2010)第××001 号土地使用权,清偿异议人债务。

3 一审法院观点

江西高院认为:中止执行是指执行程序开始后,因出现依法不能继续执行的特殊情况,人民法院决定暂时停止对生效法律文书的执行。依照最高人民法院《关于适用〈中华人民共和国民事诉讼法〉的解释》第 515 条规定,被执行人住所地人民法院裁定受理破产案件的,执行法院应当解除对被执行人财产的保全措施。《企业破产法》第 19 条、第 70 条规定,债务人或债权人可以依照本法规定,直接向人民法院申请对债务人进行重整。人民法院受理破产申请后,有关债务人财产的保全措施应当解除,执行程序应当中止。本案中,江西高院已经裁定受理被执行人 B 公司的重整申请,在重整期间内,有关债务人财产的保全措施应当解除,所有债权包括物权担保债权针对该被执行人的个别执行应当全部中止,异议人请求续封和拍卖被执行人 B 公司所有的 X 国用(2010)第××001 号土地使用权不符合法律规定,不予支持。因本案债务人或管理人尚未提交重整计划草案,现仍处于重整申请受理之后、重整计划执行完毕或宣告破产之前的阶段,该院裁定中止执行符合法律规定。另外,对于告知异议人被执行人 B 公司已向该院申请破产重整,以及送达(2015)赣破(预)字第 1 号民事裁定的问题,是破产程序事由,不属于执行程序审查范围,该院不予审查处理。对于该院(2014)赣执字第 18－4 号和第 18－5 号执行裁定的送达问题,因该两个裁定系针对协助执行和强制审计作出的法律文书,其送达情况并不损害异议人合法权益。据此,江西高院依照《民事诉讼法》第 225 条、最高人民法院《关于人民法院办理执行异议和复议案件若干问题的规定》第 17 条第 1 项的规定，于 2015 年 12 月 31 日作出(2015)赣执异字第 5 号执行裁定，裁定驳回章某的异议。

4 最高人民法院观点

章某不服该异议裁定，向最高人民法院申请复议，主要理由为：

(一)本案执行依据(2013)洪民二初字第 57 号民事调解书约定，债务人未付清所有借款本金及利息，则不解除因本案查封的被执行人名下 X 国用(2010)第××001 号土地使用权。未经法定审判监督程序，江西高院无权变更该民事调解书约定的内容，应当先拍卖案涉土地使用权清偿债务后，才应当受理 B 公司破产申请，江西高院裁定中止执行错误。

(二)南昌中院在诉讼过程中裁定查封 B 公司所有的证号为 X 国用(2010)第××001 号的土地使用权，复议人章某是首轮申请查封人，也是唯一进入执行程序，第一个要求拍卖该土地使用权的申请执行人，该土地使用权拍卖所获价款完全可以清偿本案债务。进入执行程序后，南昌中院、江西高院拖延执行，故意等待被执行人申请破产，另外，被查封的土地使用权在 B 公司提出破产重整申请之前，已被违法改变用途，违规建起数十万平方米建筑物，江西高院诸多执行行为违法。

(三)依照最高人民法院《关于〈中华人民共和国民事诉讼法〉的解释》第 516 条的规定："当事人不同意移送破产或者被执行人住所地人民法院不受理破产案件的，执行法院就执行变价所得财产，在扣除执行费用及清偿优先受偿的债权后，对于普通债权，按照财产保全和执行中查封、扣押、冻结财产的先后顺序清偿。"申请人章某不知道更不同意江西高院以拖延执行等待债务人破产的违法执行行为，江西高院应依据以上规定，继续执行本案，依法处置已查封的被执行人财产。

(四)江西高院送达程序违法。(2015)赣破(预)字第 1 号民事裁定涉及债务人财产处置等问题，由于江西高院未依法向章某送达该裁定，导致申请人章某一系列合法诉讼权利被剥夺。关于(2014)赣执字第 18－4 号及第 18－5 号执行裁定，江西高院以该两裁定送达情况不损害申请人合法权益为由，不予纠正，也缺乏法律依据。

综上所述，申请复议人章某请求撤销江西高院(2015)赣执异字第 5 号执行裁定，对 B 公司已被查封的土地使用权予以拍卖。

最高人民法院认为：本案的焦点问题是，人民法院已裁定受理被执行人破产申请的，是否应当中止执行。

本案中，江西高院已作出(2015)赣破(预)字第 1 号民事裁定，受理了被执行人 B 公司的重整申请。《企业破产法》第 19 条规定："人民法院受理破产申请后，有关债务人财产的保全措施应当解除，执行程序应当中止。"最高人民法院《关于人民法院执行工作若干问题的规定(试行)》第 102 条第 1 项规定，人民法院已受理以被执行人为债务人的破产申请的，人民法院应当裁定中止执行。根据上述法律、司法解释的规定，在人民法院已裁定受理 B 公司破产申请的情况下，对 B 公司的执行应当一律中止，且不存在任何例外情形。章某在人民法院已裁定受理B公司破产申请的情况下，仍申请对该公司的财产继续执行，缺乏法律依据，最高人民法院不予支持。

此外，申请复议人章某提出的其他复议理由，也缺乏事实和法律依据，最高人民法院不予支持。(1)关于南昌中院和江西高院是否拖延执行、故意等待被执行人破产的问题。江西高院在(2014)赣执字第18-6号执行裁定中载明，由于B公司和赣州B农庄有限公司、江西靖安M实业有限公司之间债权债务关系复杂、涉及债权人数众多、社会影响较大，故该院决定对涉及的一系列债权债务统一协调、处置，并裁定提级执行。因此，并无证据证明南昌中院、江西高院存在拖延执行、故意等待被执行人破产、损害复议人权益的行为。(2)关于最高人民法院《关于适用〈中华人民共和国民事诉讼法〉的解释》第516条有关当事人不同意移送破产的相关规定，该规定应当理解为执行案件的全体当事人即申请执行人和被执行人均不同意移送破产，而在本案中，B公司已向法院申请破产重整，章某不同意移送破产，不符合该规定的情形，不能阻却破产受理后中止执行。(3)关于破产受理裁定的送达问题，该裁定送达是否违法，不属于执行程序的审查范围。关于另两个执行裁定未能送达的问题，执行法院已经释明该两个裁定是针对协助执行和强制审计作出的法律文书，且并无证据证明未送达申请执行人损害其合法权益。(4)《企业破产法》第12条第2款规定，人民法院受理破产申请后至破产宣告前，经审查发现债务人不符合本法第2条规定情形的，可以裁定驳回申请。因此，破产案件受理后债务人企业仍有退出破产程序的可能，一旦退出，执行程序应当恢复。人民法院裁定宣告被执行企业破产，则进入破产清算程序。因此，申请执行人的权益均会得到相应的保障。在人民法院裁定受理B公司破产申请后，章某可依照《企业破产法》的相关规定向法院申报债权，依法维护自己的合法权益。

综上所述，裁定如下：驳回章某的复议申请。

专业释评

根据《企业破产法》的相关规定，人民法院受理破产申请后，有关债务人财产的保全措施应当解除，执行程序应当中止。而法院受理破产申请是一个广义的概念，既包括债权人提出破产申请，也包括债务人提出破产申请，特殊情况下还包括清算人提出破产申请；既包括对债务人的破产清算，也包括对债务人的破产重整或有关当事人之间达成的破产和解。

就本案而言，在人民法院已裁定受理B公司破产申请的情况下，对B公司的执行应当一律中止，这是法律的规定。在此种情况下，章某仍申请对该公司的财产继续执行，没有法律依据。

问题十　如何理解《企业破产法》第32条的含义

案例　X集团进出口公司破产管理人与Z银行西安分行撤销个别清偿行为纠纷案[①]

1 案情简介

再审申请人(一审原告、二审上诉人):X集团进出口公司破产管理人(以下简称X公司破产管理人)。

负责人:窦某某,该公司破产管理人负责人。

被申请人(一审被告、二审被上诉人):Z银行西安分行。

负责人:胡某某,该分行行长。

再审申请人X公司破产管理人因与被申请人Z银行西安分行请求撤销个别清偿行为权纠纷一案,不服陕西省高级人民法院(2015)陕民三终字第00035号民事判决,向最高人民法院申请再审。

2 当事人诉求

X公司破产管理人申请再审称:

(一)Z银行西安分行的扣款清偿行为不属于最高人民法院《关于适用〈中华人民共和国企业破产法〉若干问题的规定(二)》(以下简称《破产法司法解释(二)》)第15条规定的个别清偿,原审判决未支持X公司破产管理人的诉讼请求是适用法律错误。一是Z银行西安分行的扣款清偿行为属于《企业破产法》第32条规定的个别清偿行为,X破产管理人有权请求予以撤销。二是Z银行西安分行的扣款清偿行为不属于《破产法司法解释(二)》第15条规定可以进行个别清偿的款项,原审判决违背立法本意。该司法解释的清偿行为包括判决、调解或仲裁生效后未启动执行程序前的主动履行生效裁判的清偿行为和判决、调解、仲裁裁决生效后经申请执行的被动履行清偿行为。本案中,Z银行西安分行是利用其优势地位主动扣划X公司资金的行为,该行为无论是否得到后来的判决确认,均不足以否定该种扣划行为不是依法主动履行,也不是依法被动履行。据此,原审判决适用法律错误。

(二)根据Z银行西安分行向X破产管理人发出的《关于行使抵销权的函》,该行表示将案涉扣款与该行应向X公司支付的款项予以抵销,实际上是承认该行扣款没有法律根据。X公司破产管理人依据《民事诉讼法》第200条第6项之规定,申请再审。

Z银行西安分行答辩称:

---

① 最高人民法院(2016)最高法民申717号。

(一)Z 银行西安分行扣划的 45 万美元不属于《企业破产法》第 32 条规定的个别清偿行为,原审适用《破产法司法解释(二)》第 15 条处理依法有据,也符合立法目的。该条司法解释规范的并不是经公权力确认的债权清偿行为,而是债务人和债权人恶意串通、假借诉讼、执行进行的偏颇性清偿行为。Z 银行西安分行扣划案涉 45 万美元是依据合同对进入行内账户的款项予以扣划,且得到了判决的支持,如撤销将导致司法公信力的破坏。

(二)Z 银行西安分行所发函件已经撤回,即使存在错误,也难以成为再审事由。综上所述,请求依法驳回 X 公司破产管理人的再审申请。

3 最高人民法院观点

最高人民法院认为,案件的焦点是 X 公司破产管理人的再审申请有无法律根据。根据原审期间查明的事实,X 公司破产管理人的申请再审法律依据不足。第一,《企业破产法》第 32 条虽规定人民法院受理破产申请前六个月内,债务人出现不能清偿到期债务,并且资产不足以清偿全部债务或明显缺乏清偿能力的情形,债务人仍对个别债权人进行清偿的,管理人有权请求人民法院予以撤销。本条的立法目的是防止债务人的个别清偿行为损害其他债权人的公平受偿权利,但本案的款项扣划不属债务人自行清偿行为,而是 Z 银行西安分行的主动划扣,不属于《企业破产法》第 32 条的规范范围,X 公司破产管理人据此主张撤销,法律依据不足。第二,根据《破产法司法解释(二)》第 15 条规定,债务经过诉讼、仲裁、执行程序对债权人进行的个别清偿,破产管理人依据《企业破产法》第 32 条的规定请求撤销的,人民法院不予支持。上述解释实际上对经过诉讼、仲裁、执行程序的债权清偿行为予以了肯定。本案 Z 银行西安分行扣划款项予以清偿的行为发生于诉讼中,之后该笔债权审理中又经依法扣减,实际得到生效判决的确认,属于经过诉讼进行的个别清偿,X 公司破产管理人认为即使经过诉讼未经其自愿履行或强制执行均属可撤销的个别清偿,与该解释本意并不符合,原审判决对 X 公司破产管理人的主张不予支持,并无不当。

综上所述,X 公司破产管理人的再审申请不符合《民事诉讼法》第 200 条第 6 项的情形。最高人民法院依照《民事诉讼法》第 204 条第 1 款之规定,裁定驳回 X 公司破产管理人的再审申请。

专业释评

《企业破产法》第 32 条规定,人民法院受理破产申请前 6 个月内,债务人有本法第 2 条第 1 款规定的情形,仍对个别债权人进行清偿的,管理人有权请求人民法院予以撤销。但是,个别清偿使债务人财产受益的除外。而本法第 2 条第 1 款是指,企业法人不能清偿到期债务,并且资产不足以清偿全部债务或者明显缺乏清偿能力的,依照本法规定清理债务。本条的立法目的是防止债务人的个别清偿行为损害其他债权人的公平受偿权利。但法律并没有禁止个别债权人主动行使自己的权利要求债务人偿债。就本案而言,本案的款项扣划不属债务人自行清偿行为，而是Z银行西安分行的主动划扣，不属于《企业破产法》第32条的规范范围，X公司破产管理人据此主张撤销，法律依据不足。但在破产程序没有终结前，X公司破产管理人可以事先阻止有关债权人的个别款项扣划行为，而不是在扣划以后再去主张法院撤销。

问题十一　破产过程中的担保权人如何行使诉权

案例一　ZT产业集团股份有限公司与重庆M城市建设投资有限公司等纠纷案[①]

1　案情简介

上诉人(一审被告):重庆 M 城市建设投资有限公司(以下简称 M 公司)。

法定代表人:漆某某,该公司董事长。

上诉人(一审被告):重庆市 ZT 投资有限公司(以下简称重庆 ZT 公司)。

法定代表人:邓某,该公司董事长。

被上诉人(一审原告):ZT 产业集团股份有限公司(以下简称 ZT 公司)。

法定代表人:刘某,该公司董事长。

一审被告:重庆 B 地产(集团)有限公司(以下简称 B 公司)。

法定代表人:陈某某,该公司执行董事。

一审被告:重庆 S 实业集团有限公司(以下简称 S 公司)。

法定代表人:邓某某,该公司董事长。

上诉人 M 公司、重庆市 ZT 投资有限公司重庆 ZT 公司与被上诉人 ZT 公司、一审被告 B 公司、S 公司担保合同纠纷管辖权异议一案,不服重庆市高级人民法院(2015)渝高法民管异初字第 00017 号民事裁定,向最高人民法院提出上诉。

2　当事人诉求

一审原告 ZT 公司于 2014 年向重庆市高级人民法院起诉称:2011 年 12 月 24 日,X 国际信托公司投资有限公司(以下简称 X 国投公司)与重庆沙坪坝区 T 投资开发有限公司(以下简称沙坪坝 T 公司)签订《重庆沙坪坝区 T 投资开发有限公司单一指定贷款项目借款合同》(以下简称《信托贷款合同》),约定由 X 国投公司向沙坪坝 T 公司提供 6 亿元的借款,期限 2 年。2011 年 12 月 28 日,C 银行股份有限公司西安分行(以下简称 C 银行西安分行)与 X 国投公司签订《重庆沙坪坝区 T 投资开发有限公司单一资金投资信托合同》(以下简称《资金信托合同》),约定由 C 银行西安分行向 X 国投公司提供信托资金 6 亿元,期限 2 年。2012 年 1 月 19 日,ZT 公司与沙坪坝 T 公司、重庆 ZT 公司、B 公司、S 公司签订《财产保证协议》,约定重庆 ZT 公司、B 公司、S 公司以评估后的资产向 ZT 公司提供信托受益权的回购保证,提供保证的资产为三宗国有土地使用权。同日,ZT 公司与沙坪坝 T 公司、重庆 ZT 公司、M 公司签订《股权质

---

① 最高人民法院(2016)最高法民辖终 59 号。

押合同》,约定重庆ZT公司、M公司作为沙坪坝T公司的股东,以其拥有的全部股权就ZT公司买入的C银行西安分行的信托受益权提供股权质押担保。2012年2月27日,沙坪坝T公司、C银行西安分行与ZT公司签订《三方合作协议》,约定沙坪坝T公司到期无法偿还6亿元信托贷款,且重庆ZT公司无法承担保证责任时,ZT公司应当无条件买入《资金信托合同》项下的信托受益权。2013年2月15日,B公司向ZT公司出具《情况说明及承诺》,承诺解除土地抵押,如无法解押,则用现金补足。5月,B公司再次出具《情况说明》,以其自有产权车库对地块进行抵押置换。2013年12月29日,C银行西安分行向陕西省高级人民法院提起诉讼,要求ZT公司无条件收购信托受益权,并支付回购价款162,552,295.31元。2014年6月11日,陕西省高级人民法院作出(2014)陕民二初字第00007号民事判决,要求ZT公司以1.44亿元购入《资金信托合同》项下的信托受益权,向C银行西安分行支付利息损失。2014年7月10日,ZT公司依照《三方合作协议》及(2014)陕民二初字第00007号民事判决,向C银行西安分行支付人民币148,875,170.51元。截至9月1日,ZT公司为此还支付律师费40万元,差旅费14,679.90元。鉴于ZT公司与重庆ZT公司、B公司、S公司签订的《财产保证协议》,其与重庆ZT公司、M公司签订的《股权质押合同》,是当事人真实意思表示,内容不违反法律、行政法规的强制性规定,应属有效合同。故依据上述两个合同提起诉讼,请求依法判令:(1)重庆ZT公司、B公司、S公司承担《财产保证协议》项下的担保责任,共计人民币150,933,680.42元;(2)重庆ZT公司、M公司承担《股权质押合同》项下的担保责任,共计人民币150,933,680.42元;(3)诉讼费用由重庆ZT公司、M公司、B公司、S公司承担。

一审被告重庆ZT公司、M公司均在提交答辩状期间对管辖权提出异议,认为:本案的主债务人系沙坪坝T公司,而沙坪坝T公司已被重庆市沙坪坝区人民法院裁定破产清算。按照《企业破产法》第21条的规定,有关债务人的民事诉讼,只能向受理破产申请的人民法院提起。请求将本案移送至重庆市沙坪坝区人民法院审理。

ZT公司辩称:沙坪坝T公司并非本案的债务人,本案亦与沙坪坝T公司无关,本案不适用《企业破产法》第21条的规定。本案ZT公司要求各被告承担担保责任,无论沙坪坝T公司是否进入破产程序,均不影响ZT公司作为被担保人的权利。请求驳回重庆ZT公司、M公司提出的管辖权异议,依法继续审理。

3 一审法院观点

重庆市高级人民法院查明:X国投公司与沙坪坝T公司签订《信托贷款合同》,约定由X国投公司向沙坪坝T公司提供金额为6亿元的借款。同年12月28日,C银行西安分行与X国投公司签订《资金信托合同》,约定X国投公司按照C银行西安分行意愿,以X国投公司名义将C银行西安分行支付的信托资金以贷款的形式提供给沙坪坝T公司。2012年1月19日,ZT公司、沙坪坝T公司、重庆ZT公司、B公司、S公司签订《财产保证协议》,约定重庆ZT公司、B公司、S公司以资产向ZT公司提供信托受益权的回购保证,如沙坪坝T公司到期无法偿还信托贷款,ZT公司有权处置所担保的资产。同日,ZT公司与沙坪坝T公司、重庆ZT公司、M 公司签订《股权质押合同》,约定重庆 ZT 公司、M 公司作为沙坪坝 T 公司的股东,以其拥有沙坪坝 T 公司的全部股权就 ZT 公司买入的信托受益权向 ZT 公司提供股权质押担保。如沙坪坝 T 公司到期无法归还信托贷款本息,ZT 公司有权处置上述股权。2012 年 2 月 27 日,ZT 公司与沙坪坝 T 公司、C 银行西安分行签订《三方合作协议》,约定沙坪坝 T 公司到期无法偿还信托贷款,并且在连带保证人重庆 ZT 公司无法承担保证责任时,ZT 公司应当无条件买入信托受益权。2013 年 12 月 29 日,约定的还款期限到期,沙坪坝 T 公司未予清偿,保证人重庆 ZT 公司也未承担还款责任,C 银行西安分行向法院提起诉讼,陕西省高级人民法院作出(2014)陕民二初字第 00007 号民事判决书,判决 ZT 公司以 1.44 亿元价格购入《资金信托合同》项下信托受益权,并支付利息损失等。2014 年 3 月,重庆市沙坪坝区人民法院裁定受理 M 公司申请对沙坪坝 T 公司的破产清算。现 ZT 公司以按照判决书向 C 银行西安分行承担清偿责任为由,要求重庆 ZT 公司、M 公司、B 公司、S 公司应承担担保责任为由向该院起诉,请求判令:(1)重庆 ZT 公司、B 公司、S 公司承担《财产保证协议》项下担保责任,清偿 ZT 公司买入 C 银行西安分行信托受益权所支付的所有资金及利息、实现债权的费用。(2)重庆 ZT 公司、M 公司承担《股权质押合同》项下的担保责任,清偿 ZT 公司买入 C 银行西安分行信托受益权所支付的所有资金及利息、实现债权的费用。

重庆市高级人民法院认为:本案是债务人沙坪坝 T 公司被人民法院裁定进入破产清算程序后,债权人单独对保证人提起的诉讼。最高人民法院《关于适用〈中华人民共和国担保法〉若干问题的解释》第 44 条第 1 款规定:"保证期间,人民法院受理债务人破产案件的,债权人既可以向人民法院申报债权,也可以向保证人主张权利。"据此,债权人有权单独就保证人提起诉讼。本案争议的《财产保证协议》《股权质押合同》未约定管辖法院。根据《民事诉讼法》第 23 条之规定,因合同纠纷提起的诉讼,由被告住所地或者合同履行地人民法院管辖。本案四名被告住所地均在重庆市,属于该院司法辖区,且本案诉讼标的额超过 1 亿元,ZT 公司的起诉发生在 2015 年 5 月 1 日前,根据当时重庆法院受理民事一审案件级别管辖的规定,本案已达到该院受理民事一审案件的级别管辖标准,该院依法对本案具有管辖权。综上所述,重庆 ZT 公司、M 公司提出的管辖权异议的理由不成立,应予驳回。依照《民事诉讼法》第 127 条第 1 款的规定,裁定:驳回重庆 ZT 公司、M 公司对本案管辖权提出的异议。

4 最高人民法院观点

重庆 ZT 公司不服该裁定,向最高人民法院提起上诉称:(1)担保 ZT 公司产业债权的诉争合同,并非保证合同,一审适用法律错误;(2)根据《民事诉讼法》第 196 条规定,ZT 公司应向质押股权登记地即沙坪坝 T 公司登记地重庆市沙坪坝区人民法院申请实现担保物权;(3)根据《企业破产法》第 21 条的规定,ZT 公司也应向重庆市沙坪坝区人民法院提起诉讼。故请求撤销一审裁定,将本案移送重庆市沙坪坝区人民法院审理。

M 公司不服该裁定,向最高人民法院提起上诉称:(1)一审裁定将质押人、抵押人和保证人混为一谈,适用法律错误;(2)一审裁定认为本案争议的《财产保证协议》《股权质押合同》

未约定管辖法院,所以其依据地域和级别而具有管辖权,这是对民事案件的一般管辖和专属管辖的错误理解;(3)本案专属管辖是由案件性质和事实决定的,对于无论是否追加诉讼主体,都应该循申报债权的途径解决股权质押的处置,或者由破产申请受理地法院管辖,有利于维护当事人的合法权益。

最高人民法院认为:2012年1月19日,ZT公司(甲方)、沙坪坝T公司(乙方)分别与重庆ZT公司(丙方)、B公司和S公司(丁方),重庆ZT公司和M公司(丙方)分别签订《财产保证协议》《股权质押合同》,各自约定重庆ZT公司和B公司、S公司以其资产向ZT公司提供信托受益权回购保证,重庆ZT公司和M公司为ZT公司买入C银行西安分行信托受益权所支付的资金、利息及实现债权的费用承担保证责任。根据最高人民法院《关于适用〈中华人民共和国担保法〉若干问题的解释》第44条第1款规定,保证期间,人民法院受理债务人破产案件的,债权人既可以向人民法院申报债权,也可以向保证人主张权利。本案发生在沙坪坝T公司被人民法院裁定进入破产清算程序后,依照上述法律规定,ZT公司有权单独对保证人提起诉讼。根据《民事诉讼法》第23条之规定,因合同纠纷提起的诉讼,由被告住所地或者合同履行地人民法院管辖。本案被告重庆ZT公司和M公司、B公司、S公司住所地均在重庆市,涉案诉讼标的额超过1亿元,依照最高人民法院《关于调整全国各省、自治区、直辖市高级人民法院和中级人民法院管辖第一审民商事案件标准》的规定,属于重庆市高级人民法院受案范围,重庆市高级人民法院依法对本案具有管辖权。故重庆ZT公司、M公司请求将本案移送重庆市沙坪坝区人民法院的上诉理由不能支持。综上所述,裁定驳回上诉,维持原裁定。

案例二 安徽省Y文化发展有限公司、安徽J置业有限公司合资、合作开发房地产合同纠纷案①

1 案情简介

上诉人(一审被告):安徽省Y文化发展有限公司(以下简称Y发展公司)。

法定代表人:翟某某,该公司董事长。

被上诉人(一审原告):安徽J置业有限公司(以下简称J置业公司)。

法定代表人:孙某,该公司董事长。

一审被告:北京Z投资管理有限责任公司(以下简称Z投资公司)。

法定代表人:黄某,该公司董事长。

一审被告:翟某瑶。

一审被告:芜湖C房地产开发有限公司(以下简称C房地产公司)。

法定代表人:翟某某,该公司董事长。

一审被告:安徽省L房地产开发集团有限公司(以下简称L房地产公司)。

① 最高人民法院(2016)最高法民辖终304号。

法定代表人：翟某某，该公司董事长。

一审被告：翟某某。

一审第三人：芜湖 S 投资有限公司（以下简称 S 投资公司）。

法定代表人：孙某，该公司董事长。

上诉人 Y 发展公司、因与被上诉人 J 置业公司、一审被告 Z 投资公司、翟某瑶、C 房地产公司、L 房地产公司、翟某某、一审第三人 S 投资公司合资、合作开发房地产合同纠纷一案，不服安徽省高级人民法院（2016）皖民初 15 号民事裁定，向最高人民法院提出上诉。

2 当事人诉求

上诉人 Y 发展公司称，依据《企业破产法》第 21 条规定，安徽省寿县人民法院已于 2014 年 7 月 3 日作出（2014）寿民破字第 00001－1 号民事裁定，受理了 Y 发展公司破产清算一案，有关 Y 发展公司的诉讼只能由受理破产申请的法院，即安徽省寿县人民法院管辖。本案应移送安徽省寿县人民法院审理。

3 最高人民法院观点

最高人民法院经审查认为，本案为合资合作开发房地产合同担保纠纷。主合同法律关系是 J 置业公司与 Z 投资公司、翟某瑶之间的合资、合作开发房地产合同关系，从合同关系是 J 置业公司与 C 房地产公司、L 房地产公司、翟某某、Y 发展公司之间的担保合同关系。根据最高人民法院《关于适用〈中华人民共和国担保法〉若干问题的解释》第 20 条关于“连带共同保证的债务人在主合同规定的债务履行期限届满没有履行债务的，债权人可以要求债务人履行债务，也可以要求任何一个保证人承担全部保证责任”的规定，债权人既有权选择向主债务人主张债权，也有权利选择要求担保人承担担保责任。当债权人选择向担保人主张担保责任时，如果该保证人已进入破产程序，应依照《企业破产法》第 21 条、最高人民法院《关于适用〈中华人民共和国企业破产法〉若干问题的规定（二）》（法释〔2013〕22 号）第 47 条第 1 款的规定，向受理破产案件的法院起诉，该法院对该担保合同纠纷有管辖权。当债权人选择向主债务人主张债权时，可以列保证人为共同被告，并且依据最高人民法院《关于适用〈中华人民共和国担保法〉若干问题的解释》第 129 条关于“主合同和担保合同发生纠纷提起诉讼的，应当根据主合同确定案件管辖。担保人承担连带责任的担保合同发生纠纷，债权人向担保人主张权利的，应当由担保人住所地的法院管辖。主合同和担保合同选择管辖的法院不一致的，应当根据主合同确定案件管辖”的规定，向主合同确定的管辖法院起诉。因本案主合同当事人在《合作协议》约定发生争议向乙方（主债务人）所在地法院起诉，该约定符合《民事诉讼法》第 34 条及最高人民法院《关于适用〈中华人民共和国民事诉讼法〉的解释》，为有效约定。本案主债务人住所地在安徽，本案诉讼标的额超过 3 亿元人民币，达到了安徽省高级人民法院受理第一审民事案件的标准，债权人以主债务人和从债务人为共同被告，向安徽省高级人民法院起诉，主张债权和担保权，安徽省高级人民法院依法对本案享有管辖权。

综上所述，裁定驳回上诉，维持一审裁定。

专业释评

如果一个合同关系中牵涉了担保关系，从理论上划分就形成了主从合同关系，此处的债权人也是担保权人，如果担保人承担的是连带保障，权利人在主张自己的权利时，既可以向主债务人主张，也可以向担保人主张，甚至可以同时向二者主张。从时间点来说，既可以在债务人一方进入破产阶段，也可以在非破产阶段。但进入破产阶段时，要遵循《企业破产法》的相关规定，在平时阶段诉讼时，要遵循《民事诉讼法》的一般原则。

就本问题案例一而言，本案发生在沙坪坝 T 公司被人民法院裁定进入破产清算程序后，此时 ZT 公司有权单独对保证人提起诉讼。按照一般的管辖原则，因合同纠纷提起的诉讼，由被告住所地或者合同履行地人民法院管辖。本案被告重庆 ZT 公司和 M 公司、B 公司、S 公司住所地均在重庆市，涉案诉讼标的额超过 1 亿元，属于重庆市高级人民法院受案范围，重庆市高级人民法院无论从地域管辖还是级别管辖的角度来说，对本案均具有管辖权。

就本问题案例二而言，当事人之间的从合同关系是连带担保合同关系。债务人在主合同规定的债务履行期限届满没有履行债务的，债权人既有权选择向主债务人主张债权，也有权利选择要求担保人承担担保责任。依据最高人民法院《关于适用〈中华人民共和国担保法〉若干问题的解释》第 129 条关于“主合同和担保合同发生纠纷提起诉讼的，应当根据主合同确定案件管辖。主合同和担保合同选择管辖的法院不一致的，应当根据主合同确定案件管辖”的规定，因本案主合同当事人在《合作协议》约定发生争议向乙方（主债务人）所在地法院起诉，该约定为有效约定。从地域管辖角度来说，本案主债务人住所地在安徽；从级别管辖角度来说，本案诉讼标的额超过 3 亿元人民币，达到了安徽省高级人民法院受理第一审民事案件的标准。所以，债权人以主债务人和从债务人为共同被告，向安徽省高级人民法院起诉，主张债权和担保权，安徽省高级人民法院依法对本案享有管辖权。

问题十二　如何确定破产诉讼中的被告人资格

案例一　刘某某与国营L造纸厂破产清算组职工破产债权确认纠纷申诉案[①]

1 案情简介

再审申请人(一审原告、二审上诉人):刘某某。

被申请人(一审被告、二审被上诉人):国营L造纸厂破产清算组(以下简称破产清算组)。

负责人:邓某某,组长。

再审申请人刘某某与被申请人破产清算组职工破产债权确认纠纷一案,刘某某不服四川省高级人民法院(2014)川民终字第790号民事裁定向最高人民法院申请再审。

2 当事人诉求

刘某某依据2012年《民事诉讼法》第200条之规定向最高人民法院申请再审,请求撤销二审裁定。主要理由为:

(一)原终审裁定认定本案诉讼当事人错误。1.2012年《民事诉讼法》第49条(2017年《民事诉讼法》为第48条——编者注)规定的其他组织是指:“合法成立、有一定的组织机构和财产,但又不具备法人资格的组织。”本案破产清算组是L中级人民法院指定成立,按最高人民法院《关于审理企业破产案件若干问题的规定》第50条规定,清算组职责“接管破产企业。向破产企业原法定代表人及留守人员接收原登记造册的资产明细表、有形资产清册,接管所有财产、帐册、文书档案、印章、证照和有关资料。破产宣告前成立企业监管组的,由企业监管组和企业原法定代表人向清算组进行移交”,破产清算组已经接管并且处置了L造纸厂企业法人移交的全部(大约3.5亿元)财产。国营L造纸厂法人代表已经依法交出了企业全部财产,却依然承担该民事财产责任,而破产清算组接管并且处置了L造纸厂全部财产,却不具有承担财产责任的诉讼主体资格,原审的裁定是错误的。2.2003年9月16日《债权人会议通知》明确规定:本院移交受理债务人国营L造纸厂的破产申请一案,对该厂的其他民事执行程序依法中止或终结,对该厂的其他民事诉讼程序也依法终结或中止。为此,申请人提交以国营L造纸厂为被告和以破产清算组为被告的两份已经生效的民事裁定书作为证据,足以推翻错误终审裁定。

(二)原一审程序错误。《民事诉讼法》第59条第2款规定:“授权委托书必须记明委托事项和权限。诉讼代理人代为承认、放弃、变更诉讼请求,进行和解,提起反诉或者上诉,必须有

① 最高人民法院(2015)民申字第3415号。

委托人的特别授权。"原一审被告两个诉讼代理人均是一般授权代理人,未经被告特别授权,无权提出变更本案被告诉讼主体的诉讼请求。原一审被告两个代理人违反2012年《民事诉讼法》举证规定,超过举证期限提交未经查实的《2003年4月24日L市工商局吊销国营L造纸厂企业法人营业执照》伪证(孤证),严重干扰和影响了原一审、二审裁判结果。

(三)原审裁定适用法律错误。原一审、终审裁定书均适用2014年最高人民法院《关于适用〈中华人民共和国公司法〉若干问题的规定(二)》第10条规定,导致错误裁判:1.本案既然宣告国营L造纸厂2003年10月30日破产,适用的法律应当是当时生效的《全民所有制工业企业法》《企业法人登记管理条例》《企业破产法(试行)》,本案国营L造纸厂的性质是大型工业造纸生产企业,既不是有限责任公司,也不是股份有限公司,根本不适用《公司法》。2.L造纸厂是2003年10月30日被宣告破产,2014年最高人民法院《关于适用〈中华人民共和国公司法〉若干问题的决定(二)》对10年前的破产企业根本没有法律溯及力。L市工商局2003年4月24日吊销L造纸厂企业法人营业执照,按该规定从"吊销"时起,L造纸厂就"无法人资格",根本就不存在终审裁定认定的"未注销"。3.本案是国营L造纸厂破产案件,适用的法规应当是最高人民法院《关于审理企业破产案件若干问题的规定》、《企业法人登记管理条例施行细则》、最高人民法院《关于适用〈中华人民共和国民事诉讼法〉若干问题的意见》。(1)按照《企业法人登记管理条例》第33条规定:"企业法人被吊销《企业法人营业执照》,登记主管机关应当收缴其公章,并将注销登记情况告知其开户银行,其债权债务由主管部门或者清算组织负责清理。"按工商登记法律规定,L市工商局吊销L造纸厂《企业法人执照》行政处罚,收缴L造纸厂公章时已经"注销登记",属于法定行政强制性规定,因此工商局执行"吊销营业执照"行政处罚,即同时注销企业法人登记。L造纸厂企业法人已经于2003年4月24日依法终止,国营L造纸厂怎么还能够成为本案被告,原终审裁定书没有审查公司登记和企业登记法律法规规定,就凭主观认定:"企业法人吊销未注销",竟然裁定已经被工商局吊销营业执照的国营L造纸厂企业法人作为本案被告诉讼主体,该裁定与以上工商登记法律规定相悖。(2)针对国营L造纸厂企业法人未经清算即被撤销的情况,最高人民法院《关于适用〈中华人民共和国民事诉讼法〉若干问题的意见》第51条早已明确规定:"企业法人未经清算即被撤销,有清算组织的,以该清算组织为当事人;没有清算组织的,以作出撤销决定的机构为当事人。"L造纸厂2003年10月30日成立了破产清算组,该破产清算组依法就是本案唯一适格诉讼被告人。

3 最高人民法院观点

最高人民法院经审查认为,再审申请人刘某某起诉请求确认享有一次性安置费及利息,并有权得到50%的补充费用等,系基于国营L造纸厂破产事件,在破产程序中,刘某某主张的上述债权应当由破产清算组负责核对后列出清单公示,并在开始破产财产分配时得到给付。依据《企业破产法》第48条之规定,刘某某对破产清算组列出清单载明的债权有异议时可以请求破产清算组更正,破产清算组不予更正的,可以向人民法院提起确认之诉。由于国营L造纸厂的破产程序尚在进行中,其主张的债权需在该破产企业的财产中得到给付,而破产企业财产在该企业未被注销前仍在该企业名下,并不属于破产清算组所有,故在破产企业未被注销之前,仍应以破产企业为被告提起民事诉讼。原一审、二审法院裁定驳回刘某某起诉正确,刘某某的再审申请不符合《民事诉讼法》第200条之规定,最高人民法院依照该法第204条第1款之规定,裁定驳回刘某某的再审申请。

案例二　李某与W律所管理人责任纠纷案[①]

1　案情简介

2002年2月22日,北京D房地产开发有限公司(以下简称D公司)作为出卖人和买受人李某、喻某某签订商品房买卖合同,约定买受人以7,164,990元的价格购买位于北京市东城区某大街×××号的1009号房,出卖人在2003年3月1日前将房屋交付给买受人。合同同时约定,由出卖人向北京市国土资源和房屋管理局申请预售备案登记。1009号房交付使用后,因D公司在补交土地出让金等问题上与国土资源和房屋管理部门存在争议,导致李某不能取得房屋权属证书,后李某诉至东城法院请求解除双方签订的商品房买卖合同、退还购房款。2004年7月20日,北京市东城区人民法院作出(2004)东民初字第3263号民事判决,判决:(1)解除李某、喻某某与D公司订立的商品房买卖合同;(2)D公司于判决生效后10日内退还李某、喻某某购房款7,116,766.35元;(3)李某、喻某某于判决生效后10日内将D大厦1009号房退还D公司;(4)D公司于判决生效后10日内赔偿李某、喻某某贷款利息损失284,164.89元。D公司不服上述判决上诉至北京市第二中级人民法院,2004年11月25日,北京市第二中级人民法院以(2004)二中民终字第11014号民事判决作出驳回上诉、维持原判的终审判决。判决生效后,双方均未履行判决书所确定的义务。

2005年3月10日,北京市第二中级人民法院依法受理了D公司的破产申请,并于2007年6月14日宣告D公司破产,同时指定清算事务所和W律所担任D公司的破产管理人。2007年8月5日,李某向管理人申报债权,金额为7,164,990元及贷款利息。管理人经审查,确认其债权金额为7,547,094元。2007年12月12日,管理人向李某、喻某某发出关于履行人民法院已生效判决书的通知,要求李某、喻某某履行北京市东城区人民法院(2004)东民初字第3263号民事判决,向管理人交还1009号房。2008年1月,管理人向北京市东城区人民法院申请强制执行(2004)东民初字第3263号民事判决,北京市东城区人民法院以超过执行申请期间为由拒绝受理。2008年4月16日,管理人请求债权人会议对李某不执行东城法院(2004)东民初字第3263号民事判决的事项进行表决,债权人会议通过决议否决了李某的债权抵销申请,要求管理人收回1009号房。2010年1月18日,D公司向北京市第二中级人民法院提起诉讼,请求判令李某向D公司返还1009号房。北京市第二中级人民法院于2010年6

① 最高人民法院(2013)民提字第201号。

月18日作出(2010)二中民初字第4759号民事裁定,裁定认为:李某、喻某某与D公司就1009号房的商品房买卖合同纠纷,已有生效判决确认D公司应退还李某、喻某某购房款及李某、喻某某应将1009号房退还给D公司等,故D公司现要求李某、喻某某向其返还1009号房的问题,属于已有生效判决确定的义务,其不应就此项诉讼请求再次起诉。另鉴于上述生效判决已进入执行程序,故D公司起诉要求的因李某、喻某某未执行生效判决而应给付继续占用1009号房的使用费的问题,属于被执行人未按生效判决履行非金钱给付义务的情形,其应依法在上述生效判决的执行程序中解决,而不应再次起诉。综上,D公司的起诉违反了民事诉讼"一事不再理"的原则。北京市第二中级人民法院裁定:驳回D公司的起诉。D公司不服北京市第二中级人民法院上述民事裁定上诉至北京市高级人民法院,北京市高级人民法院于2010年8月27日作出(2010)高民终字第1719号民事裁定,裁定认为:关于D公司要求李某、喻某某向其返还1009号房的诉讼请求,生效判决已经作出处理,其不得再行起诉。D公司以李某、喻某某拒不履行生效判决确定的腾房义务为由要求该二人赔偿损失,其应当在执行程序中主张,并由执行法院决定。原审法院裁定驳回D公司的起诉是正确的。北京市高级人民法院裁定:驳回上诉,维持原裁定。

2010年12月21日,D公司发出通告,决定于2010年12月24日17时起停止对1009号房的水、电供应。2011年3月21日,管理人将1009号房内的物品转移至1006号并收回了1009号房。2011年3月22日,管理人与X公司签订交付确认函,将包括1009号房在内的3间房屋交付给X公司。

一审法院另查明:2009年9月3日,D公司第五次债权人会议表决通过了管理人和破产财产买受人签订的房屋转让合同。2010年2月1日,北京市第二中级人民法院以(2005)二中民破字第4615号协助执行通知书要求北京市国土资源局将包括1009号房在内的房屋登记到D公司破产财产买受人X公司名下。

2 当事人诉求

一审原告李某以清算事务所和W律所为被告,以被告非法侵入其住宅,抢夺破坏其财产等理由,向北京市第二中级人民法院起诉,请求法院判决清算事务所、W律所对李某构成侵权。

3 一审法院观点

北京市第二中级人民法院认为:《企业破产法》规定,管理人未依照本法规定勤勉尽职、忠实执行职务的,人民法院可以依法处以罚款;给债务人、债权人或者第三人造成损失的,依法承担赔偿责任。管理人或者相关人员执行职务致人损害所产生的债务为共益债务。D公司破产后,管理人管理和处分债务人的财产,代表D公司参加诉讼,依法履行职责,若在此期间,因管理人行为不当造成的法律后果,应由破产企业或管理人承担。本案中,清算事务所、W律所只是管理人的组成单位,李某以清算事务所、W 律所为被告提起诉讼缺乏法律依据,李某向清算事务所、W 律所主张权利,属被告不适格。该院依据《民事诉讼法》第 108 条第 2 项、最高人民法院《关于适用〈中华人民共和国民事诉讼法〉若干问题的意见》第 139 条之规定,裁定驳回李某的起诉。

4 二审法院观点

北京市高级人民法院认为:D 公司管理人依据《企业破产法》第 25 条的规定和 D 公司债权人会议的决议收回 1009 号房的行为,属于职务行为。根据《企业破产法》第 42 条第 1 款第 5 项、第 43 条第 1 款之规定,管理人执行职务致人损害所产生的债务属于共益债务,共益债务由债务人财产随时清偿。因此,李某应以破产人 D 公司为本案被告,其将 D 公司管理人清算事务所和 W 律所作为被告没有法律依据。原审法院以被告不适格为由裁定驳回李某的起诉正确,予以维持。李某的上诉请求没有事实和法律依据,不予支持。该院依照《民事诉讼法》第 170 条第 1 款第 1 项之规定,裁定驳回上诉,维持原裁定。

5 最高人民法院观点

李某不服二审裁定,向最高人民法院申请再审称:(1)李某作为民事主体,对侵犯其合法权益的一方,依法享有诉权,原审仅做出程序性裁定,剥夺其诉讼权利。(2)一、二审裁定认定申请人所列被告人不适格,没有事实和法律依据。(3)破产管理人违法履行职务,侵犯其民事权利,应当承担责任。

被申请人清算事务所和 W 律所未提交书面答辩意见。

最高人民法院认为:《民事诉讼法》对于立案受理条件的规定,要求原告与案件有利害关系,即原告需适格,但是对于被告的规定与之不同,仅要求具有明确的被告,即原告能够提供被告准确的名称、住址、联系方式等信息,就可视为有明确的被告,在符合其他受理条件的情况下,人民法院应当立案受理并使案件进入实体审理程序。被告不存在是否"适格"或"正确"的问题,除非原告有恶意滥诉的目的,否则法院不得以被告不正确为由,裁定驳回原告起诉。

本案中一审原告李某诉称侵权行为的直接实施人为清算事务所和 W 律所,两被告是否应当对原告诉称的侵权行为承担责任,已经涉及案件实体问题的判断,应当经过案件审理程序,听取双方诉辩意见和举证质证后由法院做出裁判,不应以驳回起诉的程序性裁定来否定被告的责任承担。

综上所述,原审裁定适用法律有误,申请人的申请理由部分成立。裁定如下:(1)撤销北京市高级人民法院(2013)高民终字第 520 号民事裁定和北京市第二中级人民法院(2012)二中民初字第 00234 号民事裁定。(2)本案由北京市第二中级人民法院审理。

案例三 W证券有限公司破产清算组与G银行深圳福田支行纠纷案①

1 案情简介

W证券有限公司(以下简称W证券)的前身为L市证券公司。2003年,根据中国证券监督管理委员会批复同意,L市证券公司注册资本由原来的1000万元增至5.12亿元,更名为W证券,其中核准了T市对外经济投资发展有限公司(以下简称T公司)作为新增股东的资格及人民币6000万元的出资额。2004年2月,W证券因增资扩股需要,分别在G银行深圳福田支行和S银行布吉支行(以下简称S银行布吉支行)两家银行开立验资账户,用于收取新增股东出资款。T公司在2004年3月4日汇入开立在G银行深圳福田支行验资账户内6000万元,随后该资金同验资账户的其他资金分次流出验资账户。在2004年3月16日即验资日,W证券在G银行深圳福田支行及S银行布吉支行开立的两个验资账户的资金余额均为零,因此包括T公司在内的8家新增股东均未如实履行出资义务,构成了虚假出资。2004年6月5日,中国证券监督管理委员会河南监管局(以下简称河南证监局)曾向W证券的验资开户行G银行深圳福田支行发出询证函,该行证明收到包括T公司在内的7家股东单位投资款4.3036亿元,截至2004年6月5日,W证券验资账户余额为4.3036亿元。而根据河南证监局的调查,该验资账户当日余额仅为3.38万元。

2 当事人诉求

G银行深圳福田支行违反了《人民银行结算管理办法》第37条关于验资账户在验资期间只收不付的规定,并且在河南证监局的询证函上做了虚假的说明。根据最高人民法院《关于金融机构为企业出具不实或者虚假验资报告资金证明如何承担民事责任问题的通知》规定,金融机构为企业提供不实、虚假的资金证明的,应该由金融机构在虚假资金证明金额范围内承担责任。因现在W证券已经进入破产程序,根据《企业破产法》及相关法规的规定,W证券破产清算组是向T公司及G银行深圳福田支行主张权利的权利人,但因T公司已经被吊销营业执照,现W证券破产清算组要求G银行深圳福田支行在为T公司提供虚假资金证明金额范围内承担责任。请求法院判令:G银行深圳福田支行在为T公司提供虚假资金证明金额6000万元范围内承担责任;本案诉讼费用由G银行深圳福田支行负担。

3 一审法院观点

河南省高级人民法院认为:最高人民法院《关于金融机构为企业出具不实或者虚假验资

① 最高人民法院(2014)民一终字第20号。

报告资金证明如何承担民事责任问题的通知》中规定,“出资人未出资或者未足额出资,但金融机构为企业提供不实、虚假的验资报告或者资金证明,相关当事人使用该报告或者证明,与该企业进行经济往来而受到损失的,应当由该企业承担民事责任。对于该企业财产不足以清偿债务的,由出资人在出资不实或者虚假资金额范围内承担责任”。根据该规定,可以向出具虚假资金证明的金融机构主张权利者,应当是使用金融机构出具的报告或证明、与该企业发生经济往来而受到损失的相关当事人,在本案中即为W证券的债权人,也即能提出权利主张的只能是使用该虚假证明的债权人。根据我国《企业破产法》第25条规定,W证券清算组作为管理人只能代表债务人即W证券履行“参加诉讼、仲裁或者其他法律程序”的职责,没有代表破产企业债权人提起诉讼的权利及职责。故W证券清算组与本案所诉没有直接利害关系,其起诉不符合法律规定。遂裁定:驳回W证券清算组对G银行深圳福田支行的起诉。

4 最高人民法院观点

W证券清算组不服一审裁定,向最高人民法院提出上诉,认为:依据《企业破产法》,破产清算组由人民法院指定,其成立的宗旨为确保债权人的利益在破产公司资不抵债的情况下,由破产清算进行组织以保证债权人的债权得到合法有序的清偿。在目前W证券已进入破产清算的阶段,债权人的合法债权仅能依法通过W证券清算组的组织得到清偿,因此W证券清算组有权利向G银行深圳福田支行起诉,要求其承担赔偿责任,以期最大限度保护债权人合法权益。请求依法撤销一审裁定,改判G银行深圳福田支行在为T公司提供虚假资金证明金额范围内承担责任。

被上诉人G银行深圳福田支行答辩称:

第一,依据最高人民法院关于金融机构为企业出具不实或者虚假验资报告资金证明如何承担民事责任问题的通知》的规定,要求G银行深圳福田支行承担侵权责任的只能是W证券的债权人,对此W证券清算组是认可的。

第二,一审裁定认定事实清楚,适用法律正确。(1)W证券清算组是W证券破产管理人,无权代表W证券债权人。(2)W证券清算组仅能处理W证券债权人与W证券之间的债务清偿,其超越企业破产法规定的职责范围,处理G银行深圳福田支行债权人与G银行深圳福田支行之间的债权债务关系没有任何法律依据。

最高人民法院认为:依照《企业破产法》第35条规定,人民法院受理破产申请后,债务人的出资人尚未完全履行出资义务的,管理人应当要求该出资人缴纳所认缴的出资,而不受出资期限的限制。本案中,W证券清算组是管理人,T公司是出资人,G银行深圳福田支行是验资单位。管理人认为T公司对破产企业W证券出资不到位,G银行深圳福田支行给河南证监局询证函出具说明时,证明包括T公司在内的7家股东单位出资款已到位。鉴于T公司已经被吊销营业执照,管理人依照最高人民法院《关于金融机构为企业出具不实或者虚假验资报告资金证明如何承担民事责任问题的通知》规定,要求G银行深圳福田支行在为T公司提供虚假资金证明金额范围内承担责任的起诉,符合《企业破产法》第35条和《民事诉讼法》第119

条的规定,人民法院应当受理。另外,依照《企业破产法》第 21 条规定,人民法院受理破产申请后,有关债务人的民事诉讼,只能向受理破产申请的人民法院提起。本案中 W 证券破产申请一案已由河南省 L 市中级人民法院受理,故本案诉讼应由河南省 L 市中级人民法院进行审理。上诉人上诉理由成立,原裁定适用法律错误。

综上所述,裁定如下:(1)撤销河南省高级人民法院(2011)豫法民二初字第 5 号民事裁定;(2)本案移送河南省 L 市中级人民法院审理。

专业释评

根据《民事诉讼法》的相关规定,原告提起诉讼时应有明确的被告。在破产程序进行中,破产清算组(或称为破产管理人)是在破产企业原领导班子不能行使其原来的相应权利的情况下,为了避免出现权力真空,保护相关利益人的利益而出现的一个临时性的代管机构。所以,此时的利害关系人仍是进入破产状态的企业,破产清算组只是临时代替原来的领导班子处理破产方面的事情。就案例一而言,在破产企业未被注销之前,刘某某仍应以破产企业为被告提起民事诉讼而不是以破产清算组为被告。就案例二而言,最高人民法院的观点有道理,即有明确的原被告以及事实、理由的情况下,就符合立案的形式要件了,至于说原告能否胜诉,是实体审理的问题,不能成为不予立案的理由。就案例三而言,清算组是企业破产清算期间,代表破产企业清理债权债务等工作的代理人,股东欠缴出资,必然影响债权人利益,G 银行深圳福田支行的虚假证明行为与破产企业不能及时收缴股东欠缴出资有因果关系,所以,此时清算组代表破产企业起诉合乎法律规定。

问题十三　立案过程中的相关时间不一致时以谁为准

案例　中国M银行股份有限公司西安分行与陕西J农业科技集团有限公司管辖纠纷案①

1 案情简介

上诉人（一审被告）：陕西J农业科技集团有限公司破产管理人（以下简称J破产管理人）。

被上诉人（一审原告）：中国M银行股份有限公司西安分行（以下简称M银行西安分行）。

负责人：王某，该行行长。

上诉人J破产管理人因与被上诉人M银行西安分行借款担保纠纷管辖权异议一案，不服陕西省高级人民法院（2014）陕民二初字第00021－2号民事裁定，向最高人民法院提出上诉。

2 当事人诉求

M银行西安分行起诉称：2013年5月10日，该行与陕西J农业科技集团有限公司（以下简称J农技公司）签订编号为公授信字第ZH300000096795号《综合授信合同》，约定该行授予J农技公司最高授信额度3亿元。2013年7月18日，双方签订公高质字第DB130000011692号《最高额质押合同》，约定J农技公司以其自有的价值不低于3.375亿元的玉米和小麦为最高授信额度2.7亿元提供质押担保。同日，双方还签订DB130000096795号《动产质押监管协议》。在此授信项下，该行向J农技公司发放了三笔流动资金贷款，开立了两笔银行承兑汇票。2014年8月6日，双方签订编号为公授信字第ZH1400000132612号《综合授信合同》，约定该行授予J农技公司最高授信额度2.5亿元。同日，双方签订公高质字第DB1400000115451号《最高额质押合同》，约定J农技公司以其自有的价值不低于3.125亿元的玉米和小麦为最高授信额度2.5亿元提供质押担保。双方还签订DB1300000132612号《动产质押监管协议》。2014年8月8日，该行向J农技公司发放流动资金贷款1.29亿元，约定分期还款。但第一笔贷款到期后，J农技公司未履行偿还义务。2014年10月，J农技公司发生重大经营困难，该行宣布J农技公司在该行尚未到期的1.24亿元贷款全部提前到期，J农技公司向该行交付尚未到期的银行承兑汇票项下的2600万元保证金，偿还到期的92,721,031.31元债务及相应利息。2014年10月27日，该行向陕西省高级人民法院提起诉讼，请求法院判决：1. J农技公司向该行偿还本息人民币242,721,031.31元及利息1,364,826.19元（截至2014年10月20日），合计244,085,857.5元，以及2014年10月20日起至付清之日的全部利息（含复息）。

---

① 最高人民法院（2015）民二终字第170号。

2. 确认该行质押权合法有效，如 J 农技公司不能偿还其全部债务，该行有权依法处置质押小麦，并享有处置小麦款的优先受偿权。3. J 农技公司承担因处置质押小麦所产生的搬运费、运输费等。4. J 农技公司承担全部诉讼费、律师费、差旅费等费用。

3 一审法院观点

一审法院受理该案后，J 破产管理人提出管辖权异议，认为 J 农技公司于 2014 年 11 月 3 日被陕西省大荔县人民法院裁定进入破产程序。2014 年 11 月 7 日，陕西省渭南市中级人民法院裁定为该公司指定了破产管理人。M 银行西安分行所诉案件的质押物可能涉及重复质押担保，涉及多家金融机构和个人，以及陕西省储备粮华县直属库取回权问题。结合上述情况，按照《企业破产法》的相关规定，该案应移送破产案件受理法院，即陕西省大荔县人民法院管辖。

陕西省高级人民法院认为：M 银行西安分行诉 J 农技公司借款担保合同纠纷一案，该院批准立案的时间是 2014 年 10 月 29 日。M 银行西安分行于 2014 年 11 月 1 日向该院缴纳了案件受理费。大荔县人民法院作出受理 J 农技公司申请破产民事裁定的时间是 2014 年 11 月 3 日，并于同年 11 月 12 日作出 J 公司破产清算及债权人申报债权的公告。该院受理 M 银行西安分行诉 J 农技公司借款担保合同纠纷一案，在大荔县人民法院作出受理 J 农技公司破产申请民事裁定及债权人申报债权公告之前。根据《企业破产法》第 20 条规定，"人民法院受理破产申请后，已经开始而尚未终结的有关债务人的民事诉讼或者仲裁应当中止，在管理人接管债务人的财产后，该诉讼或仲裁继续进行"。且该案标的 244，085，857.50 元，该院对该案有管辖权。依照《民事诉讼法》第 127 条的规定，裁定驳回 J 破产管理人对该案提出的管辖权异议。

4 最高人民法院观点

J 农技公司不服一审裁定，向最高人民法院提起上诉称：(1)该案由破产案件受理法院管辖更有利于解决矛盾，维护所有债权人的利益。(2)根据我国《企业破产法》《民事诉讼法》的有关规定，该案应由大荔县人民法院管辖。尽管被上诉人提交起诉状在破产案件立案之前，但陕西省高级人民法院正式立案时间却在大荔县法院破产案件立案时间之后。根据我国《企业破产法》第 21 条规定，该案只能由大荔县人民法院处理。又根据我国《民事诉讼法》第 196 条的规定，申请实现担保物权，由担保物权人以及其他有权请求实现担保物权的人依照物权法等法律，向担保财产所在地或者担保物权登记地基层人民法院提出。被上诉人作为担保物权人，应向担保财产所在地法院即大荔县人民法院提出诉讼请求。(3)陕西省高级人民法院处理该案程序违法。破产管理人以书面形式说明了企业破产情况，但陕西省高级人民法院不予回复。即使该院具有管辖权，但是没有中止审理，违反《企业破产法》第 20 条的规定；该院送达驳回管辖权异议裁定书的方式，违反了最高人民法院《关于以法院专递方式邮寄送达民事诉讼文书的若干规定》第 3 条规定。综上,请求将该案移交陕西省大荔县人民法院审理。

M 银行西安分行向最高人民法院提交答辩意见称:(1)陕西省高级人民法院受理本案不违反我国《企业破产法》第 21 条的规定。该行向陕西省高级人民法院起诉 J 农技公司的时间是 2014 年 10 月 27 日,该院正式受理时间是 2014 年 10 月 30 日,早于大荔县人民法院受理 J 农技公司破产案件的时间。(2)J 破产管理人上诉超过法定期限。(3)J 破产管理人上诉称"程序违法"的理由与事实不符。(4)J 农技公司破产程序严重违法,且有地方保护主义。(5)该案案情重大,法律关系复杂,符合我国《民事诉讼法》第 19 条关于"重大影响案件由高级人民法院一审管辖"的规定。

最高人民法院认为:经查,M 银行西安分行诉 J 农技公司借款担保合同纠纷一案,陕西省高级人民法院批准立案的时间是 2014 年 10 月 29 日,该院于 2014 年 10 月 30 日向 M 银行西安分行发出预收案件受理费通知单,通知单载明:"案件已经该院受理,逾期缴费则按自动撤诉处理"。尽管陕西省高级人民法院在"案件批办单"中载明的时间是 2014 年 11 月 12 日,对 M 银行西安分行发出受理案件通知书的时间是 2014 年 11 月 25 日,但仍应当以陕西省高级人民法院批准立案的时间作为受理案件时间,即 2014 年 10 月 29 日为受理案件时间。而大荔县人民法院以(2014)大民破字第 00002 号民事裁定书受理 J 农技公司破产案件的时间是 2014 年 11 月 3 日。陕西省高级人民法院受理本案时间在大荔县人民法院受理 J 农技公司破产案件之前。因此,陕西省高级人民法院受理本案不违反《企业破产法》第 21 条关于"人民法院受理破产申请后,有关债务人的民事诉讼,只能向受理破产申请的人民法院提起"的规定。上诉人提出法院审查程序违法的问题,不是本管辖权异议案件所审查的问题。本案诉讼标的额为 2 亿元以上,根据 2008 年最高人民法院《关于调整高级人民法院和中级人民法院管辖第一审民商事案件标准的通知》(法发〔2008〕10 号)关于陕西省高级人民法院可管辖"诉讼标的额在 1 亿元以上的第一审民商事案件"的规定,陕西省高级人民法院有权作为一审法院受理本案。

综上所述,一审裁定适用法律正确,应予维持。上诉人 J 农技公司提出将本案移交陕西省大荔县人民法院审理的上诉理由不能成立。依照《民事诉讼法》第 170 条第 1 款第 1 项、第 171 条之规定,裁定如下:驳回上诉,维持陕西省高级人民法院(2014)陕民二初字第 00021 - 2 号民事裁定。

专业释评

由于各个法院内部工作的流程不同，在起诉阶段就会出现不同的时间节点，比如批准立案时间、发出预收案件受理费通知单的时间、案件批办单中载明的时间以及发出受理案件通知书的时间等。此处批准立案时间对应的是案件的原被告、第三人、证人等关系人，而其他后续的一些时间点都是为前面的案件关系人服务的。就本案而言，大荔县人民法院以(2014)大民破字第00002号民事裁定书受理J农技公司破产案件的时间是2014年11月3日，陕西省高级人民法院批准该案立案时间是2014年10月29日，显然在大荔县人民法院受理J农技公司破产案件之前。根据《企业破产法》的相关规定，先受理破产申请的法院就有权受理此后的相关案件。所以，最高人民法院驳回上诉人J农技公司提出将本案移交陕西省大荔县人民法院审理的上诉理由，维持陕西省高级人民法院(2014)陕民二初字第00021－2号民事裁定于法有据。

问题十四　如何理解破产程序的排他性

案例　上海H（集团）有限公司申请执行案[①]

1 案情简介

申诉人(申请执行人):上海H(集团)有限公司(以下简称上海H公司)。

法定代表人:代某某,该公司董事长。

关于申请执行人上海H公司与被执行人长沙Z电器集团公司(以下简称长沙Z公司,已注销)买卖合同货款纠纷执行一案,上海H公司不服湖南省高级人民法院(2014)湘高法执复字第44号执行裁定,向最高人民法院申诉。

2 当事人诉求

申请执行人上海H公司与被执行人长沙Z公司买卖合同货款纠纷执行一案,长沙市中级人民法院于2014年1月13日作出(2014)长中民执恢字第00025号执行裁定,终结执行湖南省高级人民法院(2006)湘高法民二终字第2号民事判决。上海H公司不服,向长沙市中级人民法院提出异议,认为长沙市中级人民法院未对其提出的恢复执行的理由及债务人的可供执行的财产线索提出审查意见;债务人及其主管单位和关联公司在股份改制上市、资产重组、置换以及破产清算过程中隐匿财产,侵害上海H公司的合法权益,应追加为被执行人。上海H公司请求长沙市中级人民法院撤销(2014)长中民执恢字第00025号执行裁定,恢复本案的执行,追加本案的被执行人。

3 一审法院观点

长沙市中级人民法院审查查明:原告上海H总公司与被告湖南T集团股份有限公司、长沙市L建设开发有限公司、长沙Z公司买卖合同纠纷一案,该院于2005年11月2日作出(2003)长中民二重初字第186号民事判决:(1)被告长沙Z公司在本判决生效后10日内偿付原告上海H总公司货款9,784,857.93元及相应的利息(利息按中国人民银行同期贷款利率从2001年11月26日计算至付清之日止);(2)驳回原告上海H总公司的其他诉讼请求。本案受理费80,122元,由被告长沙Z公司负担。上海H总公司不服该判决,向湖南省高级人民法院提出上诉,湖南省高级人民法院于2007年9月27日作出(2006)湘高法民二终字第2号

---

① 最高人民法院(2014)执申字第250号。

民事判决:驳回上诉,维持原判。二审案件受理费80,122元,由上海H总公司负担。该判决生效后,长沙Z公司未能履行该判决,上海H总公司向长沙市中级人民法院申请强制执行,该院于2008年5月14日立案执行。在本案执行过程中,该院作出(2008)长中民破字第0528-1号民事裁定:(1)决定受理申请人长沙Z公司的破产申请;(2)宣告长沙Z公司破产并进行清算。依据该裁定,该院作出(2008)长中民执字第0097号执行裁定:湖南省高级人民法院(2006)湘高法民二终字第2号民事判决中止执行。在本案中止执行过程中,该院作出(2008)长中民破字第0528-10号民事裁定:(1)终结长沙Z公司的破产程序;(2)管理人应当自破产程序终结之日起10日内向破产人的原登记机关办理注销登记。依据该民事裁定,该院于2014年1月13日作出(2014)长中民执恢字第00025号执行裁定:湖南省高级人民法院(2006)湘高法民二终字第2号民事判决终结执行。另查明,上海H总公司于2012年11月16日更名为上海H(集团)有限公司。

长沙市中级人民法院认为:上海H公司提出湖南T集团股份有限公司、长沙市L建设开发有限公司、长沙市Q国有资产经营有限公司作为被执行人长沙Z公司的主管单位和关联公司在股份改制上市、资产重组、置换以及破产清算过程中隐匿财产,侵害异议人的合法权益,应追加其为被执行人,因该院依据(2008)长中民破字第0528-1号民事裁定,作出(2008)长中民执字第0097号执行裁定中止了本案的执行,不能在执行程序中追加被执行人。上海H公司提出被执行人长沙Z公司的主管单位和关联公司在股份改制上市、资产重组、置换以及破产清算过程隐匿财产,应当依照《企业破产法》的相关规定在破产程序中处理,由破产管理人负责追回隐匿、转移的财产,在破产程序终结后,可另案通过诉讼程序处理。该院依据长中民破字第0528-10号民事裁定,裁定湖南省高级人民法院(2006)湘高法民二终字第2号民事判决终结执行,符合法律的规定。

长沙市中级人民法院依照《民事诉讼法》第225条、最高人民法院《关于适用〈中华人民共和国民事诉讼法〉执行程序若干问题的解释》第5条之规定,于2014年5月12日作出(2014)长中民执异字第00163号执行裁定,驳回上海H公司的异议。

4 二审法院观点

上海H公司不服,向湖南省高级人民法院申请复议称,湖南T集团股份有限公司、长沙市L建设开发有限公司及长沙市Q国有资产经营有限公司在被执行人长沙Z公司资产重组、财产置换以及破产清算过程中,未按照约定履行出资义务、混淆置换资产及隐匿财产,侵犯了申请复议人的合法权益,应依法追加为本案被执行人。上海H公司请求撤销(2014)长中民执异字第00163号执行裁定及(2014)长中民执恢字第00025号执行裁定,恢复(2006)湘高法民二终字第2号民事判决的执行,同时追加湖南T集团股份有限公司、长沙市L建设开发有限公司及长沙市Q国有资产经营有限公司为本案被执行人。

湖南省高级人民法院查明的事实与长沙市中级人民法院查明的事实一致。

湖南省高级人民法院认为:本案在执行期间,因被执行人长沙Z公司被法院依法宣告破产而中止执行,破产程序终结后,执行法院裁定终结本案执行,并无不当。在此情形下,追加湖南T集团股份有限公司、长沙市L建设开发有限公司及长沙市Q国有资产经营有限公司为本案被执行人已无法律依据。上海H公司提出上述三家公司在长沙Z公司资产重组、财产置换及破产清算过程中,未按照约定履行出资义务、混淆置换资产及隐匿财产,应依据《企业破产法》的相关法律规定处理。

湖南省高级人民法院依照《民事诉讼法》第225条之规定,于2014年9月18日作出(2014)湘高法执复字第44号执行裁定,驳回上海H公司的复议申请。

5 最高人民法院观点

上海H公司不服,向最高人民法院申诉称:湖南省高级人民法院违反了最高人民法院《关于依法制裁规避执行行为的若干意见》第20条的规定;湖南省高级人民法院在复议程序中未对其提供的财产线索和证据进行审查。上海H公司请求撤销(2014)湘高法执复字第44号执行裁定、(2014)长中民执异字第00163号执行裁定及(2014)长中民执恢字第00025号执行裁定;恢复执行(2006)湘高法民二终字第2号民事判决;变更追加湖南T集团股份有限公司、长沙市L建设开发有限公司及长沙市Q国有资产经营有限公司为被执行人;依法裁定变更追加的被执行人履行(2006)湘高法民二终字第2号民事判决,向上海H公司清偿全部欠款债务和经济损失。

最高人民法院查明的案件事实与湖南省高级人民法院查明的事实一致。另查明,长沙Z公司已于2011年7月13日注销。

最高人民法院认为,本案的争议焦点为:第一,本案终结执行是否合法;第二,本案是否可以恢复执行;第三,本案能否变更追加被执行人。

(一)关于本案终结执行是否合法的问题

最高人民法院认为,执行程序是对债务人财产进行的个别执行,目的在于实现特定债权人的债权,而破产程序是对债务人全部财产进行的概括执行,注重对所有债权的公平清偿,具有对一般债务清偿(包括执行程序)的排他性。根据《企业破产法》第19条规定,人民法院受理破产申请后,有关债务人财产的保全措施应当解除,执行程序应当中止。根据最高人民法院《关于人民法院执行工作若干问题的规定(试行)》第105条规定,在执行中,被执行人被人民法院裁定宣告破产的,执行法院应当依法裁定终结执行。长沙市中级人民法院在受理破产申请并裁定宣告长沙Z公司破产后,中止、终结本案执行程序符合法律规定。

(二)关于本案是否可以恢复执行的问题

破产程序的排他性,不仅体现在受理破产申请后,而且体现在破产程序终结后。破产程序终结后,债权人发现破产人有应当供分配的相关财产的,可以根据《企业破产法》规定,请求人民法院进行追加分配,而不是通过恢复已经终结的执行程序行使权利,否则,就有违通过破产程序公平保护全体债权人的精神。本案中,人民法院已经裁定宣告长沙Z公司破产,执行程序也已经依法终结,上海H公司要求实现债权,应依据《企业破产法》的相关规定处理,本案执行程序依法不能恢复。

（三）关于本案能否变更追加被执行人的问题

变更追加被执行人是执行程序中的一项执行措施，在执行程序已经终结且不能恢复执行的前提下，变更追加被执行人无法律依据。最高人民法院《关于依法制裁规避执行行为的若干意见》第20条中所指的依法变更追加被执行人，是指在执行程序中变更追加被执行人，而不是在执行程序终结情况下变更追加被执行人。由于本案执行程序不能恢复，对上海H公司提交的关于变更追加被执行人的证据材料，湖南省高级人民法院不予审查并无不当。

综上所述，湖南省高级人民法院（2014）湘高法执复字第44号执行裁定认定事实清楚，适用法律正确，最高人民法院予以维持。上海H公司的申诉请求不能成立，最高人民法院不予支持。参照《民事诉讼法》第204条，根据最高人民法院《关于人民法院执行工作若干问题的规定（试行）》129条的规定，裁定如下：驳回上海H公司的申诉请求。

专业释评

破产程序的排他性，不仅体现在受理破产申请后，而且体现在破产程序终结后。因被执行人破产而终结执行的，执行程序不可恢复。被执行人被法院裁定宣告破产的，执行法院应当裁定终结执行。若债权人于此之后发现被执行人尚有可供分配的财产或追索的债权，应当根据《企业破产法》的相关规定追加分配，但不能申请恢复执行。由于追加被执行人属于执行法院于执行程序中所采取的措施，因此债权人不得在执行案件已经终结且不能恢复执行的情况下申请法院追加被执行人。

以上的内容不仅体现在破产法中，也体现在相应的司法解释中。2002年最高人民法院《关于审理企业破产案件若干问题的规定》第97条第2款规定，破产程序终结后仍有可以追收的破产财产、追加分配等善后事宜需要处理的，经人民法院同意，可以保留清算组或者保留部分清算组成员。从清算组或清算组成员负责追加分配来看，该规则也隐含有追加分配不适用于执行程序之意。2005年最高人民法院在《关于破产程序终结后适用破产程序追收破产财产问题的答复》中表示，“破产程序终结后新发现的破产企业的债权和财产由人民法院适用破产程序追收”。

问题十五　如何理解破产企业的申请执行权

案例　青海J有限公司破产管理人与浙江X集团股份有限公司增资纠纷案[①]

1 案情简介

申请复议人(申请执行人):青海J有限公司破产管理人(以下简称J公司)。

负责人:黄某某,青海盛通律师事务所法定代表人。

被执行人:浙江X集团股份有限公司(以下简称X集团)。

法定代表人:林某某,该公司董事长。

J公司破产管理人不服浙江省高级人民法院(以下简称浙江高院)(2015)浙执异字第1号执行裁定,向最高人民法院申请复议。此外,X集团对浙江高院(2015)浙执异字第1号执行裁定的部分事实认定不服,也向最高人民法院申请复议。经最高人民法院查明,其于2015年5月8日提交《关于要求对(2015)浙执异字第1号执行裁定进行复议的申请书》,而其收到异议裁定的时间是2015年4月24日,根据《民事诉讼法》第225条的规定,当事人申请复议的法定期限是10日,鉴于X集团复议申请已经超过法定期限,故最高人民法院对X集团提出的相关复议请求不予受理。

2 当事人诉求

2014年12月29日,被执行人X集团向浙江高院提出执行异议,请求驳回J公司破产管理人对本案的执行申请,终止对X集团的执行程序。具体理由如下:1. J公司及其破产管理人不是申请执行的适格主体。本案执行依据处理的是《增资协议》,J公司不是该协议的缔约主体,无权依据协议要求各方继续履行或追究任何一方的违约责任;J公司在该案一审、二审判决中属于无独立请求权的第三人,根据相关法律规定,无独立请求权的第三人只有在被判决承担民事责任时才享有完整的诉讼权利,本案J公司不享有申请执行的权利;J公司未参加诉讼、未提出诉讼请求,对其相关权益进行审理并执行,违反了"不告不理"的基本原则;本案并非浙江BL股东代位权诉讼或者股东代表诉讼。2. X集团对J公司缴付出资的义务已实际履行。X集团行使了合同法上的解除权,《增资协议》已实际解除;浙江BL应返还,且该款超过应补缴的1.3亿余元注册资本认缴额,可视为该1.3亿余元的出资义务已实际履行。3. J公司申请执行已过申请执行时效。J公司未在判决生效后2年内向法院申请执行,且不存在因不可抗力无法申请执行等事由。

---

① 最高人民法院(2015)执复字第17号。

J公司答辩称：X集团所提出的异议理由均不能成立，应依法驳回其异议请求。具体答辩意见如下：

1.关于J公司是否系适格的申请执行主体问题。(1)本案属于股东派生诉讼，诉讼利益归于J公司；(2)出资不实股东应承担的资本充实责任不仅是股东之间的约定义务，更是其法定责任和义务。股东出资不实，实质上是一种侵害公司法人财产权的行为；(3)破产管理人是法院在受理企业破产申请后由其依法指定的全面接管破产企业，负责其破产清算分配的法定工作机构，同时依法享有破产企业的权利和承担相应义务。破产管理人有权代表债务人提起诉讼，主张出资人向债务人依法缴付未履行的出资或者返还抽逃的出资本息。故J公司及其破产管理人依法有权要求X集团履行出资义务并申请强制执行，其申请执行主体适格。

2.关于X集团提出的解除合同问题。(1)没有证据证明X集团已向相对方股东和J公司送达；(2)解除合同通知系在二审上诉期间所为，解除合同通知所表达的主张和诉求，已经包含于正在审理的案件当中，并被一审、二审法院认定的事实及判决所吸收和取代；(3)涉及股权协议的解除不同于一般的买卖合同，不能直接以通知方式解除，应当依法办理工商变更登记后方为有效。因此解除合同的通知未得到相对方股东响应而未生效，且终审判决已确定X集团出资义务部分终止、部分履行，该合同解除没有实质意义。

3.关于申请执行时效问题。本案终审判决于2010年12月6日生效，J公司于2012年11月22日向X集团发出要求其履行生效判决的函，X集团于2012年12月5日出具复函。海西中院于2014年8月29日受理有关J公司的破产申请。上述事实符合相关法律对于申请执行时效中止中断的规定，没有超过申请执行时效。

4.X集团所提异议涉及生效判决的实体内容，属于滥用诉权的行为。

3 一审法院观点

浙江高院认为，本案双方当事人的争议焦点主要在于：J公司及其破产管理人申请执行主体是否适格；《增资协议》是否已解除，如果解除了，X集团已缴纳的336,884,976.79元增资溢价款能否视为其131,992,676.8元出资义务已实际履行；J公司破产管理人申请执行是否已过时效。

(一)关于申请执行主体是否适格问题。首先，《公司法》第151条规定了股东代表诉讼的前置条件，即有资格提起代表诉讼的股东必须先书面请求监事会、不设监事会的有限责任公司的监事向人民法院提起诉讼。董事会、不设董事会的有限责任公司的执行董事、监事会、不设监事会的有限责任公司的监事收到该书面请求后拒绝起诉，或者自收到请求之日起30日内未提起诉讼，或者情况紧急，不立即提起诉讼将会使公司利益受到难以弥补的损害的，前述股东才可以为了公司的利益以自己的名义直接向人民法院提起诉讼。《公司法》第28条第2款规定，已按期足额缴纳出资额的股东可直接起诉要求未按期足额缴纳出资的股东继续履行出资义务并承担违约责任，无须通过股东代表诉讼的方式行使诉权。本案执行依据已明确认定，该案既涉及股权权益纠纷，又涉及增资协议履行纠纷，系股东权益纠纷与合同违约纠纷之竞合。

故申请执行人提出该案系股东代表诉讼的主张,缺乏事实和法律依据,不予支持。其次,本案执行依据判决X集团向J公司交付131,992,676.8元,支持的是浙江玻璃提出的诉讼请求。J公司系案件第三人,在诉讼过程中,经法院传唤无正当理由拒不到庭参加诉讼,未提出任何诉讼请求。最高人民法院《关于适用〈中华人民共和国民事诉讼法〉的解释》第463条规定"当事人申请人民法院执行的生效法律文书应当具备下列条件……"并未赋予案件第三人申请执行的权利,且J公司拒不到庭未参与有关诉讼,放弃了相应的诉讼权利,亦不得享有申请执行的权利。故J公司及其破产管理人申请执行主体不适格,异议人该异议理由成立,应予采纳。

(二)关于《增资协议》是否已解除,增资溢价款部分能否视为对131,992,676.8元出资义务的实际履行问题。浙江高院(2011)浙商终字第36号民事判决和最高人民法院(2013)民申字第326号民事裁定均已明确《增资协议》已解除,但X集团缴付的336,884,976.8元增资溢价款已计入青海J公司的资本公积金,属于J公司的公司资产,X集团不得主张返还。本案执行依据已明确认定,青海J公司的增资已经办理了工商登记,注册资本为84,316.77万元,实收资本为71,117.50232万元,尚有131,992,676.8元注册资本未实际缴付。X集团持有35%的股权已在青海J公司的股东名册及工商机关进行了登记,其认缴的29,510.77万元出资额未完全缴纳,尚缺131,992,676.8元应予补足,判令X集团将131,992,676.8元交付J公司,投入J公司注册资本。异议人X集团主张增资溢价款336,884,976.8元可视为对131,992,676.8元出资义务的实际履行,与上述已生效判决相左,不予支持。

(三)关于申请执行时效问题。《民事诉讼法》第239条规定:"申请执行的期间为二年。申请执行时效的中止、中断,适用法律有关诉讼时效中止、中断的规定。"最高人民法院《关于审理民事案件适用诉讼时效制度若干问题的规定》第13条规定:"下列事项之一,人民法院应当认定与提起诉讼具有同等诉讼时效中断的效力……(三)申请破产、申报破产债权。"最高人民法院《关于适用〈中华人民共和国民事诉讼法〉执行程序若干问题的解释》第28条规定:"申请执行时效因申请执行、当事人双方达成和解协议、当事人一方提出履行要求或者同意履行义务而中断。从中断时起,申请执行时效期间重新计算。"上述规定已明确,申请执行时效因当事人一方提出履行要求或者同意履行义务而中断,异议人关于申请执行中断必须以申请执行为前提的观点,和法律规定相冲突,不予采纳。本案终审判决于2010年12月6日生效,申请执行时效期间至2012年12月6日为止。J公司于2012年11月22日向X集团提出履行要求,X集团于2012年12月5日复函,故申请执行时效中断,期间重新计算。2014年8月29日,海西中院受理了对J公司的破产申请,J公司破产管理人于2014年11月20日向浙江高院邮寄递交了强制执行申请。故J公司破产管理人申请执行并未超过法定时效期间,异议人的异议理由缺乏事实和法律依据,不予采纳。综上,浙江高院作出(2015)浙执异字第1号执行裁定,驳回了J公司破产管理人的执行申请。

J公司破产管理人不服上述异议裁定,向浙江高院申请复议,其主要理由与异议阶段答辩意见基本相同,另增加以下三项:(1)浙江高院异议裁定认定本案不属于股东代表诉讼属于认定错误;(2)J公司作为本案生效判决确定的第三人,属于民事诉讼中的当事人,是本案的权利主体,符合法律对申请执行人主体资格规定的条件;(3)浙江高院执行部门对于已生效判决作出实体审查违反法律基本原则。综上，请求撤销(2015)浙执异字第1号执行裁定，责令浙江高院对该执行案件立即执行。

4 最高人民法院观点

最高人民法院认为：本案的争议焦点是青海J公司及其破产管理人作为生效判决确定的享有实体权利的第三人，是否具有申请执行的主体资格。分析如下：

第一，本案中，J公司虽然不是《增资协议》的缔约主体，但该协议明确约定了由X集团向J公司出资的相关义务。因X集团未依约足额缴纳出资，J公司是本案第三人，生效判决确定了X集团向J公司承担补足出资义务，J公司根据生效判决享有实体权利。根据最高人民法院《关于人民法院执行工作若干问题的规定(试行)》第18条的规定："人民法院受理执行案件应当符合下列条件：(1)申请或移送执行的法律文书已经生效；(2)申请执行人是生效法律文书确定的权利人或其继承人、权利承受人……"本案中，J公司是生效判决已经明确判定的权利人，其符合上述规定中申请执行人的条件。J公司虽然没有参加诉讼，放弃了诉讼阶段的权利，但诉讼程序与执行程序是相对独立的程序，其缺席诉讼的行为并不表示其当然放弃了执行阶段的权利，更不意味着其放弃了行使履行请求权的权利。浙江高院认为法律未赋予第三人申请执行的权利，并认为J公司未到庭参加诉讼即不得享有申请执行权利，缺乏法律依据。

第二，根据《企业破产法》第25条的规定："管理人履行下列职责……(六)管理和处分债务人的财产；(七)代表债务人参加诉讼、仲裁或者其他法律程序……"债权人破产后，其包括诉讼、申请执行等在内的权利义务应由其破产管理人代为行使。该法第35条规定："人民法院受理破产申请后，债务人的出资人尚未完全履行出资义务的，管理人应当要求该出资人缴纳所认缴的出资，而不受出资期限的限制。"破产管理人作为全面接管破产企业、对破产财产进行估价、变价、处分和分配的法定机构，其职能旨在公平、合法保护破产企业的权利、保障破产企业债权人的权利，而正是基于这一职责，其有权要求出资不足的股东继续补缴认缴出资，纳入破产企业财产，从而实现破产清算之最终目的。本案中，J公司破产管理人即代表J公司行使权利承担义务，其有权向人民法院申请强制执行，要求X集团根据生效判决履行补足出资的义务。

此外，作为本案执行依据的生效判决明确认定了讼争案件属于增资纠纷与股东权益纠纷的竞合，浙江BL对X集团提起的诉讼并不符合《公司法》第151条规定的股东代表诉讼的构成要件。但无论本案是否属于股东代表诉讼，均不影响J公司及其破产管理人根据本案执行依据向人民法院申请强制执行的权利。

综上所述，裁定如下：撤销浙江省高级人民法院(2015)浙执异字第1号执行裁定。

专业释评

法律关系，是在法律规范调整社会关系的过程中所形成的人们之间权利与义务关系。法律关系可以从不同角度进行相应的分类，其中一个就可以分为诉讼阶段的法律关系与执行阶段的法律关系。就本案而言，J 公司没有参加诉讼，意味着放弃了诉讼阶段的权利，但诉讼程序与执行程序是相对独立的程序，体现的是不同的法律关系。其缺席诉讼的行为并不表示其当然放弃了执行阶段的权利，更不意味着其放弃了行使履行请求权的权利。最高人民法院对浙江高院所认为的法律未赋予第三人申请执行的权利的观点不予认可具有法律依据，这是对不同法律关系的认识。

问题十六　如何理解债务人申请破产的要求

案例　天水X轮毂制造有限公司再审审查与审判监督民事裁定书[①]

1 案情简介

再审申请人(一审申请人、二审上诉人):天水X轮毂制造有限公司(以下简称X公司)。

法定代表人:张某某,该公司经理。

再审申请人X公司因申请破产清算一案,不服甘肃省高级人民法院(2017)甘民终58号民事裁定,向最高人民法院申请再审。

2 当事人诉求

X公司申请再审称,本案符合《民事诉讼法》第200条第6项规定的情形,应予再审。请求:(1)撤销甘肃省高级人民法院(2017)甘民终58号民事裁定;(2)指令甘肃省高级人民法院审理,依法受理X公司的破产清算申请。事实和理由:(1)一审法院未按照最高人民法院《关于适用〈中华人民共和国企业破产法〉若干问题的规定(一)》,在收到破产申请时向再审申请人X公司出具收到申请及所附证据的书面凭证,亦未按照规定告知再审申请人X公司应当补充、补正相关材料的情况下,即认为再审申请人X公司"不能提供破产清算所需要的材料",进而裁定不予受理再审申请人X公司的破产清算申请,显属程序错误,且不能正确的适用法律规定。二审法院亦未严格按照法定程序对案件进行审查,仅仅以简单的"破产清算申请形式要件不完备",即认定再审申请人X公司破产申请应不予受理,显属错误。(2)再审申请人X公司已无法清偿到期债务,明显缺乏清偿能力,且资产也不足以清偿全部债务,符合法律规定的破产清算情形。(3)在本案中,再审申请人X公司财产,已经被银行、担保公司等申请查封、评估,如进入执行程序,也仅能够偿还银行、担保公司等极少数法人债权人的债务,绝大多数自然人债权人的债务将无法清偿,这些众多自然人债权人的利益将无法得到保障,而且案件执行过程中造成的积案也无法化解。

3 最高人民法院观点

最高人民法院经审查认为,《企业破产法》第8条规定,向人民法院提出破产申请,应当提交破产申请书和有关证据。破产申请书应当载明下列事项:(1)申请人、被申请人的基本情

---

① 最高人民法院(2017)最高法民申1172号。

况;(2)申请目的;(3)申请的事实和理由;(4)人民法院认为应当载明的其他事项。债务人提出申请的,还应当向人民法院提交财产状况说明、债务清册、债权清册、有关财务会计报告、职工安置预案以及职工工资的支付和社会保险费用的缴纳情况。现再审申请人申请破产清算,却始终未提供有关财务会计报告与财产状况说明、债务清册、债权清册相印证,一审、二审法院对再审申请人申请破产清算一案不予受理并无不当。

综上所述,X公司的再审申请不符合《民事诉讼法》第200条第6项规定的情形。最高人民法院依照《民事诉讼法》第204条第1款,最高人民法院《关于适用〈中华人民共和国民事诉讼法〉的解释》第395条第2款之规定,裁定如下:驳回X公司的申诉请求。

专业释评

破产申请,是指当事人向法院提出要求宣告债务人破产的诉讼行为。破产申请的提出,不是破产程序开始的起点,但是进入破产程序的前提。根据我国《企业破产法》的规定,债权人和债务人都可以提出破产申请。债务人申请破产,应当向人民法院提交下列材料:(1)书面破产申请;(2)企业主体资格证明;(3)企业法定代表人与主要负责人名单;(4)企业职工情况和安置预案;(5)企业亏损情况的书面说明,并附审计报告;(6)企业至破产申请日的资产状况明细表,包括有形资产、无形资产和企业投资情况等;(7)企业在金融机构开设账户的详细情况,包括开户审批材料、账号、资金等;(8)企业债权情况表,列明企业的债务人名称、住所、债务数额、发生时间和催讨偿还情况;(9)企业债务情况表,列明企业的债权人名称、住所、债权数额、发生时间;(10)企业涉及的担保情况;(11)企业已发生的诉讼情况;(12)人民法院认为应当提交的其他材料。

就本案而言,作为债务人的X公司申请自己破产,却始终未提供有关财务会计报告与财产状况说明、债务清册、债权清册相印证,也就不能证明自己是否达到破产的界限。

问题十七　如何理解企业改制后的主体责任

案例一　宁夏FR化肥工业有限公司与中国C资产管理公司兰州办事处保证合同纠纷案[①]

1 案情简介

1999年11月15日至2000年2月14日，宁夏J化工集团有限责任公司(以下简称J公司)与中国G银行吴忠市分行营业部(以下简称G行吴忠分行)签订八笔流动资金借款合同，贷款本金共计550万元。G行吴忠分行还分别就每份借款合同与宁夏FR化肥工业有限公司(以下简称FR化肥公司)签订了保证合同，八份保证合同均约定由FR化肥公司对J公司的借款承担连带保证责任；保证范围为贷款本金及利息、复利、罚息、违约金、赔偿金、实现贷款债权的费用和所有其他应付费用；保证期间为自主合同确定的借款到期之次日起2年。合同签订后，G行吴忠分行按合同约定将上述八笔贷款转入J公司账户。

2005年7月20日，G行吴忠分行将上述八笔借款合同项下的贷款本金509.26万元及利息转让给C资产管理公司兰州办事处(以下简称C公司兰州办事处)。

2003年12月29日，吴忠市利通区人民法院依法宣告借款人J公司破产，G行吴忠分行向该院申报债权61,734,222.58元(包括本案担保债权509.26万元及利息)。2010年8月27日，因企业破产财产分配完毕，J公司破产程序终结，本案债权未得到清偿。

2003年9月，保证人FR化肥公司改制后更名为FR公司。根据吴忠市利通区人民政府吴利政发〔2003〕17号《吴忠市利通区人民政府关于宁夏FR化肥工业有限责任公司改制方案的批复》(以下简称《批复》)精神，原企业的债权债务由改制后的新公司即FR公司承担。

2 当事人诉求

由于J公司已经破产，案涉债权未得到清偿，C公司兰州办事处为维护其合法权益向原审法院提起诉讼，请求：(1)判决FR公司偿还C公司兰州办事处借款本金509.26万元，利息677.24万元，合计1186.5万元(利息按每日2.1＊计算，计算至2010年10月10日，在未清偿本息前，不停止利息计算)；(2)诉讼费、财产保全费等由FR公司承担。

3 一审法院观点

一审法院认为，涉案合同及《债权转让协议》是各方当事人的真实意思表示，内容不违反

① 最高人民法院(2012)民二终字第130号。

法律、行政法规的强制性规定，均合法、有效。2003年9月，FR化肥公司通过由任某某牵头出资，一次性买断国有净资产的方式改制为FR公司，仅是企业法人的出资主体和企业名称的变更，企业责任主体并没有发生变更，FR化肥公司的债权债务应由FR公司承担。

4 最高人民法院观点

FR公司不服原审法院作出的上述民事判决，向最高人民法院提起上诉称：原审人民法院认定涉案合同及《债权转让协议》合法、有效并判决其承担债务是错误的。(1)本案担保合同的签订者以及C公司兰州办事处起诉状所列被告均是FR化肥公司，而上诉人的名称是FR公司。FR公司既不是担保合同的签订者也不是一审所列被告。对此，FR公司已向原审法院提出过异议。(2)FR公司是2003年3月23日通过宁夏吴忠市人民政府对原国有企业的改制并个人出资购买的、新成立的合法民营企业法人，而FR化肥公司为国营企业且早在2003年3月23日就被宁夏吴忠市人民政府进行了企业改制，现已并不存在，二者之间既没有法律上的继受关系也没有合同关系。综上，FR公司不是本案的适格主体，请求：(1)撤销宁夏回族自治区高级人民法院(2011)宁民商初字第1号民事判决书，依法驳回C公司兰州办事处诉讼请求；(2)本案一审、二审的诉讼费用由C公司兰州办事处承担。

关于FR公司是否为本案原审适格的主体问题。最高人民法院认为，最高人民法院及原审法院查明的事实表明，案涉保证合同的签订者虽为FR化肥公司，但FR公司是通过由任某某牵头出资，一次性买断FR化肥公司国有净资产的方式改制而来，FR化肥公司改制仅为法人出资主体、性质和名称的变更，企业责任主体并未发生变更。此外，《宁夏FR化肥工业有限责任公司改制方案》以及宁夏吴忠市利通区人民政府吴利政发〔2003〕17号《吴忠市利通区人民政府关于宁夏FR化肥工业有限责任公司改制方案的批复》中，也均明确载明由FR公司承担FR化肥公司的债权债务。因而，FR公司关于其不是本案原审适格被告的主张缺乏事实和法律依据，最高人民法院不予支持。综上所述，驳回上诉，维持原判。

案例二 中国X资产管理股份有限公司甘肃省分公司与甘肃省Q股份有限公司借款纠纷案①

1 案情简介

再审申请人(一审被告、二审被上诉人)：甘肃省Q股份有限公司(以下简称甘肃Q公司)。

法定代表人：李某某，该公司董事长。

被申请人(一审原告、二审上诉人)：中国X资产管理股份有限公司甘肃省分公司(以下简称X公司甘肃分公司)。

负责人：汪某某，该公司总经理。

---

① 最高人民法院(2014)民申字第834号。

再审申请人甘肃Q公司因与被申请人X公司甘肃分公司借款担保纠纷一案，不服甘肃省高级人民法院（2013）甘民二终字第215号民事判决，向最高人民法院申请再审。

2 当事人诉求

甘肃Q公司申请再审称：甘肃Q公司为深化产权改制完成，公司为出资的股东所有，没有义务对原企业的贷款承担保证责任。

X公司甘肃分公司提交意见称：（1）二审判决认定事实清楚，证据充分，本案不符合再审条件。（2）甘肃轻工公司提出涉案两笔贷款系借新还旧证据不足。总之，甘肃Q公司的再审申请缺乏事实与法律依据，请求予以驳回。

3 最高人民法院观点

最高人民法院认为，本案再审审查主要涉及问题是：甘肃Q公司应否对改制前的企业债务承担偿还责任。

最高人民法院《关于审理与企业改制相关民事纠纷案件若干问题的规定》（法释〔2003〕1号）第5条规定："企业通过增资扩股或者转让部分产权，实现他人对企业的参股，将企业整体改造为有限责任公司或者股份有限公司的，原企业债务由改造后的新设公司承担。"根据该条规定，甘肃Q公司作为改制后的公司应当对原企业甘肃Q总厂的债务承担责任。而且，甘肃省张掖市工业信息化委员会《关于省轻机厂申请进行企业变更登记注册的报告》（张工信发〔2011〕204号）中明确"改制前的债权债务由新公司全部承继并依法予以清收和偿还"。因此，甘肃Q公司申请再审称公司为出资的股东所有，没有义务对原企业的贷款承担保证责任，理由不能成立。此外，X甘肃分公司在主债务人张掖选矿厂破产终结后，就其未能受偿的债权要求甘肃Q公司承担保证责任，并无不当之处。甘肃Q公司申请再审称二审法院在主债务人张掖选矿厂破产后，判决甘肃Q公司承担保证责任，结果严重不公平，没有事实和法律依据。

专业释评

根据最高人民法院《关于审理与企业改制相关民事纠纷案件若干问题的规定》，国有企业依公司法整体改造为国有独资有限责任公司的，原企业的债务，由改造后的有限责任公司承担；企业通过增资扩股或者转让部分产权，实现他人对企业的参股，将企业整体改造为有限责任公司或者股份有限公司的，原企业债务由改造后的新设公司承担；企业以其部分财产和相应债务与他人组建新公司，对所转移的债务债权人认可的，由新组建的公司承担民事责任；对所转移的债务未通知债权人或者虽通知债权人，而债权人不予认可的，由原企业承担民事责任。原企业无力偿还债务，债权人就此向新设公司主张债权的，新设公司在所接收的财产范围内与原企业承担连带民事责任;企业以其优质财产与他人组建新公司,而将债务留在原企业,债权人以新设公司和原企业作为共同被告提起诉讼主张债权的,新设公司应当在所接收的财产范围内与原企业共同承担连带责任。根据该规定精神,企业改制后,原企业不存在的,由改制后的企业担责,原企业还存在的,双方共同担责。就案例一而言,FR 化肥公司经过改制变成了 FR 公司,原公司已经不存在了,所以,原公司的债务自然就有改制后的公司担责。而案例二道理也是一样的。

专题二　职工的身份与权益

问题一　如何认定职工身份及其破产债权

案例一　乐山J化工有限公司与左某某职工破产债权纠纷案[①]

1 案情简介

上诉人(原审被告):乐山J化工有限公司(以下简称J化工公司)。

诉讼代表人:乐山J化工有限公司清算组。

被上诉人(原审原告):左某某,公司员工。

上诉人J化工公司因与被上诉人左某某职工破产债权确认纠纷一案,不服四川省沐川县人民法院(2017)川1129民初236号民事判决,向乐山市中级人民法院提起上诉。上诉人J化工公司的委托诉讼代理人肖某某,被上诉人左某某的委托诉讼代理人肖某某、孙某到庭参加诉讼。本案现已审理终结。

2 当事人诉求

J化工公司上诉请求:(1)撤销一审判决;(2)驳回左某某的一审诉讼请求或将本案发回重审;(3)诉讼费由左某某承担。事实和理由:左某某2013年3月受聘到J化工公司工作,至2016年1月15日双方解除劳动关系。其间,公司从未正常生产过一天。本案一审过程中,J化工公司被一审法院裁定进入破产重整程序。左某某在公司担任分析工程师一职,属于公司高级管理人员,对公司资不抵债、不能清偿到期债务负有不可推卸的责任,按照《企业破产法》第113条第3款"破产企业的董事、监事和高级管理人员的工资按照该企业职工的平均工资计算"的规定,其工资应予调整。一审法院判决J化工公司向左某某支付28,780元系认定事实不清,适用法律错误。对一审法院确定的除左某某工资以外的其他项目及金额没有异议。

左某某辩称,左某某并非J化工公司的高级管理人员,不属于《企业破产法》第113条第3款所规定人员的范畴;并且,J化工公司目前仍处于破产重整阶段,并未进行破产清算,而《企业破产法》第113条规定位于破产清算章节,在本案中不能适用。请求二审法院驳回上诉,维持原判。

左某某向一审法院提出诉讼请求:(1)请求依法判令J化工公司向左某某支付拖欠款项28,780元(安全环保抵押金、工资、劳保费等);(2)本案诉讼费用由J化工公司承担。

---

① 乐山市中级人民法院(2018)川11民终28号。

3 一审法院观点

一审法院认为,左某某自2013年3月到J化工公司工作,双方自此开始建立劳动关系,左某某依法应当享受法律规定或者劳动合同约定的相关待遇。

关于左某某主张支付拖欠工资的问题。左某某主张的拖欠工资实际上是薪酬体系中的年终考核工资。J化工公司主张该部分工资的支付需进行考核,因未对左某某进行考核,故该部分工资不应支付。同时指出根据J化工公司提交的审计报告,J化工公司违规向左某某多发放了工资,应当将多发放部分扣除。该院认为,从J化工公司的薪酬体系来看,年终考核部分属于左某某工资的组成部分,若该部分工资需进行考核才能发放,J化工公司需制定相应的考核方案,考核方案的制订应当经过民主程序并将考核方案告知劳动者。现J化工公司没有证据证明制定了考核方案,没有证据证明考核方案经劳动者知晓,更没有证据证明对左某某进行过考核,J化工公司没有对左某某进行考核的责任不在左某某,不应由左某某来承担相应的后果,故J化工公司主张没有考核不应当发放没有依据,该院不予采纳。关于工资具体数额问题,J化工公司向本院提交了四川S会计师事务所对J化工公司从2012年2月设立至2015年10月31日止的经营情况和内部控制专项审计报告,用以证明左某某在J化工公司工作期间,J化工公司违规向左某某超额发放了薪酬体系之外的金额,超额发放部分应当扣除。左某某对该审计报告的三性均不予认可,认为该审计报告是针对J化工公司所做,与本案没有关联性。该院认为,该审计报告系针对J化工公司内部经营所做,与本案无关,该院不予采信。经该院向J化工公司财务人员进行询问显示,J化工公司向左某某出具的欠条是经财务核实、行政审核最后报领导同意后加盖印章出具给左某某的,欠条上载明的数额与庭审中查明的欠发工资数额基本一致,对欠款金额该院予以认定。左某某主张J化工公司支付拖欠工资23,000元符合法律规定,该院予以支持。

关于拖欠工资的请求是否已过仲裁时效。本案中,双方解除劳动关系的时间是2016年1月15日,J化工公司向左某某出具欠条的时间2016年3月10日,欠条上并未载明款项的支付时间,根据最高人民法院《关于审理劳动争议案件适用法律若干问题的解释(二)》第1条第3项规定,劳动争议发生之日应为解除合同之日即2016年1月15日,左某某申请仲裁的时间是2017年1月11日,并未超过1年的仲裁时效。且J化工公司在仲裁时并未提出时效抗辩,应视为J化工放弃时效抗辩。故该院对J化工公司主张已过仲裁时效的抗辩不予采纳。

关于J化工公司收取的安全环保抵押金是否应当退还。J化工公司指出,安全环保抵押金是按照公司《安全、环保、置业健康风险抵押金管理办法》收取,退还条件尚不成熟,不应当予以退还。该院认为,按照《劳动合同法》第9条"用人单位招用劳动者,不得扣押劳动者的居民身份证和其他证件,不得要求劳动者提供担保或者以其他名义向劳动者收取财物"之规定,用人单位不得向劳动者收取财物,J化工公司向左某某收取风险抵押金的行为本就不符合法律规定,故左某某请求J化工公司将收取的安全环保抵押金退还给左某某符合法律规定,该院予以支持。

关于劳保费的问题。J化工公司向左某某出具的欠条中明确载明劳保费用的金额,且根据该院对J化工公司财务人员所做的询问笔录来看，劳保费用的发放是根据J化工公司的文件进行的，左某某请求J化工公司支付该部分费用符合法律规定，该院予以支持。

综上所述，一审法院依照《劳动合同法》第9条、第30条，《民事诉讼法》第64条的规定，判决：(1)J化工公司自本判决生效之日起10日内向左某某支付拖欠工资23,000元；(2)J化工公司自本判决生效之日起10日内退还左某某安全环保抵押金2000元；(3)J化工公司自本判决生效之日起10日内向左某某支付2014年劳保费3780元。

4 二审法院观点

为减少当事人诉累，节约诉讼资源，二审庭审中，乐山市中级人民法院向左某某进行释明：鉴于在本案一审过程中J化工公司已进入破产重整程序，按照相关法律规定，不能再对相关债权人进行个别清偿，相关债权人只能诉请要求确认破产债权。因此，在一审恢复审理后，左某某提起的给付之诉请求已不适当，应当变更为确认享有相应破产债权。左某某遂变更诉讼请求为：确认左某某对J化工公司享有28,780元职工破产债权。经征询J化工公司意见，其同意乐山市中级人民法院在二审中进行处理。

乐山市中级人民法院认为，关于本案案由问题。经乐山市中级人民法院二审中释明，左某某将诉讼请求变更为确认其对J化工公司享有相应职工破产债权，J化工公司也同意在二审中进行处理，因此，双方当事人之间的法律关系性质应为职工破产债权确认，本案案由也应确定为职工破产债权确认纠纷。原审确定案由为劳动争议欠妥，乐山市中级人民法院予以纠正。

关于左某某是否系公司高级管理人员的问题。《公司法》第216条规定："本法下列用语的含义：(一)高级管理人员，是指公司的经理、副经理、财务负责人，上市公司董事会秘书和公司章程规定的其他人员。……"J化工公司章程第43条中明确规定公司经营班子由总经理、副总经理、财务总监组成。左某某与J化工公司劳动关系存续期间担任分析工程师，不属于前述法律规定及公司章程中规定的公司高级管理人员。J化工公司主张的《企业破产法》第113条第3款对其并不适用。

关于本案应确认的债权金额及债权性质的问题。J化工公司对一审法院确定的除左某某工资以外的其他项目及金额无异议，乐山市中级人民法院予以确认。左某某提供了J化工公司出具的欠款明细证明其主张的工资金额，该欠款明细由J化工公司财务核实，行政审核，并加盖了公司印章，具备真实性，本院予以确认。左某某对J化工公司享有的债权金额为28,780元。鉴于本案债权系因左某某与J化工公司劳动关系存续期间所形成，其性质应属于职工破产债权。

综上所述，由于一审中J化工公司已进入破产重整程序，对债权人不能再行个别清偿，一审法院对左某某主张的给付之诉作出判决欠妥，应予撤销；因二审中左某某变更主张为确认之诉，J化工公司亦同意在二审中进行处理，本院依照《劳动合同法》第9条、第30条第1款，《企业破产法》第48条第2款，《公司法》第216条第1项，《民事诉讼法》第170条第1款第2项规定，判决如下：(1)撤销四川省沐川县人民法院(2017)川1129民初236号民事判决；(2)确认左某某对乐山J化工公司享有28,780元职工破产债权。

案例二 艾某与新疆D工程总公司劳动争议案①

1 案情简介

上诉人(原审原告):艾某。

被上诉人(原审被告):新疆D工程总公司(以下简称D公司)。

负责人:郭某某,D公司破产清算组组长。

上诉人艾某因与被上诉人D公司劳动争议一案,不服乌鲁木齐市沙依巴克区人民法院(2015)沙民一初字第140号民事判决,向新疆乌鲁木齐市中级人民法院提起上诉。上诉人艾某的诉讼代表人阿某某、艾某某及其委托代理人阿某,被上诉人D公司的委托代理人迟某、庄某某到庭参加了诉讼。本案现已审理终结。

2 当事人诉求

上诉人艾某不服一审判决,向新疆乌鲁木齐市中级人民法院提起上诉称:(1)我是D公司下属单位(原D公司喀什第一工程处)的职工,我于1986年9月参加工作,有26年工龄,该公司于1989年改制为国有企业,我与该公司签订了书面的劳动合同。该公司于2012年合并成立现在的新疆L工程建设有限公司后,原D公司喀什第一工程处按照破产程序已注销,但是D公司仍然继续办公,因此我的失业金、生活补助金等费用应当继续由D公司负责发放。(2)原D公司喀什第一工程处的领导,向包括我在内的公司职工承诺按照西藏工程队的补偿金标准发放补偿金,并出具了保证书,由第一工程处处长以及其他领导班子成员在保证书上签字并加盖公司公章,该保证书具有法律效力,原审法院应当认定该保证书的效力。(3)D公司违法解除与我的劳动关系,应当按照法律规定承担两倍的经济赔偿金。原审法院认定D公司按照破产程序与我解除劳动关系不当,实际上解除劳动关系发生在破产程序之前,故D公司应当承担2倍的经济赔偿金。(4)关于加班事实,我每年工作270天至300天,没有双休日和节假日,且我提供了相应证据,原审法院对此未予采信是认定事实错误。(5)关于公积金,原审法院认为不属于劳动争议案件的受理范围也是不正确的。(6)关于养老金和生活补助金,我之所以计算至2013年1月之后,是D公司承诺支付此款,并承诺迟延支付生活补助金则承担25%的赔偿金,D公司应当按照承诺履行义务。请求二审法院依法撤销原审判决,支持我方上诉请求。

被上诉人D公司答辩称,我单位经新疆维吾尔自治区区属国有企业产权领导小组会议同意实施破产重组,并由乌鲁木齐市中级人民法院于2012年12月31日宣告破产,目前清算工

① 新疆乌鲁木齐市中级人民法院(2015)乌中民五终字第505号。

作已近尾声。根据相关规定经测算并报国资委、人力资源和社会保障厅审核,2013 年 11 月 28 日财政厅核拨了 D 公司职工的经济补偿金,并于 2013 年 12 月前全部发放给了职工。艾某在破产前属待岗人员,其破产前 12 月平均工资低于 2011 年企业平均工资,故我单位本着有利于艾某,依照政策按企业破产前职工月平均工资即 3511 元/月的标准向艾某支付了经济补偿金,符合法律规定。我公司依法破产,从宣告破产之日起与艾某依法解除了劳动关系,艾某要求我公司支付违法解除劳动关系双倍赔偿金的主张没有法律依据。关于欠付住房公积金,现就企业欠付职工的公积金仍在审核认定中,经财政厅审批后才能予以发放,且住房公积金纠纷不属于劳动争议案件的受理范围。关于加班费,艾某属于待岗人员,领取待岗工资,不存在加班事实。另我单位实行综合计算工时工作制,在劳动者与企业签订的《劳动合同》第 5 条及第 9 条有明确约定。企业在正常生产的情况下,采取职工集中工作、集中休息、轮休调休的方式,每年工休期为 4 ~5 个月,基本上是每年 4 月至 10 月在工地上上班,11 月至次年 3 月为工休期,因此即使艾某是在岗职工也不存在支付加班工资的问题。关于生活费和补助费,根据国务院办公厅转发国家经贸委等部门《关于解决国有困难企业和关闭破产企业职工基本生活问题若干意见的通知》(国办发〔2003〕2 号)规定,国有破产企业清算期间职工生活费按 6 个月发放。根据我公司破产实际情况,破产清算期间的生活费支付金额由审理破产案件的乌鲁木齐市中级人民法院按照清算实际情况确定为 483 元/月,由新疆维吾尔自治区财政厅拨付,拨发期限为 10 个月(2013 年 1 月至 10 月),实际发放生活费的时间超过了法定的 6 个月时间,因此不存在支付生活费的问题。关于艾某主张的 25% 补偿金,破产前待岗生活费已经全部支付,不存在支付 25% 补偿金的问题,其主张没有事实和法律依据。综上所述,原审法院认定事实清楚,适用法律清楚,请求二审法院依法驳回上诉人艾某的上诉请求,维持原判。

3 一审法院观点

一审法院认为,本案的争议焦点为:(1)D 公司是否少支付经济补偿金。根据《违反和解除劳动合同的经济补偿办法》第 9 条规定:"用人单位濒临破产进行法定整顿期间或者生产经营状况发生严重困难,必须裁减人员的,用人单位按被裁减人员在本单位工作的年限支付经济补偿金。在本单位工作的时间每满一年,发给相当于一个月工资的经济补偿金。"故 1986 年 9 月 1 日至 2012 年 12 月 31 日,艾某工作 26.5 年,D 公司应向艾某支付 26.5 个月工资的经济补偿金。因艾某在破产之前 12 个月平均工资或待岗时享受的生活费均低于企业平均工资 3511 元,故 D 公司单位按照企业平均工资标准支付艾某经济补偿金符合法律规定,艾某仅凭 D 公司第一工程处出具的保证书主张按西藏工程职工的标准享受经济补偿金的请求,没有法律依据,一审法院不予支持。(2)D 公司应否支付解除劳动关系的双倍赔偿金。一审法院认为,D 公司单位依法宣布破产的,破产之日起,与艾某方依法解除了劳动关系,故艾某主张 D 公司支付违法解除劳动关系支付双倍赔偿金的主张,没有法律依据,一审法院不予支持。(3)D 公司应否支付加班费。根据法律规定,劳动者主张加班的,应就加班事实的存在承担举证责任;因双方签订的合同约定:D 公司单位在正常生产时,采取职工集中工作、集中休息,轮休调休的方式,每年4月至10月工地上班,11月至次年3月职工休息;一审庭审中,艾某未能提供有效的证据证明其加班的事实,故艾某主张1986年至2012年平均每年270天,每天平均6小时加班期间的加班费的诉讼请求一审法院不予支持。(4)要求D公司支付住房公积金的诉讼请求,不属于劳动争议案件的受案范围,一审法院不予审理。(5)D公司应否支付原告2013年1月之后的养老金。一审法院认为,2012年12月D公司单位依法被宣布破产,至此双方之间的劳动关系已终止,故D公司单位无义务缴纳艾某之后的养老保险,原告该项诉讼请求无事实和法律依据,一审法院也不予支持。(6)D公司应否支付艾某2013年11月至2014年7月生活费、冬碳费及延期支付的25%的赔偿金。一审法院认为,D公司单位根据相关规定在破产清算期间已经支付艾某10个月的生活费、冬碳费,艾某主张2013年11月之后的生活费没有法律依据,一审法院不予支持;艾某主张要求D公司支付生活费的25%的赔偿金的诉讼请求,无事实和法律依据,一审法院不予支持。综上所述,一审判决:(1)驳回艾某要求D公司支付少发经济补偿金113,658.5元的诉讼请求;(2)驳回艾某要求D公司支付违法解除劳动合同的双倍赔偿金413,400元的诉讼请求;(3)驳回艾某要求D公司支付加班费163,478.25元诉讼请求;(4)驳回艾某要求D公司支付养老金80,300元的诉讼请求;(5)驳回艾某要求D公司支付生活费和补助费1816元及迟延期间25%的利息的诉讼请求。

4 二审法院观点

新疆乌鲁木齐市中级人民法院认为:

第一,关于D公司是否欠付艾某解除劳动关系的经济补偿金。D公司于2012年12月31日被依法宣告破产,依据《劳动合同法》第44条第4项的规定,用人单位被依法宣告破产的,劳动合同终止。《劳动合同法》第47条规定,经济补偿按照劳动者在本单位的工作年限,每满1年支付1个月工资的标准向劳动者支付。6个月以上不满1年的,按1年计算;不满6个月的,向劳动者支付半个月工资的经济补偿……本条所称月工资是指劳动者在劳动合同解除或终止前12个月的平均工资。艾某于1986年9月至2012年12月31日在D公司工作,其劳动合同终止前12个月的平均工资为1611元/月,低于经D公司破产管理人核算并报国资委、人力资源和社会保障厅审核确定的企业破产前12个月职工平均工资3511元/月,因此依法按其存在劳动关系的时间即1986年9月至2012年12月31日和劳动合同终止前12个月的企业平均工资3511元/月予以计算经济补偿金,其经济补偿金数额为93,041.5元(3511元/月×26.5个月),D公司亦按照上述金额并扣除艾某的借款及个人应缴纳的社保费及住房公积金后,向艾某支付经济补偿金符合法律规定。艾某主张以相关领导曾经承诺的较高工资标准来计算经济补偿金。对此新疆乌鲁木齐市中级人民法院认为,关于破产企业职工经济补偿金计算办法已有法律明文规定,而不按法定标准却以企业部门领导曾经向劳动者承诺的工资标准来计算经济补偿金,没有相应法律依据,且艾某并未提交证据证实企业部门的领导向其承诺支付经济补偿金的具体数额及依据,因此艾某要求D公司向其支付欠付的经济补偿金的上诉请求,缺乏相应法律依据,新疆乌鲁木齐市中级人民法院不予支持。

第二,关于D公司是否应当向艾某支付解除劳动关系的二倍赔偿金。依据《劳动合同法》第87条的规定,用人单位违反本法规定解除或者终止劳动合同的,应当按照本法第47条规定的经济补偿标准的2倍支付赔偿金。《劳动合同法实施条例》第25条规定,用人单位违反劳动合同法的规定解除或者终止劳动合同的,依照《劳动合同法》第87条的规定支付了赔偿金的,不再支付经济补偿金。本案中,D公司依法定程序被宣告破产,并向艾某支付了解除劳动关系的经济补偿金,且D公司不存在违反法律规定与艾某解除或者终止劳动合同的情形,因此艾某主张D公司向其支付解除劳动关系二倍赔偿金的上诉请求,没有事实和法律依据,新疆乌鲁木齐市中级人民法院不予支持。

第三,关于D公司是否应当向艾某支付加班费。根据最高人民法院《关于当前形势下做好劳动争议纠纷案件审判工作的指导意见》(法发〔2009〕41号)规定:"在审理涉及加班费的案件中,就加班事实应注意合理分配举证责任;加班费的确定,应当结合劳动合同约定、劳动者的岗位性质以及工作要求等因素综合考量、合理裁判。"本案中,艾某作为物业公司的电工,其岗位性质有别于标准工时制岗位,其工作有特定的内容和目的、工作强度比正常工作小、没有实际生产任务、执行的工作制度和规章与正常工作的规章制度较为宽松,可以休息,在此情况下劳动者可要求用人单位按照劳动合同、规章制度或惯例等支付相应待遇,而不能要求用人单位支付加班工资。本案艾某提供的书面证人证言以证明其存在加班事实,而D公司对艾某提交的证人证言的真实性不予认可,对此本院认为,艾某提交的证人证言未经证人本人到庭质证并接受对方当事人的质询,故本院对艾某提交的该书面证人证言依法不予确认。一审法院对艾某主张D公司应向其支付1986年至2012年加班费的诉讼请求予以驳回并无不当,艾某要求D公司向其支付加班工资的上诉请求缺乏事实和法律依据,新疆乌鲁木齐市中级人民法院不予支持。

第四,关于D公司是否应当向艾某支付住房公积金。最高人民法院《关于审理劳动争议案件适用法律若干问题的解释》第1条规定了人民法院依法受理的劳动争议,包括:(1)劳动者与用人单位在履行劳动合同过程中发生的纠纷;(2)劳动者与用人单位之间没有订立劳动合同,但已形成劳动关系后发生的纠纷;(3)劳动者退休后,与尚未参加社会保险统筹的原用人单位为因追索养老金、医疗费、工伤保险待遇和其他社会保险费而发生的纠纷。上述司法解释所列举人民法院受理的劳动争议纠纷没有住房公积金纠纷。住房公积金是国家为深化住房改革而实行的一种制度,依据《住房公积金管理条例》的规定,单位逾期不缴或少缴住房公积金,由住房公积金管理中心责令限期缴存。因此,征缴住房公积金属于住房公积金管理部门的职责,因欠缴住房公积金发生的争议,是住房公积金管理部门与缴费义务主体之间的行政关系,法律没有赋予劳动者可以将用人单位向其支付住房公积金作为一项民事权利或劳动争议内容向人民法院提起民事诉讼。因此,一审法院判决认定艾某有关D公司应向其支付住房公积金的请求,不属劳动争议案件受案范围并无不当,故新疆乌鲁木齐市中级人民法院对其该项请求亦不予审理。

第五,关于D公司是否应当向艾某支付养老保险金。依据《劳动合同法》第44条第4项的规定,用人单位被依法宣告破产的,劳动合同终止。D公司于2012年12月31日被依法宣告破产，因此D公司与艾某的劳动关系终止，双方权利义务即终止。依据《破产法》第113条第1项的规定，D公司对于破产财产在优先清偿破产费用和共益债务后，应当向劳动者承担的义务包括：支付职工的工资和医疗、伤残补助、抚恤费用，所欠职工个人账户的基本养老保险、基本医疗保险费用，以及法律、行政法规规定应当支付给职工的经济补偿金。而艾某主张D公司向其支付养老保险金的上诉请求，缺乏法律依据，故新疆乌鲁木齐市中级人民法院不予支持。

第六，关于D公司是否应当向艾某支付2013年11月至12月生活费1816元及迟延支付生活费25%的利息。依据国务院办公厅转发国家经贸委等部门《关于解决国有困难企业和关闭破产企业职工基本生活问题若干意见的通知》（国办发〔2003〕2号）规定，计算破产清算期间职工生活费等有关费用的期限为6个月。而D公司已实际向艾某核发了10个月（2013年1月至10月）的生活费，艾某主张2013年11月及12月生活费，不符合上述规定，故新疆乌鲁木齐市中级人民法院不予支持。关于艾某主张D公司应向其支付迟延支付生活费25%的利息，亦缺乏事实和法律依据，新疆乌鲁木齐市中级人民法院不予支持。

综上所述，一审法院判决认定事实清楚，适用法律正确，依法应予维持。依照《民事诉讼法》第170条第1款第1项之规定，判决如下：

驳回上诉，维持原判。

案例三 阜新K集团与卢某某劳动争议纠纷案①

1 案情简介

上诉人（再审被告）：阜新K集团。

法定代表人：刘某某，系阜新K董事长。

被上诉人（一审原告、二审上诉人，再审原告）：卢某某，工人。

原审被告（再审被告）：阜新市R公司。

法定代表人：曲某某，阜新市R公司董事长。

上诉人阜新K集团与被上诉人卢某某、原审被告阜新市R公司劳动争议一案，卢某某不服阜新市中级人民法院（2011）阜民一终字第439号民事判决，向辽宁省高级人民法院申请再审，辽宁省高级人民法院于2013年3月21日作出（2012）辽审一民申字第555号民事裁定，指令阜新市中级人民法院再审本案。阜新市中级人民法院于2013年8月27日作出（2013）阜审民再字第22号民事裁定，发回阜新市清河门区人民法院重审。因原审被告阜新K集团Y煤矿于2012年7月19日由阜新市中级人民法院裁定终结破产清算程序，破产清算小组和留守处被撤销。阜新市清河门区人民法院追加阜新K集团、阜新市R公司为被告。阜新市清河门区人民法院于2014年9月28日作出（2013）阜清民再字第2号民事判决。阜新K集团不服，

① 阜新市中级人民法院（2015）阜审民再字第3号。

向阜新市中级人民法院提起上诉。上诉人阜新 K 集团的委托代理人王某、被上诉人卢某某、原审被告阜新市 R 公司的委托代理人刘某某到庭参加诉讼。

2 当事人诉求

原告卢某某重审诉称:(1)撤销阜新市劳动争议仲裁院阜劳字(2011)第 6 号仲裁决定书。(2)确认与被告自 2000 年 10 月至 2010 年 3 月存在事实劳动关系并认定与被告已订立无固定期限劳动合同,被告于 2010 年 3 月单方违法解除。原告于 2008 年 12 月 31 日依法视为签立无固定期限劳动合同,并继续履行劳动合同。(3)请求与被告补订书面无固定期限劳动合同并享受破产安置待遇。(4)判令被告为原告办理各种社会保险。(5)依法支付拖欠原告 2008 年 1 月以来的双倍工资和节假日、休息日的加班工资、延长工作时间的工资。(6)补发原告用工至今的每月少支付的工资。(7)被告没有向原告出具解除或终止劳动合同的书面证明,应当支付原告诉讼期间的工资赔偿。(8)诉讼费用、交通费用、误工费等由被告承担。

被告阜新 K 集团辩称:(1)答辩人阜新 K 集团不应该成为本案的诉讼主体,Y 煤矿有限责任公司是独立的企业法人,Y 煤矿有限责任公司应独立承担民事责任。(2)本案不应受劳动合同法调整,原告与 Y 煤矿有限责任公司签订用工合同的时间是 2009 年,当时已超过工人退休年龄(55 岁)。(3)本案被告主体已不存在,不应启动再审程序。

被告阜新市 R 公司辩称,原告与阜新 K 集团 Y 煤矿有限责任公司不存在劳动关系,在签约时原告年龄已满 50 周岁,不符合年龄规定;原、被告签订临时用工合同书,曾约定是劳务关系,不是劳动关系,2008 年劳动合同法生效,原告用新法解释历史遗留问题无效,既然不存在劳动关系,原告所主张的各项款项也不存在;原告要求恢复劳动关系,不符合我公司的经营范围,无法恢复劳动关系,应与原主管部门恢复劳动关系。

3 一审法院观点

阜新市清河门区人民法院重审认为,通过原审原告当庭出示的证据和被告的确认,认定原审原告与原审被告阜新 K 集团 Y 煤矿有限责任公司自 2000 年 10 月起至 2010 年 11 月 26 日止双方存在劳动关系。根据《劳动合同法实施条例》第 7 条规定,用人单位自用工之日起满 1 年未与劳动者订立书面劳动合同的,视为自用工之日起满 1 年的当日已经与劳动者订立无固定期限劳动合同。劳动合同法于 2008 年 1 月 1 日生效,根据法不溯及既往的原则,因此计算双方劳动合同的起算点应为 2008 年 1 月 1 日,根据《劳动合同法》第 82 条的规定阜新 K 集团 Y 煤矿有限责任公司应自 2008 年 2 月至 12 月支付原审原告二倍工资。共计 7150 元。2010 年 3 月 5 日阜新 K 集团 Y 煤矿有限责任公司负责人单方面口头通知被告与原审原告解除(终止)劳动合同,因劳动关系依然存在,所以从 2010 年 3 月至 11 月阜新 K 集团 Y 煤矿有限责任公司破产止,未支付的工资应支付给原审原告。每月 650 元,共计 5850 元。

自 2009 年 1 月 1 日起原审原告已与阜新 K 集团 Y 煤矿有限责任公司订立无固定期限劳

动合同。阜新K集团Y煤矿有限责任公司应在2008年1月1日至2010年11月26日期间为原审原告补办社会保险登记,因劳动关系人身依附性强,所以原审原告只与阜新K集团Y煤矿有限责任公司存在劳动关系,而与追加的二被告无劳动关系,而阜新K集团Y煤矿有限责任公司已经破产,所以为原审原告补办社会保险登记所应缴纳的费用变成债务关系,而债务关系可以由继承权利和义务的主体负责。缴纳社会保险是企业和职工共同的义务,应按相关规定按比例分担缴纳。本案再审被告阜新K集团对Y煤矿有限责任公司破产前在其行政管理及人财物享有支配权,由阜新K集团承担应由企业负担部分。因卢某某已超过缴纳保险登记年龄,故应折算人民币数额后予以负担。阜新市R公司不承担给付义务,阜新K集团应为原审原告支付三险一金。即养老保险、医疗保险、失业保险、住房公积金。

根据《辽宁省完善城镇企业职工基本养老保险制度实施办法(试行)》第3条规定:企业依法缴纳基本养老保险费,缴费比例一般为企业工资总额的20%左右。根据本案具体情况,阜新市清河门区人民法院认为应以2008年至2010年阜新市城镇企业职工的平均工资计算为宜。以下的医疗保险、失业保险、住房公积金均应以此为计算标准。2008年、2009年、2010年阜新市城镇企业职工的平均工资分别为21,558元、23,003元、25,354元,所以阜新K集团Y煤矿有限责任公司应按20%比例为原审原告支付养老保险费用共计13,983.4元。

根据《阜新市城镇职工基本医疗保险暂行办法》第6条规定:基本医疗保险费由用人单位和职工个人共同缴纳。缴费基数为上年度职工工资总额;缴费比例为用人单位6.5%,职工2%。职工个人缴费由用人单位从职工工资中代扣代缴。2007年、2008年、2009年阜新市城镇企业职工的平均工资分别为18,748元,21,558元,23,003元,所以阜新K集团Y煤矿有限责任公司应按6.5%比例为原审原告支付医疗保险费用共计4115.1元。

根据《辽宁省失业保险条例》第7条规定:用人单位按照本单位工资总额的2%缴纳失业保险费。2008年、2009年、2010年阜新市城镇企业职工的平均工资分别为21,558元、23,003元、25,354元,所以阜新K集团Y煤矿有限责任公司按2%比例应为原审原告支付失业保险费用共计1398.3元。

根据《住房公积金管理条例》第18条规定:职工和单位住房公积金的缴存比例均不得低于职工上一年度月平均工资的5%。2007年、2008年、2009年阜新市城镇企业职工的平均工资分别为18,748元,21,558元,23,003元,所以阜新K集团Y煤矿有限责任公司按5%比例应为原审原告支付住房公积金共计3165.5元。

2010年11月26日阜新K集团Y煤矿有限责任公司由阜新市中级人民法院宣告破产,根据《劳动合同法》第44条第4款,阜新K集团Y煤矿有限责任公司与原审原告劳动关系解除。因劳动关系并非是完全财产关系,主体已经消灭,原审原告要求继续履行劳动合同的请求已不可能。原审原告在阜新K集团Y煤矿有限责任公破产前一直与阜新K集团Y煤矿有限责任公司存在劳动关系,根据《劳动合同法》第46条第6款和第47条第1款,原审原告应领取经济补偿金和破产安置补偿费。用人单位应当向破产职工支付经济补偿,经济补偿标准按劳动者在本单位工作的年限,每满1年支付1个月的工资标准向劳动者支付。原审原告自2000年10月一直在阜新K集团Y煤矿有限责任公司,已满10年,据此,阜新K集团Y煤矿有限责任公司应支付按10个月的工资标准的经济补偿,即6500元。破产企业的职工的安置费,根据1997年国务院颁发的《关于在若干城市试行国有企业兼并破产和职工再就业有关问题的补充通知》规定,由企业按照其所在城市企业职工上年平均工资收入的3倍计算,标准不高于所在城市企业职工上年平均工资的3倍。因破产时原审原告离60周岁不到一年,60周岁为劳动者退休最大年限。故原审原告的破产安置费标准应在1倍为宜。2009年阜新市企业职工平均工资是23,003元。故阜新K集团Y煤矿有限责任公司应支付原审原告破产安置费23,003元。

另查,原审原告主张被告补发用工至今每月少支付的工资问题,当时支付的每月650元应视为其岗位的全部工资,原审原告提供月份签到簿、发放明细表、工资条均不完整,且基本为原审原告所写,因证据不足,无法证明待证事实,故不予认定。故原审原告主张被告补发用工至今每月少支付的工资问题,不予支持。交通费、误工费等费用庭审时未提供相关证据和数额,故不予认定。

另查,阜新K集团Y煤矿有限责任公司在破产前行政管理隶属于阜新K集团,阜新K集团Y煤矿有限责任公司破产清算组由其管理,破产清算后又由阜新K集团将变现资金上缴,所以阜新K集团应承担责任。被告阜新市R公司处理Y煤矿的原矿工伤残、离退休、劳动争议、物业管理等日常及法律事务,现Y煤矿已破产,而此案劳动争议未列此范围内,故被告阜新市R公司不承担责任。

阜新市清河门区人民法院重审认为,原审原告从2000年10月到2010年11月26日与阜新K集团Y煤矿有限责任公司存在劳动关系。阜新K集团Y煤矿有限责任公司应自2008年2月至12月应支付原审原告2倍工资。因再审原告在岗期间已领取工资,因此,再审被告需再支付650元每月,共计7150元。2010年3月至11月未支付的工资应支付给原审原告。每月650元,共计5850元。阜新K集团Y煤矿有限责任公司应支付原审原告破产安置费23,003元和经济补偿金6500元。原审原告主张被告补发用工至今每月少支付的工资问题,不予支持。原审原告请求被告支付拖欠原告节假日、休息日的加班工资、延长工作时间的工资及1个月1500元的工资标准,不予支持。阜新K集团Y煤矿有限责任公司应为原审原告支付养老保险费用共计13,983.4元。支付医疗保险费用共计4115.1元。支付失业保险费用共计1398.3元。支付住房公积金共计3165.5元。交通费、误工费等费用未提供相关证据和数额,故不予支持。阜新K集团应承担为原审原告支付三险一金,2倍工资、破产安置费、经济补偿金及未支付的11个月工资的企业责任。被告阜新市R公司不应承担相应责任。

综上所述,本院依据《劳动合同实施条例》第7条,《劳动合同法》第44条第4款、第46条第6款、第47条第1款、第82条,《辽宁省完善城镇企业职工基本养老保险制度实施办法(试行)》第3条,《阜新市城镇职工基本医疗保险暂行办法》第6条,《辽宁省实业保险条例》第7条,《住房公积金管理条例》第18条,1997年国务院颁发的《关于在若干城市试行国有企业兼并破产和职工再就业有关问题的补充通知》和劳动部办公厅《关于对破产企业职工安置问题的复函》的规定,判决如下:(1)撤销阜新市劳动争议仲裁院阜劳字(2011)第6号仲裁决定书。(2)原审原告从2000年10月到2010年11月26日与阜新K集团Y煤矿有限责任公司存在劳动关系。阜新K集团支付原审原告自2008年2月至12月2倍工资即14,300元,已支付7150元,故需再支付7150元。2010年3月至11月未支付的工资5850元。两次合计13,000元。(3)被告阜新K集团应为原审原告支付养老保险费用计13,983.4元,支付医疗保险费用计4115.1元,支付失业保险费用计1398.3元,支付住房公积金共计3165.5元。应支付保险费用计22,622.3元。(4)阜新K集团应支付原审原破产安置费23,003元和经济补偿6500元。(5)被告阜新市R公司不承担责任。(6)驳回原审原告其他诉讼请求。

4 二审法院观点

阜新K集团不服,上诉至阜新市中级人民法院称,请求撤销(2013)阜清民再字第2号民事判决,改判上诉人在本案中不承担责任。

卢某某答辩称,我和阜新K集团存在劳动关系,应与我签订无固定劳动期限的合同。阜新K集团2009年12月15日与我签订的劳动合同,是不真实的,不是我本人签字。根据《劳动合同法》,解除合同应该给我出具解除证明。Y煤矿有限责任公司给付破产安置费的就只有我一个,别人都给安排工作了。按照1996年劳动部办公厅办法的复函有关于临时工的规定,我不是临时工,应按照正式职工给付工资及按照平均工资标准给付2倍工资。阜新K集团一直支付我工资,阜新K集团Y煤矿有限责任公司是下属单位,不是独立法人单位,是用人单位,劳动合同是与阜新K集团签订,所以阜新K集团就应该承担责任。应该给我交三险一金。

一审被告阜新市R公司答辩称,我方没有上诉,上诉人也没有对我方提出上诉,与我们没有利害关系,我方对上诉人的上诉理由不发表意见。

阜新市中级人民法院认为,卢某某与阜新K集团Y煤矿有限责任公司双方存在劳动关系。阜新K集团Y煤矿有限责任公司自用工之日起满1年未与卢某某订立书面劳动合同的,视为自用工之日起满1年的当日已经与卢某某订立无固定期限劳动合同。因用工单位阜新K集团Y煤矿有限责任公司已宣告破产,与卢某某的劳动合同终止。其社会职能单位和人员整体移交给阜新市R公司,虽然在移交的人员名单中没有卢某某,但卢某某作为劳动者的权益应予保护,应由原破产单位的接收单位阜新市R公司承担。故上诉人阜新K集团主张其不应承担责任的主张阜新市中级人民法院予以支持。上诉人主张被上诉人2倍工资诉求已超过诉讼时效,根据《劳动争议调解仲裁法》第27条第4款的规定,劳动关系存续期间因拖欠劳动报酬发生争议的不受1年时效期间的限制,故对此项主张阜新市中级人民法院不予支持。上诉人主张被上诉人为临时用工人员,其工资中已经包括保险等费用的主张,因卢某某与阜新K集团Y煤矿存在劳动关系,根据《社会保险法》用人单位应为职工缴纳社会保险费用,故该上诉请求阜新市中级人民法院不予支持。被上诉人卢某某在庭审答辩中提出应按照正式职工给付工资及按照平均工资标准给付2倍工资等答辩意见,根据《民事诉讼法》第168条、最高人民法院《关于适用〈中华人民共和国民事诉讼法〉的解释》第323条的规定,第二审人民法院应当围绕当事人的上诉请求进行审理,因被上诉人卢某某在法院上诉期间未提出上诉,故对其庭审中提出的各项请求,阜新市中级人民法院不予审理。本案经阜新市中级人民法院审判委员会讨论决定。依照《民事诉讼法》第 170 条第 1 款第 2 项之规定，判决如下：

第一，维持阜新市清河门区人民法院（2013）阜清民再字第 2 号民事判决第 1 项、第 6 项；

第二，撤销阜新市清河门区人民法院（2013）阜清民再字第 2 号民事判决第 2～5 项；

第三，变更阜新市清河门区人民法院（2013）阜清民再字第 2 号民事判决第 2 项为：卢某某从 2000 年 10 月到 2010 年 11 月 26 日与阜新 K 集团 Y 煤矿有限责任公司存在劳动关系。阜新市 R 公司支付原审原告自 2008 年 2 月至 2008 年 12 月 2 倍工资即 14，300 元，已支付 7150 元，故需再支付 7150 元。2010 年 3 月至 2010 年 11 月未支付的工资 5850 元。合计 13，000 元。

第四，变更阜新市清河门区人民法院（2013）阜清民再字第 2 号民事判决第 3 项为：阜新市 R 公司应为卢某某支付养老金保险费用计 13，983.4 元，支付医疗保险费用及 4115.1 元，支付失业保险费用计 1398.3 元，支付住房公积金共计 3165.5 元。应支付保险费用合计 22，662.3 元。

第五，变更阜新市清河门区人民法院（2013）阜清民再字第 2 号民事判决第 4 项为：阜新市 R 公司应支付卢某某破产安置费 23，003 元和经济补偿 6500 元。

第六，变更阜新市清河门区人民法院（2013）阜清民再字第 2 号民事判决第 5 项为：阜新 K 集团不承担责任。

专业释评

根据《公司法》第 216 条第 1 项的规定，高级管理人员，是指公司的经理、副经理、财务负责人，上市公司董事会秘书和公司章程规定的其他人员。根据《企业破产法》第 113 条规定，破产财产在优先清偿破产费用和共益债务后，依照下列顺序清偿：（1）破产人所欠职工的工资和医疗、伤残补助、抚恤费用，所欠的应当划入职工个人账户的基本养老保险、基本医疗保险费用，以及法律、行政法规规定应当支付给职工的补偿金；（2）破产人欠缴的除前项规定以外的社会保险费用和破产人所欠税款；（3）普通破产债权。破产财产不足以清偿同一顺序的清偿要求的，按照比例分配。破产企业的董事、监事和高级管理人员的工资按照该企业职工的平均工资计算。

由此可见公司高管人员确定的依据有两个：一是公司法的规定，二是公司章程的规定。就本问题案例一而言，J 化工公司章程第 43 条中明确规定公司经营班子由总经理、副总经理、财务总监组成。左某某与 J 化工公司劳动关系存续期间担任分析工程师，不属于前述法律规定及公司章程中规定的公司高级管理人员。显然也不适用"破产企业的董事、监事和高级管理人员的工资按照该企业职工的平均工资计算"。就本案案例二而言，D 公司与艾某之间因破产原因而出现的经济补偿、生活补助等，D 公司已经向艾某进行了支付，艾某的额外要求没有法律依据。就案例三而言，主要涉及责任主体的问题，也就是说谁应该承担用工单位的责任。由于原用工单位阜新 K 集团 Y 煤矿有限责任公司已宣告破产，主体资格已经不存在，其善后事宜已经整体移交给阜新市 R 公司。所以，由原破产单位的接收单位阜新市 R 公司承担原破产单位的责任于法有据。

问题二 职工债权的时间节点如何确定

案例 钟某某与广东阳江L集团股份有限公司职工破产债权纠纷案①

1 案情简介

上诉人(原审原告):钟某某。

被上诉人(原审被告):广东阳江L集团股份有限公司(以下简称L公司)。

法定代表人:陈某某,该公司总经理。

诉讼代表人:L公司破产管理人。

负责人:林某,该破产管理人组长。

上诉人钟某某诉被上诉人L公司职工破产债权确认纠纷一案,不服阳江市江城区人民法院(2016)粤1702民初601号民事判决,向阳江市中级人民法院提起上诉。

2 当事人诉求

上诉人钟某某上诉请求:(1)依法撤销一审判决;(2)改判被上诉人向上诉人支付解除劳动关系补偿金59,262元;(3)改判被上诉人向上诉人支付停工停产生活费67,670元;(4)本案诉讼费由被上诉人承担。主要事实与理由:一审法院认定事实不清,适用法律错误,主要表现在:1.经济补偿金应计算到破产宣告之日止,并按宣告日前标准计算经济补偿金的数额,一审法院以释法方式论证,导致适用法律错误。本案中,上诉人主张适用的是劳动法律;被上诉人主张适用的是破产法。破产案件中包含了众多群体成员的债权,包括优先权及普通债权。而职工破产债权仅为破产案件中债权的一部分。由此可见,在破产案件中,《企业破产法》的适用对象大于职工债权确认所使用的《劳动法》,《企业破产法》是普通法,《劳动法》是特别法。《劳动法》明确规定,职工经济补偿金应当计算到破产宣告日。一审法院根据阳江以往破产企业的"实践"作出判决,有违法律根本性规定。2.2011年4月28日《在册职工工龄确认表》不能作为上诉人确认经济补偿计算截止日。(1)2011年4月28日《在册职工工龄确认表》没有经济补偿金确认栏目,上诉人没有确认其作为经济补偿金截止日的计算依据。(2)被上诉人不定期的制作工龄确认表,2011年4月28日《在册职工工龄确认表》时,被上诉人尚未被宣告破产,其主体资格依然存续。3.(2011)阳中法民二破字第3-6号民事裁定书没有处分职工的实体权利,不能作为被上诉人职工破产债权确认的依据,职工对记录清单有异议的,可以通过诉讼途径解决。4.依照《民法通则》第36条和第45条的规定,企业法人从依法宣告破

① 阳江市中级人民法院(2016)粤17民终608号。

产之日终止，其民事权利能力和民事行为能力同时消灭。企业在宣告破产之前，应当按照法律规定享受权利和承担义务，上诉人主张的停产停业生活费，按照相关法律规定应予支持。综上，一审判决认定事实不清，适用法律错误，请求二审法院依法改判。

被上诉人L公司辩称：上诉人的诉请没有事实根据及法律依据，其主张不能成立，请求二审法院驳回上诉人的上诉请求。

钟某某向一审法院起诉请求：(1)L公司向钟某某支付解除劳动关系补偿金59,262元(1992年11月~2013年10月21日)；(2)L公司向钟某某支付停工停产生活费67,670元(2008年3月~2013年10月)；(3)本案诉讼费由L公司承担。

3 一审法院观点

一审法院认为，L公司与钟某某构成劳动关系。L公司于2013年10月21日被宣告破产，根据《企业破产法》第48条第2款："债务人所欠职工的工资和医疗、伤残补助、抚恤费用，所欠的应当划入职工个人账户的基本养老保险、基本医疗保险费用，以及法律、行政法规规定应当支付给职工的补偿金，不必申报，由管理人调查后列出清单并予以公示。职工对清单记载有异议的，可以要求管理人更正；管理人不予更正的，职工可以向人民法院提起诉讼。"之规定，钟某某对L公司公示有异议而提起诉讼，本案应确定为职工破产债权确认纠纷。本案的争议焦点：补偿的期限至何时。

钟某某认为经济补偿的工龄应计至破产宣告日，而L公司则认为计算至破产受理日。一审法院综合双方的意见，认为计算至破产受理日更为恰当，主要理由是：(1)符合法理的要求。《劳动合同法》是调整一般情况下劳动者与用人单位之间的劳动关系，而《企业破产法》中关于职工的债权规定是调整企业破产情形下的劳动关系，是特别规定，属于特别法，应优先适用。而根据《企业破产法》第44条："人民法院受理破产申请时对债务人享有债权的债权人，依照本法规定的程序行使权利"；第45条的规定："人民法院受理破产申请后，应当确定债权人申报债权的期限。债权申报期限自人民法院发布受理破产申请公告之日起计算，最短不得少于三十日，最长不得超过三个月。"第46条："未到期的债权，在破产申请受理时视为到期。附利息的债权自破产申请受理时起停止计息"，而根据该法第48条第2款规定，虽然职工的债权申报，由管理人调查列出清单，予以公示，但要列出清单，则存在计算的时间起止点问题，否则就无法列出清单。所以只有按破产受理日作为工龄的计算终点，才能准确地列出经济补偿清单，即确定职工债权。(2)L公司在破产受理日前已编制了在册职工工龄确认表，该表确定所有在册职工至破产受理日的工龄，钟某某在该表亦已签名确认。(3)是法律内部体系协调原则的要求，也即无论是破产清算程序、还是破产重整、和解程序，针对劳动合同的终止均应适用相同的基准日。(4)符合利益均衡的原则。劳动债权与其他破产债权的确定应适用相同的基准日，否则普通债权适用计至破产受理日，而职工债权计至破产宣告日，产生了不合理的现象。(5)综观阳江市地区对企业破产的职工给予经济补偿金的实践，均以破产受理日为计算的终点。综上，不论在法律适用上以及实践，破产职工的经济补偿的工龄应计算至破产受理日止。

钟某某再次请求增加补偿金额,应予驳回。

4 二审法院观点

关于破产企业职工经济补偿的计算截止时间,即计算至破产受理日还是破产宣告日的问题。阳江市中级人民法院认为,破产企业职工经济补偿应计至破产受理日。理由如下:第一,从我国现行的法律规定分析。《企业破产法》第44条、第45条、第46条分别对债权人行使权利的时间、债权申报期限、未到期债权的处理作出了明确的规定,其时间节点均规定为受理破产申请时。该法第48条第2款规定,法律、行政法规规定应当支付给职工的补偿金,不必申报,由管理人调查后列出清单并予以公示。根据上述法律规定,结合民法中的利益衡平原则,职工债权的确定应与其他破产债权适用相同的基准日。而且,破产案件的审理时间跨度长,清算工作难度大,本案仅从破产受理日到宣告破产日已历时两年多的时间,故以破产受理日作为计算破产企业职工经济补偿的截止时间,可以避免职工债权长期处于不确定的状态,有利于破产管理人调查后及时列出经济补偿的清单,有利于破产案件审理。钟某某上诉主张应根据《劳动合同法》第44条的规定,经济补偿计至破产宣告日。但是,本案的事实表明,L公司于2008年3月处于半停产状态,钟某某于同年4月起没有再为L公司提供劳动。因此,钟某某主张经济补偿应计至破产宣告日,即2013年10月21日,缺乏事实根据,阳江市中级人民法院不予采纳。第二,从职工工龄的确认过程分析,L公司在2011年11月1日,即破产宣告日前已编制了在册职工工龄确认表,该表确定所有在册职工的入职工作时间及至破产受理日的工龄,包括钟某某在内的113名职工签名确认。其后,阳江市人力资源和社会保障局作出《关于L公司工龄核定的复函》,确认钟某某在内的113名职工的工龄。因此,从职工工龄的确认过程来看,以破产受理日作为计算符合本案实际情况。综上所述,从法律规定和职工工龄确认过程分析,本案破产企业职工经济补偿的截止时间应计至破产受理日。钟某某上诉主张应计至破产宣告日的理由不能成立,阳江市中级人民法院不予支持。

专业释评

经济补偿计算到何时涉及员工的切身利益,虽然劳资双方各执一词,但根据《劳动法》及其相关政策的规定,截至法院受理企业破产申请时更符合立法本意。就本案而言,两级法院的法官作了严格的法律推理与深入细致的论证,令人信服。

问题三　职工集资款能否纳入清偿第一顺序

案例　陈某某与江苏W纸品包装有限公司破产债权确认纠纷案[①]

1 案情简介

上诉人(原审原告):陈某某。

被上诉人(原审被告):江苏 W 纸品包装有限公司(以下简称 W 包装公司)。

破产管理人:江苏 J 律师事务所、常州 X 会计师事务所。

诉讼代表人:黄某某,该企业破产管理人负责人。

上诉人陈某某因与被上诉人 W 包装公司破产债权确认纠纷一案,不服江苏省常州市新北区人民法院(2016)苏 0411 民初 12 号民事判决,向常州市中级人民法院提起上诉。

2 当事人诉求

陈某某向常州市中级人民法院提起上诉请求:(1)W 包装公司向内部职工陈某某集资款 12,720 元享有第一清偿顺序权;(2)一审、二审诉讼费由 W 包装公司承担。事实和理由:(1)常州 H 投资管理有限公司(以下简称 H 公司)实际是 W 包装公司自己控制的公司,管理人员和财务人员均是本公司同一人员,钱交给 W 包装公司账目怎么入账、划拨完全是 W 包装公司内部事务,陈某某作为公司员工无权干涉。(2)H 公司只能证明我们资金的来龙去脉,且 W 包装公司也证明收到了我们的资金,到 2013 年 6 月 14 日,我们与 W 包装公司发生的债权,法院理应以最新收款收据、借款合同为准。(3)驳"江苏 W 纸业股份有限公司(以下简称 W 纸业公司)上市,被告承继了该债务",上不上市是 W 包装公司自编自说,我们的凭证不是股权,是借款收据和借款合同,且合同明确要求用作生产经营。(4)驳"W 纸业公司进入破产程序,H 公司无力偿还",2012 年 12 月 31 日借款到期,我们找公司归还,公司与我们员工沟通、协商,因公司生产经营资金紧张,要求我们继续借给公司,法院已查明 W 包装公司于 2015 年 3 月 3 日由新北区人民法院裁定宣告破产。(5)W 包装公司一直认可我们员工的集资款债务的,且公司在经营和停产期间,W 包装公司都有在支付我们借款(W 包装公司财务有往来账目),公司破产后,我们作为公司内部员工理应按职工债权享有第一顺序清偿权。

W 包装公司二审答辩称:一审判决事实清楚,法律依据充分,请求驳回陈某某的上诉,维持原判。强调:根据《企业破产法》第 113 条规定,职工的劳动债权即破产人所欠职工工资和医疗、伤残补助、抚恤费用、社保费用等,依据企业破产法的规定是享有优先顺位清偿的。根据

① 常州市中级人民法院(2016)苏 04 民终 1526 号。

江苏省高级人民法院会议纪要,集资款可以视为集资债权的问题,W包装公司没有对陈某某集资的事实,之所以W包装公司承担还款责任是因为H公司收取了陈某某的投资款,由于没有清偿能力所以由W包装公司承诺承担还款责任,这是债务承继,不存在集资的事实。同时,江苏省高级人民法院的会议纪要指的是对企业员工进行统一集资,只有统一集资才视为劳动债权。本案类似的案件起诉到法院是11个人,上诉的是6个。W包装公司在破产清算组进驻后进行劳动债权的清理,我们统计的职工债权是207个,再加上W纸业公司的员工是197个,一共是404个。所以从比例上说起诉的员工和实际总的员工比例来说,显然达不到统一集资。所以W包装公司没有集资行为,即使有集资也称不上统一集资,所以陈某某的债权不应当认定为职工劳动债权。

陈某某向一审提出诉讼请求:W公司破产管理人确认陈某某的集资款享有第一清偿顺序权,并按借款合同的约定支付借款本息12,720元。

3 一审法院观点

一审法院认为,最高人民法院《关于审理企业破产案件若干问题的规定》第58条第1款中所称的企业职工集资款必须是应企业要求与其存在劳动法律关系的员工统一集资形成的债权,根据陈某某、W包装公司双方提供的现有证据,只有原W包装公司的部分中层以上人员缴纳资金,并且该资金起初进入了H公司的账户,如果W纸业公司成功上市,陈某某该出资将取得可观收益,由于W纸业公司上市失败,W包装公司承继了该债务。现陈某某提供的证据只能证明陈某某与W包装公司存在借款合同关系,不能证明该债权系与W包装公司形成劳动关系的员工统一集资形成的债权,该债权不能视为职工债权清偿。故陈某某要求该院依法确认该债权系职工集资款,应按职工债权享有第一顺序清偿的诉讼请求,因证据不足,该院不予支持。依照《企业破产法》第48条第2款、第113条第1款第1项,最高人民法院《关于审理企业破产案件若干问题的规定》第58条第1款和《民事诉讼法》第64条第1款的规定,遂判决:驳回陈某某要求确认其向W包装公司的借款本息12,720元系职工集资款应当在破产程序中按职工破产债权享有第一顺序清偿权的诉讼请求。

4 二审法院观点

本案在二审中的争议焦点为:(1)职工集资款能否纳入破产债权清偿第一顺序?(2)本案是否属于司法解释认定的职工集资款?

常州市中级人民法院认为,关于职工集资款,根据2002年7月18日最高人民法院《关于审理企业破产案件若干问题的规定》(法释〔2002〕23号)第58条规定,债务人所欠企业职工集资款,参照《企业破产法》第37条第2款第1项规定的顺序清偿。该规定虽然是在现行企业破产法出台之前颁布的,但未明确废止,仍然应当有效。依据当时施行的《企业破产法(试行)》第37条第2款规定,破产财产优先拨付破产费用后,按照下列顺序清偿:(1)破产企业所欠职工工资和劳动保险费用；(2)破产企业所欠税款；(3)破产债权。即职工集资款参照破产企业所欠职工工资和劳动保险费用，作为破产债权第一顺序清偿。根据现行有效的2007年6月1日开始施行的《企业破产法》第113条第1款规定，破产财产在优先清偿破产费用和共益债务后，依照下列顺序清偿：(1)破产人所欠职工的工资和医疗、伤残补助、抚恤费用，所欠的应当划入职工个人账户的基本养老保险、基本医疗保险费用，以及法律、行政法规规定应当支付给职工的补偿金；(2)破产人欠缴的除前项规定以外的社会保险费用和破产人所欠税款；(3)普通破产债权。依据上述法律规定，本院认为，债务人所欠企业职工集资款及相应法定利息，依法应当参照《企业破产法》第113条第1款第1项规定的顺序清偿。

关于职工集资款的认定。常州市中级人民法院认为，本案不属于司法解释所认定的职工集资款，不能纳入破产债权清偿第一顺序。理由如下：

第一，从集资款性质来看，本案原始资金系W包装公司职工向H公司投入的投资款，系为W纸业公司筹备上市而吸收的融资，非为W包装公司生产经营所需的借款，而根据最高人民法院《关于审理企业破产案件若干问题的规定》第58条规定，职工向企业的投资，不属于破产债权。因此，投资款不能视为职工集资款或未经法定减资程序直接转为职工集资款。关于投资款的认定，主要理由有三点：一是H公司收据载明的收款事由为“投资款”，W包装公司接收债务时在账上也记载为“H投资款－明细”，2013年6月1日收据存根载明收款事由为“H的股东转至W包装”；二是从资金来源来看，部分职工的资金是直接转入H公司账上的，而同期W包装公司向H公司转入资金678万元，300多万元职工投资款均是做在H公司账上；三是客观上同时期W纸业公司确实在筹备上市，而H公司与同时期参与集资的社会其他人员签订的股权转让及信托协议，约定将拟上市的W纸业公司的股权转让给投资人，而部分W包装公司的职工包括李某某、蔡某某、傅某某等均认可集资时提到W纸业公司上市的事，李某某、傅某某认可W包装公司口头承诺如W纸业公司成功上市，参与投资的职工将成为W纸业公司的股东。其他职工也认可2013年6月的收据是重新开具的，将之前的本息均计入借款本金。本案的投资款转为借款时，未履行减资程序，即未有减资资金从H公司转入W包装公司，故不能改变其投资款的性质。

第二，从集资参与人数来看，W包装公司职工200多人，参与集资的为16人，还有6人为W纸业公司职工。职工集资款应区别于企业向个别职工的借款。如果企业仅仅是针对企业个别职工的借款，那就不属于劳动债权优先清偿的范围，应列入第三顺序普通债权加以清偿；如果是基于劳动关系针对企业内部不特定多数职工的借款则按职工集资对待，列入第一顺序清偿。本案中，W包装公司刚开始是以上市融资为目的与其小部分员工包括关联企业W纸业公司职工之间自愿发生的股权投资，后来上市失败后，又将尚未清偿完毕的职工的投资款本息转为借款，因此，不应认定为职工集资款。

第三，从集资对象来看，本案在向W包装公司内部集资同时向W纸业公司职工、社会其他人员、机构吸收资金，不能视为单纯的企业内部集资行为。据H公司账目记载，除W包装公司、W纸业公司22位职工外，H公司还向陆某等人融资，同时还向苏州Y创业投资有限公司、常熟市G创业投资有限公司支付投资款利息及本金，因此，W包装公司的集资不是单纯的向企业内部职工集资，而是以关联企业W纸业公司上市为名向社会进行的融资行为。既向单位内部职工集资又向社会公众集资的，不宜认定为职工集资款。因为集资对象既包括本单位的人员，又包括外单位的人员，说明此类吸收资金的行为针对的是完全不特定对象。如果将两种情形予以区分，将W包装公司的集资区别认定为职工集资款，而将W纸业公司和社会其他人员的集资认定为普通债权，显然不符合主客观统一的原则。

综上所述，上诉人陈某某的上诉请求不能成立，应予驳回；一审判决认定事实清楚，适用法律正确，应予维持。依照《民事诉讼法》第170条第1款第1项规定，判决如下：驳回上诉，维持原判。

专业释评

职工集资款，是指企业为生产自救，向职工集资形成的企业对职工的负债。《企业破产法（试行）》第37条第2款第1项规定"破产企业所欠职工工资和劳动保险费用"作为第一顺序清偿。1991年的《民事诉讼法》第204条第1款第1项规定"破产企业所欠职工工资和劳动保险费用"作为第一顺序清偿。这两部法律中只规定了破产企业所欠职工工资和劳动保险费用作为第一顺序清偿，对职工集资款问题都没有作出规定。2002年7月18日通过的最高人民法院《关于审理企业破产案件若干问题的规定》第58条第1款规定："债务人所欠企业职工集资款，参照企业破产法第三十七条第二款第（一）项规定的顺序清偿。"司法解释考虑到对职工这种弱势群体的保护，对《企业破产法（试行）》第37条第2款第1项规定进行了扩大解释，即将企业欠职工的集资款解释为与企业欠职工工资具有相同地位的破产债权，职工享有按照第一顺序清偿的优先受偿权。这是在企业破产中关于职工集资款应如何处理首次作出规定。

《企业破产法》第113条规定，"破产财产在优先清偿破产费用和共益债务后，依照下列顺序清偿：（一）破产人所欠职工的工资和医疗、伤残补助、抚恤费用，所欠的应当划入职工个人账户的基本养老保险、基本医疗保险费用，以及法律、行政法规规定应当支付给职工的补偿金……"对职工的集资款没有作出特别的规定。2007年4月23日通过的最高人民法院《关于〈中华人民共和国企业破产法〉施行时尚未审结的企业破产案件适用法律若干问题的规定》对职工集资款问题也没有明确规定，只是在第14条规定："企业破产法施行后，破产人的职工依据企业破产法第一百三十二条的规定主张权利的，人民法院应予支持。"

那么，《企业破产法》施行后，职工集资款的清偿顺序到底如何确定呢。根据《人民法院组织法》第33条和第五届全国人民代表大会常务委员会第十九次会议通过的全国人民代表大会常务委员会《关于加强法律解释工作的决议》第2条的规定，凡属于人民法院在审判工作中如何具体应用法律、法令的问题，由最高人民法院进行解释。这种解释对全国各级人民法院审理民事案件具有法律效力。《企业破产法》对职工集资没有明确规定，《企业破产法

（试行）》对此也没有明确规定，因为全国法院审理企业破产案件中常遇到企业拖欠职工集资款问题，从考虑职工的利益和社会的稳定出发，2002 年的最高人民法院《关于审理企业破产案件若干问题的规定》对职工集资款如何处理作出了规定，到目前为止该规定也没有宣布废止，且目前出台的有关法律解释又没有对职工集资款如何处理作出新的规定，所以，我们认为 2002 年的最高人民法院《关于审理企业破产案件若干问题的规定》对职工集资款的规定应当继续适用。

问题四　高管人员的破产债权有何特别要求

案例　朱某某与常州Z有限公司破产管理人破产债权纠纷案[①]

1 案情简介

上诉人(原审原告、反诉被告):朱某某。

被上诉人(原审被告、反诉原告):常州Z有限公司(以下简称Z公司)破产管理人。

负责人:徐某某,清算组组长。

上诉人朱某某与被上诉人Z公司破产管理人职工破产债权确认、追收非正常收入纠纷一案,因上诉人不服常州市武进区人民法院(2015)武民初字第1374民事判决,上诉至常州市中级人民法院。

2 当事人诉求

朱某某诉称,朱某某于2013年4月27日进入Z公司工作,先后担任财务部副经理、财务部经理。Z公司管理人在2015年5月20日公示的Z公司的职工债权公示表格中将朱某某认定为Z公司的高级管理人员并据以计算相应工资报酬及经济补偿,不符合事实,故朱某某提出异议诉至法院,要求法院依法判决Z公司管理人立即结算朱某某告以下款项,并在Z公司的破产财产范围内优先受偿:(1)工资17,385元(2015年1月欠付2000元、2月欠2000元、3月欠13,385元);(2)社会保险费4536元(2015年3月至6月,1134元/月);(3)公积金费用2250元(3月1500元、4月750元);(4)2015年3月交通费及通信费补贴800元(600元+200元);(5)解除劳动合同经济补偿金27,882元(4647×3×2);(6)要求Z公司管理人承担迟付的所有利息,按银行同期存款利率支付利息;(7)要求Z公司管理人支付相应的精神损失费20,000元。

Z公司管理人辩称,第一,Z公司不结欠朱某某工资报酬,相反,经核算,朱某某还倒欠Z公司总金额是74,879.57元,朱某某和Z公司管理人之间之所以计算有差异,主要是Z公司管理人认为朱某某系Z公司高管人员,朱某某相应的结算应依照公司职工平均工资进行核算,但朱某某依据的是自己原有的工资待遇计算,朱某某的做法与法律违背。第二,朱某某的第2项和第3项请求不属于劳动仲裁的受案范围,不能纳入本案的处理范围。第三,朱某某有关交通费和通信费的请求,应当经Z公司相关人员确认并经财务报销,Z公司管理人对该笔费用是不知道的,且朱某某也没有向Z公司的相关人员按企业的交通、通信费来进行报销,故朱某某

① 常州市中级人民法院(2015)常民终字第2421号。

有关交通费和通信费的主张不具有合法性;第四,Z 公司管理人认为朱某某的经济补偿金的计算应按照 Z 公司职工平均工资计算 2 年,合计 8270 元;第五,朱某某有关利息和精神损失费的主张,Z 公司管理人不予认可,本案有其特殊性,破产债权是破产案件中的一个事项,Z 公司管理人受法院指定管理 Z 公司的破产财产,整个破产进程在法院的指导下进行,Z 公司仅存在的少量的资产也要经过法定的程序进行变价处理,这需要一定的过程,因此,朱某某有关利息的请求是不具有合法性的;另外,根据最高人民法院的相关司法解释的规定,朱某某主张精神损害赔偿金不符合规定,不应得到支持。

Z 公司管理人诉称,朱某某系 Z 公司的高级管理人员,经核算 Z 公司不结欠朱某某任何职工债权金额,反而 Z 公司已经超额支付,故 Z 公司管理人提出请求,要求法院依法判决:(1)确认朱某某为 Z 公司的高级管理人员,并返还多领取的职工工资、经济补偿金、报销费用等合计人民币 74,879.57 元;(2)本案本诉、反诉的案件受理费由朱某某承担。朱某某辩称,请求法院依法核实。

3 一审法院观点

本案的争议焦点为:朱某某是否系 Z 公司的高级管理人员。

针对该争议焦点,朱某某称:第一,其仅是 Z 公司财务部负责人,并不是公司的财务负责人,依照会计法的规定,主管会计工作的负责人和会计工作的负责人是不同的概念,财务部门的经理和公司的财务部负责人是不同的。第二,依照公司法的规定,公司的高级管理人员是公司的经理和副经理,不包括公司部门或下属机构的经理或副经理。第三,依照破产法的规定,破产债务人的董事、监事和高级管理人利用职权获取的绩效工资、普遍拖欠职工工资情况下获取的工资性收入和其他非正常收入,破产管理人有权要求进行返还。在本案中,朱某某作为 Z 公司破产前的留守人员,Z 公司按照朱某某原有的薪资标准支付报酬不应被认定为非正常收入,也不属于破产债务人对债权人进行的个别清偿。第四,从 Z 公司的组织架构来看,公司设有财务总监(于 2009 年 9 月 15 日任命朱某平为公司财务总监),在财务总监离职后,公司的财务负责人实际上自动转为具备完全财务审批权限的最高经营管理者,即公司的总经理,朱某某作为财务部负责人仅是履行财务审核、核算和监督的部门职责而已。第五,从公司的历史薪酬水平来看,公司的财务部经理等部门经理的工资水平远低于公司的常务副总经理、销售总监、副董事长和总经理。第六,朱某某提供的若干份 Z 公司的文件也可以看出,朱某某不在文件抄报的范围之内。综上,朱某某认为其不是 Z 公司的高级管理人员,也不存在利用职权获取非正常性收入的情形,故 Z 公司管理人应按照朱某某的实际工资标准计算 Z 公司结欠朱某某的工资和经济补偿金等内容,并无权要求朱某某退还 Z 公司已发放的工资报酬。

Z 公司破产管理人称,其提供的 Z 公司的任命书和劳动合同书均证明朱某某为 Z 公司的财务部经理,Z 公司没有比财务部经理更高位阶的财务负责人,而且从公司的财务账册和凭证来看,所有财务报销相关的审批流程单上,朱某某均作为财务负责人签字。同时,朱某某为 Z 公司财务部经理,符合公司法规定的高级管理人员的范畴。朱某某提供的 Z 公司的文件系既往文件,和本案无关。综上所述,Z公司破产管理人认定朱某某系Z公司的高级管理人员,应依照Z公司职工平均工资计算朱某某的经济补偿金和剩余工资以作为优先受偿的范围,朱某某依照其实际工资计算的经济补偿和剩余工资超过以Z公司职工平均工资计算的经济补偿和剩余工资的差额部分可作为普通债权申报。

一审法院认为,依照《劳动合同法》第47条的规定,用人单位应当向劳动者支付经济补偿金的,经济补偿按照劳动者在本单位工作的年限,每满1年支付1个月工资的标准向劳动者支付。6个月以上不满1年的,按1年计算;不满6个月的,向劳动者支付半个月工资的经济补偿。但本案系Z公司破产派生诉讼中的劳动债权确认之诉,较劳动法律法规,破产法及相关规定中关于经济补偿金的规定在本案中优先适用。依照《企业破产法》的规定,破产企业的董事、监事和高级管理人员的工资按照该企业职工的平均工资进行计算,按照企业职工平均工资计算的部分作为拖欠职工工资清偿;高出该企业职工平均工资计算的部分,可以作为普通破产债权清偿。本案中,朱某某作为Z公司的财务部经理,分管财务相关工作,结合朱某某的工作岗位、工作内容、工资水平和Z公司的管理层分工,Z公司管理人将朱某某定位为公司高级管理人员并以公司职工平均工资计算朱某某的工资和经济补偿金作为第一顺序清偿并无不当,法院予以支持。朱某某否认其为公司高级管理人员并要求依照其月工资计算工资和经济补偿金依据不足,法院不予采信。

依照最高人民法院《关于适用〈中华人民共和国企业破产法〉若干问题的规定(二)》第24条的规定,企业法人发生不能清偿到期债务并且资产不足以清偿全部债务或者明显缺乏清偿能力的情形下,债务人的董事、监事和高级管理人员利用职权获取的绩效奖金、普遍拖欠职工工资情况下获取的工资性收入和其他非正常收入,人民法院应当认定为企业破产法规定的非正常收入,破产管理人应当追回。本案中,Z公司在2014年8、9月全面停产,存在普通拖欠职工工资的情形,Z公司破产管理人认定在2014年9月后朱某某获得的工资性收入为非正常收入并要求追回,符合法律规定,法院予以支持。

Z公司管理人和朱某某均认可朱某某自行缴纳社会保险和公积金,后由朱某某向Z公司每月报销社会保险费用1134元、公积金费用750元,法院予以确认。Z公司破产管理人为Z公司所有员工缴纳社会保险至2015年6月,朱某某要求Z公司管理人支付其2015年3月至6月的社会保险费以及2015年3月至4月的公积金费用符合双方当事人的约定,法院予以支持。朱某某要求Z公司管理人支付其2015年3月的交通费及通讯费补贴800元,Z公司管理人予以否认,朱某某未提供证据证明其和Z公司对此作出约定,法院不予支持。朱某某要求Z公司管理人承担迟付的所有利息和精神损失费的主张,因缺乏法律依据,法院亦不予支持。综上,经核算,Z公司破产管理人应在Z公司破产财产范围内支付给朱某某2014年9月至2015年3月工资、经济补偿金、社会保险费和公积金费用合计43,251元,并作为第一顺序清偿。Z公司提供明细表明确其已支付给朱某某2014年9月至2015年2月工资75,745元,朱某某结欠Z公司欠款6349.57元,朱某某和Z公司破产管理人于诉讼中均表示朱某某结欠Z公司的款项可以在Z公司应支付给朱某某的工资和经济补偿金中予以抵扣,故经折算后,朱某某还应返还给Z公司破产管理人38,843.57元。Z公司破产管理人明确朱某某依照其实际工资计算的经济补偿和剩余工资超过以 Z 公司职工平均工资计算的经济补偿和剩余工资的差额部分可作为普通债权申报，法院予以确认。朱某某的诉讼请求和 Z 公司管理人的其余反诉请求均依据不足，法院不予支持。综上所述，原审法院依照《企业破产法》第 2 条、第 36 条、第 113 条，最高人民法院《关于适用〈中华人民共和国企业破产法〉若干问题的规定（二）》第 24 条、《合同法》第 44 条、第 46 条，《民事诉讼法》第 64 条、第 65 条的规定，作出如下判决：（1）朱某某于本判决发生法律效力之日起 10 日内一次性返还给 Z 公司破产管理人 38,843.57 元。（2）驳回朱某某的诉讼请求。（3）驳回 Z 公司破产管理人的其余反诉请求。

4 二审法院观点

常州市中级人民法院认为，涉案争议焦点：上诉人朱某某取得涉案利益是否符合法律规定。

涉案 Z 公司于 2013 年 9 月 27 日发出的《关于朱某某任免通知》，朱某某为 Z 公司财务部经理，分管财务相关工作，朱某某自该时间起即负责相关 Z 公司的财务业务，后朱某某与 Z 公司于 2014 年 4 月 25 日续订了劳动合同，双方约定了劳动报酬，2015 年 2 月 26 日原审法院作出（2015）武商破字第 1 号民事裁定书，Z 公司进行破产程序，因此原双方订立之劳动合同合同亦应相应终止，朱某某作为企业留守人员之劳动报酬亦应由弘公司管理人与之共同协商，本案中朱某某现取得的利益计算方法仍然是双方劳动合同约定，因此朱某某取得涉案利益无双方约定之事实基础。现 Z 公司管理人认为应依照 Z 公司职工平均工资计算，朱某某的经济补偿金和剩余工资可以作为优先受偿的范围，朱某某依照其实际工资计算的经济补偿和剩余工资超过以 Z 公司职工平均工资计算的经济补偿和剩余工资的差额部分可以作为普通债权申报。Z 公司管理人该主张于实有据，本院予以采信。

本案 Z 公司管理人认为朱某某系 Z 公司高级管理人员，朱某某否认其公司高级管理人员，朱某某月薪 16,000 元系其作为 Z 公司财务部门经理之报酬，该月薪 16,000 元应视为朱某某履行财务管理职能之报酬，Z 公司进行破产程序后，朱某某已无财务管理职能亦未履行财务管理行为，因此朱某某实际取得涉案利益无事实基础。

综上所述，上诉人朱某某其所取涉案利益均以劳动合同为事实条件，现该条件消失。同时鉴于朱某某在原 Z 公司进行破产程序前实施财务管理职能，原审认定朱某某系 Z 公司高级管理人员并无不当，因此上诉人朱某某的上诉理由不能成立，原审判决应予维持。依照《民事诉讼法》第 170 条第 1 款第 1 项的规定，判决如下：

驳回上诉，维持原判。

专业释评

《劳动合同法》规定，用人单位被依法宣告破产后，用人单位应当向劳动者支付经济补偿。经济补偿金标准按照劳动者在劳动合同解除或者终止前12个月的平均工资给付。劳动合同法调整的是普通劳动者与企业之间的权利义务关系，而董事、监事等高级管理人员则属于特殊的劳动者，其权利义务往往受公司法的调整，而且他们的工资往往是普通职工的几倍甚至更多。劳动合同法旨在保护劳动者的合法权益，而企业破产法旨在全面保护债权人和债务人的合法权益。如果企业进入破产程序后，董事、监事等高级管理人员还是按照其与破产企业解除或终止劳动关系前12个月的平均工资作为计算经济补偿金的标准，违背了破产企业保护普通职工基本权益的立法原则；同时，如果仍向企业高级管理人员支付高额的工资及经济补偿金，对普通债权人必然意味着可供分配的财产减少。另外，从企业破产法的立法本意而言，管理层本身对于破产企业经营不善局面的造成也负有一定的责任，且考虑到破产程序中对劳动者的未来损失的补偿有失业救济的性质，而高级管理人员一般有良好的就业条件。因此，《企业破产法》及其相关司法解释规定：如果破产企业的董事、监事和高级管理人员与破产企业签订的劳动合同中约定的补偿金或者根据有关规定确定的补偿金额过高，管理人可以根据有关规定进行调整，调整的标准应当以破产企业正常生产经营状况下职工12个月的月平均工资为基数。

就本案而言，朱某某被法院认定为Z公司的高级管理人员后，依照Z公司职工平均工资计算朱某某的经济补偿金和剩余工资以作为优先受偿的范围，朱某某依照其实际工资计算的经济补偿和剩余工资超过以Z公司职工平均工资计算的经济补偿和剩余工资的差额部分作为普通债权申报符合法律规定。

问题五　破产企业如何对员工承担工伤责任

案例一　T有限责任公司与刘某某劳动争议案①

1 案情简介

上诉人(原审被告):T有限责任公司(以下简称T公司)。

诉讼代表人:辽宁Q律师事务所,上诉人单位破产管理人。

被上诉人(原审原告):刘某某。

上诉人T公司因与被上诉人刘某某劳动争议一案,不服辽宁省瓦房店市人民法院(2017)辽0281民初5102号民事判决,向辽宁省中级人民法院提起上诉。上诉人T公司委托诉讼代理人元某某,被上诉人刘某某到庭参加诉讼。

2 当事人诉求

T公司上诉请求:(1)请求法院撤销原审民事判决,驳回被上诉人原审诉讼请求;(2)案件受理费由被上诉人负担。事实和理由:原审法院适用法律错误,破产企业在破产后没有法定义务为五级工伤职工发放伤残津贴。(1)被上诉人引用的《工伤保险条例》第36条第2项第一段规定不适用于本案。第一段规定适用于保留与用人单位劳动关系的情形。而本案实际情况是企业破产后,所有劳动关系法定终止,无法保留任何劳动关系。因此,不能依据第2项第一段定来保留劳动关系,适当安排工作,更谈不上难以安排工作的情况。本案应当适用的法律依据是《工伤保险条例》第36条第2项第二段规定,劳动合同终止后,由工伤险基金支付一次性工伤医疗补助金,由用人单位支付一次性伤残就业补助金。所以,如果依法执行,不存在伤残津贴,也不存在少算或补充差额的问题。(2)根据《大连市关于贯彻事实〈社会保险法〉有关问题的通知》第3条第11项的规定,只有一至四级工伤职工应当预留预缴医保费,为五级工伤职工发放伤残津贴没有法律依据。(3)但为维护职工合法权益、解决职工生活问题,大连市人社局、国资委给予被上诉人额外政策性待遇,为其提供资金趸交至退休前的全部社保费57,023元、伤残津贴65,028元,且为其发放了自2011年10月以后至2013年10月生活补助费20,640元,还给予一次性经济补助金12,500元。共计为被上诉人安排的款项为155,191元。综上,被上诉人的诉讼请求无法律依据,请求依法驳回。

刘某某辩称,不同意上诉人的上诉请求,上诉人的意见没有法律依据。

刘某某向一审法院起诉请求:请求被告给付伤残津贴26,122.24元,并由被告承担案件诉

---

① 大连市中级人民法院(2018)辽02民终489号。

讼费用。

3 一审法院观点

一审法院认为,职工因工伤被鉴定为五级伤残的,用人单位应当与其保留劳动关系,安排适当工作;难以安排工作的,由用人单位按月按工伤职工本人工资的70%向其支付伤残津贴。本案中原告刘某某自工伤被认定为五级伤残后,一直在被告处工作,至被告被宣告破产。被告T公司虽被宣告破产,但未办理注销登记,其作为民事主体仍然存在,应当承担相应的法律责任。故被告T公司应当自其被宣告破产次月起至原告刘某某退休时止按月向原告刘某某支付伤残津贴,支付标准按照原告本人工资的70%计算,即2166.32元/月(3094.74元/月×70%)。因被告T公司已经支付原告刘某某2011年10月至2014年10月期间的伤残津贴80,153.84元(33,800元+46,353.84元),另外原告刘某某已通过瓦房店市就业服务中心领取了2013年11月至2017年6月被告为其预留的伤残津贴65,028元。故被告T公司还应当支付原告刘某某伤残津贴为4294.24元(2166.32元/月×69个月-80,153.84元-65,028元)。综上所述,依照《企业破产法》第25条第1款第7项、《工伤保险条例》第36条第1款第2项、第64条的规定,判决如下:被告T公司于本判决生效后10日内向原告刘某某支付伤残津贴4294.24元。

4 二审法院观点

大连市中级人民法院认为,本案的争议焦点为上诉人T公司是否应向被上诉人刘某某支付伤残津贴4294.24元。被上诉人刘某某系五级伤残,上诉人单位已宣告破产,无法给被上诉人刘某某安排工作,按照法律规定,用人单位应按月按工伤职工本人工资的70%向其支付伤残津贴。上诉人主张不予支付被上诉人伤残津贴,无事实及法律依据,大连市中级人民法院不予支持。因上诉人已经支付被上诉人刘某某2011年10月至2014年10月的伤残津贴80,153.84元,被上诉人刘某某已通过瓦房店市就业服务中心领取了2013年11月至2017年6月上诉人为其预留的伤残津贴65,028元,上述款项应从上诉人支付的伤残津贴总额中予以扣除。经大连市中级人民法院审查,一审法院认定的被上诉人刘某某的工伤职工本人工资数额及上诉人应当给付的伤残津贴数额并无不当,上诉人T公司应给付被上诉人刘某某伤残津贴4294.24元,大连市中级人民法院依法予以确认。综上所述,T公司的上诉请求不能成立,应予驳回;一审判决认定事实清楚,适用法律正确,应予维持。依照《民事诉讼法》第170条第1款第1项规定,判决如下:驳回上诉,维持原判。

案例二　何某某与G酒厂破产清算组工伤保险待遇纠纷案①

1 案情简介

何某某系原G酒厂职工,1998年11月9日因工受伤。1999年12月8日赣榆县劳动局作出赣劳护(1999)42号工伤鉴定,确认何某某因工负伤。2000年10月13日经赣榆县劳动鉴定委员会鉴定,何某某符合职工工伤与职业病致残鉴定标准二级,属完全护理依赖,2000年12月31日办理病退手续。2001年4月10日原G酒厂发给何某某一次性伤残补助金11,682元,支架及轮椅维修费1000元。2002年6月30日原G酒厂经该法院裁定进入破产程序,现破产程序尚未终结。2008年12月27日,何某某又经连云港市劳动能力鉴定委员会作出连劳鉴通(2008)1288号鉴定结论,鉴定何某某属于大部分护理依赖。2009年4月30日被告就何某某提出护理费问题作出处理答复,内容为自2009年起计算何某某护理费从1月执行,按季度支付。该意见未涉及2008年12月之前护理费用。何某某已按上述内容领取款项,但称系迫于无奈。后因护理费给付等问题申请劳动仲裁。2010年4月27日赣榆县劳动争议仲裁委员会作出赣劳仲不字(2010)12号不予受理案件通知书,何某某诉至该院。诉讼中,何某某提供赣政办发(2006)21号文件,证明其根据该规定可享受一次性医疗补助金8万元。提供相关法律、行政法规证明被告少发2008年12月以前的护理费及2008年12月以后所发放的护理费没按国家标准。同时主张医疗补助金及××器具费用。被告对此不予认可。认为何某某2008年12月之前未有作出劳动能力鉴定,不应发放护理费,且时效已过。酒厂破产清算组已为何某某办理了医疗保险、养老保险,何某某主张80,000元医保费无依据。××器具未作鉴定不符合主张条件。主张医疗补助金未有合法依据。另查明,《关于县属破产企业工伤人员有关待遇问题的处理意见》(赣政办发〔2006〕21号),该文件系县政府按照国家省市有关文件精神结合地方实际情况作出的意见,该意见明确伤残等级为1-4级的工伤(职业病)人员(含已办理退休手续的人员),由其所在破产企业从其土地处置、净资产分配等资金来源中提取一次性医疗补助金交工伤保险经办机构,工伤人员以后旧伤复发的医疗费及需要配置的××器具费按规定从工伤保险基金中支付。一次性医疗补助金提取的标准为:60岁以下工伤(职业病)人员每人8万元。2004年年度360元为该县最低工资标准,年增长率为5%。《连云港市实施〈工伤保险条例〉细则》(连政发〔2005〕194号)第27条规定,市劳动能力鉴定委员会负责全市劳动能力鉴定工作。第44条规定,因工致残一至四级工伤职工的伤残津贴、生活护理费自作出劳动能力鉴定结论的次月起支付;第43条规定,工伤职工因日常生活或者就业需要安装配置辅助器具的,应当由工伤医疗机构提出建议,经市劳动能力鉴定委员会确认,在工伤辅助器具定点配置机构安装。《工伤保险条例》第34条规定,工伤职工已经评定伤残等级,并经劳动能力鉴定委员会确认需要生活护理的,从工伤保险基金按月支付生活护理费,生活护理费

① 连云港市中级人民法院(2013)连民终字第1270号。

按照生活完全不能自理、生活大部分不能自理或者生活部分不能自理三个不同等级支付，其标准分别为统筹地区上年度职工月平均工资的50%、40%或者30%。2009年职工平均工资为20,925元。庭审中G酒厂破产清算组称何某某在G酒厂破产之前，已领取护理费11,460元及2002年7月至2008年12月拖欠何某某的护理费已通过工资形式给付，对此何某某不予认可，G酒厂破产清算组亦未提供证据证明。另查明，1999年至2008年赣榆职工社会平均工资分别为5265元、5492元、6687元、8853元、8506元、9123元、10,939元、13,113元、17,743元、20,925元。

另查明，G酒厂破产清算组已支付何某某护理费2784.60元。江苏省人均寿命为75周岁。

2 当事人诉求

上诉人何某某上诉称，原审判决认定部分事实有误，适用法律不当，判决结果不合理。2009年前拖欠护理费事实清楚，但护理费应当按最新的标准进行计算，按2009年的结果计算不合理。按月支付的护理费属上诉人的合法收入，不应列入破产债权。G酒厂早已申报破产，但至今尚未破产终结。请求一次性计算相关护理费用，请求依法改判。

上诉人G酒厂破产组上诉及答辩称，酒厂进入破产程序，应由受理破产案件的合议庭处理本案。2000年至2008年护理费酒厂不应给付，2009年以后至多应给付20年的护理费，原审判决支付22年护理费不正确。请求依法改判。

3 一审法院观点

一审法院认为，何某某为G酒厂单位职工，其因工负伤后，原G酒厂未为其办理工伤保险，且也无法办理，故G酒厂破产清算组对于何某某因未办理工伤保险造成的损失应承担责任。何某某主张根据《关于县属破产企业工伤人员有关待遇问题的处理意见》(赣政办发〔2006〕21号)，其应享有80,000元医疗补助金。因该文件没有明确规定80,000元支付给工伤人员，仅作为基金储备，故何某某据此的主张不能成立。何某某主张××器具费用，因未经市劳动能力鉴定委员会确认，不符合主张条件，故该项主张该院不作认定。何某某可在经上述机构对相关费用确认后，依破产程序主张权利。何某某主张2008年12月之前G酒厂破产清算组没发护理费用，因当时经赣榆县劳动鉴定委员会鉴定原告何某某工伤发生于《工伤保险条例》实施之前，根据劳动部《企业职工工伤保险试行办法》第20条规定，G酒厂应自2000年11月起给付何某某生活护理费，因何某某生活完全不能自理，故应按统筹地区上年度职工月平均工资的50%计算生活护理费，G酒厂应付何某某的生活护理费为：2000年526.4元，2001年2746元，2002年3343.5元，2003年4426.5元，2004年4253元，2005年4561.5元，2006年5469.5元，2007年6556.5元，2008年8871.5元，2008年12月27日市劳动鉴定委员会确认何某某属于大部分护理，故2009年1月至原告75周岁计22年，G酒厂破产清算组应按年

20,925 元工资的 40% 计算生活护理费为 184,140 元,以上总计 224,894.50 元,扣除已付 2784.60 元,G 酒厂破产清算组尚欠何某某护理费 222,109.90 元,因 G 酒厂已进入破产程序,目前尚未终结,该费用应纳入破产债权进行优先受偿,故该院只对何某某债权作出确认之诉的认定,即确定何某某自 2000 年 11 月至其 75 周岁应得护理费 222,109.90 元属于破产债权,不作出给付之诉的处理。何某某可依据此申报债权,不能作为向法院申请执行的依据。庭审中,G 酒厂破产清算组称何某某在 G 酒厂破产之前,已领取护理费 11,460 元及 2002 年 7 月至 2008 年 12 月拖欠的护理费已通过工资形式给付,对此何某某不予认可,G 酒厂破产清算组亦未提供证据证明,该院对 G 酒厂破产清算组该辩称不予采信,依据《企业破产法》第 48 条之规定,判决:1. 确认何某某自 2000 年 11 月至其 75 周岁应得护理费 222,109.90 元,属于破产债权。2. 驳回何某某的其他诉讼请求。

4　二审法院观点

连云港市中级人民法院认为,工伤职工的合法权益应受法律保护。上诉人何某某原为 G 酒厂职工,其主张因工受伤后的工伤保险待遇符合法律规定。原 G 酒厂未为何某某参加工伤保险,应按规定承担相应的工伤保险责任。

(一)关于何某某主张的生活护理费能否一次性给付问题

《江苏省实施〈工伤保险条例〉办法》第 28 条规定,用人单位破产、撤销、解散进行资产变现、土地处置和净资产分配时,应当优先安排解决工伤职工的有关费用。《连云港市实施〈工伤保险条例〉细则》(连政发〔2005〕194 号)第 38 条第 5 项规定,一级至四级工伤职工未达到退休年龄,但其所在的用人单位依法破产、撤销、解散的,由破产、撤销、解散单位在资产变现、土地处置和净资产分配时,优先向社会保险经办机构一次性为其缴纳至法定退休年龄时应当由单位缴纳的医疗、工伤保险费,工伤职工纳入社会化管理。原赣榆县人民政府办公室发布的《关于县属破产企业工伤人员有关待遇问题的处理意见》(赣政办发〔2006〕21 号)第 1 条规定,伤残等级为 1－4 级的工伤(职业病)人员(含已办理退休手续的人员),由其所在破产企业从其土地处置、净资产分配等资金来源中提取一次性医疗补助金交工伤保险经办机构,工伤人员以后旧伤复发的医疗费及需要配置的××器具费按规定从工伤保险基金中支付。原审判决认定何某某的工伤保险费用属破产债权并无不当,但根据《企业破产法》第 48 条的规定,债务人所欠职工的工资和医疗、伤残补助、抚恤费用,所欠的应当划入职工个人账户的基本养老保险、基本医疗保险费用,以及法律、行政法规规定应当支付给职工的补偿金,不必申报,由管理人调查后列出清单并予以公示。原审判决认定何某某可据此申报债权不当,本院依法予以纠正。鉴于原 G 酒厂自 2002 年即进入破产程序,至今尚未破产终结,相关工伤护理费用长期未能给付严重影响工伤职工的正常生活,且 G 酒厂破产组在破产程序中未按规定为何某某办理相应工伤社会保险手续,在本院审理期间虽经多次协调,也未能将何某某纳入工伤统筹社会化管理,导致何某某因伤导致的工伤保险待遇损失无法从工伤保险基金中支付,故何某某因工伤产生的相关护理费损失应由 G 酒厂破产组在破产资产中优先支付。

（二）关于何某某生活护理费的计算

上诉人何某某主张该项费用应按最新的工伤待遇标准计算，上诉人G酒厂破产组主张原审判决以2009年的标准计算正确，但生活护理费计算22年超过法律规定，且2008年以前的护理费不应给付。经查，何某某2000年10月13日被原赣榆县劳动鉴定委员会鉴定为职工工伤与职业病致残鉴定标准二级，完全护理依赖，依法应按统筹地区上年度职工月平均工资标准的50%计算生活护理费，原审法院关于2000年至2008年护理费的金额计算正确。对上诉人G酒厂破产组关于2008年以前生活护理费不应支付的观点本院不予采纳。2008年12月何某某经市劳动能力鉴定委员会确认为大部分护理依赖，根据《工伤保险条例》第34条规定，工伤职工已经评定伤残等级并经劳动能力鉴定委员会确认需要生活护理的，从工伤保险基金按月支付生活护理费。何某某生活护理费标准应按统筹地区上年度职工工资的40%计算，但最长不应超过20年，原审计算至何某某75周岁共22年护理费不当，连云港市中级人民法院对此予以纠正。根据统筹地区社会保险行政部门公布的工伤保险待遇计算标准，何某某2009年护理费应为10,478.40元、2010年护理费应为11,284.80元，2011年生活护理费为13,022.40元，2012年护理费应为14,937.60元，2013年护理费应为16,982.40元，2014年护理费应为17,697.60元。2015年度生活护理费标准尚未确定，连云港市中级人民法院酌情参照连云港市统计部门公布的全市在岗职工平均工资予以计算为20,075.60元。2015年之后的生活护理费何某某主张一次性支付不违反法律强制性规定，连云港市中级人民法院参照2015年的标准一并计算计13年，金额为260,982.80元。上述何某某生活护理费合计406,216元，扣除已实际支付的2784.60元，G酒厂破产组应支付何某某生活护理费共计403,431.40元。

（三）关于何某某主张80,000元医疗补助金问题

经查，该项费用系赣政办发〔2006〕21号“关于县属破产企业工伤人员有关待遇问题的处理意见”确定的基金储备费用，不属直接发放工伤职工的费用，G酒厂破产组未按规定提取此费用，根据《工伤保险条例》规定按工伤保险的标准向何某某支付相关待遇，原审法院不支持何某某的该项主张符合法律规定。

综上所述，原审法院认定主要事实清楚，适用法律正确，但判决数额计算有误，连云港市中级人民法院依法予以纠正，上诉人何某某与上诉人G酒厂破产组的部分上诉理由符合法律规定，连云港市中级人民法院依法予以采纳。依据《民事诉讼法》第170条第1款第2项之规定，判决如下：

（一）维持连云港市赣榆区人民法院（2013）赣民初字第316号民事判决第2项。

（二）撤销连云港市赣榆区人民法院（2013）赣民初字第316号民事判决第1项。

（三）上诉人G酒厂破产清算组自本判决送达后10日内从破产资产中优先支付上诉人何某某生活护理费403,431.40元。

专业释评

根据《工伤保险条例》第35条,职工因工致残被鉴定为一级至四级伤残的,保留劳动关系,退出工作岗位,享受以下待遇:

(一)从工伤保险基金按伤残等级支付一次性伤残补助金,标准为:一级伤残为27个月的本人工资,二级伤残为25个月的本人工资,三级伤残为23个月的本人工资,四级伤残为21个月的本人工资。

(二)从工伤保险基金按月支付伤残津贴,标准为:一级伤残为本人工资的90%,二级伤残为本人工资的85%,三级伤残为本人工资的80%,四级伤残为本人工资的75%。伤残津贴实际金额低于当地最低工资标准的,由工伤保险基金补足差额。

(三)工伤职工达到退休年龄并办理退休手续后,停发伤残津贴,按照国家规定享受基本养老保险待遇,基本养老保险待遇低于伤残津贴的由工伤保险基金补足差额。

职工因工致残被鉴定为一级至四级伤残的,由用人单位和职工个人以伤残津贴为基数,缴纳基本医疗保险费。

第36条规定,职工因工致残被鉴定为五级、六级伤残的,享受以下待遇:

(一)从工伤保险基金按伤残等级支付一次性伤残补助金,标准为:五级伤残为18个月的本人工资,六级伤残为16个月的本人工资;

(二)保留与用人单位的劳动关系,由用人单位安排适当工作。难以安排工作的,由用人单位按月发给伤残津贴,标准为:五级伤残为本人工资的70%,六级伤残为本人工资的60%,并由用人单位按照规定为其缴纳应缴纳的各项社会保险费。伤残津贴实际金额低于当地最低工资标准的,由用人单位补足差额。

经工伤职工本人提出,该职工可以与用人单位解除或者终止劳动关系,由工伤保险基金支付一次性工伤医疗补助金,由用人单位支付一次性伤残就业补助金。一次性工伤医疗补助金和一次性伤残就业补助金的具体标准由省、自治区、直辖市人民政府规定。

当企业进入破产状态时,只是表明企业处于一种非正常生产经营状况,但劳资之间的法律关系仍然存在,所以,此时仍适用工伤保险条例的相关规定。就本专题的两个案例而言,两级法院总的来说再依法判案,只是有时候数额的计算有些出入,跟他们对法律的理解不同有一定的关系。

问题六　政策性破产对职工权益有何特别规定

案例一 中国D资产管理公司武汉办事处与W铝厂与破产有关的纠纷案①

1 案情简介

上诉人(原审被告):中国D资产管理公司武汉办事处(以下简称D公司)。

负责人:刘某,该办事处总经理。

被上诉人(原审原告):W铝厂。

诉讼代表人:W铝厂破产财产管理人。

负责人:王某某,W铝厂破产财产管理人负责人。

上诉人D公司为与被上诉人W铝厂与破产有关的纠纷一案,不服湖北省武汉市蔡甸区人民法院(2014)鄂蔡甸民二初字第00121号民事判决,向武汉市中级人民法院(以下简称武汉中院)提起上诉。

2 当事人诉求

2010年8月31日,武汉中院作出(2010)武民商破字第1－10号《民事裁定书》,裁定对W铝厂破产财产管理人作出的《W铝厂破产财产变价方案》依法予以确认。该变价方案中,W铝厂所有的土地使用权由武汉市土地整理储备中心储备,并按有关规定程序处置。房屋建筑物包含武房市他字第××××××011号《房屋他项权证》、武房期市字第××××××051号《武汉市期房抵押证明》对应的房产全部为拟处置土地使用权地块的附着物,随土地使用权一并处置。2011年3月15日,D公司向武汉中院起诉,要求确认其对武房市他字第××××××011号《房屋他项权证》、武房期市字第××××××051号《武汉市期房抵押证明》对应房产及土地使用权享有优先受偿权。2011年8月22日,武汉中院作出(2011)武民商初字第57号《民事判决书》,确认D公司对武房市他字第××××××011号《房屋他项权证》、武房期市字第××××××051号《武汉市期房抵押证明》项下的W铝厂所有的房地产享有优先受偿权。

W铝厂以D公司不配合办理上述房产的抵押解除手续为由,向人民法院提起诉讼,请求:(1)D公司协助W铝厂办理武房市字第××××××011号《房屋他物权证》、武房期市字第××××××051号《武汉市期房抵押证明》对应房产的抵押登记注销手续;(2)案件诉讼费用由D公司承担。

---

① 武汉市中级人民法院(2014)鄂武汉中民商终字第01459号。

3 一审法院观点

原审法院认为:2011 年 8 月 22 日,武汉中院作出(2011)武民商初字第 57 号《民事判决书》,确认 D 公司对武房市他字第××××××011 号《房屋他项权证》、武房期市字第××××××051 号《武汉市期房抵押证明》对应的 W 铝厂所有的房产享有优先受偿权。2010 年 8 月 31 日,武汉中院作出(2010)武民商破字第 1－10 号《民事裁定书》,裁定对 W 铝厂破产财产管理人作出的《W 铝厂破产财产变价方案》依法予以确认。该变价方案中,对 D 公司享有抵押权的土地使用权和房产交由武汉市土地整理储备中心储备并按有关规定程序处置。D 公司应按要求办理抵押注销手续,由 W 铝厂破产财产管理人按裁定确认的变价方案对包含武房市他字第××××××011 号《房屋他项权证》、武房期市字第××××××051 号《武汉市期房抵押证明》对应的 W 铝厂所有的房地产等破产财产进行变价。D 公司答辩中提出的问题属审理破产案件的程序中解决的问题,应按相关法律规定提出。依照《企业破产法》第 111 条第 2 款、《民事诉讼法》第 142 条之规定,原审法院判决:D 公司在判决生效之日起 10 日内协助 W 铝厂办理武房市字第××××××011 号《房屋他物权证》、武房期市字第××××××051 号《武汉市期房抵押证明》对应的房产的抵押登记注销手续。案件受理费人民币 181,800.00 元,由 W 铝厂负担。

4 二审法院观点

上诉人 D 公司不服原审法院上述民事判决,向武汉中院提起上诉,请求:撤销原审判决第一项,驳回 W 铝厂撤销个别清偿行为的请求,由 W 铝厂负担诉讼费用。其上诉的事实与理由为:

第一,抵押财产并不属于破产企业的破产财产,上诉人对抵押财产的抵押权已经人民法院生效法律文书确认,在上诉人的债权未获清偿前,破产管理人无权处置抵押财产。(1)抵押财产并不属于破产企业的破产财产。根据相关法律规定,抵押资产不属于破产管理人管理和处置的破产财产,而应交由抵押权人处置,由抵押权人优先受偿。(2)抵押权证是上诉人维护和行使优先受偿权的法律凭证,在上诉人的债权未获清偿前,破产管理人无权处置抵押财产。在上诉人的抵押资产依法享有优先受偿权得到了法律确认后。破产管理人在未对抵押资产进行评估、确定资产转让价格及上诉人优先受偿额度的情况下,注销上诉人的抵押权证,不仅违反了相关法律规定,而且使上诉人失去了债权保护的最后的权属凭证。

第二,《W 铝厂破产财产变价方案》未经债权人会议通过,系破产管理人违规操作形成,且上诉人已向人民法院申请复议,人民法院尚在对复议的审议中,破产管理人无权按照该《破产财产变价方案》处置破产财产。破产管理人违法制定《破产财产变价方案》,对近 200 亩土地使用权不合法评估,不公开拍卖,破产缺乏公正、公平,严重损害包括上诉人在内的广大债权人的合法权益,涉嫌违规低价处置。

第三,破产案件涉及的资产处置等法律事项(包括相关权证的注销等)属于破产案件的重要组成部分，应由审理该破产案件法院的相关专业庭审部门审理作出，破产管理人无权另行起诉。

第四，《W 铝厂破产财产变价方案》并未实际实施，并无注销抵押权证的现实需要。只有当破产管理人已按照《W 铝厂破产财产变价方案》处置了相关破产财产，破产财产的买受人提出了注销抵押权证的请求，且上诉人的优先受偿权已得到实现，才涉及注销抵押权证等相关事宜。D 公司另提出本案诉讼费用收费不合理，应按 100 元收取诉讼费用。一审诉讼费用由 W 铝厂负担，损害了债权人的利益。

被上诉人 W 铝厂答辩称：(1)依据相关法规规定，抵押合同可以解除，抵押登记必须注销。(2)W 铝厂属政策性破产，应按政策性破产规定进行处置。(3)W 铝厂有权对抵押物进行处置，安置职工。(4)变价方案是经过法院裁定通过的，在裁定未被推翻前应按裁定执行，不存在违规操作。现在需要资金对职工进行安置，只有注销抵押登记，对抵押物进行变现来实现。

二审法院认为：W 铝厂于 2007 年 11 月 1 日经国家批准列为企业破产项目，湖北省及武汉市也均作出了相应同意 W 铝厂破产的批复，故本案应当适用《企业破产法》和国务院关于政策性破产的相关规定。《企业破产法》第 132 条规定“本法施行后，破产人在本法公布之日前所欠职工的工资和医疗、伤残补助、抚恤费用，所欠的应当划入职工个人账户的基本养老保险、基本医疗保险费用，以及法律、行政法规规定应当支付给职工的补偿金，依照本法第一百一十三条的规定清偿后不足以清偿的部分，以本法第一百零九条规定的特定财产优先于对该特定财产享有担保权的权利人受偿”，国务院《关于在若干城市试行国有企业破产有关问题的通知》(国发〔1994〕59 号)第 1 条规定“实施企业破产必须首先安置好破产企业职工”，第 2 条规定“企业破产时，企业依法取得的土地使用权，应当以拍卖或者招标方式为主依法转让，转让所得首先用于破产企业职工安置”，第 3 条规定“处置企业土地使用权所得不足以安置破产企业职工的，不足部分应当从处置其他破产财产所得中拨付”。国务院《关于在若干城市试行国有企业兼并破产和职工再就业有关问题的补充通知》(国发〔1997〕10 号)第 5 条规定“安置破产企业职工的费用，从破产企业依法取得的土地使用权转让所得中拨付。破产企业以土地使用权为抵押物的，其转让所得也应首先用于安置职工，不足以支付的，不足部分从处置无抵押财产、抵押财产所得中依次支付”“破产企业财产处置所得，在支付安置职工的费用后，其剩余部分按照《企业破产法》的规定，按比例清偿债务”。从上述规定可知，本案诉争抵押财产应当予以变卖优先用于解决破产时的职工安置，而对诉争抵押财产予以变卖，应当先行对抵押财产上所设抵押予以注销登记。另外，武汉中院作出的(2010)武民商破字第 1 - 10 号《民事裁定书》，已裁定对 W 铝厂破产财产管理人作出的《W 铝厂破产财产变价方案》依法予以确认。在该变价方案中，W 铝厂所有的土地使用权由武汉市土地整理储备中心储备，并按有关规定程序处置。房屋建筑物包含武房市他字第××××××011 号《房屋他项权证》、武房期市字第××××××051 号《武汉市期房抵押证明》对应的房产全部为拟处置土地使用权地块的附着物，随土地使用权一并处置。故原审法院判决 D 公司协助 W 铝厂办理武房市字第××××××011 号《房屋他物权证》、武房期市字第××××××051 号《武汉市期房抵押证明》对应房产的抵押登记注销手续并无不当,应予以维持。

本案系财产案件,原审法院依国务院《诉讼费用交纳办法》的相关规定予以收费并无不当,故对D公司所称本案收费不合理的主张,二审法院不予支持。根据《诉讼费用交纳办法》第29条"诉讼费用由败诉方负担,胜诉方自愿承担的除外。部分胜诉、部分败诉的,人民法院根据案件的具体情况决定当事人各自负担的诉讼费用数额"的规定,本案一审诉讼费用应由D公司负担。原审法院判决由W铝厂负担本案一审诉讼费用,有违上述规定,鉴于W铝厂未就此提起上诉,视为其愿意承担一案诉讼费用,故本院对此亦予以维持。

综上所述,上诉人中国D资产管理公司武汉办事处的上诉理由及请求予不能成立。原审判决认定事实清楚,适用法律正确。依照《民事诉讼法》第170条第1款第1项的规定,判决如下:驳回上诉,维持原判。

案例二　中国X资产管理股份有限公司湖北省分公司与武汉M厂与破产有关的纠纷案①

1 案情简介

上诉人(原审被告):中国X资产管理股份有限公司湖北省分公司(以下简称湖北分公司)。

负责人:程某,该分公司总经理。

被上诉人(原审原告):武汉市武汉M厂(以下简称M厂)。

诉讼代表人:M厂破产财产管理人。

负责人:王某某,M厂破产财产管理人负责人。

上诉人X湖北分公司为与被上诉人M厂与破产有关的纠纷一案,不服湖北省武汉市蔡甸区人民法院(2014)鄂蔡甸民二初字第00119号民事判决,向武汉市中级人民法院(以下简称武汉中院)提起上诉。

2 当事人诉求

2010年8月5日,武汉中院作出(2010)武民商破字第2-8号《民事裁定书》,裁定对M厂破产财产管理人作出的《武汉市武汉M厂破产财产变价方案》依法予以确认。该变价方案中,M厂所有的土地使用权由武汉市土地整理储备中心储备,并按有关规定程序处置。房屋建筑物包含武房房他市字第×××23号《房屋他项权证》对应的房产全部为拟处置土地使用权地块的附着物,随土地使用权一并处置。

M厂以X湖北分公司不予配合注销第01123号《房屋他项权证》,并拒绝交回相关的房屋所有权证和土地使用权证,已严重妨害了M厂破产财产的清理变现及职工安置工作为由,向

① 武汉市中级人民法院(2014)鄂武汉中民商终字第01394号。

人民法院提起诉讼,请求:(1)判令X湖北分公司协助M厂办理武房房他市字第×××23号《房屋他项权证》(填发时间:1994年7月15日)的注销手续;(2)判令X湖北分公司归还武房房他市字第×××23号《房屋他项权证》所指向抵押财产的房屋所有权证、土地使用权证,包括武房地籍自字第××××××50号土地使用权证、武房房自字第××××××50号房屋所有权证;(3)判令案件全部诉讼费用由X湖北分公司承担。

3 一审法院观点

一审法院认为:2010年7月26日,武汉中院作出(2010)武民商破字第2-7号《民事裁定书》,确认X湖北分公司享有的债权人民币107,505,890.49元为有担保债权。2010年8月5日,武汉中院作出(2010)武民商破字第2-8号《民事裁定书》,裁定对M厂破产财产管理人作出的《武汉市武汉M厂破产财产变价方案》依法予以确认。该变价方案中,对X湖北分公司享有抵押权的土地使用权和房产交由武汉市土地整理储备中心储备并按有关规定程序处置。X湖北分公司应按要求办理抵押注销手续并归还相关的土地使用权证和房产证,由M厂破产财产管理人按裁定确认的变价方案对包含武房房他市字第×××23号《房屋他项权证》对应的房产等破产财产进行变价。X湖北分公司提出的问题属破产程序进行过程中相关文书、资料的清理核对和破产债权的清偿问题,可向M厂破产财产管理人索取相关文书和资料,破产债权的清偿问题应在破产财产变价后在债权人大会上确认。依照《企业破产法》第111条第2款,《民事诉讼法》第142条之规定,一审法院判决:1.X湖北分公司在判决生效之日起10日内协助M厂办理武房房他市字第×××23号《房屋他项权证》的抵押登记注销手续。2.X湖北分公司于判决生效之日向M厂归还武房地籍自字第××××××50号《土地使用权证》和武房房自字第××××××50号《房屋所有权证》。

4 二审法院观点

上诉人X湖北分公司不服原审法院上述民事判决,向武汉中院提起上诉,请求:撤销原审判决,依法改判,并由M厂承担二审诉讼费用。其上诉的事实与理由为:

第一,土地使用权转让所得优先用于安置职工并不意味着债权人必然放弃抵押物优先受偿权。M厂经国家批准被列为政策性破产项目,后经武汉中院宣告M厂破产还债。根据政策性破产的相关政策法规的规定,政策性破产企业的土地使用权转让所得优先用于安置职工。但X湖北分公司认为,该项政策规定并不意味着完全排除破产企业债权人的优先受偿权,即在土地使用权转让所得优先用于安置职工和清算费用之后,剩余部分仍应按照担保法相关规定,由X湖北分公司优先受偿。而截至目前,M厂破产财产管理人还未提出破产财产分配方案,也未组织召开债权人会议对破产财产如何分配问题进行审议,武汉中院更未下达任何有关破产财产如何分配的裁定,在此情况下,X湖北分公司的抵押债权是否能够获得清偿还不确定,X湖北分公司对抵押资产仍然享有优先于其他普通债权人受偿的权利。而M厂此时诉请要求 X 湖北分公司协助办理抵押登记注销手续和归还相关权证，即意味着要求 X 湖北分公司完全放弃优先受偿权，其该项诉讼请求是没有法律依据的。

第二，将土地交由武汉市土地整理储备中心并不意味着 M 厂有权在没有任何相关手续证明相关事实的情况下要求 X 湖北分公司协助办理抵押登记注销手续和归还相关权证。经 M 厂申请，武汉中院作出（2010）武民商破字第 2 – 8 号民事裁定书，确认 M 厂破产财产管理人作出的《武汉市武汉 M 厂破产财产变价方案》，该方案中对土地使用权的处置方式描述为："交由武汉市土地整理储备中心收储，收备后由其按照有关规定程序处置。"首先，X 湖北分公司认为该裁定中认可的土地使用权处置方式是交由武汉市土地整理储备中心收储，并由其按照相关规定程序进行处置。该裁定并未涉及要求抵押权人先行解除抵押的相关内容，且 X 湖北分公司的抵押权并不会直接影响武汉市土地整理储备中心对该项资产的处置。一审判决中仅依据武汉市中院下达的（2010）武民商破字第 2 – 8 号裁定对变价方案土地使用权处置方式进行了的认可，即作出要求 X 湖北分公司办理抵押注销手续并归还相关土地使用权和房产证的判决，对 X 湖北分公司的合法抵押权造成了损害，在事实上、法律上没有任何根据。其次，一审判决并未查明 M 厂是否启动将土地交武汉市土地整理储备中心的程序，没有任何证据显示 M 厂已与武汉市土地整理储备中心做好申报和接洽工作，或就土地是否补偿及如何补偿有任何协商过程。在没有任何相关手续证明 M 厂在与武汉市土地整理储备中心进行交接，且进程已涉及证件交接的情况下，X 湖北分公司没有义务协助 M 厂办理抵押登记注销手续和归还相关权证。X 湖北分公司另提出本案诉讼费用收费不合理，应按 100 元收取诉讼费用。一审诉讼费用由 M 厂负担，损害了债权人的利益。

被上诉人 M 厂答辩称：破产变价方案已经确定，实际上优先受偿权已经没有异议了。现在的问题是武汉市土地整理储备中心的问题，不交地给武汉市土地整理储备中心，武汉市土地整理储备中心不给钱。程序上确实召开债权债务人会议后确定资产分配方案再办理注销手续，但现在实际情况不能这样处理。

武汉中院认为：M 厂于 2007 年 11 月 1 日经国家批准列为企业破产项目，湖北省及武汉市也均作出了相应同意 M 厂破产的批复，故本案应当适用《企业破产法》和国务院关于政策性破产的相关规定。《企业破产法》第 132 条规定"本法施行后，破产人在本法公布之日前所欠职工的工资和医疗、伤残补助、抚恤费用，所欠的应当划入职工个人账户的基本养老保险、基本医疗保险费用，以及法律、行政法规规定应当支付给职工的补偿金，依照本法第一百一十三条的规定清偿后不足以清偿的部分，以本法第一百零九条规定的特定财产优先于对该特定财产享有担保权的权利人受偿"，国务院《关于在若干城市试行国有企业破产有关问题的通知》（国发〔1994〕59 号）第 1 条规定"实施企业破产必须首先安置好破产企业职工"，第 2 条规定"企业破产时，企业依法取得的土地使用权，应当以拍卖或者招标方式为主依法转让，转让所得首先用于破产企业职工安置"，第 3 条规定"处置企业土地使用权所得不足以安置破产企业职工的，不足部分应当从处置其他破产财产所得中拨付"。国务院《关于在若干城市试行国有企业兼并破产和职工再就业有关问题的补充通知》（国发〔1997〕10 号）第 5 条规定"安置破产企业职工的费用，从破产企业依法取得的土地使用权转让所得中拨付。破产企业以土地使用权为抵押物的，其转让所得也应首先用于安置职工，不足以支付的，不足部分从处置无抵押财产、抵押财产所得中依次支付”“破产企业财产处置所得，在支付安置职工的费用后，其剩余部分按照《企业破产法》的规定，按比例清偿债务”。从上述规定可知，本案诉争抵押财产应当优先予以变卖用于解决破产时的职工安置，而对诉争抵押财产予以变卖，应当先行对抵押财产上所设抵押予以注销登记。另外，武汉中院作出的(2010)武民商破字第2－8号《民事裁定书》，已裁定对M厂破产财产管理人作出的《武汉市武汉M厂破产财产变价方案》依法予以确认。在该变价方案中，M厂所有的土地使用权由武汉市土地整理储备中心储备，并按有关规定程序处置。房屋建筑物包含武房房他市字第×××23号《房屋他项权证》对应的房产全部为拟处置土地使用权地块的附着物，随土地使用权一并处置。故原审法院判令X湖北分公司协助M厂办理武房房他市字第×××23号《房屋他项权证》的抵押登记注销手续、归还武房地籍自字第××××××50号《土地使用权证》和武房房自字第××××××50号《房屋所有权证》并无不当，应予以维持。

本案系财产案件，原审法院依国务院《诉讼费用交纳办法》的相关规定予以收费并无不当，故对X湖北分公司所称本案收费不合理的主张，本院不予支持。根据《诉讼费用交纳办法》第29条“诉讼费用由败诉方负担，胜诉方自愿承担的除外。部分胜诉、部分败诉的，人民法院根据案件的具体情况决定当事人各自负担的诉讼费用数额”的规定，本案一审诉讼费用应由X湖北分公司负担。原审法院判决由M厂负担本案一审诉讼费用，有违上述规定，鉴于M厂未就此提起上诉，视为其愿意承担一案诉讼费用，故本院对此亦予以维持。

综上所述，上诉人X湖北分公司的上诉理由及请求予不能成立。原审判决认定事实清楚，适用法律正确。依照《民事诉讼法》第170条第1款第1项的规定，判决如下：驳回上诉，维持原判。

案例三 杜某某、李某某再审审查与审判监督行政裁定书[①]

1 案情简介

再审申请人(一审起诉人、二审上诉人)：杜某某。

再审申请人(一审起诉人、二审上诉人)：李某某。

再审申请人(一审起诉人、二审上诉人)：胡某某。

再审申请人(一审起诉人、二审上诉人)：史某某。

再审申请人(一审起诉人、二审上诉人)：成某某。

原审起诉人：李某生等799人。

再审申请人杜某某、李某某、胡某某、史某某、成某某因杜某某等804人诉山西省临汾市人民政府(以下简称临汾市政府)不履行给付待遇一案，不服山西省高级人民法院(2016)晋行终

① 最高人民法院(2017)最高法行申3461号。

476 号行政裁定,向最高人民法院申请再审。

2 当事人诉求

杜某某等 804 人向山西省运城市中级人民法院起诉称:其系 2008 年被列入国家政策性关闭破产企业的退休职工,2006 年 5 月 18 日山西省人民政府下发《关于国有企业改革配套文件的通知》(晋政办发〔2006〕33 号文件),包含 13 个配套文件。其中《关于山西省省属国有企业改制和关闭破产中退休人员管理工作的意见》对退休人员基本养老保险统筹项目外待遇的发放办法和资金来源都规定明确。杜某某等 804 人所属四个企业在各自制定的破产安置方案中根据上述相关文件作了具体的规定。临汾市政府也分别下发晋劳社厅〔2007〕32 号和临政函〔2008〕35 号文件,对临汾市破产政策加以明确。但杜某某等 804 人所属四家企业在随后的破产过程中,临汾市政府成立的破产管理部门却不按照省政府的文件及政策执行,而擅自停止执行部分待遇发放,严重侵害了破产企业退休职工的合法权益。2011 年 7 月 24 日,临汾市政府内部机构国有资产监督管理委员会向杜某某等 804 人送达一份《关于对临纺等政策性破产企业部分退休人员诉求统筹项目外待遇问题的答复》,即临市国资函〔2011〕8 号文件。该答复称,杜某某等 804 人依据山西省办公厅下发的晋政办发〔2006〕33 号文件所提出的统筹项目外待遇的诉求,属于已明确停止执行的政策规定,杜某某等 804 人的诉求不能得到支持。杜某某等 804 人认为上述答复中所传达临汾市政府的处理决定与山西省政府下发 13 个配套文件中《关于山西省省属国有企业改制和关闭破产中退休人员管理工作的意见》的有关规定相悖,执行结果大相径庭。同年 9 月 21 日,杜某某等 804 人向临汾市政府递交行政复议申请书,要求撤销上述答复并全面履行退休人员基本养老保险统筹项目外待遇的发放。临汾市政府最终对此作出不予受理的决定。杜某某等 804 人故提起行政诉讼,请求依法判令临汾市政府履行政策性破产企业退休人员基本养老保险统筹项目外待遇给付义务并赔偿损失。

3 一审法院观点

山西省运城市中级人民法院一审认为:《行政诉讼法》第 12 条第 1 款第 10 项规定:“人民法院受理公民、法人或者其他组织提起的下列诉讼……(十)认为行政机关没有依法支付抚恤金、最低生活保障待遇或者社会保险待遇的。”杜某某等 804 人要求临汾市政府履行政策性破产企业退休人员基本养老保险统筹项目外待遇给付义务并赔偿损失,不符合上述规定,不属于行政诉讼受案范围。依照《行政诉讼法》第 51 条第 2 款的规定,作出(2016)晋 08 行初 75 号行政裁定,对杜某某等 804 人的起诉不予立案。

4 二审法院观点

杜某某等人不服,提起上诉。山西省高级人民法院以相同的理由裁定驳回上诉,维持原裁定。

5 最高人民法院观点

杜某某、李某某、胡某某、史某某、成某某向最高人民法院申请再审称：行政机关没有依法支付养老保险统筹项目外待遇属于行政诉讼受案范围，依法应予立案。原审法院认定事实错误，适用法律错误，违反《行政诉讼法》的相关规定。请求撤销二审裁定，裁定人民法院依法处理再审申请人的诉讼。

最高人民法院认为：本案的核心争议是，行政机关没有依法支付养老保险统筹项目外待遇是否属于行政诉讼受案范围。一审法院认为：《行政诉讼法》第12条第1款第10项规定："人民法院受理公民、法人或者其他组织提起的下列诉讼：……（十）认为行政机关没有依法支付抚恤金、最低生活保障待遇或者社会保险待遇的。"杜某某等804人要求临汾市政府履行政策性破产企业退休人员基本养老保险统筹项目外待遇给付义务并赔偿损失，不符合上述规定，不属于行政诉讼受案范围。这是对《行政诉讼法》相关规定的限缩解释。《行政诉讼法》第73条规定："人民法院经过审理，查明被告依法负有给付义务的，判决被告履行给付义务。"这是修改后的《行政诉讼法》确立的一种新的判决方式。最高人民法院《关于适用〈中华人民共和国行政诉讼法〉若干问题的解释》第2条也规定，"具体的诉讼请求"包括请求判决行政机关履行给付义务。依法支付抚恤金、最低生活保障待遇或者社会保险待遇，是行政机关重要的给付义务，但绝不仅仅是给付义务的全部内容。只要公民、法人或者其他组织具有给付请求权，就可以依法向人民法院提起给付之诉。而这种给付请求权，既有可能来自法律、法规、规章的规定，来自一个行政决定或者一个行政协议的约定，也有可能来自行政机关作出的各种形式的承诺。仅当从任何角度看，给付请求权都显然而明确地不存在，或者不可能属于原告的主观权利时，才可以否定其诉权。

当然，提起给付之诉也需要具备一定的起诉条件。例如，如果一般给付之诉涉及金钱给付内容，请求金钱给付的金额须已获确定；如果须由行政机关事先作出一个行政决定核定给付内容，则应经由提起一个履行法定职责之诉实现其权利要求。提起给付之诉也应遵守期限规定，如果期限届满同样也会丧失诉权。本案中，临汾市政府国有资产监督管理委员会2011年7月24日就作出了《关于对临纺等政策性破产企业部分退休人员诉求统筹项目外待遇问题的答复》，再审申请人迟至2016年8月才提起本案诉讼，显然早已超过法定起诉期限。因此，虽然一审和二审法院认为不属于行政诉讼受案范围的裁判理由错误，但不予立案的结果并无不当，没有提起再审的必要。依照《行政诉讼法》第101条、《民事诉讼法》第204条第1款之规定，裁定如下：驳回再审申请人杜某某、李某某、胡某某、史某某、成某某的再审申请。

专业释评

政策性破产,又称计划内破产,是指国务院有关部门确定的纳入国家破产兼并计划并享受相应优惠政策的国有企业的破产。政策性破产主要涉及两个问题:一是破产职工安置,二是破产财产的处置。

关于破产职工安置,根据国务院有关政策性破产的规定,国有企业进入政策性破产程序后,职工的生活费从破产清算费中支付。安置破产企业职工的费用(包括一次性安置费),首先从破产企业的土地使用权转让所得中拨付。土地使用权为抵押物的,其转让所得也首先用于安置职工。不足支付的部分,从处置无抵押财产、抵押财产所得中依次支付。仍不足时,按照企业隶属关系由同级人民政府负担。破产企业未参加离退休职工养老保险、医疗保险社会统筹,或者养老保险、医疗保险社会统筹基金不足支付的,其离退休职工的离退休费和医疗费也从破产财产中支付。

关于破产财产的处置。破产财产处置前,应当由具有法定资格的资产评估机构进行评估,并以评估价值作底价,通过拍卖、招标等方式依法转让。处置企业土地使用权所得不足以安置破产企业职工的,不足部分应当从处置其他破产财产所得中拨付。

企业在破产前为维持生产经营,向职工筹借的款项,视为破产企业所欠职工工资处理,借款利息按照供款实际使用时间和银行同期存款利率计算。职工在企业破产前作为资本金投资的款项,视为破产财产。破产企业的职工住房、学校、托幼园(所)、医院等福利性设施,原则上不计入破产财产,由破产企业所在地的市或者市辖区、县的人民政府接收处理,其职工由接收单位安置。但是,没有必要续办并能整体出让的,可以计入破产财产。

就本案而言,本案诉争抵押财产应当予以变卖优先用于解决破产时的职工安置,而对诉争抵押财产予以变卖,应当先行对抵押财产上所设抵押予以注销登记。所以,两级法院的判决于法有据。

问题七　如何保护职工的档案权

案例　焦某某与邯郸D棉纺织有限公司破产清算组劳动争议案①

1 案情简介

上诉人(原审原告):焦某某。

上诉人(原审被告):邯郸D棉纺织有限公司(以下简称D公司)破产清算组。

负责人:张某某,系清算组组长。

上诉人D公司破产清算组与上诉人焦某某因劳动争议纠纷一案,不服丛台区人民法院(2012)丛民初字第2841号民事判决,向邯郸市中级人民法院提起上诉。

本案具体情况是:1974年焦某某从邯郸市油漆厂对调到D公司(原D厂)做挡车工,1984年焦某某到下属的劳动服务公司工作。1984年10月2日至11月30日焦某某休事假。从1984年12月焦某某一直未到单位上班。1986年6月17日,D公司以焦某某旷工已达20个月为由,对其作出除名决定,该除名决定D公司没有以书面形式通知焦某某。2004年3月1日D公司给焦某某出具的一份"根据E劳服职工离职登记簿对焦某某1986年6月18日决定除名"的便签。2004年3月15日,焦某某向邯郸市劳动争议仲裁委员会申请仲裁,邯郸市劳动争议仲裁委员会以该仲裁超过仲裁时效为由,作出了不予受理的通知书。焦某某于2004年3月18日向法院提起诉讼,被驳回。2008年邯郸市中级人民法院再审判决,驳回上诉,维持原判。原告于2012年3月12日向邯郸市劳动仲裁委员会申请仲裁,邯郸市劳动争议仲裁委员会作出(2012)第69号不予受理通知书。

2 当事人诉求

原告认为劳动部门不予受理错误,诉至法院,要求:(1)被告将原告的档案依法交由法定部门保管;(2)如被告将原告档案丢失,要求被告向社保部门补办档案并赔偿原告的损失30万元。被告则认为本案不属于民事案件受理范围,且已经超过诉讼时效,故双方争议成诉。

一审判判后,焦某某、D公司破产清算组均不服,向邯郸市中级人民法院提起上诉。焦某某的主要上诉理由:(1)要求维持原判;(2)增判D公司破产清算组赔偿损失30万元;(3)要求D公司给房产一套及涨工资并办理社保退休手续。D公司破产清算组的主要上诉理由:(1)焦某某起诉上诉人丢失劳动档案但是未提供相应的证据,焦某某没有证据证明其劳动档案丢失,应承担举证不能的不利后果,原审法院在没有任何证据证明的情况下认定焦某某的劳

① 邯郸市中级人民法院(2014)邯市民二终字第296号。

动档案丢失证据不足,事实认定不清;(2)即使焦某某存在劳动档案,也没有单位接收,原审法院判决上诉人移交档案客观上无法执行,属于适用法律错误;(3)原审判决上诉人赔偿焦某某丢失档案的经济损失5万元依据不足。请求改判驳回焦某某的诉讼请求。

3 一审法院观点

原审认为,最高人民法院《关于审理劳动争议案件适用法律若干问题的解释(二)》第5条规定,劳动者与用人单位解除或者终止劳动关系后,请求用人单位返还其收取的劳动合同定金、保证金、抵押金、抵押物产生的争议,或者办理劳动者的人事档案、社会保险关系等移转手续产生的争议,经劳动争议仲裁委员会仲裁后,当事人依法起诉的,人民法院应予受理。最高人民法院《关于人事档案被原单位丢失后当事人起诉原用人单位补办人事档案并赔偿经济损失是否受理的复函》(〔2004〕民立他字第47号)中,保存档案的企事业单位,违反关于妥善保存档案的法律规定,丢失他人档案的,应当承担相应的民事责任。档案关系人起诉请求补办档案、赔偿损失的,人民法院应当作为民事案件受理。原告要求补办人事档案并赔偿经济损失,故该案属于人民法院民事案件受理范围。《企业职工档案管理工作规定》第18条规定,企业职工调动、辞职、解除劳动合同或被开除、辞退等,应由职工所在单位在一个月内将其档案转交其新的工作单位或其户口所在地的街道劳动(组织人事)部门。《劳动合同法》第50条第1款规定:"用人单位应当在解除或者终止劳动合同时出具解除或终止劳动合同的证明,并在十五日内为劳动者办理档案和社会保险关系转移手续。"由于被告用人单位有妥善保管和移转职工档案的义务,当丢失档案的情况发生时,原告的权利被侵害的事实处于持续状态,劳动者要求用人单位承担转档义务或补办档案及相关证明义务的请求并不存在诉讼时效问题,且庭审当中被告对原告焦某某档案是否存在被告处并无确定答案,档案依照程序原告无法自行将其送至有关部门,档案是否丢失原告并不知情。因此不能认定原告知道或者应当知道档案丢失,故被告称原告起诉超过诉讼时效的理由不予支持。被告在将原告除名之后,未依照法定程序将其档案送至有关部门,由于被告至今未提供原告人事档案的下落和线索,导致原告的人事档案处于下落不明状态,被告对此存在过错,原告档案丢失的责任应由被告承担,因此原告要求被告承担责任的诉讼请求予以支持。原告在被被告除名后的长时间内,并没有向被告主张权利,致使损失扩大,因此原告也应当承担一定的责任。关于具体赔偿数额,该院根据原告目前实际生活状况、工作年限,结合邯郸市居民最低生活保障标准以及被告的过错程度等因素酌情考虑,应为5万元为宜,遂判决:被告D公司破产清算组于本判决生效之日起30日内为原告补办人事档案,被告如不能补办,则在本判决生效之日起10日内一次性支付原告焦某某丢失人事档案的经济损失5万元。

4 二审法院观点

邯郸市中级人民法院认为,焦某某原系D公司(原D厂)职工,1986年虽被单位作出除名决定,根据《企业职工档案管理工作规定》应由职工所在单位在规定时间内将档案转交其新的工作单位或其户口所在地的街道劳动组织人事部门。单位在对焦某某作出除名后,没有依照程序将焦某某的劳动档案转交有关单位和其户口所在地的街道劳动(组织人事)部门,又没有妥善保额职工档案,导致焦某某的劳动档案处于下落不明状态,D公司存在过错,根据最高人民法院《关于人事档案被原单位丢失后当事人起诉原用人单位补办人事档案并赔偿经济损失是否妥理的复函》(〔2004〕民立他字第47号)中,保存档案的企事业单位,违反关于妥善保存档案的法律规定,丢失他人档案的,应当承担相应的民事责任。据此,焦某某要求D公司破产清算组承担赔偿责任的请求应予支持。关于焦某某上诉提出要求维持原判,增判D公司破产清算组赔偿30万元并要求分房一套,办理社保退休手续问题,虽D公司没有尽到妥善保管职工人事档案的义务导致职工档案丢失应承担相应的责任,但焦某某要求赔偿30万元损失依据不足;关于焦某某上诉要求分房一套请求与劳动争议纠纷案件非同一法律关系,不是劳动争议纠纷案件受理范围,二审法院不作处理;关于焦某某上诉称要求办理社保退休手续问题,焦某某在1986年6月17日被单位除名,后向法院提起诉讼被驳回,2008年焦某某申请再审又被驳回诉讼请求,已经与原单位不存在劳动关系,现要求办理社保退休手续没有依据,故其上诉理由不能成立,二审法院不予支持。关于D公司破产清算给上诉称焦某某没有证据证明其劳动档案丢失,原审认定焦某某的劳动档案已丢失证据不足问题,诉讼期间二审法院限期让D公司破产清算组提交焦某某的劳动档案没有丢失的相关证据,该清算组在期限内未提供没有丢失的证据,应承担举证不能的不利后果。关于D公司破产清算组称即使焦某某的劳动档案存在也没有单位接收问题,根据《企业职工档案管理工作规定》,企业职工调动、辞职、解除劳动合同或被开除、辞退等,应由职工所在单位1个月内将其档案转交其新的工作单位或其户口所在地的街道劳动(组织人事)部门,D公司破产清算组上诉称即使档案存在也没有单位接收的理由与法有悖;关于D公司破产清算组上诉称原审判决赔偿丢失焦某某档案经济损失5万元没有依据问题,根据最高人民法院《关于人事档案被原单位丢失后当事人起诉原用人单位补办人事档案并赔偿经济损失是否受理的复函》规定,保存档案的企事业单位违反关于妥善保存档案的法律规定,丢失他人档案的,应当承担相应的民事责任,原审酌情判决损失无不当之处,故其上诉理由均不能成立,二审法院不予支持。原判事实清楚,适用法律正确。依照《民事诉讼法》第170条第1款第1项之规定,判决如下:驳回上诉,维持原判。

专业释评

就本类诉权纠纷来说，主要涉及两个问题：一是诉讼时效问题。正如一审法院的观点，当丢失档案的情况发生时，员工的权利被侵害的事实处于持续状态，劳动者要求用人单位承担转档义务或补办档案及相关证明义务的请求并不存在诉讼时效问题，且从另一方面来说，档案是否存在单位处并无确定答案，档案依照程序员工无法自行将其送至有关部门，档案是否丢失员工并不知情。因此不能认定员工知道或者应当知道档案丢失，故不存在原告起诉超过诉讼时效的问题。二是赔偿数额的问题。由于法律只是规定了丢失他人档案的，应当承担相应的民事责任。该规定比较原则，需要结合具体情况加以处理，通常考虑该员工目前实际生活状况、工作年限，结合当地居民最低生活保障标准以及被告单位的过错程度等因素酌情处理。

问题八　破产企业中董监高人员工资如何确定

案例　蔡某、茂名W腈纶有限公司破产债权确认纠纷案[①]

1 案情简介

再审申请人(一审原告、二审被上诉人):蔡某。

被申请人(一审被告、二审上诉人):茂名 W 腈纶有限公司(以下简称 W 公司)。

法定代表人:李某某,该公司董事长。

诉讼代表人:W 公司管理人

负责人:黄某,茂名市 Y 会计师事务所主任。

再审申请人蔡某因与被申请人 W 公司破产债权确认纠纷一案,不服广东省高级人民法院(2016)粤民破 3 号民事判决,向最高人民法院申请再审。

2 当事人诉求

蔡某申请再审称:

(一)二审判决适用法律错误。(1)蔡某于 2005 年 12 月 22 日、2006 年 6 月 1 日分别与 W 公司签订《广东省职工劳动合同书》,该两份合同系双方的真实意思表示,不违反相关法律规定,且已经实际履行,为合法有效的合同。W 公司已按合同约定向蔡某支付了部分工资,故蔡某主张的劳动工资报酬 1,982,000 元应受到法律的保护。蔡某与 W 公司之间的劳动合同期限至 2009 年 6 月 1 日届满,而 W 公司于 2009 年 12 月 24 日才被宣告破产,因此,蔡某与 W 公司之间的劳动合同关系存续期间,W 公司尚未破产,蔡某的劳动工资债权不属于破产期间发生的工资债权,不应适用《企业破产法》第 113 条第 3 款的规定。(2)与蔡某情况相同的前任总经理张某某,请求确认的工资债权金额为 3,318,348 元,年薪为人民币 200 万元,比其薪酬高 3 倍多,广东省高级人民法院于 2015 年 11 月 11 日作出(2015)粤高法民终字第 52 号民事判决,认定张某某的工资额不适用《企业破产法》第 113 条第 3 款的规定。该案事实与本案基本一致,但广东省高级人民法院却未在本案中适用《企业破产法》,而是做出了截然相反的判决。

(二)二审法院认定事实缺乏证据证明。二审法院认定蔡某对 W 公司破产负有一定的责任,无事实依据。(1)W 公司破产的主要原因是投资人用 W 公司的资产为其核心企业(深圳市 G 房地产开发有限公司)的巨额银行债务提供了连带担保责任,而最终导致其被申请破产。

---

① 最高人民法院(2017)最高法民申 1554 号。

可见,并不是高级管理人员经营管理不善导致 W 公司破产。(2)W 公司以 1 亿元从茂名市晴纶工业公司拍得整体资产,至 W 公司破产时,整体资产被拍卖的价格为 10,240 万元。因此,蔡某在任职期间已尽最大努力保护 W 公司的财产价值不受损失,且略有增值。蔡某对 W 公司的破产没有经营管理上的过错,不应承担相应的民事责任。综上所述,依照《民事诉讼法》第 200 条及其他有关法律的规定,请求最高人民法院:(1)撤销广东省高级人民法院(2016)粤民破 3 号民事判决;(2)撤销广东省茂名市中级人民法院(2013)茂中法民四初字第 8 号民事判决;(3)判决本案一审、二审、再审费用由 W 公司承担。

在再审审查期间,蔡某向最高人民法院提交了广东省高级人民法院(2015)粤高法民终字第 52 号民事判决书,以证明该案基本事实与本案相同,但判决结果与本案截然相反;广东省茂名市中级人民法院(2000)茂中法经破字第 32 号民事裁定书和拍卖成交确认书,以证明蔡某对 W 公司的破产不承担责任。

3　最高人民法院观点

最高人民法院经审查认为,根据蔡某的申请再审事由以及原审查明的事实,本案的争议焦点为:蔡某向 W 公司管理人申报的债权是否应依照《企业破产法》第 113 条第 3 款的规定,以公司职员的平均工资标准予以调整。

根据原审查明的事实,蔡某在 W 公司任副总经理的期间为 2005 年 12 月 22 日至 2006 年 5 月 31 日共 5 个月,在该期间 W 公司应支付给蔡某的工资为 200,000 元;蔡某在 W 公司任总经理的期间为 2006 年 6 月 1 日至 2009 年 6 月 1 日共 3 年,在该期间 W 公司应支付给蔡某的工资为 1,800,000 元。广东省茂名市中级人民法院于 2008 年 6 月 5 日受理了债权人对 W 公司的破产申请,2009 年 12 月 24 日裁定宣告 W 公司破产。

《企业破产法》第 113 条规定:"破产财产在优先清偿破产费用和共益债务后,依照下列顺序清偿:(一)破产人所欠职工的工资和医疗、伤残补助、抚恤费用,所欠的应当划入职工个人账户的基本养老保险、基本医疗保险费用,以及法律、行政法规规定应当支付给职工的补偿金;(二)破产人欠缴的除前项规定以外的社会保险费用和破产人所欠税款;(三)普通破产债权。破产财产不足以清偿同一顺序的清偿要求的,按照比例分配。破产企业的董事、监事和高级管理人员的工资按照该企业职工的平均工资计算。"蔡某曾分别担任 W 公司的副总经理和总经理,系该公司的高级管理人员,依据前述规定,W 公司拖欠蔡某的工资,应按照 W 公司职工的平均工资计算。W 公司停产前 12 个月职工的月平均工资为 1031.76 元,按此标准计算,W 公司拖欠蔡某 2005 年 12 月至 2008 年 5 月工资 30,952.80 元,根据企业职工月平均工资以及蔡某的工作年限,W 公司应支付相应的经济补偿金为 4127.04 元,故蔡某在本案中享有的债权共计为 35,079.84 元,为第一清偿顺序的债权。2008 年 6 月 5 日至 2009 年 6 月 1 日,虽然 W 公司尚未被人民法院宣告破产,但 W 公司已经进入破产程序,W 公司的相关事务已由 W 公司管理人接管,蔡某作为 W 公司的总经理其权限受到极大限制,因蔡某在 W 公司管理人处每月领取工资 1500 元,合计 18,000 元,故蔡某主张的该期间工资不应再支付。综上所述,蔡某关于其向W公司管理人申报的债权不应依照W公司职员的平均工资标准予以调整的再审主张，无法律依据，最高人民法院不予支持。

蔡某主张广东省高级人民法院(2015)粤高法民终字第52号案与本案基本事实相同，但判决结果相反。最高人民法院认为，该案的基本事实与本案并不相同，该案债权在广东省茂名市中级人民法院受理该破产申请前已为生效判决所确认，而本案蔡某主张的债权在广东省茂名市中级人民法院受理该破产申请以及W公司被宣告破产前并无生效裁决予以确认，故该案的判决结果并不影响本案的裁决，不存在同案不同判的情形。蔡某还主张二审法院认定其对W公司的破产负有一定责任，属认定事实错误。最高人民法院认为，无论蔡某对W公司的破产是否负有责任，蔡某作为W公司的高级管理人员，其工资等债权应依据《企业破产法》第113条第3款的规定调整为按W公司职工的平均工资计算，故对其该项再审理由亦不予支持。

综上所述，依照《民事诉讼法》第204条第1款和最高人民法院《关于适用〈中华人民共和国民事诉讼法〉的解释》第395条第2款规定，裁定如下：驳回蔡某的再审申请。

专业释评

《企业破产法》第113条第3款规定，破产企业的董事、监事和高级管理人员的工资按照该企业职工的平均工资计算。这是一项法定要求，并没有考虑破产企业的董事、监事和高级管理人员对于该企业的破产是否有过错或管理不力的问题，主要是考虑此时的企业已经资不抵债，对所有员工的欠薪的偿付应该公平对待。

专题三　破产撤销权的行使

问题一 破产撤销权的本质是什么

案例一 刘某与威海市R矿山洗选设备有限公司撤销个别清偿行为纠纷案[①]

1 案情简介

上诉人(原审被告):刘某。

被上诉人(原审原告):威海市 R 矿山洗选设备有限公司(以下简称 R 公司)管理人。

上诉人刘某因与被上诉人 R 公司管理人请求撤销个别清偿行为纠纷一案,不服山东省威海经济技术开发区人民法院(2017)鲁 1092 民初 1375 号民事判决,向威海市中级人民法院提起上诉。

2 当事人诉求

刘某上诉请求:撤销一审判决第 1 项、第 2 项;一审、二审诉讼费由被上诉人承担。事实和理由:

一、一审认定事实错误

1. 2016 年 7 月 25 日,威海同 X 资产评估有限公司出具的资产评估报告书的评估基准日为 2016 年 5 月 30 日,并不能证明 R 公司 2016 年 3 月 31 日无法清偿到期债务且明显缺乏清偿能力。

2. R 公司于 2016 年 3 月 31 日前并未被众多企业、个人起诉,主要财产也并未被查封执行,被上诉人未能提交证据证明该事实,况且中国银行等几家大型金融机构于 2015 年 7 月为 R 公司提供大额商业贷款,于 2016 年 7 月到期,该事实也足以证明 R 公司经营正常,并不是处于无法清偿到期债务且明显缺乏清偿能力的状态。

3. 2016 年年初,R 公司并未因经营困难而歇业,相关债权人对该公司的经营状况也无法有足够的认知。

4. 本案所涉及的 9 万元属于劳动报酬,系 R 公司雇用上诉人进行绿化、池塘清理等工作,并不是劳务费。

二、一审适用法律错误

R 公司于 2016 年 3 月 31 日前并未处于无法清偿到期债务且明显缺乏清偿能力的状态,并不适用《企业破产法》第 32 条。

R 公司管理人辩称:1. 虽然资产评估基准日为 2016 年 5 月 3 日,但是 R 公司已于 2015 年

---

① 威海市中级人民法院(2017)鲁 10 民终 2162 号。

12月底因经营困难,彻底全面停产,且R公司从2015年下半年开始就无法正常生产,该情况相关债权人均知晓。上诉人向管理人申报了186万元的民间借贷债权,足以证明上诉人与R公司经济往来密切,了解R公司的经营情况。2.涉案付款行为发生于2016年3月31日,不是上诉人提到的2015年7月,上诉人主张的中国银行等金融机构于2015年7月向R公司续贷,并不能证明涉案付款行为发生时,R公司经营正常。3.上诉人主张涉案9万元系劳务费,但未提交任何证据证明,且该9万元是上诉人承包R公司厂区绿化、方塘清理工程的承包费20万元的一部分,上诉人主张的个人劳动报酬能达到20万元,也不符合常理。

R公司管理人向一审法院起诉请求:(1)撤销R公司于2016年3月25日对刘某还款12万元的行为及于2016年3月31日对刘某还款9万元的行为。(2)刘某返还上述21万元款项。(3)刘某承担本案的诉讼费用。

3 一审法院观点

一审法院认为,R公司于2016年5月3日被人民法院裁定进行破产清算后,其资产评估结果为负资产,即其资产不足以清偿全部债务,虽然评估基准日为2016年5月3日,但R公司管理人要求撤销该日期之前6个月内R公司的个别清偿行为,符合法律规定。R公司因经营困难于2016年年初已歇业,相关债权人对该公司的经营状况应有足够的认知,特别是本案刘某与R公司间存在大额款项的借贷,刘某对R公司在向其个别清偿前已明显缺乏清偿能力的情况应属明知。刘某称涉案9万元系劳务费,R公司管理人不予认可,刘某未提供充足的证据证明其主张,且即使该9万元系劳务费,也不属于不可撤销的个别清偿行为。综上所述,R公司管理人诉讼请求的合理部分,一审法院予以支持。依据《企业破产法》第32条、最高人民法院《关于适用〈中华人民共和国企业破产法〉若干问题的规定(二)》第16条规定,判决:(1)撤销R公司于2016年3月31日向刘某支付9万元款项的行为;(2)刘某于本判决生效后10日内返还R公司9万元;(3)驳回R公司管理人其他诉讼请求。

4 二审法院观点

二审法院认为,《企业破产法》第32条规定:"人民法院受理破产申请前六个月内,债务人有本法第二条第一款规定的情形,仍对个别债权人进行清偿的,管理人有权请求人民法院予以撤销。但是,个别清偿使债务人财产受益的除外。"即人民法院受理破产申请前6个月内,债务人存在不能清偿到期债务,并且资产不足以清偿全部债务或者明显缺乏清偿能力的情形,仍对个别债权人进行清偿的,管理人有权请求人民法院予以撤销。本案中,R公司对上诉人的清偿行为,发生在法院裁定受理R公司破产清算前6个月内,且该清偿行为并未使债务人财产受益,故对R公司对上诉人的个别清偿行为,依法应予撤销。管理人根据破产法的规定行使撤销权,并不以债权人是否知道债务人存在破产原因为法定条件,故上诉人关于对R公司经营状况无足够认知、R公司评估基准日并不能证明R公司2016年3月31日无法清偿到期债务且明显缺乏清偿能力等上诉理由不当，二审法院不予支持；上诉人并非 R 公司员工，其主张本案所涉及的 9 万元属于劳动报酬，无事实和法律依据，二审法院亦不予支持。综上所述，上诉人的上诉请求不能成立，一审判决认定事实清楚，适用法律正确。二审法院依照《民事诉讼法》第 170 条第 1 款第 1 项规定，判决如下：驳回上诉，维持原判。

案例二 L(上海)照明有限公司与武汉市F贸易有限公司撤销权纠纷案①

1 案情简介

上诉人（原审原告）：L（上海）照明有限公司（以下简称 L 公司）破产管理人[北京 G（上海）律师事务所]。

负责人：戴某某。

被上诉人（原审被告）：武汉市 F 贸易有限公司（以下简称 F 公司）。

法定代表人：李某某，该公司董事长。

上诉人 L 破产管理人因与被上诉人 F 公司请求撤销个别清偿行为纠纷一案，不服上海市嘉定区人民法院（2017）沪 0114 民初 594 号民事判决，向上海市第二中级人民法院提起上诉。

2 当事人诉求

L 破产管理人上诉请求：撤销一审判决，改判支持其一审全部诉讼请求。事实和理由：L 公司存在向 F 公司的个别清偿行为，故 F 公司应当按照我国《企业破产法》的规定向 L 破产管理人返还涉案款项。

F 公司辩称，F 公司系 L 公司的股东，L 公司长期依靠 F 公司垫资维持。涉案款项系 L 公司出借给 F 公司周转的小额款项，F 公司收款后不久亦已全额归还。且至今，L 公司仍结欠 F 公司人民币 700 余万元。前述内容从 L 公司的财务资料中均可反映。故并不存在 L 公司对于 F 公司的个别清偿行为。基于此，认为一审判决无误，请求二审法院驳回上诉，维持原判。

L 破产管理人向一审法院起诉请求：(1)请求撤销 L 公司对 F 公司的个别清偿行为；(2)F 公司返还 L 公司款项 254,000 元。

3 一审法院观点

一审法院认为，本案双方对涉案 254,000 元款项的性质有实质性分歧。L 破产管理人认为该款项系 L 公司擅自向 F 公司的还款，但并未举证证明该款系用于归还其结欠 F 公司的哪笔款项；F 公司则认为款项系 L 公司对 F 公司的短期借款，F 公司已经予以归还。

---

① 上海市第二中级人民法院(2017)沪 02 民终 11851 号。

审查双方证据可见,L破产管理人提供的公司账册页、付款凭证与F公司提供的电子回单对涉案254,000元的记载有分歧。在双方有长期业务及款项往来的情况下,法院实难通过双方现有举证对254,000元款项进行唯一、确定地定性。但一审法院认为,从L公司的账册页记载可见,截至2015年6月15日,双方款项余额为733万元(L公司结欠F公司),之后L公司向F公司划款共计254,000元。同一期间,F公司又合计向L公司划款254,000元。故截至2015年10月12日,双方款项余额恢复至733万元(仍为L公司结欠F公司)。对此,一审法院认为,即便如L破产管理人所述,上述款项系L公司向F公司归还款项,但我国《企业破产法》第32条对于撤销个别清偿行为的法律条文的立法本意在于避免债务人对个别债权人的偏颇清偿而造成债务人可分配财产减少的情况,从而达到公平保护全体债权人的目的。但就本案实际情况来看,F公司长期对L公司有大额垫资行为,系争的254,000元划出后,相同金额的款项又于同期转回L公司账户,金额完全填平,故无法得出因为254,000元的支付客观上导致债务人财产不利减少的结论,更未影响到全体债权人利益。事实上,从L公司的账册记载可见,嗣后,F公司继续对L公司账户有多笔垫资行为,L破产管理人书面代理词亦陈述审计显示F公司对L公司应收账款账面金额为700余万元。综上分析,本案不适宜适用我国《企业破产法》第32条的规定对系争254,000元的支付行为予以撤销。

一审法院据此依照《企业破产法》第32条、《民事诉讼法》第64条之规定,作出判决:驳回L破产管理人的全部诉讼请求。

4 二审法院观点

上海市第二中级人民法院认为,本案主要争议焦点在于:L破产管理人主张L公司向F公司转款254,000元的行为构成违反我国《企业破产法》的个别清偿行为,是否合法有据。

上海市第二中级人民法院认为,根据一审查明的事实显示,F公司作为L公司的股东,长期向L公司垫付包括工资、水电费等在内的各类往来款。L公司财务资料显示,2015年6月时,L公司结欠F公司733万元。之后,L公司于2015年7月、10月共计向F公司转账涉案254,000元款项。而同时,F公司亦在2015年8月至10月陆续向L公司转款254,000元。截至2015年10月12日,财务资料记载又恢复至L公司结欠F公司733万元款项。故而L公司曾向F公司转账涉案款项的行为并未导致其公司财产的不当减少进而影响全体债权人的利益。基于此,一审法院认为涉案款项不宜适用我国《企业破产法》中的规定认定为应撤销的个别清偿行为,合法有据,二审法院予以支持。

综上所述,L破产管理人的上诉请求不能成立,应予驳回;一审判决认定事实清楚,适用法律正确,应予维持。依照《民事诉讼法》第170条第1款第1项规定,判决如下:驳回上诉,维持原判。

案例三　长沙Z新材料科技有限公司与贵州航天K科技有限公司撤销个别清偿纠纷案①

1 案情简介

上诉人(原审被告):长沙 Z 新材料科技有限公司(以下简称 Z 公司)。

法定代表人:杨某某,该公司经理。

被上诉人(原审原告):贵州航天 K 科技有限责任公司(以下简称 K 公司)管理人。

主要负责人:袁某。

上诉人 Z 公司与被上诉人 K 公司管理人请求撤销个别清偿行为纠纷一案,Z 公司不服贵州省遵义市汇川区人民法院(2017)黔 0303 民初 3042 号民事判决,向遵义市中级人民法院提起上诉。法院于 2018 年 1 月 5 日立案受理后,依法组成合议庭进行了审理,现已审理终结。

2 当事人诉求

Z 公司上诉请求:(1)依法撤销(2017)黔 0303 民初 3042 号民事判决,改判驳回被上诉人的全部诉讼请求;(2)由被上诉人承担本案一审、二审全部诉讼费用。

K 公司管理人答辩称:(1)本案事实清楚。(2)K 公司并未受益。(3)本案不适用善意取得制度。(4)一审判决于法有据。请二审法院依法驳回上诉,维持原判,以维护被上诉人的合法权益。

K 公司管理人向一审法院起诉请求:(1)请求撤销 K 公司与 Z 公司 2016 年 9 月 28 日签订的《抵款协议》;(2)判令 Z 公司返还 K 公司管理人带料一批的货物(详见清单),如不能原物返还,请求判令折价返还人民币 500,475.18 元;(3)诉讼费用由 Z 公司承担。

3 一审法院观点

一审法院认为,《企业破产法》第 2 条第 1 款规定:"企业法人不能清偿到期债务,并且资产不足以清偿全部债务或者明显缺乏清偿能力的,依照本法规定清理债务。"第 32 条规定:"人民法院受理破产申请前六个月内,债务人有本法第二条第一款规定的情形,仍对个别债权人进行清偿的,管理人有权请求人民法院予以撤销。但是,个别清偿使债务人财产受益的除外。"在本案中,《抵款协议》的签订时间为受理破产申请的前 6 个月内,仅早于贵州 Y 会计师事务所对 K 公司的财务状况作出专项审计结论(指向 K 公司 2016 年 9 月 30 日之前的一段时间的财务状况)两天,K 公司向 Z 公司履行《抵款协议》,即实施清偿行为的时间,也是在专项审计结论之后。更重要的是,《企业破产法》第 32 条规定本身已经假设人民法院受理破产申

① 遵义市中级人民法院(2018)黔 03 民终 281 号。

请前6个月内债务人丧失清偿能力。因此,本案具备适用上述法律规定的前提条件。Z公司抗辩双方签订《抵款协议》时K公司不具备破产原因,缺乏事实和法律依据,一审法院不予采纳。关于K公司向Z公司退回相关材料行为的性质,Z公司辩称双方实为“退货扣款协议”,即在应付货款中扣减相应货款,但本案中,Z公司并不能举证证明K公司所退还的相应材料就是Z公司当初向其出售的材料,而且即便能够证明,涉案材料属动产,其所有权经交付即发生变动,结合双方《抵款协议》表述的“甲方退还带料一批金额合计500,475.18元用以冲抵货款”,也足以认定双方的行为实为K公司向Z公司以物抵债的方式实施的清偿债务的行为。Z公司的抗辩理由于法无据,一审法院不予采纳。关于Z公司抗辩的其属善意,且退货行为使K公司财产受益。一审法院认为,《企业破产法》第32条规定表明了对债务人特定情况下的个别清偿行为(偏颇性清偿行为)应予以依法撤销的立法意旨。破产撤销权制度设立的目的,在于维护债权人的整体利益,实现公平清偿的价值。通过对债务人相关行为的撤销,以保全债务人的责任财产,维护债权人之间的实质平等,实现破产财产在全体债权人之间的公平分配。且《企业破产法》第32条及最高人民法院《关于适用〈中华人民共和国企业破产法〉若干问题的规定(二)》第9条第1款“管理人依据企业破产法第31条和第32条的规定提起诉讼,请求撤销涉及债务人财产的相关行为并由相对人返还债务人财产的,人民法院应予支持”。之规定,对于偏颇性清偿行为的规制,都是以债的合法存在为前提,而对于行为人的主观状态(恶意或善意),则无特别的要求。本案中,没有证据证明Z公司在接受清偿时属已知晓K公司的财务状况,即不能证明Z公司存在恶意,但无论Z公司善意与否,均无权据此对抗K公司管理人的撤销权。至于退货行为是不是K公司受益,最高人民法院《关于适用〈中华人民共和国企业破产法〉若干问题的规定(二)》第16条规定:“债务人对债权人进行的以下个别清偿,管理人依据企业破产法第三十二条的规定请求撤销的,人民法院不予支持:(一)债务人为维系基本生产需要而支付水费、电费等的;(二)债务人支付劳动报酬、人身损害赔偿金的;(三)使债务人财产受益的其他个别清偿。”行使破产撤销权的目的在于尽可能的实现债务人财产的最大化,本案中K公司对Z公司的清偿行为,属偏颇性清偿,在K公司已经出现破产原因的情况下,此清偿行为本质上显然是有利于Z公司本身,而非K公司的其他债权人,更不利于K公司财产的最大化,显然不属于使K公司财产受益的行为,Z公司的此项抗辩理由于法无据,一审法院亦不予采纳。综上所述,K公司管理人主张撤销《抵款协议》并要求Z公司返还相应财产的请求,符合法律规定,一审法院予以支持。本案中,涉案的材料已被另行处置,已丧失返还原物的可能性,Z公司应当折价返还,至于折价具体数额,双方在《抵款协议》中明确了抵款的数额为500,475.18元,“长沙Z退料明细”和增值税专用发票以及“销售货物或者提供应税劳务清单”所载明的所退材料的单价和总价均能与《抵款协议》相印证,在无法对相关材料实际价值进行评估的情况下,相应材料的折价款应认定为500,475.18元。根据《企业破产法》第34条规定“因本法第三十一条、第三十二条或者第三十三条规定的行为而取得的债务人的财产,管理人有权追回”,Z公司应当向K公司管理人返还折价款500,475.18元。Z公司抗辩其接受的是超过保质期的废料,应当承担举证责任,但根据证人殷某的陈述,其本身是K公司的工作人员,同时牵头成立用以自救的H公司,其和H公司与本案具有利害关系,其证人证言和H公司出具的证明材料以及相关《转让协议》证明力较低，在无其他证据佐证的情况下，难以证明相应材料确属废料的事实，更不能证明该部分材料仅价值228,000元，对此，Z公司应当承担举证不能的不利后果。为此，依照《企业破产法》第2条第1款、第32条、第34条，最高人民法院《关于适用〈中华人民共和国企业破产法〉若干问题的规定（二）》第9条第1款、第16条之规定，判决如下：1. 撤销K公司与Z公司于2016年9月28日签订的《抵款协议》；2. Z公司于本判决生效后10日内返还K公司管理人材料折价款500,475.18元。

4 二审法院观点

遵义市中级人民法院认为，本案二审争议的焦点问题为：Z公司与K公司之间于2016年9月28日发生的抵款行为应否撤销及责任如何认定。首先，双方对涉案抵债行为发生在K公司破产前6个月内的事实无异议，本院予以确认。其次，根据《企业破产法》第2条第1款："企业法人不能清偿到期债务，并且资产不足以清偿全部债务或者明显缺乏清偿能力的，依照本法规定清理债务"及第32条："人民法院受理破产申请前六个月内，债务人有本法第二条第一款规定的情形，仍对个别债权人进行清偿的，管理人有权请求人民法院予以撤销。但是，个别清偿使债务人财产受益的除外"之规定，K公司因差欠Z公司货款，故将带料一批退还给Z公司并作价500,475.18元以折抵货款。而Z公司作为材料供应商，其对退还的带料价值应是明知的，Z公司同意该批带料的抵偿金额，足以说明该批货物的实际价值。同时，Z公司之后将该批带料转让给案外人贵州KH冷却系统有限公司系双方发生抵款行为几个月之后（该批带料存在一定保质期），其以多少价值处理该批带料是其对自身权利的处分，不能据此认定该批货物的实际价值，故对Z公司上诉认为双方的抵款行为使K公司受益及抵款的货物实际价值不符的理由，没有事实和法律依据，二审法院不予支持。综上所述，Z公司的上诉请求不能成立，应予驳回；一审判决认定事实清楚、适用法律正确，应予维持。根据《民事诉讼法》第170条第1款第1项之规定，判决如下：驳回上诉，维持原判。

案例四 Z银行安吉县支行与浙江J竹木家具有限公司破产债权纠纷案①

1 案情简介

2009年9月18日，J公司因经营性贷款需要与Z银行安吉县支行签订安吉2009人抵013号《最高额抵押合同》，该合同约定自2009年9月18日起至2011年9月17日，被担保债权最高本金为1700万元，加上利息、违约金等，被担保最高债权额为31,860,000元；J公司用位于递铺镇雾山寺村（安房权证递铺字第×××83、×××85号）房产及土地使用权（安吉国用2009第×××61号）提供抵押担保等内容。Z银行安吉县支行于上述约定期间内向J公司提

① 湖州市中级人民法院（2012）浙湖商终字第421号。

供贷款:2011 年 5 月 12 日安吉县 2011 人借 034 号《流动资金借款合同》,借款本金 7,700,000 元;2011 年 9 月 9 日安吉县 2011 人借 081 号《流动资金借款合同》,借款本金 13,000,000 元;2011 年 9 月 15 日安吉县 2011 人借 082 号《流动资金借款合同》,借款本金 9,300,000 元。经 Z 银行安吉县支行与 J 公司协商,双方于 2011 年 11 月 22 日签订安吉县 2011 人抵 025 号《最高额抵押合同》,该合同约定自 2011 年 11 月 22 日起至 2013 年 11 月 21 日,被担保债权最高本金为36,680,346 元;安吉县 2011 人借 034 号、安吉县 2011 人借 081 号、安吉县 2011 人借 082 号《流动资金借款合同》和安吉县 2011 银承 013 号《商业承兑汇票》属于该合同项下的主合同,由该合同提供最高额抵押担保。J 公司用其所有的位于递铺镇雾山寺村(安房权证递铺字第×××83、×××85 号)房产及土地使用权(安吉国用 2009 第×××61 号)提供抵押担保。根据该合同,Z 银行安吉县支行与 J 公司于 2011 年 11 月 25 日签订安吉 2011 银承 080 号《商业汇票承兑协议》,签发承兑汇票金额为 10,000,000 元,其中保证金 5,000,000 元,在扣除保证金后实际敞口金额 5,000,000 元,Z 银行安吉县支行依约履行;Z 银行安吉县支行与 J 公司于 2011 年 11 月 24 日签订×××××××××069 号《出口商业汇票贴现协议》中核准贴现额度为美元 764,011.8,尚余贴现款 USD342,617.09 未予清偿。2012 年 2 月 13 日,J 公司由于不能清偿到期债务,经债权人申请,安吉县人民法院裁定受理破产申请。2012 年 4 月 23 日,Z 银行安吉县支行与浙江 Y 律师事务所签订法律服务合同,2012 年 4 月 26 日 Z 银行安吉县支行依合同支付浙江 Y 律师事务所申报破产债权服务费用 198,000 元。Z 银行安吉县支行申报债权金额为人民币 37,707,643.64 元。2012 年 6 月 28 日,J 公司管理人送达《债权确认表》,认为:普通债权 13,143,317.78 元,有特定财产担保的债权 24,366,325.84 元。因 Z 银行安吉县支行对债权总额中将其中人民币 13,143,317.78 元认定为普通债权及债权总额中被管理人扣除了 Z 银行安吉县支行为实现债权已支付的律师费人民币 198,000 元持有异议,故纠纷成讼。

2 当事人诉求

一审中,Z 银行安吉县支行请求判令:(1)其享有的债权金额为人民币 37,707,643.64 元;(2)其对上述债权享有位于递铺镇雾山寺村(安房权证递铺字第×××83、×××85 号)房产及土地使用权(安吉国用 2009 第×××61 号)抵押物变卖价款范围内优先受偿权;(3)本案诉讼费用由 J 公司承担。

J 公司一审辩称,(1)破产法作为特别法,在破产案件中具有优先适用的效力。(2)Z 银行安吉县支行追加担保的行为危害了普通债权人的债权。(3)律师费不属于破产前债权。根据最高额抵押合同、流动资金合同,律师费属于实现债权的费用,由被告承担。(4)债权总额中 13,143,317.78 元为普通债权。该笔债权系原被告于 2009 年 9 月 18 日订立《最高额抵押合同》担保债权超额部分,系普通债权。综上所述,Z 银行安吉县支行对 J 公司债权应为 37,509,643.62 元,其中有特定财产担保债权为 24,366,325.84 元,普通债权为 13,143,317.78 元。

3　一审法院观点

一审法院认为:《物权法》第203条第2款规定:“最高额抵押权设立前已经存在的债权,经当事人同意,可以转入最高额抵押担保的债权范围”,乃法律尊重当事人意思自治,即经当事人同意,可以将最高额抵押权设立之前已经存在的债权转入最高额抵押担保的债权范围。在通常情况下,当事人约定,为没有财产担保的债务提供财产担保并不违法。但当该情形出现于人民法院受理破产申请前一年内的,应受《企业破产法》第31条的规制。2009人抵013号的《最高额抵押合同》,被担保债权最高本金为1700万元,加上利息、违约金等,被担保最高债权额为31,860,000元债权本金。而安吉2011人借034号、081号、082号《流动资金借款合同》三者借款本金合计为3000万元,超过1700万元,超过部分系无财产担保的普通债权。2011年的最高额抵押合同虽然是以2009年办理的抵押物为基础,但增加了担保的数额,使之前没有担保的1300万本金债权变成有担保,该行为增加了Z银行安吉县支行优先受偿的份额,减少了J公司可以向其他普通债权人进行分配的财产,损害了普通债权人的利益。该行为属于可撤销行为,依法应予撤销。根据《企业破产法》第44条规定,人民法院受理破产申请时对债务人享有债权的债权人,依照本法规定的程序行使权利。对法院破产受理后产生的债权,应不属于破产债权。2012年4月23日Z银行安吉县支行与浙江Y律师事务所订立《法律服务委托合同》,并于4月26日支付律师费。2012年2月13日法院裁定受理J公司破产申请,该费用的产生时间晚于法院受理破产申请时间,应不属于破产债权。Z银行安吉县支行诉请于法无据,该院不予支持。依照《企业破产法》第31条第3项、第44条规定的规定,判决:驳回Z银行安吉县支行的诉讼请求。一审案件受理费费80元,由Z银行安吉县支行负担。

4　二审法院观点

一审宣判后,Z银行安吉县支行不服,仍以一审起诉的理由上诉,坚持认为:(1)其根据《物权法》的规定,将当事人同意的最高额抵押设立之前已存在的债权转入最高额抵押担保范围之中,行为符合法律规定,应受保护;(2)从《企业破产法》立法原理来分析,Z银行安吉县支行抵押优先债权的行为不构成损害债权人利益的要件,不能撤销,应当全额确认。原判适用法律错误,请求二审撤销原判,支持Z银行安吉县支行的诉请。

J公司二审辩称:Z银行安吉县支行追加担保的行为危害了普通债权人的债权,依法不能确认。破产法作为特别法,在破产案件中具有优先适用的效力。原判正确,Z银行安吉县支行上诉无理,请求二审驳回上诉,维持原判。

湖州市中级人民法院认为:现有证据他项权利证书反映,2009年9月18日,Z银行安吉县支行对J公司享有1700万元的抵押债权,因J公司未按期归还所借的3000万元,2011年11月22日,Z银行安吉县支行对J公司享有的抵押债权变更为3668万余元。J公司于2012年2月13日被法院裁定破产。本案争议的焦点是,Z银行安吉县支行增加的抵押债权,在债务人进入破产程序后能否确认为“有财产担保的债务”问题。由于破产法的别除权制度使有财产担保的债权人能够由担保权标的优先受偿,债务人在无力偿债的情况下对原来没有财产担保的债务提供财产担保,便意味着本应用于集体清偿的财产被用于个别人的优先受偿,从而使其他债权人通过集体程序获得的清偿数额减少,这是违反破产法的公平清偿原则的。因此法律禁止债务人在破产案件受理前的一年内以自己的财产为以往的债务设置新的担保。本案Z银行安吉县支行增加的抵押债权并非新增的债务,其在J公司没有能力偿债的情况下,将原来没有抵押的1300万元债权变更为有抵押的债权,变更行为发生在J公司申请破产前的一年之内,属法律规定的破产管理人有权申请撤销的范畴。综上所述,驳回上诉,维持原判。

专业释评

破产撤销权,是指管理人对债务人在破产程序开始前的法定期间内所为的侵害债权人利益的行为,有否认其效力并申请法院撤销该行为的权利。破产撤销权,是破产法为防止债务人在丧失清偿能力的情况下,通过无偿转让、非正常交易或者偏袒性清偿债务等方法损害全体或者多数债权人利益,破坏公平清偿原则而设立的特殊制度。

在通常情况下,只有债务人在破产程序启动时所拥有的财产才受破产法的约束,即属于债务人财产。而破产程序启动前债务人已经转让的财产原则上不属于债务人财产。但是,由于一些债务人出于种种利益动机,往往会在破产程序启动前竭力转移财产、逃避债务,或对个别债权人进行偏袒性清偿,一些债权人也利用各种不正当手段争夺财产,从而造成经济秩序的混乱,以致破产法公平清偿的立法目的无法实现。撤销权制度的设置,是以维护债权人整体利益、保护公平清偿为基础的,其在一定程度上舍弃了对债务人与行为相对人交易自由的保护。通过对债务人相关行为的撤销,保全了债务人责任财产,维护了债权人相互之间的实质平等,实现了破产财产在全体债权人之间的公平分配。撤销权行使的法律后果,是使债务人在申请受理前法定期间内实施的损害债权人利益的行为因被撤销而丧失效力。实际上,破产法上的撤销权制度是民法上债权人撤销权制度在破产法上的延伸。破产法规定撤销权的目的,在于恢复因破产人不当处分而失去的利益,保护全体债权人公平受偿的机会。

就本专题选取的案例而言,虽然具体案情不同,但从破产管理人撤销权的角度来看,符合我国《企业破产法》第32条规定:"人民法院受理破产申请前6个月内,债务人有本法第2条第1款规定的情形,仍对个别债权人进行清偿的,管理人有权请求人民法院予以撤销。但是,个别清偿使债务人财产受益的除外。"

问题二　如何认定撤销权行使的时间节点

案例　戴某某与浙江D重工机械有限公司管理人破产撤销权纠纷案[①]

1　案情简介

上诉人(原审被告):戴某某。

被上诉人(原审原告):浙江D重工机械有限公司(以下简称D公司)管理人。

负责人:任某某。

上诉人戴某某为与被上诉人D公司管理人破产撤销权纠纷一案,不服浙江省德清县人民法院(2017)浙0521民初532号民事判决,向湖州市中级人民法院提起上诉。法院于2017年9月14日立案受理后,依法组成合议庭进行审理。本案通过阅卷和调查,现已审理终结。

2　当事人诉求

戴某某上诉请求:依法撤销一审判决,依法改判驳回被上诉人的诉讼请求。事实和理由:1.一审判决适用法律错误。《企业破产法》第31条第1款第3项明确规定破产债务人对没有财产担保的债务提供担保的行为才可予以撤销,但该行为仅指为债务人现存债务追加财产担保,为第三人的债务提供担保并不属于可撤销的行为。本案所涉借款中,杭州H铸造有限公司(以下简称H公司)为债务人,D公司系为该债务提供财产担保。由于H公司与D公司系关联公司,该担保行为并非无偿,且如果履行担保义务,D公司依法享有追偿的权利,不会造成其利益损失,更不影响破产清偿的公平性。2.一审判决有违《企业破产法》第31条的立法宗旨。《企业破产法》第31条设立目的在于保护债权人的公平受偿权,防止个别债权人与破产债务人恶意串通,将破产债务人的大部分财产清偿个别债权人的债务。本案中,无论是设立抵押登记还是签署抵押合同之时,D公司的经营均没有恶化到将要破产的境地,上诉人不可能预料到一年之后D公司会启动破产程序,且抵押的财产仅为D公司占比很小的财产。3.案涉抵押担保设立时间为2015年10月25日,不在撤销权可行使的一年期间内,不应被撤销。最高人民法院《关于适用〈中华人民共和国企业破产法〉若干问题的规定(二)》第10条的规定,行政清理程序或强制清算程序转入破产程序时,《企业破产法》第31条和第32条规定的可撤销行为的起算点应为行政监督机构作出撤销决定之日或人民法院裁定受理强制清算申请之日,故可以据此认为,《企业破产法》第31条和第32条规定的撤销权行使期间即“受理破产申请一年内”应包括受理破产当日。再结合最高人民法院《关于贯彻执行〈中华人民共和国民法通

---

① 湖州市中级人民法院(2017)浙05民终1228号。

则〉若干问题的意见(试行)》第198条“一年为365天”的规定以及2016年系闰年的特殊情况,案涉撤销权的行使期间应为2015年10月26日至2016年10月24日。本案中,抵押设立的时间应当是2015年10月25日,即H公司、D公司及上诉人三方共同签订《借款及抵押协议》之日,对抗第三人的时间是2015年10月26日。按照《合同法》的相关规定,除非有特殊约定,抵押合同自签订之日起生效,自此上诉人享有该抵押物的优先权,只是因未登记而不能对抗第三人,故以担保对抗第三人的时间视为担保设立的时间是错误的,案涉抵押担保设立时间为2015年10月25日,不在撤销权除斥期间内,不应被撤销。

D公司管理人辩称:1.本案属于破产债务人对没有财产担保的债务追加财产担保的情形。上诉人于2015年8月20日至9月1日期间出借240万元给H公司,直至2015年10月25日,上诉人才与D公司、H公司签订《借款及抵押协议》,约定上述借款由D公司以自有机器设备提供抵押担保,并于同年10月26日办理抵押登记。因此,从借款时间和D公司提供抵押的时间来看,属于破产债务人对没有财产担保的债务追加财产担保的情形。2.对第三人债务追加财产担保适用《企业破产法》第31条第3项。(1)在破产程序中应当依法撤销或认定无效的是不当处置公司财产、致使破产责任财产减损、对大部分债权人会产生不公平的行为。无论是对己有债务还是对他人债务追加财产担保,实质上都是增加了特定债权人享有优先受偿权的财产范围,增加了个别优惠性清偿额度,损害了其他债权人的利益,违反了破产债权公平受偿的原则。并且,相较于对己有债务追加财产担保而言,对他人债务追加财产担保不但减损了破产责任财产,还无条件扩张了破产债权的数额,对其他债权人的损害更大,更应该得到纠正。(2)《企业破产法》第31条第3项规定,“人民法院受理破产申请前一年内,涉及债务人财产的下列行为,管理人有权请求人民法院予以撤销……对没有财产担保的债务提供财产担保的”,根据文义解释,可撤销的追加物保行为,既包括债务人为自身债务补充提供财产担保,又包括为第三人债务补充提供财产担保的行为。(3)D公司为上诉人对H公司的债权追加抵押担保的行为,发生在债务人已经陷入支付危机即债务人濒临破产,其财产已不足以清偿全部债务之时,其将其剩余主要的未抵押财产抵押给其中的个别债权人,进一步丧失了履行其他债务的能力,损害了其他债权人的合法权益。3.D公司为第三人债务追加抵押担保的行为发生在破产申请受理前一年内。(1)《企业破产法》第31条中规定的“一年”应当按照公历年计算。最高人民法院《关于贯彻执行〈中华人民共和国民法通则〉若干问题的意见(试行)》第198条规定“当事人约定的期间不是以月、年第一条起算的,一个月为三十日,一年为三百六十五日天”,结合第199条之规定,应认为约定的期间才适用该计算期间的方式。《企业破产法》第31条规定的一年期间系法定期间,不应适用上述关于约定期间的规定,而应依《民法通则》第154条之规定,按照历法计算法计算,即以到期月的对应日为期间届满日。(2)《企业破产法》第31条规定“受理破产申请前一年内”的期间不包括受理之日。《民法通则》第154条第2款规定“规定按照小时计算期间的,从规定时开始计算。规定按照日、月、年计算期间的,开始的当天不算人,从下一天开始计算”。由于D公司破产的受理时间系2016年10月24日,故计算《企业破产法》第31条规定的一年期间不应包含受理当天,具体期间为2015年10月23日至2016年10月23日。(3)案涉具有对抗效力的抵押权设定于2015年10月26日。D公司与上诉人、H公司之间的《借款及抵押协议》订立于2015年10月25日,抵押登记时间为2015年10月26日。因此,从2015年10月26日开始,案涉抵押权才形成对抗第三人之效力,已构成在破产受理前一年内对没有财产担保的债务提供财产担保。综上所述,上诉人之上诉请求与理由无事实和法律之依据,依法应予驳回。

D公司管理人向一审法院起诉,请求判令撤销D公司为H公司对戴某某负有的共240万元债务追加提供财产担保的行为。

3 一审法院观点

一审法院认为:2015年10月25日,H公司、D公司及戴某某三方共同签订借款及抵押协议。对H公司向戴某某借款共计240万元,并由D公司以其所有的机器设备作为抵押担保的事实已经杭州市余杭区人民法院(2016)浙110民初10997号民事调解书调解确认,案件双方对此均无异议。案件的争议焦点在于D公司为H公司向戴某某的240万元借款本息提供财产担保的行为,是否属于《企业破产法》第31条第3项规定的可撤销权情形。根据《物权法》第188条规定:"抵押权自抵押合同生效时设立;未经登记,不得对抗善意第三人。"结合案件查明,2015年10月25日,D公司与戴某某签订的《借款及抵押协议》中的抵押物为普通重型机床、变压器(含新建配电装置)各1台。10月26日,D公司与戴某某到德清县工商行政管理局办理抵押物登记手续并经核准抵押登记,债务人履行债务的期限为2015年10月26日至2018年10月25日。因此,本案抵押合同于2015年10月25日生效,抵押登记是2015年10月26日,则当事人依法对抵押物享有的优先权应当从2015年10月26日开始起算。根据《企业破产法》第31条第3项的规定:"人民法院受理破产申请前一年内,涉及债务人财产的下列行为,管理人有权请求人民法院予以撤销……(三)对没有财产担保的债务提供财产担保的。"案件所涉的抵押物根据2015年10月25日的《借款及抵押协议》,抵押物从2015年10月26日登记之日起,来认定法律规定的物的担保。该物的担保属于《企业破产法》第31条第3项"对没有财产担保的债务提供财产担保"的情形。根据最高人民法院《关于贯彻执行〈中华人民共和国民法通则〉若干问题的意见(试行)》第198条的规定:"当事人约定的期间不是以月、年第一天起算的,一个月为三十日,一年为三百六十五日。"戴某某主张的抵押优先债权,应当从2015年10月26日起算,至2016年10月24日止,即一年365日。由于该院于2016年10月24日依法受理D公司的破产清算程序案件,戴某某主张的破产优先债权刚好在法律规定的一年365日之内,故所涉财产的担保属于破产法规定的一年内可撤销情形。综上所述,D公司管理人诉请法院依法撤销追加提供财产担保的行为,理由正当,应予以支持。据此,依照《物权法》第188条、《企业破产法》第31条第3项、最高人民法院《关于贯彻执行〈中华人民共和国民法通则〉若干问题的意见(试行)》第198条之规定,该院判决:撤销D公司对戴某某负有的共240万元债务追加提供财产担保的行为。

4 二审法院观点

湖州市中级人民法院认为：本案二审的争议焦点为D公司为H公司与戴某某之间的240万元借款本息提供财产担保的行为是否可予以撤销。德清县人民法院于2016年10月24日受理关于D公司的破产申请，依据《企业破产法》第31条第1款第3项之规定，破产管理人有权依法请求法院撤销受理破产申请前一年内破产债务人对没有财产担保的债务提供财产担保的行为。关于一年法定期间的计算方式，上诉人主张依据最高人民法院《关于贯彻执行〈中华人民共和国民法通则〉若干问题的意见（试行）》第198条之规定，以一年为365天的自然计算法计算，被上诉人则主张依据《民法通则》第154条之规定，按照历法计算法计算，即以到期月的对应日为期间届满日。对此，湖州市中级人民法院认为，《企业破产法》第31条规定的一年期间为法定期间，虽然《民法通则》第154条规定了"民法所称的期间按照公历年、月、日、小时计算"，但其未区分法定期间和约定期间，亦未进一步明确该期间依历法计算法予以计算，鉴于最高人民法院《关于贯彻执行〈中华人民共和国民法通则〉若干问题的意见（试行）》第198条进一步规定了约定期间以自然计算法计算，在法定期间并无明确计算方式的情况下，可以参照约定期间的计算方式，故该一年期间应以365天为限。关于上述一年法定期间在本案中的开始时间，上诉人戴某某认为，根据最高人民法院《关于适用〈中华人民共和国企业破产法〉若干问题的规定（二）》第10条的规定，行政清理程序或强制清算程序转入破产程序时，《企业破产法》第31条和第32条规定的可撤销行为的起算点应为行政监督机构作出撤销决定之日或人民法院裁定受理强制清算申请之日，故该条文实为间接明确了上述一年法定期间应从破产受理日当天起算。对此，从最高人民法院《关于适用〈中华人民共和国企业破产法〉若干问题的规定（二）》第10条的文义看，可以认为间接规定破产撤销权的一年期间以破产受理日为"起算点"，但"起算点"的表述并非特有的法律概念，结合《企业破产法》第31条中"受理破产申请前一年内"的表述，文义上有以受理日为一年期间的起算日和以受理日为基准向前起算一年期间两种理解。因此，由于《民法通则》第154条第2款明确规定"规定按照日、月、年计算期间的，开始的当天不算入，从下一天开始计算"，且其法律效力位阶上要高于作为司法解释的最高人民法院《关于适用〈中华人民共和国企业破产法〉若干问题的规定（二）》，上述"起算点"的表述应采以破产受理日为基准向前起算一年期间该种理解。因此，鉴于2016年系历法上的闰年，其二月有29天，故本案中关于D公司破产申请受理前一年内的期间应为2015年10月25日至2016年10月23日。H公司于2015年8月20日至9月1日期间向上诉人戴某某借款240万元，D公司于2015年10月25日与H公司、戴某某签订《借款及抵押协议》为上述借款本息提供抵押担保，并于次日办理抵押登记，订立抵押合同及办理抵押登记均在上述一年破产临界期间内，且系D公司为他人既存债务提供财产抵押担保。《企业破产法》第31条第1款第3项明确规定"对没有财产担保的债务提供财产担保的"之行为应予撤销，基于该条款的文义，既包括对破产债务人自身的既存债务追加担保的行为，也包括对破产债务人以外第三人的既存债务追加担保的行为。同时，基于《企业破产法》第31条的立法目的，破产撤销权的设立意在纠正破产债务人损害全体债权人利益的行为，实现公平受偿，而为破产债务人以外第三人的既存债务追加担保的行为明显增加了设立优先受偿权的财产范围，损害了其他破产债权人公平受偿的权利，应当予以撤销。因此，D 公司在其破产申请受理前一年内为 H 公司与戴某某间的既存债务提供抵押担保，属于《企业破产法》第 31 条第 1 款第 3 项所规定的可撤销行为。

综上所述，原判认定事实清楚，适用法律虽存在一定不当，但裁判结果正确，上诉人戴某某的上诉理由不能成立，二审法院不予支持。据此，依据《民事诉讼法》第 170 条第 1 款第 1 项之规定，判决如下：驳回上诉，维持原判。

专业释评

本案分歧的原因是法律的适用问题，上诉人主张依据最高人民法院《关于贯彻执行〈中华人民共和国民法通则〉若干问题的意见（试行）》第 198 条之规定，以一年为 365 天的自然计算法计算，被上诉人则主张依据《民法通则》第 154 条之规定，按照历法计算法计算，即以到期月的对应日为期间届满日。这就需要相应的法律解释。

法律解释，是指有关国家机关、组织或个人，对法律、法规或法律条文的内容、含义以及所使用的概念、术语等所作的说明、理解。其目的是使人们准确理解法律规范的精神实质和内容，以保证法律规范的正确实施，达到立法者所预期的效果。法律解释有文意解释、逻辑解释、系统解释、历史解释、目的解释等方法。在一些有争议的法律问题上，解释者往往同时使用多种方法。

就本案而言，二审法官从法律的位阶、设立破产撤销权制度的目的等多角度阐释撤销权行使的时间节点，符合立法本意，令人信服。

问题三　撤销权诉讼的逻辑推理如何展开

案例一　新疆Q房地产开发有限公司与陈某某等请求撤销个别清偿行为纠纷案①

1 案情简介

上诉人(原审被告、反诉原告):新疆Q房地产开发有限公司(以下简称Q公司)破产管理人。

负责人:王某,该公司破产管理人负责人。

被上诉人(原审原告、反诉被告):陈某某。

被上诉人(原审原告、反诉被告):李某某。

被上诉人(原审原告、反诉被告):周某某。

上诉人Q公司破产管理人因与被上诉人陈某某、李某某、周某某请求撤销个别清偿行为纠纷一案,不服新疆生产建设兵团第六师中级人民法院(2016)兵06民初49号民事判决,向新疆高级法院生产建设兵团分院提起上诉。

2 当事人诉求

Q公司管理人上诉请求:撤销(2016)兵06民初49号民事判决,发回重审或改判支持上诉人的诉讼请求。事实和理由:(1)原审认定Q公司以31套商品房抵偿其欠重庆H建设有限公司(以下简称重庆H公司)的工程款725万元错误。2015年7月30日,Q公司与重庆H公司签订的《补充协议》载明,Q公司欠重庆H公司共725万元,其中包括保证金352万元,工程款238万元,材料设备及临时设施135万元。2015年8月27日,Q公司以31套商品房抵偿其欠重庆H公司的保证金及利息352万元、工程款238万元、材料设备及临时设施135万元共725万元。一审认定Q公司以31套商品房抵偿其欠重庆H公司的工程款725万元,显然错误。(2)原审适用法律错误。根据《企业破产法》第32条的规定,债务人对个别债权人进行清偿的是否应当予以撤销的前提是,是否有本法第二条第一款规定的情形及个别清偿的行为是否发生在人民法院受理破产申请前6个月内。本案中的个别清偿行为发生在2015年8月27日,即在法院受理破产申请6个月内。但一审法院却因现有证据难以确定“不能清偿到期债务,并且资产不足以清偿全部债务或者明显缺乏清偿能力”的具体时点及没有证据证明被上诉人知晓Q公司当时的经营及财务状况或存在恶意串通行为,不顾《企业破产法》的上述规定,不予撤销本案的个别清偿行为即涉案的31份《商品房买卖合同》,实属适用法律错误。(3)原审

---

① 新疆高级人民法院生产建设兵团分院(2017)兵民终6号。

不顾《补充协议》中当事人关于抵押房产并备案的约定,主观认为31份《商品房买卖合同》是依据履行合同义务的行为,没有事实依据,显然错误。(4)关于原审提出的工程款优先权问题。上诉人不否认本案清偿的债务725万元中有工程款238万元,但绝非原审认定的本案清偿的债务725万元均为工程款;即使725万元均为工程款,本案也不能因为工程款享有优先受偿权,便不顾法律关于个别清偿应当予以撤销的规定。只有撤销了这31份《商品房买卖合同》,债权人才能行使有关工程款优先受偿的权利。(5)根据《企业破产法》第32条的规定,个别清偿只有使债务人财产受益的才除外,并非原审认为的"只要该清偿行为不会损害其他债权人的利益"即可除外。

被上诉人辩称,在2015年11月5日破产申请受理前,对合法、善意的债务清偿,法律没有赋予破产管理人撤销权,为了维护交易安全和经济秩序的稳定,请求驳回上诉人的上诉。理由是:(1)725万元是因施工而拖欠的款项,在双方终止施工协议后,称其为拖欠的工程款符合事实情况。该725万元由工程保证金配合费352万元、工程余款238万元、工地现场材料、设备、临时设施135万元组成,Q公司用31套房屋以房抵债,消灭债务,符合交易习惯,法律并不禁止以物抵偿的偿债行为。(2)破产清算人的撤销权是附条件和附期限的。①撤销权的行使前提是债务人恶意的清偿行为。清算管理人只看到了《企业破产法》第32条规定的6个月这一形式要件,没有对善意和恶意的清偿行为进行甄别。②没有证据证明清偿行为发生时,存在《企业破产法》第31条中可撤销的行为。③没有证据证明清偿行为发生时,债务人知晓了资产不足以清偿全部债务或明显缺乏清偿能力的情况。本案是以债权人发起的破产重整程序,债权人申请破产程序时,法院只是形式审查。2015年11月5日法院裁定受理重整申请时,案卷中也没有关于Q公司的"财务会计报表"或"资产负债表",就更不能推断清偿行为发生时,被上诉人与债务人Q公司知晓资不抵债的情况,恶意清偿了债务。(3)善意的清偿行为应受法律保护。Q公司用于抵债的31套房屋有合法的预售许可证,不存在一房二卖,并在房管局办理了备案,Q公司以物抵债的形式清偿了到期的债务,也没有损害其他债权人的利益,应受法律保护。

陈某某、李某某、周某某向一审法院诉讼,请求撤销Q公司管理人作出的《债权申报审核意见书》,判令Q公司协助陈某某、李某某、周某某办理31套商品房所有权过户手续。Q公司管理人就陈某某、李某某、周某某的本诉提出了反诉。本案在审理期间,陈某某、李某某、周某某于2016年12月13日以提出的诉讼请求不恰当为由向一审法院申请撤回本诉,一审法院作出(2016)兵06民初49号民事裁定书,准许陈某某、李某某、周某某撤回本诉。Q公司管理人反诉请求:(1)撤销2015年8月27日Q公司与陈某某、李某某、周某某签订的31份《商品房买卖合同》;(2)本案诉讼费用由陈某某、李某某、周某某承担。

3 一审法院观点

一审法院认为,本案争议的焦点是:Q公司为抵偿债务与陈某某、李某某、周某某签订的31份《商品房买卖合同》是否应当撤销。《企业破产法》第32条规定管理人有权请求人民法院撤销债务人在破产申请受理前6个月内的个别清偿行为，其根本原因在于，债务人清偿债务时，已经出现了资产不足以清偿全部债务，此类个别清偿行为将减少债务人的责任财产，损害其他债权人的利益，导致破产法公平清偿的立法目的无法实现。因此，判断个别清偿行为是否应予撤销，应当将清偿行为发生时是否已经出现资产不足以清偿全部债务或明显缺乏清偿能力，是否会导致损害其他债权人利益的情形发生作为重要的考量因素。从Q公司出现重整的原因来看，Q公司因欠Z公司、江苏X公司工程款，该两公司于2015年10月23日申请Q公司重整，Q公司"碧水戎城"项目无法及时偿付工程款，导致项目建设面临停工，且面临多宗诉讼案件，公司银行账户被冻结，丧失后续融资能力，对应付债务明显缺乏清偿能力，故法院裁定受理Q公司重整案，但由于Q公司法定代表人荣某涉嫌合同诈骗已被新疆五家渠市公安局立案侦查，依据现有证据，难以确定Q公司出现《企业破产法》第2条第1款规定的"不能清偿到期债务，并且资产不足以清偿全部债务或者明显缺乏清偿能力"情形的具体时点。同时，Q公司与陈某某、李某某、周某某在2015年8月27日签订的31份《商品房买卖合同》，是依据《补充协议》履行合同义务的行为，亦无证据证明陈某某、李某某、周某某知晓Q公司当时的经营及财务状况或与Q公司之间存在恶意串通行为，而且该补充协议是在五家渠市政府有关部门的协调下双方达成的协议，所签订的31份《商品房买卖合同》还在房产局办理了备案。加之本案清偿的债务系工程款，本身就享有优先受偿权，该清偿行为不会损害其他债权人的利益。如过于宽泛的认定Q公司的清偿行为属于可撤销的行为，易导致Q公司已经完成的经营行为多处于不稳定状态。基于以上因素，在本案中对《企业破产法》第32条的具体适用，应注意平衡各方当事人的利益，既要防止债务人偏袒性清偿债务损害全体或多数债权人的利益，亦应注意对合同相对人权益的保护、交易的安全和经济秩序稳定的维护，才能体现《企业破产法》诚实信用、公平清偿的立法本意。故本案Q公司为抵偿债务与陈某某、李某某、周某某签订31份《商品房买卖合同》的清偿行为不宜认定属于《企业破产法》第32条规定的可撤销行为，Q公司管理人的反诉请求不予支持。依照《企业破产法》第2条第1款、第32条之规定，判决：驳回被告(反诉原告)Q公司破产管理人的反诉请求。反诉案件受理费62,550元，由Q公司破产管理人负担。

4 二审法院观点

新疆高级法院生产建设兵团分院认为，本案二审争议的焦点是：Q公司管理人诉请撤销陈某某、李某某、周某某与Q公司于2015年8月27日签订的31份《商品房买卖合同》是否有事实和法律依据。现分析认定如下：

根据《企业破产法》第31条、第32条的规定，破产程序中可撤销的行为包括两类。第一类是欺诈行为，主要包括：(1)无偿转让财产的；(2)以明显不合理的价格进行交易的；(3)放弃债权。第二类是偏颇性清偿行为，主要包括：(1)对未到期的债务提前清偿；(2)对没有财产担保的债务提供财产担保；(3)危机期间的个别清偿行为，即第32条所规定的情形。从本案相关事实及证据分析，本案不存在债权人与债务人之间有欺诈行为，也不存在对未到期债务提前清偿及对没有财产担保的债务提供财产担保的情形。故二审重点审查的内容为本案是否存在《企业破产法》第32条规定的应予撤销的个别清偿行为。依据《企业破产法》第32条规定，撤销债务人清偿到期债务应具备三个条件：该清偿行为发生在人民法院受理破产申请6个月内；债务人清偿时已经出现不能清偿到期债务，并且资产不足以清偿全部债务或明显缺乏清偿能力；该行为没有使债务人的财产受益。

（一）关于清偿行为发生的时间

2015年10月23日，Z公司、江苏X公司以Q公司不能清偿到期债务为由向原审法院申请对Q公司进行重整。原审法院于2015年11月5日裁定受理Q公司重整，Q公司于2015年8月27日与实际施工人陈某某、李某某、周某某签订31份《商品房买卖合同》，以31套商品房抵偿其欠重庆H公司的欠款725万元及利息，并于2015年8月28日在五家渠市房产局办理了备案。故Q公司的清偿行为发生的时间，属于"人民法院受理破产申请前六个月内"的期间范围。

（二）关于Q公司进行清偿行为时，是否已经出现不能清偿到期债务，并且资产不足以清偿全部债务或明显缺乏清偿能力

1. 从Q公司的经营情况来看。2013年8月20日，Q公司与重庆H公司签订《工程施工承包补充协议书》，约定将其开发的五家渠某项目一期工程发包给重庆H公司施工，之后重庆H公司将该工程转包给陈某某、李某某、周某某施工。在施工过程中，Q公司未按施工进度支付工程款，工程停工。2015年4月28日，Q公司与重庆H公司签订《终止协议书》，约定协议签订三日内先解决工人工资150万元，发放民工工资后再清算。《终止协议书》签订后，Q公司未按协议约定支付民工工资和工程款，民工上访至五家渠市政府。2015年7月30日，经五家渠市政府有关部门协调，Q公司承诺以合法房产抵付欠款，并于当年8月27日与陈某某、李某某、周某某签订31份《商品房买卖合同》，约定房屋交付日期为2015年11月30日。Q公司自2015年4月起停止施工，直至一审期间仍是停工状态。

2. 从Q公司资产负债情况来看。Q公司提交的五家渠垦区人民法院、第六师中级人民法院、乌鲁木齐市天山区人民法院、乌鲁木齐市中级人民法院作出的相关裁判文书证实，本案个别清偿行为发生时，Q公司已涉及多宗诉讼案件。如五家渠垦区人民法院于2015年7月30日做出的（2015）五垦法民二初字第00094号、第00076号民事判决书，证明Q公司不能清偿冶建公司的到期债务时间是2015年8月15日，标的为606万元；相关的执行法律文书，证明Q公司明显缺乏清偿能力，经人民法院强制执行仍无法清偿债务的事实，如新疆B房产公司案、贾某某案。Q公司不能清偿Z公司的到期债务时间是2015年4月至2015年8月，欠付数额达到上亿元。同时，Q公司重整期间，管理人制作的3份《资产负债表》证明自2015年8月至10月期间，Q公司资产负债率分别为89.69%、92.29%、94.15%，足以说明涉案的个别清偿行为发生时，Q公司已明显缺乏清偿债务能力的事实。

3. 从Q公司出现重整的原因看。2015年10月23日，Z公司与江苏X公司以Q公司不能清偿到期债务为由向原审法院申请对Q公司进行重整。2015年11月5日，原审法院认为Q公司欠付工程款及无法按期偿付的事实清楚，不能清偿债务呈连续状态，符合重整的法定条

件,依照《企业破产法》的相关规定,裁定受理Q公司重整申请。

(三)关于该清偿行为是否使债务人财产受益。使债务人财产受益是指使债务人财产得到增加或避免减少行为。从Q公司与陈某某、李某某、周某某签订的31份《商品房买卖合同》约定的价款与相关内容看,无法证明以房抵债的行为在客观上使Q公司的财产受益

综上所述,Q公司与陈某某、李某某、周某某于2015年8月27日签订《商品房买卖合同》时,已经存在不能清偿到期债务且资产不足以清偿全部债务的破产原因。同时该清偿行为发生在破产申请前6个月之内,且不存在使Q公司财产受益的情形。本案涉及的31份"以房抵债"的《商品房买卖合同》办理了网签,其实质便是债权人通过"以房抵债"将不具有对抗第三人效力的债权转化为了具备对抗第三人效力的物权请求权。Q公司管理人依据《企业破产法》第32条的规定,行使对破产临界期内个别清偿的撤销权,有事实及法律依据。故Q公司管理人的上诉请求成立,应予支持。原审判决认定事实清楚,但适用法律错误,应予撤销。原审判决将《企业破产法》写成《破产法》;在一审判决主文引用法律条文时,将《企业破产法》写为《破产法》为错误,应予纠正。本案原审原告的诉讼请求为请求撤销Q公司管理人作出的《债权申报审核意见书》,判令Q公司协助原审原告办理31套商品房所有权过户手续,为非财产案件;原审被告的反诉请求是Q公司管理人行使撤销权之诉,破产撤销权本质上是一种通过诉讼行使的请求权,亦为非财产案件。《诉讼费用交纳办法》第13条第1款第2项规定:"其他非财产案件每件交纳50元至100元。"原审法院按照以房抵债确认的欠款725万元作为诉讼标的计算案件诉讼费错误,应予纠正。

依照《企业破产法》第32条、《民事诉讼法》第170条第1款第2项、《诉讼费用交纳办法》第13条第1款第2项的规定,判决如下:

(1)撤销新疆生产建设兵团第六师中级人民法院(2016)兵06民初49号民事判决;

(2)撤销2015年8月27日Q公司与陈某某、李某某、周某某签订的31份《商品房买卖合同》。

本案一审、二审案件受理费共计250元,由陈某某、李某某、周某某负担。

案例二 重庆Q工程建设监理有限公司与黔江区Y房产开发有限责任公司撤销个别清偿行为案①

1 案情简介

上诉人(原审被告):重庆Q工程建设监理有限责任公司(以下简称Q公司)。

法定代表人:谭某某,该公司总经理。

被上诉人(原审原告):重庆市黔江区Y房产开发有限责任公司(以下简称Y公司)破产管理人。

负责人:张某某,重庆T律师事务所主任。

---

① 重庆市第四中级人民法院(2017)渝04民终805号。

上诉人Q公司因与被上诉人重庆市黔江区Y公司破产管理人请求撤销个别清偿行为纠纷一案，不服重庆市黔江区人民法院(以下简称黔江区法院)(2016)渝0114民初6193号民事判决，向重庆市第四中级人民法院提起上诉。

2 当事人诉求

Q公司上诉请求：撤销黔江区法院(2016)渝0114民初6193号民事判决，并依法驳回Y公司破产管理人对Q公司的全部诉讼请求，一审、二审诉讼费由Y公司破产管理人承担。事实和理由：(1)Y公司与Q公司签订《监理费支付调解协议》(以下简称调解协议)使Y公司财产明显受益，该以物抵债行为属于撤销个别清偿行为的例外情形；(2)Y公司破产管理人没有举证证明双方达成调解协议时Y公司存在破产原因；(3)Y公司对Q公司的清偿行为不属于个别清偿行为，而是对大多数债权人的清偿，对绝大多数债权人是有利的，如果被撤销，与破产撤销权制度的立法目的相悖；(4)Y公司对Q公司的清偿行为不属于偏袒性清偿或恶意清偿，是善意的受偿行为，不应被撤销；(5)受偿债权人主观上明知债务人已出现破产原因是破产撤销权的构成要件之一，但Y公司破产管理人没有举证证明Q公司受偿时明知Y公司存在破产原因；(6)调解协议是在西山社区居委人民调解委员会(以下简称西山居委调委会)主持下达成的，合法有效，对双方当事人具有法律约束力。

Y公司破产管理人辩称，第一，双方签订调解协议的行为发生在黔江区法院受理破产申请前6个月，符合我国《企业破产法》第32条规定的时限；第二，在签订调解协议前，Y公司已有大量到期债务不能清偿，部分到期债务经法院执行仍未能兑现，具有破产原因；第三，个别清偿不是指数据上为一个，而是相对于整体债权人而言，Y公司在有多家债权人向法院申请执行未得清偿的情况下单独向Q公司清偿，构成个别清偿；第四，主观要素并非破产撤销权的构成要件。

Y公司破产管理人向一审法院起诉请求：(1)撤销Y公司于2015年9月15日对Q公司进行的个别清偿行为，即以某楼1-11号车位抵偿监理费的行为；(2)本案受理费由Q公司承担。

3 一审法院观点

一审法院认为，本案的争议焦点为Y公司与Q公司签订的调解协议是否属于我国《企业破产法》第32条规定的可撤销的个别清偿行为。针对该争议焦点，一审法院评析如下：《企业破产法》第2条第1款规定，“企业法人不能清偿到期债务，并且资产不足以清偿全部债务或者明显缺乏清偿能力的，依照本法规定清理债务”；第32条规定，“人民法院受理破产申请前六个月内，债务人有本法第二条第一款规定的情形，仍对个别债权人进行清偿的，管理人有权请求人民法院予以撤销。但是，个别清偿使债务人财产受益的除外”。最高人民法院《关于适用〈中华人民共和国企业破产法〉若干问题的规定(二)》第14条规定，“债务人对以自有财产设定担保物权的债权进行的个别清偿,管理人依据企业破产法第三十二条的规定请求撤销的,人民法院不予支持。但是,债务清偿时担保财产的价值低于债权额的除外";第 15 条规定,"债务人经诉讼、仲裁、执行程序对债权人进行的个别清偿,管理人依据企业破产法第三十二条的规定请求撤销的,人民法院不予支持。但是,债务人与债权人恶意串通损害其他债权人利益的除外";第 16 条规定,"债务人对债权人进行的以下个别清偿,管理人依据企业破产法第三十二条的规定请求撤销的,人民法院不予支持:(一)债务人为维系基本生产需要而支付水费、电费等的;(二)债务人支付劳动报酬、人身损害赔偿金的;(三)使债务人财产受益其他个别清偿"。根据上述规定,可撤销的个别清偿行为必须满足以下条件:一是该清偿行为发生在人民法院受理破产申请前 6 个月内;二是债务人存在不能清偿到期债务,且资产不足以清偿全部债务或者明显缺乏清偿能力。同时,法律及司法解释还对例外情形作了明确规定。

本案中,第一,Y 公司与 Q 公司签订的调解协议实质是 Y 公司用车位折抵其应支付 Q 公司的监理费,属于以物抵债的清偿行为,且该清偿行为仅针对 Q 公司,属于个别清偿行为。第二,西山居委调委会虽然以调解员身份在协议上盖章,但不能就此认定该协议系经人民调解委员会调解达成的调解书,且《人民调解法》第 3 条规定,人民调解委员会调解民间纠纷不得违背法律、法规和国家政策,因此,即使该协议经西山居委调委会调解达成也并非必然合法有效。第三,从协议签订时间来看,该协议于 2015 年 9 月 11 日签订,发生在黔江区法院受理对 Y 公司破产申请的前 6 个月内,符合我国《企业破产法》第 32 条的时限规定。虽然 Q 公司与 Y 公司于 2015 年 10 月 26 日在该院达成调解协议,并由该院出具(2015)黔法民初字第 04927 号民事调解书,确定 Y 公司于 2015 年 10 月 30 日前支付 Q 公司监理费 110 万元。但达成该民事调解协议的时间在调解协议形成之后,且该民事调解书并无以车位抵偿监理费的内容。故本案的调解协议不符合我国《企业破产法》第 15 条规定的情形,不属于经过诉讼程序的个别清偿。第四,在签订本案支付协议前,Y 公司已有大量到期债务不能清偿,且金额巨大,部分到期债务经人民法院执行仍未能兑现,足以认定在签订本案支付协议时,Y 公司不能清偿到期债务,且明显缺乏清偿能力,符合我国《企业破产法》第 2 条第 1 款规定的情形。第五,本案协议约定不符合法律和司法解释规定的例外情形。Q 公司辩称通过签订调解协议,放弃了资金占用等费用,使 Y 公司资产受益,但并未使 Y 公司明显受益,因此,Q 公司辩称签订调解协议使 Y 公司资产受益的理由不成立,法院不予支持。Q 公司辩称签订调解协议时,其主观上是善意的。我国《企业破产法》及司法解释对个别清偿行为不予撤销的情形有明确规定,并未规定未经诉讼、仲裁、执行程序对债权人进行的个别清偿需审查债权人与债务人是否存在恶意串通的情形。因此,Q 公司的辩称理由不成立。Q 公司辩称 Y 公司破产管理人提交的黔江区法院作出的(2015)黔法破(预)字第 00001 号民事裁定书以及(2015)黔法破字第 00001 – 1 号决定书系超出举证期限举示,经查,该证据在立案期间已提交该院,不存在超出举证期限举证问题,故 Q 公司的该理由不成立,该院不予支持。综上,Y 公司破产管理人请求撤销 2015 年 9 月 11 日 Y 公司与 Q 公司签订的调解协议的理由成立,该院予以支持。判决:撤销 2015 年 9 月 11 日 Y 公司对被告 Q 公司以某楼 1 – 11 号车位抵偿监理费的行为。

4 二审法院观点

重庆市第四中级人民法院认为,根据Q公司上诉理由和Y公司破产管理人的答辩意见,本案二审的争议焦点为:(1)Y公司与Q公司签订调解协议是否使Y公司财产明显受益,该以物抵债行为是否属于撤销个别清偿行为的例外情形;(2)Y公司破产管理人是否举证证明双方达成调解协议时Y公司存在破产原因;(3)Y公司对Q公司的清偿行为是否属于个别清偿行为;(4)Y公司对Q公司的清偿行为是否属于偏袒性清偿或恶意清偿;(5)Y公司破产管理人是否举证证明Q公司受偿时明知Y公司存在破产原因;(6)在西山居委调委会主持下达成的调解协议的效力。下面分别予以评述:

(一)关于Y公司与Q公司签订调解协议是否使Y公司财产明显受益,该以物抵债行为是否属于撤销个别清偿行为的例外情形问题。个别清偿使债务人财产受益,是指在某些情况下,债务人针对个别债权人的清偿尽管从表面上看损害了其他债权人的利益,但个别清偿对于整个债务人财产来说是有利的,从实质上来说最终也有利于全体债权人的保护。2015年9月11日,Y公司与Q公司签订调解协议,以Y公司某楼1－11号车位抵偿Q公司监理费的行为,尽管该调解协议内容中有Q公司减少债权金额的意思表示,但该行为并不能导致Y公司财产增加。相反,正是因为双方签订该调解协议,通过以物抵债的方式对Q公司进行个别清偿,使Y公司财产直接减少,进而导致Y公司对全体债权人的责任财产也相应减少。可见,Q公司主张双方签订调解协议使Y公司财产明显受益没有事实根据,该以物抵债行为不属于撤销个别清偿行为的例外情形。

(二)关于Y公司破产管理人是否举证证明双方达成调解协议时Y公司存在破产原因的问题。破产原因是指企业法人不能清偿到期债务,并且资产不足以清偿全部债务或者明显缺乏清偿能力的情形。Y公司破产管理人虽然未举示Y公司资产负债表和债务清单等证据证明,双方在签订调解协议时Y公司不能清偿到期债务且资产不足以清偿全部债务,但在一审审理过程中已举证证明双方达成调解协议时,Y公司在人民法院存在大量执行案件,而且债权人均为获得债务清偿,足以证明调解协议签订时Y公司不能清偿到期债务且明显缺乏清偿能力,已经具备破产原因。

(三)关于Y公司对Q公司的清偿行为是否属于个别清偿行为的问题。个别清偿,是指债务人在对多个债权人承担债务的情况下,只对个别债权人进行债务清偿的行为。Y公司破产管理人把涉及Y公司建设工程款、装饰工程款及监理费用等多个债权人都起诉了,请求撤销债务人Y公司对多个债权人的清偿行为,是否意味着Y公司对Q公司的清偿行为就不属于个别清偿行为呢?回答应当是否定的,这些清偿行为相对于全体债权人来说,仍然属于个别清偿,而不是对全体债权人的公平清偿,只有撤销该个别清偿行为,对全体债权人来说,才是符合诚实信用原则的要求,才是公平公正的。

(四)关于Y公司对Q公司的清偿行为是否属于偏袒性清偿或恶意清偿的问题。所谓偏袒性清偿,是指债务人面对多个债权人,以损害其他债权人利益而偏袒某一方债权人利益所进行的不公平清偿。在双方签订调解协议前,Y公司已有大量到期债务不能清偿,且金额巨大,部分到期债务经人民法院强制执行仍未能兑现。在已经出现不能清偿到期债务且明显缺乏清偿能力的情况下，Y公司仍然对其应付建设工程款、装饰工程款及监理费用等签订调解协议，进行以物抵债，尽管涉及对多个债权人的清偿，但并非是对所有债权人的公平清偿，从维护债权人整体利益、保护公平清偿的角度来看，该清偿行为仍属偏袒性清偿甚至是恶意清偿。

（五）关于Y公司破产管理人是否举证证明Q公司受偿时明知Y公司存在破产原因的问题。从本案认定的事实来看，调解协议载明，Y公司资金紧缺，无力支付Q公司款项，自愿用某楼车位10万元1位抵偿乙方监理费用。可见，Q公司在签订调解协议时，已经知道Y公司不能清偿到期债务且明显缺乏清偿能力。并且，我国《企业破产法》第32条对有破产原因时的可撤销行为的构成要件明确规定，"人民法院受理破产申请前六个月内，债务人有本法第二条第一款规定的情形，仍对个别债权人进行清偿的，管理人有权请求人民法院予以撤销。但是，个别清偿使债务人财产受益的除外"。可见，我国《企业破产法》仅将债务人受偿时具备破产原因作为破产撤销权的构成要件之一，并未将个别债权人受偿时明知债务人存在破产原因作为构成要件。

（六）关于在西山居委调委会主持下达成的调解协议的效力问题。该调解协议虽然是在西山居委调委会调解员主持下达成的，且西山居委调委会调解员亦在该调解协议上署名，并加盖了西山居委调委会印章，但不能就此认定该协议必然合法有效。调解协议具有民事合同的性质，司法可以审查调解协议的效力。《调解法》第3条第2项规定，"人民调解委员会调解民间纠纷不得违背法律、法规和国家政策"。第32条规定，"经人民调解委员会调解达成调解协议后，当事人之间就调解协议的履行或者调解协议的内容发生争议的，一方当事人可以向人民法院提起诉讼"。

综上所述，Q公司的上诉请求不能成立，应予驳回。一审判决认定事实清楚、适用法律正确，应予维持。依照《民事诉讼法》第170条第1款第1项规定，判决如下：驳回上诉，维持原判。

案例三 南通X棉业有限公司管理人与Z管理总公司等买卖合同纠纷案[①]

1 案情简介

上诉人（原审被告）：Z管理总公司（以下简称Z公司）。

法定代表人：姚某某，该公司总经理。

被上诉人（原审原告）：南通X棉业有限公司（以下简称X公司）管理人。

管理人负责人：陈某。

原审被告：北京全国M交易市场集团有限公司（以下简称M公司）。

法定代表人：王某某，该公司董事长。

① 南通市中级人民法院（2015）通中商终字第00306号。

上诉人Z公司因与被上诉人X公司管理人、原审被告M公司破产撤销权纠纷一案，不服江苏省南通市通州区人民法院（2014）通商初字第01095号民事判决，向南通市中级人民法院提起上诉。

2 当事人诉求

被上诉人X公司管理人一审诉称，南通市通州区人民法院于2013年10月23日裁定受理X公司破产清算一案，并于同月31日指定南通A会计师事务所有限公司为管理人。管理人经审查认为Z公司2013年9月5日、9月6日将X公司618,278.40元保证金作为违约金扣除的行为属于《企业破产法》第32条规定的破产受理前6个月之内的个别清偿行为，请求法院撤销Z公司、M公司扣除X公司保证金618,278.40元的个别清偿行为、并判令其返还保证金618,278.40元。

上诉人Z公司一审辩称，扣除618,278.40元违约保证金不是《企业破产法》规定的可撤销的个别清偿行为；Z公司与X公司扣收的约定符合《合同法》和最高人民法院相关司法解释的规定，X公司管理人无权要求撤销扣款行为。

原审被告M公司一审陈述称，其非本案适格被告，应驳回对其的起诉，并同意Z公司的答辩意见。

3 一审法院观点

一审法院认为，根据《企业破产法》规定，人民法院受理破产申请前6个月内，债务人有不能清偿到期债务，并且资产不足以清偿全部债务或者明显缺乏清偿能力的情形，仍对个别债权人进行清偿的，管理人有权请求人民法院予以撤销。但个别清偿使债务人财产受益的除外。因上述个别清偿行为而取得的债务人的财产，管理人有权追回。

本案中Z公司扣收违约金618,278.40元的通知在2013年9月6日发出，法院于2013年10月23日裁定受理债权人对X公司的破产清算申请，虽该债权人的借款到期日为2013年9月19日，在Z公司扣收违约金时尚未到期，但事实上自2013年8月5日起X公司即已停产，无力支付停产后职工生活费，故当时X公司即已存在企业破产法规定的有不能清偿到期债务，并且资产不足以清偿全部债务或者明显缺乏清偿能力的情形，而不能单纯以破产清算申请人的债权来确定债务人是否符合法定的破产清算情形。关于Z公司扣收违约金是否属于清偿行为，法院认为，扣除的该款项系违约金，违约金亦属于债务的一种，支付违约金当然属于对债务的清偿，法院对该扣款不属于清偿行为的辩解意见不予采纳。Z公司扣收违约金618,278.40元未经相关法律程序或经双方认可，而直接以约定的违约金为由扣收，同时法律规定经诉讼、仲裁或执行程序方能排除个别清偿，故其行为应认定为人民法院受理破产申请前6个月内进行的个别清偿行为，且没有证据证明该个别清偿行为使债务人财产有所受益。

关于优先受偿权，根据最高人民法院《关于适用〈中华人民共和国担保法〉若干问题的解释》第85条规定"债务人或者第三人将其金钱以特户、封金、保证金等形式特定化后,移交债权人占有作为债权的担保,债务人不履行债务时,债权人可以以该金钱优先受偿",法院认为,本案所涉618,278.40元虽为履约保证金,已交至特定账户作为债权担保,但现有证据并不能证明该款项已特定化,也无证据证明双方还存在明确的既存债权,而上述规定仅是在双方既有债权债务的情况下对特定化性质的保证金优先受偿权作出的规定。故Z公司扣收违约金行为符合破产法规定的管理人有权请求人民法院予以撤销的个别清偿行为。X公司管理人请求撤销该个别清偿行为并返还案涉保证金618,278.40元的主张于法有据,应予支持。

关于M公司是否为本案适格被告,法院认为,M公司非本案所涉储备棉购销合同当事人,无须承担合同给付义务,也非实际扣款人,故不应承担返还违约金的义务。X公司管理人请求其承担返还责任无事实及法律依据,法院不予支持。据此,依照《企业破产法》第2条、第32条、第34条,最高人民法院《关于适用〈中华人民共和国企业破产法〉若干问题的规定(二)》第9条第1款、第12条、第15条的规定,判决:1.撤销Z公司扣除X公司保证金618,278.40元的行为。2.Z公司于本判决生效之日起10日内将上述第1项中的保证金618,278.40元返还X公司管理人。3.驳回X公司管理人对M公司的诉讼请求。如未按判决指定的期间履行给付金钱义务,应当依照《民事诉讼法》第253条之规定,加倍支付迟延履行期间的债务利息。

4 二审法院观点

经双方当事人确认,本院归纳本案二审争议焦点为,Z公司扣除X公司缴纳履约保证金的行为是否可撤销。

南通市中级人民法院认为,《企业破产法》第2条规定:"企业法人不能清偿到期债务,并且资产不足以清偿全部债务或者明显缺乏清偿能力的,依照本法规定清理债务。"第32条规定"人民法院受理破产申请前六个月内,债务人有本法第二条第一款规定的情形,仍对个别债权人进行清偿的,管理人有权请求人民法院予以撤销。但是,个别清偿使债务人财产收益的除外。"故破产管理人申请撤销个别清偿行为应当满足两个条件:一是该行为发生在受理破产申请前6个月内,二是清偿行为发生时企业法人不能清偿到期债务且资产不足以清偿全部债务或明显缺乏清偿能力。本案中Z公司扣除X公司保证金的行为属于清偿行为,且发生在南通市通州区人民法院受理X公司破产申请前6个月内。Z公司认为,其扣除保证金时破产申请人的债权尚未到期,不能说明当时X公司已处于"不能清偿到期债务且资产不足以清偿全部债务或明显缺乏清偿能力"的状态,X公司一审提供的证据只能证明其当时不能足额支付工人工资,工人工资并不是《企业破产法》所规定的明显资不抵债中所指向的债务。对此南通市中级人民法院认为,企业从明显缺乏清偿能力到被申请破产并被人民法院受理需要一个时间过程,企业法人被受理破产申请且经过初步清算确实资不抵债,一般可推定其被受理破产申请前6个月内个别清偿时已出现破产原因,且X公司管理人提供的证据可以证明案涉清偿行为发生时X公司已经停产、拖欠工资,明显缺乏清偿能力,对"企业法人不能清偿到期债务,并且资产不足以清偿全部债务或者明显缺乏清偿能力"的条件的满足不应对破产管理人提出过高的证明要求。

关于Z公司扣除保证金的行为是否属于可撤销的个别清偿行为，最高人民法院《关于适用〈中华人民共和国担保法〉若干问题的解释》第85条规定"债务人或者第三人将其金钱以特户、封金、保证金等形式特定化后，移交债权人占有作为债权的担保，债务人不履行债务时，债权人可以以该金钱优先受偿"。本案中根据X公司与Z公司签订的购销合同及《国家储备棉竞卖交易办法》，X公司不论是否签订书面合同，对于已经成交的储备棉，棉花交易市场均已根据交易办法及合同扣除了每吨1000元的履约保证金，该保证金早已转移至棉花交易市场账户，且用途明确，符合从债务人的资产中分离且移交给债权人的条件，应当认定已经特定化，系为履行特定义务、清偿特定债务而提供的金钱质。X公司签订储备棉购买合同及竞买成交后未付款，均已违反合同约定及储备棉竞买交易办法，Z公司有权扣取未履约部分的保证金，X公司对Z公司的扣款行为也并未提出实质性异议，Z公司对该保证金具有优先权。根据最高人民法院《关于适用〈中华人民共和国企业破产法〉若干问题的规定（二）》第14条的规定"债务人对以自有财产设定担保物权的债权进行的个别清偿，管理人依据企业破产法第三十二条的规定请求撤销的，人民法院不予支持"的规定，该扣除保证金的行为不属于管理人可撤销的个别清偿行为，原审法院适用法律不当，应予纠正。

综上所述，根据最高人民法院《关于适用〈中华人民共和国企业破产法〉若干问题的规定（二）》第14条、《民事诉讼法》第170条第1款第2项的规定，判决如下：

（1）维持江苏省南通市通州区人民法院（2014）通商初字第01095号民事判决主文第3项，即驳回X公司管理人对M公司的诉讼请求；

（2）撤销江苏省南通市通州区人民法院（2014）通商初字第01095号民事判决主文第1项，即"撤销Z公司扣除X公司保证金618,278.40元的行为"；

（3）撤销江苏省南通市通州区人民法院（2014）通商初字第01095号民事判决主文第2项，即"Z公司于本判决生效之日起10日内将上述第1项中的保证金618,278.40元返还X公司管理人"，及案件受理费分担部分；

（4）驳回X公司管理人对Z公司的诉讼请求。

专业释评

破产撤销权的构成，一般应具备以下几个方面：

第一，能够予以撤销的行为，必须是有害于债权人利益的行为。何为有害于债权人利益的行为？是指该行为减少了破产人的现有财产后增加了破产人的负债，使债权人的受偿比例受到了减损的行为。这种行为的直接或间接受害者是全体破产债权人。

第二，能够予以撤销的行为，必须是有害行为发生在破产程序开始前的临界期间。在破产程序开始前的一定期间内所为的某些行为，破产管理人或破产清算人有权请求法院撤销，此期间称之为临界期间。之所以有是否启动破产程序之分，原因是，破产程序一旦启动，破产债务人的财产即归破产管理人或清算人所占有、管理和控制，而破产债务人失去了占有、处分的权利，即使处分亦属无权处分，不发生物权效力，也不会损害债权人的利益。而债务人的损害行为往往发生在破产程序开始前，因此，只有对在破产程序开始前的有害行为的存续期间加以限制，才能维护交易安全，平等保护债权人的利益。

第三，能够予以撤销的行为，必须存在有基于被撤销行为而实际获益的人。破产撤销权行使的主要作用在于恢复原状，追回被破产债务人不当处置的财产。破产管理人或破产清算人要行使破产撤销权，追回破产财产，必须找到被追偿的主体，该主体就是破产债务人实施损害行为的实际获益人，只有实际获益人存在，破产撤销权才能得以实现。反之，如果没有实际的行为获益人或行为获益人已死亡或注销，无其他财产可供执行，破产撤销权则无法行使。

就本专题选取的案例而言，法院一步步推理，来论证是否属于可撤销的个别清偿行为，论证严密，符合我国《企业破产法》第32条的规定。

问题四　如何认定“个别清偿是否导致受益”

案例一　上海Z印务有限公司请求撤销个别清偿行为纠纷案①

1　案情简介

上诉人(原审被告):上海Z印务有限公司。

法定代表人:张某某,董事长。

被上诉人(原审原告):北京G(上海)律师事务所[系L(上海)照明有限公司(以下简称债务人)破产管理人],住所地上海市。

负责人:戴某某。

上诉人上海Z印务有限公司因与被上诉人北京G(上海)律师事务所[系债务人破产管理人]请求撤销个别清偿行为纠纷一案,不服上海市嘉定区人民法院(2017)沪0114民初600号民事判决,向上海市第二中级人民法院提起上诉。

2　当事人诉求

上诉人上海Z印务有限公司上诉请求:撤销一审判决,依法改判驳回被上诉人的一审诉请。事实与理由:被上诉人没有证据证明债务人向上诉人清偿时财产已达到“资产不足以清偿全部债务或者明显缺乏清偿能力”的清偿撤销条件。被上诉人一审提供的资产负债表是其自制的复印件,上诉人不予认可,且一审法院(2016)沪0114民破1号-1民事裁定书记载的债务人账面资产总额为人民币2,569,207.42元(以下币种同),是债务人申请时的“自称”,并非法院查明的事实。另外,一审法院遗漏了债务人向上诉人清偿部分债务后,上诉人放弃剩余债权主张,也未申报剩余债权的事实,这符合“使债务人财产受益”清偿行为撤销除外条件的法律规定。综上所述,请求二审法院依法支持上诉请求。

被上诉人北京G(上海)律师事务所辩称:被上诉人一审提交的资产负债表是审计报告的一部分,并已将原件出示给上诉人,该审计报告有会计师事务所加盖的骑缝章,足以证明资产负债表内容的真实性。上诉人是否放弃部分债权、是否申报债权与本案无关,该清偿没有使债务人财产受益。一审法院查明事实清楚,适用法律正确,请求二审法院驳回上诉,维持原判。

被上诉人北京G(上海)律师事务所向一审法院起诉请求:1. 请求撤销债务人对上诉人的个别清偿行为;2. 上诉人返还债务人价款141,827元。

---

① 上海市第二中级人民法院(2017)沪02民终10884号。

3 一审法院观点

一审法院认为:《企业破产法》第32条规定,“人民法院受理破产申请前六个月内,债务人有本法第二条第一款规定的情形,仍对个别债权人进行清偿的,管理人有权请求人民法院予以撤销。但是,个别清偿使债务人财产受益的除外”。而《企业破产法》第2条第1款规定“企业法人不能清偿到期债务,并且资产不足以清偿全部债务或者明显缺乏清偿能力的,依照本法规定清理债务”。依据上述规定,撤销债务人清偿行为应具备三个条件:该清偿行为发生在人民法院受理破产申请前6个月;债务人清偿时已经出现不能清偿到期债务,并且资产不足以清偿全部债务或者明显缺乏清偿能力的情况;该行为没有使债务人的财产受益。综合上述分析,结合案件事实,一审法院分析认定如下。

第一,债务人支付141,827元货款的时间系2015年9月25日,一审法院受理破产申请时间为2016年1月11日,故属于“人民法院受理破产申请前六个月”的期间范围。

第二,关于债务人对上诉人进行清偿时是否已经达到《企业破产法》第2条第1款规定的破产界限问题。上诉人辩称被上诉人举证的资产负债表并不能证明在2015年9月25日这个时间节点上债务人已达破产界限。但一审法院认为,诚如被上诉人抗辩,2015年企业月度会计报表显示的系债务人2015年全年的资产与负债情况,债务人年初、期末的资产均远小于负债,且(2016)沪0114民破1号-1民事裁定书亦载明截至2015年9月30日,债务人账面资产总额为2,569,207.42元,负债总额为9,315,484.75元。上诉人对该证据并未提出异议,本案清偿时间发生在2015年9月25日,故可以认定在2015年9月25日的时间节点上,债务人资产已经不足以清偿全部债务,已经具备破产原因。

第三,关于债务人清偿是否导致其财产受益的问题。上诉人辩称,其与债务人之间原本存在27万余元的债权债务关系,在债务人支付了141,827元货款后,上诉人免除了债务人剩余债务,客观上使债务人财产受益。对此,一审法院认为,任何一个清偿行为都是两方资产的流动,就单纯的财产受益,一般系指经过资产处置有直接的财产流入,上诉人所称的情况从广义上讲或可归入使债务人财产受益的情况,但却与《企业破产法》第32条的立法目的不符。破产法之所以规定在受理破产前6个月个别清偿行为可以有条件撤销在于其更强调公平的清理债权债务,避免债务人偏颇地对待债权人,假定本案认可债务人对上诉人的清偿行为,即便上诉人所述放弃12万余元的债权属实,但是客观上也使上诉人对债务人的债权获得了50%以上的清偿,对于一个已陷入严重资不抵债的破产企业来说,该清偿必然使债务人的财产减少,变相损害了其他债权人的利益,这是不公平的,也与《企业破产法》该法条的立法目的不符。故一审法院认为,“财产受益”是在不损害其他债权人利益的前提下,使债务人财产增加的行为,本案清偿不符合“财产受益”的情形。

综上所述,一审法院认为,保护全体债权人,而非个别债权人利益,是破产制度的出发点,并且贯穿破产法律程序制度和实体制度的始终。本案中,上诉人于受理破产申请前6个月内个别受偿,无论主观意图,客观上已对债务人财产造成不利影响,减少了可供分配的财产金额,并进而影响到了全体债权人利益。鉴于此,一审法院认为,本案被上诉人诉请存在事实与法律依据,上诉人辩称不予采纳。

一审法院判决:(1)撤销债务人于2015年9月25日对上诉人141,827元的清偿行为;(2)上诉人应于判决生效之日起10日内返还债务人价款141,827元。

4 二审法院观点

上海市第二中级人民法院认为,本案争议焦点为:本案债务人向上诉人清偿时财产是否已达到“资产不足以清偿全部债务或者明显缺乏清偿能力”的破产界限。被上诉人一审时提交了债务人2015年企业月度会计报表资产负债表,该表显示债务人年初、期末的资产均远小于负债,且负债总额维持在960余万元,且年初与期末的资产、负债总额变化较小。二审中,被上诉人提交的债务人企业会计制度月度会计报表显示,2015年9月债务人负债总计9,315,484.75元。第一份资产负债表系债务人当年审计报告的附表,其真实性应予确认;第二份资产负债表系债务人当年每月(每月申报上月资产负债表)向税务系统申报的材料,内容可作参考,上海市第二中级人民法院由此推断债务人向上诉人清偿时财产已达到“资产不足以清偿全部债务或者明显缺乏清偿能力”的破产界限具有高度可能,上诉人以被上诉人未提供债务人2015年9月25日这一时间节点的资产状况为由对此予以否认,显属对被上诉人举证责任过于苛求,法院不予支持。关于债务人的清偿是否导致其财产受益,故而是否构成法定撤销例外情形的问题,一审法院已作详尽阐释,不予赘述。另外,上诉人是否对债务人放弃剩余债权、是否申报剩余债权系上诉人对自身权利的处分,与本案被上诉人依法请求撤销债务人对上诉人的个别清偿行为属不同法律关系,不影响本案的处理。本案处理后,上诉人可选择全额申报债权。综上所述,上诉人的上诉理由依据不足,法院不予支持。一审法院认定事实清楚,适用法律正确,法院予以维持。据此,依照《民事诉讼法》第170条第1款第1项之规定,判决如下:驳回上诉,维持原判。

案例二 温州C会计师事务所与W银行股份有限公司破产撤销权纠纷案[①]

1 案情简介

上诉人(原审原告):温州C会计师事务所。

诉讼代表人:叶某某。

被上诉人(原审被告):W银行股份有限公司(以下简称W银行)。

法定代表人:邢某某。

原审第三人:温州市G鞋材有限公司(以下简称G公司)。

法定代表人:谷某某。

---

① 温州市中级人民法院(2014)浙温商终字第1672号。

原审第三人:苏某某。

原审第三人:夏某某。

上诉人温州C会计师事务所因与被上诉人W银行、原审第三人G公司、苏某某、夏某某破产撤销权纠纷一案,不服温州市鹿城区人民法院(2013)温鹿商初字第3026号民事判决,向温州市中级人民法院提起上诉。

具体案情是,2009年4月19日,温州市L鞋业有限公司(以下简称L公司)与被告W银行签订了最高额抵押担保合同,约定由L公司以自有的厂房及土地为其于2009年4月15日至2012年4月15日间向被告W银行所借款项提供最高债权额度为532.8万元的最高额抵押。第三人苏某某、夏某某为L公司在2011年4月11日至2012年4月11日间向W银行所借款项提供最高额为1000万元的最高额保证,第三人G鞋材为L公司在2012年3月31日至2013年3月31日间向W银行所借款项提供最高额为750万元的最高额保证。L公司分别于2012年4月1日、4月6日向W银行借款480万元、500万元,约定480万元借款的还款时间为2013年4月1日,500万元借款的还款时间为2013年4月6日。2012年12月28日,L公司向被告归还了该两笔借款,本息合计9,818,572.96元。

2013年3月13日,申请人W市百高鞋材有限公司以L公司的资产已明显不能清偿到期债务为由,向温州市鹿城区人民法院申请对L公司进行破产清算。4月7日,温州市鹿城区人民法院裁定受理L公司破产清算一案,并指定温州C会计师事务所担任管理人。经管理人调查,2012年12月28日L公司的资产负债情况如下:(1)L公司的资产总额为26,790,417.96元,其中变卖厂房所得9,943,115.75元,应收账款14,052,936.97元,其他应收款1,446,067.51元,预付账款930,950元,存货、固定资产净值262,080.48元;(2)L公司的负债总额为39,171,907.57元,其中债权人已申报债权的有80户,申报债权金额27,555,259.98元,申报的债权经债权人会议审核无异议的债权人76户,其中72户债权人的债权系货款债权,且供货时间均在2012年12月28日之前。

2 当事人诉求

原告温州C会计师事务所于2013年4月7日向一审法院起诉称:L公司因不能清偿到期债务,被申请破产。经调查,2012年12月28日,L公司提前向被告归还了两笔借款,本息合计9,818,572.96元。根据管理人的审查,计算至还款当天,L公司的资产总额为26,790,417.96元,负债总额为39,171,907.57元,已具备破产原因。L公司的清偿行为既属于破产法规定的提前清偿行为,又属于单独清偿行为。现请求:(1)撤销L公司向被告清偿4,490,572.96元的行为;(2)判令被告向原告返还4,490,572.96元。

被告W银行答辩称:(1)本案被告的主体不适格。本案履行清偿的主体是W银行劳武支行,并非W银行。根据相关法律规定及人民银行的答复,各商业银行的分支机构具有诉讼主体资格,并有独立承担民事责任的能力,应以分支机构为被告。(2)鹿城法院于2013年4月7日裁定受理L鞋业的破产申请。本案L公司的借款到期的时间是2013年4月1日和4月6

日,受理破产申请之前两笔债权均已经到期,因此还款行为不属于提前清偿行为,不可撤销。(3)本案不符合个别清偿的情形。温州市L鞋业有限公司在清偿发生的时候不存在不能清偿到期债务的情形,原告没有提供证据证明L公司已经明显缺乏清偿能力,其提供的债权申报表上的债务只是已经存在的债务,非到期债务。整个债权申报表中,除8份支票代表的债权外,其他债权均可明确尚未到期。(4)上述8份支票也无法证明其代表的债权已经到期。(5)即使原告主张的个别清偿行为成立,本案涉案的房产原先评估价格是在532多万,但是最后卖出了1200多万元,因此当时借款人的出卖行为使债务人的财产受益。

第三人G公司、苏某某、夏某某共同陈述称:(1)同意被告W银行的意见;(2)L公司在偿还银行贷款时经营状况正常,不具备破产原因。

一审判决后,温州C会计师事务所不服原审法院上述判决,向温州市中级人民法院提起上诉称:(1)L公司于2012年12月28日向W银行偿还两笔借款本息时,存在《企业破产法》第2条第1款规定的情形,已经具备破产原因。(2)L公司对被上诉人的清偿行为属于法律规定的提前清偿行为。L公司于2012年12月28日分别向被上诉人偿还了4,809,096.96元、50,094.76元两笔借款本息,这两笔借款约定的还款时间分别为2013年4月1日和2013年4月6日。法院于2013年4月7日裁定受理L公司的破产申请。根据最高人民法院《关于适用〈中华人民共和国企业破产法〉若干问题的规定(二)》第12条的规定:"破产申请受理前一年内债务人提前清偿的未到期债务,在破产申请受理前已经到期,管理人请求撤销该清偿行为的,人民法院不予支持。但是,该清偿行为发生在破产申请受理前六个月内且债务人有企业破产法第二条第一款规定情形的除外。"因此,虽然案涉两笔借款的还款期限在L公司破产申请受理前已经到期,但是L公司的清偿行为发生在该公司破产申请受理前6个月内且如前所述已具备破产原因,故该清偿行为属于法律规定的提前清偿行为。(3)L公司对被上诉人的清偿行为没有使公司该资产受益。L公司对被上诉人的清偿行为属于法律规定的提前清偿行为。使债务人财产受益,是指使债务人财产得到增加或避免减少。首先,变卖厂房与清偿贷款是两个不同的行为。本案考察的对象是清偿贷款行为而非变卖厂房的行为,而清偿贷款行为显然没有使债务人的财产受益。其次,就本案而言,L公司变卖厂房的行为系出让不动产换取货币的行为,该行为使L公司的财产从不动产的形式转换为货币的形式,但没有改变L公司的财产总额。最后,被上诉人提供的温州房价的报道仅能从宏观上体现温州总体房价的变化趋势,不能因此断定L公司的厂房的价值存在下滑的现象。因此,上诉人认为L公司提前清偿贷款的行为没有使债务人的财产受益。综上所述,L公司的清偿行为发生在该公司破产申请受理前6个月内且当时该公司已具备破产原因。根据《企业破产法》第32条,该清偿行为属于个别清偿,依法应予撤销。请求二审法院撤销原判,依法支持上诉人的诉讼请求。

被上诉人W银行答辩称:(1)L公司在偿还W银行借款时不具备破产的原因。(2)L公司不存在不能清偿到期债务的情形。(3)关于提前清偿行为,一审法院对此已经作出充分的论述。(4)关于清偿行为有无使L公司收益的问题。L公司出售厂房时,房地产处于下行的趋势,且厂房转让价格远远高于评估价格,故应认定偿还借款行为使公司收益。原判认定事实清楚,适用法律正确。请求二审法院驳回上诉,维持原判。

原审第三人G公司、苏某某、夏某某述称：L公司在2012年12月28日尚不具备破产因素。一审法院认定事实清楚、证据确实充分、程序合法，故请求二审法院驳回上诉，维持原判。

3 二审法院观点

温州市中级人民法院认为：L公司于2012年12月28日偿还W银行未到期借款本息9,818,572.96元（其中480万元借款合同约定的还款时间为2013年4月1日，500万元借款合同约定的还款时间为2013年4月6日）；2013年4月7日，温州市鹿城区人民法院裁定受理L公司破产清算一案。当事人对上述事实均没有异议，温州市中级人民法院予以确认。本案争议的主要焦点是：（1）L公司于2012年12月28日偿还W银行未到期借款时是否具备《企业破产法》第2条第1款规定的破产原因；（2）L公司提前清偿未到期的W银行借款本息的行为是否应予撤销。

关于第一个争议焦点，即L公司于2012年12月28日偿还W银行未到期借款时是否具备《企业破产法》第2条第1款规定的破产原因。《企业破产法》第2条第1款规定："企业法人不能清偿到期债务，并且资产不足以清偿全部债务或者明显缺乏清偿能力的，依照本法规定清理债务。"最高人民法院《关于适用〈中华人民共和国企业破产法〉若干问题的规定（一）》第1条规定："债务人不能清偿到期债务并且具有下列情形之一的，人民法院应当认定其具备破产原因：（一）资产不足以清偿全部债务；（二）明显缺乏清偿能力。"依据上述法律及司法解释的规定，认定企业法人具备破产原因必须同时符合以下条件：1.不能清偿到期债务；2.资产不足以清偿到期债务或者明显缺乏清偿能力。关于L公司在2012年12月28日是否存在不能清偿到期债务的情形问题。《合同法》第161条规定："买受人应当按照约定的时间支付价款。对支付时间没有约定或者约定不明确，依照本法六十一条的规定仍不能确定的，买受人应当在收到货物或者提取标的物单证的同时支付。"第61条规定："合同生效后，当事人就质量、价款或者报酬、履行地点等内容没有约定或者约定不明确的，可以协议补充；不能达成补充协议的，按照合同有关条款或者交易习惯确定。"管理人编制的债权申报表确认无异议的债权人76户，其中72户债权人的债权系货款，供货时间均在2012年12月28日之前。现也没有证据证明买卖双方存在口头约定付款时间或者事后达成补充协议的事实，也没有证据证明就货款支付时间存在交易习惯，故依照上述法律规定，L公司应当在收到货物的同时支付相应的价款，而实际上L公司在收到货物同时并没有支付货款，据此足以认定L公司在2012年12月28日存在不能清偿到期债务的情形。另外，L公司出售厂房所得款项于2012年12月28日偿还银行借款的行为，也印证了其不能清偿到期债务的事实。关于L公司是否存在资产不足以清偿到期债务或者明显缺乏清偿能力的情形问题。最高人民法院《关于适用〈中华人民共和国企业破产法〉若干问题的规定（一）》第3条规定："债务人的资产负债表，或者审计报告、资产评估报告等显示其全部资产不足以偿付全部负债的，人民法院应认定债务人资产不足以清偿全部债务，但有相反证据足以证明债务人资产能够偿付全部负债的除外。"L公司的资产负债表显示，截至2012年12月28日，L公司的资产总额为26,790,417.96元，负债总额为39,171,907.57

元,L 公司的负债总额已明显超出资产总额,全部资产不足以偿付全部负债。现也没有相反证据足以证明 L 公司资产能够偿付全部负债,故依照上述司法解释的规定,应认定至 2012 年 12 月 28 日 L 公司已存在资产不足以清偿全部债务的情形。综上所述,L 公司于 2012 年 12 月 28 日偿还 W 银行未到期借款时已具备《企业破产法》第 2 条第 1 款规定的破产原因。

关于争议焦点二,即 L 公司提前清偿未到期的 W 银行借款本息的行为是否应予撤销。《企业破产法》第 31 条规定:“人民法院受理破产申请前一年内,涉及债务人财产的下列行为,管理人有权请求人民法院予以撤销:(一)无偿转让财产的;(二)以明显不合理的价格进行交易的;(三)对没有财产担保的债务提供财产担保的;(四)对未到期的债务提前清偿的;(五)放弃债权的。”第 32 条规定“人民法院受理破产申请前六个月内,债务人有本法第二条第一款规定的情形,仍对个别债权人进行清偿的,管理人有权请求人民法院予以撤销。但是,个别清偿使债务人财产受益的除外。”最高人民法院《关于适用〈中华人民共和国企业破产法〉若干问题的规定(二)》第 12 条规定:“破产申请受理前一年内债务人提前清偿的未到期债务,在破产申请受理前已经到期,管理人请求撤销该清偿行为的,人民法院不予支持。但是,该清偿行为发生在破产申请受理前六个月内且债务人有企业法第二条第一款规定情形的除外。”上述企业破产法及司法解释的条款均规定了管理人行使撤销权的事由。从规定内容分析,《企业破产法》第 31 条规定的是人民法院受理破产申请前一年内涉及债务人财产的可撤销行为。第 32 条规定的是人民法院受理破产申请前 6 个月内,债务人具备破产原因的情况下,仍对个别债权清偿的,管理人有权请求撤销,同时规定了个别清偿使债务人财产受益的除外情形。由于《企业破产法》第 31 条第 4 项仅将“提前清偿未到期债务”规定可撤销情形,但并未对未到期债务作出明确界定,尤其是对清偿时尚未到期但破产申请受理前业已到期的情形,管理人能否请求撤销未作规定,最高人民法院《关于适用〈中华人民共和国企业破产法〉若干问题的规定(二)》第 12 条是对《企业破产法》第 31 条第 4 项未规定的情形作出解释。本案所涉的 L 公司于 2012 年 12 月 28 日提前偿还 W 银行两笔借款的到期日分别为 2013 年 4 月 1 日、4 月 6 日,鹿城区人民法院受理 L 公司破产申请时间为 2013 年 4 月 7 日,属于最高人民法院《关于适用〈中华人民共和国企业破产法〉若干问题的规定(二)》第 12 条规定的情形。该条司法解释并未明确援引《企业破产法》第 32 条的规定,《企业破产法》第 32 条规定的但书条款“个别清偿使债务人财产受益的除外”不能在这种提前清偿行为中适用。退一步讲,上述但书条款规定的除外情形适用本案“个别清偿行为”,《企业破产法》第 32 条所规定的除外情形所针对的行为也是“个别清偿行为”而不是“财产变现行为”。即使财产变现行为使债务人财产受益并不能推出个别清偿行为也必然使债务人财产受益的结论。本案中 L 公司拍卖抵押厂房的行为不属于个别清偿行为,L 公司在取得拍卖款后的个别清偿行为并没有使 L 公司受益,也没有使 L 公司的全体债权人共同受益,相反还使为同一笔贷款提供保证担保责任的 L 公司的法定代表人免除了保证责任,一定程度上具有帮助 L 公司法定代表人等利害关系人逃废债务的嫌疑。这种以损害普通债权人共同利益、破坏公平受偿顺序的个别清偿行为即使其资产处置本身可能使债务人财产受益,也是明显有悖破产法公平清偿债务的基本原则的。因此,即使可以适用《企业破产法》第 32 条之规定,也不能得出 L 公司的个别清偿行为使 L 公司受益以及 L

公司企业债权人受益的结论。由于L公司提前清偿W银行未到期的借款本息行为发生在破产申请受理前6个月内,且L公司有《企业破产法》第2条第1款规定的破产原因,故管理人有权申请法院撤销没有抵押部分的个别清偿行为。

综上所述,L公司于2012年12月28日提前偿还W银行未到期借款本息时,L公司已经存在不能清偿到期债务,并且资产不足以清偿全部债务的破产原因。虽然该债务在破产申请受理前已到期,但该清偿行为发生在破产申请前6个月之内,依照最高人民法院《关于适用〈中华人民共和国企业破产法〉若干问题的规定(二)》第12条的规定,管理人有权申请法院撤销。因此,上诉人要求撤销L公司提前清偿W银行未到期债务中除L公司自有财产设定担保物权的债权外的部分清偿行为,符合法律规定,法院予以支持。L公司提前清偿债务的金额9,818,571.96元,扣除其厂房抵押担保的最高额债权5,328,000元,可撤销的债务金额为4,490,571.96元,该4,490,571.96元款项温州银行应予返还。原判认定事实清楚,但适用法律错误,判决理由不能成立,法院予以纠正。依照《民事诉讼法》第170条第1款第2项,《企业破产法》第2条、第31条,最高人民法院《关于适用〈中华人民共和国企业破产法〉若干问题的规定(二)》第3条、第12条的规定,经二审法院审判委员会讨论决定,判决如下:(1)撤销温州市鹿城区人民法院(2013)温鹿商初字第3026号民事判决;(2)撤销L公司对W银行股份有限公司清偿债务4,490,571.96元的行为;(3)W银行于本判决生效之日起10日内返还L公司款项4,490,571.96元。

4 一审法院观点

一审法院经审理认为:本案的争议焦点如下:(1)W银行是否本案的适格被告;(2)L公司向W银行清偿债务时即2012年12月28日是否存在不能清偿到期债务的情形;(3)L公司向W银行清偿债务的行为是否使债务人财产受益。

针对焦点一,一审法院认为:W银行劳武支行是W银行的分支机构。《公司法》第14条规定,分公司不具有法人资格,其民事责任由公司承担。因此,虽然L公司与W银行劳武支行办理了还款手续,但由此产生的合同权利义务可由W银行概括享有和承担,原告将W银行列为被告并无不妥,W银行系本案的适格主体。

针对焦点二,一审法院认为:《企业破产法》规定的“不能清偿到期债务”是指没有能力清偿到期债务。现原告提供的证据仅能证明L公司在2012年12月28日存在不清偿到期债务的情形,但不足以证明当时L公司没有能力清偿到期债务。

针对焦点三,一审法院认为:使债务人财产受益是指使债务人财产得到增加或避免减少。虽然L公司在还款过程中存在变卖厂房与清偿贷款两个行为,但因L公司的厂房抵押于银行,L公司只有归还全部贷款才能获得银行同意解除抵押,因此应当将L公司出售厂房的行为与还款行为视为一个整体。此外,被告提供的温州房价的报道在宏观上体现了温州总体房价的下滑趋势,可以证明原告的还款行为在客观上产生了避免债务人财产减少的效果。因此,该院认为L公司提前清偿贷款的行为使债务人的财产受益。

综上所述,《企业破产法》第32条规定,人民法院受理破产申请前6个月内,债务人有本法第2条第1款规定的情形,仍对个别债权人进行清偿的,管理人有权请求人民法院予以撤销。但是,个别清偿使债务人财产受益的除外。最高人民法院《关于适用〈中华人民共和国企业破产法〉若干问题的规定(二)》第12条规定:破产申请受理前一年内债务人提前清偿的未到期债务,在破产申请受理前已经到期,管理人请求撤销该清偿行为的,人民法院不予支持。但是,该清偿行为发生在破产申请受理前6个月内且债务人有《企业破产法》第2条第1款规定情形的除外。

上述规定均将符合《企业破产法》第2条第1款规定的情形,即企业法人不能清偿到期债务,并且资产不足以清偿全部债务或者明显缺乏清偿能力,作为破产撤销权的要件。其中《企业破产法》第32条还将使债务人受益的行为作为排除适用的条件。本案L公司的清偿行为发生在该院裁定受理前6个月内,但该清偿行为在客观上使债务人的财产受益,且原告提供的证据不足以证明L公司在当时已不能清偿到期债务,管理人的撤销请求,不予以支持。该院依照《合同法》第61条、第161条,《公司法》第14条,《企业破产法》第3条、第31条、第32条,最高人民法院《关于适用〈中华人民共和国企业破产法〉若干问题的规定(二)》第12条之规定,经审委会讨论决定,于2014年8月7日判决:驳回原告温州C会计师事务所的诉讼请求。

专业释评

根据《企业破产法》第32条之规定:"人民法院受理破产申请前六个月内,债务人有本法第二条第一款规定的情形,仍对个别债权人进行清偿的,管理人有权请求人民法院予以撤销。但是,个别清偿使债务人财产受益的除外。"由此可知,个别清偿令债务人财产受益发生在债务人和债权人之间,即破产企业和其债权人。而破产管理人仅仅是一个代为行使撤销权的主体,撤销权能否行使的根即前述当事人的客观行为。

如何理解"受益"。相关法律没有具体的标准,只能通过抽象思维与具体案情相结合的方式加以分析。任何一个清偿行为都是两方资产的流动。就单纯的财产受益,通常有两种方式:一种是对企业而言,经过资产处置有财产直接流入。例如,甲、乙两公司经过交易,甲公司获得100万元利润,此时对甲公司来说显然是受益;另一种是债权人同意用低于债权金额的债务人财产抵偿债权,从而达到令债务人财产相对、受收益的情形。例如,作为债权人的丙与作为债务人的丁之间有一笔500万元的长期欠债一直没有解决,考虑到种种原因,为了及时清债,丙做了200万元的让步后作了了断。此时对债务人丁来说,也是受益的。

但是,如果将第二种情形放置在企业破产的特殊情况之下,也就是说,如果还债之前丁已濒临破产,丙丁之间的行为就不仅仅是双方之间的事情,还牵涉其他债权人的利益,此时的受益就要从全体债权人公平受偿的比例加以衡量了,所以,如何理解破产背景下"债务人受益"的问题,要具体情况具体分析。

问题五　如何认定价格不公的个别清偿行为

案例　温州O对外贸易有限公司与温州F房地产开发有限公司破产撤销权案[①]

1 案情简介

上诉人(原审原告):温州市O对外贸易有限公司(以下简称O公司)管理人。

诉讼代表人:徐某某。

被上诉人(原审被告):温州F房地产开发有限公司(以下简称F公司)。

法定代表人:王某某,该公司董事长。

上诉人O公司管理人为与被上诉人F公司破产撤销权纠纷一案,不服温州市龙湾区人民法院(2014)温龙商初字第504号民事判决,向温州市中级人民法院提起上诉。

具体案情是,2008年5月14日,原告O公司与被告F公司签订一份编号为××××××××××号的《商品房买卖合同》(以下简称《购房合同》),合同约定的出卖人为F公司,买受人为O公司。2008年5月19日,本案购房合同进行了登记备案。2012年12月21日,O公司向温州经济技术开发区管理委员会提交一份《关于处置温州新世纪商务大厦房产的报告》,内容如下:因国际经济影响,资金困难,无力支付剩余房款。现我司要求F公司予以退房处理,并按银行同期利率支付我司预付款利息。2012年12月31日,温州经济技术开发区管委会作出专题会议纪要,主要内容如下:因受温州全市金融风波影响,企业资金出现困难,现难以支付剩余房款,要求F公司作退房处理。鉴于企业生产经营的实际情况,会议原则同意,解除O公司和F公司签订的原《购房合同》,O公司已支付的预付款(利息不计)按程序予以退还。2013年1月8日,O公司与F公司签订一份《协议书》,主要内容如下:(1)解除双方于2008年5月14日签订的《购房合同》。(2)协议生效30日内,F公司退还O公司已支付的预付款1466.0013万元,原F公司因该合同缴纳的印花税7330元由O公司承担,从预付款中扣除。若到期未退还预付款,该协议作废重新协商。(3)O公司收到退回的预付款3个月内搬离新世纪商务大厦a幢19楼。F公司暂收押金50万元,待搬离时退还。(4)协议履约后,双方不再追究各自此前的违约责任。

2 当事人诉求

2014年3月31日,O公司向一审法院起诉认为,双方签订的《购房合同》,是双方的真实意思表示,应属合法有效,为此双方均已经大部分履行了合同义务,交易的房屋已属于O公司

① 温州市中级人民法院(2014)浙温商终字第894号。

的财产，而且从2008年5月至2013年1月温州市场房价有大幅度上升。因此，2013年1月8日，双方按原价退还房屋的行为，属于明显不合理的价格进行交易。依据《企业破产法》第31条第1款第2项的规定，诉请依法判令：(1)撤销O公司与F公司双方于2013年1月8日签订的《协议书》；(2)案件诉讼费用由F公司负担。庭审中，O公司当庭补充陈述，房屋逾期交付达17个月有余，F公司并没有支付违约金，如果按照原价退房是以明显不合理的价格进行交易。

F公司辩称：(1)本案购房合同的标的物没有办理预告登记，而是备案登记。O公司没有证据证明本案已经办理预告登记，仅仅为合同备案不是不动产预告登记。故O公司主张该商品房属于O公司财产不合法，O公司对其不具有所有权。(2)本案解除购房合同的《协议书》，不存在以明显不合理的价格进行交易。O公司已经确认解除合同是因其不具有履行能力，向F公司提出退房，O公司的行为是根本违约，正是O公司自己提出要求退房，法律结果应为解除合同并由O公司承担违约金。O公司的退房要求经管委会的统一决定后，将购房款退还给O公司。不存在O公司所说的以明显不合理低价进行交易的事实，是合法的。F公司已经按照协议退还购房款，50万元押金仍在F公司处，因房屋被查封。现O公司已经将房屋的控制权返回F公司。O公司的行为对F公司造成严重损害，即使撤销交易，也无法维护交易的公平原则，因此，O公司要求解除协议书不合法，应当驳回。至于交付时间有延迟是有不可抗力的原因，不存在违约。O公司应当先履行支付购房款的行为，F公司再履行交付房屋的行为，O公司在之前也没有追究或主张F公司违约的责任。房价上升与本案是否以不合理价格进行交易没有关联，本案是O公司违约行为的结果处理，O公司不能支付购房款，应当退还房屋。F公司不追究O公司的违约责任，对O公司有利，不存在O公司所说的不合理价格交易。

一审判决后，O公司不服原审法院上述判决向温州市中级人民法院提起上诉，称：第一，原审法院事实认定有误。(1)原审法院于2013年9月17日裁定受理对O公司破产清算，并指定浙江Z律师事务所担任管理人。因O公司已进入破产清算程序，根据《企业破产法》的规定，不论解除协议是否系双方真实意思表示，只要该行为发生在人民法院受理破产申请前一年内，且该行为明显损害其他债权人利益的，管理人有权请求法院对该行为予以撤销。因此，一审法院认定2013年1月8日签订的解除购房合同的《协议书》，依法成立、合法有效，不正确。(2)解除协议按原价退回房屋，对O公司显失公平，交易价格明显不合理。首先，众所周知，从2008年至2013年温州房价大幅上扬，协议书表面上是对原房屋买卖合同的解除，实质上是对O公司的房屋权利进行处置，属于交易行为，该行为损害了其他所有债权人的利益。其次，《购房合同》约定涉案房屋总房价为1880.0018万元，O公司已支付了1466.0013万元，尚欠购房款414.0005万元。原合同约定O公司支付940.0018万元，剩余940万元按揭支付，但是，由于F公司手续不全的原因，无法办理按揭贷款，双方也没有另行变更付款约定，因此O公司并不存在逾期付款的情形；F公司已于2011年1月25日向O公司实际交付房屋，双方仅是还没有对购房款进行最后结算。最后，即使尾款按实际交付之日起计算逾期付款违约金，该违约金明显小于F公司因逾期交房需支付的违约金数额。因此，原审法院认定2013年1月8日的解除协议，为O公司挽回损失、减轻负担不正确。(3)O公司是依据《企业破产法》第31条的规定请求撤销解除协议,O公司如果放弃要求F公司承担违约责任,该行为本身就是O公司主张的撤销范围之内。因此,原审法院采信解除协议中“本协议履约后,双方不再追究各自此前的违约责任”不正确。第二,原审法院适用法律错误。本案是O公司的管理人根据《企业破产法》第31条的规定行使撤销权而提起诉讼,破产法属于特别法,合同法是属于普通法,原审法院根据合同法的规定作出判决,属于适用法律错误。据此,上诉人O公司请求二审法院:撤销原审判决,发回重审或依法改判撤销双方于2013年1月8日签订的《协议书》。

被上诉人F公司答辩:第一,原审认定的事实正确。本案作为破产管理人行使撤销权之诉,法院应当审理O公司主张撤销的买卖协议书是否是双方真实意思表示,是否符合法律规定,原审的相关裁判内容是正确。第二,双方于2013年1月8日签订解除协议,是在O公司违约不能继续履行《购房合同》之后,解除该合同所进行的行为,并不是O公司认为的双方另行达成买卖协议行为。第三,解除协议实际上对O公司有利。主要体现在:(1)F公司不存在违约行为。第一,按揭贷款不能办理不是F公司的原因,是属于银行信贷政策问题,与F公司无关;第二,涉案工程的延期交付是由于非F公司本身原因所导致的。(2)O公司逾期支付剩余购房款,存在违约行为,F公司可以拒绝交付房屋。(3)O公司告知F公司拒绝继续履行《购房合同》,因此,双方达成的解除协议书并不属于《企业破产法》中撤销权的行使范围。原审法院判决正确,请求维持。

3 一审法院观点

一审法院认为:O公司与F公司于2008年5月14日签订的《购房合同》是双方的真实意思表示,且内容不违反法律强制性规定,依法成立、合法生效。合同签订后,O公司支付了部分购房款,合同已经部分履行。在履行过程中,由于O公司自身资金出现困难,无力继续支付购房款,为此与F公司另行于2013年1月8日达成协议,解除合同、退房、退款。该份协议书也是双方的真实意思表示,且内容不违反法律强制性规定,依法成立、合法生效。与《购房合同》第7条买受人逾期付款的违约责任相比,2013年1月8日的协议大大减轻了O公司的负担,不存在显失公平的情形。而O公司在与F公司签订这份协议之前,经过向温州经济技术开发区管理委员会报告等过程,说明撤销合同的决定系其自主作出,不存在受到欺诈、胁迫的情形。该协议内容明确,F公司依照协议约定在30日内依约退还了购房款,已经履行乙方义务。O公司收取退回的购房款,没有提出任何异议,说明对该协议的内容和后果足够了解,不存在重大误解的情形。因此,O公司要求撤销双方2013年1月8日订立的协议不符合我国《合同法》第54条的规定,不予支持。至于O公司主张的从合同签订到解除期间温州房价大幅上扬、双方系以不合理价格进行交易的理由并不成立。双方2013年1月8日签订的协议并非一个新的房产交易,而是对之前的交易无法继续履行的不良后果的处理。无论房价上涨或下跌,如果依照双方签订的《购房合同》第7条的约定,O公司逾期支付购房款,F公司不仅有权解除合同,O公司还要为此支付违约金。而该协议免除了O公司依照《购房合同》第7条约定应当支付的违约金,已经为O公司挽回损失、减轻负担,是对O公司有利的协议,而不是以不合理价格进行交易。故该主张不予采信。O 公司主张 F 公司在合同履行过程中也存在迟延交付的违约,未承担相应责任。但合同尚未解除之前 O 公司并未就此向 F 公司提出主张,且在双方 2013 年 1 月 8 日达成的协议中明确约定“本协议履约后,双方不再追究各自此前的违约责任”。因此该理由同样不成为撤销协议的理由。O 公司主张合同备案登记后该房产已经属于 O 公司所有的理由不成立。我国《物权法》第 9 条规定:“不动产物权的设立、变更、转让和消灭,经依法登记,发生效力;未经登记,不发生效力,但法律另有规定的除外。”第 14 条规定:“不动产物权的设立、变更、转让和消灭,依照法律规定应当登记的,自记载于不动产登记簿时发生效力。”据此,所有权发生转移,要求不动产物权记载于不动产登记簿时才发生效力,而双方签订的《购房合同》尚未履行到这一步骤,故所有权并未转移。O 公司主张的备案登记就是预告登记的说法不准确。我国《城市房地产管理法》第 45 条第 2 款规定:“商品房预售人应当按照国家有关规定将预售合同报县级以上人民政府房地产管理部门和土地管理部门登记备案。”我国《物权法》第 20 条规定:“当事人签订买卖房屋或者其他不动产物权的协议,为保障将来实现物权,按照约定可以向登记机构申请预告登记。预告登记后,未经预告登记的权利人同意,处分该不动产的,不发生物权效力。预告登记后,债权消灭或者自能够进行不动产登记之日起三个月内未申请登记的,预告登记失效。”可见商品房预售登记备案与预告登记属于两种不同的制度,前者仅具有债权性质,不具有后者所具备的准物权的性质。本案《购房合同》签订于我国《物权法》生效之后,但双方没有进行预告登记,合同中也没有该项约定。F 公司依照《城市房地产管理法》的规定将合同进行的备案登记不是《物权法》所规定的预告登记,故 O 公司该理由也不成立。据此,一审法院依照《合同法》第 54 条、《民事诉讼法》第 64 条第 1 款、最高人民法院《关于民事诉讼证据的若干规定》第 2 条之规定,于 2014 年 4 月 25 日作出判决:驳回 O 公司的诉讼请求。

4　二审法院观点

温州市中级人民法院认为:本案是属于人民法院在审理企业破产清算案件中,因破产企业管理人认为债务人与受益人以明显不合理的价格进行交易,损害其他债权人利益,依照《企业破产法》第 31 条的规定向人民法院提起诉讼,要求人民法院撤销该交易行为而产生的破产衍生诉讼案件;其性质属破产撤销权纠纷。虽然原审法院将债务人 O 公司列为本案原告,原告诉讼主体表述不当,存在瑕疵,但是,管理人负责人已作为债务人的诉讼代表人参加原审诉讼,管理人已实际享有并行使诉讼权利。二审中,经二审法院释明后,O 公司要求将本案的上诉人(原审原告)变更为 O 公司管理人;F 公司亦明确表示同意。因此,为减少当事人的诉累,二审法院直接变更上诉人(原审原告)为 O 公司管理人;诉讼代表人为徐某某,该管理人负责人。本案双方当事人争议的是:O 公司与 F 公司于 2013 年 1 月 8 日签订《协议书》解除《购房合同》的行为,是否属于破产法规定的可撤销行为。二审法院认为,破产撤销权是破产法为防止债务人在丧失清偿能力的情况下,通过无偿转让、非正常交易或者偏袒性清偿债务等方法损害全体或者多数债权人利益,破坏公平清偿原则而设立的特殊制度。有关行为是否系债务人真实意思表示,并不影响管理人行使破产撤销权。本案中,O公司与F公司于2008年5月14日签订的《购房合同》,无论《购房合同》是否已经办理预登记,由于《购房合同》并不具有无效情形,为有效合同,且O公司已支付了大部分购房款,F公司也实际交付了房屋,合同已经部分履行,因此与涉案房产有关的财产权利属O公司所有。O公司未足额支付全部房款,是属于O公司对F公司负有债务,应承担清偿责任。合同履行中是否存在违约以及违约责任认定,也不影响涉案房产权益所有人的认定。因此,在2013年1月8日双方签订《协议书》之前,有关涉案房产的财产权利属O公司所有,属于O公司的财产。2013年1月8日双方签订《协议书》,解除《购房合同》并约定各自退还已付房款、房产,不再追究违约责任,其实质是O公司以自己的财产对F公司的余欠购房款进行清偿。该行为不仅涉及债务清偿问题,而且涉及用以清偿债务的财产价格是否合理问题。众所周知,2008年5月至2013年1月温州市场房价大幅度上升,《协议书》约定以《购房合同》约定的价格退还房屋,价格明显不合理。现该行为发生在法院受理O公司破产申请前一年内,符合《企业破产法》第31条第1款第2项的规定的情形,因此,管理人起诉请求予以撤销,应予以支持。最高人民法院《关于适用〈中华人民共和国企业破产法〉若干问题的规定(二)》第11条规定,“人民法院根据管理人的请求撤销涉及债务人财产的以明显不合理价格进行的交易的,买卖双方应当依法返还从对方获取的财产或者价款。因撤销该交易,对于债务人应返还受让人已支付价款所产生的债务,受让人请求作为共益债务清偿的,人民法院应予支持”。因此,《协议书》撤销后,F公司应将涉案房产返还给O公司,涉案房产应作为债务人财产由管理人依法处理。O公司应将F公司退还的1415.2683万元房款予以返还;如果不能返还,管理人应当将该债务作为共益债务在破产财产分配中予以支付。综上所述,上诉人O公司管理人的上诉理由充分,二审法院对其上诉请求予以支持。原审审理程序合法,事实认定基本正确,但适用法律错误,应予以纠正。依照《民事诉讼法》第170条第1款第2项之规定,判决如下:(1)撤销温州市龙湾区人民法院(2014)温龙商初字第504号民事判决;(2)撤销O公司与F公司于2013年1月8日签订的《协议书》。

专业释评

首先,出现两级法院不同的裁判观点,主要是对该案情的定位不同,二审法院认为该案是属于人民法院在审理企业破产清算案件中,因破产企业管理人认为债务人与受益人以明显不合理的价格进行交易,损害其他债权人利益,依照《企业破产法》第31条的规定向人民法院提起诉讼,要求人民法院撤销该交易行为而产生的破产衍生诉讼案件,可谓抓住了问题的核心要领;另外,从技术角度来说,双方2013年1月8日签订的《协议书》是否会存在非正常交易的问题,从2008年5月至2013年1月温州市场房价大幅度上升的情况就能一目了然的做出判断。所以,综合来看,二审法院的裁判合乎法理。

问题六　债权人的撤销权如何行使

案例　R金融租赁股份公司与J银行舟山定海支行债权人撤销权案①

1 案情简介

本案事实:2013年12月17日,R公司(甲方)与B公司(乙方)就甲方对H公司等拥有租金等债权签订《债权转让协议》一份,约定:(1)转让债权构成,甲方对H公司等拥有租金、违约金、律师费等债权7999余万元;(2)债权转让价格为6360万元。2015年2月9日,B公司与R公司债权转让所涉债权在H公司破产程序中受偿813.33余万元,该款由R公司实际取得。R公司以B公司系Z公司返还款项担保人为由,未将受偿债权交付给B公司。2015年10月9日,R公司再次起诉。2016年5月31日,舟山市定海区人民法院作出(2015)甬海法商初字第1027号民事判决,判决:(1)H公司支付R公司租金7022.78万元、律师费30,000元;(2)王某某、邬某某承担连带保证责任。

2015年5月30日,一审法院经Z公司申请作出(2015)舟定商破(预)字第4-1号民事裁定:受理Z公司的重整申请。2015年8月6日和8月14日,Z公司管理人向J银行定海支行出具《核查意见》各一份,披露B公司与R公司《债权转让协议》相关内容。截至2015年11月6日,J银行定海支行申报债权11.54余亿元,建议临时债权额5.71余亿元。

2 当事人诉求

上诉人上诉请求:撤销原审判决,改判驳回被上诉人的原审诉讼请求。事实和理由:根据《合同法》及相关司法解释的规定,行使撤销权需要同时满足以下条件:一是行使撤销权的主体为债权人;二是交易价格明显不合理;三是损害债权人合法利益;四是受让人知道该情形,且主观上存在恶意。但是具体到本案中,被上诉人行使撤销权并不能满足上述条件,具体理由为:(1)被上诉人不具备债权人身份。被上诉人是浙江Z造船有限公司(以下简称Z公司)的债权人,而非B公司的债权人,虽然B公司与Z公司等合并破产,但申报债权时,各家公司是明确分别申报的,不存在因合并破产而导致被上诉人为B公司债权人的情形。(2)上诉人与原审被告之间的债权转让不存在明显不合理高价。(2016)浙民终357号民事判决书已经确认上诉人与原审被告之间的债权转让系双方真实意思表示,不违反我国法律法规的相关规定。(3)上诉人与原审被告之间的债权转让并没有损害被上诉人利益,且上诉人主观上没有恶意。

被上诉人辩称,1.答辩人具有债权人身份。Z公司、B公司等四家公司因相互之间业务、

① 舟山市中级人民法院(2017)浙09民终132号。

人员、资产、债务、资金等严重混同,被法院裁定合并重整。因此,在无法区分B公司独立财产的情况下,四家公司是以其整体财产对四家公司的全部债权人概括性承担清偿责任。故答辩人对B公司、Z公司等四家公司享有合法债权,具有债权人身份。2.涉案债权转让属于明显不合理高价。3.涉案债权转让影响了B公司的偿债能力,实际损害了包括被上诉人在内的全体债权人的利益。4.依照最高人民法院《关于适用〈中华人民共和国企业破产法〉若干问题的规定(二)》第13条的规定,原审判决上诉人向原审被告返还财产并无不当。综上,上诉人的上诉缺乏事实和法律依据,请求二审法院驳回上诉,维持原判。

J银行定海支行向一审法院起诉请求:(1)撤销B公司与R公司于2013年12月17日签订的《债权转让协议》;(2)R公司向B公司返还债权转让款6360万元,并按中国人民银行同期贷款利率支付6360万元占用期间的利息;(3)B公司、R公司共同赔偿J银行定海支行为行使撤销权支付的律师代理费9.9万元。

3 一审法院观点

一审法院认为,《合同法》第74条规定:因债务人放弃其到期债权或者无偿转让财产,对债权人造成损害的,债权人可以请求人民法院撤销债务人的行为。债务人以明显不合理的低价转让财产,对债权人造成损害,并且受让人知道该情形的,债权人也可以请求人民法院撤销债务人的行为。最高人民法院《关于适用〈中华人民共和国合同法〉若干问题的解释(二)》第19条第3款规定:债务人以明显不合理的高价收购他人财产,人民法院可以根据债权人的申请,参照《合同法》第74条的规定予以撤销。案件中,R公司作为债权转让的受益人,其诉讼地位应为第三人,该院将其被告身份变更为第三人。J银行定海支行提起债权人撤销权,撤销权的诉讼请求能否得到支持,应符合下列条件,这也是案件当事人的争议焦点:(1)J银行定海支行是否属债权人撤销权的债权人;(2)R公司与B公司的债权转让交易价格是否属明显不合理的高价;(3)债权转让行为是否对J银行定海支行造成损害及R公司是否知道该情形;(4)J银行定海支行是否享有返还财产的请求权。

关于争议焦点一。J银行定海支行在Z公司等四家关联公司合并破产重整案中申报债权11.54余亿元,管理人建议临时债权额5.71余亿元。R公司主张J银行定海支行是Z公司的债权人,并不是B公司的债权人,因Z公司、B公司等四家公司相互之间的业务、人员、资产、债务、资金等严重混同,该院已将四家公司合并破产重整,且B公司支付R公司债权转让款来源于Z公司,故对R公司的主张不予采纳,认定J银行定海支行为B公司、Z公司等四家关联公司的债权人,属债权人撤销权的债权人。

关于争议焦点二。债权转让所涉的R公司对H公司、王某某、邬某某等拥有租金等债权7999余万元,宁波海事法院判决确认的债权为7025万元,债权转让价格为6360万元。虽然从协议的表面上来看,转让价并不属于明显不合理的高价,但从债权可实现的实际情况分析:(1)主债务人H公司自2013年起被市场监督管理机关列入经营异常名录,且H公司在2013年度未向税务机关进行纳税申报,实际上也未经营,法人走逃而被税务机关评估为非正常企业,其偿还债务存在困难。(2)在《债权转让协议》签订的前后期间,H 公司有 10 余件作为被执行人的法院执行案件,连带保证债务人王某某、邬某某均有若干件作为被执行人的法院执行案件,浙江 HJ 工程有限公司(以下简称 HJ 公司)、王某某未履行生效裁判执行案件金额均超 1 亿元,邬某某超 5000 万元。(3)R 公司抗辩转让债权仍有清偿的条件与可能,但 R 公司未能举证证明该债务的清偿率。由此可见,各债务人履行能力低下,债权实现率低。故认定 R 公司属以明显不合理的高价转让债权。

关于争议焦点三。(1)B 公司等四家关联公司现处于破产重整中,B 公司的债权如得不到享有,势必会影响 B 公司等四家关联公司破产重整的顺利进行及损害 B 公司等四家关联公司的债权人利益。(2)R 公司作为原 H 公司及相关债务人的债权人,按常理会时刻关注 H 公司及相关债务人的清偿能力。但在债权转让前,主债务人 H 公司已被市场监督管理机关列入经营异常名录、因法人走逃被税务机关列为非正常企业。现 H 公司营业期限已届满,H 公司、王某某均有超 1 亿元的债务未清偿,邬某某有超 5000 万元的债务未清偿,R 公司对此应当知情。(3)R 公司未将债权转让事项通知 HJ 公司等相关债务人,并且仍以自己的名义主张权利,实际受偿 813 万元,但 B 公司未取得上述款项,致使《债权转让协议》签订后已逾三年,B 公司未得分文,债权转让形同虚设。故认定 R 公司知道高价转让债权会对 J 银行定海支行等债权人造成损害,具有恶意。

关于争议焦点四。虽然债权人撤销权的相关法律条文仅涉及债权人可以请求人民法院撤销债务人的行为,未涉及返还财产的请求权,但法律未规定,并不等于债权人没有返还财产的请求权。债权人行使撤销权的目的不仅是撤销债务人处分财产的行为,而在于要求受让人返还所得财产,从而使债务人责任财产得以恢复,债权人的债权得以保全。如果债权人没有返还财产的请求权,那么债权人为了达到保全债权的目的,除了行使撤销债务人处分行为外,还必须要求债务人向受让人提出因处分行为被撤销而返还财产的诉讼或债权人自己提出代位权诉讼,请求受让人返还财产,这显然不符合设立债权保全制度的目的。所以,债权人行使撤销权撤销债务人处分财产行为时可对受让人提出返还财产的请求。故对 R 公司主张的 J 银行定海支行无返还财产请求权,不予采纳。

综上所述,B 公司以明显不合理的高价收购 R 公司对 H 公司等债务人享有的债权,对 J 银行定海支行等 B 公司等四家关联公司的债权人造成损害,并且 R 公司知道该情形,J 银行定海支行可以请求撤销债权转让行为,故对 J 银行定海支行要求撤销 B 公司与 R 公司于 2013 年 12 月 17 日签订的《债权转让协议》的诉讼请求予以支持。合同被撤销后,因合同取得的财产应当返还,有过错的一方应当赔偿对方因此所受到的损失,双方都有过错的,应当各自承担相应责任。故对 J 银行定海支行要求 R 公司向 B 公司返还债权转让款 6360 万元的诉讼请求予以支持。对于 J 银行定海支行要求 R 公司按银行同期贷款利率支付 6360 万元占用期间的利息的诉讼请求,因 R 公司占有 6360 万元确实对 B 公司造成损失,B 公司和 R 公司对该损失均有过错,J 银行定海支行要求 R 公司赔偿 B 公司 6360 万元按银行同期贷款利率计算的利息损失尚属合理,予以支持。返还款 6360 万元及利息损失的利益归属于 B 公司及另外三家关联公司的全体债权人。对于 J 银行定海支行要求 B 公司、R 公司赔偿 J 银行定海支行为行使撤销权所支付的律师代理费 9.90 万元的诉讼请求，因律师代理费 9.90 万元属 J 银行定海支行行使撤销权所支付的必要费用；鉴于 R 公司有过错，故律师代理费 9.9 万元由 B 公司、R 公司各半承担。

4 二审法院观点

舟山市中级人民法院认为，根据《合同法》第 74 条、最高人民法院《关于适用〈中华人民共和国企业破产法〉若干问题的司法解释（二）》第 13 条的规定，受让人有偿受让债务人的财产时，债权人主张撤销权一般需满足以下条件：(1)债权人对债务人享有债权；(2)债务人为对债权人造成损害的行为；(3)受让人知道债务人所为行为对债权人造成损害。本案中，J 银行定海支行行使债权人撤销权，满足上述条件，应予支持。具体为：

（一）J 银行定海支行对 B 公司享有债权。本案中，双方当事人对 J 银行定海支行在 Z 公司、B 公司等四家关联公司合并破产重整案中申报过债权且实际享有债权一节事实，均无异议。虽 J 银行定海支行将款项出借给 Z 公司，债权也申报在 Z 公司名下，但 Z 公司、B 公司等四家公司系因其相互之间的业务、人员、资产、债务、资金等严重混同，才合并破产重整，J 银行定海支行以此主张 Z 公司、B 公司等四家关联破产企业应对四家企业的对外债务承担概括性清偿责任，各企业的债权人均为四家关联破产企业的债权人，有事实和法律依据。一审认定 J 银行定海支行为本案适格主体，对 B 公司享有债权，并无不当，应予以支持。

（二）B 公司以明显不合理价格受让 R 公司债权的行为，对 J 银行定海支行造成损害。B 公司受让 R 公司对 H 公司、王某某、邬某某等的债权前后，H 公司、王某某、邬某某在法院有多起诉讼、执行案件，对外负有较多债务，且债权转让发生当年，H 公司未按规定期限公示年度报告，后被舟山市市场监督管理局普陀分局列入经营异常名录，另 H 公司在 2013 年度未向税务机关进行纳税申报，也未实际进行经营，并有法人走逃而被税务机关评估为非正常企业情形，结合 Z 公司、B 公司等四家为关联企业，该四家企业与 H 公司在经营范围、所处地域有较大交集的情形下，理应认识到受让债权实现困难的现实风险。在此情形下，B 公司仍以接近 R 公司实际享有的债权金额受让债权，理应认定该转让价格为明显不合理价格。而自 2012 年 12 月起，J 银行定海支行与 Z 公司之间分别签订了《银行承兑协议》《国内信用证合同》《贸易融资合同》《人民币流动资金贷款合同》等系列融资合同，后 J 银行定海支行实际按约向 Z 公司发放贷款、垫付承兑票款等，B 公司以明显不合理价格受让 R 公司债权的行为实际减少了其可供清偿 J 银行定海支行债务的财产，理应认定 B 公司受让 R 公司债权的行为对 J 银行定海支行造成损害。浙江省高级人民法院(2016)浙民终 357 号民事判决书明确“如果 Z 公司、HJ 公司、B 公司的债权人认为债权转让存在无效、可撤销的情况，可通过另案解决，如获支持其利益归属于全体债权人”，不存在上诉人主张的生效判决文书确认本案所涉债权转让合同有效的事实。

（三）受让人知道债务人所为行为对债权人造成损害。B 公司以明显不合理价格受让本案所涉债权，降低了其实际偿债能力，对于其债权人实际造成了损害。而作为债权转让方，R

公司对于转让债权的债务人即H公司、王某某、邬某某的偿债能力应有了解，在H公司、王某某、邬某某存在明显不能偿债可能的情形下，B公司仍以接近所转让债权的实际金额受让债权，应当预见到会对B公司的债权人实际造成损害。一审结合R公司未将债权转让事项告知H公司，并仍以自己的名义向H公司主张权利，实际所得的清偿款也未实际交付B公司，判决认定R公司对B公司明知债权转让会对B公司的债权人造成损害，应为正确，二审法院予以支持。

根据最高人民法院《关于适用〈中华人民共和国企业破产法〉若干问题的规定（二）》第13条规定，债权人行使撤销权的，不仅可以请求撤销债务人所为的对债权人造成损害的行为，还可以请求受益人将利益返还债务人，以使财产归入破产案件中的债务人财产。本案中，在债权人J银行定海支行提供充分证据证明B公司存在以明显不合理价格受让债权损害债权人利益，且R公司对此明知并有过错的情况下，R公司理应向B公司返还B公司支付的价款本金及孳息。一审判决R公司返还B公司债权转让款6360万元，并自B公司具体支付6360万元时起按中国人民银行同期贷款基准利率支付利息，并无不当。

对于R公司是否应对J银行定海支行因主张债权人撤销权而支付的律师费承担责任一节，B公司与R公司在明知B公司以明显不合理价格受让债权会损害B公司债权人的情形下，仍为债权转让之事，造成B公司的债权人J银行定海支行因行使债权人撤销权而支付合理律师代理费，理应承担赔偿责任，一审认定B公司、R公司各半支付，即B公司支付4.95万元、R公司支付4.95万元，应为合理，二审法院予以支持。

综上所述，判决如下：驳回上诉，维持原判。

专业释评

债权人撤销权，是指债权人对于债务人所实施的危害债权的行为，可请求法院予以撤销的权利。《合同法》第74条规定："因债务人放弃其到期债权或者无偿转让财产，对债权人造成损害的，债权人可以请求人民法院撤销债务人的行为。债务人以明显不合理的低价转让财产，对债权人造成损害，并且受让人知道该情形的，债权人也可以请求人民法院撤销债务人的行为。"破产撤销权，是指破产财产的管理人对破产人在破产宣告前法定期间内进行的损害破产债权人共同利益的行为，有否认其效力，申请法院予以撤销，恢复原状，并追回转让财产的权利。

就本案而言，既涉及债权人撤销权行使的法律规定，也涉及相关责任人进入破产重整程序，在满足了两部法律有关撤销权的条件后，即可行使撤销权。

专题四　破产重整与和解

问题一　破产重整是否影响执行异议之诉

案例　Z信托有限公司与重庆D房地产开发集团有限公司执行异议之诉案[①]

1 案情简介

上诉人(原审原告、申请执行人):Z 信托有限责任公司(以下简称 Z 信托公司)。

法定代表人:牛某某,该公司董事长。

被上诉人(原审被告、被执行人):重庆 D 房地产开发集团有限公司(以下简称 D 地产公司)。

管理人:重庆 L 律师事务所。

负责人:徐某某,该所主任。

被上诉人(原审被告、被执行人):张某某。

被上诉人(原审被告、被执行人):张某。

被上诉人(原审被告、案外人):杨某某。

上诉人 Z 信托公司因与被上诉人 D 地产公司、张某某、张某、杨某某申请执行人执行异议之诉一案,不服重庆市高级人民法院(以下简称重庆高院)(2017)渝民初 34 号民事裁定,向最高人民法院提起上诉。

2 当事人诉求

Z 信托公司上诉请求:撤销一审裁定,指令一审法院对本案进行审理。主要事实及理由:1. 本案起诉符合《中华人民共和国民事诉讼法》(以下简称民事诉讼法)及最高人民法院《关于适用〈中华人民共和国民事诉讼法〉的解释》(以下简称民事诉讼法司法解释)相关规定的起诉条件,一审法院裁定驳回起诉属于法律适用错误。一审法院以不影响 Z 信托公司的程序性权利和实体权利为由驳回起诉,并非驳回起诉的法定理由。《企业破产法》第 20 条规定,在人民法院受理破产申请后已经开始而尚未终结的有关债务人的民事诉讼应当中止,在管理人接管债务人的财产后,该诉讼继续进行。本案是在人民法院受理 D 地产公司破产重整申请之前起诉,Z 信托公司依法具有诉讼权利。2. 根据最高人民法院《关于适用〈中华人民共和国民事诉讼法〉的解释》第 316 条的规定,驳回 Z 信托公司的起诉等同于“申请执行人在法律规定的期间内未提起执行异议之诉”,导致 Z 信托公司失去对案涉不动产(抵押物)的执行权。涉案财产在重庆市第五中级人民法院(以下简称重庆五中院)受理破产重整前已被巴南区法院强制

---

① 最高人民法院(2017)最高法民终 749 号。

执行过户，如不恢复执行，Z 信托公司将失去在 D 地产公司破产程序中的权利救济途径。Z 信托公司主张执行异议之诉的实质是要行使其抵押权以对抗案外人的权利，如果 Z 信托公司丧失对案涉不动产强制执行的合法性和可能性，而案涉不动产又在强制执行期间被违法过户，Z 信托公司的实体权利成为破产程序中的普通债权，将很难得到受偿。而且，Z 信托公司无法对 D 地产公司的破产分配方案提起诉讼。综上所述，本案应当受理并在管理人接管财产后继续审理，审理结果应当作为受理破产重整申请的人民法院确定债权表、分配方案及处理相关案件的依据。

D 地产公司、张某、张某某、杨某某未提交答辩意见。

3 一审法院观点

Z 信托公司向一审法院起诉请求：(1) 判决判决对重庆市巴南区某楼负 1－21 车库 349 号车位准予执行；(2) 本案诉讼费用由 D 地产公司、张某某、张某、杨某某负担。

一审法院认定，一审审理过程中，重庆五中院于 2017 年 6 月 1 日作出(2017)渝 05 破申 17 号民事裁定，裁定 D 地产公司进入破产重整程序。

一审法院认为，因本案被执行人 D 地产公司已进入破产重整程序，故 Z 信托公司的起诉应予驳回。理由：(1) 裁定驳回 Z 信托公司的起诉符合《企业破产法》相关规定，不影响其程序性权利。首先，Z 信托公司的担保债权应当暂停行使。依据《企业破产法》第 75 条"在重整期间，对债务人的特定财产享有的担保权暂停行使。但是，担保物有损坏或者价值明显减少的可能，足以危害担保权人权利的，担保权人可以向人民法院请求恢复行使担保权"的规定，因 Z 信托公司并未就担保物价值可能减损提供证据加以证明，故依据前述法律规定，Z 信托公司享有的担保债权应当暂停行使，其据此提起的执行异议之诉暂无程序法的请求权基础。其次，Z 信托公司应当依照《企业破产法》的规定申报债权。Z 信托公司应当依据《企业破产法》第 44 条、第 57 条、第 58 条的规定向破产管理人申报债权，如其对管理人编制的债权表登记的债权数额、债权性质和种类有异议的，可在破产程序中另行提起诉讼。最后，如人民法院在重整期间经审查发现债务人 D 地产公司不符合《企业破产法》第 2 条规定的情形，将依据该法第 12 条第 2 款裁定驳回申请；或者依照该法第 108 条的规定裁定终结破产程序，该两种情形均表明债务人财产足以清偿债权人的债权或债务人具备清偿债权的能力，Z 信托公司的实体权利足以保障，人民法院应当恢复执行程序，在执行程序中如 Z 信托公司仍有异议，可提起执行异议或执行异议之诉对其权利进行救济。(2) Z 信托公司对 D 地产公司享有的债权在破产重整程序中有清偿的可能，本案裁定驳回 Z 信托公司的起诉对其实体权利实现并无影响。首先，企业重整是对可能或者已经具备破产原因但有挽救希望的债务人，通过各方协商并借助法律规定强制性的调整各方利益，对债务人进行生产经营上的整顿和债权债务关系上的清理，使其摆脱困境、恢复生机的法律制度。依据《企业破产法》第 81 条规定，在 D 地产公司破产重整期间，Z 信托公司对 D 地产公司享有的担保债权可能基于债务人重整而具备清偿条件，故 Z 信托公司提起本案执行异议之诉已无实际意义。其次，如 D 地产公司破产重整不成功，人民法院应当依照《企业破产法》第88条的规定裁定终止重整程序,并宣告债务人D地产公司破产。此时进入破产清算程序,执行程序终结,本案执行异议之诉亦无存在的程序性基础,Z信托公司的债权可以通过人民法院裁定认可的破产财产分配方案由破产管理人执行后得以部分或全部实现,故在本案驳回起诉后其实体权利的实现在破产财产分配中亦不受影响。综上所述,因重庆五中院在本案一审审理期间裁定受理D地产公司的破产重整申请,故Z信托公司的起诉应予驳回。一审法院依照《企业破产法》第2条、第12条、第44条、第48条、第57条、第58条、第75条、第81条、第88条、第108条,《民事诉讼法》第119条、第154条第1款第3项,最高人民法院《关于适用〈中华人民共和国民事诉讼法〉的解释》第208条第3款规定,裁定:驳回Z信托公司的起诉。

4 最高人民法院观点

最高人民法院经审查,Z信托公司依据北京市方圆公证处于2015年11月2日作出的(2015)京方圆执字第0195号《执行证书》向重庆高院申请对D地产公司及保证人张某某、张某强制执行。重庆高院于2015年11月27日作出(2015)渝高法公执字第00006号执行裁定,查封了D地产公司名下位于重庆市××云锦路××住宅、某楼负1－21车库(停车用房建筑面积37,922.8平方米,产权证号:202房地证2014字第001590号)等财产,Z信托公司为上述财产的抵押权人。执行程序中,案外人杨某某向重庆高院提出执行异议,主张被执行财产其中某楼负1－21车库349号车位系其与D地产公司置换所得,并已实际占有、使用该车位,请求解除对该车位的查封。2016年12月20日,重庆高院作出(2016)渝执异52号执行裁定,裁定中止对重庆市巴南区某楼负1－21车库349号车位的执行。Z信托公司不服该执行裁定,向重庆高院提起本案诉讼。另查,2017年6月30日,重庆五中院作出(2017)渝05破44号决定书,指定重庆LD律师事务所担任D地产公司破产重整一案管理人。

最高人民法院认为,本案二审审理的焦点为:Z信托公司提起的申请执行人执行异议之诉是否因被执行人经人民法院裁定受理其破产重整申请而失去诉的权利,一审法院裁定驳回Z信托公司的起诉是否正确。

本案系Z信托公司提起的申请执行人执行异议之诉。执行异议之诉作为一种特殊的审判程序,目的是请求人民法院排除或者继续对特定执行标的进行执行。人民法院对其起诉是否受理,应审查是否符合民事诉讼法规定的起诉条件和民事诉讼法司法解释规定的申请执行人提起执行异议之诉的起诉条件。经查,Z信托公司对D地产公司名下的车位申请强制执行,但执行程序因案外人杨某某提出执行异议而中止。Z信托公司作为申请执行人向重庆高院提起执行异议之诉,欲实现其抵押权和债权,其起诉符合《民事诉讼法》第119条及最高人民法院《关于适用〈中华人民共和国民事诉讼法〉的解释》第306条规定,依法应予受理。简言之,Z信托公司对于案涉权益具备诉的利益,且提起的是一个独立的民事诉讼,对其程序性的诉讼权利应予保护。

执行异议之诉的本质是一个独立的审判程序,虽因执行程序而产生,但并非执行程序。Z

信托公司在执行程序中提起的执行异议之诉,目的是寻求对其担保物权优先受偿权进行保护的救济。本案提起执行异议之诉期间,被执行人D地产公司进入破产重整程序,按照《企业破产法》第20条之规定,“人民法院受理破产申请后,已经开始而尚未终结的有关债务人的民事诉讼或者仲裁应当中止;在管理人接管债务人的财产后,该诉讼或者仲裁继续进行”。本案一审期间,被执行人的管理人尚未确定,本应裁定中止审理。一审裁定作出后,受理被执行人破产重整申请的人民法院已确定其管理人,可以代表被执行人继续参与诉讼,故本案应当继续审理。破产重整程序是对债务人财产进行清理或重整的法定程序,但无论破产企业最终是重整或清算,均不能替代对债权人债权优先性的实体确定。破产重整程序启动,执行程序应当终结尚无法律依据,而裁定驳回因执行程序产生的执行异议之诉更无法律依据,即便其实体请求未必得到支持,但其之前已经行使的诉权并不因此而加以否定。

本案中,案外人提起的执行异议是否足以阻却执行,以及是否可以对抗Z信托公司的实体权利,均系本案执行异议之诉进入实体审理的审理范围,且通过执行异议之诉的审理确认各方当事人的实体权益,是破产重整程序中确认债务人破产财产范围的前提和依据之一。一审法院以Z信托公司可依据《企业破产法》申报债权以及其债权在破产重整程序中有清偿可能性,将执行异议之诉并入破产程序对当事人权益更有保障,裁定驳回其起诉对其实体权利的实现并无影响的论述,亦系需要在实体审理中认定的问题,并非审查Z信托公司是否具有诉权所要考虑的问题。一审法院以Z信托公司提起的执行异议之诉无程序性基础为由裁定驳回其起诉,适用法律错误,应予纠正。

综上所述,Z信托公司的上诉请求于法有据,最高人民法院予以支持。依照《民事诉讼法》第171条,最高人民法院《关于适用〈中华人民共和国民事诉讼法〉的解释》第332条的规定,裁定如下:(1)撤销重庆高院(2017)渝民初34号民事裁定;(2)本案指令重庆高院审理。

专业释评

根据《民事诉讼法》的相关规定,只要当事人有明确的被告,有具体的诉讼请求与事实理由,属于法院的受理范围,就可以向法院起诉。按照《企业破产法》第20条之规定,“人民法院受理破产申请后,已经开始而尚未终结的有关债务人的民事诉讼或者仲裁应当中止;在管理人接管债务人的财产后,该诉讼或者仲裁继续进行”。该条规定的目的是既要保障破产过程中法院管辖的统一,也要保障个别当事人诉权的实现。另外,执行异议之诉的本质是一个独立的审判程序,虽因执行程序而产生,但并非执行程序。所以,《企业破产法》第19条规定的“人民法院受理破产申请后,有关债务人财产的执行程序应当中止”的意思与执行异议之诉并不是一回事。

就本案而言,一审法院以Z信托公司提起的执行异议之诉无程序性基础为由裁定驳回其起诉,显然没有法律依据。

问题二 如何理解破产重整的条件

案例一 G银行股份有限公司邵阳广场支行与邵阳市Z总厂申请破产重整案[①]

1 案情简介

再审申请人(一审申请人、二审上诉人):G银行股份有限公司邵阳广场支行(以下简称G行邵阳广场支行)。

负责人:向某某。

被申请人:(一审被申请人、二审被上诉人):邵阳市Z总厂。

法定代表人:罗某某。

再审申请人G行邵阳广场支行因与被申请人邵阳市Z总厂申请破产重整纠纷一案,不服湖南省高级人民法院(2016)湘民终165号民事裁定,向最高人民法院申请再审。

2 当事人诉求

G行邵阳广场支行向最高人民法院申请再审称,原裁定适用法律不当。根据《企业破产法》的规定,是否受理破产申请,主要审查债务人是否不能清偿到期债务。邵阳市Z总厂不能清偿到期债务,且资产不足以清偿全部债务,再审申请人申请对其进行破产重整,符合法律规定。故依据《民事诉讼法》第200条第6项的规定申请再审。

3 最高人民法院观点

最高人民法院认为,本案的主要问题是:邵阳市Z总厂是否符合破产重整的条件。

根据《企业破产法》第2条"企业法人不能清偿到期债务,并且资产不足以清偿全部债务或者明显缺乏清偿能力的,依照本法规定清理债务。企业法人有前款规定情形,或者有明显丧失清偿能力可能的,可以依照本法规定进行重整"之规定,重整得依法进行,并非所有符合破产条件的企业都会进行重整,企业在具有重整价值和重整能力的情况下,才可能达到重整的目的。邵阳市Z总厂自1996年停产至今20余年,在客观上不具备重整条件,且缺乏重整意愿,原裁定认定该厂无法进行破产重整并无不当,G行邵阳广场支行的再审申请理由不能成立。

综上所述,G行邵阳广场支行的再审申请不符合《民事诉讼法》第200条规定的情形。最高人民法院依照《民事诉讼法》第204条第1款、最高人民法院《关于适用〈中华人民共和国民

---

① 最高人民法院(2017)最高法民申2214号。

事诉讼法〉的解释》第 395 条第 2 款的规定，裁定如下：驳回 G 行邵阳广场支行的再审申请。

案例二 潮州市Y能源有限公司申请破产重整案①

1 案情简介

上诉人（原审申请人）：潮州市 Y 能源有限公司（以下简称 Y 能源公司）。

法定代表人：林某某，该公司执行董事。

上诉人 Y 能源公司因申请破产重整一案，不服广东省饶平县人民法院（2017）粤 5122 破申 1 号民事裁定，向潮州市中级人民法院提起上诉。

一审法院另查明：收到 Y 能源公司的申请后，一审法院根据广东省高级人民法院《关于加强企业破产案件立案受理工作若干问题的意见》（粤高法〔2017〕85 号）在法定期间书面告知 Y 能源公司应当依照《企业破产法》第 8 条的规定补充、补正证据材料，Y 能源公司亦于收到告知书之日起 10 日内补充了部分证据材料，但仍然缺乏有关证据，如 Y 能源公司未提交全体股东（投资人）同意其重整的文件等。

2 一审法院观点

一审法院认为：Y 能源公司作为债务人直接向人民法院申请重整，符合《企业破产法》对重整申请主体的规定。但 Y 能源公司申请破产重整，未能依法提交申请所需的齐备证据，依照《企业破产法》第 8 条、《民事诉讼法》第 154 条第 1 款第 1 项之规定，裁定：对 Y 能源公司的重整申请，一审法院不予受理。

3 当事人诉求

Y 能源公司不服，向潮州市中级人民法院上诉请求：撤销一审民事裁定，依法裁定受理 Y 能源公司的重整申请。事实与理由：1. 一审法院的审理程序不符合法律规定。2017 年 12 月 7 日，Y 能源公司向一审法院提交申请材料，一审法院立案庭向 Y 能源公司出具了诉讼材料接收凭证。随后，一审法院向 Y 能源公司送达了立案通知书。2018 年 1 月 19 日，Y 能源公司收到一审法院的民事裁定书，一审法院称 Y 能源公司未提交全体股东（投资人）同意其重整的文件等，据此认为 Y 能源公司未提交申请所需的齐备证据，对 Y 能源公司的重整申请不予以受理。Y 能源公司认为，Y 能源公司所提交的股东会决议的签字股东人数和持股比例，已满足公司章程中规定的该事项决议所需股东持股比例，无须提交全体股东签字的股东会决议。另外，根据最高人民法院《关于破产案件立案受理有关问题的通知》第 2 条及《关于人民法院登记立

① 潮州市中级人民法院（2018）粤 51 破终 1 号。

案若干问题的规定》第 7 条的规定，对于当事人提供的立案申请材料，如不符合要求的，法院应以书面形式一次性告知应当补充、补正的材料。而一审法院在未明确告知 Y 能源公司具体需要补充或补正哪个文件的情况下，直接裁定不予受理 Y 能源公司的重整申请，不管在程序上还是实体审查方面明显不符合法律规定。2. Y 能源公司的重整申请符合相关法律规定。Y 能源公司认为虽自身不能清偿到期债务且资产不足以清偿全部债务，但 Y 能源公司具有重整价值，且重整具有可行性和可操作性，对 Y 能源公司进行重整将有利于 Y 能源公司走出困境，避免公司走向破产的境地，也有利于更好地维护公司债权人的合法利益。3. Y 能源公司申请重整具有可行性和必要性。(1) Y 能源公司具有重整价值。Y 能源公司虽然资不抵债，但其名下位于广州市海珠区×××路 68 号 2301 房的房产、位于饶平县的××××钼多金属矿场、位于饶平县的××××铅锌矿场，均具有较大的市场价值。同时，Y 能源公司拥有各类航运资质及资源开发、贸易资质，日常业务及收入稳定。另外，Y 能源公司作为多家船务及矿业公司的控股股东，旗下各子公司拥有多辆船舶及矿场，运营情况均极为良好，足以证明公司具有重整价值。(2) 对 Y 能源公司进行重整，将有利于更好地保护债权人和股东权益，同时也最大限度的保护职工的合法权益。(3) Y 能源公司的几大股东林某某、林某某、林某某均具有重整的强烈意愿，均能服从重整程序。4. Y 能源公司已为顺利重整做好相关的妥善安排。Y 能源公司将根据法律、法规等对拖欠的员工工资、社保等费用予以落实，最大限度保护员工的合法权益。

4　二审法院观点

潮州市中级人民法院认为：破产重整的对象应当是具有挽救价值和可能的困境企业。从 Y 能源公司提供的材料及陈述来看，Y 能源公司的对外债务主要为金融债务，大约为 26 亿元，其他债务约为 5 亿元。上述债务中，有抵押权的债务约为 6 亿元。从上述资料来看，Y 能源公司的债务较为沉重，偿还债务的压力极大。Y 能源公司不是生产型企业，其主要业务为能源贸易、投资矿产等，公司的经营模式为家族式经营，公司的 8 位股东均具有亲戚关系。Y 能源公司的核心资产包括位于广东省广州市海珠区×××路 68 号 2301 房的房产、位于饶平县的××××钼多金属矿场、位于饶平县的××××铅锌矿场等。按照 Y 能源公司提供的资料，上述资产的评估价值合计约为 6000 多万元，且均作为向银行借款的抵押物。Y 能源公司所称的船队资产实际上是其子公司的资产，不是该公司的资产，且按照 Y 能源公司所述也是作为金融借款的抵押物。从 Y 能源公司提供的材料来看，Y 能源公司以能源贸易、投资矿产等为主业，在该经营模式下，公司未能摆脱负债沉重的局面。Y 能源公司提交的材料不足以证明 Y 能源公司具有优质的资产可予整合或有较强的经营能力，其提交的资料也不足以证明 Y 能源公司确有挽救希望，具备重整价值，并可通过重整程序达到维持持续经营，并获得经济利益以偿还债务和摆脱困境。Y 能源公司虽然在诉讼中提交了重整可行性报告，但其至今未能找到重组方，也未能提供资金注入方案。该报告设想以停止计算贷款利息，在一段时间内处理公司机械设备等动产，公司继续经营产生利润作为债权受偿方案，但未能提供可用以偿还债务的资金来源或是可予变现的巨额资产，该报告缺乏可行性。参照《全国法院破产审判工作会议纪要》（法〔2018〕53号）关于“人民法院在审查重整申请时，根据债务人的资产状况、技术工艺、生产销售、行业前景等因素，能够认定债务人明显不具备重整价值以及拯救可能性的，应裁定不予受理”的会议精神，对Y能源公司的破产重整申请应不予准许。一审法院以Y能源公司提供的材料不完善作为不予受理的理由欠妥，但处理结果正确，依法应予维持。

综上所述，裁定如下：驳回上诉，维持原裁定。

案例三 高某某与广东Z实业开发有限公司破产重整纠纷案[①]

1 案情简介

申请人：高某某。

被申请人：广东Z实业开发有限公司（以下简称Z公司）。

法定代表人：钟某某。

法院查明：Z公司是法人独资的有限责任公司，于2006年6月23日经惠州市惠城区市场监督管理局核准成立，注册资本为1亿元人民币，股东为深圳市RZ投资有限公司，持股比例为100%，深圳市RZ投资有限公司由三名自然人股东组成，其中钟××持股50%，陈某某持股40%，余某某持股10%。自2014年起，由于债务负担加剧资金链断裂，Z公司开发的地产项目陷入停工和烂尾，公司经营基本处于停滞状态。Z公司提交的《重整可行性分析报告（重整预案）》及《债务清册汇总表》显示，截至2017年8月10日，Z公司账面总资产为391,012,978元，负债总额为688,108,206.96元。截至2017年6月30日，Z公司共有职工15人，其中缴纳社保的职工3人，未缴纳社保的职工12人，均为在岗职工。经Z公司初步统计（账面记载），截至2017年6月30日，Z公司的职工债权共计34,490,269元，其中拖欠工资33,760,419元，解除劳动合同后应付的一次性经济补偿金为729,850元；税款债权3,474,049元；有财产担保的债权205,050,000元；需偿付的普通债权429,398,506元。

另查，2017年8月31日，法院向仲恺高新区潼侨镇人民政府出具了《关于Z公司破产重整的征求意见函》，潼侨镇人民政府于2017年9月1日向法院回函，回函内容：Z保税物流园项目是省、市重点建设项目之一，前期项目进展较顺利，现因各方面原因造成资金链断裂，导致被迫破产重整。对此，镇政府认为该项目仍具备一定的商业价值和社会价值，该公司进行破产重整具有一定的意义和必要性，尤其有利于解决Z保税物流园部分业主集体上访事项，从而化解社会矛盾。因此，镇政府认为Z公司破产重整具备一定的可行性。

① 惠州市中级人民法院（2017）粤13破申8号。

2 当事人诉求

2017年1月6日,高某某以Z公司资不抵债,无力偿还申请人及其他债权人债权为由,申请将(2016)粤13执363号案件移送破产审查。一审法院于2017年4月7日作出了(2016)粤13执363号移送破产审查决定书,并通知了Z公司,Z公司在法定期限内就该申请向一审法院提出异议称,其公司虽资产不足以清偿全部债务,明显缺乏清偿能力,但所拥有的资产地理和资源优势明显,具有重整价值,并于2017年6月20日向一审法院提出破产重整申请。2017年7月27日,高某某以Z公司符合破产重整条件为由,向一审法院申请变更诉讼请求,请求对Z公司进行破产重整。

3 一审法院观点

一审法院认为,关于Z公司是否具备破产重整条件的问题。从Z公司是否具有重整原因上看,高某某及Z公司提交的《Z债权登记表》、《重整可行性分析报告(重整预案)》及《债务清册汇总表》显示,Z公司账面总资产约为3.9亿元,但负债总额却达到6.8亿元以上。依据最高人民法院《关于适用〈中华人民共和国企业破产法〉若干问题的规定(一)》第2条及第4条第3款规定,本案中,从惠州仲裁委员会作出的(2014)惠仲案字第248号裁决书可看出Z公司与高某某的债权债务关系成立,且债务履行期限已经届满,从一审法院作出的(2016)粤13执363号移送破产审查决定书可看出Z公司对高某某的债务未清偿完毕,经人民法院强制执行后,仍无法清偿,因此,一审法院认为,Z公司属不能清偿到期债务,且严重资不抵债,符合《企业破产法》第2条规定,具备破产重整原因。

从Z公司是否具有重整可能性上看。第一,本案审查过程中,Z公司向一审法院书面提出企业破产重整申请,并提交了Z公司持股100%的股东(深圳市RZ投资有限公司)的股东会决议,表明要求对Z公司进行破产重整的意愿;第二,Z公司向一审法院提交了潜在重整方的重整意向书,表示其愿意注入资金参与Z公司的重整;第三,Z公司提交的《重整可行性分析报告(重整预案)》,对重整可行性的分析内容比较符合目前实际;第四,本案双方当事人已针对重整问题进行了充分沟通,在Z公司申请破产重整后,高某某于2017年7月27日以Z公司符合破产重整条件为由,向一审法院申请变更诉讼请求,请求对Z公司进行破产重整。综上所述,一审法院认为,Z公司具备重整可能。

从Z公司是否具有重整价值上看。首先,Z公司现有资产某某物流园地处某某区某某镇,属惠州经济发展重点地带,且已经取得相关资质(预售许可证等),手续齐全,后续发展的空间较大,且根据高某某提交的《房地产初评报告书》显示,Z公司位于Z物流园一期3、5号楼的在建工程房地产及69858.2m^2商服、工业用地初评价格显示为582,567,210元,若能通过重整盘活该物流园,可带来更高的经济价值,从而保障众多债权人的利益;其次,对于Z公司申请破产重整事宜已获得当地政府的支持。一审法院向仲恺高新区潼侨镇人民政府发出了《关于广东Z实业开发有限公司破产重整的征求意见函》后,潼侨镇人民政府于2017年9月1日向一审法院回函，明确表示该项目具备一定的商业价值和社会价值，该公司进行破产重整具有一定的意义和必要性，尤其有利于解决Z保税物流园部分业主集体上访事项，从而化解社会矛盾。综上，一审法院认为，Z公司具备破产重整的价值。

综上所述，裁定如下：受理高某某对Z公司的破产重整申请。

专业释评

破产重整是企业破产法新引入的一项制度，是对可能或已经发生破产原因但又有希望再生的债务人，通过各方利害关系人的协商，并借助法律强制性地调整他们的利益，对债务人进行生产经营上的整顿和债权债务关系上的清理，以期摆脱财务困境，重获经营能力的特殊法律程序。它的实施，对于弥补破产和解、破产整顿制度的不足，防范大公司破产带来的社会问题，具有不可替代的作用。

重整制度沿着债务清理和企业拯救两条主线，本着私权保护和社会利益保护双重目的，通过程序上和实体上的法律调整，引起一系列法律关系的发生、变更、和消灭。从这个意义上讲，重整是一个综合性的法律事件，一个由多种法律事实和法律效果聚合而成的民事法律关系变动过程。

重整制度的理论根据，涉及两个基本的问题：第一，为什么需要建立重整制度？第二，重整制度为什么能够达到其设立的目的？这就是所谓必要性和可能性的问题。需要指出的是，重整制度的创立和早期发展不是依据于某种既成的概念和设计，而是依据与实际需要和经验；它是实践的产物而不是理论的产物。

就本案案例一而言，邵阳市Z总厂自1996年停产至今20余年，在客观上不具备重整条件，就是进行重整，也达不到预期的目的。所以，最终被法院驳回重整申请，既从法律上体现了法官的自由裁量权，也从实际效果上体现了法官综合考虑重整的条件是否具备，能否达到破产目的经验判断。就案例二而言，从Y能源公司提供的材料及陈述来看，Y能源公司的对外债务主要为金融债务，偿还债务的压力极大。Y能源公司虽然在诉讼中提交了重整可行性报告，但综合各因素判断，两审法院均认为该报告缺乏可行性。最后驳回申请，于法有据。就案例三而言，法院从是否具备破产重整的条件、可能性以及重整的价值等方面进行了详细的论证，最后受理当事人的破产重整申请，很有说服力。

问题三 如何理解重整中的当事人行为

案例 冉某与广安开发区H公用工程投资有限公司等民间借贷纠纷案[①]

1 案情简介

再审申请人(一审原告,二审上诉人):冉某。

被申请人(一审被告,二审被上诉人):广安开发区H公用工程投资有限公司(以下简称H公司)。

法定代表人:马某某,该公司董事长。

一审被告:重庆G科技发展有限公司(以下简称G公司)。

诉讼代表人:四川S律师事务所,系破产管理人。

负责人:周某某,四川S律师事务所主任。

一审被告:四川GA建设集团有限公司(以下简称GA建司)。

诉讼代表人:四川S律师事务所,系破产管理人。

负责人:周某某,四川S律师事务所主任。

一审被告:邓某。

一审被告:张某。

一审被告:邓某轩。

一审被告:仇某。

一审被告:邓某娟。

一审被告:赵某某。

再审申请人冉某因与被申请人H公司,一审被告G公司、GA建司、邓某、张某、邓某轩、仇某、邓某娟、赵某某民间借贷纠纷一案,不服重庆市高级人民法院(2016)渝民终373号民事判决,向最高人民法院申请再审。

2 当事人诉求

冉某申请再审称,依据《民事诉讼法》第200条第6项之规定,请求:1. 撤销二审判决、一审判决第5项,改判H公司与G公司共同清偿对冉某所负借款本金977.2461万元及其利息;2. 本案诉讼费由被申请人及一审被告共同承担。事实与理由:

(一)冉某与H公司、G公司、GA建司签订的《协议书》系四方真实意思表示,内容不违反

---

① 最高人民法院(2016)最高法民申3497号。

法律的强制性规定,合法有效。《协议书》不因 GA 建司、G 公司进入破产重整程序而废止。GA 建司、G 公司的重整方案已经得到四川省广安市中级人民法院批准,GA 建司、G 公司不能依据《破产法》第 18 条对《协议书》享有解除权。

(二)H 公司签订《协议书》的行为构成债的加入,H 公司成为冉某的债务人,而不是原判认定的第三人代为履行。《协议书》的签订目的是保障冉某债权的实现,H 公司作为独立主体签订了《协议书》,接受冉某指令,对冉某承担支付义务,债务范围以 G 公司对冉某所负担的本息债务金额为限,且《协议书》明确约定 H 公司承担独立的违约责任,从债的主体、债的内容、独立的违约责任等多角度来审视,H 公司的行为均构成债的加入。H 公司的债务加入行为,属于并存的债务承担,冉某并不免除原债务人 G 公司的还款义务,冉某要求 H 公司付款,而不是要求破产重整中的 G 公司和 GA 建司付款,H 公司不能以 G 公司和 GA 建司进入破产重整程序为由对抗冉某的付款要求。

(二)《协议书》约定,H 公司向冉某付款的前提条件是满足 H 公司支付 GA 建司工程款的条件,H 公司在条件成就时,仍向 GA 建司支付工程款构成违约,应对冉某承担赔偿责任。根据查明事实,H 公司已经解除了与 GA 建司之间的《投资协议书》《工程施工合同协议书》,H 公司总计应当支付 GA 建司工程款 51,843,354 元,足以涵盖田某某 2000 万元和冉某的 1000 万元债权。2015 年 2 月 9 日,H 公司向 GA 建司支付了 10,985,480.09 元工程款的理由不能成立,其对农民工的工资并不负有法律上的支付义务。2015 年 11 月 13 日向 GA 建司支付的 1000 万元更是直接违约,没有任何合法抗辩权。因 H 公司违反了《协议书》的约定,应当依法追究其违约赔偿责任。

3 最高人民法院观点

最高人民法院经审查认为,围绕当事人再审请求、事实与理由,本案审查焦点为:H 公司应否与 G 公司承担共同还款责任。

第一,冉某与 G 公司、GA 建司、H 公司签订的《协议书》是各方真实意思表示,内容不违反法律、行政法规的强制性规定,合法有效,原判亦未否认该《协议书》的效力。就《协议书》签订主体分析,四方法律关系为冉某是出借人,G 公司是借款人,GA 建司是实际用资人,H 公司是 GA 建司的债务人。原判对此认定并无不当。

第二,从《协议书》约定内容分析,H 公司根据《投资协议书》《工程施工合同协议书》应当支付给 GA 建司的款项,按以下约定优先支付:首先,该等款项支付田某某 2000 万元的借款本息。其次,在 1000 万元的范围内优先支付冉某……H 公司根据上述约定向冉某支付的款项,视为已向 GA 建司支付了等额款项。H 公司向冉某付款是基于与 GA 建司之间的合作开发关系。在 H 公司向 GA 建司履行付款义务时,需优先支付冉某 1000 万元,实际上是 H 公司代替 GA 建司向冉某履行 1000 万元的债务。H 公司申请再审称其签订《协议书》的行为构成债务加入。对于 H 公司是否已经加入冉某与 G 公司的债权债务关系中,《协议书》未作明确约定,合同内容亦无 H 公司加入 G 公司的债务中与 G 公司共同承担还款责任的意思表示。也不存在 G 公司、GA 建司转移债务给 H 公司的意思表示。在该法律关系中,H 公司并未成为冉某的直接债务人。《协议书》约定的违约条款,并非债务加入的违约责任。《合同法》第 65 条规定:“当事人约定由第三人向债权人履行债务的,第三人不履行债务或者履行债务不符合约定,债务人应当向债权人承担违约责任。”在 H 公司不履行债务或履行债务不符合约定时,应由 G 公司与 GA 建司向冉某承担债务清偿责任。原判认定 H 公司不应对冉某承担债务清偿责任并无不当。

第三,由于四川省广安市中级人民法院裁定 GA 建司进入重整程序,查封、扣押、冻结 GA 建司的所有财产,并向 H 公司发出协助执行通知书,对 GA 建司承建的“奎阁四期安置房工程”应收工程款及保证金予以冻结并暂停支付,以防止 GA 建司对个别债权人进行清偿。H 公司不能向 GA 建司支付相关款项,亦不能向冉某付款 1000 万元。虽然在破产程序中 H 公司代 GA 建司支付了民工工资 10,985,480.09 元以及向 GA 建司管理人付款 1000 万元,但其是在破产法院的要求和许可下,为了维护社会稳定和恢复 GA 建司生产所支出的必要费用,该付款行为未违反《协议书》的约定,不构成违约。冉某关于追究 H 公司违约赔偿责任的主张不能成立,最高人民法院不予支持。

综上所述,冉某的再审申请不符合《民事诉讼法》第 200 条第 6 项规定情形。依照《民事诉讼法》第 204 条第 1 款,最高人民法院《关于适用〈中华人民共和国民事诉讼法〉的解释》第 395 条第 2 款规定,裁定如下:驳回冉某的再审申请。

专业释评

债务人进入破产重整程序以后,相关的当事人都要围绕着破产重整的要求进行,对债权人来说,不能擅自主张权利要求提前还债或提供担保;对债务人来说,也不能擅自对个别人提前还债或提供担保。这是对法定要求,目的是重整活动的顺利进行从而取得重整成功。但是如果国家政策有特别规定或法律有其他规定的,从其规定。就本案而言,在破产程序中 H 公司代 GA 建司支付了民工工资 10,985,480.09 元以及向 GA 建司管理人付款 1000 万元,是在破产法院的要求和许可下,为了维护社会稳定和恢复 GA 建司生产所支出的必要费用,该付款行为未违反《协议书》的约定,不构成违约。这体现了中央政府对农民工工资按时发放的基本要求。

问题四　如何理解重整计划的约束力

案例　周某与青海C药用资源科技股份公司民间借贷纠纷案①

1　案情简介

申诉人（申请执行人）：周某。

被执行人：青海C药用资源科技股份有限公司（以下简称C公司）［原青海X矿业股份有限公司（以下简称X矿业）］。

法定代表人：张某某，该公司董事长。

被执行人：西宁市G投资控股有限公司（以下简称G投资公司）。

负责人：陈某，该公司清算组组长。

被执行人：X集团有限公司（以下简称X集团）。

法定代表人：钟某某，该公司总经理。

申诉人周某不服湖北省高级人民法院（以下简称湖北高院）（2016）鄂执复22号执行裁定，向最高人民法院申诉。

周某诉G投资公司、X矿业、X集团民间借贷纠纷一案，湖北高院于2014年3月3日作出（2012）鄂民一初字第00001号民事判决，判令：（1）G投资公司于判决生效之日起10日内向周某偿还借款本金8876万元及利息（从2012年4月8日起至判决确定的给付之日止，按中国人民银行规定的同期同类贷款利率的4倍计算）；（2）X集团、X矿业对上述款项承担连带清偿责任；（3）在G投资公司不履行上述债务时，周某有权以G投资公司享有的X矿业2890万元股票折价或者以拍卖、变卖该财产的价款优先受偿；（4）驳回周某的其他诉讼请求。X矿业不服，提出上诉。最高人民法院于2015年3月23日作出（2014）民一终字第270号民事判决，驳回上诉，维持原判。

2015年7月7日，周某向湖北高院申请强制执行，该院于同年7月23日作出（2015）鄂执字第00024号执行裁定，将该案指定湖北省武汉市中级人民法院（以下简称武汉中院）执行。武汉中院于2015年8月19日作出（2015）鄂武汉中执异字第00153号执行裁定，以“工商登记信息显示，2015年6月3日，被执行人X矿业名称变更为C公司”为由，裁定将被执行人由X矿业变更为C公司，并于次日作出（2015）鄂武汉中执字第00708号执行通知，责令被执行人G投资公司、C公司、X集团履行以下义务：（1）向申请执行人周某偿还借款本金8876万元及利息；（2）向申请执行人周某加倍支付迟延履行期间的债务利息；（3）负担案件受理费661,169.7元及执行费。

---

①　最高人民法院（2016）最高法执监413号。

2 当事人诉求

C公司不服,向武汉中院提出异议。C公司称,该公司已被青海省西宁市中级人民法院(以下简称西宁中院)裁定破产重整。武汉中院(2015)鄂武汉中执字第00708号执行通知所涉申请执行人周某的债权,形成于该公司破产重整前,应按重整计划的规定对其债权承担偿还责任。

3 一审法院观点

武汉中院经审查认为,周某对X矿业享有的债权经湖北高院(2012)鄂民一初字第00001号民事判决所确认,X矿业对G投资公司所欠借款本金8876万元及利息承担连带清偿责任。西宁中院(2013)宁民二破字第002-10号民事裁定,批准X矿业重整计划并裁定终结该公司破产重整程序。该裁定确认债权人已申报但尚未确定的债权,在得到依法确认后,按照重整计划规定的同类债权的清偿标准予以清偿;X矿业重整期间未依法申报债权的债权人,在重整计划执行完毕后,可以按照重整计划规定的同类债权清偿条件行使权利,批准X矿业对普通债权本金5000元以下(含5000元)部分,按照100%比例予以全额清偿。本金超过5000元部分,按照3%的比例予以清偿;对申报未确认债权及已知未申报债权预留偿债资金117,138,000元予以提存,重整执行完毕时起不再承担清偿责任。在西宁中院受理X矿业破产重整申请期间,周某已申报债权。因此,周某对C公司的债权,可从预留偿债资金117,138,000元中申请提取。《企业破产法》第92条第1款规定,经人民法院裁定批准的重整计划,对债务人和全体债权人均有约束力。第94条规定,按照重整计划减免的债务,自重整计划执行完毕时起,债务人不再承担清偿责任。武汉中院(2015)鄂武汉中执字第00708号执行通知,在债权人已申报但尚未确认的债权经依法确认后,要求C公司按生效判决确定的金额对周某承担偿还责任,超出了破产重整计划确定的数额,与西宁中院裁定按重整计划规定的同类债权的清偿标准予以清偿不符,亦不符合法律规定,应予纠正。据此,武汉中院于2015年12月15日作出(2015)鄂武汉中执异字第00204号执行裁定,撤销该院(2015)鄂武汉中执字第00708号执行通知;由该院对C公司以外的其他被执行人重新作出执行通知。

4 二审法院观点

湖北高院认为,首先,最高人民法院(2014)民一终字第270号民事判决系对X矿业向周某承担连带清偿责任予以确认,西宁中院(2013)宁民二破字第002-10号民事裁定系对X矿业破产重整后债务清偿标准依法予以确认,两份法律文书针对不同的案件程序和事实作出不同的裁判,不存在效力位阶高低问题。其次,根据《企业破产法》第92条第1款、第2款规定的"经人民法院裁定批准的重整计划,对债务人和全体债权人均有约束力。债权人未依照本法规定申报债权的,在重整计划执行期间不得行使权利;在重整计划执行完毕后,可以按照重整计划规定的同类债权的清偿条件行使权利”，武汉中院异议裁定作出的“X矿业按生效判决确定的金额对周某承担偿还责任，超出了破产重整计划确定的清偿标准的数额，与西宁中院裁定按重整计划规定的同类债权的清偿标准予以清偿不符，亦不符合法律规定”的相关认定并无不当，并不违反审执分离原则。最后，关于周某提出“其没有参与破产重整程序行使表决权，C公司在诉讼期间未对重整计划举证，已放弃相关抗辩权，意图逃避债务”等复议理由，其实质系对西宁中院对X矿业破产重整程序的相关民事裁定认定的重整计划分配方案不服，该理由不属于执行复议审查范围，可通过其他法律途径解决。据此，湖北高院于2016年4月6日作出（2016）鄂执复22号执行裁定，驳回周某的复议申请。

5 最高人民法院观点

最高人民法院认为，本案的争议焦点是C公司应否依照破产重整计划确定的标准对周某承担清偿责任。

第一，依照《企业破产法》第92条第1款的规定，西宁中院裁定批准的重整计划对C公司及周某均有约束力。本案中，西宁中院以（2013）宁民二破字第002－5号民事裁定批准了X矿业的重整计划，此后，西宁中院又作出（2013）宁民二破字第002－10号民事裁定，明确了已申报但尚未确定的债权，在得到依法确认后，按照重整计划规定的同类债权的清偿标准予以清偿等相关内容。根据湖北高院及武汉中院查明的事实，在西宁中院受理相关债权人对X矿业的重整申请后，周某已申报债权，其债权债务纠纷当时尚在一审审理中。后其债权经本院（2014）民一终字第270号民事判决予以确认。因此，周某的债权属于西宁中院（2013）宁民二破字第002－10号民事裁定中所认定的已申报但尚未确定的债权，其在得到依法确认后，应通过破产程序，按照重整计划规定的同类债权的清偿标准受偿。

第二，本案执行依据，即最高人民法院（2014）民一终字第270号民事判决确认了周某对G投资公司所享有债权的数额，并确认X集团、X矿业承担连带清偿责任，该判决是对债权债务关系以及担保责任的认定。而西宁中院（2013）宁民二破字第002－10号民事裁定则是在破产程序中对X矿业清偿债务的标准依法予以确认。两份生效法律文书系基于不同的法律程序所作出的，不存在冲突，最高人民法院生效判决是本案债权人周某通过破产程序受偿的基础和依据。周某可以依照生效判决，要求主债务人G投资公司或者担保人X集团、X矿业对债务承担全部清偿责任，但对X矿业主张权利应通过破产程序进行。也即C公司应当按照重整计划规定的同类债权的清偿标准向周某清偿债务。周某按此标准受偿后，不影响其就剩余未受偿部分继续向主债务人及其他担保人主张。因此，武汉中院在执行程序中根据西宁中院的相关裁定确认C公司对周某的清偿标准，是依法对破产程序予以衔接，并不构成对最高人民法院生效判决所作确认的变更。

第三，重整计划一定程度上能够使债务人避免破产清算，重获新生，也兼顾了全体债权人的利益。如突破重整计划所确定的清偿条件对债权人作个别清偿，不仅不利于债务人的生存，亦将对其他债权人的合法权益造成实质性损害，有违法律规定的精神。

综上所述,湖北高院(2016)鄂执复22号执行裁定在认定事实和适用法律上并无不当,应予维持。最后裁定:驳回周某的申诉请求。

专业释评

重整计划,是指由重整人制定的,以维持债务人继续营业、谋求债务人复兴为目的,以清理债权债务关系为内容的多方协议。重整计划名为计划,实际是一个协议。重整计划的特征:(1)以企业拯救和债务公平清偿为目的;(2)由管理人或债务人负责制备;(3)应依据企业的财务状况和营业前景,确定以让步为基础的债务清偿方案,并确定有助于企业解困复兴的经营方案;(4)一般需征得债权人会议的同意;(5)需经法院批准,方可生效。

经人民法院裁定批准的重整计划,对债务人和全体债权人均有约束力。在重整计划执行期间,债权人未依照破产法规定申报的债权不得行使;在重整计划执行完毕以后,可以按照重整计划中同类债权的清偿条件行使权利。这意味着,未申报债权只有在已申报债权按照重整计划获得清偿以后才能获得清偿,而且其获得的清偿不得高于同类债权在重整计划中的清偿比例。

债权人对债务人的保证人和其他连带债务人所享有的权利,不受重整计划的影响。在这种情况下,无论该债权人是否参加重整计划的清偿,均可就其未由重整计划获得的清偿向债务人的保证人或者其他连带债务人要求清偿。

问题五 重整过程中的责任如何划分

案例 湖南N水泥有限公司与湖南S（集团）有限公司不良债权案[①]

1 案情简介

再审申请人(一审被告、二审被上诉人):湖南 N 水泥有限公司(以下简称 N 水泥)。

法定代表人:尹某某,该公司董事长。

被申请人(一审原告、二审上诉人):中国 H 资产管理股份有限公司深圳市分公司(以下简称 H 深圳公司)。

法定代表人:孙某某,该公司总经理。

二审上诉人(一审被告):湖南 S(集团)有限公司。

法定代表人:肖某某,该公司董事长。

再审申请人 N 水泥因与被申请人 H 深圳公司及二审上诉人 S 集团金融不良债权追偿纠纷一案,不服最高人民法院(2016)最高法民终 96 号民事判决,向最高人民法院申请再审。

2 当事人诉求

N 水泥申请再审称:(1)N 水泥二审提交的新证据已证明,其受让资产的真实价值为 20,655.26万元;N 水泥已实际付出的金额为 21,003.1 万元即原审认定的 17,455.21 万元,新证据证明的 3294.42 万元以及补充付款凭证证明的部分代偿债务。二审判决对新证据未予认定,致使对基本事实认定错误。(2)二审判决认定资产转让“为规避债务”是错误的。N 水泥始终仅有购买资产的意思和行为,且 S 集团已将所获转让款全部用于清偿债务,二审判决依据的省国资委内部文件不能证明买卖双方有“逃债”目的。(3)原审已查明 N 水泥的付款事实,S 集团出售资产应属于资产形态变化而非转移,且由此得以清偿大量债权。二审认定 S 集团违背法人财产责任原则,损害债权人利益;适用“债务随财产变动”判令 N 水泥承担债务,均为适用法律错误。(4)案涉保证合同名称及内容均已明确 S 集团最高额保证责任即 4000 万元,且 S 集团的保证从债务不应超过岳阳建材计算至破产日的主债务。二审判决认定保证限额、计息期限时,均存在适用法律错误。据此,N 水泥依据《民事诉讼法》第 200 条第 2 项、第 6 项之规定申请再审。

H 深圳公司提交书面意见称:(1)N 水泥二审提交的证据材料不是新发生、新发现的新证据,且不涉及案件基本事实的认定,二审未予采纳和质证并无不当,且二审对 H 深圳公司二审

---

① 最高人民法院(2017)最高法民申 3808 号。

提交的证据亦未采纳和质证,对双方是公平的。(2)湖南省国资委的相关材料能够证明重组方案就是为了规避债务,二审认定有彻底全面的证据证实。(3)本案理应按“债务随财产变动”原则处理,且无须以财产价值与支付金额的差价确定N水泥的责任,原审适用法律并无不当。(4)最高额保证合同中的4000万元是最高贷款额度限制而非最高担保责任限制,且破产企业的保证人承担责任不受破产法的约束,原审对N水泥责任的认定适用法律均无错误。据此,H深圳公司认为N水泥的四项理由均不能成立,请求依法驳回N水泥的再审申请。

S集团未提交书面意见。

3 最高人民法院观点

最高人民法院审查认为,N水泥各项申请再审事由均不能成立。

关于N水泥就案涉债务承担责任的事实和法律依据问题。湖南省国资委《关于湖南S集团有限公司与中建筑材料集团公司对接合作相关情况的汇报》、S集团《关于请求支持解决公司工商年检的报告》及其他相关证据可以证实,案涉资产转让发生在湖南省国资委引进中国建筑材料集团公司对S集团进行重组过程中。为规避案涉债务,不影响HN水泥有限公司(以下简称HN)的正常生产经营,采取了由湖南XX国有资产经营有限公司(以下简称XX国资公司)出资设立湘乡市XS建材有限责任公司(以下简称XS建材)收购S集团有效资产,再将XX国资公司所持XS建材股权转让给N水泥的方式。从本案事实来看,合同虽约定按照评估价格支付对价,但XS建材从S集团受让了土地使用权、房产、采矿权等经营性优质资产,却只从S集团有选择性的承接不高于8433万元的债务,而将其余债务保留在S集团,S集团不再直接进行生产经营,只进行辅业的分离改制、人员分流安置和重组后剩余资产的管理及企业破产清算等工作。综合以上事实,可以认定案涉财产转让构成了企业财产与债务的分离,S集团因优质资产被转移,降低了财产责任能力,违背了企业法人财产责任原则,损害了债权人的合法权益。据此,原审根据企业债务随企业财产变动原则,认定XS建材应在所接收的财产价值235,024,130.70元范围内与S集团共同承担责任并无不当。而根据XX国资公司与HN签订的《关于湘乡市XS建材有限责任公司股权的转让协议》,N水泥与XS建材签订的《合并协议(一)》《合并协议(二)》,以及协议的履行,XS建材已经被N水泥吸收合并,故XS建材的债权、债务应当由N水泥承继。据此,原审判决N水泥在XS建材所接受的S集团价值235,024,130.70元的财产范围内就案涉债务与S集团承担连带责任不缺乏事实和法律依据,N水泥的相关申请事由不能成立。

关于N水泥应承担的案涉债务连带责任的具体数额问题。《最高额保证合同》的相关约定为:“为了确保2002年3月25日至2004年3月24日期间Y建材在4000万元最高贷款余额内与工行解放路支行签订的所有借款合同项下借款人义务得到切实履行,S集团愿意向工行解放路支行提供连带保证担保”“担保的主债权为在本合同规定的期间和最高贷款余额内,工行解放路支行依据借款合同发放的所有贷款”“保证范围包括所有借款合同项下的全部本金、利息、复利、罚息、违约金、赔偿金、实现债权的费用和所有其他应付费用”。从以上约定来看,系为Y建材最高贷款额4000万元提供担保,担保范围包括借款合同项下的全部本金、利息、复利及实现债权的费用和所有其他应付费用,并非约定最高担保责任为4000万元。对于利息的截止时间,依照最高人民法院《关于适用〈中华人民共和国担保法〉若干问题的解释》第44条关于"保证期间,人民法院受理债务人破产案件的,债权人既可以向人民法院申报债权,也可以向保证人主张权利。债权人申报债权后在破产程序中未受清偿的部分,保证人仍应当承担保证责任。债权人要求保证人承担保证责任的,应当在破产程序终结后六个月内提出"的规定,保证人应按照《流动资金借款合同》约定支付利息至其清偿之日止,N水泥认为应以债务人破产申请受理日作为担保人还款责任的计息停止时间的主张缺乏法律依据。故原审关于保证限额、计息期限的确定适用法律正确,N水泥相关申请事由不能成立。

据此,最高人民法院依照《民事诉讼法》第204条第1款、最高人民法院《关于适用〈中华人民共和国民事诉讼法〉的解释》第395条第2款之规定,裁定如下:驳回N水泥的再审申请。

专业释评

为真正实现重整企业的经济复苏,《企业破产法》注重运用多种措施进行破产重整,试图调动各方面的力量保证债务人的权利,甚至要求债务人以外的其他利害关系人作出一定牺牲或让步,优先考虑债务人的利益。当然这种牺牲或让步只是暂时的,仅及于重整期间,其实质是让债务人恢复经济能力,使利害关系人的权益最终实现。具体而言,《企业破产法》的整顿措施有:

(1)重整期间债务人的经营自主权可以恢复。一般而言,企业一旦进入破产程序,其主体资格就受到很多限制,比如财产处分权、财务资料、内部管理、日常开支、诉权等都只能由管理人来负责。《企业破产法》第73条规定:"在重整期间,经债务人申请,人民法院批准,债务人可以在管理人的监督下自行管理财产和营业事务。"即在重整期间,可以恢复债务人对其财产的管理权。

(2)重整期间担保权暂停行使。在重整程序中,之所以要限制担保权的行使,是因为实现担保权与债务人重整之间有冲突。例如,一个担保债权人对重整企业有10万元到期债权,担保物是企业的一个重要生产设备,债务人无力清偿债务,如果允许人债权人行使担保权,生产设备就要被拿走还债,企业就无法生产,重整目标就无法实现。在这种两难的情况下,破产法只能限制行使担保权。

(3)重整期间借款可设担保。为更好地支持重整企业继续经营,新破产法允许其借款,并且给予在重整程序中新借款给重整债务人的债权人特别保障,允许其优先清偿并且可以提供财产担保。

(4)重整期间出资人不得请求投资收益分配。利润分配权本是投资者享有的最重要的权利,但在重整程序中,破产法为了保护债务企业的资产,为了维护债权人的利益,禁止重整期间股东分配股利。

(5)重整期间董事、监事、高管人员股权转让受限制。从公司法的层面来看,不管是股份有限公司还是有限责任公司,股权是可以自由转让的,除非是公司章程有限制性规定,或者是上市公司的董事、监事、高管人员有一年内不得转让的限制。《企业破产法》规定,董事经理及高级管理人员重整期间内不得转让股权,以便将董事、经理及高管的利益和重整企业的利益紧紧地捆绑在一起,让他们利用管理经验和所掌握的重整企业信息为企业服务。

就本案而言,为了不影响HN水泥有限公司的正常生产经营,采取了由湖南XX国有资产经营有限公司出资设立湘乡市XS建材有限责任公司收购S集团有效资产,再将XX国资公司所持XS建材股权转让给N水泥的方式。显然,这是一种重整期间的重整措施,但从本案事实看,案涉财产转让及双方约定的责任承担损害了债权人的合法权益,这样的约定是无效的。据此,原审根据企业债务随企业财产变动原则,认定XS建材应在所接收的财产价值235,024,130.70元范围内与S集团共同承担责任于法有据。

问题六　破产重组中的承诺如何兑现

案例　甘肃J实业集团有限公司与成都H投资有限公司股权转让纠纷案[①]

1 案情简介

上诉人甘肃J实业集团有限公司(以下简称甘肃J公司)因与被上诉人成都H投资有限公司(以下简称成都H公司)、一审第三人J矿业股份有限责任公司(以下简称J矿业公司)股权转让合同纠纷一案,不服重庆市高级人民法院(2013)渝高法民初字第00018号民事判决,向最高人民法院提起上诉。

2 当事人诉求

甘肃J公司上诉请求:(1)撤销本案一审判决;(2)将本案发回重审;或依法改判,驳回成都H公司的全部诉讼请求;(3)本案一审、二审诉讼费由成都H公司承担。主要事实和理由是:(1)一审程序违法。①一审判决当事人列置错误。成都H公司作为本案一审原告主体不适格,一审判决将冯某列为证人错误,应当列冯某为本案当事人或者第三人。②《司法鉴定意见书》的鉴定程序违法。案涉《承诺函》原件在提交给鉴定机构前,未经双方质证,鉴定后质证的原件与鉴定材料是否同一不得而知。鉴定人从甘肃徽县工商行政管理局采集的样本未经过该局确认,交接样本时,无甘肃J公司人员在场。(2)一审判决认定事实错误。(3)一审判决适用法律错误。一审判决混淆不同的法律关系和法律后果,将甘肃J公司与冯某之间委托法律关系和甘肃J公司与成都H公司所谓的复杂的战略合作法律关系混同。

成都H公司二审辩称:(1)一审程序合法。(2)甘肃J公司应当按照《承诺函》的承诺将J矿业公司的2000万股股票转让给成都H公司。

J矿业公司主张其与本案无关,同意甘肃J公司的意见。

成都H公司向一审法院起诉请求:(1)甘肃J公司将其持有的J矿业公司2000万股股票过户至成都H公司名下;(2)J矿业公司配合成都H公司、甘肃J公司将2000万股股票过户至成都H公司名下;(3)本案诉讼费由甘肃J公司承担。一审庭审中,成都H公司撤回了上述第2项诉讼请求。

---

① 最高人民法院(2016)最高法民终270号。

3 一审法院观点

一审法院认为，甘肃J公司应当按照《承诺函》中的承诺，将其持有的J矿业公司2000万股股票过户至成都H公司名下。理由是：

（一）甘肃J公司于2007年11月29日出具的《承诺函》系真实的，是甘肃J公司的真实意思表示。根据鉴定机构的鉴定意见，《承诺函》上加盖的甘肃J公司的印章与工商行政机关2003年至2008年存档的相关材料上的印章是同一枚印章盖印，故对《承诺函》上甘肃J公司印章的真实性予以确认。甘肃J公司提出其未见过该函件，怀疑系偷盖的印章，但甘肃J公司未举示任何证据证明其前述主张。公司加盖印章，即反映了公司意志，在无相反证据证明的情形下，应当视为公司的真实意思表示。

（二）《承诺函》的内容能够通过解释予以明确。1.《承诺函》中的"四川CH科技（集团）股份有限公司"虽然与本案第三人的原名称"CH科技（集团）股份有限公司"名称不完全相同，但事实上甘肃J公司是作为"CH科技（集团）股份有限公司"的重组方，甘肃J公司并非是"四川CH科技（集团）股份有限公司"的重组方，且上市公司中也没有名称为"四川CH科技（集团）股份有限公司"的，结合《承诺函》的起草人史某的当庭陈述，一审法院认为《承诺函》中的"四川CH科技（集团）股份有限公司"就是指"CH科技（集团）股份有限公司"。2.从《承诺函》的具体内容来看，甘肃J公司认可成都H公司是CH科技公司破产重整过程中的战略伙伴，因为上述原因，甘肃J公司承诺，成都H投资有限公司持有2000万股恢复上市后CH科技的股票。其中的"持有"二字，指的是一种事实状态，成都H公司并非是CH科技公司的重整方，也不是CH科技公司的债权人，《承诺函》中对于成都H公司如何持有并无直接交代。对如何持有的解读应当结合《承诺函》的上下文及起草该份函件当时的当事人真实意思表示来确定。首先，甘肃J公司能够承诺的事项应当是甘肃J公司在其权限范围内可以控制，可以实现的事项；其次，《承诺函》的起草人史某一审当庭陈述，《承诺函》中成都H公司持有2000万股的理解应当是：一是没有对价的，二是成都H公司应该拿到2000万股股票，2000万股股票的来源是由甘肃J公司在自己所获得的股权中做安排；最后，从《承诺函》的全文来看，通常的理解应当是甘肃J公司将2000万股股票给成都H公司，即甘肃J公司将2000万股股票交付给成都H公司，从而使成都H公司得以"持有"CH科技公司2000万股股票。故《承诺函》的内容是明确的，不存在甘肃J公司辩称的内容不明、无法履行的情形。

（三）《承诺函》的性质并非是赠与，甘肃J公司无权单方撤销。从《承诺函》内容来看，甘肃J公司的承诺是基于成都H公司是CH科技公司破产重整过程中的战略伙伴；从成都H公司举示的证据和冯某、史某的一审当庭陈述来看，冯某参与了CH科技公司破产重整的相关工作；冯某是成都H公司的股东，由成都H公司取得CH科技公司的股份，系冯某自愿作出的利益安排，甘肃J公司也以出具《承诺函》的形式予以认可。综上所述，虽然成都H公司在取得2000万股股票的同时不需要支付相应对价，但这并非是基于甘肃J公司无偿赠与，而是基于之前成都H公司的股东冯某所进行的工作，是对成都H公司作为甘肃J公司战略伙伴认可基础上所作的权益分配。因此，《承诺函》的性质并非是赠与，甘肃J公司无权单方撤销。

(四)甘肃J公司没有证据证明冯某履行的是职务行为。冯某并非是甘肃J公司的工作人员,未在甘肃J公司担任任何职务,因此冯某的行为不能视为是履行甘肃J公司的职务行为。关于成都H公司举示的《委托授权书》上载明的冯某的身份是四川Z公司的总经理的问题,一审法院认为四川Z公司的股东是甘肃J公司和冯某,同时冯某也是成都H公司的股东,也就是冯某的身份具有多重性。冯某从事了CH科技公司破产重整上市的相关工作后,甘肃J公司与冯某对于前期工作所体现的利益以《承诺函》的形式作出了安排,甘肃J公司作为四川Z公司的股东以及《承诺函》的出具者,对于冯某以成都H公司作为利益接收方的安排并未提出异议,即四川Z公司的全部股东均认可冯某对于利益归属的安排。

(五)《承诺函》具备了履行的条件。《承诺函》本身设定的履行条件是CH科技公司破产重整完成并恢复上市后,根据查明的事实,CH科技公司于2013年4月19日发布《CH科技(集团)股份有限公司股票恢复上市公告书》,载明:经深圳证券交易所核准,CH科技公司股票在重大资产重组实施完成后恢复上市,公司恢复上市的首个交易日为2013年4月26日,因此《承诺函》本身所设定的履行条件已经具备。同时,截至2015年9月30日,甘肃J公司持有J矿业公司有限售条件的流通股共计466,139,241股,甘肃J公司具备履行《承诺函》的能力。甘肃J公司抗辩认为,甘肃J公司持有的股份属于有限售条件的流通股,且股份已经被质押和冻结,因此《承诺函》不具备履行的条件。

综上所述,判决如下:甘肃J公司于该判决生效之日起30日内将其持有的J矿业公司2000万股股票办理过户手续至成都H公司名下。

4 最高人民法院观点

最高人民法院认为,本案主要争议焦点是甘肃J公司是否应当向成都H公司转让2000万股J矿业公司的股份。

冯某从事了CH科技公司破产重整上市的相关工作,甘肃J公司出具《承诺函》,以成都H公司持有相应股份的方式对冯某所作贡献作出利益安排,且《承诺函》所承诺的条件已经成就,故成都H公司以《承诺函》为据,主张将甘肃J公司所持J矿业公司的2000万股股票过户至成都H公司名下,应予支持。甘肃J公司否认《承诺函》系其真实意思表示,事实依据不足。

(一)《承诺函》虽将CH科技公司表述为“四川CH科技集团股份有限公司”,但案涉各方当事人均明确知晓交易涉及的重整对象系CH科技公司,故该项文字表述不足以否定该证据本身的真实性。冯某受甘肃J公司委托,参与了CH科技的重整事。史某、刘某某代表甘肃J公司通过《承诺函》将相关利益安排给成都H公司,并不违反法律规定,原审冯某的行为归属于成都H公司,有事实依据。

(二)甘肃J公司基于冯某作为成都H公司股东,代表成都H公司为甘肃J公司参与CH科技公司破产重整成功所作出的贡献,通过《承诺函》的方式,将相应利益以2000万股股票的方式转移给成都H公司,证明《承诺函》具备交易对价,并非赠与。故对甘肃J公司有关《承诺函》系赠与合同、该项赠与已经撤销的主张,最高人民法院不予支持。

（三）《承诺函》盖有甘肃J公司的真实印章，甘肃J公司虽否认该印章系其法定代表人加盖，但并未提供相应证据证明，故应当认定《承诺函》系甘肃J公司的真实意思表示。甘肃J公司以史某曾经保管过其印章为由，主张该印章系史某加盖。但即使该印章系史某加盖，史某时任甘肃J公司董事会秘书及法律事务部主任，实际参与CH科技公司的破产重整事务，并曾经代表甘肃J公司在此期间与浙江T科技有限公司签署《股权转让协议》、与中国G银行股份有限公司成都彩虹桥支行等主体签署《债务代偿和解协议书》等合同文本，亦应认定史某的行为系代表甘肃J公司，其法律后果仍应由甘肃J公司承担。如甘肃J公司有证据史某存在越权代表或者越权代理的行为，可向史某另行主张。

综上所述，甘肃J公司的上诉请求不能成立，应予驳回。一审判决认定事实清楚，适用法律正确，应予维持。最后判决：驳回上诉，维持原判。

专业释评

破产重整是破产程序中挽救债务企业最重要的一条途径，只要是不违法，可以采取任何手段。就本案而言，J公司、J矿业公司、CH科技公司、H公司以及冯某之间存在关联关系，冯某从事了CH科技公司破产重整上市的相关工作，而甘肃J公司出具《承诺函》，以成都H公司持有相应股份的方式对冯某所作贡献作出利益安排，且从完成的工作来看，《承诺函》所承诺的条件已经成就，故成都H公司以《承诺函》为据，主张将甘肃J公司所持J矿业公司的2000万股股票过户至成都H公司名下，具有法律与事实依据，经过法院两级审理均得到支持，体现了司法的公正。

问题七　破产重整是否影响建设工程优先受偿权

案例　文登W置业有限公司与威海市R装饰有限公司文登分公司纠纷案[①]

1　案情简介

上诉人(原审被告):文登W置业有限公司(以下简称W置业公司)。

诉讼代表人:W置业公司管理人。

负责人:王某某,主任。

被上诉人(原审原告):威海市R装饰有限公司文登分公司(以下简称R装饰文登分公司)。

法定代表人:刘某某,经理。

上诉人W置业公司因与被上诉人R装饰文登分公司破产债权确认纠纷一案,不服山东省威海市文登区人民法院(2016)鲁1003民初2272号民事判决,向威海市中级人民法院提起上诉。

2　当事人诉求

W置业公司上诉请求:请求撤销(2016)鲁1003民初2272号民事判决书,依法改判。事实和理由:一审法院认为被上诉人对1,617,061.66元的建设工程价款享有优先受偿权是错误的。被上诉人承包上诉人开发的文登半岛××住宅小区的消防工程。一审中双方共同委托山东H工程管理咨询有限公司对涉案工程造价进行了鉴定,鉴定的工程造价为1,617,061.66元。一审法院认为鉴定结果依据的2003年版《山东省安装工程消耗量定额》及相关取费标准与施工单位的资质无关,故认定被上诉人对全部的工程造价1,617,061.66元享有建设工程价款优先受偿权。上诉人认为,2003年版《山东省安装工程消耗量定额》是以施工单位具有施工资质为前提制定的,与施工单位的资质无关应是与施工单位资质的高低无关,并不是与施工单位有无资质无关。而被上诉人并不具有施工资质,因此鉴定报告中的企业管理费、利润、规费、税金应予以扣除。被上诉人只能对该鉴定报告中的直接费用享有优先受偿权。综上,上诉人认为一审法院适用法律错误应予纠正。另,上诉人于2014年年底已全面停工,被上诉人在一审以及起诉状中也认可上诉人于2015年2月全面停工,而被上诉人于2016年6月20日起诉,主张涉案工程款享有优先受偿权,已超过法律规定的主张优先受偿权6个月期限,因此被上诉人对上诉人享有的债权性质是普通债权而不享有优先受偿权。

---

① 威海市中级人民法院(2017)鲁10民终2282号。

R 装饰文登分公司辩称，一审法院认定事实清楚，适用法律准确，请求驳回上诉人的上诉请求，维持原判。

R 装饰文登分公司向一审法院起诉请求：(1) 确认对 W 置业公司享有建设工程价款 2,568,991.77 元、利息 212,839.21 元及逾期利息（以 2,568,991.77 元为基数，自起诉之日起至实际履行完毕之日止，按年利率 6% 计算）合计 2,781,830.98 元的债权；(2) 确认 R 装饰文登分公司对前述建筑工程价款享有优先受偿权。

3 一审法院观点

山东省威海市文登区人民法院认为，建设工程合同是承包人进行工程建设，发包人支付价款的合同。W 置业公司与 R 装饰文登分公司于 2013 年 3 月 28 日签订的《建设工程施工合同》，系双方真实的意思表示，即使 R 装饰文登分公司无消防工程施工资质，但不影响 R 装饰文登分公司向 W 置业公司请求工程款项。根据双方共同选定的山东 H 工程管理咨询有限公司出具的书面证明以及该鉴定单位工作人员宋某某出庭作证证实：鉴定报告依据的 2003 年版《山东省安装工程消耗量定额》及相关取费标准，与施工单位的资质无关。W 置业公司对上述证据没有提供足以反驳的相反证据和理由，一审法院对该鉴定报告予以采信，故对鉴定报告中确定的涉案工程造价为 1,617,061.66 元这一数额，一审法院予以认定，即 W 置业公司现尚欠 R 装饰文登分公司工程款 1,617,061.66 元。R 装饰文登分公司主张的利息应以 1,617,061.66 元为基数，自起诉之日即 2016 年 6 月 20 日起计算。但因 W 置业公司已于 2016 年 2 月 1 日进入破产重整程序，R 装饰文登分公司的该主张，一审法院不予支持。

建设工程承包人行使优先权的期限为 6 个月，自建设工程竣工之日或者建设工程合同约定的竣工之日起计算。因双方签订的建设工程施工合同中并未约定竣工日期，且 W 置业公司也认可涉案工程至今仍未竣工。由于没有规定要求承包人的优先受偿权以工程完工并经竣工验收为先决条件，故 R 装饰文登分公司于 2016 年 6 月 20 日向一审法院提起诉讼，并未超过行使优先权的 6 个月期限。W 置业公司主张 R 装饰文登分公司已超过优先权期限的抗辩，一审法院不予采纳。R 装饰文登分公司同意优先受偿权按总工程款的 90.83% 比例计算，一审法院对此予以确认。故 R 装饰文登分公司对 W 置业公司开发的文登半岛 ×× 住宅小区享有的建设工程价款优先受偿权的数额为 1,468,777.11 元，其余 148,284.55 元为普通债权，不享有优先受偿权。综上所述，依照《合同法》第 6 条、第 8 条、第 269 条、第 286 条，最高人民法院《关于建设工程价款优先受偿权问题的批复》第 4 条的规定，判决：1. 确认威海市 R 装饰有限公司文登分公司对文登 W 置业有限公司开发的文登半岛 ×× 住宅小区享有建设工程价款 1,617,061.66元的债权，其中 1,468,777.11 元享有建设工程价款优先受偿权；其余 148,284.55 元的建设工程价款为普通债权；2. 驳回威海市 R 装饰有限公司文登分公司的其他诉讼请求。

4 二审法院观点

威海市中级人民法院认为,本案争议焦点为:(1)R 装饰文登分公司享有的债权数额认定问题;(2)R 装饰文登分公司是否享有建筑工程价款优先受偿权。

关于争议焦点一。最高人民法院《关于审理建设工程施工合同纠纷案件适用法律问题的解释》第 2 条规定,“建设工程施工合同无效,但建设工程经竣工验收合格,承包人请求参照合同约定支付工程价款的,应予支持”。本案中,R 装饰文登分公司没有建筑施工企业资质,其与 W 置业公司签订的《建设工程施工合同》应认定无效。涉案工程未经竣工验收,但在重整程序中,W 置业公司的管理人未进行检验,重整方继续施工,参照上述解释第 13 条的规定,应视为工程合格,故关于工程价款数额,可以参照合同约定计算。双方签订的《建设工程施工合同》中专用条款部分第 23 条约定了消防工程造价的计算依据为 2003 年版《山东省安装工程消耗量定额》等有关造价调整文件,一审法院根据该鉴定结果确认 R 装饰文登分公司享有的债权额为 1,617,061.66 元并无不当。一审中,R 装饰文登分公司同意按照总工程款的 90.83% 计算优先受偿权数额,W 置业公司对该比例无异议,故一审法院认定的 R 装饰文登分公司享有建设工程价款优先权的数额,亦无不当。W 置业公司关于 R 装饰文登分公司无相关施工资质、不能依据 2003 年版《山东省安装工程消耗量定额》及相关取费标准计算优先受偿权数额的主张,无相关法律依据和证据,仅属对文件的理解问题,且鉴定人员出庭作证证实施工单位的相关资质的有无,不影响上述造价调整文件及相关取费标准的适用,因此,威海市中级人民法院对其主张不予支持。

关于争议焦点二。最高人民法院《关于建设工程价款优先受偿权问题的批复》第 4 条规定:“建设工程承包人行使优先权的期限为六个月,自建设工程竣工之日或者建设工程合同约定的竣工之日起计算。”最高人民法院《关于审理建设工程施工合同纠纷案件适用法律问题的解释》第 14 条第 3 项规定,建设工程未经竣工验收,发包人擅自使用的,以转移占有建设工程之日为竣工日期。本案中,双方未在合同中约定竣工日期,且涉案工程并未竣工,W 置业公司于 2016 年 2 月 1 日进入破产重整程序,被上诉人 R 装饰文登分公司于 2016 年 3 月 11 日申报债权,并主张优先权,后于 2016 年 6 月 20 日提起诉讼。W 置业公司管理人接管涉案工程的时间是 2016 年 3 月,该涉案工程已由重整方于 2017 年 9 月继续施工,因此,无论以管理人接管涉案工程的时间,还是以重整方施工时间为转移占有的时间点为竣工日期,R 装饰文登分公司在申报债权时即主张建设工程价款优先受偿权,并未超过法律规定和司法解释规定的期限。

综上所述,上诉人的上诉请求不能成立,应予驳回;一审判决认定事实清楚,适用法律正确,应予维持。依照《民事诉讼法》第 170 条第 1 款第 1 项规定,判决如下:驳回上诉,维持原判。

专业释评

《合同法》第286条规定："发包人未按照约定支付价款的，承包人可以催告发包人在合理期限内支付价款。发包人逾期不支付的，除按照建设工程的性质不宜折价、拍卖的以外，承包人可以与发包人协议将该工程折价，也可以申请人民法院将该工程依法拍卖。建设工程的价款就该工程折价或者拍卖的价款优先受偿。"这就是建设工程的优先受偿权，是指承包人对于建设工程的价款就该工程折价或者拍卖的价款享有优先受偿的权利，优先于一般的债权。

当企业进入破产状态或进入重整状态时，其正常的经营会受到一定的影响，但主体资格仍然存在，因此，当事人依法享有的优先权不受影响。

问题八　申请破产和解的条件是什么

案例　山东泗水SJ淀粉制品有限公司申请破产和解案[①]

1　案情简介

上诉人山东泗水SJ淀粉制品有限公司因申请破产和解一案,不服泗水县人民法院(2017)鲁0831民破4号民事裁定书,向济宁市中级人民法院提起上诉。

具体情况是:经审理查明:(1)上诉人为有限责任公司,成立于2000年12月,注册资金800万元,法定代表人为孔某。(2)2014年10月17日泗水县法院受理了上诉人破产重整案件,2015年10月14日,泗水县法院裁定终止破产重整程序,不受理上诉人破产。上诉人上诉后,又撤回上诉。济宁市中级人民法院予以准许。(3)上诉人于2016年向泗水县人民法院提交了落款日期分别为2016年7月16日和10月20日的破产和解申请,2017年1月12日,泗水县人民法院告知上诉人补正申请材料。在上诉人补交有关材料后,泗水县法院于2017年5月8日裁定不予受理上诉人的破产和解申请。(4)山东Q会计师事务所出具的Q鲁专审字〔2016〕Z1025号审计报告载明:截至2016年4月30日,上诉人资产总额为100,713,146.25元,负债总额155,764,468.11元,资产负债率为154.66%,净资产-55,051,321.86元。资产总额中,其他应收款包括应收申请人的股东孔某4,869,177.44元,应收股东曹某1,222,590元,应收山东SJ生物科技股份有限公司2,308,382.40元,应收泗水县J商贸有限公司2,562,492.59元,以上合计10,962,642.4元。

另据上诉人提供的截至2016年12月31日的资产负债表显示:上诉人资产总额为86,224,089.47元,负债总额为144,067,848.11元,资产负债率为167%,所有者权益为-57,843,758.64元。

2　当事人诉求

上诉人的上诉请求:依法撤销(2017)鲁0831民破4号民事裁定书,裁定泗水县人民法院受理上诉人的破产和解申请。事实与理由:一审不受理上诉人破产和解申请的理由不符合法律规定,应予以撤销。

1.《企业破产法》第2条和第7条明确规定,企业法人不能清偿到期债务,并且资产不足以清偿到期债务或明显缺乏清偿能力的,可以向人民法院提出重整或破产清算申请。申请人于2014年即出现不能清偿到期债务的情形,审计显示申请人资不抵债,依法符合破产和解申请

① 济宁市中级人民法院(2017)鲁08民终3406号。

的条件。

2. 申请人出现不能清偿债务的情况后,泗水县人民法院于2014年10月17日受理了申请人的破产重整申请,但因未能依法进行审计评估和选任破产管理人等诸多因素,泗水县人民法院违法终结了申请人的破产重整程序,对此申请人曾经提起上诉,在二审法院承诺可以进行破产和解的情况下,申请人撤回了上诉。破产重整立案的事实足以证明符合破产和解的条件,一审不予以受理与先前受理破产重整的事实存在严重的矛盾。

3. 申请人企业只要达到了破产的条件即可申请破产和解,至于亏损严重程度和关联企业、股东是否存在占用申请人企业资产,以及是否有债权人已经提起了诉讼等情形,不是能否受理破产和解申请的法定条件。该部分内容是人民法院受理申请后,根据案件具体情况进行实体审理和审查的内容,不影响或决定人民法院的立案受理。另外,申请人被有关债权人诉讼,也是一审人民法院违规审理破产重整和长达一年多不受理申请人的和解申请所致,因此造成债权人丧失了对申请人偿债能力的信心。

4. 银行抵押淀粉一直被人民法院查封,并未使用处置。且该事实有无依法也不是不受理破产和解的法定条件和理由。

上诉人向一审法院请求:申请山东泗水SJ淀粉制品有限公司破产和解。

3 一审法院观点

泗水县人民法院认为:

1. 从申请人提供的资产负债表来看:申请人于2014年9月30日制作的资产负债表显示资产总计(期末数)85,855,909.71元,负债总额(期末数)88,738,627.84元,所有者权益(期末数)-2,882,718.13元。2016年12月31日制作的资产负债表显示资产总计(审定数)100,713,146.25元,负债总额(审定数)155,764,468.11元,所有者权益(审定数)-5,505,1321.86元。申请人经过2年的经营,负债由88,738,627.84元变为155,764,468.11元,负债增加67,025,840.3元,申请人的所有者权益(亏损)-52,168,603.7元。申请人的经营越来越亏,且亏损越来越严重,已无和解的可能。

2. 从申请人提交的山东Q会计师事务所审计报告(截至2016年4月30日)显示:应收款中申请人的股东孔某占用申请人公司资金4,869,177.44元,股东曹某占用申请人资金1,222,590元,关联公司山东SJ生物科技股份有限公司占用申请人资金2,308,382.40元,泗水县J商贸有限公司占用申请人公司资金2,562,492.59元,以上合计占用申请人公司资金10,962,642.4元未返还。

3. 申请人于2014年10月进行破产重整,在破产重整过程中,多次召开债权人会议,讨论债转股、重整方案,最后均没有成功,债权人不同意申请人的重整方案,现在申请和解债权人仍然难以达成和解协议。

4. 申请人涉及执行案件6件,涉案标的额12,295,905元未能执结,申请执行人不同意山东泗水SJ淀粉制品有限公司申请破产和解。

5. 据L银行股份有限公司济宁兖州支行出具的《山东泗水SJ淀粉制品有限公司质押物情况说明》，申请人在L银行股份有限公司济宁兖州支行质押贷款余额300万元，质押物为库存淀粉。申请人在重整终结后该质押物被处置。此行为属不经债权人银行同意，擅自处置、毁损银行债权的抵（质）押物（权），损害银行债权，可认定为构成逃废银行债务的行为。

一审法院根据《企业破产法》第12条、最高人民法院《关于人民法院登记立案若干问题的规定》第7条之规定，裁定不予受理山东泗水SJ淀粉制品有限公司的破产和解申请。

4 二审法院观点

济宁市中级人民法院认为：

1. 根据《企业破产法》第7条规定，债务人有破产法第二条规定的情形，可以向人民法院提出重整、和解或者破产清算申请。《企业破产法》第2条规定的破产原因为：企业法人不能清偿到期债务，并且资产不足以清偿全部债务或者明显缺乏清偿能力的，依照本法规定清理债务。本案中，上诉人有多笔债务已经到期不能清偿，且资产负债率达154.66%，符合破产的法定原因，上诉人可以向法院申请破产和解。持续亏损情况下，债务人更是需要寻求企业重生的路径，即使和解不能成功，也可因进入破产清算程序而使债权人公平受偿；况且，和解是否成功取决于债务人的经营、债权人的让步、市场和技术的研发、投资的引进等，进入和解之前的亏损状态只是判定是否符合破产原因的因素。

2. 孔某等占用上诉人资金问题。该款项已经计入上诉人资产的其他应收款中，如经查实，确属利用股东权利占用公司资产、利用关联关系从事关联交易、损害公司和债权人利益，可通过法定程序追回。

3. 在对上诉人进行的重整程序中，债权人不同意上诉人的重整方案，不能推断出和解债权人仍然不能达成和解协议，达成和解协议毕竟是进入和解程序之后的工作。“现在申请和解债权人仍然难以达成和解协议”不是不予受理和解申请的法定理由。破产法规定在破产和解不成功时转入破产清算程序，就是考虑到破产和解有可能成功，也可能不成功。

4. 上诉人涉及执行案件，正是启动破产程序的证据，而不能作为不受理破产案件的理由。上诉人作为债务人企业，申请破产和解不以债权人是否同意为前提。况且，一审卷宗也没有这方面的证据材料。

5. 据L银行股份有限公司济宁兖州支行出具的《山东泗水SJ淀粉制品有限公司质押物情况说明》，申请人在L银行股份有限公司济宁兖州支行质押贷款余额300万元，质押物为库存淀粉。申请人在重整终结后该质押物被处置。一审法院认定此行为属不经债权人银行同意，擅自处置、毁损银行债权的抵（质）押物（权），损害银行债权，可认定为构成逃废银行债务的行为。济宁市中级人民法院认为：一是处置质押物的主体和处置方式未查实，不能证明上诉人的恶意；二是质押的形式不明确，如果是浮动质押，可以要求上诉人补足质押物；三是一审卷宗无此证据，不能证明该事实存在，即使该事实存在，也不是不予受理破产和解申请的理由。

综上所述，上诉人符合破产受理条件，原审法院不予受理上诉人破产和解申请没有法律依据。本案经济宁市中级人民法院审判委员会讨论决定，裁定如下：撤销山东省泗水县人民法院（2017）鲁0831民破4号民事裁定书，指令泗水县人民法院受理上诉人山东泗水SJ淀粉制品有限公司的破产和解申请。

专业释评

破产和解，是指在人民法院受理破产案件后，在破产程序终结前，债务人与债权人之间就延期偿还和减免债务问题达成协议，中止破产程序的一种方法。和解是一种特殊的法律行为，双方法律行为以双方当事人的意思表示一致为条件，而这种法律行为不仅需要债权人会议与债务人意思表示一致，而且要经过人民法院的裁定认可，方能成立。

对于破产和解的诉讼行为，根据《企业破产法》第2条和第7条的规定，申请人企业只要达到了破产的条件即可申请破产和解，至于其他因素诸如亏损严重程度、关联企业、股东是否存在占用申请人企业资产，以及是否有债权人已经提起了诉讼等情形，不是能否受理破产和解申请的法定条件。因此，就本案而言，一审法院的观点显然是没有法律依据的。

问题九　和解协议是否影响债务人的保证人

案例　曾某某与胡某保证合同纠纷案[①]

1 案情简介

上诉人(原审被告):曾某某。

被上诉人(原审原告):胡某。

上诉人曾某某为与被上诉人胡某保证合同纠纷一案,不服舟山市定海区人民法院(2015)舟定商初字第736号民事判决,向舟山市中级人民法院提起上诉。

具体情况是:2011年8月10日,舟山市H水产冷藏有限公司(以下简称H公司)、潘某某共同向胡某借款400万元,并签订一份《借款协议》,曾某某作为连带保证责任人在借款协议上签名。《借款协议》仅载明借款金额400万元,未载明借款期限及借款利率。2012年2月11日,胡某与潘某某就该400万元借款及另100万元债务达成一份《还款协议》,约定:债权500万元,借款月利率1%,于2012年12月31日前清偿300万元,于2013年12月31日前清偿200万元。2013年11月27日,原审法院裁定受理H公司等四家公司合并破产和解案,并指定舟山A会计师事务所为破产管理人。2014年2月22日,H公司等四家公司召开第一次债权人会议,胡某申报500万元债权为无担保的待确认债权。另查明,2014年2月25日,舟山市定海区人民法院作出(2013)舟定商破字第2-5号民事裁定,裁定如下:(1)认可宁波H远洋渔业有限公司、舟山市H水产冷藏有限公司、舟山市H远洋渔业有限公司、舟山T远洋渔业有限公司合并破产和解协议;(2)终止宁波H远洋渔业有限公司、舟山市H水产冷藏有限公司、舟山市H远洋渔业有限公司、舟山T远洋渔业有限公司破产和解程序。

2 当事人诉求

宣判后,上诉人曾某某不服原审判决,向舟山市中级人民法院提起上诉称:(1)原审认定事实错误。原审中,上诉人为支持自己抗辩主张,提交了H公司出具的情况说明,证明该400万元实际借款利息为月利率5%,H公司支付2个月利息后未再支付利息;被上诉人于2011年11月向H公司催讨,并未向上诉人主张权利,故保证期间应从2011年11月底起算6个月,保证人的保证期间已过。上诉人的该主张还可与被上诉人与潘某某2012年2月11日达成的还款协议、2014年2月22日H公司等四家公司召开第一次债权人会议时被上诉人申报的500万元债权为无担保待确认债权等事实相印证。被上诉人原审庭审时也明确回答自2014年下

---

① 舟山市中级人民法院(2016)浙09民终207号。

半年才向担保人主张权利。原判对保证期间起算点事实认定错误。(2)原判引用的和解协议、破产管理人向被上诉人出具的函件、民事裁定书等证据，未向双方当事人出示，更未质证，违反法定程序。(3)原判适用法律错误。综上，请求二审法院依法撤销原审判决第一项，依法发回重审或改判上诉人不承担涉案保证责任；本案一审、二审诉讼费用由被上诉人承担。

被上诉人胡某答辩称：原判认定事实清楚，适用法律正确，请求驳回上诉人的上诉，维持原判。

3 一审法院观点

舟山市定海区人民法院认为：借款人H公司、潘某某于2011年8月10日向胡某借款400万元，并由曾某某提供连带责任担保的事实清楚，胡某与借款人H公司、潘某某之间的借贷关系，以及胡某与曾某某之间的保证合同关系，均合法有效。该院于2013年12月27日裁定受理了H公司等四家公司的合并破产和解案，胡某申报了500万元债权，经审核后，胡某对于H公司享有461.8250万元债权，其中借款本金377万元，利息84.8250万元。对于本案所涉借款本金金额，按债权比例析出，确定为301.60万元(计算公式为400÷500×377=301.60)。

关于是否超过保证期间问题。由于借款协议上未载明借款期限及保证期间，后借贷双方达成补充协议，对还款方式、期限作出约定，借款分二期履行，在2013年12月31日前履行最后一笔，故该笔借款的保证期间应从2013年12月31日起计算6个月。因主债务人H公司在2013年12月17日进入破产和解程序，债权人依法申报债权。现主债务人H公司在和解程序中达成的和解协议尚未执行完毕，破产程序尚未终结。根据担保法解释第44条之规定，在保证期限内，债权人既可以向人民法院申报债权，也可以向保证人主张权利，故胡某有权向曾某某主权权利。

综上所述，曾某某应当对潘某某、H公司尚欠胡某的借款本金301.60万元承担连带清偿责任。

4 二审法院观点

舟山市中级人民法院认为，本案争议焦点为曾某某是否可以债务已过保证期间为由免于承担保证责任。

我国担保法规定，连带责任保证的保证人与债权人未约定保证期间的，债权人有权自主债务履行期届满之日起6个月内要求保证人承担保证责任。2011年8月10日，H公司、潘某某、曾某某与胡某签订的《借款协议》仅约定H公司、潘某某向胡某借款400万元，曾某某承担连带还款责任；未约定借款期限和担保期限。该《借款协议》的约定，意味着在H公司、潘某某还清所借款项前，曾某某实际上一直处于可能承担担保责任的不安状态中。2011年年末，潘某某担任法定代表人及其实际控制的H公司等四家公司发生财务危机。作为该H公司等四家公司债权人之一的曾某某，向H公司等四家公司破产管理人申报债权4172.4万元，故其对H公司所发生的财务危机应十分了解，也应知道政府为帮助H公司等四家公司摆脱困境所采取的措施和工作。从二审被上诉人胡某提交《签约清单》内容来看,2012 年 2 月 11 日,胡某与潘某某所签订的《还款协议》系政府为帮助 H 公司等四家公司走出困境进行协调,促使债权人与债务人达成的还款协议。协议明确了讼争借款的归还期限,保证期间随之确定,即曾某某保证责任期间为 2013 年 12 月 31 日起计算的 6 个月。故该还款协议上虽未有曾某某的签名,但因该协议明确的保证责任期间,实质上并不加重曾某某的负担,更未损害曾某某的利益;相反,该还款协议限定了保证责任承担的确定时间截点,将促使债权人及时向债务人行使权利,有利于对保证人利益的保护。故在主债务人 H 公司于 2013 年 12 月 17 日进入破产和解程序时,曾某某尚处于保证责任期间内。2014 年 2 月 25 日,原审法院裁定终止 H 公司等四家公司破产和解程序。根据我国《企业破产法》及相关司法解释规定,和解债权人对债务人的保证人和其他连带债务人所享有的权利,不受和解协议的影响。胡某作为债权人有权向曾某某主张担保权利。综上所述,判决如下:驳回上诉,维持原判。

专业释评

破产和解,是指债务人在出现破产原因时,与债权人会议就债务清偿达成协议,经法院审　认可后中止破产程序,避免破产清算的法律制度。和解制度的目的主要在于避免破产发生,给债务人以重整事业的机会。与一般民事和解不同,破产和解是强制性的和解,即只要债权人会议以法定多数通过和解协议,对反对的少数债权人也有法律效力。《企业破产法》第 100 条规定,经人民法院裁定认可的和解协议,对债务人和全体和解债权人均有约束力。第 101 条规定,和解债权人对债务人的保证人和其他连带债务人所享有的权利,不受和解协议的影响。根据合同的相对性原理,债务人的保证人和其他连带债务人实际上没有介入破产和解协议当中,所以,和解债权人受和解协议约束,但对债务人的保证人和其他连带债务人所享有的权利,不受和解协议的影响。

问题十　破产重整如何影响保证期间

案例　江苏启东N银行天汾支行与王某冬等借款合同纠纷案[①]

1 案情简介

2014年9月18日，X公司与启东N银行签订《借款合同》一份，合同编号为启N银行（天汾）借字〔2014〕第62089号。合同约定，本合同项下借款为短期流动资金贷款，借款用途为水产品收购，借款金额为人民币300万元；借款期限为12个月，自2014年9月18日至2015年9月17日止。2014年3月14日，X公司作为债务人，P公司、毛某某、王某冬、K公司、王某生、高某某作为保证人与启东N银行签订《保证合同》一份，合同编号为启N银行（天汾）借字〔2014〕第62089号。合同约定：为确保X公司与启东N银行签订的启N银行（天汾）借字〔2014〕第62089号《借款合同》的履行，保证人愿意为债务人依主合同与债权人所形成的债务提供保证担保；被担保的主债权种类为短期保证，本金数额为300万元；保证范围为主合同项下的债务本金、利息、逾期利息、罚息、复利违约金、损害赔偿金、实现债权的费用（包括但不限于诉讼费、执行费、保全费、鉴定费、律师代理费、差旅费等）和实现债权的其他一切费用。保证方式为连带责任保证；保证的期限为债务期限届满之日起2年。截至2015年5月6日，X公司结欠启东N银行本金300万元，利息6万元。

2015年5月6日，江苏省启东市人民法院根据X公司的申请裁定受理X公司破产重整一案。

2 当事人诉求

王某冬、K公司、王某生上诉请求：（1）撤销一审判决，发回重审或改判驳回启东N银行的一审诉讼请求；（2）一审、二审诉讼费用由启东N银行负担。事实和理由：1. 一审法院认定"南通X水产品有限公司（以下简称X公司）尚处于重整执行阶段，还债期间长达7年，破产程序尚未终结"，属于事实认定错误。2. 一审适用最高人民法院《关于适用〈中华人民共和国担保法〉若干问题的解释》第44条认定三上诉人仍应承担保证责任，属于适用法律错误。（1）案涉主合同债务因X公司重整而于2015年5月6日提前到期，保证期间自此开始计算2年，因保证期间为不变期间，不因任何事由中断、中止或延长，故保证期间为2015年5月6日至2017年5月5日。在此期间，启东N银行未向三上诉人主张过保证责任，故三上诉人保证责任因保证期间届满而免除。（2）一审判决未依法认定保证期间的起止时间，而是认为重整计划还款

---

① 南通市中级人民法院（2017）苏06民终4563号。

期限长达7年,破产程序尚未终结,债权人在此期间及此后的6个月均可向保证人主张权利,客观上导致保证期间被延长了7年甚至更久,这与保证期间是不变期间的原则是相悖的。(3)最高人民法院已对最高人民法院《关于适用〈中华人民共和国担保法〉若干问题的解释》第44条的适用情形于2003年12月24日〔2003〕民二他字第49号答复中予以明确。本案中,三上诉人承担的是连带保证责任,且保证期间在重整程序终结时即2016年12月27日仍未届满,不属于上述司法解释条文适用范畴。3.一审认定保证人仍应承担在重整计划中免除的60%债务的保证责任,属于事实认定错误。启东N银行在X公司进入重整程序后,作为债权人申报了本息全部债权,而未向保证人主张权利,且从未告知过保证人。启东N银行作为债权人参与对重整计划草案的投票,最终重整计划得以通过,免除了X公司60%的债务。因担保合同具有从属性,主债权免除了60%,保证责任也应随之免除60%。

启东N银行辩称:一审认定事实清楚,适用法律基本正确,上诉人的上诉理由不能成立。

启东N银行向一审法院起诉请求:(1)判令P公司、毛某某、王某冬、K公司、王某生偿还贷款本金300万元,支付利息6万元(计算至2015年5月6日),之后至实际还款日按年利率14.4%计算,律师费2000元,总计3,062,000元;(2)诉讼费由P公司、毛某某、王某冬、K公司、王某生承担。

3 一审法院观点

一审法院认为,本案的争议焦点之一是:P公司、毛某某、王某冬、K公司、王某生对案涉借款是否要承担连带保证责任?

法院认为,P公司、毛某某、王某冬、K公司、王某生应对案涉借款承担连带保证责任。启东N银行与X公司及P公司、毛某某、王某冬、K公司、王某生、高某某签订的借款合同、保证合同均系各方当事人真实意思表示,未违反法律、行政法规的强制性规定,依法有效,各方应当严格遵照执行。启东N银行已按约向X公司发放贷款,但X公司未能按约归还贷款本息。P公司、毛某某、王某冬、K公司、王某生作为担保人,未能履行担保责任,故应对X公司的债务在担保范围内承担相应的民事责任。尽管借款人X公司已进入破产重整程序,但根据《企业破产法》第92条第3款规定,P公司、毛某某、王某冬、K公司、王某生仍应对案涉借款本息承担连带保证责任。

P公司、毛某某、王某冬、K公司、王某生抗辩,启东N银行未在保证期间内向保证人主张权利,应免除保证责任。一审法院认为,根据最高人民法院《关于适用〈中华人民共和国担保法〉若干问题的解释》第44条第2款规定,债权人申报债权后在破产程序中未受清偿的部分,保证人仍应当承担保证责任。债权人要求保证人承担保证责任的,应当在破产程序终结后6个月内提出。现借款人X公司尚处于重整执行阶段,还债期间长达7年,破产程序尚未终结,故对相关抗辩理由不予采纳。

P公司、毛某某抗辩,启东N银行应在X公司破产程序终结后向保证人主张权利。一审认为,根据最高人民法院《关于适用〈中华人民共和国担保法〉若干问题的解释》第44条第1款的规定,对其抗辩理由不予采纳。

据此，一审法院判决：1. P公司、毛某某、王某冬、K公司、王某生应于本判决发生法律效力之日起10日内向启东N银行归还借款本息183.6万元[（借款本金300万元+利息6万元）×60%]；2. P公司、毛某某、王某冬、K公司、王某生应于X公司破产程序终结后10日内向启东N银行归还借款本息122.4万元[（借款本金300万元+利息6万元）×40%]在破产程序中未受清偿的部分；3. P公司、毛某某、王某冬、K公司、王某生应于本判决发生法律效力之日起10日内向启东N银行支付律师费2000元。

4 二审法院观点

经各方当事人确认，本案的争议焦点是：上诉人的保证责任期间有无届满，启东N银行有无权利向其主张保证责任？

南通市中级人民法院认为，根据《企业破产法》第46条第1款的规定，未到期的债权，在破产申请受理时视为到期。X公司与启东N银行签订的借款合同约定案涉300万元款项的借款期限自2014年9月18日起至2015年9月17日止。一审法院于2015年5月6日裁定受理X公司破产重整一案。故该笔借款应于2015年5月6日视为提前到期。另根据案涉保证合同第4条的约定以及最高人民法院《关于适用〈中华人民共和国担保法〉若干问题的解释》第31条的规定，本案中，因主债务人X公司进入破产重整程序导致主债务提前到期，各保证人的保证期间应自主债务提前到期之日即2015年5月6日起计算2年至2017年5月5日止，该保证期间为不变期间，不因任何事由发生中断、中止、延长的法律后果。由于启东N银行未能提供证据证明其在保证期间届满前已向各保证人主张过权利，其在2017年7月21日起诉各保证人时，各保证人的保证期间应已届满，保证责任依法应予免除，故本院认为上诉人相关上诉理由成立，应予支持。一审认为根据最高人民法院《关于适用〈中华人民共和国担保法〉若干问题的解释》第44条的规定，X公司破产程序尚未终结，启东N银行有权向保证人主张权利，系法律适用错误。

综上所述，判决如下：（1）撤销江苏省启东市人民法院（2017）苏0681民初5712号民事判决；（2）驳回江苏启东N银行股份有限公司天汾支行的诉讼请求。

专业释评

最高人民法院《关于适用〈中华人民共和国担保法〉若干问题的解释》第31条规定，保证期间不因任何事由发生中断、中止、延长的法律后果。第44条第2款规定，债权人申报债权后在破产程序中未受清偿的部分，保证人仍应当承担保证责任。债权人要求保证人承担保证责任的，应当在破产程序终结后6个月内提出。

而关于如何适用该条款的问题，最高人民法院关于对云南省高级人民法院就如何适用《关于适用〈中华人民共和国担保法〉若干问题的解释》第44条请示的答复（2003年12月24日〔2003〕民二他字第49号），有了明确的说明。

云南省高级人民法院：

你院〔2003〕云高民二终字第149号请示收悉。经研究，答复如下：

《关于适用〈中华人民共和国担保法〉若干问题的解释》（以下简称担保法司法解释）第四十四条第二款规定的债权人应在破产程序终结后六个月内要求保证人承担保证责任的规定，仅适用于债务人在破产程序开始时保证期间尚未届满，而在债权人申报债权参加清偿破产财产程序期间保证期间届满的情形。即在上述情况下，考虑到债权人在债务人破产期间不便对保证人行使权利，债权人可以在债务人破产终结后六个月内要求保证人承担保证责任。你院请示的昆明电缆厂与交通银行昆明分行、昆明电缆股份有限公司担保借款合同纠纷案中，债权人交通银行昆明分行已经在保证期间内、债务人破产程序前要求保证人承担保证责任，因此，不适用担保法司法解释第四十四条第二款的规定。

本案中，二审法院认为：一审根据最高人民法院《关于适用〈中华人民共和国担保法〉若干问题的解释》第44条的规定，认定X公司破产程序尚未终结，启东N银行有权向保证人主张权利，系法律适用错误的观点，是正确的。

问题十一　破产重整如何影响关联人的责任

案例　四川S集团有限公司与攀枝花市T工贸有限公司执行异议纠纷案①

1　案情简介

一审法院攀枝花市仁和区法院在执行申请执行人T公司与被执行人F公司买卖合同纠纷一案中，申请执行人T公司申请追加S公司为被执行人。经一审法院审查，被执行人F公司已进入破产重整程序，不能履行一审法院生效判决所确定的债务。被申请人S公司作为被执行人F公司的唯一股东，不能证明F公司财产独立于自己的财产；且一审法院作出的(2016)川0411民初字第1310号民事判决对上述事实也作了认定，因此，依照最高人民法院《关于适用〈中华人民共和国民事诉讼法〉的解释》第473条、最高人民法院《关于民事执行变更、追加当事人若干问题》第20条的规定，作出(2016)川0411执1764号执行裁定，裁定追加S公司为被执行人。

2　当事人诉求

S公司上诉请求：(1)请求撤销一审判决，依法改判；(2)由T公司承担一审、二审全部诉讼费用。事实和理由：第一，四川省攀枝花市中级人民法院已于2017年1月5日作出(2016)川04破申2号《民事裁定书》，裁定受理对F公司的破产重整申请，根据《企业破产法》第19条，最高人民法院《关于适用〈中华人民共和国企业破产法〉若干问题的规定(二)》第21条、第22条的规定，以债务人的股东与债务人法人人格严重混同为由，主张债务人的股东直接向其偿还债务人对其所负债务的，如果该案件在破产申请受理时案件尚未审结的则应当中止审理，如已进入执行程序的则应当中止执行行为，因此执行法院应当中止对有关案件的执行，而不是继续在执行案件中追加S公司为被执行人。第二，一审判决查明F公司已进入破产程序，不能履行生效判决所确定的债务，对于该事实，一审判决错误的将破产清算与破产重整两个概念等同，F公司仅为进入了破产重整，系基于流动资金短缺导致了经营困难，而非财产不足以清偿生效法律文书确定的债务，目前管理人正在进行债权确认、F公司资产清核工作，F公司是否资不抵债，尚需管理人的最终认定。第三，四川省攀枝花市仁和区人民法院(2016)川0411民初1310号民事判决中所认为的“F公司与S公司不能相互独立”不是事实判断，而是法院在S公司未到庭的情况下，适用举证责任倒置的举证规则，在“本院认为”部分所得出的个案法律判断，仅具有个案效力，不应直接在其他案件中援引；根据最高人民法院《关于民事诉讼证据

① 攀枝花市中级人民法院(2018)川04民终148号。

的若干规定》第9条,如当事人有相反证据足以推翻的,人民法院也应当依法对相关事实重新作出认定,一审中S公司提交的审计报告、验资报告等证据,以及F公司管理人提出的“S公司与F公司财产相互独立”的意见,足以证明两公司不存在混同的情况,一审判决未予审查,直接依据生效判决认定F公司与S公司财产不能相互独立是错误的。

T公司辩称:(1)根据最高人民法院《关于民事执行中变更、追加当事人若干问题的规定》第20条“作为被执行人的一人有限责任公司,财产不足以清偿生效法律文书确定的债务,股东不能证明公司财产独立于自己的财产,申请执行人申请变更、追加该股东为被执行人,对公司债务承担连带责任的,人民法院应予支持”的规定,T公司申请追加S公司为被执行人有法律依据。(2)四川省攀枝花市仁和区人民法院(2016)川0411民初1310号民事判决是生效判决,针对的债务人相同,判决S公司对F公司的债务承担连带责任,生效判决具有代表性;S公司提交的审计报告、验资报告等证据不完整,对证据的真实性、完整性、合法性表示质疑,不能证明S公司与F公司的财产相互独立。(3)在F公司进入破产重整前,T公司已向执行法院提交了追加S公司为被执行人的申请,不能因为因F公司破产重整为由停止追加S公司承担连带责任。(4)F公司几百家债权人一直没有得到清偿,是不争的事实,证明F公司事实上失去了清偿能力。

F公司述称:(1)S公司与F公司二者在财务、经营及其他方面都是不一致的,属于完全独立的法人主体,不应该追加S公司为被执行人。(2)F公司管理人正在对F公司的资产进行清理,对债权进行审核,最终的资产负债数额还没有确定。(3)F公司要完成重整程序,还需要招募到足够的投资资金,以盘活F公司资产。

S公司向一审法院起诉请求:(1)撤销攀枝花市仁和区法院(2016)川0411执1764号执行裁定;(2)案件受理费由T公司承担。

3 一审法院观点

一审法院认为,根据最高人民法院《关于民事执行中变更、追加当事人若干问题的规定》第20条“作为被执行人的一人有限责任公司,财产不足以清偿生效法律文书确定的债务,股东不能证明公司财产独立于自己的财产,申请执行人申请变更、追加该股东为被执行人,对公司债务承担连带责任的,人民法院应予支持”之规定,首先,S公司系F公司的唯一股东,F公司属于一人有限责任公司;F公司目前已进入破产重整,财产确实不足以清偿本案T公司的债务。其次,S公司与F公司之间财产不能相互独立的事实已经本院生效判决所认定,因此,一审法院追加S公司为被执行人并无不当。S公司要求撤销执行裁定的请求证据不足,不予支持。综上所述,判决:驳回原告四川S集团有限公司的诉讼请求。

4 二审法院观点

攀枝花中级人民法院认为:1. 关于执行案件和破产案件的程序衔接,根据《企业破产法》

第19条、第44条的规定,人民法院受理对F公司的破产重整申请后,执行程序应当中止,F公司的债权人应依照破产法规定的程序行使权利。T公司既是执行案件中的申请执行人,又是破产案件中的债权人,所依据的都是本案中对F公司的债权,人民法院受理对F公司的破产重整申请后,在执行案件中是否追加被执行人,既应符合最高人民法院《关于民事执行中变更、追加当事人若干问题的规定》的规定,也应符合破产法规定的程序。2. T公司申请追加S公司为被执行人的理由,符合最高人民法院《关于适用〈中华人民共和国企业破产法〉若干问题的规定(二)》第21条第1款第3项、第22条、第23条规定的"以债务人的股东与债务人法人人格严重混同为由,主张债务人的股东直接向其偿还债务人对其所负债务的"情形,T公司应按照破产法规定的程序行使权利。S公司关于在人民法院受理对F公司破产申请后,一审法院不应在执行案件中追加S公司为被执行人的异议理由成立,根据最高人民法院《关于民事执行中变更、追加当事人若干问题的规定》第33条第1款第1项"被申请人提起的执行异议之诉,人民法院经审理,按照下列情形分别处理:(一)理由成立的,判决不得变更、追加被申请人为被执行人或者判决变更责任范围"的规定,应判决不得追加S公司为被执行人。

综上所述,判决如下:(1)撤销四川省攀枝花市仁和区人民法院(2017)川0411民初1758号民事判决;(2)不得追加四川S集团有限公司为被执行人。

专业释评

本案的基本原理是执行案件和破产案件的程序衔接问题。F公司进入了破产重整,管理人正在进行债权确认及F公司资产的清核工作,F公司是否资不抵债,尚需管理人的最终认定。此时,根据《企业破产法》的相关规定,执行工作应当中止,当然更不应再追加S公司为被执行人了。

问题十二　破产重整中受偿的债权如何扣减

案例　江苏H建材有限公司与李某某破产债权纠纷案①

1 案情简介

上诉人(原审被告):李某某。

被上诉人(原审原告):江苏H建材有限公司(以下简称H公司)(原江苏Y混凝土有限公司)。

法定代表人:王某,该公司总经理。

具体情况是:2011年6月21日,李某某以纪某某、江苏Y混凝土有限公司为被告向金湖县人民法院提起诉讼。2011年12月19日,金湖县人民法院(2011)金商初字第0378号民事判决书判决:1. 江苏Y混凝土有限公司于本判决生效后10日内偿还李某某借款本金50万元,并按中国人民银行同期贷款利率的4倍从2011年4月20日起至实际还款之日承担利息。2. 纪某某对江苏Y混凝土有限公司的上述还款本息承担连带偿还责任。3. 纪某某和江苏Y混凝土有限公司于本判决生效后10日内共同偿还李某某借款本金250万元,并按中国人民银行同期贷款利率的4倍从2011年6月7日起至实际还款之日承担利息。案件受理费30,800元,保全费5000元,合计35,800元,由纪某某、江苏Y混凝土有限公司共同承担。后李某某向金湖县人民法院申请执行。2012年1月15日,江苏Y混凝土有限公司因债权人申请,被原审法院裁定受理破产。依据金湖县人民法院的民事判决书,李某某的债权被确认为3,510,865.2元。2012年8月19日江苏Y混凝土有限公司破产重整。经确定普通债权按60%受偿。李某某的债权受偿数额为2,106,519.12元。2014年2月12日,原审法院出具情况说明,载明:金湖县人民法院在执行李某某与纪某某、江苏Y混凝土有限公司借贷纠纷案件的过程中,对纪某某位于南京市某号楼某室的房产进行了变卖,变卖的款项中的1,091,600元用于偿还了李某某的债务。2016年11月22日,江苏Y混凝土有限公司清算组作出债权登记和清偿处理意见书,内容为:(1)截至2014年2月12日,债权人李某某应享有债务人江苏H建材有限公司(原江苏Y混凝土有限公司)债权额为241.93万元(351.09-109.16)。(2)债权首次分配额应为73.58万元(241.93×30%),第二次分配额同第一次。H公司(原江苏Y混凝土有限公司)因对此处理意见书不服向原审法院提起诉讼。

① 淮安市中级人民法院(2017)苏08民终1015号。

2 当事人诉求

李某某的上诉请求：依法撤销原判，发回重审或依法改判驳回被上诉人的诉讼请求。事实和理由：(1)上诉人不是本案适格的主体，原审法院将上诉人作为被告显然错误，被上诉人对上诉人申报的债权并无异议，仅是对清算组确定的分配方案有异议，因分配方案是清算组依职权作出，故上诉人不是本案的适格主体，仅应作为第三人参与诉讼；(2)原审法院径行改变清算组的分配方案没有法律依据，属于适用法律错误；(3)上诉人申报破产债权，并不意味着放弃对连带责任人的追偿，连带责任人对上诉人的清偿不应从分配的受偿款中扣减，且原审判决上诉人承担本案诉讼费用没有法律依据。

被上诉人H公司辩称：原审判决认定事实清楚，适用法律正确，请求二审法院驳回上诉，维持原判。

H公司一审诉讼请求：(1)请求核减李某某申报的债权43.6940万元(按清算组提供的第二种方案计算)；(2)李某某承担本案诉讼费用。事实和理由：2012年1月15日，H公司因债权人申请，被法院裁定破产。后因纪某某、史某某申请进行破产重整。2012年8月19日一审法院允许破产重整。2012年3月15日，经债权人大会确定普通债权按60%受偿。李某某申报的债权为3,510,865.2元，确定重整后的债权为2,106,519.12元。2013年3月22日，李某某依据金湖县人民法院(2011)金商初字第0378号民事判决书在共同债务人纪某某处执行房产款109.16万元。李某某作为纪某某和H公司的债权人，在纪某某履行了部分债务后，就应按破产重整计划确定的债权2,106,519.12元冲减债务人的债务，而不是李某某要求的从3,510,865.2元中先扣减再打折计算的方法，既不合理，也不合法。清算组在2013年3月15日首次分配时已确定的先打折再扣减，余款作为破产债权继续清偿的方案，是公平、合理的。现清算组又改变方案，要求按先扣减再打折继续受偿。两种方案相差43.6940万元。为维护H公司的合法权益，特提起诉讼。

李某某一审辩称：(1)李某某不是本案适格的主体。H公司起诉要求核减债权(按清算组提供的第二种方案计算)，其仅是对清算组确定的分配方案有异议，对李某某申报的债权本身并无异议。而分配方案是清算组依职权作出，而非李某某制定，故李某某不是本案的适格被告，应驳回H公司对李某某的起诉。(2)H公司本起诉讼的目的仅是拖延时间。试图不按重整计划全额兑现。故请求法庭，即使H公司对分配方案存有异议，也应当责令其按重整计划将分配款项全额交清算组，待争议解决后再做处理。(3)清算组的分配方案虽不尽合理，但仍然是对H公司有利的。

3 一审法院观点

金湖县人民法院归纳本案的争议焦点是：李某某在破产重整计划实施过程中受偿的债权是在破产债权中扣减，还是在破产重整计划确定的债权中扣减。

金湖县人民法院认为：本案是破产企业和债权人发生的债务纠纷，发生纠纷的只能是债权人和债务人,故H公司、李某某均为适格主体。李某某的辩解无事实依据,不予支持。江苏Y混凝土有限公司现已进入破产重整阶段。《企业破产法》规定,经人民法院裁定批准的重整计划,对债务人和全体债权人均有约束力。本案李某某系破产企业江苏Y混凝土有限公司的债权人,按照破产重整计划的规定,李某某享有的债权为2,106,519.12元。而在破产重整计划执行的过程中,李某某因江苏Y混凝土有限公司的连带债务人纪某某偿还了债务1,091,600元。关于李某某获得的债权扣减问题。根据《企业破产法》规定,是按照重整计划规定的同类债权的清偿条件行使权利。故李某某在破产重整计划中得到偿还的债权,应从破产重整计划中确定的债权中予以扣减。只有按此来执行,李某某获得的债权受偿的比例才符合重整计划的要求。债务人也才不会承担超过破产重整计划确定的债务数额。否则债务人承担债务的比例就会超出重整计划的范围。故H公司的诉讼请求符合法律规定,予以支持。依照《企业破产法》第92条、第94条规定,原审判决:李某某在江苏H建材有限公司(原江苏Y混凝土有限公司)破产重整计划中享有的债权为1,014,949.12元。

4 二审法院观点

淮安市中级人民法院认为,关于上诉人李某某的破产债权核减问题。上诉人李某某依据(2011)金商初字第0378号民事判决书确认其享有的债权向江苏Y混凝土有限公司破产清算组申报债权,后2012年8月19日江苏Y混凝土有限公司进行破产重整并确定普通债权按60%受偿,即上诉人李某某申报的破产债权3,510,865.2元按60%即2,106,519.12元予以受偿,2013年3月22日上诉人李某某依据(2011)金商初字第0378号民事判决书在共同债务人纪某某处执行房产款109.16万元,在破产重整已经确定普通债权清偿率的前提下,上诉人李某某在破产重整计划中得到偿还的债权,应从破产重整计划中确定的债权中予以扣减。

综上所述,上诉人李某某的上诉请求不能成立,二审法院不予支持,原审判决主文正确,应予维持。

专业释评

破产重整是对可能或已经发生破产原因但又有希望再生的债务人,通过各方利害关系人的协商,对债务人进行生产经营上的整顿和债权债务关系上的清理,以期摆脱财务困境,重获经营能力的特殊法律程序,实质上是各利益关系当事人达成的一个协议,对协议各方具有约束力。就本案而言,李某某是该破产重整计划的当事人之一,应受该内容的约束,其在该破产重整计划实施过程中受偿的债权当然是在破产重整计划确定的债权中扣减。

问题十三　破产重整中如何维护员工的权益

案例　吴某某与厦门C实业有限公司劳动合同纠纷案[①]

1 案情简介

2015年7月1日,吴某某与C公司签订劳动合同书一份,约定C公司聘用吴某某从事导购工作,月工资1630元,劳动合同期限自2015年7月1日至2016年6月30日。2016年1月15日起,吴某某因早期妊娠、早孕保胎等原因,××诊断书,××诊断书时间为2016年3月15日,休两周。2016年1月15日起,吴某某未再向C公司提供劳动。吴某某的工作由他人代班。2016年5月底,C公司在江宁金鹰的专柜撤柜。C公司已支付吴某某2016年1月工资1100元、2月工资3106.06元、3月工资2840元、4月工资2948元。2016年7月18日15时11分24秒,C公司曾通过银行转账支付吴某某2016年5月工资4584.46元,因"户名误"该笔汇款于2016年7月18日16时49分08秒返回原账户。2016年7月5日,吴某某向南京市劳动人事争议仲裁委员会(以下简称南京市仲裁委)申请仲裁,要求C公司、厦门C实业有限公司驻江苏办事处补发2016年1月至7月被扣工资11,410元(1630元/月×7月),补缴社会保险,确保其在孕期享有的待遇。南京市仲裁委以不符合受理条件为由于当日不予受理。

2 当事人诉求

吴某某上诉请求:改判C公司支付2016年1月至10月工资26,870元。事实与理由,吴某某找人代班事实不成立。代班人为C公司提供劳动,代班人的工资应由C公司支付。

C公司未参加庭审,提供书面答辩状:(1)2016年1月起,吴某某在没有请假的情况下,停止所有工作,C公司有权于2016年1月起停发吴某某的工资。(2)2016年6月28日,因生产、运营调整需要,告知驻江苏各城市鞋类专柜,要求一线员工结清劳动报酬、养老保险待遇费用、经济补偿金及选择离职时间。而吴某某因长期旷工、严重违反规章制度,C公司已于2016年2月与吴某某解除劳动关系,故无权要求C公司支付工资。(3)一审判决继续履行与吴某某之间的劳动合同违背客观事实,于法无据。

吴某某向一审法院起诉请求:(1)撤销C公司于2016年1月25日作出的解除劳动合同告知函,并恢复劳动关系;(2)C公司补发2016年1月至10月工资26,870元(2687元/月×10月);(3)C公司补缴2016年4月至10月的社会保险。

---

① 南京市中级人民法院(2017)苏01民终276号。

3 一审法院观点

一审法院认为，劳动者严重违反用人单位规章制度的，用人单位可以解除劳动合同。用人单位的规章制度经过民主程序制定并公示或告知劳动者的，可以作为处理劳动争议的依据。用人单位单方解除劳动合同，应当事先将理由通知工会。本案中，C公司对据以解除与吴某某劳动合同的《员工手册》，未提交证据证明《员工手册》系经过民主程序制定，亦未提交证据证明解除与吴某某劳动合同已通知工会，故C公司解除行为违法。用人单位违法解除劳动合同，劳动者要求继续履行劳动合同的，用人单位应当继续履行，故对吴某某要求撤销C公司2016年1月25日作出的告知函、继续履行劳动合同的诉讼请求，予以支持。关于吴某某主张的2016年1月至10月期间的工资，C公司主张已支付2016年5月工资4584.46元，但该笔汇款因"户名误"，于2016年7月18日16时49分08秒返回原账户，C公司应继续支付吴某某5月工资，故对吴某某主张2016年5月工资2687元的诉讼请求，予以支持。2016年1月吴某某工作至15日，C公司支付工资1100元，不低于其应得的工资；2016年2月、3月、4月，C公司已足额支付了吴某某工资；2016年6月起，吴某某未依法履行请假手续，亦未向C公司提供劳动，故其主张工资无事实依据，不予支持。补缴社会保险不属于人民法院受理劳动争议的范围，不予理涉。据此，一审判决：(1)撤销C公司2016年1月25日作出的告知函，双方继续履行劳动合同；(2)C公司于判决发生法律效力之日起10日内支付吴某某2016年5月工资2687元；(3)驳回吴某某的其他诉讼请求。

4 二审法院观点

在二审审理过程中，C公司提交了福建省惠安县人民法院(2016)闽0521民破2号决定书、(2016)闽0521民破2号民事裁定书、(2016)闽0521民破2号之二民事裁定书，证明福建省惠安县人民法院法院已经受理C公司并入泉州Y鞋业有限公司、泉州S皮革制品贸易有限公司合并破产重整申请；指定泉州Y鞋业有限公司清算组为管理人。吴某某对福建省惠安县人民法院的决定书、民事裁定书的真实性没有异议，同时认为，C公司申请破产是规避国家法律，重整后的财产应当向吴某某履行相关义务。

南京市中级人民法院认为，吴某某、C公司签订的劳动合同有效，双方均应按照劳动合同约定和法律规定享受权利、履行义务。C公司主张2016年2月与吴某某解除劳动合同，但是，C公司仍然向吴某某支付2016年2月、3月、4月工资，与2016年2月解除劳动合同的主张矛盾。C公司在2016年8月10日庭审中告知吴某某解除劳动合同，一审法院以C公司未提交证据证明解除劳动合同的依据经过民主程序制定，亦未提交证据证明解除与吴某某劳动关系已通知工会，认定C公司解除行为违法，并根据吴某某诉讼主张，判令撤销C公司2016年1月25日作出的告知函、继续履行劳动合同，符合法律规定。

从一审法院查明的事实看，吴某某怀孕后经南京市妇幼保健院诊断需保胎治疗，自2015年1月15日起没有向用人单位提供劳动，也履行了请假手续，吴某某请假的属性是病假范畴，

C公司应当支付病假工资。本案用代班的形式用人单位向劳动者支付工资,再由劳动者向代班人支付工资,损害了劳动者的权益。《江苏省工资支付条例》第27条规定,病假工资不得低于当地最低工资标准的80%。C公司应支付吴某某2016年1月16日(病假起始日)至5月31日(C公司在江宁金鹰撤销专柜日)期间的病假工资。其中,2016年1月16日至4月30日的病假工资为4539.94元[1770元/月(南京市最低工资标准)×(0.5+3)月×80%-C公司已支付2016年2月至4月工资与吴某某转付代班工资差额(3106.06元+2840元+2948元-2790元-2790元-2898元];一审判决C公司支付2016年5月工资2687元,该数额也在《江苏省工资支付条例》第27条规定的幅度内,同时,C公司没有提出上诉,本院不作调整并予以确认。在C公司撤销江宁金鹰专柜后,2016年10月27日,福建省惠安县人民法院已经受理C公司并入泉州Y鞋业有限公司、泉州S皮革制品贸易有限公司合并破产重整申请,依照《劳动合同法》第44条的规定,人民法院受理破产重整申请也不是劳动合同终止的情形。《江苏省工资支付条例》第31条规定,用人单位非因劳动者原因停工、停产、歇业,在劳动者一个工资支付周期内的,应当视同劳动者提供正常劳动支付其工资。超过一个工资支付周期的,可以根据劳动者提供的劳动,按照双方新约定的标准支付工资;用人单位没有安排劳动者工作的,应当按照不低于当地最低工资水平标准的80%支付劳动者生活费。C公司应支付2016年6月至10月吴某某生活费7080元(1770元/月×5月×80%)。鉴于福建省惠安县人民法院法院已经受理C公司并入泉州Y鞋业有限公司、泉州S皮革制品贸易有限公司合并破产重整申请,本院确认C公司尚欠吴某某2016年1月16日至4月30日病假工资4539.94元、2016年6月至10月生活费7080元。

综上,吴某某的部分诉讼请求,符合法律规定,二审法院予以支持。判决如下:

(1)维持南京市江宁区人民法院(2016)苏0115民初10358号民事判决第1项;

(2)变更南京市江宁区人民法院(2016)苏0115民初10358号民事判决第2项"C公司于判决发生法律效力之日起10日内支付吴某某2016年5月工资2687元"为,确认C公司尚欠吴某某2016年5月工资2687元;

(3)撤销南京市江宁区人民法院(2016)苏0115民初10358号民事判决第3项;

(4)确认C公司尚欠吴某某2016年1月16日至4月30日病假工资4539.94元、2016年6月至10月吴某某生活费7080元。

专业释评

《劳动合同法》第44条规定:"有下列情形之一的,劳动合同终止:(一)劳动合同期满的;(二)劳动者开始依法享受基本养老保险待遇的;(三)劳动者死亡,或者被人民法院宣告死亡或者宣告失踪的;(四)用人单位被依法宣告破产的;(五)用人单位被吊销营业执照、责令关闭、撤销或者用人单位决定提前解散的;(六)法律、行政法规规定的其他情形。"由此可见,人民法院受理破产重整申请也不是劳动合同终止的法定情形。

就本案而言，在没有依法解除双方的劳动合同的情况下，单位就有义务继续负担对员工的工资及其他待遇的支付，C 公司因破产重整并入泉州 Y 鞋业有限公司、泉州 S 皮革制品贸易有限公司，但其应负的义务并没有消失。

问题十四　如何认识关联企业间的合并重整

案例　沈阳TB（集团）物资装备有限公司破产重整案①

1 案情简介

2017年6月21日，沈阳TB（集团）物资装备有限公司（以下简称沈阳TB公司）向沈阳市中级人民法院申请进行破产重整。2017年7月19日，法院裁定受理沈阳TB公司的破产重整申请。2017年8月3日，法院通过竞争方式指定北京市W律师事务所担任沈阳TB公司管理人。

2 当事人诉求

2017年9月30日，沈阳TB公司向沈阳市中级人民法院提出申请称：沈阳TB公司通过设立的沈阳TB集团对沈阳TB集团石油装备有限公司、沈阳D（集团）股份有限公司等18家企业在人员、财务与资金、财产、业务与管理等方面进行统一管理。上述企业不能独立享有民事权利、承担民事义务、以各自全部财产独立承担民事责任，丧失了独立的法人人格，与沈阳TB公司存在高度混同的情形。请求法院将18家被申请企业与沈阳TB公司合并重整。

对此，沈阳TB公司管理人向法院提交了（2017）TB管字第006号《沈阳TB公司管理人关于沈阳TB公司与沈阳TB集团石油装备有限公司等十八家成员企业合并重整之调查报告》，该调查报告及附件载明：沈阳TB公司与十八家被申请企业为关联企业，在人员、财务与资金、财产、业务与管理等方面存在高度混同：

一、人员方面

任免：沈阳TB集团统一下发文件，对沈阳TB集团财务资产部、企管人事部、供销管理部、资金管理部等部门的人员进行任免。18家被申请企业的总经理助理以上高级管理人员均由沈阳TB集团董事局批准，并由沈阳TB集团企管人事部发布文件任命。薪酬与考核：沈阳TB集团统一制定对18家被申请企业人员的薪酬管理制度以及具体的业绩考核方案，根据考核结果向经营班子成员发放绩效年薪。交叉任职：在沈阳TB集团、18家被申请企业中，存在沈阳TB集团高级管理人员兼任18家被申请企业的高级管理人员的情形；存在同一人员同时在两个以上被申请企业担任高级管理人员的情形；存在同一会计、出纳、行政、业务人员同时负责两家或两家以上被申请企业相关工作的情形。其他情形：根据沈阳TB集团下发的文件，18家被申请企业的考勤、工资发放日期、员工变动等事项均由沈阳TB集团统一规定，18家被申请企业无权自行决定。

---

① 沈阳市中级人民法院（2017）辽01破申16号。

二、财务与资金方面

财务的统一管理:虽然沈阳TB公司与18家被申请企业在形式上为独立的企业法人,但18家被申请企业的财务总监由沈阳TB集团统一任免、管理,18家被申请企业对重大财务事项无自主决策权,部分被申请企业甚至没有设置独立的财务部门;存在同一个会计、出纳负责多个被申请企业财务工作的情形;存在同一个会计、出纳管理多个被申请企业财务资料的情形;存在被申请企业之间代付人员工资等经营费用的情形;沈阳TB集团专门设立审计部门,根据沈阳TB集团的要求,负责对沈阳TB公司、18家被申请企业的财务情况进行抽查、审计。资金的统一管理:沈阳TB集团资金管理部根据沈阳TB公司、18家被申请企业的资金需求,制定各被申请企业基于融资需要的资产抵押、担保、质押方案,负责沈阳TB公司、18家被申请企业基于融资业务需要的内部短期资金拆借的办理。18家被申请企业对融资所需的资产抵押、担保、质押方案等事宜均无自主决策权。18家被申请企业取得银行贷款资金后,由沈阳TB集团统一调度、18家被申请企业混同使用。沈阳TB集团财务资产部可依据18家被申请企业的货币资金收支预算调动18家被申请企业的结余资金。沈阳TB集团对18家被申请企业货币资金收支实施预算管理,18家被申请企业阶段性的货币资金结余由沈阳TB集团实施集中存放。18家被申请企业之间存在大量的资金往来,挂往来款处理,未计算资金占用费,存在往来款未实际偿还的情形。

三、财产方面

沈阳TB公司与18家被申请企业在财产取得、使用无法区分:沈阳TB公司与18家被申请企业之间存在购房实际出资人与房屋所有权证登记人不一致的情形,存在无偿使用房屋或者以明显低于市场价格租赁房屋的情形;沈阳TB公司、18家被申请企业购买设备需报沈阳TB集团审批,沈阳TB公司、18家被申请企业之间存在无偿使用机器设备、共用办公设备的情形;18家被申请企业无权自主决定处置、调配、购置车辆,均需由沈阳TB集团统一审批后执行。

四、业务与管理方面

统一管理:沈阳TB集团供销管理部为沈阳TB集团物资管理和采购管理的归口部门,对沈阳TB公司、18家被申请企业的物资管理及采购供销部门具有业务领导权,组织实施集中采购物资,并制定沈阳TB公司、18家被申请企业物资采购和外委加工的类别划分,审批沈阳TB公司、18家被申请企业的各类需求计划、采购计划,管理沈阳TB公司、18家被申请企业物资采购合同。产品定价:沈阳TB集团成立作为集团价格管理最高决策机构的价格领导小组,全面负责18家被申请企业的价格管理制度制定、价格政策审批、价格决策工作,沈阳TB集团供销管理部负责落实具体工作。18家被申请企业的价格管理体系、管理制度、工作流程、价格文件等,均需由沈阳TB集团审批同意后执行。沈阳TB集团有权监督、检查、考核18家被申请企业销售价格执行情况。经沈阳TB公司管理人核查,18家被申请企业在对外销售产品时,均按照沈阳TB集团确定的价格执行,无权自主定价或改变销售价格;如需变更销售价格,需要逐级请示沈阳TB集团审批。业绩考核与提成:沈阳TB公司、18家被申请企业销售人员业绩考核及提成发放,均需报沈阳TB集团供销管理部审批后,提请沈阳TB集团董事长刘某某批复后执行。人为调节业务收入:沈阳 TB 集团财务资产部负责沈阳 TB 公司、18 家被申请企业的整体税收筹划,确定业务订单的利润指标或数额,通过在沈阳 TB 公司、18 家被申请企业之间签订代理、买卖合同的方式,对沈阳 TB 公司、18 家被申请企业业务收入、利润进行人为调节。

五、其他方面

贷款担保及使用:沈阳 TB 集团从金融机构融资时,由沈阳 TB 集团资金管理部负责与相关金融机构协商,从 18 家被申请企业中确定符合贷款条件的贷款主体、担保主体、担保方式等事项后,直接准备贷款、担保所需的董事会决议、股东会决议等全部材料,并自行办理贷款合同、担保合同签订等全部事宜。被沈阳 TB 集团确定为借款人、担保人的成员企业,均无自主决策权。相关被申请企业取得金融机构贷款后,沈阳 TB 集团根据 18 家被申请企业的资金需求,统一安排贷款使用主体、分配金额、贷款偿还等相关事宜,18 家被申请企业均无自主决策权。印章统一管理:沈阳 TB 公司、沈阳 TB 集团统一保管沈阳 TB 公司、沈阳地区被申请企业的公章、法定代表人名章、财务专用章、合同专用章,并保管上海 TB 钢管有限公司的合同专用章。公文、档案:根据沈阳 TB 集团下发的文件,18 家被申请企业制作公文时,需遵守沈阳 TB 集团统一规定的内部行文标准;对于档案、合同、会议纪要等重要文件,也需要按照沈阳 TB 集团统一规定进行管理。

此外,截至 2017 年 7 月 31 日,18 家被申请企业均已不能不能清偿到期债务,沈阳 TB 公司与 18 家被申请企业债务人合计负债金额约 56.4 亿元,而账面资产约 32.4 亿元。

18 家被申请企业均出具书面意见:认可与沈阳 TB 公司法人人格高度混同。经公司股东会研究决议,同意与沈阳 TB 公司进行合并重整。

中国 C 资产管理股份有限公司北京分公司提出异议称:对沈阳 TB 公司与拟合并重整的 18 家被申请企业是否存在法人人格高度混同、是否符合破产原因、合并重整的管辖等方面存在异议,且存在通过合并重整的方式逃废债务的嫌疑;Y 银行股份有限公司沈阳分行提出异议称:本行享有房产抵押权,已启动执行程序,正在申请以物抵债,法律明确规定了抵押权的优先受偿,可以对抗法律尚未明确规定的合并重整;J 银行股份有限公司鞍山分行立山支行提出异议称:本行已经对铁岭 Z 机械设备制造有限公司的财产进行了首封,在执行上有优先地位;沈阳 N 银行股份有限公司东陵支行提出异议但无明确意见和理由。针对上述异议,沈阳 TB 公司管理人称:1. 经专项审计及沈阳 TB 公司管理人调查核实,18 家被申请企业与沈阳 TB 公司法人人格高度混同,存在破产重整原因;合并重整的管辖没有问题,合并重整应由核心企业住所地管辖;合并重整有利于维护广大债权人利益,破产重整有利于实现债权人利益最大化而非逃废债务。2. 合并重整后,有财产担保的债权人的优先受偿权仍受法律保护;破产法的制度功能就是要保护全体债权人公平受偿,防止对个别债权人的偏颇清偿;合并重整可以整合全体债务人的财产,使其大幅增值,更有利于包括 Y 银行股份有限公司沈阳分行在内的各债权人利益。3. 破产法是保护全体债权人公平受偿的集体程序,其目的就是要避免因某些债权人通过个别执行而导致偏颇清偿的情形发生,J 银行股份有限公司鞍山分行立山支行的理由于法无据,且与破产法的立法目的相悖,不应获得法律支持。

综上所述，可以认定沈阳 TB 公司与 18 家被申请企业属关联企业，各企业之间持续、广泛、显著存在如下事实：

（一）主要经营性财产的占有、使用、收益、处分难以区分：沈阳 TB 公司与 18 家被申请企业之间存在购房实际出资人与房屋所有权证登记人不一致的情形；存在无偿使用房屋、机器设备或者以明显低于市场价格租赁房屋的情形；存在共用办公设备的情形；存在根据需要进行统一的融资，统一协调进行抵押、担保、质押，融资得来款项统一进行调度，混同使用的情形；存在阶段性的资金结余集中存放、统一调度使用的情况；存在大量资金往来未计算资金占用费用的情形；存在往来款未实际偿还的情形。

（二）人为调节业务收入：沈阳 TB 集团财务资产部负责沈阳 TB 公司、18 家被申请企业的整体税收筹划，确定业务订单的利润指标或数额，通过在沈阳 TB 公司、18 家被申请企业之间签订代理、买卖合同的方式，对沈阳 TB 公司、18 家被申请企业业务收入、利润进行人为调节。

（三）交易行为、交易方式、交易价格等受控制企业支配：沈阳 TB 集团价格领导小组，全面负责 18 家被申请企业的价格管理制度制定、价格政策审批、价格决策工作，18 家被申请企业在对外销售产品时，均按照沈阳 TB 集团确定的价格执行，无权自主定价或改变销售价格；如需变更销售价格，需要逐级请示沈阳 TB 集团审批。

（四）相互担保或交叉持股：沈阳 TB 公司与 18 家被申请企业之间，存在为了融资而进行相互担保的情形；存在交叉持股的情形。

（五）高级管理人员交叉兼职：沈阳 TB 公司与 18 家被申请企业之间，存在高级管理人员兼任 18 家被申请企业的高级管理人员的情形；存在同一人员同时在两个以上被申请企业担任高级管理人员的情形；存在同一会计、出纳、行政、业务人员同时负责两家或两家以上被申请企业相关工作的情形。

（六）人事任免与经营管理由核心企业控制：沈阳 TB 集团统一下发文件，对沈阳 TB 集团财务资产部、企管人事部、供销管理部、资金管理部等部门的人员进行任免。18 家被申请企业的总经理助理以上高级管理人员均由沈阳 TB 集团董事局批准，并由沈阳 TB 集团企管人事部发布文件任命。沈阳 TB 集团供销管理部对沈阳 TB 公司、18 家被申请企业的物资管理及采购供销部门进行领导，组织实施集中采购物资，并制定物资采购和外委加工的类别划分，审批各类需求计划、采购计划，管理物资采购合同。

同时，该 18 家被申请企业因流动资金困难，长期过度负债，存在大量诉讼和执行案件，已陷入财务和经营困境，具有明显丧失清偿能力的可能。财务资料显示上述企业均不同程度存在不能清偿到期债务，并且资产不足以清偿全部债务或明显缺乏清偿能力的情形。该 18 家被申请企业与沈阳 TB 公司在整体上已不能清偿到期债务并且资产不足以清偿全部债务，存在破产原因。

3 法院观点

沈阳市中级人民法院认为：沈阳 TB 公司与 18 家被申请企业为关联企业。对沈阳 TB 公司申请事项的审查关键是上述企业是否存在法人人格高度混同。关联企业成员之间持续、广泛、显著存在主要经营性财产的占有、使用、收益、处分难以区分，人为调节业务收入等情形，即可认定关联企业成员严重丧失法人财产独立性；关联企业成员之间持续、广泛、显著存在交易行为、交易方式、交易价格等受控制企业支配，相互担保或交叉持股，高级管理人员交叉兼职，人事任免与经营管理由核心企业控制等情形，即可认定关联企业成员严重丧失法人意志独立性；关联企业成员严重丧失法人财产独立性和法人意志独立性，即可认定关联企业成员之间法人人格高度混同。沈阳TB公司与18家被申请企业属关联性企业，持续、广泛、显著的存在上述情形，故应认定法人人格高度混同。

沈阳TB公司与18家被申请企业虽均为法人，但两者之间人格高度混同，则其不能以公司的全部财产对公司的债务承担责任，势必损害其债权人的合法权益。而合并重整时，所有债权人在同一程序中平等受偿，有利于保障重整制度的公平价值，维护所有债权人的合法权益。关联企业之间的合并处置和相互债权债务关系的消灭，免除了资产归属划分和关联债权清理认定的复杂、困难程序，有利于提高重整案件的司法效率。关联企业合并重整给资源整合和企业整体出售带来便利与价值提升，有利于降低成本，实现重整案件的经济效率，保障重整获得成功。故应将沈阳TB公司与18家被申请企业合并重整。

18家被申请企业单独或与沈阳TB公司整体上均已符合破产重整原因。关联企业成员中核心控制企业沈阳TB公司已由本院受理进入破产重整程序，本次被申请的18家关联企业的合并破产重整应由本院管辖。

综上所述，裁定如下：

（一）受理沈阳TB公司对沈阳TB集团石油装备有限公司等18家关联企业的破产重整申请；

（二）沈阳TB集团石油装备有限公司等18家关联企业与沈阳TB公司合并重整。

专业释评

关联企业合并破产重整是解决关联企业重整挽救的一种特殊方法，也是实质合并原则在破产重整中的运用。实质合并原则是美国法官根据衡平法则创造出的一种公平分配破产财产的救济措施，是将已破产之多数关联企业的资产和债务合并计算，并且去除掉关联企业间彼此之债权和担保关系，完成前述“合并”后，即将合并后之破产财团，依债权比例分配予该集团所有债权人，并不细加追究该债权是哪一家从属公司所引起的。关联企业之间的合并处置，有利于提高重整案件的效率，降低重整成本，从而为重整成功奠定良好的基础。本案从各关联企业的实际出发，由于其人格高度混同，已失去了各自独立承担责任的法律基础，另外，根据其经营及负债情况，已失去了独立承担责任的事实基础，最后法院裁定合并重整，有事实与法律依据。

专题五　破产中的特定权利

问题一　如何认定破产案件中的取回权

案例一　南宁S商贸有限公司与广东L能源发展有限公司买卖合同纠纷案[①]

1 案情简介

上诉人(原审原告):南宁S商贸有限公司(以下简称S公司)。

法定代表人:符某某,该公司董事长。

被上诉人(原审被告):广东L能源发展有限公司(以下简称L公司)。

法定代表人:蓝某某。

破产清算管理人:北京D(广州)律师事务所,负责人江某。

原审第三人:防城港B有限公司(以下简称B公司)。

法定代表人:陈某禄。

原审第三人:防城G集团有限公司(以下简称G集团)。

法定代表人:周某某,该公司董事长。

原审第三人:中国J银行(以下简称J银行)。

法定代表人:胡某某,该行董事长。

原审第三人:Z股份有限公司广州天河支行(以下简称Z天河支行)。

负责人:孙某某,该行行长。

原审第三人:中国C资产管理股份有限公司广东省分公司(以下简称C资产广东分公司)。

负责人:陈某南,该公司总经理。

上诉人S公司因与被上诉人L公司、原审第三人B公司、G集团、J银行、Z天河支行、C资产广东分公司买卖合同纠纷一案,不服广东省广州市越秀区人民法院(2017)粤0104民初5491号民事判决,向广州市中级人民法院提起上诉。

2 当事人诉求

上诉人S公司上诉请求:(1)依法撤销一审判决;(2)改判L公司存放于防城港码头1905号堆场的煤炭,其中10820吨哥伦比亚煤归S公司所有,所有权属于S公司;(3)改判L公司按每吨煤炭拍卖成交价460元计算,将拍卖10,820吨哥伦比亚煤所得的4,977,200元煤款交付给S公司;(4)本案一审、二审诉讼费由L公司承担。

---

① 广州市中级人民法院(2017)粤01民终22264号。

被上诉人L公司辩称:不同意S公司的上诉请求,同意一审判决。

原审第三人G集团述称:不同意S公司的上诉请求,同意一审判决。S公司的上诉理由没有事实和法律依据,请求驳回上诉,维持原判。

原审第三人J银行述称:不同意S公司的上诉请求,同意一审判决。S公司的上诉理由没有事实和法律依据,请求驳回上诉,维持原判。

原审第三人Z天河支行述称:不同意S公司的上诉请求,同意一审判决。上诉人的上诉理由没有事实和法律依据,请求驳回上诉,维持原判。

原审第三人C资产广东分公司述称:不同意S公司的上诉请求,同意一审判决。S公司的上诉理由没有事实和法律依据,请求驳回上诉,维持原判。

原审第三人B公司经法院依法传唤未到庭参加诉讼,亦未陈述意见。

S公司向一审法院提出诉讼请求:(1)确认L公司存放于防城港码头1905堆场的煤炭,其中10,820吨哥伦比亚煤归S公司所有,所有权属于S公司;(2)L公司按每吨煤炭拍卖成交价460元计算,将拍卖上述10,820吨哥伦比亚煤所得的4,977,200元交付给S公司;(3)本案诉讼费由L公司承担。

3 一审法院观点

一审法院认为,依据《企业破产法》第38条的规定:"人民法院受理破产申请后,债务人占有的不属于债务人的财产,该财产的权利人可以通过管理人取回。但是,本法另有规定的除外",以及最高人民法院《关于适用〈中华人民共和国企业破产法〉若干问题的规定(二)》第29条的规定:"对债务人占有的权属不清的鲜活易腐等不易保管的财产或者不及时变现价值将严重贬损的财产,管理人及时变价并提存变价款后,有关权利人就该变价款行使取回权的,人民法院应予支持",本案中,在涉案的煤炭已经拍卖处置完毕的情况下,S公司起诉L公司要求确认10,820吨哥伦比亚煤归S公司所有,并将上述煤炭拍卖所得价款交付给S公司,S公司实质上是对L公司主张行使取回权。而行使取回权的前提是相关财产的权利人对该财产享有所有权。综合各方当事人举证、质证及庭审意见,本案的争议焦点为:S公司是否对涉案10,820吨哥伦比亚煤享有所有权。对于上述争议焦点,一审法院进行如下评析:

首先,涉案的煤炭的性质属于动产,在尚未特定化前属于种类物。而动产物权的公示方法原则上是占有与交付。《物权法》第6条规定:"动产物权的设立和转让,应当依照法律规定交付。"所谓交付,是指转移占有,即将自己占有的物或所有权凭证转移其他人占有的行为。《物权法》第23条规定:"动产物权的设立和转让,自交付时发生效力,但法律另有规定的除外。"可见,出于维护交易安全考虑,交付作为动产物权变动的法定方式,具有强制性。该法共规定了现实交付、简易交付、指示交付和占有改定四种交付方式。《合同法》第133条规定:"标的物所有权自标的物交付时转移,但法律另有规定或当事人另有约定的除外。"该规定也是以交付作为动产物权变动的生效条件,其中的"法律另有规定和当事人另有约定"所涵盖的内容是现实交付之外的其他法律规定的拟制交付方式。此后实施的《物权法》,进一步明确了当事人只能够在法律规定的四种交付方式中通过约定选择一种具体的交付方式。除此之外,不存在其他基于法律行为而发生的动产物权变动的方式。

其次,关于S公司与L公司之间的《煤炭购销协议》及《货权转移证明》中约定的方式是否属于占有改定。所谓占有改定是指让与人与受让人达成动产物权变动协议后,依照当事人之间订立的合同,仍然继续占有该动产使受让人因此取得间接占有,代替现实交付。《物权法》第27条规定:"动产物权转让时,双方又约定由出让人继续占有该动产的,物权自该约定生效时发生效力。"从上述规定可以得出,占有改定构成要件表现为:1. 当事人之间达成动产物权变动协议,该协议是发生交付的基础;2. 除了达成物权变动协议,就该动产另外达成让与人继续占有使用该动产的协议。而本案中,虽然S公司与L公司签订《煤炭购销协议》及《货权转移证明》包含了15,000吨煤炭所有权转移的内容,但没有就L公司继续占有涉案15,000吨煤炭另外达成协议。因此,S公司与L公司之间的协议不构成占有改定交付。

最后,从《煤炭购销协议》及《货权转移证明》的内容来看,由于煤炭作为种类物的特殊性,S公司与L公司一致约定了煤炭交易的最终数量是以码头出库地磅计量为准。由此可见,煤炭交易导致所有权的变动须以现实交付为准。

综上所述,因涉案煤炭并未现实交付,尽管S公司与L公司之间签订的协议有效,也只是产生债权效力,并未发生物权变动效力,S公司并没有实际取得涉案煤炭的所有权,故其在L公司破产案件中并不享有取回权,S公司主张确认10,820吨哥伦比亚煤归其所有,并要求L公司将上述煤炭拍卖所得价款交付给S公司的理由,于法无据,一审法院不予支持。

综上所述,依照《物权法》第23条、最高人民法院《关于民事诉讼证据的若干规定》第2条的规定,一审法院于2017年9月14日作出判决:驳回S公司的全部诉讼请求。

4 二审法院观点

广州市中级人民法院认为,本案二审争议焦点为:涉案煤炭的交付方式如何认定?S公司对涉案煤炭是否享有所有权,是否有权要求L公司交付涉案煤炭拍卖所得的价款?

关于涉案煤炭的交付方式问题。《物权法》第6条规定:"动产物权的设立和转让,应当依照法律规定交付。"第23条规定:"动产物权的设立和转让,自交付时发生效力,但法律另有规定的除外。"我国《物权法》共规定了现实交付、简易交付、指示交付和占有改定四种交付方式。《物权法》第26条规定,动产物权设立和转让前,第三人依法占有该动产的,负有交付义务的人可以通过转让请求第三人返还原物的权利代替交付。本条是关于指示交付的规定,是交付的一种特殊形式。本案中S公司主张涉案煤炭的交付方式为指示交付,G集团对此并不否认。结合本案实际,可以认定L公司与S公司之间对涉案煤炭的交付是采取指示交付方式。

在约定采用指示交付方式下,L公司给S公司出具《货权转移证明》,S公司未在合同约定期限内提货,后L公司进入破产清算程序。关于S公司在本案中是否取得了涉案煤炭的所有权问题,二审法院认为,第一,依据《物权法》第26条规定,在指示交付情形下,第三人须于动产物权设立和转让前依法占有作为交易标的物的动产。据此,指示交付中,让与人所让与的返还请求权主要是指其基于与第三人之间的合同关系而产生的债权上的请求权。第二,《合同法》第135条规定,出卖人应当履行向买受人交付标的物或者交付提取标的物的单证,并转移标的物所有权的义务。此处提取标的物的单证,如提单、仓单等,是持有人对标的物拥有权利的证明,具有物权凭证的作用。本案《货权转移证明》仅是L公司单方面作出的一份证明,其内容不符合仓单的法定记载事项,也无证据证明该证明可以流转,不具有仓单等法定物权凭证的性质,不能代替仓单充当交付凭证。S公司主张其性质为提取标的物的凭证,缺乏依据。第三,本案《货权转移证明》抬头为B公司,但B公司并未在该证明上盖章确认。S公司虽在证明上盖章确认同意接货,但因自身原因,也未将该证明与B公司进行确认。涉案煤炭为种类物,在S公司未实际提取货物的情况下,不能认为货权转移已经对外发生了效力。第四,L公司向S公司出具《货权转移证明》,履行交付行为应当满足S公司可以自行提货的全部必要条件,以完成交付货物的合同义务。而L公司在一审中又认为煤炭的货权转移也应由监管方进行确认,B公司及G集团认为,S公司提交的上述《货权转移证明》没有得到煤炭仓储方盖章确认,若S公司主张办理煤炭货权转移手续,则应结清码头管理费、堆放费。G集团向S公司发出的《关于提货通知的复函》,也仅是表明S公司在取得生效法律文书后可向G集团办理提货申请,结合L公司在S公司《关于煤炭销售合同履约(提货)的函》上"请B公司按有关规定给予办理出库"的备注,表明S公司仍需按有关规定办理相应手续才能提取货物。现货物未实际提取,S公司主张《货权转移证明》是货物所有权转移的凭证,涉案煤炭于该公司持有该证明时L公司已交付货物,货权已经转移,二审法院不予采纳。S公司上诉提及的(2015)民提字第126号案,交付的是提单,与本案《货权转移证明》的性质不同,难以参照适用。综上所述,因涉案煤炭并未现实交付,尽管S公司与L公司之间签订的协议有效,且约定采取指示交付方式,但L公司出具《货权转移证明》未能发生物权变动的效力,S公司并未实际取得涉案煤炭的所有权,故其在L公司破产案件中并不享有取回权,S公司主张确认10,820吨哥伦比亚煤归其所有,并要求L公司交付上述煤炭拍卖所得价款的理由不能成立,二审法院不予支持。

综上所述,S公司的上诉请求不能成立,应予驳回;一审判决查明事实清楚,裁判结果正确,应予维持。依照《民事诉讼法》第170条第1款第1项的规定,判决如下:

驳回上诉,维持原判。

案例二 歙县S资产投资管理有限公司与歙县J置业有限公司房屋买卖纠纷案[1]

1 案情简介

上诉人(原审原告):歙县S资产投资管理有限公司(以下简称歙县S公司)。

法定代表人:郑某某,董事长。

被上诉人(原审被告):歙县J置业有限公司(以下简称歙县J公司)。

---

① 黄山市中级人民法院(2017)皖10民终729号。

诉讼代表人：汪某某，该公司管理人负责人。

上诉人歙县S公司与被上诉人歙县J公司房屋买卖合同纠纷一案，不服安徽省歙县人民法院(2017)皖1021民初2056号民事判决，向黄山市中级人民法院提起上诉。

2 当事人诉求

歙县S公司上诉请求：(1)撤销一审判决或发回重审；(2)判令歙县J公司继续履行双方签订的商品房买卖合同，将购买的59套房屋交付歙县S公司所有；(3)上诉费用由歙县J公司承担。

歙县J公司辩称，一是歙县J公司是破产清算企业，歙县S公司要求履行合同交付59套房屋，实质为主张财产取回权，歙县S公司上诉认为优先受偿权与取回权是二选一的权利的理由不能成立。(1)一审判决认定事实清楚，适用法律正确。歙县J公司被裁定破产清算，是特殊主体，在处理破产企业纠纷时应优先适用《企业破产法》规定。《企业破产法》第38条规定的取回权的行使条件是行为人对该物享有所有权。歙县S公司依据《商品房买卖合同》及商品房预售登记备案要求行使59套房屋(含3套未签订《商品房买卖合同》，也未办理预售登记备案房屋)取回权，预售登记备案仅商品房销售合同备案作用，不具有物权设立或转移效力，歙县S公司不符合取回权的行使条件。(2)59套房屋未办理物权转移登记，在没有法定依据前提下，歙县S公司不能依据房屋买卖预售登记行为对房屋主张所有权。(3)黄山市H融资担保有限公司对歙县J公司享有的债权，已在(2017)皖1021民初2055号案件中得到确认，本案当事人双方均认可。本案歙县S公司要求交付的59套房屋系《商品房团购协议》约定歙县J公司以房抵债给H公司168套房屋中的59套，既然歙县S公司认可(2017)皖1021民初2055号判决确认的H公司对歙县J公司享有6125.366万元债权，即歙县S公司认可H公司通过向歙县J公司主张债权的方式获得债权，歙县J公司就同一债权主张双重权利，无事实和法律依据。(4)歙县S公司未向歙县J公司支付任何购房款。歙县S公司依据《商品房买卖合同》和《商品房团购协议》对案涉房屋享有的是对歙县J公司合同之债，歙县S公司与H公司已另案向歙县J公司主张债权，且已经法院判决支持。(5)案涉房屋是烂尾楼中的房屋，是待建工程，权利人未发生转移。二是歙县S公司为企业法人组织，不是消费者购房。(1)案涉房屋非消费者购房，歙县S公司为法人组织，非未生活需要而购房，双方签订《商品房买卖合同》是为了以房抵债、再次出售、使债权得到清偿；(2)歙县S公司主张交付房屋，与其上诉所称"从职工手中购房"无任何关联；(3)歙县S公司认为已支付全部房款，实际为歙县S公司代C医院向职工退还购房款项，而不是向出卖人歙县J公司支付房款。三是如歙县J公司交付案涉房屋，实质是"人民法院受理破产申请后，债务人对个别债权人的债务清偿"，根据《企业破产法》第16条交付房屋行为也是无效的。四是案涉房屋是待建工程，事实上无法交付。涉案房产无物权转移登记，是歙县J公司财产；案涉房产尚未完工，已整体变价转让，变价款应按规定清算分配，属于《合同法》第110条规定的事实上无法履行的合同。

歙县S公司向一审法院起诉请求：(1)请求依法继续履行合同，将购买的59套房屋(总面积6582.63平方米)交付歙县S公司所有;(2)本案诉讼费用由歙县J公司承担。

3 一审法院观点

一审法院认为,歙县J公司管理人在歙县J公司进入破产程序后,有权代表歙县J公司参加本案诉讼。歙县S公司请求继续履行合同,并要求歙县J公司交付59套房屋,其实质是主张59套房屋的取回权。故争议焦点为歙县S公司是否对案涉的59套房屋享有取回权。取回权,是指当破产管理人接管破产企业移交的财产时,对于不属于破产企业的那部分财产,其所有人有从破产管理人处取回的权利。取回的前提条件之一就是行为人对该物享有所有权。本案中,歙县S公司主张取回的59套房屋均属于不动产,而不动产物权的设立、变更、转让和消灭,经依法登记发生效力,未经登记不发生效力。歙县S公司仅是通过多方协议后成为讼争房屋的买受人,并且仅办理了预售登记,预售登记备案制度并不是一种物权意义上的登记备案,它的法律价值只在于通过行政管理的手段,来保护商品房交易的安全,最大限度地保障商品房买卖合同目的的实现。预售登记所公示的是一个特定的债权债务关系,并不具有物权的公示效力,只是使购房者获得了一种期待在将来可以顺利地实现房屋所有权的权利。因此,歙县S公司自始至终并未涉及房屋所有权的变动。案涉的59套房屋尚未完工,并未实际交付,仍属于在建工程,歙县S公司、歙县J公司及黄山H公司等均未就案涉的59套房屋在有关部门办理房产确权登记手续,不能导致物权发生变动,即本案讼争的59套房屋所有权并未发生转移,歙县S公司未取得59套房屋的所有权,也就不享有取回权。歙县S公司主张其系消费者购房,但歙县S公司购买案涉房产的目的是以房抵债,是通过再次出售获得债权清偿,并非是生活居住需要,从购房主体、购房目的、房款支付等方面均不符合消费者购房情形,不能适用消费者购房人特殊权利的规定。故对其系消费者购房的主张不予采纳。安徽省歙县人民法院于2015年12月10日立案受理并宣告被告破产还债,讼争的59套房屋从此时起即属于破产财产。故歙县S公司主张讼争的59套房屋不属于破产财产,要求取回并交付的诉讼请求,于法无据,不予支持。歙县J公司提出歙县S公司未取得讼争房屋所有权,更不享有取回权,应驳回其诉讼请求的辩解意见,有事实和法律依据,予以采纳。综上所述,依据《物权法》第9条第1款、第14条、第20条,《企业破产法》第38条,《民事诉讼法》第64条第1款之规定,判决:驳回歙县S资产投资管理有限公司的诉讼请求。

4 二审法院观点

黄山市中级人民法院认为,商品房买卖合同是出卖人将尚未建成或者已竣工的房屋向社会销售并转移房屋所有权于买受人,买受人支付价款的合同,歙县S公司上诉主张继续履行商品房买卖合同,交付案涉房屋归歙县S公司所有,其实质是主张案涉房屋的所有权。歙县S公司依据《商品房买卖合同》对案涉房屋享有债权,非消费者购房,且无证据足以证明付清房款;歙县J公司未按约交付案涉59套房屋,其中的56套办理了预售登记,但不具有准物权的效力,另有3套未办理预售登记备案手续。根据《企业破产法》第18条第1款规定:“人民法院受理破产申请后,管理人对破产申请受理前成立而债务人和对方当事人均未履行完毕的合同有权决定解除或者继续履行,并通知对方当事人。管理人自破产申请受理之日起二个月内未通知对方当事人,或者自收到对方当事人催告之日起三十日内未答复的,视为解除合同。”歙县J公司于2015年12月10日被安徽省歙县人民法院(2015)歙民二破字第00001号民事裁定书裁定破产清算,2017年4月11日歙县S公司向清算组发函要求书面答复房屋取回权等问题,歙县J公司管理人于2017年6月6日答复其不享有取回权,但对合同是否履行并未答复,双方签订的《商品房买卖合同》视为解除,歙县S公司不享有取得房屋所有权的法律基础。综上所述,歙县S公司的上诉请求不能成立,应予驳回。依照《民事诉讼法》第170条第1款第1项规定,判决如下:驳回上诉,维持原判。

案例三　济宁J房地产开发有限公司与王某某合同纠纷案[①]

1　案情简介

上诉人(原审被告):济宁J房地产开发有限公司(以下简称J公司)。

法定代表人:张某某,总经理。

诉讼代表人:J公司管理人。

负责人:陈某某,主任。

被上诉人(原审原告):王某某。

上诉人J公司因与被上诉人王某某确认合同有效纠纷一案,不服山东省济宁市任城区人民法院(2017)鲁0811民初3328号民事判决,向济宁市中级人民法院提起上诉。

2　当事人诉求

J公司上诉请求:撤销一审判决,依法改判驳回被上诉人的诉讼请求。事实和理由:第一,一审法院认定事实不清。由于涉案在建工程已经设置了抵押权,不能办理按揭贷款手续,被上诉人申请按揭贷款并未成功,一审认定被上诉人通过按揭贷款方式向上诉人支付部分房款,与事实不符。第二,一审法院适用法律错误。(1)上诉人的管理人自破产申请受理之日起两个月内未通知被上诉人,应视为解除合同,双方不再履行合同义务。(2)一审法院适用最高人民法院《关于审理企业破产案件若干问题的规定》第71条规定,但该规定与2013年9月16日的最高人民法院《关于适用〈中华人民共和国企业破产法〉若干问题的规定(二)》第2条关于认定债务人财产的规定相互冲突,案件审理中应严格适用新法。(3)取回权的前提是被上诉人需对上诉人享有物权,本案中被上诉人对涉案房产不享有任何物权。

---

① 济宁市中级人民法院(2017)鲁08民终3314号。

王某某答辩称：1. 一审法院认定事实清楚。2. 一审适用法律正确。

王某某向一审法院起诉请求：(1)依法确认原、被告于2015年3月13日、2015年4月16日签订的两份《济宁市商品房买卖合同》合法有效；(2)依法确认原告行使取回权；(3)诉讼费由被告承担。

3 一审法院观点

一审法院认为，原告、被告签订的《济宁市商品房买卖合同》，系双方真实意思表示，且未违反法律强制性规定，系有效合同。现被告虽经法院裁定进行重整，但本案涉案房屋已经在被告进入重整前进行了交付，原告也已实际占有，双方虽未办理房屋产权过户手续，但根据最高人民法院《关于审理企业破产案件若干问题的规定》第71条规定，尚未办理产权证或者产权过户手续但已向买方交付的财产，不属于破产财产，因此，案涉房屋不应纳入破产财产，应属于原告所有，原告对涉案财产应享有取回的权利。原告虽尚欠部分购房款未支付，但未支付的责任不在原告，根据合同约定，尚欠房款部分应以按揭贷款的形式缴纳，原告支付首付款的合同义务已履行完毕，原告未支付的房款部分，被告可以作为债权予以主张。综上所述，原告要求确认合同有效、行使取回权的主张，符合法律规定，予以支持。依照《民法通则》第5条、《合同法》第44条、《破产法》第38条、最高人民法院《关于审理企业破产案件若干问题的规定》第71条之规定，判决：1. 确认原告王某某与被告J公司于2015年3月13日签订的合同编号2015××××043号《济宁市商品房买卖合同》及2015年4月16日签订的2015××××023号《济宁市商品房买卖合同》合法有效。2. 确认原告王某某对位于济宁市××路2号××广场商务综合楼01单元1－2层0106、0107号房屋享有取回权。

4 二审法院观点

济宁市中级人民法院认为，本案双方争议的焦点问题是：被上诉人购买的J广场0106、0107号房屋是否属于破产财产，被上诉人是否享有取回权。所谓取回权，是指当破产清算组接管破产企业移交的财产时，对于不属于破产企业的那部分财产，其权利人有从破产管理人处取回的权利。本案双方当事人签订的《济宁市商品房买卖合同》系双方的真实意思表示，不违反法律强制性规定，合法有效。被上诉人根据合同约定已交清了两套房屋的首付款5,533,340元，其余房款部分按合同约定应以按揭贷款的形式缴纳，上述房屋已进行了网签。2015年9月3日，双方签订了《房屋交接单》进行了房屋交接，并交接完毕。虽然现在上诉人经法院裁定进行重整，但本案涉案房屋已经在上诉人进入重整程序前进行了交付，被上诉人也已实际占有。最高人民法院《关于审理企业破产案件若干问题的规定》第71条规定，尚未办理产权证或者产权过户手续但已向买方交付的财产，不属于破产财产。本案双方虽未办理房屋产权过户手续，但根据以上规定，涉案房屋不不属于破产财产，被上诉人对涉案房屋应享有取回的权利。上诉人虽认可《房屋交接单》的真实性，但主张双方在工程尚未竣工验收、配套设施尚不齐全情况下的交付为违法交付。本案双方当事人在签署房屋交接单时,即完成了房屋的转移占有,视为房屋的交付使用,符合最高人民法院《关于审理企业破产案件若干问题的规定》第71条第6项规定的情形,上诉人主张本案交付房屋为违法交付的上诉理由不能成立。虽然上诉人提交的济宁市任城区人民法院公告中载明“J大厦整体项目属于债务人J公司的破产财产”,但该公告并不能作为认定上诉人破产财产范围的依据,对该证据本院不予采信。上诉人主张因管理人自破产申请受理之日起2个月内未通知被上诉人,应适用《企业破产法》认定双方合同已被解除,但本案上诉人收取两套房屋的首付款并已将涉案房屋交付被上诉人,不属于破产申请受理前成立而债务人和对方当事人均未履行完毕的合同,因此本案并不适用《企业破产法》第18条的规定,上诉人主张应认定双方合同已被解除的上诉理由不能成立。被上诉人已经提供证据证明涉案商品房买卖合同办理了网签,上诉人主张该网签手续失效,但并未提供证据予以证明,二审法院不予采信。被上诉人虽尚欠部分购房款未支付,但未支付的责任不在被上诉人,根据合同约定,尚欠房款部分应以按揭贷款的形式缴纳,被上诉人未支付的房款部分,上诉人可以作为债权予以主张。关于法律适用,最高人民法院《关于适用〈中华人民共和国企业破产法〉若干问题的规定(二)》第2条规定了不应认定为债务人财产的几种情形,与最高人民法院《关于审理企业破产案件若干问题的规定》第71条的规定并不冲突,原审法院适用法律并无不当。

综上所述,J公司的上诉请求不能成立,应予驳回;一审判决认定事实清楚,适用法律正确,应予维持。

案例四　吉林伊通Q粮食收储库与田某华等返还原物纠纷案[①]

1　案情简介

上诉人(原审原告):吉林伊通Q粮食收储库(以下简称Q粮库)。

法定代表人:蔡某某,主任。

被上诉人(原审被告):田某华。

第三人:伊通满族自治县国有L企业产权制度改革清算组(以下简称清算组)。

负责人:王某某,系该清算组负责人。

上诉人Q粮库与被上诉人田某华、第三人清算组返还原物纠纷一案,不服吉林省伊通满族自治县人民法院(2013)伊民重字第11号民事判决,向四平市中级人民法院提起上诉。法院依法组成合议庭,公开开庭审理了本案。上诉人Q粮库法定代表人蔡某某,及其委托代理人李某、刘某某、被上诉人田某华的委托代理人田某东、第三人清算组委托代理人葛某某到庭参加诉讼。本案现已审理终结。

---

① 四平市中级人民法院(2014)四民三终字第69号。

2 当事人诉求

原审原告Q粮库在原审诉称:2007年12月30日,原Y粮库与M粮库签订了山洞租赁合同,原告将粮库以东面积约一万平方米的储粮山洞租赁给M粮库使用,租期20年,年租金4万元。同日,经县粮食收储经销有限责任公司同意,M粮库又与被告田某华签订了租赁合同,M粮库将该山洞转租给被告田某华使用,M粮库用租金折抵其拖欠被告的工程款80万元,租期仍为20年。2010年12月9日,原Y粮库和M粮库等集体破产,原Y粮库破产后,2011年5月10日该企业资产(包括山洞)一并上划给Z分公司,Z分公司重新注册Q粮库,并将原Y粮库的资产(含山洞)划归吉林Q粮食收储库所有。2011年10月17日伊通满族自治县粮食和商务局向田某华发出通知,要求其归还山洞(使用权)。

原审被告田某华在原审辩称,诉争山洞权属不是十分清晰,如果不是破产财产,就不应该适用《企业破产法》第18条的规定,即使已纳入破产财产,那么也不应当适用《企业破产法》第18条,因为该条明确规定,合同双方均未履行完毕的合同,管理人才具有解除权,而本案实际情况是被告田某华一次性用工程欠款抵付完毕,故不能适用《企业破产法》第18条解除。

一审判决后,原告不服。上诉人Q粮库上诉称:(1)(2013)伊民重字第11号民事判决认为本案实际情况是被告田某华以拖欠工程款一次性抵付完毕,即合同一方的义务已经全部履行完毕,只是债务人(本案破产人原M粮库)一方未履行完毕,故不应适用《企业破产法》第18条规定是错误的。上诉人与M粮库、M粮库与被上诉人签订的是山洞租赁合同,而不是以山洞抵债合同,故不存在一次性抵付完毕之说。根据法律规定,租赁合同承租方给付租赁费只是履行了合同主要义务,并非是全部义务,所以,重审判决认定“合同一方的义务已经全部履行完毕”没有法律依据,导致适用法律错误。(2)(2013)伊民重字第11号民事判决认为“破产管理人未依本法规定在破产程序中向对方当事人履行解除合同通知义务,现破产程序已经终结,故不能视为该合同已经解除”是对《企业破产法》第18条的断章取义。《企业破产法》第18条规定了两种解除合同的方式,一种积极解除方式,即通知对方当事人解除;一种消极解除方式,即一定期间内未通知对方当事人视为解除。重审判决只强调破产管理人没有履行通知义务,而忽视了破产管理人消极解除合同的权利,从而得出不能视为该合同已经解除的错误结论。(3)(2013)伊民重字第11号民事判决在合同履行上称故不应适用《企业破产法》第18条规定,“而在合同解除上又强调破产管理人未依本法规定在破产程序中向对方当事人履行解除合同通知义务”,适用法律自相矛盾。综上,(2013)伊民重字第11号民事判决适用法律错误,导致判决结果错误,请求二审法院依法改判。

被上诉人田某华辩称:(1)原重审判决事实调查清楚,适用法律正确,判决结果公正合理,二审法院应当驳回被答辩人的上诉,依法维持原判。(2)被答辩人的各项上诉理由均不成立。

3 一审法院观点

一审法院认为,原告重审时通过证据补强,能够认定原告Q粮库对诉争山洞具有所有权,所以原告具有民事诉讼主体资格。《企业破产法》第18条明确规定，人民法院受理破产申请后，管理人对破产申请受理前成立而债务人和对方当事人均未履行完毕的合同有权决定解除或者继续履行，并通知对方当事人。管理人自破产申请受理之日起2个月内未通知对方当事人，或者自收到对方当事人催告之日起30日内未答复的，视为解除合同。管理人决定继续履行合同的，对方当事人应当履行；但是，对方当事人有权要求管理人提供担保。管理人不提供担保的，视为解除合同。该条款明确界定，债务人和对方当事人均未履行完毕的合同才可以适用该条予以解除，而本案实际情况是被告田某华以拖欠工程款一次性抵付完毕，即合同一方的义务已经全部履行完毕，只是债务人（本案破产人原M粮库）一方未履行完毕，故不应适用《企业破产法》第18条规定，况且，破产管理人未依规定在破产程序中向对方当事人履行解除合同通知义务，现破产程序已经终结，故不能视为该合同已经解除。

原审法院判决：驳回原告Q粮库的诉讼请求。

4 二审法院观点

四平市中级人民法院认为，涉案山洞的所有权人是上诉人Q粮库，其有权主张被上诉人返还租赁标的物。被上诉人田某华应将其从M粮库租赁的原Y粮库的粮库以东面积约一万平方米的储粮山洞，返还给上诉人Q粮库。因涉案山洞在原Y粮库破产时已经纳入破产财产进行评估审计，其破产程序经法院合法程序终结。虽未纳入分配，但不能否定涉案山洞属于破产财产性质，故应当适用《企业破产法》相关规定。经查明，至原Y粮库破产之日，M粮库从未向原Y粮库支付租金，故原Y粮库与M粮库之间租赁合同属双方均未履行完毕的合同，原Y粮库破产管理人对M粮库依法应享有单方解除权，M粮库应就涉案山洞向原Y粮库承担返还义务。因涉案山洞的所有权人并非是M粮库而为Q粮库，田某华亦并非Q粮库租赁合同的相对人，依据合同相对性原理，即使田某华已经将其对M粮库的单方合同义务履行完毕，却不得对抗Q粮库。现M粮库与田某华之间的租赁关系已经因为失去权利来源而履行不能，故应视为当然解除，田某华作为山洞实际占有人应当承担实际返还义务，同时就未抵消份额继续对M粮库享有债权。田某华的实体债权并未消灭，其仍然可以采取向M粮库（破产前）的保证人或连带债务人主张的方式保护自身债权。可以在将山洞交还权利人的同时向伊通满族自治县粮食和商务局主张包括腾迁损耗在内的合法债权。M粮库破产，该债权应转为破产债权。因此，原审法院重审认定不应适用《企业破产法》第18条规定有误。

综上所述，原审判决适用法律有误，依法应予改判。依照《民事诉讼法》第170条第1款第2项的规定，经二审法院2015年第29次审判委员会讨论决定，判决如下：

（1）撤销吉林省伊通满族自治县人民法院（2013）伊民重字第11号民事判决。

（2）被上诉人田某华于本判决生效后1个月内，将其租赁的原Y粮库的粮库以东面积约一万平方米的储粮山洞返还给上诉人Q粮库。

专业释评

所谓取回权,是指当破产清算组接管破产企业移交的财产时,对于不属于破产企业的那部分财产,其所有人有从破产管理人处取回的权利。取回权是破产法上的一项特殊权利,它渊源于民法上的财产返还权,但又有所改造和创新。其特征如下:第一,取回权以所有权及其他物权为基础,具有物权性。取回权的行使具有绝对性和无条件性。依照民法理论,只有在占有非法或者占有无因的情形下,权利人才可以行使财产返还请求权。若在占有人合法占有期间,该请求权则无从谈起。取回权不同,只要占有人已受破产宣告,无论其占有是否合法或者期限是否届满,都可以行使。第二,取回权的标的物是不属于破产人所有的占有财产。破产人对取回权标的物的占有,既可以是现在占有,曾经占有,也可以是即将占有。不同的占有形态,产生不同性质的取回权。现在占有形成一般取回权,曾经占有形成赔偿取回权,特别取回权则由即将占有演变而成。无论何种占有,只要其标的物不属破产人所有,都构成取回权的法定理由。第三,取回权人对取回权的标的物享有所有权或支配权。为取回权人所有而形成的取回权,所基于的乃是民法上的物权;为取回权人所支配而形成的取回权,所基于的乃是民法上的债权,这一点使之与别除权区别开来。第四,取回权的行使不通过破产程序,但必须以破产管理人为相对人。破产管理人误将不属于破产人的其他人财产置于自己的控制下,事实上已构成对他人财产的"善意侵权",但此时对该财产的管理处分权仍由破产管理人行使,对破产财产的任何形式的处置,都必须通过破产管理人。但取回权人行使取回权,取回自己的财产,并不是接受债权清偿,所以无须通过破产程序。

问题二　如何认定破产案件中的优先权

案例一　陈某某与徐州H置业有限公司房屋买卖合同纠纷案[①]

1 案情简介

上诉人(原审原告):陈某某。

被上诉人(原审被告):徐州 H 置业有限公司(以下简称 H 公司)。

法定代表人:周某某,H 公司清算组组长。

上诉人陈某某因与被上诉人 H 公司房屋买卖合同纠纷一案,不服徐州市铜山区人民法院(2016)苏 0312 民初 8502 号民事判决,向徐州市中级人民法院提起上诉。

2 当事人诉求

陈某某上诉请求:(1)撤销铜山区人民法院(2016)苏 0312 民初 8502 号民事判决,依法改判支持上诉人的一审诉讼请求。(2)一审、二审诉讼费用由被上诉人承担。

H 公司辩称,一审法院已经充分查明了案件事实并对适用的法律进行了阐释。上诉人与被上诉人之间并不存在真实的购房关系,上诉人也并未实际付款,因此一审法院查明事实清楚,适用法律正确,上诉人的上诉请求不应得到支持。

陈某某向一审法院起诉请求:(1)依法确认陈某某在 H 公司的购房债权为 1,040,096 元;并在破产财产受偿中享有优先权。(2)案件受理费用由 H 公司承担。

3 一审法院观点

一审法院认定事实:2014 年 3 月 1 日,陈某某与 H 公司签订商品房买卖合同 2 份(合同号 TS30853、TS30852),约定陈某某向 H 公司购买某小区 1 号楼 3 单元 401 室和 1 号楼 1 单元 1201 室两套房屋,价款均为 520,048 元,付款方式为一次性付款。上述合同签订后,H 公司向陈某某出具了相应发票 2 张,并办理了商品房预售合同网上登记备案手续。陈某某陈述包括涉案两套房产在内的共 7 套房产的房款均系用 H 公司欠付管某某的借款抵付。涉案房产未办理相应过户手续。

一审法院认为,陈某某陈述案外人管某某与 H 公司之间存在借款合同关系,截至购房时 H 公司共欠管某某借款本金 155 万元及利息合计约 261 万元,双方经结算后,H 公司未能按时

---

① 徐州市中级人民法院(2017)苏 03 民终 4509 号。

偿还借款本息,并协商确定将H公司欠付管某某的借款本息抵扣陈某某等四人的购房款。H公司对于H公司向管某某借款、购房款的支付等事实均不认可。本案中,结合管某某的陈述可以确认,管某某并未直接向H公司支付借款。仅凭江苏C物业有限公司、常州M公司、H公司的账务往来,暂无法确认管某某向H公司出借155万元的事实。现涉及H公司的破产案件尚在审理过程中,管某某与H公司的借款事实有待在该案件中进一步查明。

即使如陈某某所述,管某某向H公司出借155万元是事实且截至2014年3月共产生本息约261万元,涉案商品房买卖合同性质也是以房抵债。最高人民法院《关于建设工程价款优先受偿权问题的批复》第1条规定,人民法院在审理房地产纠纷案件和办理执行案件中,应当依照《中华人民共和国合同法》第二百八十六条的规定,认定建筑工程的承包人的优先受偿权优于抵押权和其他债权。第2条规定,消费者交付购买商品房的全部或者大部分款项后,承包人就该商品房享有的工程价款优先受偿权不得对抗买受人。一审法院认为,上述规定旨在保护购房消费者。陈某某也不属于上述规定的消费者范围,不应享有优先权。

综上所述,依照《企业破产法》第113条,《民事诉讼法》第64条的规定,判决如下:驳回陈某某的诉讼请求。

4 二审法院观点

徐州市中级人民法院认为,本案争议焦点为:上诉人对于备案登记的房产是否享有优先权。根据庭审查明事实、双方陈述情况,分析评判如下:

上诉人陈某某关于以管某某所享有的公司债权抵房款的主张不能成立。根据《公司法》第20条规定:"公司股东应当遵守法律、行政法规和公司章程,依法行使股东权利,不得滥用股东权利损害公司或者其他股东的利益;不得滥用公司法人独立地位和股东有限责任损害公司债权人的利益。"公司股东在公司经营过程中,应遵循诚信原则,不得滥用股东地位损害债权人的利益。管某某系H公司隐名股东,陈某某提供的证人叶某证明管某某2013年年底至2014年7、8月曾任H公司董事长。管某某在明知公司经营不善,公司已无法清偿到期债务的情况下,采取用其享有的公司债权冲抵涉案房款的形式,与他人达成合意,借用他人名义变相提前受偿公司债权,有悖于其作为公司股东应承担诚信义务。H公司已进入破产程序,上述行为会减损破产企业可供分配的财产数额,势必导致债权清偿不公平的结果,产生侵害其他债权人合法利益的法律后果,故管某某以股东债权抵偿涉案房款的行为无效,上诉人陈某某关于以管某某所享有的公司债权抵房款的主张不能成立。

最高人民法院《关于建设工程价款优先受偿权的批复》第2条规定:"消费者交付购买商品房全部或大部分款项后,承包人就该商品房享有的工程价款优先受偿权不得对抗买受人。"以及最高人民法院《关于审理企业破产案件若干问题的规定》第71条:"下列财产不作为破产财产……(五)特定物买卖中,尚未转移占有但相对人已完全支付对价的特定物……"前者适用建设工程行使优先受偿权与买受人优先权发生冲突的情形,且只有在购房者已交付了全部或大部分购房款时方可对抗建设工程优先受偿权,而后者则要求应当全额支付对价。本案中,陈某某在一审、二审期间均未提交足以证明其本人已支付涉案房屋的大部分价款或全额价款的相关证据,故其依据以上法律规定,主张购房者优先权亦不能成立。

综上所述,上诉人陈某某的上诉请求不能成立,应予驳回;一审判决认定事实清楚,判决结果正确,应予维持。依照《民事诉讼法》第170条第1款第1项规定,判决如下:驳回上诉,维持原判。

案例二　孙某与杭州Z房地产开发有限公司破产债权纠纷案①

1　案情简介

上诉人(原审原告):孙某。

被上诉人(原审被告):杭州Z房地产开发有限公司(以下简称Z公司)。

诉讼代表人:刘某,Z公司管理人负责人。

上诉人孙某因与被上诉人Z公司破产债权确认纠纷一案,不服杭州市余杭区人民法院(2017)浙0110民初11816号民事判决,向杭州市中级人民法院提起上诉。

2　当事人诉求

孙某上诉请求:撤销一审判决,支持孙某的诉讼请求,一审、二审案件受理费由Z公司承担。事实和理由:(1)Z公司答辩程序违法。Z公司没有根据我国《民事诉讼法》第113条的规定提出答辩状,孙某迄今未收到过其答辩状。(2)一审判决认定事实错误。孙某购买商铺是因为家庭经济困难,希望以商铺租金补贴家用归还房贷,且孙某有家人没有工作,希望可以经营店铺作为工作和生活来源。(3)一审判决适用法律错误。最高人民法院《关于建设工程价款优先受偿权问题的批复》第2条明确规定"消费者交付购买商品房的全部或者大部分款项后,承包人就该商品房享有的工程价款优先受偿权不得对抗买受人。"而我国消费者权益保护法第2条对消费者的定义也作出了明确的规定,判断购房人是否为消费者,不是单纯根据商品房的住宅或非住宅的属性来划分。因此,请求二审法院查明事实,依法改判支持孙某的请求。

Z公司辩称:第一,根据我国《民事诉讼法》第125条的规定,Z公司未在15日内提交答辩状,并不影响一审法院对原审案件的审理。Z公司在一审庭审中发表答辩意见程序上是合法有效的。第二,孙某在庭审结束后提交的证据,不属于法律规定的新证据,一审法院依法作出裁判事实认定清楚、程序合法。第三,一审法院认定孙某不享有优先受偿权事实清楚,适用法律正确。首先,根据有关法律规定,房地产开发企业应当具备相应的企业资质等级,预售商品房应当取得商品房预售许可证明。而事实上,截至目前,Z公司尚未取得商品房预售许可证,也未能办理出相应的房开企业等级资质。其次,Z公司所开发的建设项目,土地性质为商服用

---

① 杭州市中级人民法院(2017)浙01民终8197号。

地,其开发建设的是商铺,属于在国有土地上开发建设的非商品房。最后,根据最高人民法院有关司法解释的规定,购房债权的清偿优先受偿须具备三个要件,其一支付全部或大部分款项,其二性质是商品房,其三为生活消费需要的消费者。孙某的情况不能适用,其不享有优先受偿权。因此,一审判决认定事实清楚,程序合法,适用法律正确,请求二审法院驳回上诉,维持原判。

孙某向一审法院起诉请求:请求法院确认其在Z公司破产财产分配中享有优先受偿权;本案诉讼费用由Z公司承担。

3 一审法院观点

一审法院认为:孙某、Z公司对债权数额609,478.61元均无异议,本案的争议焦点在于孙某所享有的债权应当属于优先债权还是普通债权。孙某认为,根据最高人民法院《关于建设工程价款优先受偿权问题的批复》第2条确认买受人的权利优先于承包人对建设工程价款的优先权,故其享有的债权应属优先债权。Z公司认为,孙某不属于批复第2条规定的消费者,其购买的系投资型商铺,故不享有优先受偿权。一审法院认为,最高人民法院《关于建设工程价款优先受偿权问题的批复》第2条规定:"消费者交付购买商品房的全部或者大部分款项后,承包人就该商品房享有的工程价款优先受偿权不得对抗买受人。"该批复的立法目的是保护相对弱势的消费者的生存利益,本案中孙某购买的系用于投资的商铺,并不属于该批复所指的消费者,因此,孙某为购买该商铺支付的款项不应属于优先受偿的债权。故对孙某要求确认上述债权为优先债权的诉讼请求,不予支持。据此,依照《企业破产法》第58条、《民事诉讼法》第64条第1款,最高人民法院《关于民事诉讼证据的若干规定》第2条之规定,判决:驳回孙某的诉讼请求。

4 二审法院观点

杭州市中级人民法院认为,孙某主张其享有的债权属于优先债权的法律依据,是最高人民法院《关于建设工程价款优先受偿权问题的批复》第2条的规定,即消费者交付购买商品房的全部或者大部分款项后,承包人就该商品房享有的工程价款优先受偿权不得对抗买受人。本案中,孙某确系Z公司开发销售的农业××××大厦的商铺买受人,但因Z公司并无房地产开发资质,所涉及的建设项目用地不是经营性房地产用地,发改立项也未确定其为房地产项目,且孙某购买的系投资型商铺,故孙某并非上述批复中规定的购买商品房的消费者。本案纠纷不适用该批复。孙某就返还商铺认购款、赔偿款及利息所享有的债权不属于优先受偿的债权。

综上所述,孙某的上诉请求不能成立,应予驳回。一审判决认定事实清楚,适用法律正确,应予维持。依照《民事诉讼法》第170条第1款第1项规定,判决如下:驳回上诉,维持原判。

案例三　汪某某与沭阳J置业有限公司商品房预售合同纠纷案[①]

1　案情简介

上诉人(原审原告):汪某某。

被上诉人(原审被告):沭阳J置业有限公司(以下简称J公司)。

诉讼代表人:江苏H律师事务所,该公司破产管理人。

上诉人汪某某因与被上诉人J公司商品房预售合同纠纷一案,不服沭阳县人民法院(2014)沭商初字第0464号民事判决,向宿迁市中级人民法院提起上诉。

2　当事人诉求

汪某某一审诉称,J公司开发的江南枫景小区由HJ有限责任公司(以下简称HJ公司)承建。在建设过程中,J公司与HJ公司约定以房抵工程款。后HJ公司需要变现,便将抵冲工程款的房屋销售给汪某某,售房手续仍然由J公司办理。2012年12月1日,J公司向汪某某出具了认购协议书,约定汪某某向J公司购买某小区1－1－1508、1－1－1303室房屋,总价款353,914元,汪某某已一次性付清购房款,J公司向汪某某出具了收据。J公司应当按约继续履行合同,向汪某某交付相应的房屋。J公司进入破产程序后,汪某某向其管理人申报债权,管理人对汪某某的债权未作出确认,汪某某对管理人确认的结果有异议,特提起诉讼,请求判决J公司继续履行双方之间的房屋买卖合同,向汪某某交付1－1－1508、1－1－1303室房屋。

J公司一审辩称,J公司已经法院裁定进行破产清算,汪某某购买的房屋尚未完工,不具备交付条件,合同无法继续履行,依照法律规定,管理人有权解除合同,不同意继续履行与汪某某间的房屋买卖合同。汪某某在沭阳无固定住所,也无固定工作,其身份不应当被认定为消费者,其相关购房款只能按照普通债权处理。

一审判后,上诉人汪某某不服一审判决,向本院提起上诉称:汪某某与J公司签订房屋认购协议书,购买J公司开发的某小区1－1－1303室、1－1－1508室商品房,汪某某已付清了全部购房款353,914元,双方之间的商品房买卖合同合法有效。J公司被法院裁定进行破产清算,并不直接导致合同不能履行或者将汪某某的购房款确定为普通债权。根据最高人民法院《关于适用〈中华人民共和国企业破产法〉若干问题的规定(二)》第35条第2款规定,J公司无权主张收回房屋或者将汪某某的购房款确定为普通债权。一审判决适用法律错误。请求二审法院撤销一审判决,改判J公司交付房屋,或者确认汪某某对涉案房屋出售价款享有优先受偿权。

被上诉人J公司答辩称:J公司于2013年9月28日被沭阳县人民法院裁定进入破产清算

---

① 宿迁市中级人民法院(2014)宿中民终字第2216号。

程序,涉案房屋目前没有竣工,依据破产法的规定和涉案房屋的实际情况,双方之间的买卖合同已经无法履行,汪某某要求继续履行合同、交付房屋没有事实和法律依据。一审判决程序合法,事实清楚,符合法律规定。请求二审法院驳回上诉人的上诉请求。

3 一审法院观点

一审法院认为,J公司向汪某某出具了认购协议书,认购协议书上载明了房号、面积、单价、总价等具体内容且汪某某交纳了全部的购房款,双方之间形成商品房买卖合同关系,该买卖合同是双方的真实意思表示,不违反法律法规的强制性规定,合法有效。

现汪某某购买的房屋尚未竣工,不具备交付条件,且J公司已经法院裁定进入破产清算程序,双方之间的商品房买卖合同已无法继续履行。管理人以涉案房屋不具备交付条件为由解除合同,符合法律规定,但汪某某已交纳全部购房款,管理人应对汪某某的购房款353,914元作为普通债权进行确认,其未确认汪某某享有债权不当。因汪某某在庭审中明确表示购买该两套房屋是为了炒房,后又改称大套是为了自己居住、小套用来投资,但未提供证据证实其具有消费者身份。根据禁止反言原则,应认定汪某某购买该两套房屋的行为均系投资行为。根据最高人民法院《关于建设工程价款优先受偿权问题的批复》(法释〔2002〕16号)第2条的规定"消费者交付购买商品房的全部或者大部分款项后,承包人就该商品房享有的工程价款优先受偿权不得对抗买受人",汪某某未提供证据证实其具有消费者身份,因此其就该两套房屋的购房款不能享有优先债权。庭审中,经向汪某某释明其可就J公司解除合同的行为要求赔偿损失后,其仍坚持要求J公司继续履行合同,向其交付涉案房屋。汪某某的诉讼请求,无法律依据,依法不予支持,但J公司应对汪某某的普通债权353,914元作出确认。调解不成,依照《合同法》第94条、第110条,《企业破产法》第18条,最高人民法院《关于审理商品房买卖合同纠纷案件适用法律若干问题的解释》第5条,《民事诉讼法》第142条之规定,一审法院判决:驳回汪某某的诉讼请求。

4 二审法院观点

本案争议焦点为:汪某某与J公司之间的商品房买卖合同是否应当继续履行,J公司是应向汪某某交付涉案房屋。

宿迁市中级人民法院认为,根据《合同法》第110条规定,当事人一方不履行非金钱债务或者履行非金钱债务不符合约定的,对方可以要求履行,但有下列情形之一的除外:(1)法律上或者事实上不能履行;(2)债务的标的不适于强制履行或者履行费用过高;(3)债权人在合理期限内未要求履行。

本案中,双方当事人之间的商品房买卖合同合法有效,汪某某履行了支付购房款的义务,享有请求J公司交付合同约定房屋的权利。但是,汪某某享有的请求J公司交付合同约定房屋的权利仍然属于债权,汪某某并未取得涉案房屋的物权,因J公司已被法院裁定进行破产清算,根据《企业破产法》第44条规定,汪某某对J公司享有的债权,应按该法规定的程序行使权利。关于汪某某的债权是否为优先债权,应当依破产法规定的程序处理,与本案的商品房买卖合同纠纷系不同的法律关系,在本案中不作处理。对于涉案房屋能否交付给汪某某,需要在破产程序中依法处理。汪某某直接起诉请求法院判决J公司交付房屋,不符合法律规定,应不予支持。

最高人民法院《关于适用〈中华人民共和国企业破产法〉若干问题的规定(二)》第35条规定,出卖人破产,其管理人决定继续履行所有权保留买卖合同的,买受人应当按照原买卖合同的约定支付价款或者履行其他义务。买受人未支付价款或者履行完毕其他义务,或者将标的物出卖、出质或者作出其他不当处分,给出卖人造成损害,出卖人管理人依法主张取回标的物的,人民法院应予支持。但是,买受人已经支付标的物总价款75%以上或者第三人善意取得标的物所有权或者其他物权的除外。该规定针对的是出卖人已经交付标的物而保留标的物所有权的买卖合同,本案商品房买卖合同并不属于已交付标的物的保留所有权买卖合同。汪某某以此主张J公司应履行涉案房屋交付义务,不符合法律规定。

综上所述,上诉人汪某某的上诉理由不能成立,其上诉请求二审法院难以支持。一审判决认定事实清楚,实体判决正确,依法应予维持。依照《民事诉讼法》第170条第1款第1项的规定,判决如下:驳回上诉,维持原判。

专业释评

优先受偿权,是指某项或某类债权享有先于其他债权获得清偿的权利。优先受偿权,是一个相对概念。破产法上,有优先受偿权的欠付工程款,相对于抵押债权具有优先受偿的权利,而消费者交付购买商品房全部或大部分款项后,承包人就该商品房享有的工程价款优先受偿权不得对抗买受人。由此可知,在破产程序过程中,存在多种优先受偿的情况。但要实现某一权利,必须符合相应的条件。

就案例一而言,陈某某主张的在破产财产受偿中对该案两套房屋享有优先权,但其必须满足要么作为消费者交付购买商品房全部或大部分款项要么属于尚未转移占有但相对人已完全支付对价的特定物。但从查明的事实来看,均不符合,最后法院没有支持其诉求符合法律规定。就案例二而言,两级法院均强调了“孙某购买的系投资型商铺,并非上述批复中规定的购买商品房的消费者”,法院的观点符合建设工程优先受偿的立法精神。就案例三而言,在法院释明继续主张被告交房不可能的情况下仍坚持己见,最后只能被法院驳回诉请。

问题三　别除权与税收债权并存时怎么办

案例 N银行股份有限公司绍兴越城支行与绍兴J纺织有限公司纠纷案①

1 案情简介

上诉人(原审原告):N 银行股份有限公司绍兴越城支行(以下简称 N 银行越城支行)。

主要负责人:朱某某,N 银行越城支行行长。

被上诉人(原审被告):绍兴 J 纺织有限公司(以下简称 J 公司)。

诉讼代表人:李某某,系 J 公司管理人浙江大公律师事务所负责人。

原审第三人:绍兴市 K 国家税务局(以下简称 K 国税)。

法定代表人:胡某某,系该局局长。

上诉人 N 银行越城支行因与被上诉人 J 公司及原审第三人 K 国税破产债权确认纠纷一案,不服绍兴市柯桥区人民法院(2016)浙 0603 民初 10874 号民事判决,向绍兴市中级人民法院提起上诉。

2 当事人诉求

N 银行越城支行上诉请求:撤销一审判决,依法改判支持上诉人的一审诉讼请求。事实和理由:

一、本案应适用《企业破产法》而非《税收征收管理法》,一审适用法律有误。

(一)一审认为《企业破产法》与《税收征收管理法》不存在冲突,理由不充分。(1)一审判决认为,上诉人的抵押债权发生时间晚于税收债权发生时间,应适用《税收征收管理法》。该理由成立的前提是优先适用《税收征收管理法》,如优先适用《企业破产法》,则只需考虑该债权的性质是属于别除权还是普通破产债权,故该理由存有逻辑错误。(2)一审判决从立法规范、沿革、目的、体系及精神等方面论述《税收征收管理法》应在本案中优先适用,但并无说服力。首先,从规范本身看,发生在担保物权设定之前的税收债权优先于担保物权需要以适用《税收征收管理法》为前提,本末倒置。其次,从立法沿革看,现行《税收征收管理法》在《企业破产法》颁布后进行了修订,虽保留了第 45 条,但法律颁布的时间先后不能用来论证法律之间是否存在冲突。最后,从立法目的、精神和体例看,一审判决理由与“国不与民争利”这一立法主流相违背,要求金融机构核查每一位借款人是否存在欠税过于苛刻。(3)《企业破产法》与《税收征收管理法》冲突明显。首先,本案争议焦点是《企业破产法》第 109 条、第 113 条与《税

① 绍兴市中级人民法院(2017)浙 06 民终 1119 号。

收征收管理法》第45条之间是否存在冲突，而不是《物权法》第170条与《税收征收管理法》第45条之间是否存在冲突。后者是一般规定与特别规定的关系，本来就没有冲突，不能以此论证前者没有冲突。《企业破产法》第113条将税收债权列入普通破产债权范围，第109条规定担保物权属于别除权，故担保物权当然优先税收债权；《税收征收管理法》第45条规定税收债权在一定条件下优先于担保物权。所以，《企业破产法》和《税收征收管理法》对于破产案件中的税收债权是否优于担保物权存有明显冲突。其次，依据《税收征收管理法》第2条规定，《税收征收管理法》广泛调整各类主体的与税收有关事项，是税收征收管理领域的一般法；依据《企业破产法》第2条规定，《企业破产法》是处理极端情形下的企业债务清理的法律，有较为特殊的规则，系处理企业破产的专门性法律。综上所述，在税收问题上，《税收征收管理法》是一般法，《企业破产法》是特别法。若处理税收问题时法律规定发生冲突，《企业破产法》应优先适用。

（二）本案应适用《企业破产法》而非《税收征收管理法》的理由。(1)《企业破产法》明确规定，有抵押担保的债权不列入破产债权，税收债权属于破产债权，故前者应优先于后者获得清偿。《企业破产法》第113条规定，劳动债权优先于税收债权，如果税收债权优先于有抵押担保的债权，则职工劳动债权亦应当优先于该有抵押担保的债权。这不符合《企业破产法》对破产财产清偿顺序所作的规定，损害抵押权人的利益及市场交易秩序。(2)根据司法实践，有抵押担保的债权应优先于税收债权获得清偿。最高人民法院《关于企业破产法司法解释理解与适用》明确持该观点，有法官亦发文认为有抵押担保的债权优于税收债权受偿。此外，德国、澳大利亚等国的破产程序中，有抵押担保的债权均优先于税收债权获得清偿。(3)抵押担保债权优先于税收债权获偿有利于平衡各方利益，社会效果更好。首先，从制度目的看，个案中税收债权不优于抵押担保债权受偿不会影响社会经济发展，反而有可能救活企业，而抵押权人不能就抵押物优先受偿，则很可能面临资金链断裂甚至破产的局面，违背市场经营主体的合理预期。其次，从经济效益看，抵押担保债权优先于税收债权受偿，并不必然减少税收，整体市场环境向好，有可能"双赢"。最后，从社会效果看，一审判决不利于维护交易安全和市场稳定，也不利于保护信赖利益和税源。本案中，J公司尚有几十项劳动债权，按照一审判决，在清偿诉争税收债权后，J公司的剩余财产将无法支付劳动债权。综上，抵押担保债权应优先于税收债权受偿。

二、即使《税收征收管理法》第45条应优先适用，上诉人享有的债权也在欠缴税收发生之前设立，应优先于税收债权受偿。一审判决认定欠缴税款发生时间和抵押债权设定时间有误。

（一）关于欠缴税款发生时间的认定。根据国家税务总局《关于贯彻及其实施细则若干具体问题的通知》（国税发〔2003〕47号）第7条规定，纳税人欠税的，应缴纳税款的期限届满之次日即是纳税人欠缴税款的发生时间。本案中，J公司所欠税款由应追回的违规出口退税33,714,135.87元（以下简称欠缴税款A）和应补提销项税3,705,237.2元（以下简称欠缴税款B）组成。关于欠缴税款A，K国税于2012年5月31日作出《税务处理决定书》（绍县国税处〔2012〕5号），限J公司自收到该决定书之日起15日内将税款缴纳入库。K国税于2012年6月6日向J公司送达该决定书，因而欠缴税款A的发生时间为2012年6月22日。关于欠缴税款B，K国税在一审法院裁定受理破产事宜后，于2014年11月3日作出的《绍兴J纺织有限公司有关情况》中首次说明了欠缴税款 B 的情况,但没有明确 J 公司应缴纳税款的期限,因而欠缴税款 B 的发生时间应迟于 2014 年 11 月 3 日。根据《税收征收管理法》第 45 条第 3 款欠税应予以公告的规定,K 国税于 2015 年 1 月 20 日对欠缴税款 A 进行公示,而对欠缴税款 B,K 国税于 2016 年 10 月 13 日尚未进行公示。对于社会公众来说,应以欠税公示日认定欠款发生时间,才最公平。一审判决依据《税收征收管理法》第 31 条和《增值税暂行条例》第 19 条、第 23 条认为《税收征收管理法》第 45 条所指的“税收债权发生时间”是纳税义务发生时间,但这些规定事实上均指向增值税纳税义务发生时间,并非《税收征收管理法》第 45 条中的“税款发生时间”。本案中,根据 K 国税主张的税收债权产生时间,欠缴税款 A 和欠缴税款 B 均应有滞纳金产生,但 K 国税均未主张,这印证了欠缴税款 A 的发生时间是 2012 年 6 月 22 日,欠缴税款 B 的发生时间至少应迟于 2014 年 11 月 3 日。

(二)设定抵押债权的时间认定。本案的最高额抵押权具有连续性,设定抵押债权的时间应是 2010 年 10 月 26 日而非 2013 年 6 月 5 日。首先,上诉人第一次办理抵押的时间是 2010 年 10 月 26 日,虽然《最高额抵押合同》约定的最高额债权发生期限至 2012 年 10 月 25 日止,但 2012 年 10 月 25 日之后,抵押登记并未注销,因为双方之间的主债权并没有到期。最高人民法院《关于适用〈中华人民共和国但保法〉若干问题的解释》第 12 条明确规定,当事人约定的或者登记部门要求登记的担保期间,对担保物权的存续不具有法律约束力。即登记机关登记的抵押期限,不等于本案担保物权的终止期限,本案担保物权至 2012 年 10 月 25 日之后也没有解除抵押登记,继续存续。其次,因第一份《最高额抵押合同》约定的最高额债权发生期限已经届满,J 公司的第一次两笔贷款还没有到期,所以上诉人需要与 J 公司签订第二份《最高额抵押合同》,以保障担保物权的连续性。于是上诉人与 J 公司办理了第二次抵押登记,第二次抵押登记的抵押期限至 2015 年 6 月 3 日。最后,在第二份《最高额抵押合同》约定的最高额债权发生期限内,上诉人第二次向 J 公司发放了金额同为 905 万元和 505 万元的贷款,J 公司在主债权期限内宣告破产。一审判决认定抵押权设立时间是 2013 年 6 月 4 日,与事实和法律不符。一审判决仅强调两份《最高额抵押合同》的独立性,忽视了关联性。第二份《最高额抵押合同》第 1 条第 1 款明确约定,签订第二份《最高额抵押合同》是为了保证上诉人已有的抵押权的连续性。注销抵押登记与新的抵押登记中间隔一天是现行登记抵押办理流程所致,因为行政机关并没有续登抵押权的服务。第二次抵押登记前两笔借款即主债权均未到期,抵押权一直存续,故两次抵押登记具有连续性,应认定为同一抵押权。

(三)K 国税欠缴税款发生的时间迟于上诉人设定债权抵押的时间。本案中,欠缴税款 A 的发生时间为 2012 年 6 月 15 日,欠缴税款 B 发生时间至少应迟于 2014 年 11 月 3 日。而上诉人与 J 公司之间设定抵押的时间为 2010 年 10 月 26 日,按照《税收征收管理法》的规定,税收债权不应优先于有抵押担保的债权。

综上所述,本案中上诉人对 J 公司享有的有抵押担保的 1410 万元债权应优先于 K 国税对 J 公司享有的 37,419,373.07 元税收债权获得清偿。

J 公司辩称,认定事实是适用法律的基础,一审判决先认定事实,后确认法律适用,逻辑正确。

K国税述称，首先，一审判决对税收债权发生时间的认定正确。其次，一审判决对于N银行越城支行涉案债权发生时间和抵押权设立时间的认定正确。最后，一审法院适用法律正确。综上，请求二审法院驳回上诉，维持原判。

N银行越城支行向一审法院起诉请求：1. 撤销J公司破产管理人于2014年11月26日作出的《债权审查确认单》中关于K国税局享有的37,419,373.07元税收债权优于N银行越城支行有财产担保的1410万元债权的认定；2. 确认N银行越城支行对J公司抵押的房地产（房产证号：绍房权证兰亭字第00044号）和土地使用权［土地使用权证号：绍兴县国用（2010）第××－××号、××－××号］折价或拍卖、变卖所得的价款在债权数额1410万元范围内享有优先受偿权，且优先于K国税局的37,419,373.07元税收债权受偿；3. 案件诉讼费由J公司负担。

3　一审法院观点

一审法院认为，该案争议的焦点在于N银行越城支行对J公司享有的案涉有财产担保的1410万元债权与K国税对J公司享有的37,419,373.07元税收债权之间，何者更具有优先性。具体包含以下三个方面的问题：1. N银行越城支行所主张的抵押权之依据为何，其对J公司名下房地产前后2次抵押登记是否为连续登记，是否可视为一个抵押权？对此问题，N银行越城支行主张前后2次抵押登记是连续的，应视为同一个抵押权；J公司及K国税均认为前后2次抵押应为各自独立的抵押，N银行越城支行仅能依据在后之抵押登记主张抵押权。2. N银行越城支行的案涉抵押权及其债权和K国税的案涉税收债权发生时间如何确定？对此问题，N银行越城支行主张税收债权应当以税务部门作出处罚决定或刊登欠税公告作为税收发生准据时间，否则其无法知晓J公司之欠税情况；J公司及K国税则均认为应当以实际欠缴而应缴时间为税收债权发生准据时间。3. 该案在确定上述2笔债权之优先性时，应适用的规范依据应是《税收征收管理法》第45条，还是《企业破产法》第109条、第113条？N银行越城支行认为，《税收征收管理法》第45条与《企业破产法》第109条、第113条存在冲突，该案应当适用《企业破产法》第109条、第113条。J公司及K国税则认为，该案并不存在法律适用冲突，上述法律规范均应适用，且应当根据《税收征收管理法》确定上述2笔债权之优先性。对于上述焦点问题，该院详细评述如下：

一、N银行越城支行所主张的抵押权之依据为何，其对J公司名下房地产前后2次抵押登记是否为连续登记，是否可视为一个抵押权？对此，一审法院认为，N银行越城支行仅能依据在后之抵押登记主张抵押权，案涉对同一抵押物的2次抵押登记实为2个不同的抵押权，而非同一个抵押权。理由如下：其一，N银行越城支行2次抵押登记所依据之合同均是在不同时间签订，均是独立的。其二，N银行越城支行第一次抵押登记是在2010年10月26日，第二次抵押登记是在2013年6月6日，且系在前日先行办理注销前次抵押登记后再行办理的，虽在时间上存有连续，然不动产物权自登记时设立，2次抵押登记均是独立的，不能据此认定其系同一个抵押权。其三，就N银行越城支行之主债权而言，应当是以2014年5月签订的2份《流动资金借款合同》为债权发生依据,即便双方在2012年亦曾发生2次金额相同的借贷关系,且2014年5月发生的2笔借贷系对2012年2笔借贷之“转贷”,但不能否定这是2次不同的四笔借贷之事实及相应的法律评价。且根据N银行越城支行提供的证据显示,2012年的2笔借贷均已在2013年归还。因此,该院确认N银行越城支行之案涉债权发生时间为2014年5月27日、28日,其抵押权设立时间为2013年6月4日。

二、N银行越城支行的案涉抵押权及其债权和K国税的案涉税收债权发生时间如何确定?N银行越城支行的案涉债权及抵押权发生时间如上所述。该案中,J公司管理人确认K国税优先于N银行越城支行案涉债权的税收债权由2部分组成,即发生于2006年1月至2010年7月之间欠缴的应追回违规出口退税33,714,135.87元和2010年6月、7月欠缴的应补提销项税3,705,237.2元,合计37,419,373.07元。根据《税收征收管理法》第31条的规定:“纳税人、扣缴义务人按照法律、行政法规规定或者税务机关依照法律、行政法规的规定确定的期限,缴纳或者解缴税款。纳税人因有特殊困难,不能按期缴纳税款的,经省、自治区、直辖市国家税务局、地方税务局批准,可以延期缴纳税款,但是最长不得超过三个月。”同时,根据《增值税暂行条例》第19条的规定:“增值税纳税义务发生时间:(一)销售货物或者应税劳务,为收讫销售款或者取得索取销售款凭据的当天。(二)进口货物,为报关进口的当天。”及该条例第23条的规定:“增值税的纳税期限分别为一日、三日、五日、十日、十五日或者一个月。纳税人的具体纳税期限,由主管税务机关根据纳税人应纳税额的大小分别核定;不能按照固定期限纳税的,可以按次纳税。纳税人以一个月为一期纳税的,自期满之日起十日内申报纳税;以一日、三日、五日、十日或者十五日为一期纳税的,自期满之日起五日内预缴税款,于次月一日起十日内申报纳税并结清上月应纳税款。”根据上述法律及法规之规定,税收债权的发生时间应当以纳税人纳税义务发生时间来确定,该时间系法定时间,而不是由税务机关核定的纳税期限或欠税公告刊登时间以及处理决定作出时间来确定。具体到本案,K国税税收债权的上述2部分构成分别发生在2006年1月至2010年7月以及2010年6月、7月,此应为K国税税收债权的发生时间。同时,税务机关是否刊登欠税公告,并不影响纳税人的欠税事实及应履行的纳税义务,亦不影响担保物权人通过向税务机关查询或要求纳税人说明情况等方式获悉纳税人之欠税情况。具体到该案,N银行越城支行并未举证证明其在与J公司发生案涉借贷及抵押关系之时,有要求J公司说明欠税情况或向K国税进行查询等调查行为或K国税对其查询要求存有懈怠之情形,显然对该等交易风险的存在与发生,其自身存有责任。

三、在确定上述2笔债权之优先性时,应适用的规范依据应是《税收征收管理法》第45条,还是《企业破产法》第109条及第113条?《税收征收管理法》第45条第1款规定:“税务机关征收税款,税收优先于无担保债权,法律另有规定的除外;纳税人欠缴的税款发生在纳税人以其财产设定抵押、质押或者纳税人的财产被留置之前的,税收应当先于抵押权、质权、留置权执行。”《企业破产法》第109条规定:“对破产人的特定财产享有担保权的权利人,对该特定财产享有优先受偿的权利。”《企业破产法》第113条第1款规定:“破产财产在优先清偿破产费用和共益债务后,依照下列顺序清偿:(一)破产人所欠职工的工资和医疗、伤残补助、抚恤费用,所欠的应当划入职工个人账户的基本养老保险、基本医疗保险费用,以及法律、行政法规规定应当支付给职工的补偿金;(二)破产人欠缴的除前项规定以外的社会保险费用和破产人所欠税款;(三)普通破产债权。”根据上述之法律规范及N银行越城支行与K国税各自案涉债权的发生时间看,J公司管理人作出N银行越城支行之案涉债权为有财产担保之债权,并认定K国税之案涉税收债权优先于N银行越城支行的上述有财产担保债权的债权审核结果,符合法律规定。理由如下:其一,N银行越城支行的案涉有财产担保债权发生时间及其抵押权的设立时间均晚于K国税的案涉税收债权,该要件事实符合《税收征收管理法》第45条第1款关于税收债权优先于担保物权的规定,故应当适用《税收征收管理法》第45条之规定,确定二者案涉债权优先性之先后顺位。其二,从立法规范、沿革、目的、体系及精神看,《税收征收管理法》第45条第1款之规定应当作为认定N银行越城支行与K国税各自案涉债权的优先性之依据。第一,从规范本身看,税收债权优先于担保物权系附有条件,即需税收债权发生在担保物权设定之前。第二,从立法沿革看,《税收征收管理法》自1992年颁行,经过1995年、2001年及2013年三次修订,其第45条之规定自2001年修订增加后,在2013年对《税收征收管理法》进行修订时对该条规定予以保留,从中亦可知立法目的之一贯性。第三,从立法目的、精神及体例看,该条规定旨在防范当事人之间通过恶意串通,而对纳税人的责任财产设定不当之负担,损害国家利益。就其精神而言,实为善意债权人提供税法之特别保护。具体而言,当事人之间的交易以信用为基础,而及时并积极履行纳税义务是当事人信用之基础。设定物上担保之目的在于补足相对方之信用,保障债权人之权利。若债务人或担保人本身存在欠缴税款之情形,则说明其本身存在信用不足。《税收征收管理法》亦为当事人设有相应途径,获悉相对方是否存在欠税情形。此种制度设计已为当事人进行交易时评估相对方之信用提供保护。因此,从上述立法目的、精神及体例看,《税收征收管理法》第45条之规定并无损害担保物权人利益之目的与结果。相反,确是为债权人在规避交易风险上提供了税法上的特别保护。具体到该案,虽K国税系在J公司案涉债权发生之后公示J公司的欠税情形,然而,此并不影响N银行越城支行通过其他合法途径获悉J公司之欠税情况,N银行越城支行自身未为采取相应措施,即应承担相应之风险。其三,《税收征收管理法》第45条第1款的规定与《企业破产法》第109条及第113条的规定并无冲突。第一,《企业破产法》第109条规定对破产人的特定财产享有担保权的权利人,对该特定财产享有优先受偿的权利。此等优先受偿的权利之优先性如何,尚应根据担保权利之性质、顺位等因素来具体确定。根据《物权法》第170条之规定:“担保物权人在债务人不履行到期债务或者发生当事人约定的实现担保物权的情形,依法享有就担保财产优先受偿的权利,但法律另有规定的除外。”《税收征收管理法》第45条第1款的规定应当为《物权法》第170条规定的除外情形。就该案而言,N银行越城支行的案涉债权对于案涉抵押物优先受偿之权利劣后于K国税的税收债权,并不违背《物权法》及上述《企业破产法》第109条之规定。第二,如上所述,税收债权优先于担保物权系负有条件的特别规定,《企业破产法》第113条关于破产债权清偿顺序的规定系对破产债权清偿顺序的一般性规定,《企业破产法》的上述一般性规定并无排除适用《税收征收管理法》第45条第1款之本意及解释之可能。立法既已对特定情形下的税收债权作出优先于担保物权的特别安排,应当予以维护。

因此,N 银行越城支行关于《税收征收管理法》第 45 条第 1 款与《企业破产法》之相关规定存在冲突、损害担保权人之利益、第三人未及时公示致其无法获悉 J 公司欠税情况而损害其利益、其案涉债权发生时间早于 K 国税之税收债权等诉请主张,均无法律之依据,且与在案事实不符,该院均不予支持。据此,依照《税收征收管理法》第 31 条、第 45 条第 1 款,《物权法》第 170 条及《企业破产法》第 109 条、第 113 条第 1 款之规定,判决驳回 N 银行越城支行的全部诉讼请求。

4 二审法院观点

绍兴市中级人民法院认为,本案各方当事人对 N 银行越城支行、K 国税在 J 公司破产程序中分别享有的破产债权金额等事项没有异议,争议焦点在于 N 银行越城支行有抵押担保的债权与 K 国税主张的税收债权在破产程序中就抵押物变现款受偿的顺序问题,主要体现为对《企业破产法》第 109 条、第 113 条与《税收征收管理法》第 45 条规定的适用理解。审理案件一般遵循事实认定、法律适用、结果裁判的步骤,但事实的认定范围需要法律规范指引,鉴于本案争议集中在法律适用,法律适用不明确可能导致需要认定的事实范围不明确,故宜先评析《企业破产法》第 109 条、第 113 条与《税收征收管理法》第 45 条之间的关系。

首先,《企业破产法》第 109 条、第 113 条与《税收征收管理法》第 45 条对税收债权与有担保债权清偿顺序的规定不一致,本案中应优先适用《企业破产法》相关规定。依据《企业破产法》第 109 条、第 113 条的规定,破产程序中,有抵押担保的债权在抵押物范围内优先于破产费用、共益债务、职工债权、税收债权和普通债权等清偿。依据《税收征收管理法》第 45 条规定,税收债权与有抵押担保的债权并存时,应比较税收债权发生时间和抵押权设立时间,税收债权先于抵押权发生的,税收债权优先受偿;抵押权先于税收债权设立的,有抵押担保的债权优先受偿。显而易见,在破产背景下,《税收征收管理法》《企业破产法》对于税收债权与有抵押担保债权清偿顺序的规定并不一致。《税收征收管理法》与《企业破产法》均由全国人大常委会制定,两部法律的位阶相同。《立法法》第 92 条规定,同一机关制定的法律,特别规定与一般规定不一致的,适用特别规定。一般规定是为调整某类社会关系而制定的法律规范,特别规定是相对于一般规定而言调整范围较窄的法律规范,本案应分析《税收征收管理法》《企业破产法》相应条款的调整范围。《税收征收管理法》第 2 条规定"凡依法由税务机关征收的各种税收的征收管理,均适用本法",表明《税收征收管理法》调整的是全体纳税人的税款征缴事项。因此,《税收征收管理法》第 45 条规定调整任何状态下企业的税收债权与有担保债权的清偿顺序问题,涵盖企业破产情形和企业正常经营情形。《企业破产法》第 2 条规定,破产程序是具备破产原因企业的债务清理程序或重整程序。进入破产程序后,企业将处于非正常状态,为公平清理债权债务,破产企业及破产债权人等相关主体的权利均将受限,同时对各种不同性质的破产债权制定清偿规则。因此,《企业破产法》第 109 条、第 113 条规定调整范围仅限于破产情形下企业的税收债权与有担保债权的清偿顺序问题。两者相较,《税收征收管理法》第 45 条规定的调整范围要宽于《企业破产法》第 109 条、第 113 条规定的调整范围,后者对案涉争议焦点更具有针对性,相对具有特别规定的属性,应在本案中优先适用。

其次,在破产背景下适用《税收征收管理法》第45条规定,将使破产债权的清偿体系发生混乱。依据《企业破产法》第109条、第113条规定,破产财产设定抵押的,该抵押物应优先清偿担保债权,其他破产财产先清偿破产费用、共益债务,再按照职工债权、税收债权、普通债权的顺序进行清偿,各种不同性质的债权在破产程序中具有特定的清偿顺序,内有严谨的法理依据。《税收征收管理法》第45条规定,税收债权发生在抵押权设立之前的,税收债权就该抵押物优先于担保债权清偿。在破产背景下适用《税收征收管理法》第45条规定,如果税收债权金额大于抵押物变现金额,以抵押物变现金额为限的税收债权优先于破产费用、共益债务和职工债权清偿,超出部分则将劣后于破产费用、共益债务和职工债权清偿,税收债权在破产程序中的清偿顺序出现混乱。同时,在税收债权金额大于或者等于抵押物变现金额的情形下,抵押权将被消灭,有抵押担保的债权直接变为普通债权;在税收债权金额小于抵押物变现金额的情形下,抵押物变现款项清偿税收债权剩余部分仍应优先清偿有抵押担保的债权,客观上将减少可用于清偿破产费用、共益债务、职工债权的破产财产。税收债权的有无在很大程度上决定了有抵押担保债权能否优先清偿,同时对破产费用、共益债务、职工债权的清偿均将产生重大影响。另外,破产财产是否设立抵押权,在抵押物范围内将决定税收债权的清偿顺序,抵押权的设立最大受益人将是税务机关而非抵押权人。上述情形显然缺乏合理性,《税收征收管理法》第45条规定与破产程序中破产债权的清偿体系不相容,二者之间存在根本性的逻辑冲突。可见,《税收征收管理法》第45条规定只能调整常态下税收债权和担保债权的清偿顺序,无法适应破产背景下税收债权、有抵押担保债权的清偿顺序问题。这也进一步印证,《企业破产法》第109条、第113条规定相对于《税收征收管理法》第45条规定而言,对在破产背景下企业清偿债务顺序的调整更具有针对性,更具备特别规定的特征。

再次,《税收征收管理法》第45条规定属于《物权法》第170条规定的例外情形,但在本案中并不优先适用。《物权法》第170条规定"担保物权人在债务人不履行到期债务或者发生当事人约定的实现担保物权的情形,依法享有就担保财产优先受偿的权利,但法律另有规定的除外",《税收征收管理法》第45条规定属于该条款规定的除外情形。在企业正常经营时,符合条件的税收债权可以优先于有抵押担保的债权就抵押物进行清偿。但是,在企业进入破产程序后,《企业破产法》第109条、第113条对税收债权与担保债权的清偿顺序再一次作出规定,该规定属于《物权法》第170条除外情形之特殊情形。破产程序中别除权的基础是担保物权,但不能将《企业破产法》第109条、第113条规定等同于《物权法》第170条规定,从而得出《税收征收管理法》第45条规定优先于《企业破产法》第109条、第113条规定适用的结论。同时,《税收征收管理法》第45条规定有"税收优先于无担保债权,法律另有规定的除外"的内容,表明在有法律规定的特殊情形下,无担保的债权尚可以优先于税收债权,有担保的债权更可以优先于税收。综上所述,《物权法》《税收征收管理法》《企业破产法》相关条款对税收债权、有抵押担保债权清偿顺序的调整针对性逐渐增强,彼此是一般到特别再到更特别的关系,内在逻辑并不能支持《税收征收管理法》第45条规定在本案中优先适用。

最后,税收债权的优先性在破产程序中应适当受限。税收债权享有优先性主要原因有二:

一是税收具有公益性,公益性权利优先于私利性权利;二是税收具有风险性,税收是一种缺乏对待给付的债权,税收机关与纳税人之间信息不对称,税收的征管存在风险。关于税收债权的公益性,一般情形下公益性权利应当优先保护,但公益性权利并非绝对优先于私利性权利,《企业破产法》第113条规定税收债权劣后于职工债权受偿,便是公益性权利的优先性在破产程序中受限的具体体现。另外,对于未进入破产程序的企业而言,有抵押担保的债权人即使不能就抵押物优先受偿,其债权仍可以通过债务人的其他财产受偿。但当债务人进入破产程序,鉴于破产财产不足以清偿全部破产债务,税收债权人与担保债权人就抵押物而言形成零和博弈,此时强调税收债权的公益性,不具有说服力。关于税收债权的风险性,一般情形下税收债权的风险应当优先防范,所以《税收征收管理法》赋予税务机关可以采取税收保全、强制执行、纳税担保等多种有力税收保障措施。但本案中,税收债权发生时间距J公司进入破产程序已有多年,且税务部门于2012年5月31日作出的《税务处理决定书》显示其已知悉J公司欠税情形,J公司于2014年9月28日经一审法院裁定进入破产程序,此时再强调税收债权的风险性,不具有说服力。

综上所述,二审法院认为,N银行越城支行有抵押担保的债权就抵押物而言应当优先于K国税主张的税收债权清偿,税收债权产生时间与抵押权设立时间的先后顺序对此并无影响。N银行越城支行的上诉请求成立,二审法院予以支持。经二审法院审判委员会讨论决定,依照《民事诉讼法》第170条第1款第2项规定,判决如下:

(一)撤销浙江省绍兴市柯桥区人民法院(2016)浙0603民初10874号民事判决;

(二)撤销J公司管理人于2014年11月26日作出的《债权审查确认单》中关于绍兴市K国税享有的37,419,373.07元税收债权优先于N银行越城支行有财产担保的1410万元债权的认定;

(三)确认N银行越城支行对J公司名下的房地产[房产证号:绍房权证兰亭字第00044号;建设用地使用权证号:绍兴县国用(2010)第20-48号、20-49号]经折价或拍卖、变卖所得的价款,在债权金额1410万元范围内享有优先受偿权,且优先于K国税主张的3,7419,373.07元税收债权受偿。

专业释评

别除权,是指在企业破产时,对部分有财产担保债权可以不经过破产程序而优先以担保物价值受偿的权利。别除权是基于担保物权及特别优先权产生的,其优先受偿权的行使不受破产清算与和解程序的限制,但在重整程序中受到限制。别除权具有三个特征:第一,是担保物权的权利人对破产财产所享有的一种权利。第二,这种权利的行使以担保标的物为限。第三,这种权利的行使不依据破产程序,权利人可在破产程序之外,可以通过民事执行程序行使权利,随时对权利标的物行使权利,不受破产程序的约束。

由于税收债务的债权人是国家，为了保护国家利益，传统的破产法理论及制度一般赋予税收债权以优先权，即当税收债权与其他债权并存时，国家作为税收债权的债权人享有就债务人的财产优先于其他债权人受偿的权利。

而当别除权与税收债权并存时，如何处理二者之间的顺序，就要看现行的法律规定。《税收征收管理法》与《企业破产法》均由全国人大常委会制定，两部法律的位阶相同。《立法法》第 92 条规定，同一机关制定的法律，特别规定与一般规定不一致的，适用特别规定。一般规定是为调整某类社会关系而制定的法律规范，特别规定是相对于一般规定而言调整范围较窄的法律规范。《税收征收管理法》第 2 条规定“凡依法由税务机关征收的各种税收的征收管理，均适用本法”，表明《税收征收管理法》调整的是全体纳税人的税款征缴事项。因此，《税收征收管理法》第 45 条规定调整任何状态下企业的税收债权与有担保债权的清偿顺序问题，涵盖企业破产情形和企业正常经营情形。《企业破产法》第 2 条规定，破产程序是具备破产原因企业的债务清理程序或重整程序。进入破产程序后，企业将处于非正常状态，为公平清理债权债务，破产企业及破产债权人等相关主体的权利均将受限，同时对各种不同性质的破产债权制定清偿规则。因此，《企业破产法》第 109 条、第 113 条规定调整范围仅限于破产情形下企业的税收债权与有担保债权的清偿顺序问题。两者相较，《税收征收管理法》第 45 条规定的调整范围要宽于《企业破产法》第 109 条、第 113 条规定的调整范围，后者对案涉争议焦点更具有针对性，相对具有特别规定的属性，应在本案中优先适用。显然，二审法院的说理更令人信服。

问题四　如何理解破产管理人的处分权

案例　益阳H房地产开发有限公司与益阳市J公司破产清算组施工合同纠纷案[①]

1 案情简介

上诉人(原审被告):益阳H房地产开发有限公司(以下简称H房地产公司)。

法定代表人:方某,该公司董事长。

被上诉人(原审原告):益阳市J公司破产清算组。

负责人:张某某,该清算组组长。

上诉人H公司与被上诉人益阳市J公司破产清算组建设工程施工合同纠纷一案,H房地产公司不服湖南省益阳市资阳区人民法院(2013)资民二初字第143号民事判决,向益阳市中级人民法院提起上诉。

本案具体情况是:原益阳市J公司与H房地产公司于2005年8月8日签订了一份建设工程施工合同,约定由原益阳市J公司承建H房地产公司开发的资水会龙不夜城项目,工程造价按湘建价(2002)578号计价为基础,仍依1999年《湖南省J预算定额全部土地工程款按1.5%计取综合费加人工费价差加材料价差后计取税金》工程竣工验收后3个月内,决算审计应予完成,H房地产公司按决算审计后的价格付足95%的工程款,余下5%作为质保金,竣工验收后无质量问题满2年返还3%,满5年全额返还。2010年至2012年9月,H房地公司欠益阳市J公司破产清算组工程款479万元。2012年6月,益阳市J公司破产清算组与H房地产公司签订了一份补充协议,约定双方办理完结算后,H房地产公司所欠益阳市J公司破产清算组尾款不再支付现金,益阳市J公司破产清算组同意购买H房地产公司房屋以抵偿H房地产公司所欠工程尾款,但抵押房屋的价格和位置应由双方协商并征得益阳市J公司破产清算组同意,H房地产公司应在3个月内为益阳市J公司破产清算组办理购买房屋的产权手续。至2013年8月5日H房地产公司仍欠益阳市J公司破产清算组工程款2,082,120元。之后,双方就补充协议约定的以房抵款一事多次协议未达成一致,且H房地产公司一直以其支付给益阳市J公司破产清算组的工程款未开具建安发票为由拒绝支付余下的工程款,致余下的工程款未得到清偿,双方酿成纠纷诉至法院。

2 当事人诉求

一审宣判后,H房地产公司不服,向法院提起上诉称:(1)H房地产公司与益阳市J公司破

---

① 益阳市中级人民法院(2014)益法民一终字第554号。

产清算组签订的《补充协议》是双方真实意思表示,该协议合法有效,双方应按《补充协议》继续履行。(2)H 房地产公司尚欠益阳市 J 公司破产清算组部分尾款未抵房是行使先履行抗辩权,益阳市 J 公司破产清算组不提供建安税发票,H 房地产公司有权拒绝支付尾款。(3)H 房地产公司没有违约,原审认定 H 房地产公司违约、支付违约金没有事实和法律依据。综上,原审认定事实错误,适用法律错误,请求二审法院撤销原审判决,改判驳回益阳市 J 公司破产清算组的原审诉讼请求,并由益阳市 J 公司破产清算组承担本案诉讼费。

益阳市 J 公司破产清算组答辩称:(1)双方签订的《补充协议》约定不明,且最终的决定权利在益阳市 J 公司破产清算组,原审认定该协议对双方没有约束力是正确的。(2)H 房地产公司不具备先履行抗辩权的条件。依据双方签订的合同,益阳市 J 公司破产清算组只有开具收据的义务,只有在 H 房地产公司支付工程款后,益阳市 J 公司破产清算组才能履行开具建安发票的义务,且支付工程款是主合同义务,开具建安发票只是附随义务。但益阳市 J 公司破产清算组现在已经无法开具建安发票,人民法院对此已出具了相关的裁定予以证明并已向有关税务部门作出说明。(3)双方签订的《补充协议》中虽没有约定违约金,但并不意味着益阳市 J 公司破产清算组不追究 H 房地产公司的违约金,益阳市 J 公司破产清算组也并没有放弃追究违约金的诉求。请求二审法院驳回 H 房地产公司的上诉。

3　一审法院观点

一审法院认为,本案争执的焦点为:(1)益阳市 J 公司破产清算组未开具建安发票,H 房地产公司是否能以行使先履行抗辩权为由拒绝支付工程款。(2)H 房地产公司是否违约,应如何承担违约责任。(3)益阳市 J 公司破产清算组以他人名义从 H 房地产公司购买房屋用于抵偿工程款,该购买的房屋是否应由 H 房地产公司办理房产权证。关于第一个焦点,H 房地产公司支付部分工程价款后,益阳市 J 公司破产清算组未履行开具建安发票的义务,是因为有人民法院制作的民事裁定书及情况说明,破除了益阳市 J 公司破产清算组承建的某不夜城一期工程尚未交纳的建安税,益阳市 J 公司破产清算组无须向 H 房地产公司提供建安发票,也就不负有履行该项义务的责任,H 房地产公司所依据的行使先履行抗辩权的理由亦失去根据,不能成立,H 房地产公司应按合同约定向益阳市 J 公司破产清算组支付工程款。关于第二个焦点,依据合同约定,H 房地产公司应在工程竣工验收后 3 个月后支付益阳市 J 公司破产清算组工程款的 95%。H 房地产公司工程竣工验收的最后日期为 2008 年 3 月 31 日,H 房地产公司至迟应当于 2008 年 7 月 1 日前付足益阳市 J 公司破产清算组工程款的 95%,然而直至 2010 年 6 月 H 房地产公司仍欠付益阳市 J 公司破产清算组工程款 479 万元,且之前分期支付工程款的情况亦违反了合同的约定,远未达到合同约定的付款金额。双方虽于 2012 年 6 月签订了补充协议,该协议第 4 条约定余下的工程款 H 房地产公司可以房屋作价抵偿,但该补充协议既未约定房屋的面积、位置,又未约定抵债房屋的价款,而是约定房屋价格由双方协商并需征得益阳市 J 公司破产清算组的同意,H 房地产公司应在 3 个月内为益阳市 J 公司破产清算组办理所购房屋的产权手续。因此,该条款是一个有时限的意向性条款,对双方没有约束力。鉴于 H

房地产公司已履行大部分债务,在补充协议签订前,其违约未履行的工程款存在因益阳市J公司破产清算组未履行开具建安发票的义务导致其亦不履行支付工程款的事实,故双方均有责任,基于上述原因应减轻H房地产公司的违约责任,违约金的承担应以合同约定的违约金数额的40%由H房地产公司担责为宜。关于第三个焦点,补充协议仅约定为益阳市J公司破产清算组取得的抵偿债务的房屋3个月内办理产权证,并未约定为其他取得该房屋的人3个月内办理产权证。事实上,益阳市J公司破产清算组并未从H房地产公司取得抵债房屋,而是由他人与H房地产公司签订购房合同后,益阳市J公司破产清算组从他人手中收取了购房款,抵偿了部分工程款,故H房地产公司应按购房合同的约定为相对方办理产权证,不涉及为益阳市J公司破产清算组办理产权证的问题,益阳市J公司破产清算组的该项诉讼请求与本案无关。综上所述,一审法院对益阳市J公司破产清算组要求H房地产公司清偿工程款支付违约金的诉讼请求予以支持,但违约金的支付数额应以减少确定后的数额为准,对益阳市J公司破产清算组要求H房地产公司为其抵债房屋办理产权证之诉讼请求不予支持。H房地产公司辩称的未违反合同约定付款,不负有向益阳市J公司破产清算组支付工程款现金的义务、工程款的支付应按补充协议履行,H房地产公司拒付工程款是行使先履行抗辩权之理由与事实不符,无法律依据,应不予支持。依照《合同法》第60条、第62条第5项、第114条、第120条,最高人民法院《关于当前形势下审理民商事合同纠纷案件若干问题的指导意见》第5条之规定,判决:(1)由H房地产公司清偿所欠益阳市J公司破产清算组工程款2,082,120元,支付违约金890,598.4元。(2)驳回益阳市J公司破产清算组其他诉讼请求。

4 二审法院观点

益阳市中级人民法院认为,本案系建设工程施工合同纠纷,双方争议的焦点问题是:(1)双方签订的《补充协议》是否对双方仍具有约束力;(2)H房地产公司是否可以行使先履行抗辩权而不予支付益阳市J公司破产清算组工程尾款;(3)H房地产公司是否应承担违约责任。

关于双方签订的《补充协议》是否对双方仍具有约束力的问题。本案中,2010年6月,双方签订了《补充协议》,并在该协议第4条中约定,双方办理完结算后,H房地产公司所欠益阳市J公司破产清算组工程款尾款不再支付现金,益阳市J公司破产清算组同意购买H房地产公司一期已建成的合法房产,满足H房地产公司所欠益阳市J公司破产清算组的工程款的最终总价款,但商品房的价格和位置应由双方进行协商并求得益阳市J公司破产清算组同意。该协议虽系双方真实意思,双方也按该协议抵扣了部分工程尾款,但该协议第4条既未约定房屋的面积、位置,也未约定抵债房屋的价款,而是约定房屋价格由双方协商并需征得益阳市J公司破产清算组的同意,故该条款属于有时限的意向性条款,即双方在以房屋抵工程款时,能达到一致的,该部分对双方均有约束力,达不成一致时,该协议便已无法继续履行。根据《合同法》第62条第5项规定,在履行方式不明确的情况下,按照有利于实现合同目的的方式履行。现益阳市J公司破产清算组与H房地产公司就以房屋抵工程款一事,双方经多次协商未能达成一致,为实现双方《建设工程施工合同》目的,益阳市J公司破产清算组起诉至法院,要求H房地产公司支付其所欠的工程尾款,至此,双方签订的《补充协议》对双方已不具有法律约束力了。故对H房地产公司上诉提出双方签订的《补充协议》合法有效,双方应当按该协议继续履行的主张,二审法院不予支持。

关于H房地产公司是否可以行使先履行抗辩权而不予支付益阳市J公司破产清算组工程尾款的问题。本案中,双方在2005年8月5日签订的《建设工程施工合同》第4条第5项中约定,本工程H房地产公司支付原益阳市J公司的全部款项,凭原益阳市J公司盖有财务专用章的收据支付,并拨付至原益阳市J公司指定的账户。双方在合同中并未将益阳市J公司破产清算组开具建安税发票作为H房地产公司支付工程款的前提条件。虽然益阳市J公司破产清算组负有开具建安发票的义务,但原益阳市J公司已于2006年1月5日进入破产还债程序,原审法院已于2006年6月28日裁定资水会龙不夜城项目应交纳的1,416,155.41元税款列入破产债权予以清算,故益阳市J公司破产清算组已无须也没有义务向H房地产公司开具建安发票,故H房地产公司不具有行使先履行抗辩权的条件,故对H房地产公司上诉提出其可行使先履行抗辩权而不予支付益阳市J公司破产清算组工程尾款的主张,二审法院不予支持。

关于H房地产公司是否应承担违约责任的问题。本案中,依据双方签订的《建设工程施工合同》约定,H房地产公司应在工程竣工验收后3个月后支付益阳市J公司破产清算组工程款的95%,H房地产公司工程竣工验收的最后日期为2008年3月31日,H房地产公司至迟应于2008年7月1日付足益阳市J公司破产清算组工程款的95%,但H房地产公司直至2013年8月5日,仍欠益阳市J公司破产清算组工程尾款2,082,120元,H房地产公司分期支付工程款的行为已违反了双方合同的约定,因双方签订的《补充协议》对双方已没有约束力,同时H房地产公司又不具备行使先履行抗辩权的条件,故H房地产公司应承担违约责任。故对H房地产公司上诉提出其没有违约,不应承担违约责任的主张,本院不予支持。双方在《建设工程施工合同》第12条第3款第6项约定,“违约金按工程总造价的5%给付,不足部分还应给付赔偿金”,而双方确认的工程总价款为4452万元,故依据双方合同约定违约金总额为222.6万元,但益阳市J公司破产清算组在撤回上诉申请中,对原审认定的H房地产公司支付其违约金890,598.4元予以认可,系其对自身权利的合法处分,二审法院依法予以确认。

综上所述,H房地产公司的上诉理由均不能成立,二审法院均不予支持。原审审理程序合法,认定事实基本清楚,适用法律正确,二审法院依法予以维持。依照《民事诉讼法》第170条第1款第1项之规定,判决驳回上诉,维持原判。

专业释评

就本案而言，两级法院总结的三个焦点合乎案情，但针对二审法院所谓的"依据双方合同约定违约金总额为 222.6 万元，但益阳市 J 公司破产清算组在撤回上诉申请中，对原审认定的 H 房地产公司支付其违约金 890,598.4 元予以认可，系其对自身权利的合法处分，本院依法予以确认"的观点，笔者不敢苟同。根据我国《民事诉讼法》的规定，当事人有权在法律规定的范围内处分自己的民事权利和诉讼权利，但是不能损害别人的利益。针对本案而言，益阳市 J 公司已经进入破产状态，对所欠外债不能足额支付，此时的破产管理人就应尽最大努力维护全体债权人的利益，本来该足额要回自己的债权 222.6 万元，却同意对方支付 890,598.4元，这其中的差额不但是对对方违约行为的认可，而且是对自己债权人利益的损害，显然是违法行为，是不能被认可的。

问题五　管理人如何行使破产财产权

案例　贵州H投资有限公司、贵州省K化肥厂破产清算纠纷案[①]

1　案情简介

上诉人(原审原告):贵州 H 投资有限公司(以下简称 H 公司)。

法定代表人:闫某某,该公司总经理。

被上诉人(原审被告):贵州省 K 化肥厂破产清算组(以下简称 K 清算组)。

负责人:宋某某。

被上诉人:黔东南州 X 化工有限责任公司(以下简称 X 公司)。

法定代表人:杨某,该公司董事长。

上诉人 H 公司因与被上诉人 K 清算组、X 公司租赁合同纠纷一案,不服贵州省高级人民法院(2015)黔高民商初字第 84 号民事判决,向最高人民法院提起上诉。

2　当事人诉求

H 公司上诉请求:(1)撤销原审判决;(2)改判 K 清算组继续履行双方于 2008 年 12 月 31 日签订的《租赁合同》;(3)判令 K 清算组、X 公司赔偿 H 公司各项经济损失10,756.353352万元;(4)一审、二审诉讼费全部由 K 清算组、X 公司承担。主要事实及理由:(1)本案诉争合同实质上属于合作合同,一审法院未对该合同的具体内容、法律关系、订立目的、履行情况等相关事实予以充分审理和论证即径行将合同性质认定为租赁关系,属于事实认定错误。(2)本案另一基本事实是 K 清算组存在严重违约且其违约在先,在 K 清算组先行严重违约并导致 H 公司巨大财产损失的情况下,H 公司依法享有先履行抗辩权。

K 清算组、X 公司共同答辩称:(1)本案诉争的合同性质是租赁合同不是合作合同,是最高人民法院生效裁决查明并确认的事实,已经具有既判力,无须举证证实。(2)H 公司违约在先,本末倒置,错误适用“先履行抗辩权”,系无理缠诉。(3)K 清算组、X 公司无任何违约行为,H 公司根本违约不支付租金,致使租赁合同目的不能实现的事实,也是人民法院生效判决确认的事实,无须举证证明。(4)在租赁期间,H 公司为增加经济利益而进行的正常的经营性投资,K 清算组、X 公司对此不负任何责任。(5)H 公司没有证据证明未办理资产抵押登记手续与资产损失之间有因果关系。总之,H 公司上诉无理,应当依法驳回。

H 公司向贵州省高级人民法院起诉请求:(1)判令 K 清算组、X 公司继续履行与 H 公司于

---

① 最高人民法院(2017)最高法民终 486 号。

2008 年 12 月 31 日签订的《租赁合同》;(2)判令 K 清算组、X 公司赔偿 H 公司经济损失 10,756.353352万元;(3)本案诉讼费全部由 K 清算组、X 公司承担。

3 一审法院观点

一审法院经审理查明,2008 年 11 月 28 日,K 化肥厂被宣告破产。2008 年 12 月 31 日,K 清算组(甲方)与 H 公司(乙方)签订《租赁合同》,约定:K 清算组提供接管的 K 化肥厂含脱碳在内的整个合成氨系统新旧生产装置及设施,由 H 公司租赁,依法进行生产经营,独立核算,自负盈亏,照章缴纳相关税费。2009 年 7 月 10 日,贵州 G 拍卖有限公司、K 清算组在《贵州日报》上公开发布《拍卖公告》,定于 2009 年 7 月 20 日公开拍卖 K 化肥厂破产财产。7 月 20 日,X 公司以 5500 万元的竞价取得该破产资产,并委托 K 清算组继续管理破产资产。2012 年 5 月 12 日,由于 H 公司未严格执行国家环保法律法规,没有按照整改要求落实相关环保措施,黔东南州人民政府责令其关闭。截至本案审理过程中,H 公司尚未恢复生产。由于欠付租金,K 清算组和 X 公司于 2014 年 11 月 18 日向黔东南苗族侗族自治州人民法院提起诉讼,请求解除与 H 公司签订的《租赁合同》,并支付租金及利息。2016 年贵州省高级人民法院作出(2015)黔高民商终字第 41 号终审判决,判决解除双方签订的《租赁合同》并判令 H 公司及其黔东南分公司支付租金 1477.098738 万元。2015 年 10 月 15 日,在前述案件二审期间,H 公司向原审法院起诉并提出如上诉请。

一审法院认为,关于 H 公司请求继续履行《租赁合同》的问题,根据(2015)黔高民商终字第 41 号判决第一判项,《租赁合同》已经解除,该判决现已发生法律效力,当事人应当予以遵守,H 公司在本案中提出继续履行《租赁合同》的诉讼请求,本案不再重复审理。关于案涉《租赁合同》的性质问题,H 公司主张《租赁合同》名为租赁实为合作经营,K 清算组及 X 公司抗辩称该合同性质即为租赁。一审法院认为,关于案涉《租赁合同》的性质,在(2015)黔高民商终字第 41 号判决中已经予以认定,从合同约定的主要内容、租金的缴付等方面进行阐述,并认定案涉《租赁合同》并非合作经营合同,本案中不再对合同性质重复认定。结合当事人的诉辩情况及本案的实际情况,本案的争议焦点是:《租赁合同》解除的原因,K 清算组、X 公司是否违约及是否应当赔偿 H 公司损失。

一审法院认为,案涉合同性质为租赁关系,应当按照租赁合同的相关法律规定确定双方的主要权利义务。(2015)黔高民商终字第 41 号判决载明"至 2015 年 4 月底,H 公司和黔东南分公司共欠租金 1477.089738 万元",因此,本案《租赁合同》解除的原因在于 H 公司违反合同主要义务,导致合同目的不能实现。

关于 K 清算组、X 公司是否违约及应否赔偿 H 公司损失的问题。关于办理租赁财产抵押手续的约定,体现在《租赁合同》第 10 条第 1 款,从实际履行情况来看,该租赁财产未办理抵押手续。一审法院认为,双方已经办理了租赁财产的移交手续,抵押手续是需要双方互相配合方可办理的,H 公司并未提供证据证明存在曾经要求 K 清算组办理抵押手续而对方不予配合的情形,并且 H 公司也未提供证据证明由于未办理抵押手续对其造成的损失。故对于 H 公司的这一主张,不予支持。关于K清算组是否向H公司隐瞒了出售租赁财产的问题。根据《企业破产法》第111条"管理人应当及时拟订破产财产变价方案,提交债权人会议讨论。管理人应当按照债权人会议通过的或者人民法院依照本法第六十五条第一款规定裁定的破产财产变价方案,适时变价出售破产财产",第112条第1款"变价出售破产财产应当通过拍卖进行。但是,债权人会议另有决议的除外"的规定,破产财产应当及时出售变现以偿还债务,且应当通过拍卖方式出售。根据查明的事实,K化肥厂已经于2008年11月28日被宣告破产。2009年7月10日,贵州G拍卖有限公司、K清算组在《贵州日报》上公开发布《拍卖公告》,拟拍卖K化肥厂破产财产,并标明了具体时间和地点。K化肥厂出售破产财产的行为和程序均符合法律规定。原审法院认为,K清算组是在公开拍卖的情形下出售租赁财产的,并未向H公司隐瞒事实,故对于H公司的这一主张,不予支持。

综上所述,《租赁合同》解除的原因在于H公司未履行支付租金的合同主要义务,K清算组与X公司不构成违约,H公司的诉讼请求没有事实和法律依据。最后判决驳回H公司的诉讼请求。

4 最高人民法院观点

最高人民法院认为,本案二审争议的焦点问题是:(1)诉争合同的性质;(2)K清算组是否违约在先,即H公司是否享有先履行抗辩权;(3)K清算组、X公司应否承担继续履行合同并赔偿损失的违约责任。

一、关于诉争合同的性质问题

合同性质的认定应根据合同的主要条款,即合同双方当事人意欲设立的权利义务关系进行判定。K清算组与H公司在《租赁合同》中明确"为解决原贵州省K化肥厂职工生活问题,经K清算组研究决定,解除K化肥厂与黔东南州Q化工投资有限责任公司租赁合同,由清算(组)全面接管K化肥厂资产,并将合成氨生产装置(包括脱碳部分)租赁给H公司经营",在该合同中双方对租赁财产的名称、范围与用途、租赁时间、出租方人员安置、工资待遇、社会保障、租赁资产的保值与增值及各方的权利与义务等事项进行了约定。这些条款内容及性质完全符合《合同法》第212条、第213条有关租赁合同的规定。故H公司上诉称诉争《租赁合同》性质实为合作关系,理由不能成立。

二、关于K清算组是否违约在先,即H公司是否享有先履行抗辩权的问题

K清算组(甲方)与H公司(乙方)在《租赁合同》第5条第1款约定"在租赁期间,甲乙双方均不得将现甲方租赁给乙方的资产用于抵押、担保、出售、转让或转租给第三方"。2009年7月20日,K清算组公开拍卖的K化肥厂破产财产,X公司竞价取得破产财产后委托K清算组继续管理破产资产。根据《租赁合同》第5条第1款的约定,在租赁期间内K清算组不得将破产财产转让给他人,在双方未明确变更合同条款或征得H公司书面同意的前提下,K清算组通过公开拍卖的方式处分了破产财产,该行为违反了《租赁合同》关于不得转让破产财产的约定。但是,因为X公司竞价取得破产资产后委托K清算组继续管理破产资产,并未影响到H

公司对租赁财产的使用、收益。在此后的合同履行过程中H公司也未以此为由提出抗辩,直到双方发生诉争。因此,虽然K破产清算组拍卖转让K化肥厂资产的行为有违合同约定,但该行为并未影响租赁合同的继续履行,租赁合同对双方仍然具有法律上的约束,H公司可以依据租赁合同的约定向K清算组主张相关权利,但不能作为其逾期交付租金的合理抗辩理由。

K清算组(甲方)与H公司(乙方)在《租赁合同》第10条第1款约定"为保证乙方在租赁经营期间生产经营活动正常进行,并敢于投入技术改造资金和设备,对生产线进行技术改造,使乙方的合法权益得到保障,甲方将合成氨生产线(含脱碳、碳化)及附属配套生产维修车间设备、设施和厂房等抵押给乙方",但从实际履行情况看,案涉租赁财产并未办理抵押手续。办理抵押,是出租方K清算组的合同义务,也是承租方H公司享有的合同权利,双方应依合同约定及时办理租赁财产的抵押登记手续。H公司主张未办理抵押手续系K化肥厂违约行为所致。但是,H公司并未提供证据证明要求K清算组办理抵押手续而对方不予配合或拒绝办理的情形,在合同履行过程中也未以此为由行使先履行抗辩权。因此,H公司上诉主张涉案租赁财产未办理抵押手续系K清算组违约所致,缺乏证据支持。

三、K清算组、X公司应否承担继续履行合同并赔偿损失的责任

贵州省高级人民法院(2015)黔高民商终字第41号民事判决第一项已判决解除案涉《租赁合同》,该判决已发生法律效力,即对当事人产生法律拘束力,H公司请求K清算组、X公司继续履行《租赁合同》,应不予支持。本案中,H公司以K清算组违约为由诉请赔偿损失包括:自2009年至2013年期间,H公司累计为K化肥厂职工支付工资5242.420514万元、社保442.932757万元,累计投入技改资金和设备价值5071.000081万元,累计向地方和国家纳税2375.16085万元。H公司在租赁期间内,为企业营利生产,支付职工工资、社保金,是其应当承担的成本投入,交纳税费则是经营者承担的法定义务,这些费用应由其自担。至于H公司投入的技改资金和设备价值5071.000081万元,在一审、二审诉讼中均未能提供有效证据支持。而且,根据原审法院查明的事实,2012年5月12日H公司停产原因是由于其未严格执行国家环保法律法规,没有按照整改要求落实相关环保措施,黔东南州人民政府责令其关闭。2014年12月31日,黔东南分公司向K清算组递交的《关于与员工终止劳动合同的报告》中称"由于公司从2012年7月起,因战略合作单位无故单方面中止战略协议,拒不收购该公司产品,导致公司被迫停产至今,公司董事会决定在2014年12月31日与尚未解除劳动关系的145名员工终止劳动关系"。可见,H公司停产的原因并非K清算组的行为所致。故H公司请求K清算组、X公司继续履行合同并赔偿损失,理由不能成立,应不予支持。

综上所述,原审判决认定事实清楚,适用法律正确,应予维持。

专业释评

根据《企业破产法》第 111 条规定，管理人应当及时拟订破产财产变价方案，提交债权人会议讨论。管理人应当按照债权人会议通过的或者人民法院依照本法第 65 条第 1 款规定裁定的破产财产变价方案，适时变价出售破产财产；第 112 条第 1 款规定，变价出售破产财产应当通过拍卖进行。但是，债权人会议另有决议的除外。由此可知，为了破产人及有关当事人的利益，破产管理人有权处置破产财产，只是形式上有一定的要求。

就本案而言，既然当事人之间有租赁合同关系，当然要遵循合同约定履行合同义务，如果违约要承担相应的违约责任，至于责任的形式要看具体情况而定。

问题六　破产时如何确定担保人的权利

案例 山西银光H股份公司与重庆J信用担保有限公司追偿权案[①]

1 案情简介

2013年9月12日，H公司与J担保公司签订编号为CQEXG融2013－4担005号《委托合同》载明，鉴于H公司因向J银行申请出口卖方信贷贷款6000万元（授信合同号：××××××××××××××××954），特委托J担保公司为其融资债务向融资机构提供连带责任保证担保。……第4条反担保措施：H公司、J担保公司双方一致商定，H公司无条件向J担保公司提供下列反担保措施。同日，J银行（贷款人）与H公司（借款人）签订合同号为××××××××××××××××954《借款合同》。同日，Y公司与J担保公司签订《房地产抵押合同》载明，基于H公司与J担保公司签订的CQEXG融2013－4担005号《委托合同》，Y公司自愿与J担保公司签订本抵押合同。同日，任某某、孙某某与J担保公司分别签订《个人保证合同》载明，在《委托合同》约定期间内，J担保公司依主合同为委托人提供的担保，担保本金余额不超过6000万元，任某某、孙某某亦按照主合同约定的金额向J担保公司提供保证反担保。

2014年6月30日，J银行北京分行出具《关于履行担保责任的通知》载明，J担保公司：鉴于J银行北京分行在贷后检查工作中发现H公司存在严重违约行为，J银行北京分行于2014年6月24日正式致函H公司（进出银京发〔2014〕109号），宣告《借款合同》项下全部贷款（本金6000万元）立即到期，并要求H公司于6月30日前向J银行北京分行偿还《借款合同》项下全部债务。鉴于以上情况，J银行北京分行依据《借款合同》及《保证合同》之约定，特正式通知贵公司，请贵公司按照《保证合同》之约定，向J银行北京分行履行代偿义务，于2014年7月1日前偿还《借款合同》项下全部债务。

2 当事人诉求

H公司上诉请求：依法撤销原判第二项关于由H公司向J担保公司支付逾期保费6566.59元的判决，改判由J担保公司向H公司退还担保费用120万元。

事实与理由如下：

H公司与J担保公司签订的《融资担保委托合同》约定，J担保公司担保借款金额为6000万元，担保期限为18个月（到期日为2015年5月29日），担保费用不予退还的3种情形，变更合同必须有书面形式等条款。

---

① 最高人民法院（2016）最高法民终123号。

在J银行发放贷款的当日,就其就按照合同约定向J担保公司支付了180万元的担保费用,已完全履行了合同约定的义务。而J担保公司在收到J银行向其出具的《承担担保责任确认函》后,既未与H公司协商,也没有书面变更合同的情形下,就单方进行了代偿行为,已构成违约。合同约定的担保期限到期日为2015年5月29日,J担保公司擅自变更合同,已构成违约,依法应当向H公司退还相应的担保费用120万元,且该退还行为也不违反《融资担保委托合同》第2条第5项的有关约定。鉴于J担保公司违约在先,故H公司对其资金占用费承担的利息应按银行同期贷款利率计算,且应从担保到期日即2015年5月29日起算。

J银行认为H公司存在严重违约行为,与事实不符。H公司不仅没有陷入经营危机,而且经营状况良好,且为贷款提供了土地、房产和个人担保。J银行可能与J担保公司存在某种利益关系,提前宣布贷款到期,系其双方恶意磋商,骗取的担保费用,理应予以退回。

本案恢复审理后,H公司又补充上诉意见如下:

请求:(1)撤销本案一审判决,并将本案案由请求之诉变更为确认之诉;(2)判令确认H公司欠J担保公司代偿本金59,920,153.42元;资金占用费以本金为基数,自2014年7月1日至2015年5月29日期间按中国人民银行规定的出口卖方信贷利率执行,自2015年5月29日参照同期银行贷款利率四倍计至2015年12月15日;(3)驳回J担保公司关于逾期保费与律师费的诉讼请求;(4)本案诉讼费用由J担保公司承担。

J担保公司答辩称:(1)J担保公司的代偿合法。(2)J担保公司有权按约定收取担保费。(3)预期担保费符合约定。根据《融资担保合同》第2条第3款:"甲方在融资债务到期后,如未按期偿还而逾期,自逾期之日起,按原保费率上浮100%计收逾期担保费用。"(4)资金占用费标准合法。(5)担保责任范围。本案系担保合同关系,不适用《企业破产法》的规定。因此,H公司破产申请后产生的资金占用费、利息等,担保人仍应按《抵押合同》《保证合同》约定承担担保责任。(6)不存在破产和诉讼程序重复受偿问题。

J担保公司起诉请求:(1)H公司向J担保公司支付已代偿资金59,920,153.42元、违约金120万元、律师费16万元(如进入执行程序,按20万元+收回债权金额×1%另计;如进入破产重整程序,按10万元+收回债权金额×0.5%另计)、逾期保费6566.59元以及资金占用费(代偿资金的资金占用费以59,920,153.42元为基数,从2014年7月1日起至付清之日止,按每日1‰累加计算;实现债权费用的资金占用费分别以诉讼费34.14万元为基数,从2014年7月4日起至付清之日止,按每日1‰累加计算;以财产保全费5000元为基数,从2014年12月25日起至付清之日止,按每日1‰累加计算;以律师费12万元为基数,从2014年7月15日起至付清之日止,按每日1‰累加计算;以律师费4万元为基数,从2014年12月1日起至付清之日止,按每日1‰累加计算)。

(2)J担保公司对Y公司所有的闻喜县房产证字第01-5772号、字第01-5772-1号至13号房屋以及闻国用(2006)第347号建设用地使用权享有优先受偿权。

(3)任某某对H公司的前述债务承担连带保证责任。

(4)孙某某对H公司的前述债务承担连带保证责任。

(5)诉讼费、财产保全费由H公司、Y公司、任某某、孙某某负担。

3 一审法院观点

一审法院认为,本案的争议焦点是:(1)H公司应否向J担保公司支付款项,金额如何确定;(2)J担保公司应否享有优先受偿权,范围如何确定;(3)任某某、孙某某应否向J担保公司承担连带保证责任。

(一)关于H公司应否向J担保公司支付款项以及金额如何确定的问题

《委托合同》约定,H公司因向J银行申请出口卖方信贷贷款6000万元,委托J担保公司为其融资债务向J银行提供连带责任担保;J担保公司代为清偿后,可追偿的债权范围包括但不限于以下项目:(1)代偿资金:J担保公司向J银行支付的全部款项(包括但不限于融资本金及利息、逾期利息、罚息、复利、损害赔偿金、违约金、J银行实现债权所发生的各项费用);(2)J担保公司行使追偿权所发生的包括律师代理费在内的各项费用。J担保公司依约与J银行签订了《保证合同》,约定为H公司与J银行签订的《借款合同》提供连带责任保证担保,并明确了J担保公司的担保范围包括H公司应向J银行偿还和支付的所有债务,无论该支付是在贷款到期日应付或在其他情况下成为应付,且完全知悉J银行北京分行系受J银行之授权负责《保证合同》项下的一切事宜。J担保公司收到J银行北京分行的《关于履行担保责任的通知》后,向J银行代偿资金59,920,153.42元,符合《委托合同》之约定。因此,H公司亦应按照《委托合同》之约定,向J担保公司承担59,920,153.42元偿还责任。

根据《委托合同》第6条之约定,J担保公司的追偿范围除包括代偿资金外,还包括J担保公司因行使追偿权所发生的律师费。J担保公司为本案诉讼与K律师事务所签订《法律事务委托合同》《补充协议》,J担保公司实际支付律师费16万元。该费用系J担保公司为实现债权而产生的费用,符合《委托合同》的约定。因此,H公司应当向J担保公司支付律师费16万元。另,因进入执行程序和破产重整程序后产生的律师费尚未实际产生且并不必然发生,不属于J担保公司为实现债权而实际发生的费用,故对J担保公司请求支付进入执行程序和破产重整程序后产生的律师费的诉讼请求,该院不予支持。

(二)关于J担保公司应否享有优先受偿权以及范围如何确定的问题

Y公司与J担保公司签订的《房地产抵押合同》约定以Y公司所有的建筑面积为62,797.59平方米的房屋(闻喜县房权证字第01-5772号、闻喜县房权证字第01-5772-1号至13号)以及200,244平方米的建设用地使用权[闻国用(2006)第347号]为J担保公司提供抵押担保,本案《房屋他项权证》上载明的“债权数额”为4085万元,《土地他项权证》上载明的“抵押借贷金额”为1915万元,因此,上述两项记载内容应当认定为“被担保债权的数额”,上述主债权记载金额与《房地产抵押合同》载明的主债权金额6000万元不一致。应当认定抵押房屋所担保的主债权金额为4085万元,抵押的建设用地使用权所担保的主债权金额为1915万元。因此,J担保公司有权分别在4085万元主债权及其资金占用费、律师费16万元及其资金占用费、逾期保费6566.59元的范围内对抵押房屋享有优先受偿权;在1915万元主债权及其资金占用费、律师费16万元及其资金占用费、逾期保费6566.59元的范围内对抵押的建设用地使用权享有优先受偿权。

(三)关于任某某、孙某某应否对J担保公司承担连带保证责任的问题

任某某、孙某某分别与J担保公司签订的《个人保证合同》均载明,任某某、孙某某为H公司的《委托合同》向J担保公司提供连带责任保证。因此,任某某、孙某某应当在H公司前述未还款范围内,对J担保公司承担连带保证责任。

4 最高人民法院观点

最高人民法院认为,本案中当事人对案涉各合同内容及效力没有争议,H公司仅对其与J担保公司之间关于履行《委托合同》问题提出上诉,请求变更一审判决涉及其承担的部分责任,二审在H公司上诉请求的范围内进行审理。

H公司与J担保公司之间签订的《委托合同》、J担保公司与J银行之间签订的《担保合同》,明确系为H公司与J银行签订的《借款合同》提供担保。《担保合同》是《借款合同》的从合同,《借款合同》约定的事由出现时,担保人应当承担担保责任。案涉《借款合同》关于贷款人有权单方宣布贷款立即到期的约定是明确的,在J银行宣布贷款立即到期并向J担保公司主张清偿债务时,J担保公司于2014年7月1日向J银行北京分行划款59,920,153.42元,是履行《担保合同》的行为,符合案涉《担保合同》和《委托合同》的约定,H公司上诉主张J担保公司未经协商、擅自代偿等观点,没有合同依据。J担保公司代替H公司承担债务责任后,依法有权向H公司追偿。J银行提供6000万元资金给H公司使用,J担保公司为此提供担保,在H公司届时不能归还的情况下,J担保公司应当筹集6000万元资金,代替H公司偿还债务。H公司主张J银行与J担保公司的上述行为存在恶意串通,系为骗取180万元担保费,这种提供6000万元资金骗取180万元费用的说法,不符合情理,本院不予采信。H公司与J担保公司关于担保费用的收取在《委托合同》中有明确的约定,H公司关于提前清偿贷款即可以扣减担保费的观点,没有合同依据,本院不予支持。案涉《委托合同》是H公司与J担保公司的真实意思表示,其间建立的是委托担保法律关系,并非与金融机构的贷款法律关系或者企业之间的借款法律关系,其主张《委托合同》约定的资金占用费过高,请求变动并主张参照中国人民银行规定的出口卖方信贷利率、同期银行贷款利率的标准计算利息、罚息的观点,没有合同依据和法律依据,依法应不予支持。

H公司在二审期间破产,其主张依照《企业破产法》的规定,案涉债权应于破产案件受理之日,即2015年12月15日停止计息。破产程序是在债务人财产不能清偿到期债务的情形下开始的,为保障所有债权人均能得到一定程度的财产分配,自破产案件受理之日起,停止向债权人给付利息,故在《企业破产法》中有关于停止计算利息的规定。《企业破产法》关于利息计算停止的规定是指债权利息给付的停止,并非否定债权利息的存在。审判程序是对有争议的债权债务关系及给付内容的具体确定,生效判决书是执行根据。破产程序是执行程序,是发生在审判程序之后的司法程序,在破产程序中对判决书确定的部分内容停止执行,是依法行使司法执行权力,并非审判权力,不发生以司法执行权力替代司法审判权力的情形。H公司关于因其破产本案应变更为确认之诉,应自破产案件受理之日起不再判决利息的观点不成立,本院不

予支持。

综上所述，驳回上诉，维持原判。

专业释评

担保人承担担保责任以后，根据其与被担保人的合同约定，担保人可以行使追偿权。具体范围以当事人的约定为准。就本案而言，比较新颖的观点是，最高人民法院认为，破产程序是执行程序，是发生在审判程序之后的司法程序，在破产程序中对判决书确定的部分内容停止执行，是依法行使司法执行权力，并非审判权力，不发生以司法执行权力替代司法审判权力的情形。也就是说，担保人在主张利息时，不受企业破产法中有关于停止计算利息的规定。

问题七　如何认定破产债权人的选择权

案例一　山东H啤酒有限公司与Q银行淄博分行保证合同纠纷案[1]

1 案情简介

Q银行淄博分行与X公司于2014年5月26日签订《最高额综合授信合同》,并于2014年12月1日签订《借款合同》,借款合同约定Q银行淄博分行出借给X公司人民币2000万元,自2014年8月1日起至2015年5月26日止,并约定了借款利率等事项。2014年5月28日,Q银行淄博分行与H公司签订《最高额保证合同》,后X公司经营不善,被依法申请破产。山东省沂源县人民法院于2016年7月1日依法作出(2016)鲁0323民破4号民事裁定书,裁定受理X公司破产重整的申请。Q银行淄博分行作为X公司的债权人于2016年8月22日向沂源县人民法院递交债权申报表,就本案涉及的借款申报债权,沂源县人民法院依法受理了Q银行淄博分行的债权申报申请。Q银行淄博分行在申报债权后,又向法院提起诉讼向H公司主张权利。

2 当事人诉求

H公司上诉请求:(1)请求撤销一审判决,依法驳回被上诉人的诉讼请求;(2)一审、二审诉讼费用由被上诉人负担。事实与理由:第一,山东省沂源县人民法院于2016年7月1日裁定受理了本案主债务人淄博X塑编有限公司(以下简称X公司)的破产重整申请,被上诉人已在本次诉讼之前向法院申报了债权,其债权依法应当先自破产程序中受偿,不足部分,根据最高人民法院《关于适用〈中华人民共和国担保法〉若干问题的解释》第44条第2款的规定,只能在破产程序终结后6个月内向H公司主张权利。第二,一审判决引用了最高人民法院(2002)民二他字第32号《关于担保期间债权人向保证人主张权利的方式及程序问题的答复》,但只引用了“债权人申报了债权,同时又起诉保证人的保证纠纷案件,人民法院应当受理”的规定,是故意曲解最高人民法院的批复,适用法律错误。第三,被上诉人与H公司签订的《最高额保证合同》约定,H公司为X公司担保的债权最高为人民币2000万元,H公司只在双方约定的最高额限额2000万元内对所发生的债权承担保证责任,对超出最高限额的部分不应承担责任。

Q银行淄博分行辩称,上诉人的上诉请求及理由没有事实和法律依据,一审判决认定事实清楚,适用法律正确,请求驳回上诉人的上诉,维持原判。

---

① 淄博市中级人民法院(2017)鲁03民终1348号。

Q 银行淄博分行向一审法院起诉请求：(1)判令 H 公司清偿原告款项 19,987,069.95 元，并赔偿原告截至 2016 年 10 月 27 日的利息 930,299.13 元及罚息 18,547.93 元，同时判令赔偿原告自 2016 年 10 月 28 日起自判决确定的还款届满之日的经济损失；(2)本案诉讼费及保全费由 H 公司承担。一审庭审中，原告对诉讼请求第 1 项中“利息 930,299.13 元及罚息 18,547.93元”变更为“利息和罚息共计 948,847.06 元”。

3 一审法院观点

一审法院认为，本案争议焦点一是 Q 银行淄博分行提起诉讼是否符合法律规定，二是 Q 银行淄博分行的诉讼请求是否超出了最高额保证合同中约定的最高限额。

第一，H 公司为债务人 X 公司的债务向 Q 银行淄博分行提供了连带责任担保。虽然山东省沂源县人民法院于 2016 年 7 月 1 日作出(2016)鲁 0323 民破 4 号民事裁定书，裁定“受理申请人沂源 D 资产经营有限公司、沂源县 G 公有资产经营有限公司对被申请人淄博 X 塑编有限公司破产重整的申请”。但是《企业破产法》第 92 条第 3 款规定“债权人对债务人的保证人和其他连带债务人所享有的权利，不受重整计划的影响”；最高人民法院(2002)民二他字第 32 号《关于担保期间债权人向保证人主张权利的方式及程序问题的请示的答复》规定，对于债权人申报了债权，同时又起诉保证人的保证纠纷案件，人民法院应当受理；《担保法》第 18 条第 2 款规定：“连带责任保证的债务人在主合同规定的债务履行期届满没有履行债务的，债权人可以要求债务人履行债务，也可以要求保证人在其保证范围内承担保证责任”；故 Q 银行淄博分行只起诉保证人即 H 公司符合法律规定，一审法院予以支持。

第二，双方签订的最高额保证合同第一条中约定，保证人担保的债权最高余额折合人民币 2000 万元，为本金余额最高限额，具有以下含义：本金余额最高限额仅为主债权本金的最高限额，在本金不超过上述限额的前提下，由此而产生的本合同第 2 条约定范围内除本金外所有应付款项，保证人均同意承担担保责任；合同第 2 条约定，保证担保范围包括主债权本金、利息、罚息、复利、违约金、损害赔偿金，以及诉讼(仲裁)费、律师费的债权人实现债权的一切费用。由此，H 公司认为 Q 银行淄博分行的诉讼请求超出了最高额保证合同中约定的最高限额，本院不予支持。最后判决：被告山东 H 啤酒有限公司于本判决生效后 10 日内支付原告 Q 银行股份有限公司淄博分行本金 19,987,069.95 元，并支付截至 2016 年 10 月 27 日的利息和罚息共计 948,847.06 元，同时判令赔偿原告自 2016 年 10 月 28 日起自判决确定的还款届满之日的经济损失。

4 二审法院观点

淄博市中级人民法院认为，本案的争议焦点问题是：在债务人 X 公司进入破产重整程序后，债权人 Q 银行淄博分行已经申报了债权，又另行提起诉讼向保证人 H 公司主张权利，是否符合法律规定，应如何处理。

一、程序问题

1.被上诉人起诉是否符合法律规定。最高人民法院《关于适用〈中华人民共和国担保法〉若干问题的解释》第44条第1款规定:"保证期间,人民法院受理债务人破产案件的,债权人既可以向人民法院申报债权,也可以向保证人主张权利。"最高人民法院《对〈关于担保期间债权人向保证人主张权利的方式及程序问题的请示〉的答复》第2条的规定:"对于债权人申报了债权,同时又起诉保证人的保证纠纷案件,人民法院应当受理。"故,Q银行淄博分行在债务人X公司破产重整程序中申报了债权,又另行起诉保证人H公司主张权利,符合法律规定。

2.本案应否中止。最高人民法院《关于适用〈中华人民共和国担保法〉若干问题的解释》第44条第2款规定:"债权人申报债权后在破产程序中未受清偿的部分,保证人仍应当承担保证责任。债权人要求保证人承担保证责任的,应当在破产程序终结后六个月内提出。"该规定的主要目的是为了防止债权人在破产程序及诉讼程序中双重受偿,而为债权人向保证人主张权利设定了一个期限,债务人进入破产程序,并非本案法定中止事由。

3.一审法院是否有管辖权。《企业破产法》第21条规定:"人民法院受理破产申请后,有关债务人的民事诉讼,只能向受理破产申请的人民法院提起。"但本案系保证合同纠纷,债务人X公司并不是本案当事人,也非必要共同诉讼参加人,因此,H公司主张本案应由破产案件受理法院审理,于法无据。

二、实体问题

1.保证人承担保证责任的范围。(1)关于最高额保证范围的问题。涉案《最高额保证合同》第2条约定,保证担保的范围,除债权本金外,还包括利息、罚息、复利等,根据合同约定,H公司对最高限额本金之外的利息等也也应承担担保责任,故H公司上诉认为一审判决超出了最高额2000万元,无事实依据,理由不能成立,二审法院不予采信。(2)关于H公司承担保证责任应否停止计息的问题。《企业破产法》第46条第2款规定:"附利息的债权自破产申请受理时起停止计息。"因此,本案的主债务利息应至主债务人破产重整申请受理之日停止计息,H公司系担保人,其应承担担保责任的范围应以债务人的债务为限。H公司关于其承担保证责任也应停止计息的理由成立,二审法院予以采纳。一审对于利息部分处理不当,二审法院予以纠正。因Q银行淄博分行的债权数额已经山东省沂源县人民法院裁定确认,故H公司承担保证责任的数额应以该裁定确认的数额为准,超出部分,不予支持。

2.应如何处理。二审法院认为,(1)债务人不履行到期债务时,债权人可以向债务人也可以向承担连带责任的保证人主张权利,各连带责任保证人都负有独立清偿全部债务的义务,因此,Q银行淄博分行要求保证人H公司就全部债务承担责任的诉讼请求,与法有据。(2)最高人民法院《关于担保期间债权人向保证人主张权利的方式及程序问题的答复》出台时,《企业破产法》尚未公布施行,原《企业破产法(试行)》并中无补充申报债权的规定,现行《企业破产法》、《担保法》及最高人民法院相关司法解释中关于债务人进入破产程序后债权人如何向保证人主张权利的规定,对于保护债权人及担保人的合法权利,立法目的是一致的,即既要防止债权人双重受偿,又要保护保证人因承担保证责任后获得救济的权利。综上所述,判决如下:(1)撤销山东省淄博市张店区人民法院(2016)鲁0303民初6238号民事判决;(2)山东H啤酒有限公司于本判决生效后10日内支付Q银行股份有限公司淄博分行20,216,337.97元；(3)驳回Q银行股份有限公司淄博分行的其他诉讼请求。

案例二 X资产管理股份公司江苏省分公司与包某某等保证合同纠纷案①

1 案情简介

2009年7月23日，Z银行兴化支行(甲方)与C公司(乙方)签订1份授信额度协议，约定：甲方为乙方提供授信额度为1000万元的短期流动资金贷款；同日，Z银行兴化支行(甲方)与C公司(乙方)签订1份最高额抵押合同，约定：乙方以其所有的位于兴化市戴南镇人民路北侧的使用权面积为3251.70平方米的国有土地使用权为授信额度协议、单项协议项下的借款提供最高额抵押担保；抵押担保的范围包括借款本金、利息、罚息、复利、律师费等。同日，Z银行兴化支行(甲方)与L公司、包某某、包某一、包某二(乙方)分别签订最高额保证合同，约定：乙方对授信额度协议、单项协议项下的借款提供最高额连带责任保证；保证范围包括借款本金、利息、罚息、复利、违约金、赔偿金，及甲方实现债权的律师费等费用；保证期间为主债权届满之日起2年；本合同之外同时存在其他物的担保或保证的，不影响甲方本合同项下的任何权利及其行使，乙方不得以此对抗甲方。因C公司借款后仅向Z银行兴化支行支付了2009年9月20日前的利息，Z银行兴化支行遂要求保证人承担保证责。2010年7月12日，该院裁定受理C公司申请破产重整一案。同年8月4日，Z银行兴化支行向C公司清算组申报债权。该院于2011年1月29日作出(2010)泰兴民破字第2-9号民事裁定书，裁定终止C公司破产重整程序，同时宣告C公司进入破产清算程序。2013年3月14日，该院作出(2010)泰兴民破字第2-13号民事裁定书，裁定确认Z银行兴化支行对C公司享有的债权总额为8,428,773元(借款本金8,000,000元，利息428,773元)，其中在C公司优先受偿171,500元，其余8,257,273元为普通债权，参与破产财产分配。另外，本案再审前，Z银行兴化支行已经将本案债权转让给X江苏分公司。再审过程中，兴化市L信用担保有限公司变更为兴化市L非融资性信用担保有限公司。

2 当事人诉求

X江苏分公司上诉请求：撤销兴化市人民法院(2015)泰兴民二再初字第0001号民事判决，依法改判支持其原审诉讼请求。事实和理由：(1)根据原审法院2015年9月25日作出的(2015)泰兴民二监字第7号民事裁定，该院已于2013年5月3日裁定终结C公司破产程序。本案起诉时间是2013年12月4日，原审法院作出(2013)泰兴商初字第0605号民事判决时间是2014年2月28日，均在C公司破产程序终结后、本案再审裁定之前。再审判决遗漏了该相

① 泰州市中级人民法院(2017)苏12民再31号。

关事实。(2)破产法规定的"附利息的债权自破产申请受理时停止计算",是针对破产企业而言的,而保证人是依据保证合同约定的保证范围承担保证责任,保证人承担利息应至实际付清全部款项之日为止。(3)债权人要求保证人承担保证责任不以债务人破产程序终结为条件。

L公司未答辩。

包某某、韩某某等辩称:(1)原审法院在审理C公司破产案件过程中,于2013年5月3日作出终结破产程序的裁定是错误的,该院已经依法予以纠正。(2)C公司的破产案件仍在审理中,故上诉人向保证人主张承担连带责任不符合法律规定,保证人承担保证责任的时间应在破产程序终结后。(3)根据破产法的规定,破产期间应当停止计息,上诉人要求保证人给付利息的请求也应不予支持。请求驳回上诉,维持原判。

X江苏分公司一审请求判令L公司、包某某等:(1)立即偿还借款本金6,015,750.81元及利息、罚息、复利(其中:截至2013年1月10日的利息、罚息、复利为2,698,813.33元;自2013年1月10日起至实际给付之日止,按人民币借款合同约定的方式计算);(2)立即偿还律师代理费124,836元;(3)承担本案的诉讼费用。

3 一审法院观点

兴化市人民法院再审认为,关于本案是否等待C公司破产程序终结再继续审理的问题。《企业破产法》第20条规定"人民法院受理破产申请后,已经开始而尚未终结的有关债务人的民事诉讼或者仲裁应当中止",但同时规定"在管理人接管债务人的财产后,该诉讼或者仲裁继续进行"。举重以明轻,此条仅针对破产债务人或以破产债务人及担保人一并提起的诉讼,在破产程序开始后应当中止,但"在管理人接管债务人的财产后,该诉讼或者仲裁继续进行",说明法律并未禁止在破产程序中或破产程序终结前向连带保证人单独提起诉讼。最高人民法院《关于适用〈中华人民共和国担保法〉若干问题的解释》第44条规定,保证期间内,人民法院受理债务人破产案件的,债权人既可以向人民法院申报债权,也可以向保证人主张权利。债权人申报债权后在破产程序中未受清偿的部分,保证人仍应当承担保证责任。债权人要求保证人承担保证责任的,应当在破产程序终结后6个月内提出。又根据《企业破产法》第124条规定,"破产人的保证人和其他连带债务人,在破产程序终结后,对债权人依照破产清算程序未受清偿的债权,依法继续承担清偿责任"。

关于保证人承担保证责任的范围。本案中授信额度协议、最高额抵押合同、国有土地使用权抵押合同、最高额保证合同、人民币借款合同(短期),均合法有效,且抵押物在相关职能部门办理了抵押物登记,故抵押依法成立并有效。各方当事人均应按照以上合同或协议约定履行。关于保证人应当承担保证责任的范围。L公司、包某某、韩某某、包某一、徐某、包某二、钱某某作为借款人C公司的连带责任保证人,应在其保证范围内承担保证责任,而L公司、包某某、韩某某、包某一、徐某、包某二、钱某某的保证责任范围应以借款人C公司所负的借款本息为限。截至该院立案受理C公司破产重整一案的2010年7月12日,Z银行兴化支行对C公司享有的债权总额虽为8,428,773元(借款本金8,000,000元,利息428,773元),但由(2010)

泰兴民破字第2－13号民事裁定书可知，上述债权总额有171,500元在C公司设定抵押的财产即涉案最高额抵押合同项下的国有土地使用权中优先受偿，故Z银行兴化支行对C公司享有普通债权总额为8,257,273元。该普通债权8,257,273元，Z银行兴化支行后来又从L公司受偿了1,983,392.28元，故Z银行兴化支行尚有借款本息6,273,880.72元未获受偿。综上，L公司、包某某等应对本案债权人未能受偿的借款本息6,273,880.72元在破产程序中未受清偿的部分承担连带清偿责任。据此，判决：(1)撤销本院(2013)泰兴商初字第0605号民事判决。(2)X江苏分公司在C公司破产程序中未受清偿的债权(债权额为6,273,879.72元，扣除破产程序中受偿的部分)，L公司、包某某、韩某某、包某一、徐某、包某二、钱某某在C公司破产程序终结后10日内偿还给X江苏分公司。(3)驳回X江苏分公司其他诉讼请求。

4 二审法院观点

本案二审争议焦点是：(1)X江苏分公司向保证人主张权利是否需待债务人C公司破产程序终结；(2)保证人承担的利息是否以债务人C公司应承担的利息为限。

泰州市中级人民法院认为，L公司、包某某等与Z银行兴化支行签订保证合同，约定由L公司、包某某等保证人对主债务人C公司所欠债权人Z银行兴化支行的债务承担连带保证责任，在担保法并无特别规定的情况下，根据连带保证的一般原理，当主债务人未按合同约定清偿债务时，债权人既可以向主债务人主张权利，也可以要求保证人承担连带清偿责任，亦可以一并向主债务人、保证人主张权利。担保法并没有规定主债务人进入破产程序可以阻却债权人向保证人行使权利。最高人民法院《关于适用〈中华人民共和国担保法〉若干问题的解释》第44条第2款规定的"债权人要求保证人承担保证责任的，应当在破产程序终结后六个月内提出"，仅适用于债务人在破产程序开始时保证期间尚未届满，而在债权人申报债权参加清偿破产财产程序保证期间届满、又没有向保证人主张权利的情况，是为方便债权人行使担保债权所作的规定，允许债权人在破产程序终结后6个月内主张。对该规定的适用范围，最高人民法院在给云南省高级人民法院的答复(2003年12月24日〔2003〕民二他字第49号)中予以明确。因此，不能将它理解为债权人向保证人主张权利必须在主债务人破产程序终结后6个月内提出。Z银行兴化支行在向C公司申报债权的同时，提起本案诉讼向保证人L公司、包某某等主张权利，不违反法律法规的禁止性规定，人民法院应当予以支持，而不必等待C公司破产程序终结。为避免重复受偿，债权受让人X江苏分公司从债务人、保证人处受偿总额不得超过其申报并经确认的债权数额。保证人在承担清偿责任后，可以向审理破产案件的法院及破产管理人申报债权。原审法院对相关法律的理解有误，作出的再审判决有所不当，二审依法纠正。

关于保证人应承担的利息计算到什么时间的问题。借款合同是主合同，保证合同是从合同，保证合同的从属性决定其保证范围不得超出主合同债务人应履行债务之范围。Z银行兴化支行与L公司、包某某等签订的保证合同约定保证范围包括借款本金、利息、罚息、复利、违约金、赔偿金，及实现债权的律师费用等，该保证范围与C公司对Z银行兴化支行所负合同债务相一致。C公司因破产重整,根据《企业破产法》第46条的规定,附利息的债权自破产申请受理时停止计息,C公司对债权人应偿付的利息于兴化市人民法院受理该公司破产重整后停止计息,保证人的保证责任范围亦应以此为限。X江苏分公司上诉认为保证人承担的利息应计算至主债务实际履行完毕之日,没有法律依据,亦与法理不符,该上诉理由由泰州市中级人民法院不予采纳。

综上所述,判决如下:(1)维持兴化市人民法院(2015)泰兴民二再初字第00001号民事判决第一、第三项及诉讼费负担部分;(2)撤销兴化市人民法院(2015)泰兴民二再初字第00001号民事判决第二项;(3)L公司、包某某、韩某某、包某一、徐某、包某二、钱某某于本判决生效后10日内偿还X江苏分公司债务6,273,879.72元。

专业释评

设定担保的目的就是保障债权人的利益安全,当出现主债务人破产清算或破产重整的情形时,如果担保人的财力没有受到影响,且其担保的责任形式为连带保障时,权利人当然有选择权,既可以单独向某一个责任人主张权益,也可以向主债务人及担保人同时主张权益,这是破产法及担保法的基本原理及精神实质。至于具体的权益数额、行使的时间节点等问题,既要看合同约定,也要看具体法律条文的特定要求。就本专题案例一而言,两级法院的不同点在于对利息的截止时间的不同看法,显然二审法院的观点合乎法律规定。就案例二而言,一审法院判决以债权额为6,273,879.72元为基数,扣除破产程序中受偿的部分以后,剩下的数额由各连带保证人偿还,显然是错误的,二审予以了纠正,于法有据。

问题八　账户资金能否作为取回权标的

案例一　海南F有限公司与海南G信托投资公司合同纠纷案[①]

1 案情简介

1998年1月13日,F公司按照当时中国人民银行《银行账户管理办法》(银发〔1994〕255号)的规定及要求,在海南G国际信托投资公司(以下简称海南G公司)开立了一般结算账户,账户名称为:F公司,账号:×××××××596,用于办理F公司经济业务中人民币资金收付及日常往来的资金结算业务。1996年3月25日,海南G公司向F公司出具定期存单一份,存单载明:存款金额人民币500万元,账号为×××××××377,存期为1年,从1996年3月25日起至1997年3月25日止,约定年息为10.98%。2001年11月21日,因海南G公司的违规经营,中国人民银行决定对其实施停业整顿,并停止了其有关金融业务。截至2001年10月10日,F公司在海南G公司结算账户×××××××596内尚有待结算的资金人民币232,344.69元。

海南省高级人民法院于2005年12月30日依法受理海南G公司申请破产还债案,F公司对结算账户×××××××596内余额的本息申报了债权。2006年9月25日,海南省高级人民法院以(2006)海南民破字第1-2号民事裁定书裁定宣告海南G公司破产还债,并指定成立破产清算组接管海南G公司。2007年5月17日,海南G公司清算组向F公司发出了《债权确认书》,对其申报的债权本息未予确认。F公司于2007年7月9日向海南省高级人民法院提起诉讼。

2 当事人诉求

F公司上诉称:第一,一审法院对结算资金的法律性质及我国各金融机构(银行和非银行)对结算资金的管理的实际状况存在法律认定上的错误。(1)一审法院认为“破产取回权的法理基础是民法上的物的返还请求权,权利人请求的权利基础应为物的所有权或者所有权派生的其他物权,也就是说权利人是以原物返还为请求内容的”。没有对于结算资金是货币资金,体现在民法上的物权是种类物的特殊物权,法律上认定货币资金的原物返还应是同种类物的返还,只要被上诉人在破产时该种类物存在,上诉人请求返还原物的法律要件就应成立等法律事实给予认定。(2)一审法院认为“海南G公司具有非银行金融机构的性质,原告在海南G公司开立结算账户,该结算账户内的资金虽然在原告名下,存在被请求人占有权利人财产的事

① 海南省高级人民法院(2008)琼民二终字第26号。

实,但资金进入结算账户后,即与海南G公司的其他资金发生混同,海南G公司并没有将该账户内的资金分别管理,以利与其他资金可以独立地分开识别"是主观臆断。与我国各金融机构(银行和非银行)对结算资金管理的现行财会制度及实际情况不符,与海南G公司实际的账务的设立和管理及核算的事实不符。第二,一审法院驳回上诉人的结算资金拥有取回权的法律依据有缺失。第三,上诉人对一审法院判决上诉人承担的案件受理费人民币2574元的异议。请求二审法院判令:(1)撤销海南省海南中级人民法院(2007)海南民初字第38号判决第2项。(2)撤销海南省海南中级人民法院(2007)海南民初字第38号判决由上诉人承担的案件受理费人民币2574元的判决。(3)判定由被上诉人承担一审、二审的诉讼费用。

海南G公司管理人答辩称:答辩人认为被答辩人不应行使取回权,理由如下:(1)双方设定的存款关系具有债权债务的性质,存款人不享有破产取回权。F公司在海南G公司开立存款账户并存入一定款项,海南G公司根据存款人的指令,通过现金、支票、汇兑、托收承付等方式将存款划付给存款人或其指定的其他人,并按存款人当期余额为其计付活期利息,双方建立的是单位活期存款合同关系。(2)F公司要求行使取回权事实上已无法实现。取回权最基本的特征之一是对特定物的返还请求权,而F公司的存款已与海南G公司的其他资金发生混同,无法分清,故事实上也无法行使取回权。综上所述,请求二审法院依法驳回。

3　一审法院观点

一审法院认为:本案争议的焦点是:(1)F公司的结算账户内的资金是其公司结算资金,还是收取的违法高息?即应否确认F公司该账户内的资金本息为破产债权?(2)F公司对结算账户内资金本息主张取回权有无法律依据?首先,对于F公司1996年3月25日在海南G公司存款人民币500万元,海南G公司除在存期届满后全部结清500万元存款本息之外,还于存款当日按照15.72%的投资回报率,向F公司的结算账户×××××××596转付人民币786,000元的事实,双方当事人并无异议。海南G公司清算组以结算账户曾收取非法高息为由,主张不应确认结算账户内结余款项为破产债权。一审法院认为,1996年海南G公司通过结算账户转付高额投资回报,与截至2001年10月10日海南G公司被停业整顿前结算账户内结余的款项不能混为一谈,两者属于不同的法律关系。F公司请求确认其结算账户内资金余额人民币232,344.69元及其相应利息的主张应予支持。其次,对于结算账户的资金本息F公司是否享有取回权的问题。一审法院认为,破产取回权的法理基础是民法上的物的返还请求权,权利人请求的权利基础应为物的所有权或者所有权派生的其他物权。也就是说,权利人是以原物返还为请求内容的。海南G公司具有非银行金融机构的性质,F公司在海南G公司开立结算账户,该结算账户内的资金虽然在F公司名下,存在被请求人占有权利人财产的事实,但资金进入结算账户后,即与海南G公司的其他资金发生混同,海南G公司并没有将该账户内的资金分别管理,以利与其他资金可以独立地分开识别。F公司主张对结算账户内的资金享有取回权不符合最高人民法院《关于审理企业破产案件若干问题的规定》第71条第1项、第72条第1款的规定,一审法院不予支持。最后判决:1.确认F公司对海南G公司享有债权人民币232,344.69元及利息(利率按照中国人民银行规定的同期活期存款利率,从2001年11月21日对海南G公司实施停业整顿之日起计算至2006年9月25日本院宣告海南G公司破产之日止);2.驳回F公司其他诉讼请求。

4 二审法院观点

海南省高级人民法院认为:关于F公司账户内资金本息是否确认为破产债权的问题。原判认为截至2001年10月10日海南G公司被停业整顿前,F公司结算账户内尚有232,344.69元及相应利息,应当认定系F公司对海南G公司享有的债权。对此双方当事人未提出异议。原判上述认定并无不当,应予维持。关于F公司对其结算账户内的资金是否享有取回权的问题。依据最高人民法院《关于〈中华人民共和国企业破产法〉施行时尚未审结的企业破产案件适用法律若干问题的规定》第16条规定,对最高人民法院此前所颁布的司法解释中与《企业破产法》和本规定不相抵触的部分,在尚未审结案件中可以继续适用。最高人民法院《关于审理企业破产案件若干问题的规定》第71条第1款第1项:“下列财产不属于破产财产:债务人基于仓储、保管、加工承揽、委托交易、代销、借用、寄存、租赁等法律关系占有、使用他人的财产”和第72条第1款、第2款:“本规定第71条第1款第1项所列的财产,财产权利人有权取回。前款财产在破产前已经毁损灭失的,财产权利人仅能以直接损失额为限申报债权。”依照上述规定,破产取回权是指权利人对其享有所有权的物的返还请求权,而不是债的返还请求权。依照最高人民法院(2008)民二他字第33号批复精神,根据货币所有与占有一致的原则,海南G公司对其占有的结算账户内的资金享有所有权。依照上述规定和本案证据,F公司对其结算账户内的232,344.69元及相应利息只能向海南G公司申报债权,而不能享有取回权。上诉人F公司主张其对结算账户内的232,344.69元及利息享有取回权的主张,无事实和法律依据,二审法院不予支持。

综上所述,判决驳回上诉,维持原判。

案例二 C金融租赁有限公司与D证券有限责任公司取回权案①

1 案情简介

再审申请人(一审原告,二审上诉人):C金融租赁有限公司(以下简称C公司)。

法定代表人:张某某,总经理。

被申请人(一审被告、二审被上诉人):D证券有限责任公司(以下简称D公司)。

破产管理人负责人:董某某,组长。

再审申请人C公司因与被申请人D公司取回权纠纷一案,不服上海市高级人民法院

① 最高人民法院(2017)最高法民申2334号。

(2015)沪高民五(商)终字第21号民事判决,向最高人民法院申请再审。

2 当事人诉求

C公司申请再审称,原审判决存在《民事诉讼法》第200条第2项、第6项规定之情形,应予再审。再审请求:依法撤销原审判决,判令D公司管理人允许C公司取回其开立在D公司的××××××××××773号证券资金账户项下现存的股票及现金资产(截至2017年4月26日,资产价值合计60,318,255.90元)。主要事实与理由:

1. C公司已在一审中举出充分的证据证明其对诉争账户内资产享有所有权,并据此诉请行使取回权。二审在正确认定了诉争账户内资产具备法律上物之独立属性,其所有权人具有相应的物上权利的情况下,D公司管理人是否明确了破产财产和债权债务的范围,并不构成C公司行使取回权的障碍。C公司已充分证明其对诉争账户内的股票享有所有权,且诉争账户一直由C公司自主管理,独立封闭运作,C公司对于诉争账户内,其委托D公司通过买卖形成的证券、所持证券获得股息及为买卖证券存入的资金享有所有权。C公司在一审中提供了诉争账户的《资金对账单》,据此显示诉争账户完全由C公司自主管理并封闭运作直至2008年4月,其时D公司已被强制托管4年之久且已被受理破产申请,C公司未与D公司就诉争账户及项下资产的管理签署委托理财或借贷类协议或文件,未收取D公司支付的任何利益,不存在正常委托经纪之外的其他关系。D公司管理人已在原审中认可了C公司对诉争账户项下证券享有所有权。因此,二审法院以C公司应举出D公司管理人是否明确了破产财产和债权债务的范围的证明作为C公司行使取回权的条件,系对《企业破产法》规定的取回权行使条件错误适用,违反了《民事诉讼法》有关举证规则的规定,实际上是对C公司行使取回权附设了永远不能成就的条件,将极大地损害国有资产权利人的合法权益。

2. 诉争账户被认定为关联账户的性质已记载于管理人提交的证据审计报告中,并经管理人当庭确认。本案并不存在二审院认定的C公司关联账户性质未确定,应待关联账户性质确定后再行主张权利的事实。二审法院以D公司管理人委托出具的《审计报告》,认定诉争账户属于关联账户,但该审计报告已明确将C公司账户的关联原因明确为"受关联公司实际控制和操纵"。因此,本案中并不存在C公司关联账户性质未确定的事实。诉争账户因C公司的前身X金融租赁有限公司(以下简称X租赁公司)与D公司存在关联关系而被认定为关联账户,但是X租赁公司51,900万元的注册资本中,与D公司存在关联的部分仅占出资总额的18.3%,而X钢铁集团公司、独山子T高新技术股份有限公司、X技术改造投资公司、W市高新技术产业开发建设总公司等四家国有企业持股11,000万元,占股21%。据此来看,X租赁公司与D公司间的关联性极小,从股权结构来看,不具有被控制的可能性。X租赁公司作为独立的法人企业,具有独立的经营范围、有独立的组织机构,独立的财产,人员自主,财务独立,其财产应依法予以保护。

3. 诉争账户的关联账户性质及分类,并不影响C公司对诉争账户项下资产享有所有权,也不影响二审法院对其主张行使取回权的认定。C公司对诉争账户内资产所有权应依据诉争账户内股票形成的资金来源,及C公司与D公司之间的委托经纪关系,应依据《合同法》《证券法》来认定。依据诉争账户股票资产形成的资金来源应认定诉争账户项下资产为C公司的客户交易结算资金和证券,并据此确认C公司对该等资产享有所有权,而不受诉争账户的关联性质之约束。最高人民法院就证券公司破产取回权审理的相关文件中,明确规定了取回权案件的处理原则,即对于客户资金和证券,关系清楚,财产并未混同,可由权利人取回;证券公司挪用的部分,管理人追回后,权利人可行使代偿性取回权。关联账户系证券公司强制行政清算过程中,国家在确定收购个人资产范围时,对证券公司账户进行的分类,不可作为C公司所有权的确权依据。《审计报告》对关联账户的处理意见为参照"委托理财账户"处理。而中国证券监督管理委员会专门针对D公司等五家破产证券公司出具的《高风险证券公司账户清理工作指引》(〔2007〕84号)中,对于委托理财账户的处理规定为:未被挪用未被担保的证券,属于客户所有,由客户取回。

4. 退一步讲,诉争账户中12,340,047.19元的现金资产,主要系C公司在2001年6月诉争账户开立前作为发起人股东对外投资形成的,在D公司被强制托管近3年之后的2007年6月方转至诉争账户,之后在D公司破产受理日之后的2008年2月进行变现取得的。其形成、转入与处置过程皆与诉争账户的定性无关,二审法院未正确认定这一事实并据此将其区别处理,属于事实认定错误。2001年6月,C公司向S股份有限公司(以下简称S股份)出资而成为该公司发起人股东,S股份上市后,C公司于2007年6月将其持有的S股票转至诉争账户,并于2008年2月26日将上述股票处置,所获12,090,342.47元现金资产留存至诉争账户项下,连同账户留存现金合计12,340,047.19元。可见,2001年6月,C公司作为发起人股东向S股份进行投资,而诉争账户的开立时间为2003年4月23日,C公司对S股票的取得自始与诉争账户无关。2007年6月,C公司在S股份上市后,将S股票转至诉争账户,而D公司是于2004年9月3日被强制行政托管的。2008年2月,C公司处置S股票所得12,090,342.47元,而2007年10月D公司已被上海市第一中级人民法院受理破产,据此可见,诉争账户中的现金形成之时,与C公司是否与D公司存在关联关系无关。

综上所述,C公司系诉争账户项下股票、现金资产的所有权人,二审法院在正确认定了账户内资产具备法律上物之独立属性,其所有权人具有相应的物上权利的情况下,却作出错误认定,应予再审。

D公司辩称,二审判决认定事实清楚,适用法律正确,请求驳回C公司的再审申请。

3 最高人民法院观点

最高人民法院经审查认为,本案争议的焦点问题是C公司是否有权取回其在诉争资金账户内的资产。《企业破产法》第38条规定:"人民法院受理破产申请后,债务人占有的不属于债务人的财产,该财产的权利人可以通过管理人取回。但是,本法另有规定的除外。"《证券法》第139条第2款规定:"证券公司不得将客户的交易结算资金和证券归入其自有财产。禁止任何单位或者个人以任何形式挪用客户的交易结算资金和证券。证券公司破产或者清算时,客户的交易结算资金和证券不属于其破产财产或者清算财产。非因客户本身的债务或者法律规定的其他情形,不得查封、冻结、扣划或者强制执行客户的交易结算资金和证券。”在正常的证券经纪类业务中,证券公司受托持有的客户证券交易结算资金和证券的所有权属于客户,并不属于证券公司的破产财产。但在本案中,C公司的诉争账户并非普通的客户保证金账户,而是在D公司破产过程中已被定性为关联关系账户。在证券公司风险处置和破产清算的过程中,相关账户资产的性质是由金融监管机构以及依法成立的清算组织根据证券公司风险处置的相关政策予以甄别确认,并非人民法院受理民商事案件的范围。故原审判决以相关破产案件对C公司诉争关联账户内资产性质作出明确认定作为C公司能否行使取回权的前提,事实和法律依据充分,也符合本案实际情况,最高人民法院予以确认。

综上所述,裁定如下:驳回C国兴金融租赁有限公司的再审申请。

专业释评

取回权,是指当破产清算组接管破产企业移交的财产时,对于不属于破产企业的那部分财产,其所有人有从破产管理人处取回的权利。我国《企业破产法》第38条规定“人民法院受理破产申请后,债务人占有的不属于债务人的财产,该财产的权利人可以通过管理人取回。但是,本法另有规定的除外。”本质上来说,取回权属于当事人对自己物权的一种处分权,它有别于债权请求权。就本专题案例一而言,F公司在海南G公司开立结算账户,用于办理F公司经济业务中人民币资金收付及日常往来的资金结算业务。两公司之间实际上形成了保管合同关系,当F公司把资金放在在海南G公司中开立的账户内时,一方面,海南G公司为F公司的资金安全及运用提供服务并收取相应的服务费;另一方面,当该资金闲置时又可以被海南G公司用于经营,并向F公司支付资金占用费,显然,二者之间是合同关系,由此体现的权利义务也是债的关系。就案例二而言,C公司的诉争账户并非普通的客户保证金账户,而是在D公司破产过程中已被定性为关联关系账户。其权利的行使按照已经生效的原审判决确定,合乎法律规定,所以,不能一概而论。

问题九　投资账户中的财产能否被取回

案例　Y证券有限公司与上海J投资有限公司取回权纠纷案[①]

1　案情简介

1. 2003年10月8日，Y证券安龙路营业部总经理沈某某以安龙路营业部的名义与J公司签订了8000万元国债保值增值服务协议书。约定期限为一年，由Y证券安龙路营业部为上述资金进行国债保值增值服务，固定年回报率为2.5%。

2. 2005年4月29日，Y证券因违规经营，被证监部门宣布关闭并托管后进入行政清算。2007年5月30日，一审法院正式受理了Y证券破产案件，案号为(2007)沪二中民三(商)破字第1号，并于5月31日宣布Y证券破产还债。

3. 在行政清算过程中，Z会计师事务所有限公司曾于2005年出具了《关于Y证券经纪业务客户证券交易结算资金缺口专项审计报告》(中审审字〔2005〕第5156－2号)，该报告载明：J公司J投资账户系Y证券上海安龙路营业部的委托理财户，上海安龙路营业部的存款开户行为工商银行虹桥开发区支行，账号为10012×××0200000。

4. 在破产清算过程中，Y证券清算组于2008年7月1日出具了《关于J投资05104×××8711账户资金变化情况的说明》，载明：截至2005年4月28日，Y证券上海安龙路营业部J投资账户资金余额为5894.08元，证券账户内存有9,736,000股50ETF(510050)。后资金账户于2005年6月30日收到年度利息收入19,419.32元，余额共计25,313.40元。该账户被Y证券清算组定性为委托理财类非经纪类账户，并于2006年2月将结余证券统一划转至Y证券有限责任公司的非经纪类资产席位。对于资金账户显示的结余资金25,313.40元，因属于Y证券违规与客户进行委托理财的收入，在转入非经席位后，已由Y证券清算组统一做清零处理，故该账户资金自2006年2月起无资金余额。后该账户于2006年6月及11月收到派发的红利共计593,896元，清算组未做处理，截至2008年7月1日，该账户资金余额为593,896元，证券余额为9,736,000股50ETF(510050)。

5. 因沈某某上述私自委托理财案发，针对沈某某挪用资金罪一案，上海市长宁区人民法院(2010)长刑初字第239号刑事判决书及上海市第一中级人民法院(2011)沪一中刑终字第253号刑事裁定书认定如下事实：被告人沈某某于2003年1月被任命为Y证券安龙路营业部总经理。2003年10月8日，被告人沈某某使用虚假公章，以安龙路营业部名义与J公司签订8000万元的国债等保值增值服务协议书。次日，J公司将8000万元资金存入其在安龙路营业部开设的账号为46×××11、名称为“J投资”的资金账户。在该案二审程序中，针对沈某某的上诉

① 上海市高级人民法院(2016)沪民终362号。

理由,刑事裁定书认为,J公司的资金虽进入了安龙路营业部账户,但由于沈某某故意隐瞒上述资金的真实性质,逃避总部监管,其行为实质上属于吸收客户资金不入账。

6. 在破产清算过程中,J公司向中国证监会上海证券监管专员办事处反映情况。中国证监会上海证券监管专员办事处于2012年7月18日向Y证券清算组、管理人发出《关于同意上海J投资有限公司取回被冻资产的函》,提出该办组织人员对相关事实进行了核查,走访了上海市公安局经济犯罪侦查总队、上海市第一中级人民法院、长宁区人民法院、工商行政部门、原营业部并查阅了相关材料,核查情况及处理意见要点如下:(1)2003年10月8日,J公司与Y证券安龙路营业部签订8000万元的国债等保值增值协议书,该协议书约定:安龙路营业部对J公司投入的8000万元进行国债等保值增值管理,期限为1年,固定年回报率为2.5%。经核查,截至2009年9月2日,J公司账户内余有资金及证券市值为2866万元。(2)另经核查,与J公司账户有关联的上古文化、中期期货、都文投资、都文有限、上都投资、古美房产、监理公司、上海古美、管道工程、市南煤管和徐秀芳11个账户,均为营业部总经理沈某某账外操作J公司资金用于非法拆借的工具。从资金情况来看,这些账户均未自有资金流入J公司账户,而且这些账户不是开户资料不全就是名义所有人的机构已注销,且对沈某某利用其账户进行资金拆借操作均不知情。(3)J公司在Y证券的资产权属清晰,没有与Y证券资金和其他客户资金混同,按照《企业破产法》的相关规定和证券公司风险处置有关政策,J公司在Y证券的资产不属于Y证券破产财产,同意J公司通过破产管理人取回被冻的资产。

2 当事人诉求

Y证券上诉请求:撤销一审判决,驳回被上诉人J公司的一审诉讼请求;一审、二审案件诉讼费由被上诉人J公司承担。事实和理由:1. 一审判决J公司对记载于其资金账户内的人民币1,178,056元(以下币种同)资金有取回权明显错误。J公司的8000万元委托理财资金进入Y证券上海安龙路证券营业部后,并未做特定化处理,与其他客户的资金发生混同。资金账户上的资金余额记载,属于证券公司对某特定客户的资金所进行的账面记载,并非物理性的独立存放。2. J公司对9,736,000股50ETF无取回权。J公司对应的股票账户涉及第三人权利,在未厘清权属前,取回权问题无从谈起。J公司涉案资产均是其与安龙路营业部委托理财关系而发生,委托理财项下,作为委托人的J公司对委托资产是失去控制权和所有权的。50ETF即便来源于委托理财资金,J公司也无所有权。

被上诉人J公司辩称,一审判决认定事实清楚,适用法律正确,J公司在安龙路营业部开设的名称为"J投资"的资金账户内的财产形态没有发生变化,J投资账户内的财产并没有与Y证券其他财产混同,J公司有权行使取回权。请求二审法院驳回Y证券上诉请求,维持原判。

3 一审法院观点

一审法院认为,本案的争议焦点在于J公司能否对其J投资账户中的财产(资金及相应的

股票)行使取回权。对于该争议焦点,一审法院从以下三方面展开分析与认定:

(一)委托理财产生的资金与股票能否取回

本案中,Y证券认为,J公司与Y证券安龙路营业部存在委托理财关系,依据这一法律关系,J公司的8000万元进入Y证券安龙路营业部后,对相关资金是失去控制权和所有权的,故不具备所有权,亦无物上请求权。一审法院认为,J公司所主张取回的财产,包含J投资账户内的资金与该账户所下挂股票账户内所持有的股票。这些财产在符合条件下是可以取回的。理由如下:

1. 货币资金是一种具有特殊性的动产,通常情况下,货币的所有者与占有者一致,不同于一般物品能够取回。但在特定情况下,可以认定特定化的货币占有与所有相互分离。目前我国相关立法、司法解释以及多个法院判决表明,要对货币资金行使取回权,必须进行特定化。这种特定化,不仅仅要依据合同约定,而且必须开立专门账户存放资金,没有与其他资产混同。比如最高人民法院《关于适用〈中华人民共和国担保法〉若干问题的解释》第85条的规定,债务人或第三人可以将其金钱以封金的形式特定化后,移交债权人而设定质押担保。债权人占有设定质押的封金,并不能直接取得其所有权,也不得动用,而只能在债务人不履行债务时就该金钱优先受偿。基于上述理由,如果本案中J公司所主张的资金符合"特定化"的要求,应允许取回。资金的性质,即资金是属于客户交易结算资金还是委托理财资金,不影响取回权的认定。

2. 股票账户中的财产是允许取回的。在我国的证券直接持有体制下,证券公司是根据客户的指定对托管其处的证券进行买卖,并未对证券资产享有所有权。根据《证券法》第139条规定:证券公司不得将客户的交易结算资金和证券归入其自有财产。禁止任何单位或者个人以任何形式挪用客户的交易结算资金和证券。证券公司破产或者清算时,客户的交易结算资金和证券不属于其破产财产或者清算财产。非因客户本身的债务或者法律规定的其他情形,不得查封、冻结、扣划或者强制执行客户的交易结算资金和证券。基于上述规定,如果J公司能够证明J投资账户所下挂的股票账户系其所有,没有发生混同情况,亦应允许取回。

3. 除此之外,证券公司破产案件还存在特殊性。首先是证券公司既管理客户交易结算资金(保证金),亦接受客户资金进行委托理财,两者均可能发生被挪用情形。其次是资金账户中的资金用于买卖股票后,两者会产生形态上的变化,故在取回权方面应允许代偿性取回权。为了解决上述问题,司法实践中已经形成以下规则:(1)在独立封闭证券账户和资金账户内运作的委托资产,能与证券公司的自有资产及其他客户资产相区别的,委托理财账户内资产应归属于委托人所有,委托人可以行使取回权;(2)被挪用的情况下,若被挪用后的委托资产与其他客户资产发生混同,但独立于受托人自有资产的,委托人与其他客户可以按照资产比例享有取回权;(3)如果证券公司违规挪用客户资金和证券,关系清楚、财产并未混同,管理人追回后,可由相关权利人行使代偿性取回权;(4)如果已经形成资金混同,债权人不能行使取回权,而应当通过申报债权的方式处理。

(二)本案财产是否能够"特定化"

认定财产的特定化是行使取回权的前提条件,也意味着系争财产不能与他人财产混同。

本案中,Y 证券认为 J 公司不能主张取回权,因为 J 投资账户在委托理财期间存在明显的资金混同情况,也存在多起下挂股票账户移出移入情况。

一审法院认为,应根据本案查明的事实来具体分析与认定。

1. 关于 J 投资账户内的资金。

首先,根据一审法院查明的事实,J 公司将 8000 万元转入 Y 证券安龙路营业部开立的某一银行账户(该营业部在多家银行开立多个账户)之后,该营业部为该笔资金专门开立了 J 投资账户,J 投资账户是营业部内部账户而非银行账户。从这一过程来看,因为存在内部的单独区分,故不能认为 8000 万元一进入该营业部就与其他人的资金产生混同。Y 证券提出,因审计报告表明该营业部存在资金缺口,即表明所有人的资金已经全部混同,该观点一审法院不予认可。

其次,J 公司开立的 J 投资账户是沈某某使用虚假公章以安龙路营业部名义进行委托理财而开立的。刑事判决书已经认定,沈某某收取资金后并未向总部告知,实质上属于吸收客户资金不入账。从沈某某主观状态而言,意图是使该资金体外循环,不存在进行混同的意愿。而且 J 公司对此并不知情。

最后,根据鉴定意见书查明的 J 投资账户变动情况,该账户的款项以转出为主,仅有部分红利收入或者利息收入,并无其他账户的资金进入。从资金变动情况判断,并未存在与他人资金混同的情况。

2. 关于 J 投资账户对应的股票账户变动情况。

J 投资账户下挂的股票账户中持有的股票曾被转出,情况较复杂。对此,J 公司认为,J 投资账户全部 39 个下挂账户内每一只股票的买入时间均早于卖出时间,每一笔卖出的股数均也小于或等于买入的股数。由此可以看出,全部的股票账户都是处于独立和封闭的状态之下,每一手卖出的股票都是使用 J 投资账户的资金所买入的。因此,下挂账户剩余的 50ETF 股票属于能够与证券公司的自有资产及其他客户资产相区别的财产,应当归 J 公司所有。而 Y 证券认为,由于存在下挂账户被移出移入情况,表明其并非独立与封闭。另外,目前 J 投资账户下挂的 A180×××084 股票账户中的 9,736,000 股 50ETF 股票涉及第三方,该账户户主为徐某某,于 1996 年开设。Y 证券认为涉及第三人权利的股票,应先行厘清权属。

一审法院认为,本案中系争 50ETF 是由 J 公司的资金购买的,对此双方在庭审中并无争议。但是,由于存在股票账户移入移出,应根据具体情况来判断是否被混同。一审法院注意到:

首先,根据刑事判决书的认定,J 公司仅开立了资金账户,未开立股票账户,本案中涉及的多个股票账户由安龙路营业部提供,沈某某可以随意操纵账户的移转。另外,一审法院也注意到,在 Y 证券长达数年的破产程序中,上述股票账户名义权利人未主张过任何权利。故一审法院认定上述股票账户均为工具,与正常的账户应区分对待。事实上,在登记结算部门,已经将此类账户认定为非经纪类账户对待。Y 证券提出持有系争 50ETF 的股票账户权利人属于徐某某,但未提供任何证据证明,不予采信。其次,从下挂股票账户转入转出情况来看,涉及的是 A180×××246、A180×××758、A180×××343、0033×××416、0033×××420、

0033××× 411 等股票账户,而持有系争 50ETF 的股票账户 A180××× 084 并未涉及。最后,根据鉴定意见书的结论,J 投资账户下挂股票账户中的股票,均为转出,并无转入。在转出的股票与市宣账户挂钩后,抛售所得款并未进入 J 投资账户。从这些细节可以表明,J 投资账户与市宣账户并未产生混同情形。由此可见,J 投资账户下挂的 A180××× 084 股票账户及相应持仓未被混同。

综上所述,一审法院认为,J 公司因委托理财所开立的 J 投资账户及其下挂的股票账户,性质可以取回。上述账户虽有资金流出及股票划出,但未发生混同情形,因此 J 公司有权向 Y 证券取回。

4 二审法院观点

上海市高级人民法院认为,本案的争议焦点是 J 公司能否对其 J 投资账户中的资金及股票行使取回权?

1. 关于 J 投资账户内的资金是否有取回权?

二审法院认为,J 公司的 8000 万元进入 Y 证券安龙路营业部开立的某一银行账户后就存在于该营业部为该笔资金专门开立的 J 投资账户,这一特定化的处理,可以认定特定化的货币占有与所有相互分离,故该账户内的 8000 万元并未与 Y 证券的其他财产发生混同,鉴于 J 公司所主张的资金符合"特定化"要求,应允许取回。根据一审已查明的事实及刑事判决书认定,J 投资账户是沈某某使用虚假公章以安龙路营业部名义进行委托理财而开立的,沈某某收取资金后隐瞒了资金的真实性质,逃避总部监管,其行为实质上属于吸收客户资金不入账,由此可见沈某某意图使该资金体外循环,并不存在与 Y 证券其他财产混同的意愿。而根据鉴定意见书查明的 J 投资账户变动情况,该账户的款项以转出为主,仅有部分红利收入或者利息收入,并无其他账户的资金进入,亦不存在与 Y 证券其他资金混同的情况。上诉人 Y 证券关于 J 公司的 8000 万元委托理财资金进入 Y 证券安龙路营业部后,并未做特定化处理,与其他客户的资金发生混同的抗辩理由没有事实和法律依据,二审法院不予采信。

2. 关于 J 投资账户内的股票是否有取回权?

二审法院认为,J 投资账户下挂的全部股票账户都是处于独立和封闭的状态之下,每一手卖出的股票都是使用 J 投资账户的资金所买入的。据此可见,J 投资下挂股票账户剩余的 9,736,000股 50ETF 股票能够与 Y 证券的自有资产及其他客户资产相区别,一审认定应当归 J 投资所有并无不当,二审法院予以支持。Y 证券认为,J 公司对应的股票账户涉及第三人权利,在未厘清权属前,取回权问题无从谈起。本院认为,根据刑事判决书的认定,J 公司仅开立了资金账户,未开立股票账户,本案中涉及的多个股票账户由安龙路营业部提供,沈某某可以随意操纵账户的转移。而在 Y 证券长达数年的破产程序中,上述股票账户名义权利人从未主张过任何权利。故一审法院认定上述股票账户均为工具,与正常的账户应区分对待,该认定正确。另根据鉴定意见书的结论,J 投资账户下挂股票账户中的股票,均为转出,并无转入,并未与其他账户产生混同。故 J 投资账户虽有资金流出及股票划出,但未发生混同情形,因此 J 公司有权向 Y 证券取回系争资金及股票。

综上所述,判决如下:驳回上诉,维持原判。

专业释评

对于投资账户内的资金和股票,能否在证券公司破产时取回,取决于该资金和股票是否特定化。也就是说,是出于与其他人的资金、股票混同状态还是处于自己特定的状态。就本案而言,J 公司的资金虽进入了安龙路营业部账户,但由于沈某某故意隐瞒上述资金的真实性质,逃避总部监管,其行为实质上属于吸收客户资金不入账。也就是说,J 公司在 Y 证券的资产权属清晰,没有与 Y 证券资金和其他客户资金混同,所以,可以取回。

问题十 “三暂缓”通知如何影响取回权

案例 江苏W集团有限公司与H证券股份公司取回权纠纷案①

1 案情简介

2004年11月10日,苏州市中级人民法院(以下简称苏州中院)作出(2004)苏中民二初字第84号民事判决,判令营业部于判决生效之日起5日内赔偿江苏W公司损失49,996,064.92元,赔偿不足部分,由H证券公司承担清偿责任。该判决生效后,营业部及H证券公司未履行赔偿义务,江苏W公司申请强制执行,苏州中院于2005年8月5日作出(2005)苏中执字第0138号民事裁定,将H证券公司持有的基金兴华(500008)1500万份以0.666元的价格、基金兴和(500018)500万份以0.531元的价格、太极集团(600129)2,257,582股以4.3元的价格划归江苏W公司持有,用以抵偿H证券公司对江苏W公司22,352,602.6元的债务。将H证券公司以任某某名义开立账户上ST屯河(600737)595,412股以2.54元的价格、湘火炬A(000549)1,004,484股以3.53元的价格、合金投资(000633)1,192,380股以1.78元的价格划归江苏W公司持有,以抵偿H证券公司对江苏W公司7,180,611.3元的债务。

2005年8月5日,最高人民法院以法明传(2005)257号明传方式下达“三暂缓”通知。要求各地法院对涉及H证券公司及其所属的证券营业部、服务部、分公司、管理总部的民商事案件,尚未受理的暂缓受理、已经受理的暂缓审理,已经审理尚未执行或者正在执行的暂缓执行。“三暂缓”通知的时间延续至2008年8月5日。

2 当事人诉求

江苏W公司在原审起诉称:2004年11月10日,江苏省苏州市中院就江苏W公司与H证券公司苏州东环路营业部及H证券公司侵权纠纷一案作出(2004)苏中民二初字第84号民事判决,判令营业部于判决生效之日起5日内赔偿江苏W公司损失49,996,064.92元,不足部分由H证券公司负责清偿。判决生效后,苏州中院于2005年8月5日作出并送达了(2005)苏中执字第0138号民事裁定书,裁定将H证券公司持有的基金兴华(证券代码:500008)1500万份、基金兴和(证券代码:500018)500万份、太极集团(证券代码:600129)2,257,582股归江苏W公司持有,用以抵偿H证券公司欠江苏W公司的22,352,602.6元债务;H证券公司持有的ST屯河(证券代码:600737,现称“中粮屯河”)595,412股、湘火炬A(证券代码:000549)1,004,484股、合金投资(证券代码:000633,现称“ST合金”)1,192,380股归江苏W公司持

① 北京市高级人民法院(2014)高民终字第704号。

有,抵偿H证券公司欠江苏W公司7,180,611.3元债务。2006年4月25日,苏州中院基于上述裁定向H证券公司清算组发出函件,告知清算组不应将抵债基金及股票列入H证券公司的清算财产,并应依法协助办理抵债基金、股票的过户手续。

2008年8月8日,鉴于H证券公司正处于破产清算阶段,苏州中院向北京市第二中级人民法院及H证券公司清算组发出了《关于本院已执行抵债的财产不得纳入破产清算财产的函》。2008年9月18日,江苏W公司向H证券公司管理人进行破产取回权申报,但H证券公司管理人认为江苏W公司对抵债基金及股票享有的取回权不成立。综上,江苏W公司请求法院判令:江苏W公司对H证券公司用于抵债的基金、股票及自2005年8月5日之后抵债基金、股票所产生的法定孳息享有取回权。

H证券公司在原审答辩称:苏州中院于2005年8月5日作出的民事裁定与最高人民法院下发的"三暂缓"通知内容相悖,应为无效。且苏州中院执行裁定中涉及的抵债基金、股票未经拍卖、变卖、评估等法律程序就直接确定用于抵债,归江苏W公司所有,属于程序违法。江苏W公司的诉讼请求不应得到支持。

3 一审法院观点

苏州中院法院认为:2005年8月5日,最高人民法院下达的"三暂缓"通知是在国务院的统一部署安排下,在企业已经出现破产原因,为避免证券公司大量破产导致系统性金融风险采取的特殊风险处置方式,通知自下发之日起即应具有司法效力,通知的生效在法律效力上等同于人民法院裁定受理破产申请。依据《企业破产法》第19条规定,人民法院受理破产申请后,有关债务人财产的保全措施应当解除,执行程序应当中止。苏州中院于"三暂缓"通知下发同日作出民事裁定书,该裁定书作出行为及内容均与"三暂缓"通知精神、内容及有关法律规定相悖,故江苏W公司以民事裁定书作为向H证券公司主张取回权的依据不成立,其诉讼请求应予驳回。综上所述,判决:驳回江苏W公司的诉讼请求。

4 二审法院观点

江苏W公司不服原审法院判决,向北京市高级人民法院提出上诉,请求撤销原判,改判支持江苏W公司在原审的全部诉讼请求。其主要上诉理由是:(1)最高人民法院下达的"三暂缓"通知不能否定苏州中院已生效的(2005)苏中执字第0138号民事裁定书的法律效力。该裁定书于2005年8月5日作出,并于当日向债权人江苏W公司送达。根据《民事诉讼法》的规定,依法不准上诉的裁定送达即生效,也即上述裁定书于2005年8月5日业已生效。而最高人民法院2005年8月5日下达的"三暂缓"通知经层层传达,于2005年8月9日苏州中院才收到,晚于苏州中院(2005)苏中执字第0138号民事裁定书的作出时间。根据《民事诉讼法》的规定,生效民事裁定书未经法定程序依法撤销或依法变更,任何通知、任何单位、任何个人均无权否定其法律效力。原审法院回避苏州中院收到"三暂缓"通知晚于裁定作出的事实,并认为该裁定与“三暂缓”通知相悖，是对人民法院已送达生效的民事裁定书的亵渎。(2)原审法院认为最高人民法院下达“三暂缓”通知的法律效力等同于人民法院裁定受理破产申请，既与事实不符，又无法律依据。(3)最高人民法院《关于适用〈中华人民共和国企业破产法〉若干问题的规定(二)》第27条第2款规定，“权利人依据人民法院或者仲裁机关的相关生效法律文书向管理人主张取回所涉争议财产，管理人以生效法律文书错误为由拒绝其行使取回权的，人民法院不予支持”。原审法院认为江苏W公司以民事裁定书作为主张取回权依据不成立之观点，显然违反前述司法解释的规定。(4)本案抵债基金、股票不属于H证券公司的破产财产。(5)最高人民法院《关于人民法院民事执行中拍卖、变卖财产的规定》第29条规定，“不动产、有登记的特定动产或者其他财产权拍卖成交或者抵债后，该不动产、特定动产的所有权、其他财产权自拍卖成交或者抵债裁定送达买受人或者承受人时起转移”。据此，本案抵债基金及股票的所有权自苏州中院相关裁定生效时，即2005年8月5日就已依法转移给了江苏W公司，已不属于H证券公司所有。且抵债基金、股票属特定物，与H证券公司的其他财产并未发生混同，江苏W公司取回权的行使不存在实际障碍，且依据充分，符合法律规定。

二审法院认为，最高人民法院“三暂缓”通知明确规定“三暂缓”的期限自2005年8月5日开始。尽管苏州中院2005年8月5日作出(2005)苏中执字第0138号民事裁定时尚未收到“三暂缓”通知的文件，但并不能因此否定“三暂缓”通知已于2005年8月5日发生法律效力、“三暂缓”期限已于2005年8月5日开始起算的客观事实。根据“三暂缓”通知的精神，截至2005年8月4日H证券公司所有的财产在“三暂缓”期间应暂缓执行，而本案中苏州中院(2005)苏中执字第0138号民事裁定所涉H证券公司的财产即在此司法保护范围内。在“三暂缓”期间，北京市第二中级人民法院受理了H证券公司破产清算申请，则根据《企业破产法》第30条关于“破产申请受理时属于债务人的全部财产，以及破产申请受理后至破产程序终结前债务人取得的财产，为债务人财产”的规定，苏州中院(2005)苏中执字第0138号民事裁定所涉H证券公司的财产依法应认定为H证券公司的破产财产，现江苏W公司主张对上述财产享有取回权没有法律依据。综上所述，判决如下：驳回上诉，维持原判。

专业释评

对于本案的问题，是如何看待最高人民法院“三暂缓”通知的法律属性。正如一审法院法官的观点：最高人民法院下达的“三暂缓”通知是在国务院的统一部署安排下，在企业已经出现破产原因，为避免证券公司大量破产导致系统性金融风险采取的特殊风险处置方式，通知自下发之日起即应具有司法效力，通知的生效在法律效力上等同于人民法院裁定受理破产申请。根据苏州中院已生效的判决，涉案的属于H证券公司的财产本来是要执行到江苏W公司的，由于“三暂缓”通知的生效，该笔财产就没办法执行，等到H证券公司被宣告破产后，该笔财产自然就变成了破产财产，所以，W公司此时也就没办法再行使取回权了。

问题十一　两种权利并存时可否同时主张

案例　沈阳G制造有限公司与长白山R热力有限公司取回权纠纷案[①]

1 案情简介

沈阳G公司与R公司经协商分别于2011年4月12日和2011年5月25日签订二份《工业品买卖合同》约定：R公司向沈阳G公司购买QXW58－1.6/150/90－H型号80吨G和SHW29－1.6/150/90－AⅡ型号40吨锅炉各一台；二台锅炉及配套设备、主机安装费、运输费共计716万元，合同生效后R公司预付总金额的30%，发货前支付总金额的30%，带负荷运行一周后再支付总金额的30%，余款10%作为质保金，二个采暖期结束后(30日内)一次性付清尾款。合同签订后，沈阳G公司按照合同约定组织生产、发货、安装、调试，2011年11月11日两台锅炉设备经验收合格并交付R公司运行使用。R公司亦按照合同约定分别于2011年4月14日给付沈阳G公司货款141万元，同年6月1日支付73.8万元，6月29日支付214.8万元，8月23日支付20万元，共支付449.6万元，尚欠266.4万元(其中应付合同价款194.8万元和质保金71.6万元)。双方当事人多次协商未果，沈阳G公司于2013年5月7日诉至法院要求R公司支付尚欠款266.4万元，延边林区中级人民法院经审理认为沈阳G公司要求R公司支付拖欠货款266.4万元请求合法，予以支持，并判决R公司于判决生效后15日内给付沈阳G公司货款266.4万元及利息(截至实际清偿之日)。判决后双方当事人均未上诉，该民事判决书已经发生法律效力。2015年3月25日债权人秦某和长白山保护开发N燃料有限公司以R公司不能清偿到期债务，明显缺乏清偿能力为由向延边林区中级人民法院申请R公司破产，延边林区中级人民法院于2015年5月27日作出(2015)延林中民破(预)字第1－1号民事裁定书，裁定受理申请人秦某和长白山保护开发N燃料有限公司对R公司的破产清算申请的同时作出(2015)延林中民破(预)字第1－1号决定书，决定吉林Y律师事务所为R公司破产管理人。2015年8月25日沈阳G公司向破产管理人主张两台锅炉的所有权，2015年9月17日破产管理人吉林Y律师事务所通知沈阳G公司不予受理财产取回申请，如有异议可向吉林省延边林区中级人民法院起诉。沈阳G公司于同年11月2日向吉林省延边林区中级人民法院起诉，次日吉林省延边林区中级法院予以立案。

2 当事人诉求

沈阳G公司诉称：2011年4月12日双方当事人签订锅炉买卖合同，合同总价款为470

---

① 吉林省高级人民法院(2016)吉民终275号。

元,R 公司向沈阳 G 公司购买 QXW58 - 1.6/150/90 - H 型号 80 吨锅炉一台;于 2011 年 5 月 25 日又签订一份锅炉买卖合同,合同总价款为 246 万元,R 公司向沈阳 G 公司购买 SHW29 - 1.6/150/90 - AII 型号 40 吨锅炉一台。双方在两份合同中皆约定:"买方未支付全部货款前,标的物所有权归卖方所有。"合同签订后,沈阳 G 公司按照合同约定履行了交货义务,并进行安装,经锅炉检验部门验收合格并运转正常。然而,R 公司至今仅向沈阳 G 公司支付货款 449.6 万元,尚欠货款 266.4 万元。沈阳 G 公司于 2013 年 5 月 7 日向一审法院提起诉讼,经一审法院审理后判决:"被告于判决生效后向原告支付货款 266.4 万元及利息。"根据《合同法》第 134 条:"当事人可以在买卖合同中约定买受人未履行支付价款或者其他义务的,标的物所有权属于出卖人"、最高人民法院《关于审理买卖合同纠纷案件适用法律问题的解释》第 35 条:"当事人约定所有权保留,在标的物所有权转移前,买受人有下列情形之一,对出卖人造成损害,出卖人主张取回标的物的,人民法院应予支持:(一)未按约定支付价款的"的规定,双方所签合同中约定的标的物所有权保留条款合法有效,R 公司为按照合同约定向沈阳 G 公司支付货款,两台锅炉的所有权归沈阳 G 公司所有。

R 公司答辩称:经吉林延边林区中级人民法院(2014)延林民初字第 4 号民事判决,双方之间买卖合同关系已经转变为债权债务关系。根据《民事诉讼法》第 247 条之规定,本案属于重复诉讼。

3 一审法院观点

延边林区中级人民法院认为:破产取回权是指在破产程序中,对于不属于债务人财产而由其占有或支配的财产,所有人或者其他权利人不依照破产程序,通过破产管理人直接将该财产取回的权利。原告沈阳 G 公司为证实对两台锅炉的所有权提供两份《工业品买卖合同》,该合同第 3 条确实约定全部货款未付清之前,标的物所有权归卖方所有,但法院受理 R 公司破产案件之前沈阳 G 公司针对上述两份《工业品买卖合同》诉至法院请求判令 R 公司支付尚欠货款,经法院审理支持其诉求,并且该法律文书已经生效。在该案件中沈阳 G 公司根据合同约定有两种诉权可供其选择:一为主张债权,即请求支付未履行的标的物价值;二为主张所有权,即根据合同约定的所有权保留条款要求返还标的物,但在该起案件中沈阳 G 公司已经选择主张债权,该买卖合同纠纷已经得到处理。沈阳 G 公司与 R 公司之间《工业品买卖合同》纠纷经法院审理沈阳 G 公司在 R 公司进行破产程序前已经被法院判决确定为债权,该案的审理终结导致《工业品买卖合同》权利义务的一并终结。原告的诉讼主张可依据《企业破产法》的规定,在法院确定的债权申报其向管理人申报债权,依照破产程序从破产财产中公平受偿。沈阳 G 公司的诉讼请求不能成立,不予支持。

4 二审法院观点

吉林省高级人民法院认为,沈阳 G 公司与 R 公司在《工业品买卖合同》中约定内容符合法律规定，沈阳G公司享有该合同中约定的各项权利，其中当然包括追索货款的权利和所有权保留的权利，且两项权利并行不悖，并不冲突，沈阳G公司向R公司主张货款并不能导致其合同中约定的所有权保留条款的失效。然而，其不能同时向R公司主张该两项权利。(2014)延林中民初字第4号民事判决书已经确认了沈阳G公司向R公司主张债权的事实，并赋予了沈阳G公司向人民法院申请通过强制执行实现该债权的依据。自该判决生效时起，沈阳G公司向R公司主张债权的行为即处于持续状态，在此期间内，沈阳G公司当然不能再主张返还原物。此系沈阳G公司诉讼权利行使选择所导致之结果，而与合同条款的效力无关。

专业释评

所有权保留，是指在移转财产所有权的商品交易中，根据法律的规定或者当事人的约定，财产所有人移转标的物的占有于对方当事人，但仍保留其对该财产的所有权，待对方当事人支付部分或全部价款，或完成特定条件时，该财产的所有权才发生移转的一种法律制度。我国《合同法》第134条对所有权保留作出规定，即"当事人可以在买卖合同中约定买受人未履行支付价款或者其他义务的，标的物的所有权属于出卖人"。

也就是说，主张取回权是所有权保留人的一项权利，其前提条件是对方没有按约定履行义务，但当对方继续履行约定义务时，所有权保留人就不能行使取回权，即两项权利不能同时行使。

问题十二　没有产权证的取回权如何行使

案例　南皮YQ公司破产管理人与张某某取回权纠纷案①

1 案情简介

2009年3月23日,南皮县J宾馆与张某某签订了一份《商品房买卖合同》,该合同约定,J宾馆将座落于×××路的价值2,144,448元的门市楼3套(1、2层每户面积198.56平方米、3层每户面积99.28平方米)出卖给原告,并协助办理房产证书。原告于3月27日交清了全部购房款。合同签订后,经双方协商张某某退回1、2层门市楼一套,合款74万元。

2010年8月20日,南皮QY大酒店与张某某又签订了一份《商品房买卖合同》,该合同约定,QY大酒店将座落于×××路的价值3,427,200元的门市楼4、5、6层出卖与原告,并协助办理房产证书。原告于8月28日交清了全部购房款。2013年1月14日南皮县人民法院以(2013)南民破字第1号民事裁定书,受理南皮YQ酒店有限公司(以下简称YQ公司)申请破产清算一案,同年1月17日指定靳某等8人组成破产清算组,并由该清算组担任破产管理人。张某某经与该公司破产管理人交涉未果,即诉至沧州市中级人民法院。另查明,YQ公司成立日期为2010年11月4日,涉案房屋登记日期为2011年11月4日。

庭审中,原告认为其购买涉案房屋是事实,但没有再卖给被告,YQ公司租用原告房屋但没有书面协议。2006年时孙某某借原告约250万元,2008年主楼完工西配楼的主架起来后,双方核算后,因孙某某没有钱,就将已经建好的西配楼1层至3层抵顶给原告。双方就此签订了2009年3月23日的《商品房买卖协议》。2010年8月孙某某又将西配楼的4层至6层(包括楼梯间)卖给原告。2010年9月被告孙某某将房产交付给原告,原告对争议房屋进行装修,2011年应被告孙某某要求,原告退回一套门市,考虑到原告的装修和楼房涨价等原因,双方在原来协议上作了明确说明,折价74万元。

2 当事人诉求

一审判决后YQ公司破产管理人不服,向沧州市中级人民法院提出上诉,请求改判驳回被上诉人的全部诉讼请求。其上诉理由是:(1)原审认定事实存在严重错误。第一,YQ公司是独立法人,与南皮县J宾馆和南皮QY大酒店没有承继关系。以J宾馆和南皮QY大酒店作出的行为,不应对YQ公司发生效力。第二,南皮县J宾馆、南皮QY大酒店和YQ公司都不是房地产开发企业,没有资格开发商品房,无权签订商品房买卖合同。第三,本案争议标的是不动

---

① 沧州市中级人民法院(2014)沧民终字第305号。

产,占有不是权利转移的标志,而且被上诉人也未提供确实交付和占有的证据。第四,公安机关对孙某某作的笔录中,孙某某明确表示已将房屋买回,被上诉人提交的债权申报材料中,有其将房产卖回给孙某某的合同复印件,足以证明将房产卖回给孙某某的事实。(2)原审判决适用法律错误。涉案房屋2011年11月4日登记在YQ公司名下,根据《物权法》的相关规定,该房产属于YQ公司财产,被上诉人不享有争议财产的所有权,不具备行使取回权的条件。被上诉人张某某答辩:第一,YQ公司成立于2010年11月4日,之前均是孙某某以"南皮县J宾馆"和"南皮QY大酒店"以及孙某某本人的名义从事民事活动,公司法定代表人孙某某的儿子只是挂名。之后公司活动和孙某某本人财务也未严格区分,孙某某以自己名义借款、筹资均用于公司,上诉人也将其列为破产债务。故南皮县J宾馆、南皮QY大酒店同YQ公司存在承继关系。第二,孙某某签字并盖有"南皮县J宾馆"和"南皮QY大酒店"印章商品房买卖合同合法有效,被上诉人张某某已交付房款,房屋也交付张某某,楼房装修都是由张某某完成,孙某某予以认可,争议房产的实际产权人为张某某。第三,上诉人提交的孙某某将楼房买回的合同复印件,张某某提出质疑,该证据没有原件,张某某方未见过,更未提交过,上诉人没有证据证明来源合法,孙某某不认可将房屋买回的事实。至于孙某某在公安机关笔录中的说法,同庭审陈述不一致,不排除孙某某被羁押后为减少自己损失所作的虚假陈述。第四,本案早在2010年8月20日双方结清房款后交付了房产,合同明确约定卖方协助办证,后因培训员工租用了该楼房,可是YQ公司之后擅自将该房产登记在自己名下,违背了诚信原则,其行为当然无效。该房产不属于破产财产,权利人有权取回。因此,原审判决正确,应予维持。

3　一审法院观点

南皮县人民法院认为,本案为取回权纠纷,原告主张其对登记在YQ公司名下的房产享有取回权。《企业破产法》第38条规定:"人民法院受理破产申请后,债务人占有的不属于债务人的财产,该财产的权利人可以通过管理人取回。但是,本法另有规定的除外。"因此,破产取回权是权利人请求将破产企业保管的属权利人所有的财产予以取回的权利。取回权成立的前提是取回权人申请取回的标的在法院受理债务人破产申请后还真实存在,且被债务人所占有。被取回的财产应当具有特定性,以与破产企业的自身财产进行区分。YQ公司出现经营危机后,进入破产清算程序。争议房产虽登记在YQ公司名下,但可以与YQ公司的自有财产进行区分,不存在与YQ公司的资产混同的情形。

原南皮YQ公司公司前身将本公司所有的房屋出售给原告张某某,原告张某某已经将购房款全部付清,并实际占有该房屋,双方的房屋买卖协议已实际履行。原告张某某对该房屋装修后又租赁给YQ公司用于员工宿舍,被告孙某某亦对该事实认可。对不属于破产财产的房屋,权利人有权请求YQ公司予以返还。因此,原告主张对诉争房屋取回权的请求,一审法院予以支持。鉴于YQ公司已经宣告破产,本案诉争房屋不属于破产财产的范围,应属原告张某某财产,依法应由被告YQ公司破产管理人协助原告张某某办理房屋过户手续。原YQ公司破产后,原告张某某可以直接起诉被告YQ公司破产管理人,要求其履行原南皮YQ公司应尽的义务。遂判决：(1)原告张某某有权向被告YQ公司破产管理人取回南皮县将军中路路南、县医院东，东数第一套和第三套门市楼和3、4、5、6层门市楼。(2)被告YQ公司破产管理人协助原告办理产权变更登记证书。案件受理费100元，由被告承担。

4 二审法院观点

沧州市中级人民法院认为，南皮县J宾馆是孙某某个人设立，YQ公司系孙某某与其子孙某设立，故该公司与南皮县J宾馆存在关联关系。公司成立前，孙某某以南皮县J宾馆和南皮QY大酒店名义与张某某签订商品房买卖合同，将涉案房产出售给张某某，该合同没有违反法律相关规定，应为有效，双方均应依合同约定全部履行。张某某按合同约定足额交付购房款，房屋已交付张某某，但未办理房屋产权登记。公司成立后，孙某某没有按照合同约定协助张某某办理房屋产权证书，却将房产证书办理在自己公司名下，违反了合同约定和诚信原则。根据最高人民法院《关于审理企业破产案件若干问题的规定》第71条第6项规定：尚未办理产权证或者产权过户手续但已向买方交付的财产不属于破产财产。依照该规定，该讼争房产不属于破产财产。综上所述，驳回上诉，维持原判。

专业释评

能否行使取回权，可从两个角度判断，第一，当债务人进入破产状态时，要取回的财产是否属于破产财产；第二，当债务人进入破产状态时，取回人对要取回的财产是否享有所有权或拥有其他权利。就本案而言，张某某按合同约定足额交付购房款，房屋已交付张某某，但未办理房屋产权登记。此时根据法律规定，该财产已经属于张某某所有，只是还没有公信力的证明，所以，YQ公司破产管理人不但不能阻止张某某行使取回权，还有协助张某某办理产权变更登记证书的义务。

问题十三　保证金能否作为抵销权的标的

案例　F集团有限公司与N银行苏州分行破产抵销权纠纷案①

1 案情简介

2012年1月29日,F集团有限公司(以下简称F集团,乙方)与N银行苏州分行(甲方)签订合同编号为A0422011×××9的《最高债权额合同》一份,约定本合同项下最高债权额为人民币5亿元整,债权确定期间为2012年1月18日至2013年1月18日,上述期间内,甲方对乙方的债权余额之和不超过最高债权额。2012年1月30日,F集团与N银行苏州分行(甲方)签订合同编号为Bb1220××3000065的《银行承兑协议》,约定本合同是编号为A04220×××900029的《最高债权额合同》项下具体业务合同,是上述《最高债权额合同》的有效组成部分,银行承兑汇票内容详见附件《银行承兑汇票清单》。合同签订后,N银行苏州分行于2012年1月30日开立了上述金额的银行承兑汇票5张。2012年7月17日,N银行苏州分行(债权人、甲方)与F集团(担保人、乙方)签订编号为Ea4220×××1700276的《保证金协议》,约定为确保F集团与甲方签订的编号为Bb122×××13000065的《银行承兑协议》的履行,乙方愿意为甲方与债务人依主合同形成的债权提供保证金担保,乙方缴存保证金金额为人民币12,352,550元用于主合同项下债权的担保,甲方依据法律、法规、规章或主合同约定提前实现债权或解除合同的,甲方有权立即依法处分本协议项下保证金用于受偿债权,乙方同意保证金账户按甲方规定开立并由甲方进行管理,甲方有权直接扣划本协议项下保证金以受偿债权或用于对外支付,主合同项下债务全部清偿前以及主合同未依法终止前,乙方保证不以任何理由支取、划转缴存的保证金,或采取其他方式影响甲方对保证金的占管和处分,双方还约定了其他内容。

2015年8月27日,Z银行股份有限公司张家港分行等七家债权银行以F集团不能清偿到期债务为由向张家港市人民法院申请对F集团进行司法重整,张家港市人民法院作出2015张商破字第9-1号的《民事裁定书》裁定对F集团(含Y钢铁公司等28家关联企业)进行司法重整。

2016年6月3日,N银行苏州分行扣划F集团在N银行苏州分行保证金专户的保证金本息12,514,822.69元。2016年6月30日,N银行苏州分行通知F集团破产管理人认为:该笔保证金存款资金在F集团破产前三年形成,是N银行苏州分行对F集团的债务,根据破产法第40条“债权人在破产申请受理前对债务人负有债务的,可以向管理人主张抵销”的规定,因此主张抵销,即用该笔资金抵销F集团结欠N银行苏州分行的贷款。

---

① 张家港市人民法院(2016)苏0582民初9950号。

2 当事人诉求

原告F集团破产管理人向张家港市人民法院提出诉讼请求:(1)判令被告就人民币12,514,822.69元保证金本息行使破产抵销权之行为无效;(2)判令被告返还保证金专户资金人民币12,514,822.69元,并支付相应的利息(按保证金适用利率自2016年3月22日起计算至实际返还之日止);(3)被告承担本案诉讼费用。

具体理由:管理人经审查后对被告所主张的破产抵销权持有异议。管理人认为,被告在保证金所担保的主债权已经因清偿而消灭的情形下始终未返还保证金,并于原告进入破产重整期后擅自划扣保证金专户内本息,其就该保证金本息所主张的破产抵销权不符合《企业破产法》第40条之规定,其擅自划扣的保证金本息属于债务人财产,依法应予以返还。为此,起诉要求判如所请。

被告N银行苏州分行辩称:被告在原告破产重整前基于原告在被告处有存款,因此被告对原告负有债务,同时,被告对原告享有债权,且被告在原告重整后向破产管理人申报债权,已经破产管理人审查确认,并经法院裁定确认,符合《企业破产法》第40条可以行使抵销权的相关条件。因此,被告行使抵销权与法有据,请求驳回原告的诉讼请求。

3 法院观点

本案争议的主要焦点为:被告主张的上述保证金的抵销行为是否合法有效?

原告F集团破产管理人认为,被告方不能行使破产抵销权,因为《企业破产法》下规定明确,债权人在破产申请受理前对债务人负有债务,可以行使破产抵销权。本案情况不符合在债权人在破产申请受理前对债务人负有债务。因为保证金在存入当时用于担保,特定的主债权无论是根据保证金合同的明确约定,还是实践中对保证金性质的认定,就是质押关系下的质物。在主债权得到清偿后,原来的质物的性质有无发生改变,是一个事实状态的认定问题,本案现有证据看从来没有发生改变,保证金存在于保证金专户中从来没有与其他资金混同,符合最高人民法院有关金钱质押的特定化的要求。且在保证金存入保证金专户后是质物转移、占有,产生法律效力的行为,该行为从2012年存入保证金至2016年6月3日转出保证金一直都没有发生改变,保证金是在被告完全控制、占有、管理、支配下,保证金账户的名称是N银行苏州分行保证金专户F集团有限公司,这个事实状态一直存续。按照举证规则,如果被告认为主债权清偿后,保证金的性质发生了该变,或者保证金的专户的监管的力度或者措施有所改变,应当由被告作为银行来进行举证,应当有证据拒不提供的情况下,应当作对被告不利的推定,此外,经F集团破产管理人咨询有关保证金到期后解除监管措施的具体操作方式,据我方了解,一般是将保证金从保证金专户中转移至存入方的日常结算账户,并且将保证金账户销户,这是法律意义上质物的返还占有。银行称该过程为解付。本案中没有任何解付迹象,因此,保证金一直至2016年6月3日作为保证金的性质都没有发生改变。2015年8月27日F集团被告张家港法院受理进行破产程序,以这个时间节点看,法院受理破产时保证金依然是保证金,是质物,而不是债权,所以不符合破产法下债权人行使抵销权的条件。

被告 N 银行苏州分行认为,被告不认同原告将对于 F 集团原来存入的保证金现仍然认定为质物的观点,在上述保证金所对应的主债权清偿完毕后,保证金的担保功能已经消失,原告与被告之间的关系已经转化为普通的储蓄合同关系,因此,在本案中,被告对原告是基于存款关系所负有的债务,而非质物。在此种情况下,被告有权依照《企业破产法》第 40 条规定将所负债务与享有的债权进行抵销。

法院认为,《企业破产法》第 40 条规定:债权人在破产申请受理前对债务人负有债务的,可以向管理人主张抵销。但是,有下列情形之一的,不得抵销:(1)债务人的债务人在破产申请受理后取得他人对债务人的债权的;(2)债权人已知债务人有不能清偿到期债务或者破产申请的事实,对债务人负有债务的;但是债权人因为法律规定或者破产申请一年前所发生的原因而负担债务的除外;(3)债务人的债务人已知债务人有不能清偿到期债务或者破产申请的事实,对债务人取得债权的;但是,债务人的债务人因为法律规定或者破产申请一年前所发生的原因而取得债权的除外。被告 N 银行苏州分行对 F 集团享有债权,双方均无争议。双方争议的是被告 N 银行苏州分行对 F 集团所负的案涉保证金的债务,是形成于破产之前还是破产之后,案涉保证金为 5 张银行承兑汇票的保证金,F 集团在 2012 年 7 月 24 日支付上述票款后,案涉保证金的担保功能丧失。根据最高人民法院、中国人民银行《关于依法规范人民法院执行和金融机构协助执行的通知》(法发〔2002〕21 号)第 9 条规定:人民法院依法可以对银行承兑汇票保证金采取冻结措施,但不得扣划,如果金融机构已对汇票承兑或者已对外付款,根据金融机构的申请,人民法院应当解除对银行承兑汇票保证金相应部分的冻结措施。银行承兑汇票保证金已丧失保证金功能时,人民法院可以依法采取扣划措施。从上述规定分析,银行承兑汇票保证金存于保证金账户,只要保证金功能丧失,银行无须作出解付动作,保证金即归提供保证金的一方所有,就本案而言,案涉保证金在 2012 年 7 月 24 日即已丧失保证金功能,至此保证金已归 F 集团所有,因此,被告 N 银行苏州分行对 F 集团的案涉保证金债务发生在破产之前,并不存在破产法规定的不得抵销的情形,现被告 N 银行苏州分行对 F 集团享有到期金融债权,且大于其对 F 集团负有的债务,故该行行使抵销权并无不当,合法有效,可以支持。综上所述,原告 F 集团破产管理人的诉讼请求不能成立,应予驳回。

据此,判决如下:驳回原告 F 集团有限公司管理人的诉讼请求。

专业释评

保证金能否作为破产抵销权的标的物，关键在于其担保功能是否已经丧失，如果没有丧失，其存在的价值仍然是担保功能，如果担保功能的使命已经完成，此时存放在债权人处的保证金又没有取走，可能就转换成另一种法律关系。就本案而言，案涉保证金在 2012 年 7 月 24 日即已丧失保证金功能，至此保证金已归 F 集团所有。自此以后，就形成了 N 银行苏州分行与 F 集团之间的储蓄合同关系，等后来双方互相欠债的情况下，任何一方进入破产程序，另一方都可以行使破产抵销权。

问题十四　别除权的行使能否向政府倾斜

案例　H市住房和城乡建设委员会与黄山L置业有限公司破产债权纠纷案[①]

1 案情简介

一审法院黄山市屯溪区人民法院查明:L公司系房地产开发公司,因其开发的××观邸项目资金链断裂,项目进展严重滞后,引发购房业主群体上访。2013年2月至2014年9月L公司多次向H市住建委借款,约定用于支付施工单位工程款,并承诺按年息10%支付资金占用费。后H市住建委根据L公司的借款申请累计向L公司支付17,033,217.96元。L公司因明显丧失清偿能力,一审法院于2015年3月1日裁定受理该公司破产清算,并指定安徽D律师事务所为管理人。2015年4月29日,H市住建委向L公司管理人申报了垫付款,债权编号为458,债权数额累计18,797,470.96元,其中本金17,033,217.96元、利息1,764,253元。管理人审核后对H市住建委的债权数额予以确认并提交第一次债权人会议核查。一审法院于2015年12月22日作出无争议债权的民事裁定,确认H市住建委债权额为18,797,470.96元。管理人对H市住建委主张的优先受偿权不予确认,并提交第二次债权人会议核查。H市住建委对债权表记载的债权无优先受偿权有异议,向管理人提出复核。管理人复核后答复,H市住建委申报编号为458债权享有优先受偿权没有法律依据。

2 当事人诉求

H市住建委上诉请求:撤销原判,依法支持H市住建委诉请,诉讼费用由L公司承担。事实与理由:2013年下半年开始,L公司及其关联企业H龙恒置业有限公司的××观邸和××国际两个项目因工程停工,引发购房业主集体上访。为维护社会稳定和业主群众的利益,H市住建委筹集资金向各施工单位垫付工程款共计17,033,217.96元,完成工程竣工交付。2015年3月1日,一审法院裁定L公司破产清算,L公司破产管理人对以上债权数额无异议,但对依工程款债权享有优先受偿权的主张不予确认。根据合同法以及破产法的精神,因工程款垫付而使工程得以完成并形成和增加标的工程价值的,基于公平原则,此项工程款债权就标的物享有优先受偿权,在破产清算中享有别除权,优于普通债权受偿。政府垫付款的处理目前虽然没有法律规定,但考虑到其资金来源和支付目的的公益性质,应区别普通交易性质的商业垫款行为,赋予其破产别除权完全符合法律精神。否认政府垫付款的破产别除权,实质上是让政府公共资金补贴个别破产债务人及其债权人的商业损失,违背了政府垫款出于救助和减少项目

---

① 黄山市中级人民法院(2017)皖10民终765号。

损失、维护社会整体稳定的公益目的,结果将影响政府以垫款方式处置类似社会问题有效作用的发挥。最高人民法院《关于依法开展破产案件审理积极稳妥推进破产企业救治和清算工作的通知》明确"要建立合法有序的利益平衡机制,各地法院要依法处理职工工资、国家税收、担保债权、普通债权的实现顺序和实现方式,审慎协调各方利益"。一审判决适用法律错误。

L 公司答辩称,H 市住建委并非工程承包人,其垫付的款项系借款,不享有法定优先权。请求驳回 H 市住建委的上诉。

H 市住建委向一审法院起诉请求:(1)确认 H 市住建委对 L 公司的18,797,470.96元债权享有优先受偿权;(2)本案诉讼费用由 L 公司承担。

3 一审法院观点

黄山市屯溪区人民法院认为,本案争议焦点是 H 市住建委为 L 公司垫付的款项是否享有法定的优先受偿权。H 市住建委依据《合同法》第 286 条规定主张优先受偿权,而该条规定发包人未按照约定支付价款的,承包人可以催告发包人在合理期限内支付价款。发包人逾期不支付的,除按照建设工程的性质不宜折价、拍卖的以外,承包人可以与发包人协议将该工程折价,也可以申请人民法院将该工程依法拍卖。建设工程的价款就该工程折价或者拍卖的价款优先受偿。该条款的优先受偿权是赋予建设工程施工合同关系中承包人的权利,L 公司因××观邸项目资金链断裂,影响项目施工而向 H 市住建委借款,双方之间形成的是借贷法律关系。虽然 H 市住建委出借的款项是用于支付工程款,但这并不能将 H 市住建委与 L 公司之间的借款关系改变成建设工程施工合同关系。同时,法律也没有规定政府因维稳而垫付的资金享有优先受偿权,H 市住建委按垫款协议的约定申报债权。在借款法律关系中,法律并未赋予债权人优先受偿的权利,且 H 市住建委并非对 L 公司特定财产享有担保权的权利人,故 H 市住建委要求对垫付款享有优先受偿权的诉请不予支持,对 L 公司的抗辩意见予以采纳。判决:驳回 H 市住建委的诉讼请求。案件受理费 80 元,由 H 市住建委负担。

4 二审法院观点

黄山市中级人民法院认为,本案争议焦点是 H 市住建委就案涉债权是否享有优先受偿权。

《合同法》第 286 条规定的优先受偿权是赋予建设工程施工合同关系中承包人的权利。L 公司因××观邸项目资金链断裂,影响项目施工而向 H 市住建委借款,双方签订垫款协议并约定利息,双方之间形成的是借款法律关系。一审法院对 H 市住建委垫款行为的性质认定准确。L 公司并未就案涉借款向 H 市住建委提供财产担保,H 市住建委主张根据政府垫款的资金来源和支付的公益目的,应赋予其借款债权以优先受偿权,没有法律依据,对其上诉请求不予支持。

综上所述,驳回上诉,维持原判。

专业释评

本案可以从两个角度说明问题：一是从建设工程施工合同的角度，合同法及建设工程司法解释均规定，优先受偿权是赋予建设工程施工合同关系中承包人的权利，而本案H市住建委显然不具备这样的角色；二是从破产别除权的角度分析，破产别除权，是指破产程序开始之前，就债务人的特定财产设定了担保物权或者存在有其他特别优先权的，于债务人宣告破产后，权利人享有就该特定财产不依照破产清算程序而优先获得清偿和满足的权利。本案中H市住建委并不属于这样的情况。

问题十五　如何认识管理人的合同决定权

案例　石家庄D厂与石家庄市J商贸有限公司租赁合同纠纷案①

1 案情简介

1998年11月11日,D厂与J商贸签订《租赁办公楼协议》,协议约定:D厂将办公楼一幢5046平方米、警卫室200平方米、收发室100平方米租赁给J商贸做办公楼使用,租期为15年,自1999年1月至2013年12月31日止,月租金为6.8万元。2000年8月30日,D厂同意J商贸对租赁房屋享有转租权。协议签订后,双方均按协议履行了约定的义务。2005年12月D厂申请破产后,一直由D厂收取租赁费用,后变更为管理人收取,直至2009年7月。2009年7月31日,管理人向J商贸发出《解除〈租赁办公楼协议〉通知书》。

2 当事人诉求

2009年8月17日,J商贸向河北省石家庄市中级人民法院提起诉讼,请求确认D厂管理人向J商贸发出的《解除〈租赁办公楼协议〉通知书》无效。

3 一审法院观点

河北省石家庄市中级人民法院认为:D厂与J商贸在1998年11月签订的《租赁办公楼协议》和2000年8月同意转租的证明,是双方真实意思表示,依法有效。D厂的破产申请受理后,协议尚未履行完毕。《企业破产法》第18条规定:"人民法院受理破产申请后,管理人对破产申请受理前成立而债务人和对方当事人均未履行完毕的合同有权决定解除或者继续履行,并通知对方当事人。管理人自破产申请受理之日起二个月内未通知对方当事人,或者自收到对方当事人催告之日起三十日内未答复的,视为解除合同。管理人决定继续履行合同的,对方当事人应当履行;但是,对方当事人有权要求管理人提供担保。管理人不提供担保的,视为解除合同。"法院受理破产申请后,法律赋予管理人对未履行完毕的合同解除或者继续履行决定权,从法院受理破产申请之日起,最长不超过2个月作出决定,2005年12月16日,D厂破产申请被法院受理后,管理人应当在2个月内作出是继续履行合同还是解除合同的决定,并通知对方当事人,未通知的视为解除合同。如何适用2007年《企业破产法》,最高人民法院《关于〈中华人民共和国企业破产法〉施行时尚未审结的企业破产案件适用法律若干问题的规定》第2

---

① 最高人民法院(2012)民提字第73号。

条规定:“清算组在企业破产法施行前未通知或者答复未履行完毕合同的对方当事人解除或者继续履行合同的,从企业破产法施行之日起计算,在该法第十八条第一款规定的期限内未通知或者答复的,视为解除合同。”据此,从2007年《企业破产法》施行的当日起,再给2个月的选择期,即从2007年6月1日至8月1日,在此期间,管理人未通知对方当事人,应视为解除合同。2009年7月31日,D厂管理人向J商贸发出解除租赁合同的通知时,合同早已解除。J商贸的诉讼请求没有法律依据,不予支持,D厂管理人的辩称理由合法有据,予以采信。河北省石家庄市中级人民法院依照《企业破产法》第18条和最高人民法院《关于〈中华人民共和国企业破产法〉施行时尚未审结的企业破产案件适用法律若干问题的规定》第2条,判决如下:驳回J商贸的诉讼请求,诉讼费80元由J商贸承担。

4 二审法院观点

J商贸不服,向河北省高级人民法院提起上诉,请求撤销原审判决,判令D厂管理人向J商贸发出的《解除〈租赁办公楼协议〉通知书》无效。

河北省高级人民法院认为:本案中《租赁办公楼协议》的履行情况与《企业破产法》中规定的情形不符,本案中当事人所争执的租赁合同不是“双方当事人均未履行完毕的合同”。按照D厂与J商贸签订的《租赁办公楼协议》的约定内容,D厂作为出租方,将出租房产交与承租方即履行完毕合同之义务。D厂及其管理人收取房屋租金及水电费的行为对于承租方J商贸是行使权利而不是履行义务。在本案的《租赁办公楼协议》中,出租方没有其他义务要履行。D厂已经履行完毕合同义务,适用《企业破产法》规定情形的前提不存在,本案中的租赁合同不发生该法规定的解除条件。《租赁办公楼协议》处在有效履行的状态中,相关当事人应当遵循诚实信用的基本精神,并且应该依照《合同法》的规定处理不同阶段的情况。在《合同法》的规定中,当事人可以解除合同的情形不包括一方破产、清算组或者管理人运营工作需要的情形。D厂管理人所发《解除〈租赁办公楼协议〉通知书》上所写“人民法院宣告破产并进入破产程序”不能构成即刻解除有效租赁合同的理由,而该通知书中并未写出其他理由,这样的单方通知依法不产生效力。

综上所述,原审所认定的基本纠纷事实无误,但原判适用法律错误导致判决结果错误。河北省高级人民法院依照《民事诉讼法》第153条第1款第2项,《合同法》第60条、第94条之规定,判决:1. 撤销河北省石家庄市中级人民法院(2009)石民三初字第00159号民事判决;2. 确认D厂管理人向J商贸所发《解除〈租赁办公楼协议〉通知书》无效。一审、二审案件受理费各80元,均由被上诉人D厂管理人负担。

5 最高人民法院观点

D厂不服河北省高级人民法院上述民事判决,向最高人民法院申请再审称:(1)D厂与J商贸签订的《租赁办公楼协议》,因在D厂破产申请受理之日,租赁协议约定的履行期限尚未届满，应属于双方均未履行完毕的合同。二审判决认定其不属于双方当事人均未履行完毕的合同而适用《合同法》是法律适用错误。（2）D厂破产案件虽于2005年12月16日受理，但于2007年12月29日才指定管理人，即到2007年12月29日才具备了适用《企业破产法》第18条规定的条件。根据《企业破产法》第18条的规定，对于双方均未履行完毕的《租赁办公楼协议》，因存在了法律规定的“未通知”“未答复”“未催告”的情形，故应从2007年12月29日开始计算法定解除日期，即《租赁办公楼协议》于2008年2月28日已法定解除。法定解除发生前，监管组收取J商贸的租金只是对财产的保管行为，是监管组依法履职行为；在法定解除发生后，因对方未及时迁出房屋，为减少国有资产损失而收取费用是管理人在依法履行职责，管理人收取租金的行为不能当然认为是继续履行合同的意思表示。（3）按照双方签订的《租赁办公楼协议》第9条规定：“10年内甲方不得提出终止合同。十年以后甲方因故提出终止合同，应提前三个月通知乙方，并免除三个月租金。甲方给乙方经济补偿不超过80万元，具体金额，双方协商，乙方三个月必须搬出。”该协议是从1999年1月计算租赁期限，十年后即2009年1月，D厂宣告破产后，主体即将消灭，已不具备继续履行合同的资格，符合双方合同约定的解除条件，所以D厂2009年7月31日发出的《解除〈租赁办公楼协议〉通知书》是符合租赁协议约定的，应为有效。综上，二审判决适用法律错误，依法应予撤销，请求改判D厂管理人向J商贸发出的《解除〈租赁办公楼协议〉通知书》有效。

被申请人J商贸答辩称：本案租赁合同中出租人D厂的义务已经履行完毕，且在2009年7月31日前D厂管理人一直在继续履行租赁合同，法律没有赋予管理人在决定履行合同后又在履行合同过程中单方终止合同的权利。故D厂管理人向J商贸所发《解除〈租赁办公楼协议〉通知书》无效，二审判决认定事实清楚、适用法律正确，应予维持。

最高人民法院认为：本案再审争议焦点为，D厂管理人2009年7月31日向J商贸发出的《解除〈租赁办公楼协议〉通知书》是否有效。

（一）D厂与J商贸签订的《租赁办公楼协议》在D厂破产申请受理后是否属于双方均未履行完毕的合同。1998年11月11日，D厂与J商贸签订《租赁办公楼协议》，约定D厂以月租金6.5万元将办公楼一幢5046平方米、警卫室200平方米、收发室100平方米租赁给J商贸做办公楼使用，租期为15年，自1999年1月至2013年12月31日止。该租赁协议是双方真实意思表示，不违反法律、法规的禁止性规定，应认定为合法有效。

D厂与J商贸签订的《租赁办公楼协议》作为房屋租赁合同，出租方的义务并非仅交付房屋的使用权即履行完毕，而是在租赁期内，还负有对房屋保证使用、管理、监督等义务，其义务具有阶段性和持续性，只有在房屋租赁合同履行期限届满后，出租方的义务才履行完毕。本案D厂与J商贸之间的《租赁办公楼协议》签订于1998年11月11日，租期为15年，自1999年1月至2013年12月31日止，D厂的破产申请受理于2005年12月16日，故《租赁办公楼协议》属于破产申请前成立而债务人和对方当事人均未履行完毕的合同。二审判决关于D厂将房屋交付承租方即履行完毕合同义务，该协议不属于双方均未履行完毕的合同而应适用《合同法》的认定不当。

（二）D厂管理人依据《企业破产法》向J商贸发出的《解除〈租赁办公楼协议〉通知书》是

否有效。2009 年 7 月 30 日 D 厂管理人所发出的《解除〈租赁办公楼协议〉通知书》载明："按照《企业破产法》之规定，现石家庄 D 厂管理人向你发出书面通知，自即日起解除合同。"首先，D 厂的破产申请受理于 2005 年 12 月 16 日，即 D 厂的破产申请发生在现行《企业破产法》颁布实施之前，故 D 厂的破产程序应适用《企业破产法（试行）》的相关规定。《企业破产法（试行）》第 26 条规定："对破产企业未履行的合同，清算组可以决定解除或者继续履行。清算组决定解除合同，另一方当事人因合同解除受到损害的，其损害赔偿额作为破产债权。"根据该条规定，对于破产企业已经在履行的合同，清算组不能单方决定解除。其次，《企业破产法》第 18 条适用的情形是在新法施行后受理破产案件同时指定管理人的情形，而不是本案中 2005 年 12 月 16 日受理 D 厂的破产申请，2007 年 12 月 29 日指定清算组为管理人的情形。且无论是《企业破产法》第 18 条还是最高人民法院《关于〈中华人民共和国企业破产法〉施行时尚未审结的企业破产案件适用法律若干问题的规定》第 2 条，都是为了在破产程序中尽快明确合同双方的权利义务，如管理人在法定期间内没有行使选择继续履行合同的权利，即丧失了要求对方继续履行的权利，而不是双方已经在持续履行合同的情况下如果管理人未明确通知对方继续履行合同即推定解除合同。本案中，J 商贸自 1999 年起按约定向 D 厂支付租金直至 2009 年 7 月，2005 年 12 月 D 厂进入破产程序后，租金先由监管组收取后改为管理人收取。但无论是由监管组收取租金还是管理人收取租金，其都是在代表 D 厂收取，所获利益归为 D 厂财产。D 厂在破产申请受理后继续收取 J 商贸租金的行为表明，D 厂和 J 商贸一直在以实际行为继续履行双方于 1999 年签订的《租赁办公楼协议》。因此，在该合同的持续履行期间，D 厂管理人在破产申请受理近 4 年后单方以通知形式解除《租赁办公楼协议》缺乏法律依据，D 厂管理人依据《企业破产法》向 J 商贸发出的《解除〈租赁办公楼协议〉通知书》应为无效。

综上所述，二审判决虽适用法律错误，但判决结果正确。最高人民法院依照《企业破产法（试行）》第 26 条，《民事诉讼法》第 186 条第 1 款的规定，判决如下：维持河北省高级人民法院（2011）冀民二终字第 9 号民事判决。本判决为终审判决。

专业释评

在破产程序中，由于合同的履行与否关系到债务人财产，关系全体债权人利益及其他相关人利益，法律将该当事人一方未履行的合同是否继续履行的决定权交给管理人。管理人有权根据破产目的以及合同的具体情况决定履行或者解除。管理人决定解除或继续履行合同应以有利于债务人财产的增值和完整性为原则。就本案而言，三级法院观点不同，其中最高人民法院按照《企业破产法》第 18 条的规定，认定 D 厂管理人依据向 J 商贸发出的《解除〈租赁办公楼协议〉通知书》无效，更有说服力。

问题十六　如何认识破产抵销权的本质

案例　S公司与郎某某纠纷案[①]

1 案情简介

2007 年 1 月 25 日，A 纺织公司与郎某某签订了一份《承包某某合同书》，合同约定由 A 纺织公司将原新 A 大酒店住宿楼 ×× 餐饮楼承包给郎某某经营，经营期限自 2007 年 1 月 1 日起至 2010 年 2 月 28 日止。2009 年 10 月 9 日，A 纺织公司与郎某某签订了一份《协议书》，约定解除了《承包某某合同书》，并确认郎某某拖欠承包某某款 310,092 元，S 公司对该欠款承担连带保证责任。在约定的还款期限内，郎某某支付 A 纺织公司承包某某款 6 万元，余款 250,092 元至今未支付。2009 年 4 月 25 日，A 纺织公司向姜某某借款 30 万元。2010 年 1 月 16 日，姜某某向 A 纺织公司邮寄送达了债权转让通知，告知其享有的 30 万元债权中的 25 万元借款本金及相应利息已于 2009 年 11 月 26 日转让于郎某某。2010 年 1 月 17 日，郎某某向 A 纺织公司邮寄送达了受让债权及抵销债务通知，告知其受让了姜某某的 30 万元债权中的 25 万元借款本金及相应利息，并主张受让的债权用于抵销其拖欠原告的 250,092 元某包某某款。

2009 年 11 月 22 日，A 纺织公司以公司自 2009 年 11 月 17 日起停工待产，并出现严重债务危机、无法清偿到期债务等情形为由，向 A 市政府提交要求帮助协调解决公司经营危机的书面请示。2010 年 5 月 12 日，A 纺织公司以不能清偿到期债务，并且资产不足以清偿全部债务为由，向 A 市人民法院申请破产清算。同年 5 月 17 日，A 市人民法院依法裁定 A 纺织公司进入破产清算程序，并指定浙江 ×× 律师事务所为破产管理人。

2 当事人诉求

2010 年 11 月 4 日，A 纺织公司向一审法院提起诉讼，请求判令郎某某支付承包款250,092 元，S 公司对该款承担连带保证责任并共同承担诉讼费用。

3 一审法院观点

浙江省江山市人民法院审理认为：债权人用以抵销的债权应当向管理人提出申报，并且得到确认。债务人的债务人在债务人提出破产申请前的一年内，已知债务人有不能清偿到期债务事实的，则不能主张抵销。本案中，虽然姜某某将债权转让通知送达 A 纺织公司并生效，但

---

① 衢州市中级人民法院(2011)浙衢商终字第 50 号。

基于A纺织公司于2009年11月陷入债务危机的考虑，郎某某仍应当进一步提供证据证明其用以抵销的债权为善意取得，否则有悖《企业破产法》第40条的规定。郎某某应当以合法有效并经确认的债权主张抵销。同时，最高人民法院《关于审理企业破产案件若干问题的规定》第60条的规定，债务人的债务人不能以受让的债权抵销其所欠债务人的债务，故郎某某主张的债务抵销亦与该司法解释相悖。据此，郎某某之抗辩主张于法相悖，不予采纳；A纺织公司之诉求，于法有据，予以支持。S公司对本案讼争债务承担连带责任保证的意思表示真实，故对A纺织公司要求其承担连带责任保证的诉讼请求亦予以支持。2010年12月20日，作出判决：(1)郎某某于判决生效之日起10日内向A纺织公司支付欠款250,092元。(2)S公司对上述第1项款项承担连带责任保证。案件受理费2609元，由郎某某、S公司承担。

4　二审法院观点

上诉人郎某某、S公司不服上述民事判决，向衢州市中级人民法院提起上诉称：第一，原审判决适用法律错误。《企业破产法》第40条第1款第3项、最高人民法院《关于审理企业破产案件若干问题的规定》第60条规范的是法院受理债务人的破产申请之后，债权人主张抵销的情况。而本案中郎某某与A纺织公司的债务抵销行为发生在法院受理破产申请之前。第二，原审程序错误。若原审认为诉争抵销行为不合法，应根据《企业破产法》第31条、第32条的规定予以撤销，或根据《合同法》第33的规定确认无效。但上述法律均未规定债务抵销行为属于可撤销或无效的情形。第三，原审举证责任分配错误。原审仅凭A纺织公司单方制作的《关于要求帮助协调解决经营危机的请示》就认定A纺织公司自2009年11月17日起停工待产，并出现严重债务危机过于牵强。本案中应由A纺织公司对郎某某知道其陷入债务危机承担举证责任。第四，无主债即无从债，因郎某某所欠承包款已经合法抵销，S公司也就无责任。上诉人郎某某、S公司请求二审法院撤销原判，依法改判驳回A纺织公司的原审诉讼请求。

被上诉人A纺织公司答辩称：原审判决认定事实清楚，适用法律正确。因A纺织公司陷入债务危机，公司债权人以及职工曾到A市政府上访，在A市造成非常大的影响。2009年11月22日《关于要求帮助协调解决经营危机的请示》即是在此背景下产生。郎某某在明知A纺织公司陷入债务危机的情况下，仍以受让的债权进行抵销，明显侵害了其他债权人的利益，属于规避公平受偿原则的行为。A纺织公司请求二审法院驳回上诉，维持原判。

二审法院认为：抵销权之行使应受诚实信用原则之约束。《企业破产法》第40条旨在于保护破产债权人的公平受偿权，防止破产债权人利用其所知悉的债务人情况，通过恶意负债的方式行使抵销权，使其他债权人的利益得不到保护以及破产人的债务人恶意利用对破产人取得债权用以抵销其债务而有损于其他破产债权人权益等情况的发生。本案中，虽郎某某主张抵销的时间是在A纺织公司正式进入破产程序之前，但其受让债权的时间仍在A纺织公司提出破产申请1年之内，其抵销行为仍应受该条款之约束。A纺织公司于2009年11月陷入债务危机并造成一定社会影响，至2010年5月17日经A市人民法院裁定进入破产清算程序，企业均处于非正常经营状态，郎某某与姜某某签订《债权转让协议》的时间为2010年1月14日，原审法院基于此考虑认为郎某某应当进一步提供证据证明其用以抵销的债权为善意取得并无不当。对此,上诉人郎某某未能提供相应证据,故上诉人郎某某的上诉理由均无法成立,二审法院不予支持。原审判决认定事实清楚,适用法律正确,处理结果并无不当。判决如下:驳回上诉,维持原判。

专业释评

破产法上的抵销制度,是破产债权只能依破产程序分配清偿的例外。在破产程序中承认抵销权的理由,根据理论界通说,“一是抵销制度是为了担负担保性功能,通过行使抵销权,而不根据破产手续就能优先得到清偿;二是如果不允许抵销,就会产生不公平的现象,即自己欠破产财团的债务,被要求作出全面地履行;与此相对,自己拥有的债权,则作为破产债权,只能受到按比例的平均的分配(清偿)”。相同的当事人之间,同样的债权却处于不平等的清偿地位,有违公平原则。所以,破产法中便设立了抵销权,以保障破产债权人的上述权益。另外,当债务人出现财务困难时,多有债权人不择手段地竞相对债务人负担债务,或债务人的债务人设法低价收购债权人的债物,以供抵销。故不能不对之进行限制,以维护债权人之间的公平。

就本案而言,虽郎某某主张抵销的时间是在 A 纺织公司正式进入破产程序之前,但其受让债权的时间仍在 A 纺织公司提出破产申请 1 年之内,其抵销行为仍应受限制。法院基于此考虑认为郎某某应当进一步提供证据证明其用以抵销的债权为善意取得并无不当。也就是说,其如果不能证明用以抵销的债权为善意取得,则不认可其抵销权。

问题十七　如何行使破产抵销权

案例一　Y青岛汽车有限公司与贵州H机械制造有限公司买卖纠纷案[①]

1 案情简介

上诉人(原审被告):Y 青岛汽车有限公司(以下简称 Y 青岛公司)。

法定代表人:王某某,公司总经理。

被上诉人(原审原告):贵州 H 机械制造有限公司(以下简称 H 公司)。

法定代表人:万某某,公司董事长。

诉讼代表人:H 公司破产管理人。

负责人:苏某某。

上诉人 Y 青岛公司因与被上诉人 H 公司买卖合同纠纷一案,不服遵义市汇川区人民法院(2016)黔 0303 民初 3443 号民事判决,向遵义市中级人民法院提起上诉。

2 当事人诉求

Y 青岛公司上诉请求:(1)撤销一审判决;(2)判决上诉人所欠被上诉人的供货款906,417.49元与被上诉人应承担的三包服务费 906,417.49 元部分相互抵销;(3)被上诉人承担本案诉讼费用。事实与理由:(1)该案事实不清。被上诉人与上诉人有长期汽车零部件配套关系,2015 年 4 月 28 日破产之前被上诉人应承担的三包索赔费用均已结清;2015 年 4 月 28 日破产之后被上诉人所供车桥因质量问题继续产生三包费用 1,983,952.11 元,就该事实被上诉人认为需要在法院的主持下进行确认,法庭当庭未就该事实进行查证,故该案件事实不清。一审庭审中上诉人提出并向法院提出反诉状,认为根据《企业破产法》第 40 条第 1 款第 3 项债务人的规定,上诉人所欠被上诉人的货款应与被上诉人应承担的三包费用相互抵消。庭审中法院要求上诉人落实相关事实后向法院提交,基于此上诉人向法院出具《关于贵州 H 机械制造有限公司三包费、定保费的情况说明》,经上诉人核查 2014 年 4 月 28 日以前(被上诉人破产前一年的原因)所供产品质量原因产生的三包费、定保费为 883,042.84 元,另外,2015 年 5 月被上诉人所供车桥产生的三包费 186,097.12 元系 2015 年 4 月 28 日以前即被上诉人破产前发生的,该三包费应与货款冲抵。该两部分费用共计 1,069,139.96 元。一审法院称研究后通知上诉人,但未给上诉人任何通知,也未再次开庭查明被上诉人破产前一年所供车桥产生的三包费用,属于事实不清。上诉人与被上诉人之间的合作以订单为基础,每一个订单为一单独的合

---

① 遵义市中级人民法院(2017)黔 03 民终 2390 号。

同,被上诉人破产前一年的订单经被上诉人交付和上诉人付款已全部履行完毕,这部分合同因履行完毕而不存在解除问题,所涉及的车桥因质量问题产生的费用属于被上诉人对最终用户的质量担保责任,该费用应由被上诉人确认和承担。一审法庭调查没有涉及合同解除的事实及上诉人与被上诉人2014年4月28日之前订单的履行情况,属于案件事实不清。(2)一审判决适用法律错误。一审判决适用《企业破产法》第18条第1款认定双方的合同解除适用法律错误。被上诉人破产前一年的订单经被上诉人交付和上诉人付款已全部履行完毕,这部分合同因履行完毕而不存在解除问题。本案应适用《企业破产法》第40条第1款第3项,上诉人所欠货款应与1,069,139.96元三包费相互抵销。

被上诉人H公司未向遵义市中级人民法院提交书面答辩状,口头答辩称:一审判决确认的金额我们双方是没有异议的,在破产受理前产生的三包费与欠款不一样,2015年4月28日以后发生的三包费、定保费不应抵销,原审法院已经抵销了之前的部分,上诉方要主张权利只能向管理人申报。

H公司向一审法院起诉请求:(1)被告支付原告货款2,487,175.52元;(2)本案诉讼费由被告承担。

3 一审法院观点

遵义市汇川区人民法院认为:H公司、Y青岛公司当庭对尚欠货款977,354.10元无争议,予以确认。Y青岛公司辩解应扣除三包费和定保费,并称因H公司未按约定查看TDS系统故应视为确认,根据《企业破产法》第40条之规定,在破产申请受理之前发生的三包费和定保费70,936.61元符合法定抵销条件,应予抵销。在破产申请受理之后,被告主张又发生三包费和定保费,此时,H公司已由破产管理人进行管理,根据《企业破产法》第18条第1款之规定,本案中破产管理人未决定解除或者履行合同并通知被告,被告也未催告破产管理人,自破产申请受理之日起2个月届满之日,原被告双方的合同已解除,在合同解除的情况下,破产受理后的三包费和定保费应向破产管理人进行主张,现对于破产受理后的三包费和定保费,被告仅有口头陈述和自行制作的明细,未提供任何证据,不予支持;即使能够提供证据,在合同已解除的情况下,也只能作为破产债权申报。综上所述,被告应付原告的货款977,354.10元,扣除破产申请受理之前的三包费和定保费70,936.61元,被告还应支付906,417.49元。据此,判决:(1)被告Y青岛公司在本判决生效后10日内支付原告H公司906,417.49元;(2)驳回原告H公司其他诉讼请求。

4 二审法院观点

遵义市中级人民法院认为,本案二审阶段的争议焦点为:(1)H公司破产受理之前产生的“三包”费、定保费金额;(2)H公司破产受理之后产生的“三包”费、定保费是否可以抵销。关于H公司破产受理之前产生的“三包”费、定保费,因Y青岛公司在一审中自认截至H公司破产受理时欠付货款977,354.10元,破产受理前产生的三包费70,936.61元应予扣除。二审中Y青岛公司上诉主张H公司破产前产生三包费、定保费1,069,139.96元,但并没有提供充分的证据予以证明,根据最高人民法院《关于民事诉讼证据的若干规定》第2条关于"当事人对自己提出的诉讼请求所依据的事实或者反驳对方诉讼请求所依据的事实有责任提供证据加以证明。没有证据或者证据不足以证明当事人的事实主张的,由负有举证责任的当事人承担不利后果"之规定,Y青岛公司对此承担举证不能的责任。关于H公司破产受理之后产生的三包费、定保费是否可以抵销,根据《企业破产法》第18条第1款规定:"人民法院受理破产申请后,管理人对破产申请受理前成立而债务人和对方当事人均未履行完毕的合同有权决定解除或者继续履行,并通知对方当事人。管理人自破产申请受理之日起2个月内未通知对方当事人,或者自收到对方当事人催告之日起三十日内未答复的,视为解除合同"的规定,H公司破产管理人自破产申请受理之日起2个月内未通知Y青岛公司,Y青岛公司也未催告H公司,则双方合同视为自破产申请受理之日起2个月届满时解除,该解除并未对破产申请受理之日前双方的合同和行为效力产生影响,但解除之日后双方合同不再具有效力,根据《企业破产法》第40条:"债权人在破产受理前对债务人负有债务的,可以向管理人主张抵销"之规定,破产申请受理之后产生的三包费和定保费,Y青岛公司主张抵销不符合法律规定,可向H公司破产管理人申报债权。

综上所述,上诉人的上诉请求不能成立,应予驳回。一审判决认定事实清楚,适用法律正确,应予维持。依照《民事诉讼法》第170条第1款第1项规定,判决如下:驳回上诉,维持原判。

案例二　F集团有限公司管理人与M银行股份有限公司苏州分行破产抵销权纠纷案[①]

1　案情简介

上诉人(原审原告):F集团有限公司(以下简称F集团破产)管理人。

诉讼代表人:张某,该管理人负责人。

被上诉人(原审被告):M银行股份有限公司苏州分行(以下简称M银行苏州分行)。

诉讼代表人:夏某某,该行行长。

上诉人F集团破产管理人因与被上诉人M银行苏州分行破产抵销权纠纷一案,不服江苏省张家港市人民法院(2016)苏0582民初9949号民事判决,向苏州市中级人民法院提起上诉。

① 苏州市中级人民法院(2017)苏05民终2407号。

2 当事人诉求

F集团破产管理人上诉请求：撤销一审判决，依法改判支持其诉讼请求，M银行苏州分行承担本案诉讼费用。事实和理由：M银行苏州分行在F集团破产申请被受理前并未对F集团负有债务。涉案保证金性质为动产质押，并非债权或债务。质权不能行使破产抵销权的前提不成立。

M银行苏州分行辩称，双方互负债务，可依法抵销。其为F集团关联企业S公司与客户的合同出具银行保函，因此S公司交付保证金作为反担保。如果受益人在保函有效期内没有向其索赔或索赔的金额小于保证金金额的，其应在期满后退还涉案保证金。故S公司对在其处的保证金享有债权。同时，其对F集团的债权是基于2013年3月签订的综合授信合同发放贷款形成，属于原发债权，并非明知破产申请事实而恶意产生。同时，S公司对其的债权也基于2013年3月签订《开立保函协议》而产生，不属于《企业破产法》第40条规定不得抵销的情形。

F集团破产管理人向一审法院起诉请求：(1)确认M银行苏州分行主张的22,678,430.92元的债务抵销行为无效；(2)M银行苏州分行返还上述款项22,678,430.92元；(3)M银行苏州分行支付以上款项为本金自2015年8月28日起至实际返还之日止按中国人民银行同期同类人民币贷款利率计算的利息；(4)M银行苏州分行承担本案诉讼费用。

3 一审法院观点

江苏省张家港市人民法院法院认为，本案争议的主要焦点为：M银行苏州分行主张的上述保证金的抵销行为是否合法有效？

第一，一审法院作出的2015张商破字第9-1号《民事裁定书》已明确将S公司纳入F集团的整体破产范围，因此S公司与F集团为同一主体。第二，本案S公司交付的保证金的性质，根据《开立保函协议》约定，M银行苏州分行与保证金交纳人S公司之间形成以存款为质押物的质押合同关系。存款在质押期间，存款人不能行使处分权。而当存款在其担保的债务得以完全履行之后，其担保功能消灭，存款人对存款的被限制的权利解禁，存款人作为M银行苏州分行的客户在保证金账户上取款自由得以恢复，银行与存款人的质押合同关系转换到储蓄合同关系。S公司于2013年8月6日交纳的保证金，在保函有效期届满(2016年9月7日)后，M银行苏州分行与S公司之间就该保证金的质押合同关系转换到存款合同关系，S公司依储蓄合同关系对M银行苏州分行享有债权，从时间上看，S公司对M银行苏州分行享有的前述债权形成于F集团被申请破产之后。《企业破产法》第40条规定：债权人在破产申请受理前对债务人负有债务的，可以向管理人主张抵销。但是，有下列情形之一的，不得抵销：(1)债务人的债务人在破产申请受理后取得他人对债务人的债权的；(2)债权人已知债务人有不能清偿到期债务或者破产申请的事实，对债务人负有债务的；但是债权人因为法律规定或者破产申请一年前所发生的原因而负担债务的除外；(3)债务人的债务人已知债务人有不能清偿到期债务或者破产申请的事实,对债务人取得债权的;但是,债务人的债务人因为法律规定或者破产申请一年前所发生的原因而取得债权的除外。根据该条第 2 项,被告 M 银行苏州分行对 S 公司的债务尽管发生在破产申请之后,但是该债务是 M 银行苏州分行与 S 公司于 2013 年 8 月 6 日签订的《开立保函协议》约定由 S 公司交纳保证金的原因而负担的,时间远在破产申请日(2015 年 8 月 27 日)一年之前。因此,该债务并非 M 银行苏州分行明知 F 集团破产事实而恶意对债务人取得的,M 银行苏州分行抵销行为于法有据,合法有效。M 银行苏州分行主张扣除的保函手续费,因为扣款行为发生在 F 集团申请破产之后,根据 2015 张商破字第 9 – 1 号《民事裁定书》,原债务应当暂停清偿,故 M 银行苏州分行主张扣除上述费用不能成立。综上所述,M 银行苏州分行对 F 集团享有到期金融债权 333,588,151 元,大于其对 F 集团负有的债务 22,678,430.92 元,故 M 银行苏州分行行使抵销权并无不当,应予支持。F 集团破产管理人的诉讼请求不能成立,应予驳回。据此,依照《企业破产法》第 40 条之规定,判决:驳回原告 F 集团有限公司管理人的诉讼请求。

4 二审法院观点

苏州市中级人民法院认为,《企业破产法》第 40 条规定债权人在破产申请受理前对债务人负有债务的,可以向管理人主张抵销。本案中,N 银行苏州分行对 F 集团享有到期债权,且债权数额远大于债务数额,对此双方均无异议。无论何种保证金,均是自备资金,用于核算,存入银行等金融机构,具有担保性质的存款。根据《开立保函协议》约定,M 银行苏州分行与保证金交纳人 S 公司之间形成以存款为质押物的质押合同关系。存款在质押期间,存款人不能行使处分权。但一旦丧失担保功能,保证金账户内资金的性质即为存款,构成开户人对银行的债权,S 公司在保证金账户上取款自由。故一审认定 M 银行苏州分行与 S 公司的质押合同关系转换到储蓄合同关系是正确的。F 集团破产管理人主张涉案保证金仍为质物无事实依据。涉案保证金由 F 集团关联企业 S 公司于 2013 年 8 月 6 日向 M 银行苏州分行交纳,是用来担保 S 公司对外或有债务的货币。在保函有效期届满(2016 年 9 月 7 日)后,该款项即已丧失担保功能,涉案保证金归 S 公司所有。M 银行苏州分行对 S 公司的债务虽然发生在 F 集团破产申请之后,但根据《企业破产法》第 40 条第 2 项的规定,该债务是 M 银行苏州分行与 S 公司于 2013 年 8 月 6 日签订的《开立保函协议》约定由 S 公司交纳保证金的原因而负担的,时间远在破产申请日(2015 年 8 月 27 日)一年之前。因此,一审认定该债务并非 M 银行苏州分行明知 F 集团破产事实而恶意取得亦无不当。M 银行苏州分行对 S 公司在其处账户内资金行使抵销权合法有据。

综上所述,F 集团破产管理人的上诉请求不能成立,应予驳回;一审判决认定事实清楚,适用法律正确,应予维持。依照《民事诉讼法》第 170 条第 1 款第 1 项规定,判决驳回上诉,维持原判。

案例三 R联合会计师事务所与Z银行股份有限公司温州瑞安支行与破产有关的纠纷案[①]

1 案情简介

上诉人(原审被告):Z银行股份有限公司温州瑞安支行(以下简称Z银行瑞安支行)。

法定代表人:金某,该支行行长。

被上诉人(原审原告):R联合会计师事务所,N集团有限公司(以下简称N公司)管理人。

法定代表人:阮某某,N公司管理人负责人。

上诉人Z银行瑞安支行因与被上诉人N公司管理人与破产有关的纠纷一案,不服瑞安市人民法院(2015)温瑞商初字第1359号民事判决,向温州市中级人民法院提起上诉。

2 当事人诉求

N公司管理人于2015年3月31日向一审法院起诉称:N公司因经营亏损经瑞安市人民法院于2012年10月26日裁定进入破产清算程序,并于同年11月6日指定R联合会计师事务所担任破产清算管理人。管理人依法接管N公司财产、账簿,进行清算管理工作。经审查,Z银行瑞安支行在该公司破产受理后仍继续计算贷款利息,并于2012年11月28日未经N公司同意自行扣划了银行账户资金430.56元以归还贷款利息。该款项支付行为属于法院裁定N公司破产申请受理后的个别清偿行为,根据《企业破产法》第16条的规定,应认定为无效行为,Z银行瑞安支行应当向N公司管理人返还。但经N公司管理人多次催告至今未还。故而起诉,要求判令:(1)确认N公司于2012年11月28日清偿Z银行瑞安支行贷款利息430.56元的行为无效;(2)Z银行瑞安支行返还N公司管理人430.56元,并赔偿利息损失(自2012年11月28日起按中国人民银行同期贷款基准利率计算至履行完毕之日止);(3)本案诉讼费由Z银行瑞安支行承担。N公司管理人针对Z银行瑞安支行的抵销权主张补充陈述称:Z银行瑞安支行主张抵销权的事实不成立。首先,其主张破产抵销权的时间发生在破产申请受理之后,而且还在第一次庭审之后,时间上不符合破产抵销权的形式要件。其次,双方并不存在互负债务之事实,不符合破产抵销权的实质要件。

Z银行瑞安支行在一审期间答辩称:Z银行瑞安支行确实存在扣划款项事实,但扣划行为系银行系统按合同约定自行扣划的。N公司管理人诉请返还利息损失无法律依据,不应支持。在原审期间第二次庭审过程中,Z银行瑞安支行辩称:Z银行瑞安支行已于2015年7月3日发函给N公司管理人,就该扣划的款项主张破产抵销权,且Z银行瑞安支行的扣划行为没有主观恶意,是系统的自动扣息行为。

---

① 温州市中级人民法院(2015)浙温商终字第2440号。

3 一审法院观点

瑞安市人民法院认为:本案争议的焦点是Z银行瑞安支行对N公司在其开立的账户上扣划借款利息的行为是适用《企业破产法》第16条规定作无效行为处理,还是适用《企业破产法》第40条作破产抵销权处理的问题,故该案案由应确认为与破产有关的纠纷为宜。

《企业破产法》第16条规定,人民法院受理破产申请后,债务人对个别债权人的债务清偿无效。该条规定指破产申请受理后,所有基于债务人财产的清偿均应当通过破产程序解决,旨在保障全体债权人在破产程序中公平受偿。《企业破产法》第46条规定,未到期的债权,在破产申请受理时视为到期。附利息的债权自破产申请受理时起停止计息。本案Z银行瑞安支行在N公司破产申请受理之前,对N公司基于借款合同关系享有尚未到期的债权,破产申请受理后,依法可视为到期,其债权范围包括借款本金与破产申请受理之前尚未支付的借款利息。但Z银行瑞安支行在N公司破产申请受理日即2012年10月26日以后,仍扣划了N公司在其开立账户上的存款以抵扣2012年10月21日至11月20日期间的借款利息,该部分利息包括破产申请受理前与受理后所产生的利息,其扣划受理后借款利息的行为既违反了《企业破产法》第46条第2款的规定,也致使N公司可供债权人受偿的财产相应减少,损害了其他债权人公平受偿的权利,根据《企业破产法》第16条之规定,其行为属无效行为,扣划的款项应当予以返还,但N公司管理人要求Z银行瑞安支行赔偿利息损失的诉请,没有法律依据,该院不予支持。

《企业破产法》第40条规定,债权人在破产申请受理前对债务人负有债务的,可以向管理人主张抵销,但是,有下列情形之一的,不得抵销……(3)债务人的债务人已知债务人有不能清偿到期债务或者破产申请的事实,对债务人取得债权的;但是,债务人的债务人因为法律规定或者有破产申请一年前所发生的原因而取得债权的除外。根据该条规定主张破产抵销权的,破产债权人只能以破产债权对其在破产申请受理前对破产企业所负有的债务主张抵销,也就是说无论是主动债权还是被动债权,均需是成立于破产申请受理之前,破产受理之后发生的债权不能主张抵销,包括破产企业的债务人不得以其在破产申请受理后对破产企业所取得债权主张与其已经负有的债务相抵销。本案Z银行瑞安支行对N公司基于借款合同关系享有未到期的六笔借款债权,破产申请受理后,该六笔借款均视为到期,并且依法止付利息,因此Z银行瑞安支行不享有自破产申请受理以后基于借款合同关系所产生的借款利息的债权,同理,N公司对Z银行瑞安支行不负有破产申请受理后借款利息的债务。现Z银行瑞安支行将扣划部分款项作为借款利息主张与其基于存款储蓄合同对N公司所负的债务相抵销不符合《企业破产法》第40条的相关规定,故该院亦不予支持。Z银行瑞安支行扣划破产受理前所产生的尚未支付的该部分利息,是否符合破产抵销权相关规定或符合最高人民法院《关于适用〈中华人民共和国企业破产法〉若干问题的规定(二)》第16条规定属于必要个别清偿撤销的排除情形,在下段再予论述。

债权人行使破产抵销权必须具备实体条件与程序条件。本案Z银行瑞安支行扣划破产申请受理前所产生的N公司尚未支付的借款利息,虽然从实体上符合破产抵销权的条件,但是Z银行瑞安支行未依法向N公司管理人申报该债权，也未经N公司管理人审核，人民法院裁定确认，故其主张破产抵销权不符合破产抵销权的程序条件。因此，Z银行瑞安支行主张该部分利息与其基于存款储蓄合同对N公司所负的债务相抵销，一审法院不予支持。

最高人民法院《关于适用〈中华人民共和国企业破产法〉若干问题的规定（二）》第16条规定，债务人对债权人进行的以下个别清偿，管理人依据《企业破产法》第32条的规定请求撤销的，人民法院不予支持：使债务人财产受益的其他个别清偿。Z银行瑞安支行根据与N公司所签订合同的约定，扣划了N公司账户上的存款，用于偿还债务利息，虽然该行为形式上属于偏颇性清偿，但其性质上仍属于正常商业活动中的支付行为，并未违反撤销权制度的目的。因为若N公司没有支付，则按合同约定，Z银行瑞安支行可以提前收回借款，这可能会加速N公司的破产进程，最终使N公司的财产受损。因此，Z银行瑞安支行扣划N公司破产申请受理前的利息的行为不属于个别清偿行为，不属于可撤销的范围。为了便于计算，该案与（2015）温瑞商初字第1358号、第1360号案件中扣划的利息一并处理，并经核算，2012年10月21日至2012年10月25日期间的利息共计38,533.34元，统一在1358号案件中予以扣减。

综上所述，Z银行瑞安支行扣划了N公司2012年10月21日至2012年11月20日期间的借款利息，其中扣划破产申请受理日即2012年10月26日之后利息的行为违反了《企业破产法》第16条之规定，属无效行为，该部分利息应予以返还。扣划之前利息的行为属于正常商业活动的支付行为，不属于个别清偿行为，不予以撤销。据此，一审法院依照《企业破产法》第16条、第40条、第46条，最高人民法院《关于适用〈中华人民共和国企业破产法〉若干问题的规定（二）》第16条之规定，判决如下：（1）确认N公司于2012年11月28日分别清偿Z银行瑞安支行款项430.56元的行为无效；（2）Z银行瑞安支行于判决生效后10日内返还N公司管理人款项430.56元，款交该院转付；（3）驳回N公司管理人的其他诉讼请求。

4 二审法院观点

上诉人Z银行瑞安支行不服原审法院上述民事判决，向温州市中级人民法院提出上诉称：上诉人于破产受理之前向债务人N公司发放多笔贷款，本金合计5570万元，即在破产申请受理之前就对债务人享有债权。虽然根据《企业破产法》的规定，上述贷款在破产受理时停止计息，但是上诉人主张抵销权的范围并不仅限于贷款利息。因此，即使涉案贷款在破产申请受理时不再计息，上诉人仍可就贷款本金向被上诉人主张抵销权。综上所述，希望二审法院撤销原判，改判驳回被上诉人N公司管理人的诉讼请求。

被上诉人N公司管理人答辩称：首先，本案上诉人自行划扣款项的行为系个别清偿行为，应予以撤销。其次，上诉人主张的抵销权不能成立，不符合程序及实体要件。本案款项是在破产申请受理后由其他账户汇入公司账户的，按照《企业破产法》第40条之规定，债权人抵销的前提是所付债务成立于破产申请受理之前，因此上诉人主张的抵销权不能成立。上诉人提到本息分开对待的主张也是不能成立的，上诉人的本金及利息均不能成立抵销权。

二审法院认为：本案双方当事人的争议焦点为Z银行瑞安支行于2012年11月28日扣划

N公司款项430.56元的行为是否构成破产抵销权的问题。上诉人以扣划时仍享有本金债权为由主张该行为构成破产抵销权,被上诉人则主张该行为不符合破产抵销权行使的实质要件和程序要件。二审法院认为,上诉人虽然在上诉状中认为其仍可就本金主张破产抵销权,但是其发函主张破产抵销权的时间为2015年7月3日,而此时担保人已经代偿本金5570万元,故就债权本金而言已不存在行使破产抵销权的基础。上诉人在二审期间明确认可N公司已还清2012年10月21日之前的利息,其于2012年11月28日所扣划的430.56元系用于支付2012年10月21日至12月20日的利息。且从2012年11月28日扣款行为发生之后上诉人仍要求担保人偿付本金5570万元的情形来看,其当时所扣划的款项属于利息款。在原审法院已在(2015)温瑞商初字第1358号案件中扣减2012年10月21日至10月25日合计金额为38,533.34元的利息款的前提下,涉案款项430.56元实际为2012年10月26日之后的利息款。根据《企业破产法》第46条第2款的规定,附利息的债权自破产申请受理时停止计息,故本案上诉人对N公司的债权应于2012年10月26日起停止计息。故原审法院认定Z银行瑞安支行于2012年11月28日扣划N公司款项430.56元的行为属于无效行为并无不当。上诉人以此为由主张原判不当的上诉理由缺乏事实与法律依据,二审法院不予支持。综上所述,原审法院认定事实清楚,适用法律正确,程序合法,依照《民事诉讼法》第170条第1款第1项的规定,判决驳回上诉,维持原判。

专业释评

破产抵销权,是指对于破产人负有债务的破产债权人在破产人被宣告破产时,不论给付种类是否相同,或是否附有期限或解除条件,均得不依破产程序,将其对破产人的债权和债务予以抵销的权利。破产抵销权具有以下特征:第一,具有主体的特定性。破产抵销权是破产债权人的专有权利,权利主体只能是破产权人一方。第二,这种抵销权不受债务种类和履行期限的限制。第三,债务有时间限制。权利人主张抵销的债务,只能是破产宣告前他对破产人所负担的债务。为了维护破产债权人的共同利益,保证债权人公平地行使权利,法律对破产债权人行使破产抵销权的范围给予一定限制。通常,具有如下情形之一的,债权人不得行使破产抵销权:(1)破产债权人在破产宣告后,对破产财团负有债务的,不得主张抵销。(2)破产人的债务人在破产宣告后,取得他人破产债权的,不得主张抵销。(3)破产人的债务人已经得知破产人停止支付或者有破产申请而取得的债权,不得抵销。(4)破产人的债务人已经得知破产人停止支付或者有破产申请而对破产人所负责的债务,不得抵销。

就本案案例一而言,破产申请受理之后产生的三包费和定保费,Q公司主张抵销不符合法律规定,但在破产申请受理之前产生的三包费和定保费抵销符合法律规定。就案例二而言,M银行苏州分行对S公司的债务虽然发生在F集团破产申请之后,但该债务是M银行苏州分行与S公司于2013年8月6日签订的《开立保函协议》约定由S公司交纳保证金的原因而负担的,时间远在破产申请日(2015 年 8 月 27 日)一年之前。此行为表明并非 M 银行苏州分行明知 F 集团破产事实而恶意为之。就案例三而言,两级法院均认定 Z 银行瑞安支行于 2012 年 11 月 28 日扣划 N 公司款项 430.56 元的行为不属于破产抵销权的问题,而是属于扣划法院受理破产申请以后的债务企业的利息问题,由于该行为违法而被法院认定无效于法有据。

专题六　破产责任与清算

问题一　企业破产后的主体责任如何承担

案例　周某某与株洲T资产管理有限公司劳动争议纠纷案[①]

1 案情简介

上诉人(原审原告):周某某。

上诉人(原审被告):株洲T资产管理有限公司(以下简称T公司)。

法定代表人:李某某。

原审第三人:湖南省M集团有限公司(以下简称M集团)。

法定代表人:廖某某。

上诉人周某某因与上诉人T公司、原审第三人M集团劳动争议纠纷一案,不服株洲市芦淞区人民法院(2016)湘0203民初2009民事判决,向株洲市中级人民法院提起上诉。

2 当事人诉求

周某某的上诉请求:(1)要求撤销原审判决,依法改判支持其一审诉讼请求,应支持其医疗保险损失3000元、节假日加班费2760元(11天×260)、工资差额6300元、女工补贴1000元等各项费用13,000元。(2)判令被上诉人承担本案一审、二审诉讼费用。

T公司答辩认为:(1)其与周某某之间没有劳动关系,因此不应对周某某承担劳动法方面的义务。周某某诉称自2009年10月起从事相关工作,其于2015年才成立,用工主体不存在,因此双方不存在劳动关系。(2)女工补助在一审时并未提出,因此上诉时才提出不符合法律。(3)加班没有依据。(4)医保社保费用属于劳动行政部门的职责,而不属于人民法院审理范围。综上,认为上诉人周某某的上诉没有事实与法律依据,请求驳回上诉人周某某的上诉请求。

T公司的上诉请求:要求撤销原审判决,依法改判驳回对方一审诉讼请求。事实与理由:(1)上诉人与周某某之间并无法律意义上的劳动关系。(2)上诉人营业执照登记范围不含洗煤厂的经营。一审无事实依据认定洗煤厂的物业管理由T公司负责。(3)原判决无证据证明我方解除劳动关系,故上诉人要求T公司支付经济补偿金不合理,且起诉时并未提出,属于超诉请判决。(4)根据社会保险法的规定,缴纳社会保险应基于员工实际收入缴纳,一审却以现在的月工资2400元为基数计算不合理。

周某某答辩认为,不认可上诉人T公司的上诉理由,没有事实与法律依据。

---

① 株洲市中级人民法院(2017)湘02民终2154号。

M 集团陈述认同 T 公司的上诉请求和理由，不认可周某某的上诉请求和理由。

周某某向一审法院提出诉讼请求：(1) 被告赔偿原告 2009 年 10 月至 2015 年 9 月期间的社会保险费 120,000 元（按 20000 元/年的标准计算 6 年）；(2) 被告赔偿原告违法解除劳动关系的经济补偿金 8340 元（1390 元/月 ×6 个月）；(3) 被告赔偿原告 2014 年 10 月至 2015 年 9 月期间的双倍工资 16,680 元；(4) 被告赔偿原告加班工资 3000 元；(5) 被告赔偿原告带薪年休假工资 3000 元；(6) 被告赔偿原告因诉讼产生的各项费用 5000 元；(7) 判决第三人行使其职责和义务，督促被告赔偿原告各项费用。

3 一审法院观点

株洲市芦淞区人民法院认为，本案系劳动争议纠纷。本案争议的焦点为：(1) 被告 T 公司、第三人 M 集团是否应对原告的劳动争议诉请承担责任；(2) 原告周某某应当获得的赔偿数额。现分析如下：

（一）被告 T 公司、第三人 M 集团是否应对原告的劳动争议诉请承担责任

根据最高人民法院《关于审理劳动争议案件适用法律若干问题的解释（四）》第 5 条的规定，劳动者非因本人原因从原用人单位被安排到新用人单位工作，原用人单位未支付经济补偿，劳动者依照《劳动合同法》第 38 条规定与新用人单位解除劳动合同，或者新用人单位向劳动者提出解除、终止劳动合同，在计算支付经济补偿或赔偿金的工作年限时，劳动者请求把在原用人单位的工作年限合并计算为新用人单位工作年限的，人民法院应予支持。该条第 2 款第 1 项规定，劳动者仍在原工作场所、工作岗位工作，劳动合同主体由原用人单位变更为新用人单位，应当认定属于"劳动者非因本人原因从原用人单位被安排到新用人单位工作"。本案中，原告周某某自 2009 年 10 月起进入原株洲 X 厂生活小区从事物业管理工作，直至 2015 年 9 月 25 日离职。在此期间，原告周某某的工资曾由原 XM 物业、株洲 X 厂留守管理处发放，双方虽未签订书面的劳动合同，但根据原告提供的工资银行流水等证据，一审法院认为原告周某某与负责管理该生活区物业职能的企业形成了事实上的劳动关系。而根据原审法院查明的事实，原 XM 物业系湖南 T 能源有限公司的子公司，湖南 T 能源有限公司已破产终结；株洲 X 厂留守管理处系湖南 T 能源有限公司关闭破产终结后设立的留守机构；本案被告 T 公司于 2015 年 7 月 30 日注册登记，系由湖南省省属国有企业发展改革领导小组办公室于 2011 年 7 月 18 日批复成立的专门负责处理原湖南 T 能源有限公司关闭破产遗留问题的重组企业。另外，根据被告 T 公司向芦淞区人民政府报送的《关于洗煤小区物业管理等有关问题的函》及芦淞区人民政府的复函内容，一审法院确认原湖南 T 能源有限公司（株洲 X 厂）生活区的物业管理工作已由被告 T 公司具体负责，故本案被告 T 公司应当对原告主张的各项劳动争议诉请承担责任。原告未提供证据证明其与本案第三人 M 集团之间存在劳动关系，在劳动仲裁申请中也未要求 M 集团承担任何责任，故对于原告要求第三人 M 集团督促被告 T 公司赔偿原告各项费用的诉请，一审法院不予支持。

(二)原告周某某应当获得的赔偿数额问题

1. 关于被告是否需要赔偿原告社会保险费损失120,000元问题

《社会保险法》第10条规定,职工应当参加基本养老保险,由用人单位和职工共同缴纳基本养老保险费。用人单位有为职工缴纳基本养老保险费的义务。本案中,原告周某某在X厂生活区从事物业工作期间,用人单位未为其缴纳养老保险费,而原告自行缴纳了2009年9月至2015年9月的养老保险费35,419.6元,其中原告代用人单位按照12%的缴费比例缴纳2009年10月至2015年9月期间的养老保险费部分为20,960.64元。因此,原告应获得的养老保险损失为20,960.64元。

2. 关于被告是否需要向原告支付违法解除劳动关系的经济补偿金8340元问题

最高人民法院《关于审理劳动争议案件适用法律若干问题的解释》第13条规定,因用人单位作出的开除、除名、辞退、解除劳动合同、减少劳动报酬、计算劳动者工作年限等决定而发生的劳动争议,用人单位负举证责任。本案中,原告提出被告于2016年9月25日已将原告辞退,但未提交充分有效的证据予以证实,故原审法院对其上述辩称不予采信。一审法院结合庭审查明的事实及庭审中双方当事人的陈述,因原告自认其已于2016年9月26日开始未到X厂生活区上班,之后提起了劳动争议仲裁,要求被告支付经济补偿金,故一审法院确认原、被告双方的劳动关系已经因原告的行为而实际解除。《劳动合同法》第38条第1款第3项及第46条第1项规定,用人单位未依法为劳动者缴纳社会保险费的,劳动者可以解除劳动合同,用人单位应当向劳动者支付经济补偿。本案中,因被告未为原告购买社会保险,因此其应当向原告支付解除劳动合同的经济补偿金。因原告在解除劳动合同前12个月的平均工资1362.92元,结合原告的工作年限,计算出被告应当支付的经济补偿金数额为:8177.52元[1362.92元×6个月]。

3. 关于被告是否应向原告支付未签订书面劳动合同的双倍工资16,680元

根据《劳动合同法实施条例》第6条规定,用人单位自用工之日起超过1个月不满1年未与劳动者订立书面劳动合同的,自用工之日满1个月的次日起开始计算2倍工资。“二倍工资”中增加1倍的工资属于惩罚性赔偿的部分,不属于劳动报酬,适用《劳动争议调解仲裁法》第27条第1款的规定,即1年的仲裁时效。本案中,原告于2009年10月起在X厂生活区工作,故其应当于2011年10月前主张未签订书面劳动合同的双倍工资。因原告于2016年才申请劳动仲裁,故关于未签订书面劳动合同的双倍工资的诉情已过仲裁时效,原审法院不予支持。

4. 关于被告是否应向原告支付加班工资3000元、带薪年休假工资3000元、诉讼费用损失5000元问题

最高人民法院《关于审理劳动争议案件适用法律若干问题的解释(三)》第9条规定,劳动者应承担加班事实的举证责任;《民事诉讼法》第64条规定,当事人对自己提出的主张,有责任提供证据。本案中,原告周某某未向一审法院提交充分有效的证据证明其加班及未享受带薪年休假的事实,故对其要求支付加班费、带薪年休假工资的诉请,原审法院不予支持;对于原告提出的要求被告支付诉讼费用损失5000元的诉请,因未提供任何证据予以证明,也不属于

本案劳动争议的审理范围,因此一审法院不予支持。综上,依照《劳动法》第 72 条,《劳动合同法》第 7 条、第 38 条、第 46 条、第 47 条,《社会保险法》第 10 条、第 11 条,《劳动争议调解仲裁法》第 27 条,《劳动合同法实施条例》第 6 条、第 7 条、第 27 条,最高人民法院《关于审理劳动争议案件适用法律若干问题的解释》第 13 条,最高人民法院《关于审理劳动争议案件适用法律若干问题的解释(三)》第 9 条,最高人民法院《关于审理劳动争议案件适用法律若干问题的解释(四)》第 5 条与《民事诉讼法》第 64 条之规定,原审判决:1. 被告 T 公司于本判决生效之日起 10 日内支付原告周某某经济补偿金 8177.52 元、养老保险损失20,960.64元;2. 驳回原告周某某的其他诉讼请求。如果未按本判决指定的期间履行给付金钱义务,则依照《民事诉讼法》第 253 条之规定,加倍支付迟延履行期间的债务利息。

4 二审法院观点

株洲市中级人民法院认为,本案系劳动争议纠纷。二审中双方争议焦点为:(1)T 公司与周某某之间是否存在劳动关系,是否应对周某某的劳动待遇承担责任;(2)周某某要求 T 公司支付医保、社保、工资差额等补助有无事实与法律依据;对周某某的养老保险计算方式有无错误以及一审对周某某经济补偿支持的判决是否超诉讼请求范围。现作如下分析认定:

1. 根据最高人民法院《关于审理劳动争议案件适用法律若干问题的解释(四)》第 5 条的规定,本案中周某某一直在原工作场所、工作岗位工作,劳动合同主体由 XM 物业变更为 T 公司,变更后的新劳动主体仍应对周某某的劳动待遇等承担主体责任。一审认定符合法律规定,应予维持。上诉人 T 公司认定自己与周某某没有劳动关系,故不应承担主体责任的上诉理由不符法律规定,不能成立,二审法院不予采纳。

2. 最高人民法院《关于审理劳动争议案件适用法律若干问题的解释(三)》第 9 条规定,周某某提交的证据不足以证明其加班事实的存在,故一审未支持周某某的加班费诉讼请求正确,应予维持。关于医保费,因职工医疗保险费属于预交保险费不能实行补缴,故周某某要求 T 公司承担医保费的诉讼请求不符合法律规定,一审不予支持是正确的。周某某还上诉要求支持社保、工资差额的上诉请求,因一审对其应缴社保费、工资等费核查正确,并无不当,二审法院对该上诉请求不予支持。另外,一审对周某某的养老保险及经济补偿金计算核查正确,并无不当,故 T 公司认为一审对该项核查有误的上诉理由不能成立,二审法院不予采纳。

综上所述,一审法院认定事实清楚,审理程序合法,判处恰当,应予维持。

专业释评

根据我国《企业破产法》的规定，破产人无财产可供分配的，管理人应当请求人民法院裁定终结破产程序。人民法院应当自收到管理人终结破产程序的请求之日起 15 日内作出是否终结破产程序的裁定。裁定终结的，应当予以公告。管理人应当自破产程序终结之日起 10 日内，持人民法院终结破产程序的裁定，向破产人的原登记机关办理注销登记。至此，承担责任的主体已经不存在了，即使还有未结清的债，也不再承担。

但就本案而言，T 公司于 2015 年 7 月 30 日注册登记，系由湖南省省属国有企业发展改革领导小组办公室于 2011 年 7 月 18 日批复成立的专门负责处理原湖南 T 能源有限公司关闭破产遗留问题的重组企业。因此，T 公司应当承继原湖南 T 能源有限公司的权利义务及责任。

问题二　如何认定破产过程中的侵权责任

案例　萍乡市Q行业管理办公室与龙某冬等追偿权纠纷案①

1 案情简介

上诉人(一审被告):萍乡市Q行业管理办公室(以下简称市Q行办)。

法定代表人:吴某华,该办公室主任。

被上诉人(一审原告):龙某冬。

被上诉人(一审原告):龙某军。

被上诉人(一审被告):萍乡市N厂资产管理处(以下简称N厂资管处)。

代表人:姚某某,该处处长。

被上诉人(一审被告):萍乡市G有限责任公司(以下简称G公司)。

法定代表人:吴某某,该公司总经理。

被上诉人(一审被告):萍乡市N厂破产管理人。

代表人:吴某华,市Q行办主任。

上诉人市Q行办与被上诉人龙某冬、龙某军、N厂资管处、G公司、N厂破产管理人追偿权纠纷一案,萍乡市安源区人民法院于2013年4月16日作出(2013)安民初字第31号民事判决,市Q行办不服,向萍乡市中级人民法院提起上诉。法院于2013年10月25日作出(2013)萍民二终字第44号民事裁定,撤销一审判决,发回重审。萍乡市安源区人民法院另行组成合议庭,于2014年4月25日作出(2013)安民初字第1777号民事判决。判决宣判后,市Q行办不服,向萍乡市中级人民法院提起上诉。

本案具体情况是:龙某冬、龙某军因生产经营茶叶盒,于2011年3月24日与N厂签订一份厂房租赁合同。2012年2月13日,龙某冬、龙某军所租赁厂房内的提升机发生事故,从三楼坠落至一楼,造成龙某冬、龙某军聘请的工作人员一死一伤。事故发生后,龙某冬、龙某军为处理事故赔偿死者家属45万元,赔偿伤者(七级伤残)住院、治病费用和残疾赔偿金等款项304,926.9元,共计赔偿754,926.9元。龙某冬、龙某军使用的提升机是N厂停产多年未使用的机器。在龙某冬、龙某军租赁厂房时,该提升机升降洞口已用木板封住,N厂同意将木板拆除,将该提升机交给龙某冬、龙某军使用。

---

① 萍乡市中级人民法院(2014)萍民二终字第59号。

2 当事人诉求

龙某冬、龙某军提出,提升机事故还造成他们支付事故处理费3万元和停产损失5万元,共计经济损失834,926.87元。造成该事故的提升机是N厂的财产,因该厂破产,应由N厂资管处、市Q行办和G公司、N厂破产管理人承担其经济损失834,926.87元的60%即500,956.13元。N厂资管处、市Q行办、G公司均认为自己不应承担赔偿责任,因此引起本案纠纷。

一审判决后,一审判决宣判后,市Q行办不服,提起上诉称:(1)市Q行办并不是本案的适格被告。市Q行办虽然是N厂的主管单位,但该厂在破产前是独立的民事主体,应当以其全部财产独立承担民事责任,不能要求主管单位承担民事责任。N厂资管处是非法人临时性机构,其工作人员仅与市Q行办签订劳务协议,工资由市财政统一支付,市Q行办不是其主管单位。(2)市Q行办不应承担民事赔偿责任。N厂与龙某冬、龙某军签订租赁合同的法律责任应当由N厂承担,且承担责任的期限应当在N厂破产终结之前。在房屋租赁给龙某冬、龙某军之后,提升机的电机、提升筐、电线、钢缆均不存在,已经没有使用的功能和价值。龙某冬、龙某军自行组装后,未按《特种设备安全监察条例》的规定办理登记和检测,系违法使用,造成的损害后果依法应当由其承担。人员伤亡事故发生在N厂申请破产之后,破产程序终结之前,即便是N厂应当承担相应责任,龙某冬、龙某军也应当依法申报破产债权。现N厂破产还债一案已于2012年7月20日裁定终结破产程序,所有未清偿的债权均不再清偿。龙某冬、龙某军第一次主张权利的时间为2012年9月11日,即在破产程序终结之后,其主张的债权依法不受法律保护。因此,请求依法撤销一审判决,驳回龙某冬、龙某军的起诉。

被上诉人龙某冬、龙某军答辩称:(1)市Q行办是N厂的主管部门,且在N厂破产中是破产管理人之一,是本案适格的被告。(2)N厂破产管理人将有瑕疵的财产交给龙某冬、龙某军使用,且提升机属于特种设备,N厂破产管理人在交付提升机时应当进行检验,确保该特种设备没有瑕疵。发生提升机事故,N厂存在重大过错,应当承担赔偿责任。这种赔偿不是破产债权,而是侵权责任,市Q行办作为N厂的主管部门应当赔偿龙某冬、龙某军的经济损失。因此,请求驳回上诉,维持原判。

被上诉人N厂资管处答辩称,N厂资管处是2012年3月经市政府批准成立的非法人临时性机构,在提升机事故发生之后成立。N厂资管处的人员仅与市Q行办签订劳务协议,由市财政统一支付工资,收取的租金全部缴至财政专户,既不是N厂的财产所有人,也不是破产管理人,既无财产所有权也无财产支配权,不应承担民事责任。

被上诉人G公司答辩称,发生事故时G公司并未收购N厂的财产,G公司没有责任,一审判决认定事实清楚,请求二审法院维持G公司不承担民事责任的判决。

被上诉人N厂破产管理人未答辩。

3 一审法院观点

一审判决认为，N厂向萍乡市中级人民法院申请破产，萍乡市中级人民法院作出的关于宣告该厂破产和终结破产程序的民事裁定合法有效。N厂破产管理人与G公司所签订的国有资产收购协议合法有效。N厂在被宣告破产后，于2011年3月24日与龙某冬、龙某军签订房屋租赁合同，该合同中出租方是N厂，合同书上加盖N厂的公章，因该厂在被宣告破产后，不能进行经营性民事活动，其与龙某冬、龙某军签订的租房合同，不具有合法主体资格，该租赁合同无效。造成该合同无效的过错应由N厂承担。N厂同意提供租赁房屋内的提升机给龙某冬、龙某军使用，因该机长期停机未用，可能存在安全问题，出租方和承租方都应该知道。龙某冬、龙某军是该提升机的使用方，对提升机存在安全问题未足够重视，操作不当，对该事故的发生应负主要责任。龙某冬、龙某军提出的3万元事故处理费和5万元停产损失无证据证明，不予支持，其实际损失754,926.9元应自理60%。N厂是租赁房屋的出租方，提供多年未使用具有安全隐患的设备给龙某冬、龙某军使用，对该事故的经济损失应承担一定的责任，即对龙某冬、龙某军的损失754,926.9元承担40%的赔偿责任。因该事故发生在该厂破产期间，N厂现已破产，N厂资管处是在N厂破产期间成立的负责该厂财产管理机构，应承担该厂在本案中的赔偿责任。市Q行办是N厂的上级主管单位，是N厂资管处的行政主管单位。因N厂资管处不具备法人资格，不能独立承担民事责任；N厂破产管理人只负责企业在破产过程中履行职责，企业依法破产终结，破产管理人不需存在，不应承担本案民事责任；G公司在发生事故以后收购N厂破产财产，在发生事故时不是财产的所有权人，与该事故的发生和事故造成的经济损失没有关联性，不应承担赔偿责任。本案的民事责任应由N厂的主管单位即市Q行办承担。依照《侵权责任法》第85条、《民事诉讼法》第144条的规定，经该院审判委员会决定，判决：(1)市Q行办应在判决生效之日起10日内支付追偿损失款301,970.76元给龙某冬、龙某军。(2)驳回龙某冬、龙某军其他诉讼请求。

4 二审法院观点

萍乡市中级人民法院认为，本案的争执焦点是提升机事故的损失应当由谁承担。龙某冬、龙某军作为提升机的使用人，在明知提升机存在安全隐患的情况下，应当采取积极措施消除隐患，在获得特种设备监管部门的审批后才能使用设备。但龙某冬、龙某军疏于防范，没有严格按照规定使用设备，对提升机发生事故应负主要责任。N厂没有严格按照法律法规的要求履行职权，在出租提升机时没有明确告知对方当事人特种设备的安全隐患，违规出租存在安全隐患的特种设备，对提升机发生事故负有次要责任。一审判决认定龙某冬、龙某军承担60%民事责任，N厂承担40%民事责任的处理意见并无不当，二审法院对此予以支持。N厂在龙某冬、龙某军起诉时已经终结破产程序，其承担民事责任的主体资格已经终结，不再承担本案的民事赔偿责任。提升机事故发生在N厂破产期间，N厂资管处是在N厂破产期间成立的负责该厂财产的管理机构，应承担N厂在本案中的赔偿责任。因N厂资管处不具备法人资格，不能独立承担民事责任，应当由其上级主管单位市Q行办承担本案的民事责任。N厂破产管理人在企业破产过程中依法履行职责，企业依法破产终结，N厂破产管理人不再承担本案民事责任。G公司在事故发生之后收购N厂破产财产，在发生事故时不是财产的所有权人，与该次事故没有关联性，不应承担赔偿责任。因此，一审判决市Q行办承担赔偿责任并无不当。上诉人市Q行办提出其不是适格被告、不应承担民事赔偿责任的上诉请求不能成立，二审法院对此不予支持。依照《民事诉讼法》第170条第1款第1项的规定，经二审法院审判委员会讨论决定，判决如下：驳回上诉，维持原判。

专业释评

过错责任原则，是指当事人的主观过错是构成侵权行为的必备要件的归责原则。《民法通则》第106条第2款规定：公民、法人由于过错侵害国家的、集体的财产，侵害他人财产、人身权的，应当承担民事责任。

就本案而言，从责任承担主体的角度分析，由于N厂在龙某冬、龙某军起诉时已经终结破产程序，其承担民事责任的主体资格已经终结。提升机事故发生在N厂破产期间，N厂资管处是在N厂破产期间成立的负责该厂财产的管理机构，且对该财产的处理具有一定的过错，应承担N厂在本案中的赔偿责任，但由于N厂资管处不具备法人资格，不能独立承担民事责任，应当由其上级主管单位市Q行办承担本案的民事责任。N厂破产管理人在企业破产过程中依法履行职责，没有任何过错，企业依法破产终结，N厂破产管理人不再承担本案民事责任。因此，一审、二审判决市Q行办承担赔偿责任于法有据。

问题三　破产程序中担保人责任如何承担

案例一　浦江县Z小额贷款有限公司与费某某、张某某等保证合同纠纷案[①]

1 案情简介

上诉人(原审被告):费某某。

上诉人(原审被告):张某某。

被上诉人(原审原告):浦江县Z小额贷款有限公司(以下简称Z贷款公司)。

法定代表人:黄某胜,该公司董事长。

被上诉人(原审被告):浙江浦江H毛纺有限公司(以下简称H毛纺公司)。

法定代表人:朱某某。

被上诉人(原审被告):浙江T科技有限公司(以下简称T科技公司)。

法定代表人:费某某。

被上诉人(原审被告):朱某某。

被上诉人(原审被告):郑某某。

上诉人费某某、张某某为与被上诉人Z贷款公司、H毛纺公司、T科技公司、朱某某、郑某某保证合同纠纷一案,不服浙江省浦江县人民法院(2013)金浦商初字第2100号民事判决,向金华市中级人民法院提起上诉。

2 当事人诉求

Z贷款公司于2013年11月6日向一审法院提起诉讼,请求判令:(1)判令朱某某、郑某某、费某某、张某某共同偿还借款人民币本金100万元、利息76001元(利息计算至2013年11月6日,之后利息仍按合同约定计算至实际付清之日止);(2)由朱某某、郑某某、费某某、张某某互负连带清偿责任;(3)由H毛纺公司、T科技公司在1000万元的最高限额内承担连带清偿责任;(4)由H毛纺公司、朱某某、郑某某、T科技公司、费某某、张某某承担本案诉讼费用。

H毛纺公司、朱某某、郑某某在一审中共同辩称:H毛纺公司、朱某某、郑某某与Z贷款公司是达成过保证协议,但是该协议是为借款数额为300万元的贷款作保证,保证期限为7天,而该笔300万借款L公司已经归还给Z贷款公司,担保人的担保责任已经消除。本案中的L公司与Z贷款公司的借款合同所约定的时间为2013年3月27日至2014年3月27日,H毛纺公司、朱某某、郑某某未与Z贷款公司达成过上述合同条款,其在(2013)金浦商初字2098号

---

① 金华市中级人民法院(2015)浙金商终字第87号。

案件中提交的录音已证实,其与黄必明签的合同是空白合同,Z 贷款公司在未征得 H 毛纺公司、朱某某、郑某某的同意下,在空白处填写内容,故该合同不成立。Z 贷款公司的诉请没有法律依据,要求驳回 Z 贷款公司对 H 毛纺公司、朱某某、郑某某的诉讼请求。

T 科技公司在原审中辩称:Z 贷款公司根据诉状所述与 T 科技公司签订过担保合同,T 科技公司可以在合同有效且合法的情况下承担责任。Z 贷款公司与借款人之间的借款必须是事实的,借款金额、利息计算方式要符合法律规定。

费某某、张某某在原审中未到庭未作答辩。

3 一审法院观点

浙江省浦江县人民法院认为:Z 贷款公司与 L 公司之间的借款合同依法成立,鉴于一审法院已于 2013 年 9 月 10 日受理 L 公司的申请破产重整,该债权已经 L 公司破产管理人确认,故该笔债务的利息应计算至一审法院受理 L 公司的申请破产重整之日止。Z 贷款公司与 T 科技公司签订的最高额保证合同,合法有效,T 科技公司依约应承担连带责任保证,费某某、张某某据此作共同承担债务承诺,也应承担连带保证责任。而 Z 贷款公司与 H 毛纺公司签订的最高额保证合同,朱某某、郑某某签订的共同承担债务承诺,根据一审法院生效的(2013)金浦商初字第 2098 号民事判决已认定该合同无效。债权人、担保人朱某某、郑某某对签订最高额保证合同时都存在过错,其自身也应承担相应的责任。根据最高人民法院《关于适用〈中华人民共和国担保法〉若干问题的解释》第 7 条,主合同有效而担保合同无效,债权人担保人有过错的,担保人承担民事责任的部分,不应超过债务人不能清偿部分的 1/2。综上,Z 贷款公司诉讼请求的合理部分给审法院予以支持。费某某、张某某经一审法院合法传唤无正当理由未到庭参加诉讼,是对法律的不尊重和对自身诉讼权利的放弃,由此产生的法律后果,应由其自行承担,一审法院依法可缺席判决。鉴此,依照《民事诉讼法》第 144 条,《合同法》第 196 条、第 205 条、第 206 条、第 207 条,《担保法》第 18 条、第 21 条、第 31 条,《企业破产法》第 46 条,最高人民法院《关于适用〈中华人民共和国担保法〉若干问题的解释》第 7 条、第 44 条之规定,判决:(1)由 T 科技公司、费某某、张某某于本判决生效后 10 日内对 L 公司欠 Z 贷款公司借款本金人民币 1,000,000 元及利息(利息从 2013 年 7 月 16 日起按照合同约定年利率 24% 计算至 2013 年 9 月 10 日止)共同承担连带偿还责任。(2)由 H 毛纺公司、朱某某、郑某某赔偿上述款项中债务人不能清偿部分的 1/3。(3)H 毛纺公司、朱某某、郑某某、T 科技公司、费某某、张某某在承担上述保证责任后有权向 L 公司追偿。

4 二审法院观点

费某某、张某某不服原审法院上述民事判决,向金华市中级人民法院提起上诉称:(1)原审案由错误,本案非借款合同纠纷,而是担保合同纠纷,因此本案的案由应当是担保合同纠纷;(2)Z 贷款公司与借款人 L 公司已达成和解协议,并经原审法院认可,该和解协议一直在履行过程中，L公司破产程序未终结，原审法院也未作出破产程序终结的裁定，根据最高人民法院《关于适用〈中华人民共和国担保法〉若干问题的解释》第44条的规定，Z贷款公司向担保人主张担保责任不符合法律规定的条件，因此，原审法院判决担保人承担担保责任，法律适用错误；(3)担保人无法知晓L公司在和解协议后对涉案债务的清偿情况，原审法院对该部分事实未作审查的情况下，判决担保人承担全额担保责任，违反民法通则的公平原则，是错误的。综上，原审判决认定事实不清，证据不足，适用法律不当，请求撤销原判，依法予以改判。

Z贷款公司在二审中答辩称：原审法院认定事实清楚，证据确实、充分，请求维持一审判决。和解协议之后已经受偿的部分可以减掉，但担保责任还是应当承担。

H毛纺公司、朱某某、郑某某、T科技公司在二审中未作答辩。

二审法院认为：根据各方当事人的诉辩主张，二审法院对本案的争议焦点确定辨析如下：

第一，关于案由问题。

本案系因主债务人到期未履行债务，债权人向保证人主张权利而引发的保证合同纠纷，原审将本案案由确定为借款合同纠纷不当，应当予以纠正，上诉人提出本案案由定性错误的主张成立，二审法院予以支持。

第二，关于Z贷款公司能否提起本案诉讼的问题。

根据最高人民法院《关于适用〈中华人民共和国担保法〉若干问题的解释》第44条第1款“保证期间，人民法院受理债务人破产案件的，债权人既可以向人民法院申报债权，也可以向保证人主张权利”的规定，Z贷款公司在申报债权、参加破产程序的同时，可以要求上诉人承担保证责任。最高人民法院《关于适用〈中华人民共和国担保法〉若干问题的解释》第44条第2款规定“债权人申报债权后在破产程序中未受清偿的部分，保证人仍应当承担保证责任。债权人要求保证人承担保证责任的，应当在破产程序终结后六个月内提出。”该规定主要针对的是债权人就破产程序中未受清偿部分向保证人追偿的期限问题，并非禁止债权人在申报债权的同时向保证人主张权利，故Z贷款公司现提起本案诉讼并无不当，上诉人提出Z贷款公司在L公司破产程序未终结前向其主张担保责任系法律适用错误的主张，于法不符，二审法院不予支持。

第三，关于保证人如何承担保证责任的问题。

Z贷款公司与L公司之间的借款合同依法成立，鉴于原审法院已于2013年9月10日受理L公司的申请破产重整，该债权已经L公司破产管理人确认，故原审认定该笔债务的利息计算至该院受理L公司的申请破产重整之日止，依据充分。Z贷款公司与T科技公司签订的最高额保证合同，合法有效，费某某、张某某亦据此作共同承担债务承诺，原审认定T科技公司、费某某、张某某依约应对涉案债务承担连带保证责任正确。Z贷款公司与H毛纺公司签订的最高额保证合同，朱某某、郑某某签订的共同承担债务承诺，该合同已由生效判决认定为无效，原审根据债权人、保证人对签订最高额保证合同时都存在过错的情况，认定H毛纺公司、朱某某、郑某某赔偿涉案款项中债务人不能清偿部分的1/3，并无不当。考虑到主债务人破产程序尚未终结前，如果保证人先履行了保证责任，而债权人在破产程序中又获得了部分受偿，确有可能出现同一债务双重受偿的结果。若债权人在双重受偿后，未将双重受偿部分主动返还给保证人,亦可能会产生新的纠纷和诉讼。为了保证债权人担保债权的及时实现,同时又避免双重受偿等情况的发生,确认债权人向保证人主张的权利应当扣除债权人在债务人破产程序中可以分得的部分。因此,上诉人及T科技公司对Z贷款公司在L公司破产程序中未受清偿的部分承担连带还款责任,H毛纺公司、朱某某、郑某某应赔偿上述款项中债务人不能清偿部分的1/3。原审判决处理结果不当,应予纠正。依照《企业破产法》第46条,《担保法》第18条,最高人民法院《关于适用〈中华人民共和国担保法〉若干问题的解释》第7条、第20条第1款、第44条,《民事诉讼法》第170条第1款第2项、第175条之规定,判决如下:

(1)撤销浙江省浦江县人民法院(2013)金浦商初字第2100号民事判决。(2)由上诉人费某某、张某某、被上诉人T科技公司于本判决生效后10日内对被上诉人Z贷款公司在L公司破产程序中未受清偿的债权共同承担连带偿还责任(债权额为:人民币1,000,000元及该款自2013年7月16日起按照合同约定年利率24%计算至2013年9月10日止的利息,扣除破产程序中可以受偿的部分)。(3)由被上诉人H毛纺公司、朱某某、郑某某于本判决生效后10日内赔偿上述第2项款项中债务人不能清偿部分的1/3。(4)驳回Z贷款公司的其他诉讼请求。

案例二 W置业有限公司与R市人民政府等担保合同纠纷案①

1 案情简介

1993年9月18日,W公司与P水泥厂签订《中外合资经营水泥厂合同书》,主要内容为:(1)由W公司向P水泥厂投资2000万元作扩建30万吨转窑水泥生产线,投资款不计息。资金可以港币投入P水泥厂专款专用,不得将投资款作其他用途。(2)P水泥厂收到投资款后,以按月供水泥给W公司作抵还投资款及分红。R市政府、R市财政局在担保单位处加盖了公章,在R市政府印章的右边还加盖了陈某某的印章。

1993年9月26日,W公司与P水泥厂又签订一份《中外合资经营水泥厂合同书》,R市政府、R市财政局作为担保人在合同上加盖了公章,在R市政府印章的右边还加盖了陈某某的印章。1993年11月15日,该合同在R市公证处办理公证。

1993年12月13日,W公司与P水泥厂再次签订《中外合资经营水泥厂合同书》,R市政府、R市财政局没有在合同落款处加盖公章,在"R市人民政府签章"一栏有"陈某某"的签名。该合同未办理合同约定的公证手续。

上述三份合同均未经得R市经贸委或外经委的批准同意。

因P水泥厂未能如约履行合同约定的义务,其与W公司进行协商后,双方于1996年12月31日签订一份《延期归还应付未付代售水泥款合同书》,R市政府、R市财政局在合同担保单位一栏加盖印章。

同日,W公司和P水泥厂还签订了五份《延期归还应付未付代售水泥款合同书》,五份合

① 最高人民法院(2011)民四终字第40号。

同对相应的欠付利息的清偿期限、违约责任作了相应的规定,并约定P水泥厂及担保单位保证承担P水泥厂完成该合同条款至还清应计全部本息给W公司止。R市政府、R市财政局在合同担保单位一栏加盖印章。2002年,R市人民法院受理P水泥厂破产申请。2002年4月18日,R市人民法院依法裁定宣告P水泥厂破产还债。2003年11月26日,P水泥厂破产清算组作出《P水泥厂破产财产分配方案》,2005年4月20日,R市人民法院裁定宣告终结P水泥厂的破产程序,未得到清偿的债权不再清偿。

2 当事人诉求

W公司于2005年10月19日向罗定市人民法院起诉称:1993年年初,广东省肇庆市人民政府、R市政府对外招商引资,邀请W公司投资P水泥厂技改及新建转窑水泥生产线。R市政府、R市财政局先后为W公司与P水泥厂签订的《中外合资经营水泥厂合同书》以及《延期归还应付未付代售水泥款合同书》提供保证。W公司共向P水泥厂投资人民币(以下币种均为人民币)7500万元。P水泥厂破产清算组确认W公司债权金额为646,145,836.55元,W公司未获任何清偿。请求判令R市政府、R市财政局连带赔偿W公司经济损失1.98亿元,诉讼费用由R市政府、R市财政局承担。

3 一审法院观点

罗定市人民法院认为,本案双方当事人争议的问题为:(1)诉争担保行为发生的时间及法律适用;(2)两位保证人的民事责任认定。

一、关于诉争担保行为发生时间以及法律适用的问题

1993年9月18日、9月26日,R市政府、R市财政局均作为P水泥厂的担保人在诉争三份合同中的前两份合同上签章确认。诉争担保行为发生时间为1993年,系发生在《担保法》施行以前。根据法不溯及往原则,本案应当适用《民法通则》、最高人民法院《关于审理经济合同纠纷案件有关保证的若干问题的规定》等法律规定及司法解释认定上述三份合同的效力及责任承担问题。

最高人民法院《关于审理经济合同纠纷案件有关保证的若干问题的规定》第20条规定,"主合同无效,保证合同也无效,保证人不承担保证责任。但保证人知道或者应当知道主合同无效而仍然为之提供保证的,主合同被确认无效后,保证人与被保证人承担连带赔偿责任"。R市政府、R市财政局基于前述两份合同向W公司作出保证的意思表示真实,故在合同订立时依法成立。根据上述司法解释的规定,因诉争两份合同无效,故基于该两份合同而成立的保证关系亦无效,R市政府、R市财政局不承担保证责任。本案导致主合同无效的事由为主合同违反了我国有关金融法规,对此并无证据证明本案R市政府、R市财政局在订立合同时知道或者应当知道主合同无效,故R市政府、R市财政局依法亦不承担连带赔偿责任。

W公司在履行三份合同约定的出资义务之后,其与P水泥厂就三份合同下P水泥厂尚欠债务进行了确认,并于1996年12月31日就P水泥厂尚欠债务与P水泥厂订立了六份《延期归还应付未付代售水泥款合同书》,R市政府、R市财政局作为担保人在六份合同上签章确认。由于R市政府、R市财政局对前述两份合同不承担任何民事责任,故其对六份合同下P水泥厂的债务提供保证的行为应当视为另行设定一个新的保证关系。该保证行为发生于担保法施行之后,依法应当适用该法及相应司法解释来确定保证行为的效力以及R市政府、R市财政局的民事责任。

二、关于两位保证人民事责任的认定问题

《担保法》第5条规定,“担保合同是主合同的从合同,主合同无效,担保合同无效。担保合同另有约定的,按照约定。担保合同被确认无效后,债务人、担保人、债权人有过错的,应当根据其过错各自承担相应的民事责任”。本案六份合同是对原三份合同履行后产生的债务的确认。因前者是对后者法律关系的延续,故后者被确认无效,前者亦应归于无效。诉争六份合同为无效合同,R市政府、R市财政局为该六份合同提供的保证亦应当认定为无效。

《担保法》第8条规定,“国家机关不得为保证人,但经国务院批准为使用外国政府或者国际经济组织贷款进行转贷的除外”。R市政府、R市财政局为该六份合同提供的保证亦违反该法的禁止性规定,亦归于无效。本案中,R市政府、R市财政局作为国家机关,不具有担保的资格和能力,明知我国明令禁止国家机关担任保证人却仍对外提供担保,其对保证无效有过错。最高人民法院《关于适用〈中华人民共和国担保法〉若干问题的解释》第3条规定,国家机关和以公益为目的的事业单位、社会团体违反法律规定提供担保的,担保合同无效。因此给债权人造成损失的,应当根据《担保法》第5条第2款的规定处理。《担保法》第5条第2款规定,担保合同被确认无效后,债务人、担保人、债权人有过错的,应当根据其过错各自承担相应的民事责任。据此,R市政府、R市财政局对债务人P水泥厂不能清偿部分的1/3依法承担赔偿责任。

债权债务往来资料第7项明确,W公司向清算组申报的债权破产分配清偿率为零,清偿额为零。因此,R市政府、R市财政局作为保证人应承担的责任范围为本金47,161,910.19元及其利息之和的1/3。

4 最高人民法院观点

W公司不服原审判决,向最高人民法院提起上诉称:(1)原审法院对三份主合同定性有误。(2)R市政府、R市财政局应当承担连带赔偿责任。三份主合同的保证合同于合同订立时依法成立,由于担保行为发生时间为1993年,在《担保法》公布之前,有关保证合同的效力及责任承担问题应适用最高人民法院《关于审理经济合同纠纷案件有关保证的若干问题的规定》第20条的规定。即使认定主合同无效,保证合同相应无效,R市政府、R市财政局应当知道内地的有关金融法规,属于知道或应当知道主合同无效而仍然提供保证的情形,其应当承担连带赔偿责任。W公司是经R市政府党政负责人来香港招商引资而进入内地市场的,是在相信合同已办妥相关手续并经公证处公证的前提下依约汇入投资款的,为促进P水泥厂的建设已竭尽全力,W公司不存在任何过错。(3)原审法院对担保的债权金额认定错误。

R市政府、R市财政局不服原审判决，共同向最高人民法院提起上诉称：(1)R市政府、R市财政局依法不应承担本案赔偿责任。(2)本案已超过诉讼时效。

最高人民法院认为，上诉争议焦点之一为：R市政府、R市财政局担保行为的效力及责任的认定。

R市政府和R市财政局于1993年以保证人身份在三份《中外合资经营水泥厂合同书》中为债务人P水泥厂提供了担保。最高人民法院《关于适用〈中华人民共和国担保法〉若干问题的解释》第133条第1款规定："担保法施行以前发生的担保行为，适用担保行为发生时的法律、法规和有关司法解释。"R市政府和R市财政局保证行为发生于《担保法》施行前，应适用保证行为发生时的法律、法规及司法解释，不应适用《担保法》的有关规定。1996年，R市政府和R市财政局于《担保法》施行后在六份《延期归还应付未付代售水泥款合同书》再次作为保证人签字盖章，但内容是对前述保证合同项下部分保证义务的确认，并非重新设定保证责任，不应视为新的保证行为，而应将R市政府和R市财政局的保证行为作为一个延续的整体看待，统一适用《担保法》施行前的相关规定。

最高人民法院《关于审理经济合同纠纷案件有关保证的若干问题的规定》第20条规定："主合同无效，保证合同也无效，保证人不承担保证责任。但保证人知道或者应当知道主合同无效而仍然为之提供保证的，主合同被确认无效后，保证人与被保证人承担连带赔偿责任。"由于P水泥厂和W公司之间的主合同《中外合资经营水泥厂合同书》无效，R市政府和R市财政局的保证合同相应无效。保证人R市政府和R市财政局在主合同上签字盖章，对主合同内容是清楚知晓的，其应当知道企业之间的借贷或变相借贷违反内地有关金融法规属于无效合同，仍然为P水泥厂的债务提供担保，对于主合同无效导致保证合同无效，具有过错，本应当依法承担连带赔偿责任。但是本案中，R市政府和R市财政局的保证合同自身亦存在无效原因。最高人民法院《关于贯彻执行〈中华人民共和国民法通则〉若干问题的意见(试行)》第106条第2款规定："国家机关不能担任保证人。"R市政府和R市财政局的保证合同违反内地法律的禁止性规定而无效。W公司应当知晓内地法律禁止国家机关担任保证人，仍然接受R市政府和R市财政局的担保，其主观上也存在过错，亦应当承担保证合同无效的缔约过失责任。对于主合同导致保证合同无效以及保证合同自身同时存在无效原因的特殊情形下，应当如何认定保证人赔偿责任的范围，行为时的法律没有明确规定。根据《民法通则》第61条"民事行为被确认为无效或者被撤销后，当事人因该行为取得的财产，应当返还给受损失的一方。有过错的一方应当赔偿对方因此所受的损失，双方都有过错的，应当各自承担相应的责任"的无效民事行为之基本处理原则，当事人应当按过错程度各自承担保证合同无效的缔约过失责任。本案中，R市政府、R市财政局和W公司对保证合同的无效均具有过错且过错程度相当，根据三方当事人的过错程度与保证合同无效所致经济损失之间的因果关系，最高人民法院酌情确定R市政府和R市财政局应当各自对P水泥厂三份主合同项下不能清偿债务的部分向W公司承担1/3的赔偿责任。

关于P水泥厂不能清偿债务的金额。W公司和P水泥厂之间的主合同无效，P水泥厂应向W公司返还本金74,999,856.3元，扣除已经实际返还的款项26,925,117.17元以及实物水泥折抵款项912,828.94元,P水泥厂应向W公司返还本金47,161,910.19元以及实际占用资金期间的利息,利息应自本金分笔投入日按中国人民银行同期同类贷款利率计至P水泥厂破产宣告日2002年4月18日。W公司在P水泥厂破产程序中未获任何清偿,原审法院关于P水泥厂不能清偿债务金额的认定正确,最高人民法院予以确认。

专业释评

关于破产担保人的责任,涉及两个问题:一是担保人的责任范围,即利息的起算点问题;二是担保合同无效时,责任如何承担。

关于第一个问题,有两种观点。第一种观点认为,保证责任的范围应当与主债务人清偿的范围一致,保证责任的利息止点应当是破产申请受理时止。保证合同是主合同的从合同,具有从属性。主债务人破产时,债权人享有的主债权范围为破产债权,保证人的保证责任应当为该破产债权。附利息的债权自破产申请受理时起停止计息,主债务人承担的利息应当计算至破产申请受理时止。保证人承担责任的范围不应当超过主债务人承担责任的范围,保证人无须对宣告破产后的利息承担保证责任,即保证责任连带清偿责任的利息止点应当为破产申请受理时止;否则保证人对超过破产债权的清偿将丧失追偿权,于保证人不公平。第二种观点认为:保证责任的范围不因破产程序而减少。企业的破产程序,是一种概括式的集体清偿程序,程序终结后原有的债权债务关系归于消灭。《企业破产法》第46条第2款规定附利息的债权自破产申请受理时起停止计息,其立法精神是为了确定债权的具体数额,调整多个债权人之间的关系,进而进行公平清偿债权,而不是消灭了部分利息来减少保证人责任承担的范围。保证责任的范围应当依据保证合同而确定,保证责任的立法本意是为了在债务人不能履行债务时,确保债权的实现,保护债权人的权益。保证人承担全部的保证责任,是保证法律制度的应有之义,当然不能因为主债务人的破产而减少保证责任的承担范围。否则将出现主债务人破产,还有利于保证人,显然有悖于《担保法》的立法本意。故保证责任的范围应当以保证合同约定的范围承担责任,不因破产程序而减少清偿的范围。笔者同意第二种观点。

关于第二个问题,担保合同无效的处理,《物权法》第172条第2款和《担保法》第5条均规定:"担保合同被确认无效后,债务人、担保人、债权人有过错的,应当根据其过错各自承担相应的民事责任。"为此,最高人民法院《关于适用〈中华人民共和国担保法〉若干问题的解释》作了具体规定:

(1)在担保合同自身无效而主合同有效的场合,根据《关于适用〈中华人民共和国担保法〉若干问题的解释》第7条规定,可以分为以下两种情况:其一,主合同有效而担保合同无效,债权人无过错的,担保人与债务人对主合同债权人的经济损失,承担连带赔偿责任。其二,主合同有效而担保合同无效,债权人、担保人有过错的,担保人承担民事责任的部分,不应超过债务人不能清偿部分的1/2。

（2）在主合同无效导致担保合同无效的场合，《物权法》第172条第1款和《担保法》第5条第1款均规定，担保合同是主合同的从合同，主合同无效的，担保合同也无效，因此，担保合同因与主合同有从属关系而无效。此时担保人的责任问题，根据最高人民法院《关于适用〈中华人民共和国担保法〉若干问题的解释》第8条规定，分为以下两种情况：其一，主合同无效而导致担保合同无效，担保人无过错的，担保人不承担民事责任。其二，主合同无效而导致担保合同无效，担保人有过错的，担保人承担民事责任的部分，不应超过债务人不能清偿部分的1/3。

问题四　如何认定破产案件中的利息担保

案例一　中国G银行股份有限公司杭州萧山支行与杭州T涤纶有限公司等纠纷案[①]

1 案情简介

原告:中国G银行股份有限公司杭州萧山支行(以下简称G银行)。

负责人:王某,该支行行长。

被告:杭州T涤纶有限公司(以下简称T公司)。

法定代表人:施某某,总经理。

被告:湖州HJ聚合物有限公司(以下简称HJ聚合物公司)。

法定代表人:汪某某。

被告:诸某某。

原告G银行诉被告T公司、HJ聚合物有限公司、诸某某、周某某某保证合同纠纷一案,原告于2017年7月12日向杭州市萧山区人民法院起诉。

2 当事人诉求

原告向法院提出诉讼请求:(1)被告T公司、HJ聚合物公司、诸某某代杭州HJ纸业有限公司(以下简称HJ纸业公司)偿还贷款本金10,000,000元,支付利息75,022.22元(暂计算至2016年1月5日,此后利息按照法律及合同约定计算至实际履行之日止);(2)被告周某某某在继承周某某遗产的范围内对第1项付款义务承担连带责任。事实与理由:HJ纸业公司分别于2015年9月15日、2015年11月18日分别向原告借款200万元、800万元,T公司、HJ聚合物公司、周某某、诸某某为上述借款提供连带责任保证。届期,借款人HJ纸业公司及被告HJ聚合物公司、周某某、诸某某均未履行还款义务。2016年11月4日,被告周某某去世,其继承人周某某某亦未履行相应责任。

被告T公司辩称:借款人HJ纸业公司已破产,附利息的债权自破产申请受理时停止计息,因此原告不能对2016年1月5日后的罚息提出主张。且原告要求其承担保证责任,应在破产程序终结后6个月内提出。

被告诸某某辩称:其提供最高额保证无异议,但债权范围应以最高额为限。借款人HJ纸业公司已破产,原告不能对2016年1月5日后的罚息提出主张。且原告要求其承担保证责任,应在破产程序终结后提出。

---

① 杭州市萧山区人民法院(2016)浙0109民初11063号。

被告 HJ 聚合物公司、周某某某未作答辩。

3 法院观点

杭州市萧山区人民法院认为,案涉《综合授信协议》《流动资金贷款合同》《最高额保证合同》均依法成立并有效,各方当事人应当按照合同约定履行相应义务。HJ 纸业公司未按约归还本金,构成违约,T 公司、HJ 聚合物公司、诸某某、周某某应按照合同约定的保证方式和范围承担保证责任。周某某已死亡,应由其继承人以继承的遗产实际价值为限承担相应责任。现周爱玉、许金锡、周某某某均已放弃继承,对周某某基于保证责任所产生的债务不负偿还责任。另破产程序中的债务停息制度仅适用于破产企业,保证人的保证之责自破产申请受理日停止计息缺乏法律依据,且与保证制度的根本目的不符,保证之债应当继续计息,G 银行有权要求保证人对计算至实际履行日止的债务利息承担保证责任。因 G 银行在 HJ 纸业破产清算程序中已申报债权,为避免同一债务双重受偿,如案涉债务进入执行程序,执行时应扣除通过破产清算程序已受清偿的部分,且各保证人履行了保证义务后可以取代债权人的地位依法参与破产财产分配。综上所述,对 G 银行诉讼请求中的合理部分,杭州市萧山区人民法院予以支持。

案例二 陈某琼等与G银行股份有限公司龙岩分行金融借款合同纠纷案①

1 案情简介

上诉人(原审被告):陈某琼,龙岩 T 置业有限公司(以下简称 T 公司)法定代表人。

被上诉人(原审原告):G 银行股份有限公司龙岩分行(以下简称 G 龙岩分行)。

负责人:廖某某,行长。

原审被告:T 公司。

法定代表人:陈某琼,董事长。

原审被告:福建泉州 L 汽车服务技术开发有限公司(以下简称 L 公司)。

法定代表人:陈某,总经理。

原审被告:陈某英。

上诉人陈某琼因与被上诉人 G 龙岩分行、原审被告 T 公司、L 公司、陈某英金融借款合同纠纷一案,不服龙岩市新罗区人民法院(2017)闽 0802 民初 3037 号民事判决,向龙岩市中级人民法院提起上诉。

---

① 龙岩市中级人民法院(2017)闽 08 民终 1803 号。

2 当事人诉求

陈某琼上诉请求:请求撤销龙岩市新罗区人民法院(2017)闽0802民初3037号民事判决,并依法改判借款本金为1400万元或发回重审。

被上诉人G龙岩分行辩称:(1)本案系金融借款合同纠纷,答辩人的诉求是判令包括上诉人在内的保证人承担连带保证责任,即对借款人TR公司结欠答辩人的贷款本息履行连带清偿义务。而上诉人所主张的TR公司清偿84,643.65元的行为无效属破产纠纷,与本案无关,上诉人应另案主张。

(2)关于上诉状中的第二点,答辩人认为这只是上诉人的单方陈述,上诉人未提供任何证据予以证明。相反,答辩人一方面相信一审法院不会犯此错误,另一方面可以确定上诉人已收到了该案的诉讼材料。

(3)本案的借款人破产,是借款人自主进行的重整程序,与企业破产法规定的破产是不一致的,上诉人所主张的借款利息计算至2017年2月28日是没有法律依据的。

综上,上诉人的上诉无事实和法律依据。一审法院认定事实清楚、适用法律正确、程序合法,请二审依法判决驳回上诉,维持原判。

G龙岩分行向一审法院起诉请求:(1)判令T公司、L公司、陈某琼、陈某英连带清偿借款人TR公司结欠G龙岩分行的贷款本金13,915,356.35元、利息326,668.52元及自2017年5月3日起至款清之日止的罚息和复息(罚息以本金13,915,356.35元为基数,按年利率6.5349%计算;复息以利息326,668.52元为基数,按年利率6.5349%计算);(2)判令T公司、L公司、陈某琼、陈某英连带清偿G龙岩分行因本案而支付的律师代理费22,272元。诉讼中,G龙岩分行变更第一项诉请为:请求判令T公司、L公司、陈某琼、陈某英连带清偿借款人TR公司结欠G龙岩分行的贷款本金13,915,356.35元及截至2017年4月14日的利息297,446.2元(其中正常利息为294,840.11元、复利为2606.09元),并支付自2017年4月15日起至款清之日止、以本金13,915,356.35元为基数按年利率6.5349%计算的罚息及自2017年4月15日起至款清之日止、以294,840.11元为基数按年利率6.5349%计算的复息。

3 一审法院观点

龙岩市新罗区人民法院法院认为,G龙岩分行与TR公司签订的《流动资金借款合同》、与厦门TC集团有限公司、T公司、L公司、陈某琼、陈某英签订的《保证合同》均系各方当事人真实意思表示,其内容不违反法律与行政法规,合法有效,应受法律保护。TR公司在贷款后未按期足额还本付息,构成违约,G龙岩分行有权宣布贷款提前到期。2017年4月14日,G龙岩分行向TR公司送达《贷款提前到期通知书》,应认定为合同即时解除。诉讼中,G龙岩分行自愿放弃对TR公司和厦门TC集团有限公司的诉请,系其对自身权利的处分,不违反法律与行政法规,予以准许。同时,T公司、L公司、陈某琼、陈某英与G龙岩分行签订《保证合同》自愿为本案讼争借款本息及实现债权的费用提供连带保证责任担保,双方据此建立的保证关系合法有效。G 龙岩分行在保证期间诉请 T 公司、L 公司、陈某琼、陈某英对讼争借款本息及律师代理费承担连带清偿责任,具有事实与法律依据,亦予以支持。T 公司、L 公司、陈某琼、陈某英承担保证责任后,有权向 TR 公司追偿。T 公司、L 公司、陈某琼、陈某英经传票传唤无正当理由拒不到庭参加诉讼,视为放弃诉讼权利,依法缺席审理和判决。

综上所述,G 龙岩分行诉请有理,予以支持。依照《合同法》第 45 条第 1 款、第 205 条、第 206 条、第 207 条,《担保法》第 18 条、第 31 条,《民事诉讼法》第 13 条第 2 款、第 144 条规定,判决:1. T 公司、L 公司、陈某琼、陈某英对 TR 公司截至 2017 年 4 月 14 日尚欠 G 龙岩分行的本金 13,915,356.35 元及相应利息[计算方式:(1)截至 2017 年 4 月 14 日的利息 297,446.2 元(其中正常利息为 294,840.11 元、复利为 2606.09 元);(2)自 2017 年 4 月 15 日起至款清之日止,以 13,915,356.35 元为本金,按年利率 6.5349% 计算的罚息;(3)自 2017 年 4 月 15 日起至款清之日止,以 294,840.11 元为本金,按年利率 6.5349% 计算的复利]承担连带清偿责任。T 公司、L 公司、陈某琼、陈某英承担保证责任后,有权向 TR 公司追偿。2. T 公司、L 公司、陈某琼、陈某英对 TR 公司尚欠 G 龙岩分行因本案支出的律师代理费 22,272 元承担连带清偿责任。T 公司、L 公司、陈某琼、陈某英承担保证责任后,有权向 TR 公司追偿。

4 二审法院观点

龙岩市中级人民法院认为,根据《企业破产法》第 46 条第 2 款的规定,附利息的债权自破产申请受理时起停止计息。本案被上诉人 G 龙岩分行对主债务人 TR 公司的债权属于附利息的债权,在 TR 公司的破产申请被人民法院受理后,利息应停止计算,因此,G 龙岩分行只能对 TR 公司主张至 2017 年 2 月 28 日止的债权本息 14,135,619.40 元,相应地其也只能在该范围内向上诉人等担保人主张担保责任,上诉人陈某琼提出的该上诉理由成立,二审法院予以支持。但上诉人提出债务人 TR 公司在破产立案后于 2017 年 3 月 14 日向被上诉人清偿 84,643.65元,该债务清偿行为无效。二审法院认为,债务人在法院破产立案后的清偿并不必然的无效,是否予以追回由管理人行使权利,且该清偿行为并不影响上诉人的权益,只会减少其应承担的保证责任,其以该理由提出上诉明显不足,二审法院不予支持。

综上所述,一审判决认定事实清楚,但适用法律不当,二审法院予以纠正,上诉人陈某琼的上诉理由部分成立,对成立部分二审法院予以支持。T 公司、L 公司、陈某英经本院传票传唤无正当理由拒不到庭参加诉讼,依法缺席审理和判决。依照《民事诉讼法》第 144 条、第 170 条第 1 款第 2 项之规定,判决如下:(1)维持龙岩市新罗区人民法院(2017)闽 0802 民初 3037 号民事判决第 2 项。

(2)变更龙岩市新罗区人民法院(2017)闽 0802 民初 3037 号民事判决第 1 项为:T 公司、L 公司、陈某琼、陈某英对 TR 公司截至 2017 年 2 月 28 日尚欠 G 龙岩分行的借款本息共计 14,135,619.40 元承担连带清偿责任。T 公司、L 公司、陈某琼、陈某英承担保证责任后,有权向 TR 公司追偿。

(3)驳回 G 龙岩分行的其他诉讼请求。

案例三　东莞Z线缆有限公司等与P银行股份有限公司深圳宝安支行借款合同纠纷案[①]

1　案情简介

上诉人(原审被告):东莞Z线缆有限公司(以下简称Z线缆公司)。

法定代表人:叶某某。

管理人代表:廖某某,东莞市Q律师事务所律师。

管理人代表:高某某,东莞市Q律师事务所律师。

上诉人(原审被告):T有限公司(以下简称T公司)。

法定代表人:杨某某。

被上诉人(原审原告):P银行股份有限公司深圳宝安支行(以下简称P银行)。

法定代表人:赵某某。

原审被告:东莞市R电子科技有限公司(以下简称R电子公司)。

法定代表人:叶某某。

原审被告:叶某某。

上诉人Z线缆公司、T公司因与被上诉人P银行,原审被告R电子公司、叶某某金融借款合同纠纷一案,上诉人不服广东省深圳市宝安区人民法院(2014)深宝法民二初字第3081号民事判决,向深圳市中级人民法院提出上诉。

2　当事人诉求

上诉人Z线缆公司不服一审判决,向深圳市中级人民法院提起上诉,上诉请求:请求二审人民法院依法撤销(2014)深宝法民二初字第3081号《民事判决书》的第1项判决,改判利息、罚息及复利的计算时间截至2015年6月30日。理由:《企业破产法》第46条第2款规定,附利息的债权自破产申请受理时起停止计息。根据《企业破产法》第2条、第7条、第12条的规定,破产程序包括重整、和解、破产清算三种程序,原审判决错误地认为破产重整不属于破产,很明显是对《企业破产法》的理解错误。并且Z线缆公司破产重整案债权人会议已经审核并通过了P银行截至2015年6月30日的利息、罚息和复利,P银行未对该决议提出异议,也未向受理破产申请的东莞市第一人民法院提起诉讼。请求二审法院依法改判。

上诉人T公司不服原审判决,向深圳市中级人民法院提起上诉,上诉请求:(1)请求依法撤销(2014)深宝法民二初字第3081号民事判决书之第2项;(2)请求依法判令上诉人无须承担本案全部诉讼费用;(3)请求认定三方协议无效。

被上诉人P银行辩称:一审判决认定事实清楚,适用法律正确,恳请二审法院驳回上诉,维

---

① 深圳市中级人民法院(2016)粤03民终18358号。

持原判。

3 一审法院观点

广东省深圳市宝安区人民法院经审理认为:本案是金融借款和由此引发的担保合同纠纷。P银行与Z线缆公司、T公司签订的《合作协议书(担保提货模式)》、P银行与Z线缆公司签订的《综合授信额度合同》、P银行与R电子公司、叶某某签订的《最高额保证担保合同》,均系当事人真实意思表示,没有违反法律和行政法规的强制性规定,合法有效。P银行为Z线缆公司垫付票款后,一审被告未予偿还,应依约承担还款责任。Z线缆公司对欠款本金无异议,原审法院对P银行诉请Z线缆公司偿还本金的主张予以支持,即Z线缆公司立即向P银行支付银行承兑汇票垫款人民币1350万元及相应的罚息。Z线缆公司管理人主张,根据我国《企业破产法》第46条之规定,附利息的债权自破产申请受理时停止计息,因此,罚息应计算至Z线缆公司破产申请受理之日止。一审法院认为,因Z线缆公司尚处重整阶段,未进入破产程序,且Z线缆公司存在重整成功的可能,因此,原审法院对Z线缆公司管理人的主张不予支持。若Z线缆公司重整不成功进入破产程序,则Z线缆公司的主张可在破产程序中主张。R电子公司、叶某某对《综合授信额度合同》项下Z线缆公司所应承担的包括本金、利息、实现债权费用在内的全部债务提供连带责任保证,P银行有权据此要求R电子公司、叶某某承担连带清偿责任。R电子公司、叶某某在承担保证责任后,均有权向Z线缆公司追偿。R电子公司主张,该担保未经过R电子公司股东会的同意,属无效,一审法院不予采纳。公司对外担保是否经过股东会同意,属公司内部行为,不能对公司的对外担保行为效力产生影响,因此,一审法院对R电子公司的主张不予支持。

4 二审法院观点

深圳市中级人民法院认为,本案系金融借款和由此引发的担保合同纠纷。二审法院确定二审争议焦点之一为:Z线缆公司所欠款项的罚息、利息、复利的计算时间是否应截至2015年6月30日即法院裁定受理Z线缆公司重整申请之日。

《企业破产法》第46条第2款规定,附利息的债权自破产申请受理时起停止计息。根据《企业破产法》第2条、第7条、第12条的规定,破产程序包括重整、和解、破产清算三种程序,故原审认为Z线缆公司尚处重整阶段,未进入破产程序系对法条的理解有误。东莞市第一人民法院于2015年7月1日受理了Z线缆公司的重整申请,即受理了Z线缆公司的破产申请,有关罚息、利息、复利等均应计算至2015年6月30日。Z线缆公司上诉理由成立,二审法院予以支持。P银行关于“《企业破产法》第46条第2款关于破产债权停止计息的规定规范的是破产债权申报,其目的是固定破产债权,并非消灭破产申请受理日之后的利息债权”的主张没有法律依据,二审法院不予支持。

案例四　H银行股份有限公司江城支行与上海L包装材料科技股份有限公司等金融借款纠纷案[①]

1 案情简介

上诉人(原审被告):上海L包装材料科技股份有限公司(以下简称L公司)。

法定代表人:王某,L公司董事长。

被上诉人(原审原告):H银行股份有限公司江城支行(以下简称H银行江城支行)。

负责人:杨某某,H银行江城支行行长。

被上诉人(原审被告):浙江D公司(以下简称D公司)。

法定代表人:张某某。

被上诉人(原审被告):王某德。

被上诉人(原审被告):王某斌。

2014年11月21日,H银行江城支行(贷款人)和D公司(借款人)签订《H银行借款合同》,约定:贷款金额5000万元;贷款利率为月利率5.0‰;贷款本金到期一次性归还,利息按季度计息,到期利随本清;贷款期限自2014年11月10日起至2015年6月30日止;D公司未按约定期限归还借款,H银行江城支行对逾期的借款从逾期之日起按逾期贷款罚息利率计收利息,逾期贷款罚息利率在约定贷款利率水平上加收50%;D公司未按时支付利息的,H银行江城支行对D公司未按时支付的利息从欠息日起按逾期贷款罚息利率计收复息。同日,L公司与H银行江城支行签订《最高额保证合同》一份,约定了L公司为债务人D公司于2014年11月10日至2015年11月7日期间在最高融资余额5500万元内提供连带责任保证。王某德、王某斌分别向H银行江城支行出具了《融资担保书》,为D公司向H银行江城支行的该笔贷款提供连带责任保证担保。

2015年5月26日,桐乡市公安局对王某德等人职务侵占等犯罪嫌疑予以立案侦查。为本案诉讼,H银行江城支行向浙江T律师事务所支付律师代理费666,000元。

2 当事人诉求

2015年4月9日H银行江城支行起诉称,2014年11月21日,H银行江城支行与D公司签订《借款合同》一份,约定借款金额5000万元,借款期限从2014年11月10日至2015年6月30日止,借款利率为月利率5‰,利息按季支付,逾期贷款利率为本合同约定的贷款月利率5‰的水平上加收50%。同日,H银行江城支行与L公司签订《最高额保证合同》,对该借款提供保证担保。王某德、王某斌向H银行江城支行出具《融资担保书》,对该借款提供保证担保。现因D公司未按合同约定支付借款利息,已构成违约。根据合同的约定,H银行江城支行有

---

① 浙江省高级人民法院(2015)浙商终字第151号。

权提前收回已发放的贷款,要求D公司归还借款本金及利息。同时,要求L公司、王某德、王某斌履行连带保证责任。请求:D公司归还本金5000万元及利息504,528.56元(暂从2014年12月21日起至2015年3月26日,2015年3月27日以后至归还本金之日止的利息,按合同约定计算),D公司支付律师费666,000元,L公司、王某德、王某斌对上述诉讼请求承担连带保证责任,本案的诉讼费用由四被告承担。

L公司原审答辩称:(1)L公司是D公司的股东之一,D公司的另一股东是王某斌,D公司实际控制人是王某斌和王某德。L公司于2013年6月通过股权收购获得D公司60%的股份,公司实际由王某德和王某斌负责,2014年年底,L公司在对D公司审计时发现有问题,经调查发现王某斌和王某德有犯罪嫌疑,L公司于4月21日向桐乡市公安局报案,公安机关认为王某斌和王某德通过和关联公司虚假交易、虚开发票等方式侵占D公司的财产,公安机关于同年5月26日立案侦查。本案的贷款与王某德的犯罪行为有关,应根据相关法律规定中止审理,待刑事案件查明后再审理本案。(2)本案的律师费偏高。(3)在查明前述事实的基础上,如果H银行江城支行依法发放款项,D公司依约使用贷款,L公司才承担担保责任。(4)本案H银行江城支行应进一步举证证明D公司已收到款项并依约使用款项。

一审判决后,L公司向法院提起上诉称:(1)2015年4月,L公司对王某斌、王某德等人以涉嫌职务侵占、合同诈骗、骗取银行贷款、虚开增值税发票等多项罪名向桐乡市公安局报案。在查清初步犯罪事实的情况下,2015年5月26日,桐乡市公安局已对王某德等人涉嫌职务侵占等犯罪立案侦查,对王某斌、王某德涉嫌挪用资金、骗取贷款犯罪行为继续予以侦查。根据最高人民法院《关于审理民事纠纷案件中涉及经济犯罪嫌疑若干问题的处理意见》和《关于在审理经济合同纠纷案件中涉及经济犯罪嫌疑若干问题的规定》,本案应裁定驳回H银行江城支行起诉,或中止审理,将犯罪线索移送公安机关,等刑事程序终结后再恢复审理。(2)L公司的担保范围仅限于H银行江城支行与D公司之间实际已发生的且符合法律及合同约定的债务,但涉案贷款事宜涉嫌骗取贷款,且H银行江城支行未举证证明贷款已受托支付给D公司交易方,并对交易材料尽到审慎审查义务,故L公司不应对5000万元流动资金借款本金及利息承担保证责任。(3)D公司已于2015年10月15日由桐乡市人民法院裁定受理破产清算申请,根据破产法、担保法的有关规定,应当先中止审理,待主债务人D公司破产清算的最终事实确定后,再继续设立本案。且H银行江城支行向L公司主张权利应当以破产程序中未受清偿的部分为限,债务利息只应当计算到D公司被宣告破产之日。请求:(1)本案因涉嫌经济犯罪,裁定驳回H银行江城支行起诉,或中止审理,将犯罪线索移送公安机关,或改判驳回H银行江城支行的诉讼请求或发回重审;(2)因D公司已被裁定受理破产清算,请求裁定中止审理,且H银行江城支行向L公司主张的权利应当以破产程序中未受清偿的部分为限,债务利息只应当计算到D公司被宣告破产之日;(3)一审、二审诉讼费用由H银行江城支行承担。

被上诉人H银行江城支行答辩称:(1)H银行江城支行与D公司签订的《借款合同》,与L公司签订的《最高额保证合同》,王某德、王某斌之间签订的《融资担保书》均合法有效。(2)对桐乡市公安局以王某德涉嫌职务侵占罪进行立案侦查,该案与本案无任何关联性,并未涉及相关的金额认定。(3)D 公司的控股股东为 L 公司和王某斌，L 公司占 D 公司 60% 的股份，且法定代表人张某某系 L 公司的董秘，本案所涉借款均由 L 公司董事会决定，为 D 公司提供担保。(4)虽桐乡市人民法院已受理 D 公司的破产清算申请，但无须中止本案审理，应当继续审理本案。请求驳回上诉，维持原判。

3 一审法院观点

一审法院审理认为，案涉《借款合同》及《最高额保证合同》、融资担保书系各方当事人真实意思表示，应当有效，各方当事人均应受其约束。现 H 银行江城支行已依约向 D 公司发放贷款，D 公司未能按期归还贷款本息，已构成违约，D 公司应承担相应的还本付息违约责任，故 H 银行江城支行诉请要求 D 公司归还借款本金 5000 万元、利息 504，528.56 元（暂计至 2015 年 3 月 26 日，自 2015 年 3 月 27 日起至本金归还日的利息按合同约定利率计算）合法有据，予以支持。D 公司亦应依约支付 H 银行江城支行为实现债权而支出的律师费。L 公司、王某德、王某斌自愿对 H 银行江城支行向 D 公司借款承担连带保证责任，故 L 公司、王某德、王某斌应对上述债务承担连带清偿责任。至于 L 公司所主张的王某德涉嫌犯罪问题，因现有证据材料未能表明王某德涉嫌犯罪情形与本案金融借款合同纠纷事实系同一事实，故 L 公司的该抗辩事由依据不足，不予支持。据此，判决：1. D 公司于判决生效之日起 10 日内归还 H 银行江城支行借款本金 5000 万元，并支付 H 银行江城支行利息504，528.56元（暂计至 2015 年 3 月 26 日，自 2015 年 3 月 27 日起至本金归还日止的利息按合同约定利率另行计算）。2. D 公司于判决生效之日起 10 日内归还 H 银行江城支行律师费 666，000 元。3. L 公司、王某德、王某斌对 D 公司的上述第一、二项债务承担带清偿责任。如果未按判决指定的期间履行给付金钱义务，应当依照《民事诉讼法》第 253 条之规定，加倍支付迟延履行期间的债务利息。

二审中，L 公司提交两份新证据：(1)受案回执。证明 D 公司的实际经营人王某斌、王某德因涉嫌职务侵占罪被公安机关侦查，本案涉及经济犯罪应当依法裁定驳回起诉或依法裁定中止审理。(2)民事裁定书。证明 D 公司已被桐乡市人民法院裁定受理破产清算，本案应当中止审理。待主债务人 D 公司破产清算的最终确定后，再继续审理本案。H 银行江城支行向 L 公司主张的权利应以破产程序中未受清偿部分为限，债务利息应当计算到主债务人被宣告破产之日。对此，H 银行江城支行质证认为：(1)对受案回执的真实性、合法性无异议，但对关联性有异议。受案回执仅仅是报案人向公安机关的陈述，最终涉嫌何种犯罪应当由公安机关进行侦查，同时由法院确定，故该证据与本案无关。(2)民事裁定书真实性、合法性没有异议，对关联性有异议。破产民事裁定书的出具并不意味着必须中止审理本案。双方之间签订了《最高额担保合同》，应当承担至本金归还之日止的利息，虽然 D 公司已被裁定破产，但并不代表 L 公司不承担连带责任，连带责任是独立请求，且在合同中已明确约定。H 银行提交两份证据：(1)L 公司对外担保的公告（网上下载）证明本案所涉贷款经 L 公司董事会决议，L 公司知道该贷款情况。(2)张某某名片，证明 D 公司的法定代表人张某某是 L 公司的副总裁以及董事会秘书。整个贷款过程 L 公司明知，且掌控资金款项的往来。对此 L 公司质证认为：

(1)对外担保公告的真实性有异议,对其待证事实也有异议。L公司作为上市公司对其担保情况有对外披露义务,但并未证明L公司对所有的资金往来情况知晓,L公司对外担保情况是在受骗的情况下产生。(2)对名片的真实性、合法性、关联性均有异议。根据公安机关侦查情况,以及王某斌、王某德的陈述,D公司的实际控制人是王某斌、王某德,张某某签字完全是因为对方的要求,其对任何资金情况均不知晓。

L公司于2015年12月7日递交《调取证据申请书》一份,申请本院调取桐乡市公安局经侦大队正在侦查的D公司实际经营人王某德、王某斌等人涉嫌职务侵占、骗取贷款、挪用资金等犯罪一案中的相关证据,认为王某德、王某斌等人利用D公司骗取贷款的犯罪事实与本案的审理结果有直接影响。一审法院根据L公司的申请,一审法院于2016年1月16日前往桐乡市公安局经侦大队进行调查,桐乡公安局的立案决定书中注明已对两项犯罪,即"王某德、徐某某涉嫌挪用资金罪""D公司、王某德涉嫌虚开增值税发票"进行侦查,并未对L公司陈述的骗取贷款罪进行立案调查。一审法院复制本案相关立案决定书两份:1. 桐乡市公安局于2015年5月26日作出立案决定书[桐公(经)立字(2015)29号],对王某德、徐某某涉嫌挪用资金案立案侦查。2. 桐乡市公安局于2015年6月23日作出立案决定书[桐公(经)立字(2015)37号],对D公司及王某德虚开增值税专用发票案立案侦查。对此,L公司发表意见认为:对该两份立案决定书的真实性、合法性、关联性均无异议。但对关联性补充意见认为,桐乡市公安局给予L公司立案告知书上写明"王某德等人职务侵占等犯罪,且公安机关对于贷款诈骗等进行了实质性侦查。H银行江城支行认为对真实性、合法性、没有异议。但对关联性有异议,挪用资金、虚开增值税发票,属于D公司的内部管理问题,与本案无任何关联"。

一审法院对上述证据的认证意见为:对于L公司提交的受案回执与民事裁定书真实性予以认可,但受案回执系公安给予报案人的受理通知,具体立案决定应以公安机关立案决定书为准。对于H银行江城支行提供的L公司公告以及张某某名片,因真实性无法确认不予认定。对于一审法院调取的两份立案决定书证据资格予以确认。

4 二审法院观点

浙江省高级人民法院认为,本案的争议焦点为:(1)L公司是否应就案涉债务承担担保责任;(2)债务利息是否应计算至D公司被宣告破产之日。现评析如下:

H银行江城支行已按照借款合同约定于2014年11月21日将5000万元汇入D公司账户,应认定款项已经实际发放。L公司应就案涉款项承担担保责任。

关于债务利息的计算,根据《企业破产法》第46条第2款规定附利息的债权自破产申请受理时起停止计息,然而该规定仅针对债务人企业,在本案中即为D公司。L公司作为担保人,其担保范围在《最高额保证合同》第5条第1款进行了明确约定,应包含主合同项下的全部本金、利息、复息、罚息、违约金、赔偿金、实现债权和担保权利的费用和所有其他应付费用,故对L公司关于其所承担的债务利息应计算至破产宣告之日起的上诉请求不予准许。

综上所述，原判认定事实清楚，适用法律正确。依照《民事诉讼法》第170条第1款第1项、第144条之规定，判决如下：驳回上诉，维持原判。

案例五　成都M实业有限公司等与西昌X公司等委托贷款合同纠纷案①

1　案情简介

（一）贷款事实。2005年4月19日，M公司、西昌X公司、P银行成都分行三方签订了一份编号为CDWD2005001的《委托贷款合同》并办理了公证。该合同约定：西昌X公司通过P银行成都分行向M公司借款9300万元，借款期限从2005年4月19日起至2006年10月18日止，贷款年利率为10.2%，贷款用途为资金周转。

（二）担保事实。2005年4月11日，C科技作出董事会决议，同意为西昌X公司、M公司订立的《委托贷款合同》项下所涉9300万元债务及相关利息等提供连带保证担保，并以其所有的位于成都市青羊区×××街65号的综合楼为上述债务提供抵押担保。

2005年4月，M公司与CX公司签订一份《股权质押及担保合同》。在该合同中，CX公司自愿对《委托贷款合同》项下西昌X公司的9300万元债务承担连带担保责任，担保范围为9300万元贷款本息、违约金、损害赔偿金、质物保管费用和实现质权的律师费、诉讼费及其他相关费用，并以其所拥有的D公司1983.6万股权在1240万元范围内向M公司质押，质押的存续期限自股权质押登记之日起至西昌X公司全部债务清偿完毕后终止。

2004年11月16日，F公司与西昌X公司签订《甘孜州康定县×××铅锌矿探矿权、采矿权转让协议》（以下简称《转让协议》），该协议主要约定：（1）F公司同意以其持有的×××铅锌矿探矿权（证号：510××0231）、采矿权（证号：510××0356）、矿山专用公路、征用的全部土地、300吨选厂全部配套工艺设备、设施、场地、建筑物、高压供电线路、供水管线及其他附属设施设备的产权作价转让给西昌X公司，经双方协商作价为3500万元，以1∶1比价，合计折合总股本3500万股；（2）F公司同意转让总股本的80%即2800万股给西昌X公司；（3）本协议签字之日，双方即办理产权、证照变更和财产移交手续等。

上述《委托贷款合同》《股权质押及担保合同》《房地产抵押及担保合同》均到公证机关办理了公证。

西昌X公司于2008年9月26日经四川省凉山州中级人民法院以（2008）川凉中民破字第3号《民事裁定书》受理进入破产清算程序。M公司作为债权人已于2008年10月10日向西昌X公司全额申报了债权。

---

① 最高人民法院（2010）民二终字第132号。

2 当事人诉求

2010年5月24日,M公司诉至原审法院,请求:(1)判令被告P银行成都分行和第三人西昌X公司共同归还M公司委托贷款本金人民币9300万元及相应利息(从2005年4月19日起暂计至2009年6月30日的利息共计39,972,950元)。(2)判令被告C科技、CX公司对上述债务承担连带保证责任。(3)判令M公司对CX公司持有的D公司1983.6万股股权享有质权,并对该股权被处置后所得价款在P银行成都分行和西昌X公司所欠M公司债务范围内享有优先受偿权。(4)判令M公司承接西昌X公司与F公司签订的《转让协议》项下的西昌X公司的全部权利和义务,并享有前述转让协议项下的康定县×××铅锌矿探矿权、采矿权所包含的全部权利;同时判令F公司协助M公司办理上述探矿权、采矿权的过户变更事宜。(5)本案的诉讼费、保全费用由各被告承担。

3 一审法院观点

四川省高级人民法院经审理认为:本案系一起委托贷款合同纠纷。M公司、P银行成都分行、西昌X公司之间的委托贷款合同系各方当事人真实意思表示,且不违反国家有关法律法规,应合法有效,各方均应恪守。

关于西昌X公司应向M公司归还其所欠贷款本金及利息,各担保人均应承担相应的担保责任。由于西昌X公司于2008年9月26日已经四川省凉山州中级人民法院以(2008)川凉中民破字第3号《民事裁定书》受理进入破产清算程序,根据《企业破产法》第46条"附利息的债权自破产申请受理时起停止计息"的规定,西昌X公司所欠利息应计算至2008年9月26日止。M公司已收回的本金及利息应从所欠本息中予以扣减,其中在划款当日收取的西昌X公司的200万元利息保证金,应抵扣本金。

4 最高人民法院观点

最高人民法院认为,本案焦点之一是C科技是否应当免除法院受理西昌X公司破产案后债务本金所产生利息的担保责任。

M公司上诉认为,C科技不应当免除法院受理西昌X公司破产案后债务本金所产生利息的担保责任。最高人民法院认为,《企业破产法》第46条规定,附利息的债权自破产申请受理时停止计息。担保债务具有从属性,应当同样停止计息。原审法院对此认定并无不当,故对于M公司该上诉请求,最高人民法院不予支持。

专业释评

根据《担保法》,当债权人行使债权时债务人根据法定事由对其享有的抗辩权利,保证人同样享有。因此,债务人已进入破产程序时,债权人无权要求连带保证人继续承担债务利息直至清偿之日,只能计算至债务人被宣告破产之日。一方面,主债务人宣告破产时,债权人即不得再向主债务人计收债务利息,自该时点主债务人的债务总额便固定,因此,连带保证人的担保责任为已固定的主债务人所负债务,连带保证人并不因保证合同而向债权人负有超出主债务人债务范围(含本金、利息等)的其他责任。另一方面,根据《企业破产法》,债务人宣告破产的,债权人既可以选择自行向债务人的管理人申报债权,也可以不经债权申报直接向连带保证人主张权利,而由连带保证人向债务人的管理人申报债权。如对债权人要求保证人继续承担债务利息至实际清偿之日止的请求予以支持,则会出现债权人申报债权时的数额与连带保证人申报债权的数额不一致。最终,连带保证人将以其所负全部连带清偿责任的数额申报债权,如对宣告破产后持续计算的利息等不予确认,则连带保证人该部分权益无法通过追偿实现,损害了其利益。如予以确认,则事实上债权人仍然向主债务人主张了截至债务清偿时止的全部利息,与《企业破产法》第 44 条、第 46 条的规定及法律精神不符,背离了制定该条款的法律目的。综上,债务人一旦宣告破产,连带保证人应承担的清偿责任随之确定,债权人无权要求连带保证人支付债务人宣告破产后的逾期罚息等。

就案例一而言,"破产程序中的债务停息制度仅适用于破产企业,保证人的保证之责自破产申请受理日停止计息缺乏法律依据,且与保证制度的根本目的不符,保证之债应当继续计息,G 银行有权要求保证人对计算至实际履行日止的债务利息承担保证责任",法官的这一观点值得商榷。

而其他几个案例中有关附利息债权何时停止计息的判决均非常明确,即附利息的债权自破产申请受理时停止计息。尤其是本案例五中最高人民法院的观点不但非常明确,而且具有权威性。

问题五 破产企业股东何种情况下担责

案例一 北京H有限公司与冀某等与公司有关的纠纷案[①]

1 案情简介

上诉人(原审被告):北京H有限公司(以下简称H公司)。

法定代表人:付某某,董事长。

被上诉人(原审原告):冀某。

被上诉人(原审原告):郭某某。

被上诉人(原审原告):李某。

被上诉人(原审原告):刘某某。

上诉人H公司因与被上诉人冀某、郭某某、李某、刘某某与公司有关的纠纷一案,不服北京市怀柔区人民法院(以下简称怀柔法院)(2014)怀民(商)初字第06120号民事判决,向北京市第三中级人民法院提起上诉。

2 当事人诉求

冀某、郭某某、李某、刘某某在一审中起诉称:怀柔法院于2013年6月6日受理北京F有限公司(以下简称F公司)提出的对北京Q有限公司(以下简称Q公司)破产清算申请。经北京市高级人民法院指定北京市D律师事务所作为破产管理人,通知冀某、郭某某、李某、刘某某以债权人身份参加破产清算案件,法院依法确认冀某享有Q公司债权137,338元,郭某某享有对Q公司债权64,950元,李某享有对Q公司债权17,945元,刘某某享有对Q公司债权18,800元。因Q公司全体股东拒绝履行清算责任,法院确认债权人可以另行起诉要求负有清算责任的股东对Q公司的债务承担清偿责任。故起诉至法院请求判令:(1)H公司支付冀某对Q公司享有的债权137,338元;(2)H公司支付郭某某对Q公司享有的债权64,950元;(3)H公司支付李某对Q公司享有的债权17,945元;(4)H公司支付刘某某对Q公司享有的债权18,800元。

H公司在一审中答辩称:第一,H公司对Q公司不能清算的后果没有过错,H公司接到怀柔法院通知后一直积极配合法院工作,寻找其他股东,要求股东交出账目、印章等重要文件,上述文件不在H公司掌管中,H公司不存在怠于清算的行为。第二,Q公司的股东有数名,并非只有H公司1个股东,所以从股东名义上应追加其他股东作为被告,不能只要求H公司承担

---

① 北京市第三中级人民法院(2015)三中民(商)终字第01078号。

责任,而且H公司的股份只占5%。第三,冀某、郭某某、李某、刘某某要求H公司对其债权承担连带清偿责任缺乏依据,Q公司是独立的法人,应当独立承担民事责任,股东以入股资金承担有限责任。按照公司章程规定,H公司已经足额履行了股东义务,缴纳了出资,不应该对冀某、郭某某、李某、刘某某再承担责任。第四,Q公司财产并非因为股东不成立清算组导致财产贬值、流失、毁损或灭失,而是因Q公司经营不善才导致无法清偿债务。第五,冀某、郭某某、李某、刘某某在诉讼中没有提供原始债权及利息的数额,对冀某、郭某某、李某、刘某某在本案中主张的债权数额不予认可。综上所述,请求驳回冀某、郭某某、李某、刘某某的诉讼请求。

3 一审法院观点

怀柔法院判决认定:H公司作为Q公司的股东,依法对Q公司负有清算义务。根据《公司法》相关规定,有限责任公司的股东,应当在公司解散事由出现之日起15日内成立清算组,开始清算。H公司作为Q公司的股东在Q公司破产程序中应当履行清算义务。最高人民法院《关于债权人对人员下落不明或者财产状况不清的债务人申请破产清算案件如何的批复》规定,债务人的有关人员不履行法定义务,人民法院可依据有关法律规定追究其相应法律责任;其行为导致无法清算或者造成损失,有关权利人起诉请求其承担相应民事责任的,人民法院应依法予以支持。最高人民法院《关于适用〈中华人民共和国公司法〉若干问题的规定(二)》(以下简称《公司法》司法解释)第18条规定了依《公司法》进行清算过程中,清算义务人的归责原则。《公司法》司法解释规定,有限责任公司的股东因怠于履行义务,导致公司主要财产、账册、重要文件等灭失,无法进行清算,应对公司债务承担连带清偿责任。即公司清算义务人怠于履行清算义务,导致公司无法清算时,全体清算义务人构成对公司债权人债权的共同侵权行为。本案中,H公司主张其履行了清算义务,应当提供相应证据予以证明。H公司现仅以其并不控制Q公司财务账簿、重要交易文件为由,消极不作为,违背了《公司法》司法解释的规定。在Q公司已经宣告破产的情况下,H公司应当对Q公司的债务承担赔偿责任。根据共同侵权的理论,Q公司的全体清算义务人对外应连带赔偿债权人的损失。H公司关于其仅持有Q公司5%的股权,不应承担全部责任的辩解意见,因与共同侵权法理不符,该院对此不予采信。

综上所述,依照最高人民法院《关于债权人对人员下落不明或者财产状况不清的债务人申请破产清算案件如何的批复》、最高人民法院《关于适用〈中华人民共和国公司法〉若干问题的规定(二)》第18条之规定,判决:(1)H公司于判决生效之日起7日内赔偿冀某137,338元;(2)H公司于判决生效之日起7日内赔偿郭某某64,950元;(3)H公司于判决生效之日起7日内赔偿李某17,945元;(4)H公司于判决生效之日起7日内赔偿刘某某18,800元。

4 二审法院观点

H公司不服一审法院上述民事判决,向北京市第三中级人民法院提起上诉。其主要上诉理由是:一审判决认定事实错误,导致判决结果错误。第一,一审法院认定上诉人怠于履行清算义务,导致Q公司破产无法清算是错误的。上诉人对Q公司不能清算的后果不存在过错。H公司在接到法院通知后,才知道该公司已被申请破产。H公司积极配合法院审理破产案件的工作。公司账册、印章、证照等文件不在H公司掌管中,所以无法提供,H公司不存在拒绝提供的情况。第二,一审法院认定H公司怠于履行清算义务,导致Q公司主要财产、账册、重要文件等灭失,无法进行清算的事实是错误的。该公司的财产贬值、流失、损毁或灭失是因为公司经营不善,没有偿还能力造成无法承担债务。H公司依法不应当承担赔偿责任。第三,H公司不存在怠于履行清算义务,不存在侵权行为,一审法院认定上诉人构成共同侵权行为,判令上诉人对Q公司的债务承担赔偿责任,判决结果是错误的。一审中,冀某、郭某某、李某、刘某某所提供的证据不能证明H公司因怠于履行清算义务,导致Q公司主要财产、账册、主要文件等灭失,无法进行清算,故冀某、郭某某、李某、刘某某的诉讼请求没有事实和法律依据。第四,一审法院依据错误的破产清算裁定书,认定H公司对Q公司的债务承担侵权责任,判决结果是错误的。一审判决后,H公司发现了新的证据,足以证明Q公司并未破产,其法人资格仍然存在,其仍然在经营。Q公司作为独立的法人单位,应当独立对外承担民事责任。综上,H公司上诉请求:撤销一审判决,改判驳回冀某、郭某某、李某、刘某某的诉讼请求;本案一审、二审诉讼费由冀某、郭某某、李某、刘某某承担。H公司向二审法院提交企业法人年检报告书、限期改正通知书、北京市企业信息网查询截图予以证明。

冀某、郭某某、李某、刘某某同意一审判决,其针对H公司的上诉请求答辩称:不同意H公司的上诉请求。

二审法院认为:最高人民法院《关于债权人对人员下落不明或者财产状况不清的债务人申请破产清算案件如何的批复》规定:"债务人的有关人员不履行法定义务,人民法院可依据有关法律规定追究其相应法律责任;其行为导致无法清算或者造成损失,有关权利人起诉请求其承担相应民事责任的,人民法院应依法予以支持。"现冀某、郭某某、李某、刘某某主张在Q公司破产清算过程中,Q公司的财务账簿、重要交易文件下落不明,无法查明其财产状况,从而造成Q公司无法清算,H公司作为Q公司的股东,怠于履行义务,应承担相应责任。对此,二审法院进行如下认定:

其一,公司进入破产清算程序后,公司股东应当积极履行义务,妥善保管公司印章、证照、财产、会计账簿以及重要交易文件,以保证破产清算程序的顺利开展。本案中,H公司作为Q公司的股东,应当依法履行上述的义务。H公司作为Q公司的股东,依法享有资产收益、参与重大决策和选择管理者等权利,了解和掌握公司会计账簿以及重要交易文件是其行使股东权利的应有之意。现H公司仅以自己是Q公司小股东,不了解、不掌握Q公司会计账簿以及重要交易文件的理由支持其主张,缺乏事实依据,二审法院不予采信。

其二,依据民事诉讼的证据规则,主张履行义务的一方,依法应当对其义务履行承担举证责任,在其未能提交相应证据或者其提交的证据不足以证明其主张时,应承担举证不能的法律后果。本案中,H公司主张其积极履行清算配合义务的主要事实是其通知Q公司其他股东参加清算,但H公司表示不清楚Q公司的印章、证照、财产、会计账簿以及重要交易文件,不能向破产管理人和法院移交该物品和资料；因Q公司财务账簿、重要交易文件下落不明，无法查明其财产状况，从而造成Q公司无法清算。故在H公司未提交充分有效证据证明其积极履行了保管财务账簿、重要交易文件等相关义务的情况下，其仅以通知Q公司其他股东参加清算即主张其已积极履行清算配合义务的辩解意见不能成立。全体股东积极履行义务是公司破产清算顺利进行的保障。股东以自己不持有公司会计账簿以及重要交易文件为由消极不作为，违背了法律的基本原则，对于Q公司未能进行清算而终结破产程序的结果，H公司存在可归责性。H公司关于其不存在过错的主张，缺乏事实依据，二审法院不予支持。

其三，公司股东在破产清算中不履行义务，导致无法清算或者造成损失的，应当对权利人承担共同侵权责任。共同侵权人应当对外承担连带责任，冀某、郭某某、李某、刘某某作为债权人，有权选择向Q公司的所有股东，或者任一股东主张权利。一审法院认定H公司应向冀某、郭某某、李某、刘某某承担赔偿责任，认定正确，二审法院予以确认。H公司基于自己是Q公司小股东，即主张不应承担责任的主张，缺乏法律依据，二审法院不予支持。

其四，在F公司申请Q公司破产清算一案中，怀柔法院以Q公司财务账簿、重要交易文件下落不明，无法查明财产状况，无法清算为由，于2013年12月12日裁定终结Q公司的破产程序。H公司关于Q公司系独立的法人，其正在经营为由，要求Q公司独立承担责任的主张，缺乏事实及法律依据，二审法院不予支持。

综上所述，H公司作为股东，其提供的证据不足以证明其在Q公司清算过程中履行了相应义务，因其未履行法定义务，导致Q公司无法进行破产清算，应当对Q公司的债权人冀某、郭某某、李某、刘某某的损失承担赔偿责任。H公司关于其不应当承担责任的上诉请求缺乏事实及法律依据，二审法院不予支持。一审法院判决认定事实清楚，处理结果并无不当，应予维持。依照《民事诉讼法》第170条第1款第1项之规定，判决如下：驳回上诉，维持原判。

案例二　陈某某与丁某园、丁某等股东损害公司债权人利益责任纠纷案[①]

1　案情简介

上诉人（一审被告）：丁某园。

上诉人（一审被告）：丁某。

上诉人（一审被告）：王某。

被上诉人（一审原告）：陈某某。

一审被告：姚某某。

上诉人丁某园、丁某、王某因与被上诉人陈某某、一审被告姚某某股东损害公司债权人利益责任纠纷一案，不服广东省珠海横琴新区人民法院作出的（2015）珠横法民初字第59号民事判决，向珠海市中级人民法院提出上诉。

---

① 珠海市中级人民法院（2015）珠中法民四终字第136号。

2 当事人诉求

陈某某一审请求法院依法判令:(1)丁某园、丁某、王某、姚某某对温州B鞋业有限公司欠陈某某的债务承担连带偿还责任;(2)丁某园、丁某、王某、姚某某立即支付陈某某债权共计29,828.83元;(3)本案诉讼费由丁某园、丁某、王某、姚某某承担。

丁某园、丁某、王某上诉请求撤销一审判决第一项,驳回陈某某的起诉,一、二审诉讼费由陈某某承担。事实和理由如下:

1. 一审法院受理本案错误。陈某某对温州B鞋业有限公司的债权已经过法院破产程序处理,不应就该债权重复起诉。陈某某所享有的对温州B鞋业有限公司的债权已经在该公司宣告破产后由温州市瓯海区人民法院指定管理人进行清算并通过破产财产的分配得到清偿,破产程序已经终结。陈某某的债权已经过司法程序处理,法院又受理其就该债权对丁某园、丁某、王某的起诉违背了"一事不再理"的司法原则。破产是对债务人全部法律关系的彻底清算,丁某园、丁某、王某是否存在损害公司债权人利益的行为均是在破产程序中有管理人清算并由破产受理法院即温州市瓯海区人民法院审理。一审法院受理本案,使温州市瓯海区人民法院主持的破产清算程序失去意义,也是对司法资源的浪费。

2. 一审法院适用法律错误。一审法院适用最高人民法院《关于适用〈中华人民共和国公司法〉若干问题的规定(二)》第18条的规定,判决丁某园、丁某、王某承担连带责任,而该司法解释的序言已表明是就人民法院审理公司解散清算程序中的有关问题所作的解释。司法解释条文第1款中的"清算组"明显是公司解散清算中才有的概念,而本案温州B鞋业有限公司是适用《企业破产法》而实施的破产清算。《企业破产法》第127条对债务人拒不向管理人移交财产、印章和账簿、文书等资料应承担的法律责任作了明确规定,最高人民法院《关于适用〈中华人民共和国公司法〉若干问题的规定(二)》不适用于本案。一审法院未区分公司解散清算和破产清算两种不同的法律程序,应予纠正。

3. 一审法院认定事实错误。温州B鞋业有限公司虽然有向丁某园个人账户打款的行为,但丁某园在质证意见中已提出这些转账除归还丁某园的借款外,均是用于公司日常现金支付的需要并对每笔用途作了具体说明。丁某园虽未提供证据对上述质证意见予以证明,但对方所提交的证据8即公司记账凭证及银行支付凭证本身亦对每笔转账的用途作了清晰注明,这些款项有的是用于还丁某园借款,有的是用于支付工人工资,有的是作为公司"备用金",有的是用于支付给供应商的"往来款"。因此,丁某园没有必要再另外提供证据证明上述证据上已经清楚注明的事实。这些款项未被丁某园个人占用,且因这些转账均有公司财务记账,不可能如一审判决所称"造成资金混同、财务管理难以清晰区分,公司人格和股东人格高度混同"。

陈某某二审答辩称:

1. 一审法院受理得当。(1)破产案件的债务人为温州B鞋业有限公司,丁某园、丁某、王某为该公司的股东,与公司不是同一主体,破产的基础关系系合同之债,请求权依据为《企业破产法》第7条。而本案丁某园、丁某、王某是温州B鞋业有限公司股东,产生债务原因系股东损害债权人利益的侵权之债,请求权依据为《公司法》第20条第3款、最高人民法院《关于适用〈中华人民共和国公司法〉若干问题的规定(二)》第20条第3款、《企业破产法》第33条、第128条,二者主体不同、责任不同,并非同案。(2)破产受理法院裁定终结温州B鞋业有限公司破产程序,是对仅对管理掌控的破产财产按分配方案执行完结的确认,并非豁免公司股东的责任。(3)对破产企业股东提起损害债权人利益之诉讼,是破产程序衍生的诉讼,或言之是对破产清算之补充。否则公司就成为股东侵害债权人利益的避风港。

2. 一审法院认定事实清楚。(1)丁某园、丁某、王某对一审法院认定的丁某园、丁某、王某未完整提交全部账册及重要文件并无异议,也未将此为由上诉。(2)丁某园无法否认丁某园个人财产与公司财产的混同。在破产清算中丁某园、丁某、王某应当依照《企业破产法》第15条"自人民法院受理破产申请的裁定送达债务人之日起至破产程序终结之日,债务人的有关人员承担下列义务:(一)妥善保管其占有和管理的财产、印章和账簿、文书等资料;(二)根据人民法院、管理人的要求进行工作,并如实回答询问……"但丁某园、丁某、王某拒绝履行该义务,除丁某园占据公司财产之外,应收账款账面体现美国三公司的三笔合计5,336,173.78元债权无法核实和主张。在一审和上诉中,丁某园、丁某、王某却以没有必要再另外提供证据证实资金用途,显然是意图占据。作为公司财务、会计制度,《公司法》第164条明文规定公司应当依照法律、行政法规和国务院财政部门的规定建立。将公司财产肆意地占用,不仅将公司与个人财产构成混同,且可能涉及职务侵占等类型的经济犯罪。

3. 一审法院适用法律正确。丁某园、丁某、王某的行为未遵照《公司法》第148条对公司负有忠实义务和勤勉义务,又违反第149条禁止性规定,构成挪用公司资金、将公司资金以其个人名义或者以其他个人名义开立账户存储。一审法院适用最高人民法院《关于适用〈中华人民共和国公司法〉若干问题的规定(二)》第18条第2款得当。该司法解释的前言为"就人民法院审理公司解散和清算案件适用法律问题作出如下规定"是指两类案件,而非限定为仅仅适用解散清算案件,清算与破产清算是种属的关系。

3 一审法院观点

一审法院认为:本案争议焦点:(1)姚某某是否是温州B鞋业有限公司的实际控制人;(2)丁某园、丁某、王某、姚某某是否存在怠于履行义务致温州B鞋业有限公司无法进行清算的情形;(3)丁某园是否存在滥用股东权利损害公司利益的情形。

关于焦点一。陈某某主张姚某某是实际控制人的依据是温州B鞋业有限公司管理人的《关于管理人执行职务的工作报告》第9页第3行的陈述,对此一审法院认为,首先,该工作报告中载明姚某某是公司的主要管理人,正如陈某某庭审中亦承认,实际控制人并不等同于主要管理人;其次,《公司法》第216条第1款第3项"实际控制人,是指虽不是公司的股东,但通过投资关系、协议或者其他安排,能够实际支配公司行为的人",说明了实际控制人是通过投资、协议或其他安排能够实际支配公司行为的人。现有证据表明,姚某某是温州B鞋业有限公司未经工商登记的总经理,姚某某作为负责公司销售和材料品质监管的总经理,公司的经营、对外业务往来由其负责符合《公司法》第49条"有限责任公司可以设经理,由董事会决定聘任或解聘。经理对董事会负责，行使下列职权：（一）主持公司的生产经营工作，组织实施董事会决议。（二）组织实施公司年度经营计划和投资方案……”中“经理”的职责和职权。因此，陈某某依据工作报告认为姚某某控制了温州B鞋业有限公司与C公司等公司的业务，姚某某为实际控制人没有事实与法律依据，一审法院不予支持。

关于焦点二。最高人民法院《关于适用〈中华人民共和国公司法〉若干问题的规定（二）》第18条第2款规定，清算义务人因怠于履行义务，导致公司主要财产、账册、重要文件等灭失，无法进行清算，债权人主张其对公司债务承担连带清偿责任的，人民法院应依法予以支持。根据该条规定，清算义务人要承担连带清偿责任应具备以下条件：（1）必须是适格的清算义务人；（2）怠于履行义务，既包括怠于履行依法及时启动清算程序进行清算的义务，也包括怠于履行妥善保管财产、账册、重要文件等；（3）无法进行清算；（4）对债权人造成了直接损失；（5）股东怠于履行义务与债权人损失之间具有因果关系。丁某园、丁某、王某为温州B鞋业有限公司股东，依法对公司负有清算的义务，丁某园、丁某、王某、姚某某庭审承认确如温州B鞋业有限公司管理人在《关于管理人执行职务的工作报告》所述，收到了限期提交财务账册及文件的通知，并且公司按照温州当地企业的普遍做法，设置了内外账，账册因当地管委会的介入而部分遗失。对此一审法院认为，丁某园、丁某、王某、姚某某没有任何证据证明温州B鞋业有限公司的账册是由于当地管委会介入而遗失，丁某园、丁某、王某、姚某某以审理破产案件的温州市瓯海区人民法院未对公司任何人作过处罚而推定账册遗失非其原因所致，该理由缺乏理据，一审法院不予采纳。因此，陈某某提交管理人《关于管理人执行职务的工作报告》中“因B公司设置了内账和外账，管理人多次要求债务人限期提供但至今未能提供企业经营期间完整的会计报表、会计账簿、会计凭证等资料，对已提供的账簿凭证也存在账账不符、账簿记录不完整、会计凭证缺失，以及会计核算混乱等情况，无法通过审计确认B公司真实、完整的财务状况”，已表明了温州B鞋业有限公司在破产清算过程中存在清算义务人怠于履行妥善保管财产、账册、重要文件，致无法审计，公司存在无法全面进行清算的情形，且根据浙江省温州市瓯海区人民法院（2013）温瓯商破字第1－4号民事裁定，陈某某参与分配债权金额为30,050元，清偿分配比例是0.7360%，清偿分配金额为221.17元，未获清偿的债权29,828.83元。丁某园、丁某、王某、姚某某虽提交了交接清单证据拟证明其已将相关的合同、财务报表等交付给管理人，但该清单中所载明的凭证并不足以证明是温州B鞋业有限公司全部账册及重要文件，因此，丁某园、丁某、王某、姚某某认为上述工作报告所述不属实依据不足，一审法院不予采纳。陈某某要求丁某园、丁某、王某依据最高人民法院《关于适用〈中华人民共和国公司法〉若干问题的规定（二）》第18条第2款对公司债务承担连带清偿责任，理据充分，一审法院予以支持。丁某园、丁某、王某对陈某某未获清偿的债权29,828.83元应承担连带偿还责任。

关于焦点三。根据《公司法》第20条第1款、第3款“公司股东应当遵守法律、行政法规和公司章程，依法行使股东权利，不得滥用股东权利损害或者其他股东的权益；不得滥用公司法人独立地位和股东有限责任损害公司债权人的利益。公司股东滥用公司法人地位和股东有限责任，逃避债务，严重损害公司债权人利益的，应当对公司债务承担连带责任”的规定，公司股东只有实施了滥用公司法人人格的行为，严重损害公司债权人利益，才能否认公司的法人人格，由公司股东直接承担公司债务，此时股东人格和公司人格是混同难以区分的。案中丁某园对于温州B鞋业有限公司在2012年年度将高达684万元打入其个人账户不持异议，只是认为转款的原因包括公司向其还款以及按温州当地企业的通常操作方法采取从公司银行账户向其本人个人账户转账再从个人账户提取的形式以用于公司日常现金支付需要。丁某园对其上述辩称没有提交相应的证据，且一审法院认为，丁某园作为温州B鞋业有限公司的法定代表人、股东，实际参与了公司的经营管理，将公司高达600多万的资金打入个人账户持续长达一年之久，造成资金混同、财务管理难以清晰区分，公司人格和股东人格高度混同。2012年12月5日被公司相关债权人申请破产清算，2013年8月29日终结破产程序时，各债权人清偿分配比例只有0.7360%，严重损害到公司债权人利益，构成了《公司法》第20条第3款所规定的情形，丁某园应对公司债务承担连带责任。丁某园答辩认为公司财产与其不产生混同，所列举的时间在2013年，一审法院对丁某园的答辩意见不予采纳。

综上所述，陈某某诉请有理部分，一审法院予以支持。依照《公司法》第3条，第20条第1款、第3款，第216条第1款第3项，最高人民法院《关于适用〈中华人民共和国公司法〉若干问题的规定（二）》第18条第2款；《民事诉讼法》第64条的规定，一审法院作出判决如下：1.丁某园、丁某、王某对温州B鞋业有限公司尚未清偿陈某某的债务29,828.83元承担连带清偿责任。2.驳回陈某某的其他诉讼请求。

4 二审法院观点

二审法院认为：本案为股东损害公司债权人利益责任纠纷，陈某某要求丁某园、丁某、王某、姚某某作为股东或实际控制人对公司的债务承担连带责任，处理的是温州B鞋业有限公司股东及实际控制人是否应对温州B鞋业有限公司的债务承担侵权连带责任，与破产程序的当事人、法律关系、依据的事实和理由均不同，因此，本案并未违反“一事不再理”的司法原则，一审法院受理本案正确。

1.关于一审法院适用法律是否正确

最高人民法院《关于适用〈中华人民共和国公司法〉若干问题的规定（二）》的前言中对规定的适用范围表述为“就人民法院审理公司解散和清算案件适用法律问题作出如下规定”，明确表明适用案件类型为解散和清算两类案件。清算案件包含破产清算和解散清算两种，而非限定为解散清算案件。丁某园、丁某、王某上诉主张最高人民法院《关于适用〈中华人民共和国公司法〉若干问题的规定（二）》仅仅适用于解散清算案件，不适用于本案系对法律理解有误。《企业破产法》第127条对债务人拒不向管理人移交财产、印章和账簿、文书等资料应承担的法律责任规定是处以罚款，属于法院对妨害破产程序的行为实施的强制措施和司法制裁，与股东侵害债权人利益应承担的民事责任是不同性质的法律责任，丁某园、丁某、王某上诉认为本案只能适用《企业破产法》来追究责任的理由不成立。

2.关于一审法院认定事实是否正确

丁某园上诉认为温州B鞋业有限公司向丁某园个人账户打款，除归还丁某园的借款外，均是用于公司日常现金支付的需要并对每笔用途作了具体说明，因此一审法院认定“造成资金混同、财务管理难以清晰区分，公司人格和股东人格高度混同”是错误的。对此二审法院认为，丁某园将其个人账户作为公司账户使用，该行为本身已违反了公司法及行政法规对公司财务制度及银行结算账户的管理规定，丁某园承认该个人账户既有公司归还其借款的个人资金，又有公司用于日常现金支付的资金，事实上已认可丁某园个人资金与公司资金混同。至于丁某园个人账户上每笔支出的用途，虽然在公司记账凭证有记载，但有的仅仅注明是“提现”“往来款”，且没有相应的原始凭证印证，并不能证明每笔支出的实际用途。故丁某园认为没有必要再另外提供证据证明的上诉理由不成立，一审法院认定事实无误。

综上所述，丁某园、丁某、王某的上诉理由不成立，二审法院不予采纳。一审判决认定事实清楚，适用法律正确，应予维持。依照《民事诉讼法》第 170 条第 1 款第 1 项的规定，判决如下：驳回上诉，维持原判。

案例三 刘某丹等与H银行股份有限公司北京公主坟支行股东损害公司债权人利益纠纷案①

1 案情简介

上诉人（原审被告）：刘某丹。

上诉人（原审被告）：樊某晖。

上诉人（原审被告）：刘某宇。

被上诉人（原审原告）：H 银行股份有限公司北京公主坟支行（以下简称 H 银行公主坟支行）。

负责人：刘某瑞，行长。

上诉人刘某丹、樊某晖、刘某宇因与被上诉人 H 银行公主坟支行股东损害公司债权人利益责任纠纷一案，不服北京市海淀区人民法院（以下简称海淀区法院）(2013) 海民初字第 21925 号民事判决，向北京市第一中级人民法院提起上诉。

本案具体情况是：2001 年 1 月 4 日，G 公司成立，企业类型为有限责任公司，注册资本为 3000 万元，股东为刘某丹、樊某晖、樊某华、刘某宇。因 G 公司拖欠 H 银行公主坟支行贷款本金 5,369,796 元及利息等巨额债务，经法院强制执行仍无法清偿，H 银行公主坟支行向海淀区法院申请对其进行破产清算。2012 年 2 月 15 日，海淀区法院作出 (2012) 海民破字第 1－1 号民事裁定，受理了 H 银行公主坟支行对 G 公司的破产清算申请，并指定北京市 S 会计师事务所有限公司为破产管理人。H 银行公主坟支行依法申报了 9,231,014.96 元的债权。但因刘某丹、樊某晖、刘某宇作为 G 公司的在世股东，经破产管理人及法院多次通知并释明相关法律后果后，仍不提交破产清算所需的 G 公司的完整财务资料，致使 G 公司的财产状况及债权债务情况无法查清，清算工作无法进行。海淀区法院于 2012 年 11 月 16 日作出 (2012) 海民破字

① 北京市第一中级人民法院 (2014) 一中民终字第 2058 号。

第2号民事裁定,裁定终结G公司的破产清算程序,同时告知H银行公主坟支行,在破产清算程序终结后,可另行提起诉讼要求有责任的G公司的股东等清算义务人,对G公司的债务承担偿还责任。

2 当事人诉求

H银行公主坟支行认为,刘某丹、樊某晖、刘某宇作为G公司的清算义务人,怠于履行义务,拒不提交G公司的完整账册,致使破产清算工作无法进行而被迫终结,其依法应对G公司的全部债务承担清偿责任。H银行请求法院判令:(1)刘某丹、樊某晖、刘某宇对G公司所欠H银行公主坟支行贷款本金5,369,796元、利息3,751,338.96元、代垫案件受理费104,880元及财产保全费5000元,合计9,231,014.96元承担连带清偿责任,并立即予以支付;(2)诉讼费用由刘某丹、樊某晖、刘某宇承担。

刘某丹、樊某晖、刘某宇在一审中答辩称:H银行公主坟支行的起诉没有事实和法律依据。G公司是破产清算,应当依据企业破产的法律实施,而不是依据《公司法》。依据《企业破产法》的相关规定,刘某丹、樊某晖、刘某宇不是破产清算义务人,没有清算义务。刘某丹、樊某晖、刘某宇只是股东,已经履行完了出资义务。刘某丹、樊某晖、刘某宇在事实上未掌握公司的财务账册,在法律上也没有保管公司账册的义务。现H银行公主坟支行仅以G公司在清算中未提供完整账册就推定股东没有履行相应义务,就此将责任推到股东身上,与法律规定不符。综上所述,请求驳回H银行公主坟支行的全部诉讼请求。

刘某丹、樊某晖、刘某宇不服一审法院上述民事判决,向北京市第一中级人民法院共同提起上诉,三位上诉人上诉理由主要是:(1)一审法院以《公司法》认定三位股东是G公司的破产清算义务人直接违反《公司法》以及《企业破产法》的规定,完全错误。(2)根据《公司法》第34条,股东对公司账册仅有查阅的权利,该权利公司还可以拒绝,因此一审法院认定三位股东负有保证公司会计账簿真实、完整的义务不仅没有法律依据,而且与《公司法》的规定直接相悖。(3)一审法院错误解释司法解释。(4)一审法院适用《公司法》第20条、《会计法》的相关规定判令三位股东承担责任没有任何证据支持,适用法律错误。

H银行公主坟支行服从一审法院判决。

3 一审法院观点

一审法院认为,本案中,G公司的破产清算程序因该公司破产清算所需财务资料不完整,无法查清其财产及债权债务状况而被该院裁定终结,属于“无法清算”导致破产清算程序终结之情形,究其原因,在于G公司的清算义务人即该公司的股东不严格履行法定义务,具体而言:

第一,刘某丹、樊某晖、刘某宇是清算义务人。

根据公司法理论及实践,清算义务人,是指与公司之间存在特殊关系而对公司的清算负有义务的民事主体，即清算责任主体。对于有限责任公司而言，其清算义务人应为全体股东及实际控制人。最高人民法院在《关于正确审理企业破产案件为维护市场经济秩序提供司法保障若干问题的意见》中亦明确规定了有限责任公司的股东、实际控制人作为清算义务人的身份以及责任承担等问题。本案中，G公司是有限责任公司，刘某丹、樊某晖、刘某宇均系该公司的股东，在该公司进入破产清算程序后，三人应履行与清算工作有关的相应义务。刘某丹、樊某晖、刘某宇辩称其三人已履行了出资义务、在破产清算程序中并不负有义务的抗辩意见，一审法院不予采信。

第二，刘某丹、樊某晖、刘某宇的清算义务之一是保证本公司会计账簿真实、完整并移交破产管理人。

对于企业法人及其他组织而言，办理证照、刻制印章、开立账户、设置会计账簿、投入资产、留存文件等是其从事经营活动、接受登记机关年度检验、向税务机关纳税、进行财务审计等活动之必备要件。特别是在会计账簿方面，《会计法》规定，各单位必须依法设置会计账簿，并保证其真实、完整；单位负责人对本单位的会计工作和会计资料的真实性、完整性负责。据此规定，G公司作为一家依法设立的企业法人，其自成立至消亡的整个过程，必须依法设置会计账簿。G公司在正常存续状态下，可以交由其法定代表人、总经理或财务负责人等具体人员保管会计账簿并保证其真实和完整，但这属于公司全体股东的一种专项授权，股东理应承受由此产生的法律后果。当G公司进入人民法院组织的破产清算程序时，系由破产管理人负责接管公司的财产、印章、账簿、文书等资料，并在此基础上调查公司财产状况、决定公司内部管理事务等，此时，G公司已并非正常存续状态，公司自治性受到限制，G公司的股东作为清算义务人，是清算责任主体，即“单位负责人”，当然应对公司会计资料的真实性、完整性负责。换言之，保证G公司会计账簿完整并向破产管理人移交，是公司股东刘某丹、樊某晖、刘某宇的清算义务之一。

第三，刘某丹、樊某晖、刘某宇未严格、全面履行清算义务。

《公司法》规定，公司应当依照法律、行政法规和国务院财政部门的规定建立本公司的财务、会计制度。本案中，G公司自成立之日起至进入破产清算程序之日止，已连续10年通过公司登记机关的年度检验，该院确信其具备完整的会计账簿，因此，刘某丹、樊某晖、刘某宇完全有条件就相关资料向破产管理人移交。在破产清算过程中，刘某丹、樊某晖、刘某宇虽提供了部分财务单据、资产及证照，但上述资料无法真实、客观、完整地反映G公司财产状况，尚不足以作为对G公司进行清算的有效依据，特别是在该院及破产管理人多次向刘某丹、樊某晖、刘某宇释明不履行清算义务的不利后果并给予三人足够履行时间的情况下，三人仍未提供，足以说明三人未严格、全面履行清算义务。

综上所述，刘某丹、樊某晖、刘某宇不履行法定义务，使H银行公主坟支行所享债权通过破产清算程序仍不能受偿，应承担相应的法律责任。对此，一审法院根据最高人民法院《关于债权人对人员下落不明或者财产状况不清的债务人申请破产清算案件如何处理的批复》中关于“债务人的有关人员不履行法定义务，人民法院可依据有关法律规定追究其相应法律责任；其行为导致无法清算或者造成损失，有关权利人起诉请求其承担相应民事责任的，人民法院应依法予以支持”及《关于正确审理企业破产案件为维护市场经济秩序提供司法保障若干问题的意见》中关于“人民法院在审理债务人人员下落不明或财产状况不清的破产案件时，要从充分保障债权人合法利益的角度出发，在对债务人的法定代表人、财务管理人员、其他经营管理人员，以及出资人等进行释明，或者采取相应罚款、训诫、拘留等强制措施后，债务人仍不向人民法院提交有关材料或者不提交全部材料，影响清算顺利进行的，人民法院就现有财产对已知债权进行公平清偿并裁定终结清算程序后，应当告知债权人可以另行提起诉讼要求有责任的有限责任公司股东、股份有限公司董事、控股股东，以及实际控制人等清算义务人对债务人的债务承担清偿责任”等规定，并结合审判实践，判令刘某丹、樊某晖、刘某宇就 G 公司对 H 银行公主坟支行所负债务承担连带清偿责任。

综上所述，一审法院依照《公司法》第 20 条第 3 款、第 164 条，《会计法》第 3 条、第 4 条之规定，判决：刘某丹、樊某晖、刘某宇于判决生效之日起 10 日内连带给付 H 银行公主坟支行借款本金 5,369,796 元、利息 3,751,338.96 元、案件受理费 104,880 元、财产保全费 5000 元，共计 9,231,014.96 元。

4　二审法院观点

北京市第一中级人民法院认为：刘某丹、樊某晖、刘某宇上诉称其只是 G 公司的股东，并非该公司破产清算的清算义务人，对此二审法院认为，清算义务人是指基于其与公司之间存在的特定法律关系而对公司负有依法组织清算，并在公司未及时清算给相关权利人造成损害时依法承担相应责任的民事主体。最高人民法院《关于正确审理企业破产案件为维护市场经济秩序提供司法保障若干问题的意见》已经明确了有限责任公司的股东、实际控制人作为清算义务人的身份问题，故《企业破产法》第 15 条规定的应承担妥善保管财产等义务的“有关人员”并不适用于本案；刘某丹、樊某晖、刘某宇上诉又称其已经按照公司章程和法律规定完成了出资义务，其不负有保证公司会计账簿真实、完整的义务，且其并未实际参与 G 公司的经营管理，并不当然持有会计账簿等资料，亦非故意不移交相关的会计账簿，故对破产清算不负有任何责任，对此二审法院认为，第一，在公司据以进行清算的财产、账册、重要文件等灭失，无法按照法律规定的程序对公司的债权债务进行正常的清理的情况下，公司的财产和负债范围无法确定，造成“无法清算”的后果，并导致债权人的债权无法得以清偿。在本案中 G 公司无法清算的情况下，H 银行公主坟支行的债权未能得到完整的清偿，债权人的利益受到损害。第二，《企业破产法》规定，企业的法定代表人、财务管理人员或其他经营管理人员负有妥善保管账簿的义务，但是无论是在公司的正常经营过程，还是公司进入破产清算程序之后，股东均不能以其他人员所负义务为由豁免自身的清算义务。依据《公司法》第 4 条的规定：“公司股东依法享有资产收益、参与重大决策和选择管理者等权利。”G 公司的管理人员妥善保管账簿为其应当履行的勤勉义务之一，该项保管义务亦为公司全体股东的一种专项授权，在管理人员未能履行勤勉义务对公司债权人造成损害的情况下，债权人可追责于公司，而在破产清算不能的情况下，股东则应承受由此产生的法律后果。故即使股东在公司正常经营过程中未能具体经手保管账簿,其亦负有在破产清算程序中保证公司会计账簿完整并向破产管理人移交账簿的义务。第三,刘某丹、樊某晖、刘某宇在海淀区法院受理H银行公主坟支行对G公司的破产清算申请之后的数月之内,经破产管理人数次联系并明确告知其拒不提供相关资料的法律后果,该三位股东仍未能积极配合管理人工作且不能作出合理解释,存在怠于履行义务的情形,应属于最高人民法院《关于正确审理企业破产案件为维护市场经济秩序提供司法保障若干问题的意见》第16条所规定"有责任"的公司股东。因此,公司启动破产清算程序后,因清算义务人怠于履行义务而导致公司无法清算的情况下,参照《公司法》第20条第3款的法理,应当责令三位股东对公司债务承担连带清偿责任。故刘某丹、樊某晖、刘某宇所称的上诉理由均不能成立,二审法院均不予支持。

综上所述,一审判决认定事实清楚,适用法律正确,应予维持。依照《民事诉讼法》第170条第1款第1项之规定,判决如下:驳回上诉,维持原判。

专业释评

清算义务人,是指基于其与公司之间存在的特定法律关系,而在公司解散时,对公司负有依法组织清算义务,并在公司未及时清算给相关权利人造成损害时,依法承担相应责任的民事主体。其产生主要基于法律规定和公司章程规定两种形式。有限责任公司的清算组由股东组成,全体股东都属于清算义务人。

根据《公司法》和最高人民法院《关于适用〈中华人民共和国公司法〉若干问题的规定(二)》、最高人民法院《关于适用〈中华人民共和国公司法〉若干问题的规定(三)》的相关规定,清算过程中,清算义务人承担民事责任的情形有以下几种:(1)未在法定期限内成立清算组开始清算,或者未经依法清算,以虚假清算报告骗取公司登记机关办理法人注销登记,债权人主张其对公司债务承担连带清偿责任的应当承担。(2)未在法定期限内成立清算组开始清算,导致公司财产贬值、流失、毁损或者灭失,债权人主张其在注册资金范围内或者造成损失范围内承担连带赔偿责任的应当承担。(3)清算义务人因怠于履行义务,导致公司主要财产、账册、重要文件等灭失,无法进行清算,债权人主张其对公司债务承担连带清偿责任的应当承担。

就本专题三个案例而言,均存在公司清算过程中,其股东未履行法定义务,导致公司账册资料毁损无法进行破产清算。所以,被法院判决公司股东对该公司的债权人的损失承担相应的赔偿责任于法有据。

问题六　多种担保方式并存时如何担责

案例　N银行乾安县支行与江苏S有限公司等保证合同纠纷案[1]

1 案情简介

再审申请人（一审原告，二审被上诉人）：N 银行乾安县支行。

负责人：王某某，该支行行长。

被申请人（一审被告，二审上诉人）：江苏 S 有限公司（以下简称 S 公司）。

法定代表人：凌某某，该公司董事长。

被申请人（一审被告，二审上诉人）：上海 R 有限公司（以下简称 R 公司）。

法定代表人：宋某某，该公司执行董事。

再审申请人 N 银行乾安县支行为与被申请人 S 公司、R 公司保证合同纠纷一案，不服最高人民法院（2016）最高法民终 40 号民事判决，向最高人民法院申请再审。

2 当事人诉求

N 银行乾安县支行申请再审称，依据《民事诉讼法》第 200 条第 2 项、第 6 项之规定，申请再审，具体理由：第一，本案《流动资金借款合同》签订于《物权法》实施以后，有关债权人实现担保权利应适用物权法的规定。在《担保法》第 28 条第 2 款关于“债权人放弃物的担保的，保证人在债权人放弃权利的范围内免除保证责任”的规定中，并未对债权人主张物保与人保、行使债权的先后顺序予以明确规定。即使担保法的规定不够具体、清晰，但《物权法》第 176 条、第 194 条第 2 款等对此规定是明确的，债权人在行使该项诉权时具有法定选择权。对此，《物权法》第 178 条特别规定：“担保法与本法规定不一致的，适用本法。”在本案“物保和人保”同时存在的情况下，N 银行乾安县支行依据《物权法》的规定，有权向两被申请人主张连带保证责任，二审判决适用法律错误。第二，N 银行乾安县支行的证据足以证明本案保证担保的主债权金额为 17，670.7 万元，二审判决认为 9701.9 万元，属事实认定错误。S 公司、R 公司是占有债务人 T 生物制品有限公司（以下简称 T 公司）62% 的股东，向 T 公司派驻了财务总监等重要领导岗位，参与 T 公司所有重大决策和日常经营，其对 T 公司的重大经营行为，包括 T 公司签订借款合同、抵押合同以及抵押合同变更的事实，明知且参与了决策过程，其以“不知情”进行抗辩，不符合事实。T 公司多次在《贷款重组协议》《流动资金借款合同》等文件中确认，且 S 公司、R 公司在 2011 年 7 月 4 日签订《重组贷款补充协议》中也确认了重组贷款的金额，其从

[1] 最高人民法院（2016）最高法民申 2612 号。

未提出过任何异议,二审判决不顾事实,推翻当事人之间已确认的协议,属认定事实错误。第三,在N银行乾安县支行起诉前,T公司已向松原市中级人民法院递交了破产申请材料,该公司已无法正常经营。同样,另一保证人吉林省J有限公司(以下简称吉林J公司)也处于经营恶化状态。N银行乾安县支行依据《担保法》第18条和《最高人民法院关于适用〈中华人民共和国担保法〉若干问题的解释》第20条的规定,提起本案诉讼,请求判定S公司、R公司承担连带保证责任,依法有据。N银行乾安县支行依法行使诉讼权利的行为,未损害他人利益。第四,本案二审判决结果违反国家保护金融债权、维护社会诚信及金融秩序稳定的一般准则、理念。综上所述,申请再审。

S公司、R公司共同提交书面意见称:本案两份《最高额抵押合同》中对物保与人保实现顺序有明确约定,而《保证合同》则约定不明,N银行乾安县支行以其一系列行为表明"放弃抵押权",保证人应依法免责,原判据此驳回N银行乾安县支行的诉请正确。原审对保证担保主债权数额的认定亦正确,N银行乾安县支行申请再审缺乏事实和法律依据,请求依法驳回。

3 最高人民法院观点

最高人民法院经审查认为,本案原审已查明,T公司为归还原所欠N银行乾安县支行贷款,以借新还旧方式与N银行乾安县支行签订了《流动资金借款合同》,约定T公司向N银行乾安县支行借款17,670.7万元,用于偿还T公司原所欠债务。同时,N银行乾安县支行与S公司、R公司以及吉林J公司签订《保证合同》,约定S公司、R公司、吉林J公司为本案借款合同以及另案借款提供连带责任保证。N银行乾安县支行还与债务人T公司签订了《最高额抵押合同》,与第三人吉林D有限公司(以下简称D公司)也签订《最高额抵押合同》约定提供相应的物保。上述《保证合同》和《最高额抵押合同》中,均有关于实现债权的约定。其中,《保证合同》第6.14条约定:当债务人未履行债务时,无论债权人对主合同项下的债权是否拥有其他担保,债权人有权直接要求保证人承担担保责任。《最高额抵押合同》第11.7条约定:当债务人未履行债务时,无论抵押权人对所担保的主合同项下的债权是否拥有其他担保,抵押权人均有权直接要求抵押人在其担保范围内承担担保责任。本案《保证合同》的上述约定是关于实现保证债权而非实现担保物权的约定,上述约定并不能必然得出已就担保物权的实现顺序与方式等作出了明确约定,故不能将本案《保证合同》中的上述约定理解为《物权法》第176条规定的"当事人约定的实现担保物权的情形"。而两份《最高额抵押合同》的上述约定,是关于抵押权人直接要求抵押人在其物保范围内承担物保责任的约定,属于就实现担保物权所作的约定。在此情形下,按照《物权法》第176条的规定,当发生当事人约定的实现担保物权的情形时,债权人应当优先按照该约定实现债权。在本案被担保债权既有物的担保又有人的担保,且物的担保既有债务人提供的也有第三人D公司提供时,N银行乾安县支行应当优先依照两份《最高额抵押合同》中关于实现担保物权的约定,先行向债务人T公司以及第三人D公司主张实现其债权,而非依照《保证合同》的约定实现其债权,故N银行乾安县支行关于原审适用法律错误的再审理由不能成立。

综上所述,N银行乾安县支行的再审申请不符合《民事诉讼法》第200条规定的应当再审情形。最高人民法院依照《民事诉讼法》第204条第1款、最高人民法院《关于适用〈中华人民共和国民事诉讼法〉的解释》第395条第2款之规定,裁定如下:驳回N银行乾安县支行的再审申请。

专业释评

《担保法》第176条规定,被担保的债权既有物的担保又有人的担保的,债务人不履行到期债务或者发生当事人约定的实现担保物权的情形,债权人应当按照约定实现债权;没有约定或者约定不明确,债务人自己提供物的担保的,债权人应当先就该物的担保实现债权;第三人提供物的担保的,债权人可以就物的担保实现债权,也可以要求保证人承担保证责任。提供担保的第三人承担担保责任后,有权向债务人追偿。第194条规定,抵押权人可以放弃抵押权或者抵押权的顺位。抵押权人与抵押人可以协议变更抵押权顺位以及被担保的债权数额等内容,但抵押权的变更,未经其他抵押权人书面同意,不得对其他抵押权人产生不利影响。债务人以自己的财产设定抵押,抵押权人放弃该抵押权、抵押权顺位或者变更抵押权的,其他担保人在抵押权人丧失优先受偿权益的范围内免除担保责任,但其他担保人承诺仍然提供担保的除外。

就本案而言,最高人民法院的观点:"《保证合同》的约定是关于实现保证债权而非实现担保物权的约定,上述约定并不能必然得出已就担保物权的实现顺序与方式等作出了明确约定,故不能将本案《保证合同》中的上述约定理解为《物权法》第176条的规定"表明的是"《物权法》第176条的规定"必须体现在一个担保合同里。

问题七　无偿受让财产的当事人如何担责

案例　吉林市Z公司与C资产管理股份公司吉林分公司侵权责任案[①]

1 案情简介

1997 年至 2001 年,H 公司为主债务人吉林 T 有限公司、吉林市 S 医院、吉林 K 进出口贸易公司半导体分公司及吉林 L 有限公司在 Y 银行吉林省分行的四笔债务本金人民币 6663 万元、美元 480 万元及相应利息提供连带责任保证。2005 年 7 月 31 日,G 银行吉林分行将上述四笔债权一并转让给了 D 资产管理公司长春办事处。2006 年 1 月 16 日,H 公司向吉林市国资委提交《吉林 H 电子集团有限公司实施改制的请示》,请示内容为:拟用我公司持有的 W 电子国有股权交给市政府处理,职工由吉林市政府接收安置。2006 年 2 月 15 日,吉林市国资委下发吉市国资发〔2006〕29 号文件,同意 H 公司将持有的吉林市 W 电子股份有限责任公司 2000 万国有法人股移交给吉林市政府,由吉林市人民政府安置职工,支付职工安置费。2008 年 10 月 31 日,吉林市国资委向吉林市人民政府提交《关于将吉林 H 电子集团有限公司国有法人股无偿划入吉林市 Z 公司的请示》(吉市国资发〔2008〕53 号),请示内容为:拟将吉林 H 电子集团有限公司持有的 2000 万国有法人股无偿划入吉林市 Z 公司。最后得到了国务院国资委批准。

2009 年 5 月 20 日,D 资产管理公司长春办事处将上述四笔债权一并转让给吉林省 G 有限责任公司(以下简称吉林省 G 公司)。2011 年 3 月 15 日,吉林省 G 公司将上述四笔债权一并转让给了 C 资产公司吉林分公司。2011 年 4 月 15 日,H 公司向吉林高新技术产业开发区人民法院(以下简称吉林高新区法院)申请破产。C 资产公司吉林分公司依法向 H 公司破产管理人申报了债权。2011 年 8 月 24 日,吉林高新区法院作出(2011)吉高新民破字第 1 - 4 号民事裁定,裁定终结 H 公司破产清算程序。

2 当事人诉求

Z 公司上诉请求:(1)请求依法撤销吉林省高级人民法院(2015)吉民二初字第 8 号民事判决;(2)请求依法驳回 C 资产公司吉林分公司的一审诉讼请求;(3)本案一审、二审诉讼费用由 C 资产公司吉林分公司承担。

C 资产公司吉林分公司辩称:(1)本案与破产撤销权纠纷诉讼无关。(2)一审判决不违反法定程序。请求驳回 Z 公司的上诉,维持原判。

---

① 最高人民法院(2017)最高法民终 181 号。

吉林市国资委述称:(1)吉林市国资委不是H公司的股东,不是股东侵害公司债权人利益责任纠纷案件的适格被告。(2)H公司破产符合法律规定和法律程序。(3)一审判决造成破产债权人单独受偿,违反相关政策和《企业破产法》的规定,依法应当予以撤销。

C资产公司吉林分公司向一审法院起诉请求:(1)判令Z公司在无偿接收H公司持有的吉林W电子股份有限公司2000万股股权受益范围内,就H公司对债务本息209,240,000元承担连带偿还责任。(2)判令吉林市国资委在其滥用股东权利无偿划转H公司持有的W公司2000万股股权范围内就上述债务本息承担连带偿还责任。(3)诉讼费用由Z公司和吉林市国资委承担。

3 一审法院观点

吉林省高级人民法院认为,根据原告的诉讼主张及被告的答辩意见,本案争议焦点为:(1)Z公司是否应在接收2000万股范围内对C资产公司吉林分公司承担连带偿还责任;(2)吉林市国资委是否应在此范围内对C资产公司吉林分公司承担连带清偿责任。

(一)关于Z公司是否应在接收2000万股范围内对C资产公司吉林分公司承担连带偿还责任的问题。H公司承担保证责任期间,将其持有的W公司2000万股股权无偿转让给Z公司,事实上造成了H公司对债权人进行担保的法人财产的减少。而且无论H公司无偿转让股权,还是Z公司无偿受让股权,均未对H公司原有债务进行处理,也未征得债权人事先同意或者事后认可。该无偿转让行为侵犯了债权人权利,客观上造成了金融债权的落空。根据《民法通则》第106条"公民、法人由于过错侵害国家的、集体的财产,侵害他人财产、人身的,应当承担民事责任"的规定,Z公司应在其无偿接收H公司持有的W公司2000万股股权受益范围内,与H公司共同就债务本息共209,240,000元对C资产公司吉林分公司承担连带偿还责任。

(二)关于吉林市国资委是否应在此范围内对C资产公司吉林分公司承担连带清偿责任的问题。吉林市国资委是吉林市人民政府设立的国有资产监督管理机构,就履行的管理、监督国有资产的出资人职责而言,与公司法上的股东享有同等法律地位。就其出资人权利行使与债权人利益保护产生的争议可以适用《公司法》第20条,但《公司法》第20条属于衡平性条款,只有债权人利益通过其他途径无法获得救济时方得适用。本案中,C资产公司吉林分公司的债权因吉林市国资委权利行使行为受到的影响,可以通过Z公司就接受股权的价值承担赔偿责任获得救济,基于此,C资产公司吉林分公司并未因吉林市国资委的权利行使行为受到损失,没有适用《公司法》第20条追究吉林市国资委的必要。C资产公司吉林分公司以吉林市国资委滥用公司法人独立地位和股东有限责任为由要求其承担连带责任无法律和事实依据,一审法院不予支持。

综上所述,一审法院判决:(1)Z公司在其无偿接收H公司持有的W公司2000万股股权受益范围内,对H公司所欠C资产公司吉林分公司的209,240,000元债务本息承担连带清偿责任;(2)驳回C资产公司吉林分公司的其他诉讼请求。

4 最高人民法院观点

最高人民法院认为,根据本案上诉人提出的上诉请求本案二审主要争议的焦点问题为Z公司应否承担连带责任。

(一)C资产公司吉林分公司享有的担保债权应否通过《合同法》《企业破产法》解决

1. C资产公司吉林分公司享有的担保债权未列入破产债权。2011年3月15日,C资产公司吉林分公司从吉林省G公司有偿受让案涉担保债权,债权转让已通知债务人H公司,C资产公司吉林分公司有权向H公司主张债权。2011年4月15日,H公司向吉林高新区法院申请破产,C资产公司吉林分公司在H公司破产申请受理后依法向破产管理人申报了债权,但破产管理人未将C资产公司吉林分公司列为破产债权人,C资产公司吉林分公司因不能归责于其自身的事由未能参与破产财产分配,且破产清算程序已经终结,其担保债权不能通过破产程序救济。Z公司关于C资产公司吉林分公司是H公司的破产债权人,应当依据《企业破产法》的规定行使权利的上诉理由,不能成立。

2. 案涉股权不属于债权人C资产公司吉林分公司在H公司破产程序终结后可以请求追加分配的财产。首先,案涉股权于2009年1月15日划转至Z公司,H公司破产申请时以及破产申请受理后至破产程序终结前,案涉股权未纳入H公司债务人财产范围,不适用《企业破产法》第33条的规定。其次,案涉股权划转2年后H公司进入破产程序,破产管理人没有依据《企业破产法》第31条的规定请求撤销追回涉案股权,亦不符合《企业破产法》第32条、第36条规定的情形。最后,关于追回2年期限的问题。Z公司并未提供证据证明,在H公司无偿划转案涉股权时通知了债权人,债权人依据《合同法》有权自知道或者应当知道撤销事由之日起1年内行使撤销权。综上,Z公司关于C资产公司吉林分公司应根据《合同法》《企业破产法》的相关规定主张权利的上诉理由,不能成立。

(二)Z公司应否承担侵权责任

1. Z公司是否存在主观过错。根据一审查明的事实,2006年1月16日,H公司向吉林市国资委请示,申请改制。吉林市国资委批复同意并向吉林市政府提出建议,将案涉股权无偿划入Z公司。虽然案涉股权无偿划转形式上经由吉林市人民政府及其相关部门批准,但实质是吉林市国资委履行出资人职责,改制单位H公司无偿划转国有资产给Z公司,三方配合落实改制方案。H公司向政府有关部门请示无偿划转案涉股权资产时企业已资不抵债,对此,Z公司知道或者应当预见。H公司在资不抵债、濒临破产的情形下无偿划转案涉股权给他人,具有逃废债务的主观故意。Z公司配合H公司逃废债务行为违反了法律和规范性文件规定,违背公序良俗,具有侵犯他人财产权的主观过错。

2. 无偿划转案涉股权行为直接损害了H公司债权人财产利益。H公司将案涉股权划转至Z公司后即进入破产程序。案涉股权的无偿划转与接收客观上导致H公司偿债能力降低,与涉案担保债权不能实现具有直接因果关系,据此,根据本案实际情况,适用侵权责任法作为保护财产权益的补充手段,是必要的;否则,享有合法财产权益的债权人,难以通过法定路径予以救济,有违公平正义。

3. C资产公司吉林分公司向Z公司主张权利不违反债权公平受偿原则。C资产公司吉林分公司自受让案涉担保债权以来,一直多方寻求救济途径。第一,C资产公司吉林分公司在吉林省G公司起诉主债务人及H公司履行担保责任一案中主张权利,但因H公司进入破产程序,该案仅对H公司担保债权予以确认,并未判令H公司履行保证义务。第二,C资产公司吉林分公司在H公司进入破产程序后,积极申报债权,但非因自身原因未被列为破产债权人,其意图通过破产程序救济的努力未果。第三,C资产公司吉林分公司几乎在受让案涉担保债权的同时,亦就案涉股权无偿划转行为行使了债权人撤销权,但因该案经最高人民法院二审并由吉林高新区法院立案实体审理时,距H公司破产程序终结超过2年,案涉股权已不能被追加分配,亦未果。综上所述,C资产公司吉林分公司提起本案财产侵权诉讼,系因权利救济途径已经基本穷尽,其并非怠于主张合同权利或规避破产程序以追求个别清偿或者优先受偿。Z公司关于C资产公司吉林分公司的普通债权个别受偿,侵害了H公司其他债权人的财产权益的主张,不能成立。

(三)原审判决Z公司承担连带清偿责任依据不足

本案难以认定Z公司与H公司构成共同侵权。案涉股权的无偿划转具有国有企业改制背景,并且是在政府主管部门指导和批准后完成,Z公司作为国有出资设立的企业接受案涉股权,存在一定的被动性,不具有与H公司意思联络共同侵犯他人财产权益的主观故意,原审判令Z公司承担连带责任不当,最高人民法院予以纠正。

(四)Z公司应承担相应的赔偿责任

2009年1月,案涉股权由H公司无偿划转至Z公司,此时的债权人D资产管理公司长春办事处、吉林省G公司客观上可以密切关注债务人H公司重大资产变动而未发现上述情况。C资产公司吉林分公司作为专门从事不良债权收购和处置的企业法人,对收购标的物债权的实现风险应当具备专业核查和判断能力。D资产管理公司长春办事处、吉林省G公司的行为导致其后案涉担保债权实现的困难和风险加大,亦具有过错,其法律后果应由债权受让人C资产公司吉林分公司承担。《民法通则》第131条规定,“受害人对于损害的发生也有过错的,可以减轻侵害人的民事责任”。此外,还考虑到Z公司在接收案涉股权后履行股东职责,以及Z公司接收案涉股权具有一定的被动性等因素,本院酌定其在无偿接收案涉股权80%的范围内承担相应的赔偿责任。

专业释评

《合同法》第74条规定,因债务人放弃其到期债权或者无偿转让财产,对债权人造成损害的,债权人可以请求人民法院撤销债务人的行为。债务人以明显不合理的低价转让财产,对债权人造成损害,并且受让人知道该情形的,债权人也可以请求人民法院撤销债务人的行为。

就本案而言,由于主债务人已经破产终结,虽然债权人依法申报了债权,但并没有得到清偿,而无偿接受主债务人财产转让的Z公司存在一定的过错,且该接受行为导致了债权人利益的受损,根据过错责任原则,最高人民法院酌定其在无偿接收案涉股权80%的范围内承担相应的赔偿责任,合乎情理。

问题八　破产企业如何承担虚假陈述责任

案例　陈某某与X有限公司证券虚假陈述纠纷案[①]

1 案情简介

上海C有限公司于2003年6月26日设立,2007年更名为C公司。2010年11月18日,C公司股票在深圳证券交易所上市,2015年2月,C公司更名为X公司。2015年3月9日起公司股票更名为X。2014年6月26日,上海市第一中级人民法院(以下简称上海一中院)裁定受理申请人对C公司的重整申请,并指定管理人。同年7月10日,C公司管理人发布《关于债权申报说明的公告》,主要内容为:C公司债权人应于公告之日起至2014年8月11日前向管理人申报债权。同年10月28日,上海一中院裁定批准重整计划,并终止重整程序。2015年5月26日,中国证监会作出(2015)10号《行政处罚决定书》,对C公司责令改正,给予警告,并处以60万元罚款;对倪某某、陶某、朱某分别给予警告,并处以30万元罚款;对倪某、刘某某、顾某某、庞某某、崔某某、谢某某分别给予警告,并处以3万元罚款。该处罚决定书认定:C公司未披露在海外收购光伏电站项目的情况;未按规定披露C卢森堡向国家开发银行贷款过程中相关股权质押情况;未及时披露公司与境外合作方签订的《电站管理协议》;对已售太阳能组件调减价格以及定期报告营业收入、利润总额虚假记载。

陈某某于2011年12月28日至2013年2月28日期间存在买卖C公司股票的情况。庭审中,双方均认可:案涉股票虚假陈述行为实施日为2011年12月16日、揭露日为2013年1月23日、基准日为2013年2月28日,基准价为4.34元。

江苏Z会计师事务所有限公司接受X公司的单方委托,对X公司2011年12月16日至2013年2月28日期间股价波动的系统风险的影响比例进行鉴定,并于2016年9月6日出具《司法鉴定报告书》,该司法鉴定报告书的鉴定意见为:2011年12月16日至2013年2月28日X股价波动为下跌49.04%,选取的平均跌幅为24.12%,X股价波动的系统风险的影响比例为49.18%(24.12%/49.04%)。

2 当事人诉求

X公司上诉请求:撤销一审判决,改判X公司对投资者的损失不承担赔偿责任,被上诉人承担一二审诉讼费用。事实和理由:(1)C公司破产重整程序已结束,破产重整后的X公司不应对破产重整前C公司债务承担清偿责任。(2)投资者主张的证券虚假陈述之债属于破产债

---

① 江苏省高级人民法院(2018)苏民终98号。

权，应向管理人主张，本案应追加管理人为被告或第三人。(3)前述债权即使应当清偿，亦不应超过重整计划规定的提存份额。(4)投资者主张的投资损失系证券市场系统风险所致，与C公司无关。

陈某某未提交答辩意见。

陈某某向一审法院起诉请求：X公司赔偿其投资损失16,972.34元，并承担诉讼费用。

3 一审法院观点

南京市中级人民法院认为：C公司在2011年至2012年经营期间，存在未披露在海外收购光伏电站项目、C卢森堡向国开行贷款过程中相关股权质押、C公司与境外合作方签订《电站公司管理协议》、对已售太阳能组件调减价格以及定期报告营业收入、利润总额虚假记载等重大违法行为，并受到了中国证监会的行政处罚。C公司上述未披露或虚假记载的行为属于可能对上市公司股票交易价格产生较大影响信息的重大遗漏或虚假记载，应当认定为最高人民法院《关于受理证券市场因虚假陈述引发的民事赔偿案件的若干规定》(以下简称《虚假陈述若干规定》)第17条规定的证券市场虚假陈述。

关于C公司虚假陈述行为与投资者损失之间因果关系及投资者损失数额的认定。证券虚假陈述民事赔偿纠纷适用因果关系推定原则，投资者只需承担基本的举证责任，证明其存在损失，即应认定其损失与虚假陈述行为具有因果关系。信息披露义务人认为投资者的损失与其虚假陈述行为之间不存在因果关系的，应提出相应的反证。本案中，双方均认可，C公司虚假陈述实施日为2011年12月16日、揭露日为2013年1月23日、基准日为2013年2月28日、基准价为4.34元，在此期间，投资者投资C公司股票并发生亏损，应确认投资损失与C公司虚假陈述行为之间具有因果关系。X公司抗辩称投资损失系由证券市场系统性风险等其他因素所致，但提供的证据不足以证明其主张。

陈某某因C公司虚假陈述行为导致的实际损失合计16,933.80元。

关于投资者因C公司虚假陈述行为产生的债权是否属于破产债权，X公司应否对此承担民事赔偿责任以及应当赔偿的数额问题。破产债权的实质，仍然为基于合同、侵权行为、无因管理、不当得利或者其他法律原因而发生的债权，仅由于债权的行使需通过破产程序公平受偿，才被称之为破产债权。本案中，案涉虚假陈述的实施日、揭露日、基准日均在C公司破产程序启动之前，案涉债权在人民法院受理破产申请时已经确定。虽然中国证监会对案涉证券虚假陈述行为的行政处罚决定在C公司破产程序终结后才作出，但该时间仅是行政机关对案涉虚假陈述行为进行确认和处罚的时间，并非案涉债权的发生时间。因此，案涉的债权应当属于破产债权。X公司承继了C公司的法律主体地位，在C公司破产重整计划执行完毕之后，虽然对于按照重整计划减免的债务不再承担清偿责任，但对于在破产重整程序中未申报的债权，其仍应按照重整计划规定的同类债权的清偿条件承担民事法律责任。根据C公司《重整计划》的分配方案，普通债权20万元以下部分(含20万元)全额受偿，超过20万元部分按照20%的比例受偿。陈某某的债权为普通债权，且债权数额未超过20万元，故X公司应当全部清偿。综上所述,一审法院判决:(1)X 公司于判决生效之日起 10 日内赔偿陈某某损失 16,933.80 元。(2)驳回陈某某的其他诉讼请求。

4 二审法院观点

本案二审争议焦点为,X 公司应否向投资者支付其因 C 公司虚假陈述行为而导致的投资损失。具体涉及:(1)破产重整结束后,X 公司是否即免除了对案涉债务的清偿责任;(2)投资者的投资损失是否受到证券市场系统风险因素的影响。

江苏省高级人民法院认为,X 公司应当向投资者支付其因 C 公司虚假陈述行为而导致的投资损失,具体理由为:

1. 关于破产重整结束后,X 公司是否即免除了对投资者因 C 公司虚假陈述行为所致损失的清偿责任的问题。《企业破产法》第 92 条规定,经人民法院裁定批准的重整计划,对债务人和全体债权人均有约束力。债权人未依照本法规定申报债权的,在重整计划执行期间不得行使权利;在重整计划执行完毕后,可以按照重整计划规定的同类债权的清偿条件行使权利。据此,经人民法院批准的重整计划对全体债权人均有约束力,债权人在重整计划执行完毕后进行申报的,其债权仍应按照重整计划规定的同类债权的清偿条件进行清偿。本案中,C 公司破产重整申请的裁定受理日为 2014 年 6 月 26 日,破产程序至 2014 年 12 月 24 日终结。案涉虚假陈述的实施日、揭露日、基准日均在 C 公司破产程序启动之前,即投资者因 C 公司虚假陈述行为所形成的债权在人民法院受理破产申请时已经确定。因此,按照《企业破产法》第 107 条第 2 款的规定,投资者因 C 公司虚假陈述行为产生的债权属于破产债权。投资者可以在申报期内进行申报,未进行申报的,其债权仍应按照重整计划规定的同类债权即“普通债权”的清偿条件进行清偿,即“普通债权 20 万元以下部分(含 20 万元)全额受偿,超过 20 万元部分按照 20% 的比例受偿”。陈某某的债权数额未超过 20 万元,X 公司应当予以清偿。

2. 关于投资者的投资损失是否受到证券市场系统风险因素影响的问题。根据《虚假陈述若干规定》第 19 条第 4 项的规定,被告举证证明原告的损失或者部分损失是由证券市场系统风险等其他因素所导致的,人民法院应当认定虚假陈述与损害结果之间不存在因果关系。本案中,X 公司主张投资者的部分损失是由证券市场系统风险等其他因素所导致,其应就此承担相应举证证明责任。X 公司提交的《司法鉴定报告书》系其单方委托鉴定形成,该报告书所采集的三个指数并非本案双方当事人协商一致所选取。且从鉴定报告的内容可见,江苏 Z 会计师事务所有限公司系根据 X 公司的推荐选取了新能源(板块代码 000941)、光伏(中信)(板块代码 CI005186)、新能源设备(中信)(板块代码 CI005132)三个指数在 2011 年 12 月 16 日和 2013 年 2 月 28 日两天的股价情况作出的鉴定结论,不能反映 2011 年 12 月 16 日(虚假陈述实施日)至 2013 年 2 月 28 日(虚假陈述基准日)的完整期间内该三个指数的波动情况,其内容不具有科学性、合理性,不能证明 X 公司所主张的市场风险因素与 C 公司证券价格波动之间的逻辑关系。综上所述,判决如下:驳回上诉,维持原判。

专业释评

侵权责任，是指行为人侵害他人财产或对人身造成损害，依法应当承担的法律后果。《侵权责任法》没有具体规定侵权责任构成要件，但根据第6条第1款的规定，可以确认一般侵权损害赔偿责任构成要件有四个，即违法行为、损害事实、因果关系和主观过错。证券交易中的虚假陈述行为属于一般侵权责任的范畴。

就本案而言，C公司存在虚假陈述行为，而陈某某股票交易的实际损失与C公司的虚假陈述行为之间存在因果关系。最后法院判决其承担对陈某某损失的赔偿责任于法有据。

问题九　如何认定破产管理人的责任

案例一　G银行佛山分行与佛山市Y公司责任纠纷案①

1 案情简介

本案具体事实是:2010年8月6日,南海区法院受理Y公司的破产申请。同年8月31日,该院指定T公司为Y公司管理人。2010年10月18日,上诉人向Y公司管理人申报债权。

2010年12月2日,Y公司管理人与J公司签订《委托拍卖合同》,委托J公司拍卖包括上诉人享有优先受偿权的质押物在内的Y公司固定资产、已质押部分的存货、未用于质押担保的存货等。拍卖标的物在过户过程中产生的一切税、费等均由买受人承担。其后,Y公司包括上诉人质押仓单项下货物的全部财产拍卖成交,成交价合计为10,520,439.07元。双方在诉讼中确认上诉人享有优先受偿权的质押物变现价款为3,876,365.34元。

Y公司管理人于2015年1月16日向上诉人发出《关于办理收款手续的通知》,通知在扣除厂房租金、水电费、企业税金、评估费、搬运费、监管费及管理人报酬后,上诉人可收取担保物拍卖价款2,600,143.10元。2015年3月9日,一审法院作出(2014)佛中法民二破字第7－11号通知,扣除相关费用后,上诉人可收取优先受偿款为2,592,506.51元。2015年6月1日,Y公司管理人向上诉人划付上述优先受偿款项。

2 当事人诉求

G银行佛山分行(以下简称佛山G银行)向广东省高级人民法院提起上诉,请求撤销一审判决,改判支持其全部诉讼请求,本案一审、二审诉讼费用全部由被上诉人共同承担。

被上诉人T公司、Y公司管理人辩称:(1)一审判决认定事实正确。Y公司财产拍卖后,由此产生的增值税、监管费、仓租,并非《委托拍卖合同》第12条约定的“过户税费”,而是南海区法院主审Y公司破产案的法官、佛山市中级人民法院Y公司破产合议庭、南海区国税局(针对增值税)一致的意见。(2)一审适用法律正确。上诉人为Y公司特定财产的担保权人,依法对该特定财产享有优先受偿权。但法律没有规定管理人必须在财产变现后一个月支付给担保权人,原因是考虑到特定财产变现后还有很多后续事务要处理,不能马上确定担保权人应收款的数额。综上所述,请求驳回上诉人的全部上诉请求,本案一审、二审诉讼费用全部由上诉人承担。

---

① 广东省高级人民法院(2016)粤民终1942号。

3 一审法院观点

佛山市中级人民法院认为:综合双方的诉辩意见,本案的争议焦点在于T公司是否应对佛山G银行承担赔偿责任。

(一)关于T公司是否应向佛山G银行赔偿企业税金、监管费及仓租合共1,210,452.69元的问题

1. 关于企业税金411,229.67元。Y公司管理人与J公司签订的《委托拍卖合同》中仅约定拍卖标的物在过户过程中产生的一切税费由买受人承担,双方并未约定标的物拍卖成交后因Y公司发生销售收入而依法应负担的企业增值税也须由买受人承担。依照《增值税暂行条例》规定,Y公司管理人作为纳税人应依法缴纳相应的增值税款。依照《企业破产法》相关规定,案涉411,229.67元增值税税款是Y公司管理人在处置Y公司资产的变价过程中产生的费用,属破产费用。因此,Y公司管理人按债权比例由各债权人分摊上述破产费用的行为符合法律规定,佛山G银行主张Y公司管理人T公司赔偿上述税款缺乏法律依据,一审法院不予支持。

2. 关于监管费168,324.26元及仓租630,898.76元。根据Y公司与J公司签订的《储存质押物品协议书》及Y公司管理人与陈某华签订的《租赁合同》,案涉监管费和仓租是为保管佛山G银行享有质权的Y公司动产而发生的费用,其中监管费属《企业破产法》规定的管理人请求对方当事人履行双方均未履行完毕的合同所产生的共益债务,仓租属管理债务人财产而产生的破产费用,上述两项属于在企业破产过程中为全体债权人利益而支付的费用,应由Y公司破产财产随时清偿,故Y公司管理人按债权比例由各债权人分摊上述费用的行为符合法律规定。

(二)关于T公司是否造成佛山G银行利息损失的问题

首先,对于优先债权的分配偿付时间,法律并未作出具体规定。其次,根据《企业破产法》第116条"破产财产分配方案经人民法院裁定认可后,由管理人执行"的规定,包括优先债权在内的财产分配方案应经法院认可。再次,如前所述,在Y公司财产拍卖成交后,尚有部分费用需要在拍卖成交款项中扣除,在相关费用的扣除存在争议且未作出最终认定的情况下,难以确定债权人应承担的合理比例,相关款项的优先划付存在障碍。由此可见,自Y公司相关财产拍卖成交后,至Y公司管理人根据原审法院核定的优先受偿款项数额而向佛山G银行付款,期间Y公司管理人并未存在明显拖延付款的情形,故佛山G银行以Y公司管理人违反勤勉尽责义务为由诉请T公司赔偿迟延划款的利息损失,没有法律和事实依据,一审法院不予支持。

4 二审法院观点

广东省高级人民法院认为,本案为管理人责任纠纷,争议焦点为拍卖处置债务人财产所产生的税金如何认定、债务人财产所产生的监管费及仓租如何认定以及Y公司管理人是否存在

失职行为并造成上诉人佛山G银行利息损失的问题。

关于拍卖处置债务人财产所产生的税金如何认定的问题。Y公司管理人与J公司签订的《委托拍卖合同》约定了拍卖的标的在过户过程中产生的一切税、费均由买受人承担,但并未约定拍卖标的拍卖成交后所产生的增值税由买受人承担,而且案涉的税金并非拍卖标的过户过程中所产生的税费。因此,案涉税金应从本案债务人的破产财产中随时清偿。本案中,Y公司管理人按照债权人各自的债权比例由各债权人分摊上述税金,符合法律规定。

关于债务人财产所产生的监管费及仓租如何认定的问题。案涉监管费168,324.26元,产生于2010年8月7日至2011年10月12日,即人民法院裁定受理Y公司的破产申请之后。对案涉的质押物委托他人进行监管,是管理人行使权利管理债务人财产的行为,而在此期间产生的监管费用,受益者是债权人佛山G银行。同样地,案涉仓租费630,899.76元,产生于2010年8月至2011年9月,也是在人民法院裁定受理Y公司的破产申请之后。对案涉的质押物委托他人进行仓储保管,同样是管理人行使权利管理债务人财产的行为,而在此期间产生的仓租费,受益者同样是债权人佛山G银行。根据《企业破产法》相关规定,案涉监管费属于因管理人或者债务人请求对方当事人履行双方均未履行完毕的合同所产生的债务,属于共益债务,案涉仓租属于管理债务人财产的费用,属于破产费用,依法均应由债务人财产随时清偿。本案中Y公司管理人按照债权人各自的债权比例由各债权人分摊上述费用,符合法律规定。

关于Y公司管理人是否存在失职行为并造成上诉人佛山G银行利息损失的问题。本案中,管理人委托中介机构拍卖处置债务人的财产,既包括上诉人佛山G银行享有质押权的财产,也包括其他债权人享有优先受偿权的财产,还有其他财产。上述财产变现后,涉及的破产费用、共益债务需要在各债权人之间予以确定分摊数额后予以清偿。上述工作需要一定的合理时间。而且,破产费用、共益债务的认定及各债权人如何分摊,也需要经人民法院审查确认。本案中Y公司管理人经佛山市中级人民法院(2014)佛中法民二破字第7-11号通知确认佛山G银行可收取的优先受偿款金额为2,592,506.51元后向佛山G银行支付相关款项,并无违反法律规定。

综上所述,判决如下:驳回上诉,维持原判。

案例二 杨某与平凉市Z公司破产清算组民间借贷纠纷案[①]

1 案情简介

一审法院平凉市崆峒区查明,原告杨某原任平凉市Z公司经理。2003年7月17日,平凉市Z公司借原告杨某现金6000元,向杨某出具收据一张,注明该款项“以杨某个人贷款,用以支付慕某医疗费用”。2003年10月17日,平凉市Z公司借杨某现金20,000元,该公司向杨某出具收据一张,注明该款项“以杨某个人房证贷款,用于单位诉讼案件等费用”。2005年11月

① 平凉市中级人民法院(2012)平中民二终字第45号。

10 日平凉市 Z 公司会计移交清册“Z 公司其他应付款明细表”载明应付杨某借款 26,000 元。

2004 年 6 月 25 日,一审法院发出(2004)崆民三破字第 39－3 号公告,要求平凉市 Z 公司的债权人应自公告之日起 3 个月内向该院申报债权,说明债权数额和有无财产担保,并提交有关证明材料。逾期未申报的视为自动放弃债权。2004 年 7 月 25 日,一审法院作出(2004)崆民三破字第 39－1 号民事裁定书,宣告申请人平凉市 Z 公司破产还债,由原审法院指定被告接管破产企业。2004 年 8 月 4 日,一审法院作出(2004)崆民三破字第 39 号指定成立清算组的函,原告为清算组成员之一。2010 年 9 月 10 日,一审法院作出(2004)崆民三破字第 39－2 号民事裁定书,裁定终结债务人平凉市 Z 公司破产清算(还债)程序,未得到清偿的债权不再清偿,并于 2010 年 9 月 15 日在《平凉日报》对裁定结果予以公告。另查明,2003 年 7 月 17 日,原告杨某在平凉市 K 信用社贷款 6000 元;2003 年 10 月 18 日,原告又在该信用合作社以其房证抵押贷款 20,000 元。

上诉人杨某因与被上诉人平凉市 Z 公司破产清算组(以下简称破产清算组)民间借贷纠纷一案,不服崆峒区人民法院 2012 年 4 月 22 日作出(2012)崆民初字第 512 号民事判决,向平凉市中级人民法院提起上诉。

2 当事人诉求

上诉人杨某上诉称:上诉人作为原企业的负责人,在企业面临困难时,上诉人以自有房屋作抵押向信用社贷款解除职工企业危机,有上诉人和被上诉人的陈述及证据证实。企业破产无力偿还,该款清算组认为以特殊职工债权处理,故上诉人未申报债权。后清算组未履行,致使信用社起诉上诉人。现请求改判原判决主文利息部分,由被上诉人归还上诉人为其担保贷款而产生的利息及其转贷利息 34,170.48 元;诉讼费用由被上诉人负担。

被上诉人破产清算组辩称:上诉人所称的借款 26,000 元属实,该公司在 2004 年 6 月 25 日进入破产程序后,清算组要求信用社申报债权未果,现该公司破产程序已终结,债权再不能得到清偿。请求驳回上诉人的诉讼请求。

3 一审法院观点

平凉市崆峒区法院认为,原告杨某与平凉市 Z 公司关于借款数额的约定系当事人真实意思的表示,不违反法律规定,为有效约定,一审法院予以确认。平凉市 Z 公司进入破产清算(还债)程序后,原告虽为清算组成员之一,未依照《企业破产法》规定申报债权,也未依破产清算程序行使其债权,但因原告为企业职工,且该借款用于企业职工医疗费用及企业诉讼费用和其他支出,该债权应认定为企业“职工债权”,被告作为原公司的管理人,应在优先清偿破产费用和共益债务后,对原告的借款予以清偿。原告与其企业的借款合同和原告与 K 信用社的借款合同是两个独立的合同,本案原告借给企业的款项虽来源于其在 K 信用社的贷款,但由于合同的相对性,合同的权利义务只及于合同当事人,对合同当事人以外的第三人无法律约束力。故原告与原企业的借款本金应确定为26,000元。破产企业的债权债务应自破产企业宣告破产之日止,故原告要求的利息应截止破产宣告之日2004年7月25日。2003年7月17日借款6000元的利息为586.22元(6000元×7.965‰×12个月零8天)。2003年10月17日借款20,000元利息为1476.18元(20000元×7.965‰×9个月零8天),利息合计2062.40元。依据《合同法》第196条、第206条,《企业破产法》第48条2款、第113条之规定,判决:被告平凉市Z公司破产清算组于本判决生效之日起5日内向原告杨某归还借款26,000元,支付利息2062.40元,共计28,062.40元。

4 二审法院观点

平凉市中级人民法院认为,平凉市Z公司自2003年向上诉人借款26,000元,是当事人真实意思表示,且不违反法律、行政法规的强制性规定,为合法的民间借贷关系,应受法律保护。平凉市Z公司于2004年进行破产清算,该笔借款在破产清算过程中,于2005年12月12日作为其他应付款移交给被上诉人破产清算组,即应当作为破产债务进行清偿,但被上诉人破产清算组对该笔借款未进行清偿,也未作其他处理的情况下,即申请法院终结破产程序,造成债权人杨某的该笔债权无法得到清偿,依照《企业破产法》第130条"管理人未依照本法规定勤勉尽责,忠实执行职务的,人民法院可以依法处以罚款;给债权人、债务人或者第三人造成损失的,依法承担赔偿责任"的规定,被上诉人破产清算组应承担该笔借款的赔偿责任。赔偿数额应以实际损失为限,即借款本金26,000元及杨某为该笔借款在信用社所负担的贷款利息。被上诉人破产清算组认为在破产程序中,杨某未在期限内申报债权的辩解理由,与2005年12月12日的会计移交清册记载不符,该辩解理由不能成立。被上诉人辩称曾要求平凉市K信用社对该笔借款申报债权,但信用社也未进行申报,致使借款为未列入破产债务的理由,根据合同的相对性原理,平凉市K信用社的债务人为杨某,而非被上诉人,信用社没有申报债权的权利和义务,故被上诉人的这一辩解理由亦不能成立。原审法院认为杨某未在破产程序中依法申报、主张债权,认定事实错误,且在平凉市Z公司破产清算程序终结之后,又判决清算组进行清偿,既无法律依据,又与生效的破产终结裁定相矛盾,处理结果不当,应予纠正。综上所述,判决如下:

(1)撤销崆峒区人民法院(2012)崆民初字第512号民事判决;(2)平凉市Z公司破产清算组赔偿杨某借款本金26,000元,利息损失10,170.48元[杨某依据(2010)崆民初字第1547号民事判决所负担的借款利息及罚息,以信用社实际结算为准]。

专业释评

破产管理人,是指在破产案件中,在法院的指挥和监督之下全面接管破产财产并负责对其进行保管、清理、估价、处理和分配的专门机构。管理人应当勤勉尽责,忠实执行职务。从法理上说,管理人应当勤勉、忠实地履行自己的义务;否则,不但法院可以对其依法处以罚款,而且,如果其给债权人、债务人或者第三人造成损失的,还要承担赔偿责任。

就本案例一而言,Y 公司管理人并不存在懒惰、失职或不忠的行为,因此,法院驳回原告的诉求于法有据。就案例二而言,平凉市 Z 公司于 2004 年进行破产清算,该笔借款在破产清算过程中,于 2005 年 12 月 12 日作为其他应付款移交给被上诉人破产清算组,但在被上诉人破产清算组对该笔借款未进行清偿,也未作其他处理的情况下,使申请法院终结破产程序,该案破产清算组既存在过错,也给债权人杨某造成了损失,法院判决其承担赔偿责任,于法有据。

问题十　如何确定破产案件中违约金范围

案例　X公司与S公司营业信托纠纷案[①]

1 案情简介

2014年9月25日,X公司与S公司签订了编号为[P2014M11A－YS01－002]的《特定资产收益权转让暨回购合同》,约定S公司将其合法持有的S公司办公大楼及××文化交流中心收益权转让给X公司,转让价款为8亿元。X公司取得特定资产收益权后,S公司应按合同约定回购全部特定资产收益权并支付回购价款。回购价款等于回购本金总额与回购溢价金额之和,溢价率为12%/年。同时,《特定资产收益权转让暨回购合同》第2.1条约定,X公司取得的特定资产收益权及其产生的全部收益归入信托财产。第3.1条第1款约定,回购方未按照本合同第3.3款的约定支付完毕任意一期回购溢价及/或回购本金的,视为回购方未履行完毕全部特定资产收益权的回购义务。

第9.3条约定,S公司未按照本合同约定支付任何一单笔回购本金、回购溢价款的,或S公司未按本合同约定支付其应付的任何款项,X公司有权要求S公司立即支付,且有权自S公司逾期之日起按逾期未支付款项的0.05%计收违约金。第9.4条约定,S公司出现任何违约情形,自违约情形发生之日起要求S公司支付违约金,违约金数额为特定资产收益权转让价款的10%;同时可以要求S公司提前支付全部或者部分回购价款。

2014年12月23日,X公司分笔向S公司支付特定资产收益权转让价款共计人民币8亿元。按照《特定资产收益权转让暨回购合同》以及《回购合同之补充协议》的约定,S公司应于2015年6月19日向X公司支付回购溢价共计25,810,410.96元,但S公司并未按期支付。截至2015年8月7日,S公司仅支付回购溢价500万元,并未支付剩余款项。

2 当事人诉求

为追索上述款项,X公司于2015年10月23日向一审法院提起诉讼,请求依法判令:(1)S公司向X公司支付应付未付的特定资产收益权回购溢价以及提前到期的剩余特定资产收益权回购价款,合计回购价款本金8亿元,回购溢价181,809,231.78元;(2)S公司向X公司支付违约金,违约金的计算方式为特定资产收益权转让价款的10%,即80,000,000元,加上自回购方逾期之日起按逾期未付款项的0.05%按日计收违约金,截至S公司实际给付全部逾期未付款项之日,暂计算至2015年9月28日为1,008,995.04元,合计81,008,995.04元;(3)依法

① 最高人民法院(2016)民终231号。

处置S公司名下抵押财产S公司办公大楼及××文化交流中心在建工程,并判令X公司对抵押物处置价款在抵押担保范围内享有优先受偿权;(4)本案诉讼费由S公司承担。

一审判决后,S公司不服,向最高人民法院提起上诉称:第一,原审法院判决S公司支付X公司违约金8000万元、支付X公司回购溢价181,809,231.78元及相应违约金(截止2015年9月28日为1,008,995.04元);自此之后以回购溢价181,809,231.78元为基数按0.05%计收至实际支付完毕止,没有合同与法律依据,依法应当予以改判。第二,本案双方的基础法律关系应是借贷合同法律关系,而非信托或者回购法律关系。依据《信托法》第6条、第9条、第33条之规定,设立信托,应当在书面文件载明信托目的,委托人姓名、名称、住所,受益人或者受益人范围,受益人取得信托利益的形式、方法,而本案《特定资产收益权转让暨回购合同》中均未明确,不符合《信托法》对信托合同设立的规定。即使将本案双方的《特定资产收益权转让暨回购合同》认定为信托合同,显然违反了《信托法》第43条关于"受托人可以是受益人,但不得是同一信托的唯一受益人"的规定,信托合同无效。综上所述,一审法院认定事实错误、适用法律不当,请求撤销青海省高级人民法院(2015)青民二初字第81号民事判决第2项、第3项,依法改判;案件受理费、财产保全费由X公司承担。

被上诉人X公司答辩称:(1)本案合同的法律性质是"收益权转让及回购合同",而非"借贷合同"。本案《特定资产收益权转让暨回购合同》的转让和回购的标的不是特定资产的所有权,而是特定资产的收益权。(2)原审判决S公司向X公司支付回购溢价181,809,231.78元,有充分的合同依据和事实依据。综上所述,S公司的上诉请求没有事实依据和合同依据,亦违反了法律的相关规定。请求驳回上诉,维持原判。

3 一审法院观点

青海省高级人民法院认为,本案争议焦点之一为:S公司是否向X公司支付违约金80,000,000元,及逾期之日起按逾期未付款项的0.05%按日计收违约金,至实际给付全部逾期未付款项之日止。

双方《特定资产收益权转让暨回购合同》第9.4条约定,S公司出现任何违约情形(发生本合同第3.4条约定的情形)自违约情形发生之日起要求S公司支付违约金,违约金数额为特定资产收益权转让价款的10%。第9.3条约定S公司未按照本合同约定支付任何一单笔回购本金、回购溢价款的,或S公司未按本合同约定支付其应付的任何款项,X公司有权要求S公司立即支付,且有权自S公司逾期之日起按逾期未支付款项的0.05%计收违约金。在该合同的履行过程中,如前所述,S公司拖欠回购溢价款的行为构成双方当事人约定的违约情形,依照合同约定理应承担相应的违约责任。双方当事人对违约责任在合同第9.4条及第9.3条中均有相应的约定,且该违约金性质不同,X公司的该项诉请符合双方当事人合同约定,该院予以支持。X公司宣布该款项均提前到期,计算违约金应按照欠付溢价181,809,231.78元为基数予以计算。

最后判决:(1)S公司于该判决生效之日起10日内支付X公司违约金8000万元;(2)S公

司于该判决生效之日起10日内支付X公司回购溢价181,809,231.78元及相应违约金(截至2015年9月28日为1,008,995.04元;自此之后以回购溢价181,809,231.78元为基数按日0.05%计收至实际支付完毕止)。

4 最高人民法院观点

最高人民法院认为,本案的争议焦点为,本案合同的性质及效力问题;原审判决认定的违约金是否符合合同约定,是否需要进行调整的问题。

(一)关于本案合同的性质及效力问题

X公司成立“X公司—有色1号集合资金信托计划”后,与案外的信托计划委托人签订《X公司—有色1号集合资金信托计划信托合同》。信托计划委托人将资金汇入X公司公司的信托专户,由X公司作为信托计划的受托人管理信托专户中的信托资金。该合同相对方之间形成了信托法律关系。为履行该份合同,管理受托的信托资金,X公司与S公司签订《特定资产收益权转让暨回购合同》,约定X公司以受让并定期返售特定资产收益权的方式,向S公司支付8亿元信托资金,用于购买S公司持有的S公司办公大楼及××文化交流中心的收益权,到期后S公司再以回购该资产收益权的方式,向X公司返还8亿元信托资金及12.8%的回购溢价款。该双方之间形成了收益权返售回购法律关系。

根据《信托公司管理办法》《信托公司集合资金信托计划管理办法》等信托业监管规定,在具体的信托计划项下,X公司可以采用“买入返售”等信托资金管理模式。X公司采用资产收益权转让暨回购的方式管理信托资金,并发行相应的信托计划,与信托贷款业务存在区别。《特定资产收益权转让暨回购合同》第2.1条规定:“X公司取得的特定资产收益权及其产生的全部收益归入信托财产。”该约定说明,在X公司取得特定资产收益权期间内,特定资产产生的任何收益均属于X公司所有。因此,X公司的收益不是固定收益,回购价格应为最低收益。该合同约定的业务内容属于X公司正常的业务经营活动。信托监管机构对相关信托计划进行监管时,也认可收益权转让和回购业务是不同于信托贷款的业务模式。本案《特定资产收益权转让暨回购合同》签订后,X公司已向其监管单位青海省银监局履行了报备手续,青海省银监局并未提出整改意见。原审法院认定本案合同性质为营业信托性质,并无不当。上诉人S公司关于本案合同属于名为营业信托实为借贷性质的上诉理由不能成立。

本案《特定资产收益权转让暨回购合同》等相关协议,系各方当事人真实的意思表示,且不违反法律、行政法规的禁止性规定,原审认定其为有效合同,适用法律正确。X公司依约履行了受让特定资产收益权及支付受让款等合同义务,但合同到期后,S公司未按照约定回购该项资产收益权、返还8亿元信托资金的本金及相应的溢价款,已构成违约。据此,X公司主张S公司应按照合同约定的方式,给付特定资产收益权本金及溢价款,证据充分,应予支持。

(二)关于违约金的认定问题

在《特定资产收益权转让暨回购合同》第9条违约责任标题下,第9.3条约定,S公司违约时,X公司有权自S公司逾期之日起按逾期未付款项的0.05%每日计收违约金;第9.4.1条约定,X公司有权自S公司违约情形发生之日起要求S公司支付特定资产收益权转让价款的10%作为违约金。上述违约责任条款包含了逾期支付违约金和一次性违约金两种形式。根据查明的事实,S公司于2015年6月19日、同年9月19日均未能支付约定的回购溢价款,发生两次逾期,X公司于2015年9月28日要求提前回购特定资产收益权,并要求S公司承担违约责任,合同依据充分。原审判决将溢价款部分与本金部分别计算违约金,自S公司逾期之日起至实际给付之日止,按照合同约定的日0.05%给付逾期溢价款181,809,231.78元部分的违约金,按照8亿元本金部分的10%给付一次性违约金,因计算基数不同,不存在重复计算的问题。而且,在《特定资产收益权转让暨回购合同》规定的可适用的违约金约定中,适用了违约金金额较低的计算方法,不存在显失公平、明显超过实际损失的情形。S公司未能提交证明本案违约金计算标准过高的证据,故对于S公司提出的关于调整违约金的上诉请求,最高人民法院不予支持。

(三)关于违约金的截止时间

最高人民法院二审期间查明,广西壮族自治区南宁市中级人民法院于2015年12月23日受理了S公司的破产申请。《企业破产法》第46条第2款规定,"附利息的债权自破产申请受理时起停止计息"。尽管该条规定并未明确违约金是否属于应停止计算的"利息",但是,为及时确认债权数额,逾期付款违约金的截止时间也应当参照上述规定,自2015年12月23日起,S公司不再给付X公司相应的逾期付款违约金。

综上所述,原审判决认定事实清楚,适用法律正确。鉴于本案审理期间,广西壮族自治区南宁市中级人民法院受理了S公司的破产申请,故本案确认的债权应依据《企业破产法》之规定进行申报受偿,即X公司通过向S公司破产管理人申报债权的方式获得清偿,不再执行原审判决主文判项中关于"本判决生效后十日内履行"的内容。最高人民法院依据《民事诉讼法》第170条第1款第1项、第2项之规定,判决如下:

(1)S公司向X公司偿还回购价款本金8亿元;(2)S公司向X公司支付违约金8000万元;(3)S公司向X公司支付回购溢价181,809,231.78元及相应违约金(截至2015年9月28日为1,008,995.04元;自此之后以回购溢价181,809,231.78元为基数按日0.05%计收至2015年12月23日止)。

专业释评

违约金,是指按照当事人的约定或者法律直接规定,一方当事人违约的,应向另一方支付的金钱。违约金具有担保债务履行的功效,又具有惩罚违约人和补偿无过错一方当事人所受损失的效果。根据私法自治、契约自由的原则,一般情况下会尊重当事人的约定,但当企业进入破产状态时,如何确定违约责任的截止日期,在法无明文规定的情况下,法官有自由裁量权。就本案而言,最高人民法院的法官认为,为及时确认债权数额,逾期付款违约金的截止时间也应当参照《企业破产法》的相关规定,似乎理由既简单又有些牵强,笔者认为可从《企业破产法》第46条第2款规定的理由出发进行论证与说理。

专题七　破产中的其他问题

问题一　如何认定税款滞纳金的性质

案例一　A县地方税务局与Z有限公司破产债权确认案[①]

1 案情简介

原告:四川省A县地方税务局。

法定代表人:但某某,局长。

委托诉讼代理人:谭某某,四川省A县地方局工作人员。

被告:四川省Z有限公司。

诉讼代表人:许某,四川省Z有限公司管理人负责人。

原告四川省A县地方税务局与被告四川省Z有限公司破产债权确认纠纷一案,安岳县人民法院立案后,依法适用普通程序,公开开庭进行了审理。

2 当事人诉求

四川省A县地方税务局向法院提出诉讼请求:请求确认原告应在被告破产债权中受偿723,787.94元的债权,其中契税、印花税、土地使用税合计443,847.68元确认为优先受偿债权,税收滞纳金279,940.26元确认为普通受偿债权。事实和理由:被告于2008年9月22日获得A县国土资源局出让的A县工业园区工业用地一宗后,按政策规定应向原告申报并缴纳城镇土地使用税、印花税、契税共计443,847.68元,但其直至进入破产也没有缴纳。原告向被告管理人申报债权后,债权人会议未予认可。为保护国家税收收入依法征收入库,特诉请人民法院予以确认。

四川省Z有限公司对原告诉请事实及印花税、契税计算没有异议,但对土地使用税税率和滞纳金计算有异议,其中土地使用税税率标准应按0.6元/平方米·年计算,滞纳金数额应相应减少,故土地使用税、印花税、契税合计应为259,744.43元,滞纳金应为183,977.96元。

3 法院观点

根据当事人陈述和经审查确认的证据,法院认定事实如下:

2008年9月19日,被告与A县国土资源局签订《国有土地使用权出让合同》,约定该局出让位于A县工业园区的工业用地一宗,宗地面积47,466平方米(其中出让土地面积42,616.50平方

① 安岳县人民法院(2018)川2021民初581号。

米)，使用权期限为50年，成交价款为3,417,530元。当月22日，被告申请办理了证号为“安国用(2008)第05165号”的《国有土地使用证》。2007年8月1日实施的《四川省城镇土地使用税实施办法》第4条第5项规定，建制镇、工矿区及甘孜州、阿坝州、凉山州各县和其他地区的民族自治县以及经省人民政府批准享受少数民族地区待遇县(区)的县城的土地使用税按0.6－8元/平方米·年征收；第5条规定，各市(州)、县(市、区)人民政府应当根据本地区实际情况，将本地区土地划分为若干等级，在本办法第4条规定的税额幅度内制定相应的税额标准，报省人民政府批准后执行。A县人民政府办公室于2008年6月5日发出“安府办函〔2008〕115号”《A县人民政府办公室关于调整城镇土地使用税税额标准的通知》，表明A县调整城镇土地使用税税额的方案已经四川省人民政府批准，调整后的新标准从2007年1月1日起执行；其中《A县城镇土地使用税税额标准表(一)》“等级标准”第5项，征收税率为1.5元/平方米·年，对应类别栏第1项为岳阳镇城区其他地段、工业园区。被告获得42616.50平方米国有土地使用权后应向原告主动申报并缴纳城镇土地使用税、印花税、契税，但其至今未申报缴纳税款。被告应缴税款为：契税136,701.20元(3,417,530元×4%)、印花税1708.77元(3,417,530元×4%)、土地使用税305,437.71元[2008年度16,112.54元(42,616.50平方米×1.5元/平方米·年÷365天×92天)、2009至2012年度255,699元(42,616.50平方米×1.5元/年×4年)、2013年度33,626.17元(42,616.50平方米×1.5元/平方米·年÷365天×192天)]；欠缴税款滞纳金计算为：契税滞纳金119,818.60元(136,701.20元×1753天×0.05%/天)、印花税滞纳金3206.50元(1708.77元×1753天×0.05%/天)、土地使用税滞纳金158,623.93元〔2008年度14,058.19元(16,112.54元×1745天×0.05%/天)、2009年度52,833.81元(63,924.75元×1653天×0.05%/天)、2010年度41,167.54元(63,924.75元×1288天×0.05%/天)、2011年度29,501.27元(63,924.75元×923天×0.05%/天)、2012年度17,835.01元(63,924.75元×558天×0.05%/天)、2013年度3228.11元(63,924.75元×192天×0.05%/天)〕。被告申请破产清算后，原告于2017年10月12日向管理人申报债权，管理人经审查出具《债权初审报告》并提请召开债权人大会表决，但债权人表决该债权未能通过，致形成本案诉讼。

法院认为，依法纳税系应纳税人的应尽义务，被告对应缴税款长期不向原告申报，致应缴税款至今未予缴纳，原告现对其追征税款和滞纳金符合法律规定，且不受追征期限限制。加收滞纳金系纳税人未在法律规定期限内完税的一种处罚举措，系行政强制执行的一种方式，依照《税收征收管理法》第32条规定“纳税人未按照规定期限缴纳税款的，扣缴义务人未按照规定期限解缴税款的，税务机关除责令限期缴纳外，从滞纳税款之日起，按日加收滞纳税款万分之五的滞纳金”的规定，原告主张相应滞纳金符合法律规定，但滞纳金数额不应超过金钱给付义务的数额；原告主张的印花税滞纳金额超过了被告该税种的欠税金额，应以欠税金额为限，即调整为1708.77元。依照《企业破产法》第113条“破产财产在优先清偿破产费用和共益债务后，依照下列顺序清偿……(二)破产人欠缴的除前项规定以外的社会保险费用和破产人所欠税款；(三)普通破产债权。……”的规定，原告对被告欠缴的契税、印花税、城镇土地使用税为优先债权、滞纳金为一般债权的请求符合法律规定，法院予以支持。据此，依照《税收征收管理法》第32条、《企业破产法》第58条、第113条第1款第2项、第3项规定，判决如下：确认原告四川省A县地方税务局对被告四川省Z有限公司享有破产债权723,997.98元。其中契税、印花税、土地使用税共443,847.68元为优先债权,优先于普通破产债权清偿;税务滞纳金280,151.3元为普通破产债权,与同类其他债权按比例清偿。

案例二 G国家税务局与B电器有限公司破产债权确认案①

1 案情简介

原告:G国家税务局。

法定代表人:时某,局长。

被告:B电器有限公司(以下简称B电器公司)。

诉讼代表人:B电器公司管理人。

负责人:韩某,山东L律师事务所主任。

原告G国家税务局与被告B电器公司破产债权确认纠纷一案,法院于2017年12月13日立案后,依法适用普通程序,于2018年1月26日公开开庭进行了审理。原告G国税局委托诉讼代理人白某某、杨某某,被告B电器公司委托诉讼代理人栾某到庭参加诉讼。本案现已审理终结。

具体情况是:2012年至2015年期间,B电器公司出口商品给越南Y等客户,因产品质量问题,客户对商品作降价扣款处理。B电器公司应进行出口退税免税申报,但其未能及时进行出口免税申报,应视为出口转内销,应按规定补缴增值税4,819,302.59元。2017年11月2日,原告向被告管理人申报债权:增值税4,819,302.59元及滞纳金(从滞纳税款之日起,按照每日0.05%计算至实际缴纳或者解缴税款之日止)。2017年11月21日,B电器公司管理人对原告申报的债权出具审查意见认为,申报人之申请内容符合法律规定,增值税税款本金予以认定,性质为税款债权;申报人主张的滞纳金,应计算至法院裁定B电器公司重整之日(2016年12月7日)计1,519,939.09元,滞纳金依法属于普通债权,应当按照普通债权清偿率清偿。原告认可被告管理人确认的截止2016年12月7日的滞纳金数额。另查明,法院于2016年12月7日裁定B电器公司破产重整。

2 当事人诉求

G国税局向法院提出诉讼请求:(1)请求确认原告对被告欠缴的税款滞纳金享有与税款同等的优先受偿权,滞纳金以4,819,302.59元为基数,自税款缴纳期限届满次日起按日0.05%计算至实际缴纳或者解缴税款之日止,具体见附表(分段计算,最早的起算点是2013年6月21日,截至2017年12月12日起诉之日滞纳金数额为2,411,510元);(2)由被告B电器

① 威海市中级人民法院(2017)鲁10民初453号。

公司承担本案诉讼费用。事实和理由：B电器公司于2016年12月7日被威海市中级人民法院裁定破产重整，原告依法向被告管理人申报债权。2017年11月28日被告管理人对原告的债权确认为，税款债权4,819,302.59元，普通债权1,519,939.09元（计算至2016年12月7日止的滞纳金）。原告认为被告管理人将被告应当缴纳的滞纳金仅计算至破产重整之日并确认为普通债权有误。依据《税收征收管理法实施细则》第75条的规定，滞纳金应当计算至被告实际缴纳或者解缴税款之日，并且依据国家税务总局《关于税收优先权包括滞纳金问题的批复》（国税函〔2008〕1084号）的规定，税款滞纳金在征缴时视同税款管理，滞纳金随税款同时缴纳，税收优先权执行时包括税款及其滞纳金，因此本案中税款滞纳金应当被确认为优先债权。

被告B电器公司辩称：(1)税款滞纳金应计算至破产重整之日（2016年12月7日），根据最高人民法院《关于审理企业破产案件若干问题的规定》第61条规定，人民法院受理破产案件后，债务人未支付应付款项的滞纳金不属于破产债权。也就是说，滞纳金可以申报债权，但是滞纳金计算至法院受理破产案件时。该规定与《税收征收管理法实施细则》第75条规定的"实际缴纳税款之日止"不同，应当适用最高人民法院的规定。(2)税款滞纳金不具有优先权，最高人民法院《关于税务机关就破产企业欠缴税款产生的滞纳金提起的债权确认之诉应否受理问题的批复》指出，破产企业在破产案件受理前因欠缴税款产生的滞纳金属于普通债权，对于破产案件受理后因欠缴税款产生的滞纳金，人民法院应当按照《关于审理企业破产案件若干问题的规定》第61条规定处理。因此，管理人认定原告税款优先权数额为4,819,302.59元，税款滞纳金1,519,939.09元属于普通债权。

3 法院观点

威海市中级人民法院认为，本案的争议焦点为原告主张的税款滞纳金是否属于普通破产债权以及税款滞纳金计算日期应否截止到实际缴纳之日或者解缴税款之日。

最高人民法院《关于税务机关就破产企业欠缴税款产生的滞纳金提起的债权确认之诉应否受理问题的批复》（法释〔2012〕9号）规定："税务机关就破产企业欠缴税款产生的滞纳金提起的债权确认之诉，人民法院应依法受理。依照企业破产法、税收征收管理法的有关规定，破产企业在破产案件受理前因欠缴税款产生的滞纳金属于普通破产债权。对于破产案件受理后因欠缴税款产生的滞纳金，人民法院应当依照最高人民法院《关于审理企业破产案件若干问题的规定》第六十一条规定处理。"最高人民法院《关于审理企业破产案件若干问题的规定》（法释〔2002〕23号）第61条第1款第2项规定，人民法院受理破产案件后债务人未支付应付款项的滞纳金，包括债务人未执行生效法律文书应当加倍支付的迟延利息和劳动保险金的滞纳金，不属于破产债权。据此，破产案件受理前欠缴的税款滞纳金依法属于普通破产债权，不享有税收优先权，破产案件受理后欠缴税款产生的滞纳金不属于破产债权。本案中，威海市中级人民法院裁定B电器公司破产重整日（2016年12月7日）之前欠缴税款产生的税款滞纳金属于普通破产债权，之后的部分依法不属于破产债权。由于B电器公司进入破产程序，欠缴税款产生的滞纳金应当依照企业破产法及相关司法解释的规定处理。

综上所述,原告的诉讼请求于法无据,法院不予支持。依照《企业破产法》第 113 条第 1 款,最高人民法院《关于审理企业破产案件若干问题的规定》第 61 条,最高人民法院《关于税务机关就破产企业欠缴税款产生的滞纳金提起的债权确认之诉应否受理问题的批复》规定,判决如下:

驳回原告 G 国家税务局的诉讼请求。

专业释评

税款滞纳金是什么法律性质,理论上有多种观点。有行政处罚说,认为税款滞纳金属于罚款,是对未在规定期限内缴纳税款行为的处罚;有经济补偿说,认为税款滞纳金属于利息,是对国家的一种经济补偿;有损害赔偿与惩罚说,认为税款滞纳金兼具损害赔偿和惩罚性质;有损害赔偿与行政执行罚说,认为税款滞纳金兼具损害赔偿和行政执行罚性质。

国家税务总局《关于税收优先权包括滞纳金问题的批复》(国税函〔2008〕1084 号)指出,税款滞纳金与罚款两者在征收和缴纳时顺序不同,税款滞纳金在征缴时视同税款管理,税收强制执行、出境清税、税款追征、复议前置条件等相关条款都明确规定滞纳金随税款同时缴纳。税收优先权等情形也适用这一法律精神,《税收征收管理法》第 45 条规定的税收优先权执行时包括税款及其滞纳金。

而最高人民法院《关于税务机关就破产企业欠缴税款产生的滞纳金提起的债权确认之诉应否受理问题的批复》(法释〔2012〕9 号)指出,税务机关就破产企业欠缴税款产生的滞纳金提起的债权确认之诉,人民法院应依法受理。依照企业破产法、税收征收管理法的有关规定,破产企业在破产案件受理前因欠缴税款产生的滞纳金属于普通破产债权。

根据全国人民代表大会常务委员会《关于加强法律解释工作的决议》第 2 条"凡属于法院审判工作中具体应用法律、法令的问题,由最高人民法院进行解释"与第 3 条"不属于审判和检察工作中的其他法律、法令如何具体应用的问题,由国务院及主管部门进行解释"之规定,实际操作中,行政程序遵循行政解释,司法程序遵循司法解释,二者互不干涉。

需要指出的是,破产程序设计的目的在于在资不抵债的前提下,为保护债权人的利益,防止其损失进一步扩大,保障债务人的资产得到平均分配。行政程序下不存在资不抵债这一前提,首先强调国家税收利益的保护并将税款滞纳金纳入税收优先权的范畴,无可厚非。但在破产程序下,过于突出税收利益,显然不利于保护其他债权人的债权利益。此时,税收作为公法之债与私法之债在司法的眼光之下,并无实质性差别。

根据最高人民法院法官介绍,最高人民法院的批复将税款滞纳金作为普通债权清偿,理论上的原因在于,税款滞纳金毕竟与税款不同,虽有惩罚性质,但作为类似于利息性质的补偿债权,与其他金钱债权的利息不宜有本质区别。可见,最高人民法院认为税款滞纳金兼具经济补偿与行政执行罚的性质,经济补偿是其根本属性。

问题二　如何认定破产管理人的地位

案例一　芜湖J服饰有限责任公司与芜湖D有限公司租赁合同纠纷案[①]

1 案情简介

原告:芜湖J服饰有限责任公司。

法定代表人:宋某某,执行董事兼总经理。

诉讼代表人:芜湖J服饰有限公司管理人。

负责人:音某某。

被告:芜湖D有限公司。

法定代表人:张某某,执行董事。

原告芜湖J服饰有限责任公司诉被告芜湖大地绣品有限公司租赁合同纠纷一案,芜湖市弋江区人民法院于2017年11月16日立案后,依法适用简易程序于2017年12月18日公开开庭进行了审理。

2 当事人诉求

原告芜湖J服饰有限责任公司向法院提出诉讼请求:(1)请求判令解除原被告于2016年2月28日签订的《租房及机器设备合同》,同时判令被告立即腾空并向原告交付全部租赁房屋;(2)判令被告按照15万元/年的标准向原告支付2016年3月1日至2017年11月5日期间欠付的厂房、设备租金共计252,739元,同时判令被告向原告支付2017年11月6日起至被告实际向原告交付厂房之日止的厂房占用费,截至2017年11月16日为4520元;(3)本案诉讼费由被告承担。事实与理由:2016年2月28日,原被告双方签订《租房及机器设备合同》,约定原告将其位于芜湖市弋江区某路81号厂区内5#楼二、三、四、五、六层厂房及机器设备出租给被告用于其生产经营,租期20年,自2016年3月1日至2036年2月29日止,租金为150,000元/年,租金每年支付一次。但被告未向原告支付过任何租金。2016年10月18日,芜湖市弋江区人民法院裁定受理原告破产申请,并指定了管理人。管理人正式进驻原告厂区后,于2017年5月2日向被告送达《告J厂区房屋使用人的一封信》,通知被告解除与其签订的《租房及机器设备合同》,并要求尽快落实房屋搬迁和腾空交付事宜。2017年5月24日,管理人送达《腾让房屋通知书》,再次催告并明确要求其于2017年5月31日前腾空并交付合同项下的租赁房屋。但被告至今拒不搬迁交付涉案房屋。原告遂诉至法院,要求判如所请。

---

① 芜湖市弋江区人民法院(2017)皖0203民初3983号。

被告芜湖D有限公司辩称：合同约定是2至6层，但实际使用的面积只有三层1000平方米和五层300平方米，重新签订了合同。从2016年3月起芜湖口有限公司代付了水电费、工人工资、社保、退回房租、债权人债务共计2,257,905.1元。解除合同则垫付的资金应当处理，至少现在不欠租金，不应当解除合同，如果破产需要，芜湖口有限公司愿意解除合同。目前芜湖口有限公司仍然在继续生产，工人集资买了新的设备，实际上也变相支付了房租。希望能继续租用，直到对破产有障碍会立即搬出。

3 法院观点

法院认为，原告、被告2016年2月28日签订的《租房及机器设备合同》未违反法律规定，合法有效，双方当事人本应诚信履行，但在合同约定的履行期内，原告作为债务人申请破产，已经人民法院依法受理，根据我国法律规定，破产案件审理期间，债务人的管理人对破产申请受理前成立而债务人和对方当事人均未履行完毕的合同有权决定解除或者继续履行。因此，本案中原告管理人基于安全生产等考虑，于2017年5月2日向被告发出解除2016年2月28日双方所签订的《租房及机器设备合同》通知，系依法而为，且被告亦未对此提出异议，故该合同已于2017年5月2日解除，无须法院另行判决解除。合同解除后，原告有权要求被告返还涉案房屋，故对原告要求被告腾空并向原告交付全部租赁房屋的诉请予以支持。合同履行期间，被告至今未支付租金，合同解除后亦未腾空并返还租赁房屋，故对原告请求判令被告支付租金及厂房占用费的诉请予以支持。但该合同实际履行情况与约定不符，应以实际履行情况计算租金、房屋占用费及设备使用费，法院对上述租金及费用认定如下：被告应支付的房屋及设备租金从2016年3月1日起至2017年5月2日止，共428天，房屋及设备租金80,421.2元[(1000平方米×3元/平方米×12月+300平方米×3.5元/平方米×12月+20,000元/年)÷365天×428天]；被告应支付的设备使用费从2017年5月3日起至2017年11月1日止，共182天，需支付的费用为9972.6元(20,000元÷365天×182天)；厂房占用费自2017年5月3日起至判决生效之日止，按4050元/月的标准计算(1000平方米×3元/平方米+300平方米×3.5元/平方米)。被告辩称应按2017年2月1日双方所签订的合同计算租金，因法院已于2016年10月18日裁定受理原告破产申请，并依法指定安徽S律师事务所为原告管理人，此时原告的经营与管理事务已由管理人行使，原告无权再对外签订合同，且被告对原告破产事宜是知晓的，被告诉讼代理人亦是参与到破产事宜之中，因此被告对该合同的签订不构成善意，管理人对该合同并未予以追认，故双方2017年2月1日所签订的合同属无效合同，对被告该辩称意见本院不予采纳。被告辩称应将其垫付水电费、工人工资、社保资金等与租金相抵销，因其垫付资金与本案房屋租赁并非同一法律关系，在原告已进入破产程序的情况下，其应另行与管理人进行沟通，或进行债权申报，故法院对该辩称意见亦不予采纳。

综上所述，根据《企业破产法》第18条第1款、《合同法》第97条之规定，判决如下：(1)被告芜湖D有限公司于判决生效之日起10日内将坐落于芜湖市弋江区某路81号J服饰5#厂房3层1000平方米及5层300平方米的厂房腾空并交付原告芜湖J服饰有限责任公司；(2)被告芜湖D有限公司于判决生效之日起10日内向原告芜湖J服饰有限责任公司支付房屋及设备租金80,421.2元、设备使用费9972.6元及厂房占用费(自2017年5月3日起至判决生效之日止,按4050元/月的标准计算);(3)驳回原告芜湖J服饰有限责任公司其余诉讼请求。

案例二 张某某与渑池Z有限公司破产管理人劳动争议案[①]

1 案情简介

上诉人(原审原告):张某某。

被上诉人(原审被告):渑池Z有限公司破产(以下简称Z公司)管理人。

负责人:杨某某,该公司破产管理负责人。

上诉人张某某因与被上诉人Z公司破产管理人劳动争议纠纷一案,不服河南省渑池县人民法院(2016)豫1221民初2027号民事判决,向三门峡市中级人民法院提起上诉。

2 当事人诉求

张某某上诉请求:(1)撤销渑池县人民法院(2016)豫1221民初2027号民事判决;(2)判令破产管理人将原Z公司拖欠的工资、解除劳动合同所欠经济补偿金等16,624元,核实后列入职工债权并予以支付;(3)判令破产管理人支付2013年至2016年未签订书面劳动合同双倍工资的差额51,000元;(4)判令破产管理人支付2015年7月至12月间低于最低工资标准工资差额600元及罚金600元;(5)判令破产管理人支付2016年1月至4月工资6400元及罚金6400元;(6)判令破产管理人单方违法解除劳动合同关系应付经济补偿金及罚金12,800元;(7)判令破产管理人支付独生子女费20元/月×35月=700元;(8)判令破产管理人补交2008年至2016年相关失业社保费用等,不能补交的应给予补偿30,720元;(9)判令破产管理人承担本案诉讼费用。事实和理由:张某某于2007年7月起在Z公司留守工作,处理三电关停后的相关工作,没有与三电签到劳动合同,三电为张某某每月发放补助费和缴纳社保、医保金。2016年6月三电进入破产程序,张某某被破产管理人聘用,每月固定工资1500元,没有签订劳动合同。2015年12月28日破产管理人告知张某某从元月暂时都先回去,以后等通知。之后,张某某与同事才知道,破产管理人没有把三电破产前拖欠留守人员的工资、补贴以及解除劳动合同所欠经济补偿金等予以核实并列入职工债权。在与破产管理人交涉无果的情况下提起诉讼。综上所述,请求二审支持张某某的全部上诉请求。

被上诉人Z公司破产管理人辩称:(1)2008年7月至2013年5月,张某某与Z公司之间不存在劳动关系,该公司不存在与张某某签订劳动合同和支付经济补偿金的问题。Z公司是有限责任公司,2003年8月开工建设,2008年4月政策性关停,且一直未能投产运营,亦未招

① 三门峡市中级人民法院(2017)豫12民终95号。

录职工。筹建人员则是投资主体委派,劳资关系也没有调入 Z 公司,张某某也不例外。2008 年之前张某某劳资关系在河南 J 有限公司(以下简称 J 公司)。2008 年 7 月张某某从 J 公司买断工龄后,至 2013 年 5 月,张某某作为留守人员的补助费用仍由 J 公司发放。说明 2008 年 7 月至 2013 年 5 月,张某某与 Z 公司不存在劳动关系,该公司也不存在为张某某签订劳动合同和支付经济补偿金的问题。(2)2013 年 6 月 20 日至 2015 年 12 月 31 日,张某某作为 Z 公司的留守人员,协助和配合破产管理人工作期间,与破产管理人不存在事实上的劳动关系。留守人员是基于《企业破产法》的规定,由人民法院指定产生,是协助、配合破产工作的顺利进行,破产管理人向留守人员支付的报酬是从破产费用中列支。依据《劳动合同法》的规定,破产管理人不具有用人单位的主体资格,破产管理人与张某某不可能是事实劳动关系。(3)2016 年 1 月 1 日以后,张某某没有到破产管理人处工作,其要求支付相应报酬没有事实依据。综上所述,请求驳回张某某的上诉请求。

3 一审法院观点

河南省渑池县人民法院法院认为,张某某在原工作单位三电厂工作期间产生的劳动争议纠纷,应在单位宣告破产前及时向原单位主张,或在原单位破产后通过破产程序及时申报职工债权予以解决。现张某某以原单位不与其依法签订劳动合同,要求破产管理人依照劳动合同法支付其双倍工资(余额)等,不符合法律规定。张某某在 Z 公司清算组的工作,是人民法院依法指定其作为留守人员,协助和配合破产管理人进行破产清算工作的,与破产管理人之间不存在劳动合同关系,且破产管理人是人民法院依法成立的清算组织,其不具有劳动单位主体资格。张某某以与破产管理人存在劳动合同关系,要求破产管理人按照《劳动合同法》的规定,赔偿其在破产管理人处工作期间及解除劳务关系后的经济补偿金、失业保险金等项损失,不符合法律规定。综上所述,张某某的诉求及庭审中申请变更的诉求,均与法律规定不符,不予支持。依照《劳动合同法》第 2 条、《劳动合同法实施条例》第 3 条、《公司法》第 186 条规定,判决:驳回张某某的诉讼请求。

4 二审法院观点

三门峡市中级人民法院认为,张某某原系 J 公司的员工,在 Z 公司筹建期间,被投资方 J 公司委派至该筹建处工作。2008 年 7 月,张某某在 J 公司一次性买断工龄,得到经济补偿后,张某某和 J 公司双方解除了劳动关系。Z 公司自筹建至申请破产清算,一直未投产经营,2008 年 4 月关停。张某某作为委派工作人员在 Z 公司筹建工作期间未与该公司签订劳动合同,其薪酬仍由 J 公司发放,而非 Z 公司发放,在该公司申请破产时,未披露有该公司的劳动债权,在公司破产管理人委托对该公司进行审计后,审计报告亦未显示有职工的劳动债权,张某某与 Z 公司之间未形成劳动关系,其主张在 Z 公司处工作期间的经济补偿金、罚金、失业保险金、独生子女费等权益的上诉理由,没有事实和法律依据,不能成立。

破产管理人是企业依法进入破产程序后，人民法院经过选任指定成立的企业破产管理组织，该组织具有临时性的特点，破产事务终结后，人民法院则依法解散破产管理人。Z公司在破产清算期间，张某某作为留守人员协助、配合Z公司破产管理人做好破产清算工作，其薪酬由破产管理人从破产费用中列支，张某某与Z公司破产管理人之间并未建立劳动关系，故张某某关于主张其在Z公司破产管理人处工作期间的经济补偿金、失业保险金、双倍工资差额等权益的上诉理由，没有事实和法律依据，不能成立。

张某某已于2015年12月底停止在Z公司破产管理人处的工作，其主张2016年1月至4月期间的工资，没有事实依据，一审法院未予支持，并无不当。综上所述，上诉人张某某的上诉请求不能成立，应予驳回；一审判决认定事实清楚，适用法律正确，应予维持。依照《民事诉讼法》第170条第1款第1项之规定，判决如下：驳回上诉，维持原判。

专业释评

破产管理人是破产案件中，在法院的指挥和监督之下全面接管破产财产并负责对其进行保管、清理、估价、处理和分配的专门机构。

破产人将破产财产移交给破产管理人后，破产人并不丧失对破产财产的所有权，但丧失了对破产财产的占有、支配和处分权，也丧失了对破产财产以自己的名义开展适当民事活动的权利。而破产管理人就取得了以破产管理人名义实施必要的以破产财产为标的民事活动的权利。一般来说，破产管理人可依法实施以下民事及其他活动：聘任必要的清算工作人员；为清算之目的，继续破产人的营业；参加诉讼、和解或仲裁；决定解除或继续履行破产宣告时尚未履行的合同等。

就案例一而言，法院已于2016年10月18日裁定受理原告破产申请，并依法指定了管理人，此时原告的经营与管理事务已由管理人行使，原告无权再对外签订合同，只能配合管理人的工作开展相应的活动，所以，法院认定此种情况下原告所签合同无效有法律依据。

就案例二而言，Z公司在破产清算期间，张某某作为留守人员协助、配合Z公司破产管理人做好破产清算工作，其薪酬由破产管理人从破产费用中列支，张某某与Z公司破产管理人之间是一种劳务关系，不是劳动关系。因为，破产管理人只是为了破产过程中的工作开展临时出现的组织机构，不具有劳动法律关系的主体资格，自然也就谈不上经济补偿金、失业保险金、双倍工资等问题的出现。

问题三　以物抵债协议遇企业破产时怎么办

案例　文某某与沭阳W有限公司破产债权确认纠纷案[①]

1 案情简介

上诉人（原审原告）：文某某。

被上诉人（原审被告）：沭阳W有限公司（以下简称W公司）。

诉讼代表人：江苏S律师事务所，该公司破产管理人。

上诉人文某某因与被上诉人W公司破产债权确认纠纷一案，不服江苏省沭阳县人民法院（2017）苏1322民初11238号民事判决，向宿迁市中级人民法院提起上诉。

2 当事人诉求

文某某向宿迁市中级人民法院上诉请求：撤销一审判决，发回重审或者依法改判支持文某某的一审诉讼请求。理由如下：（1）一审判决认定事实不清，涉案房屋已经交付给文某某。文某某在与W公司签订认购协议后，W公司负责人即将涉案房屋交付给文某某占有、使用、收益。文某某在房屋交付使用后更换了涉案房屋的单元门，并在多家房产网站发布房屋租赁信息。（2）一审判决适用法律错误，本案不是以物抵债法律关系，而是用借款抵充购房款的行为，该行为合法有效，文某某与W公司之间的商品房买卖合同合法有效。W公司、文某某之间借贷事实清楚，W公司出具购房款收据足以证明W公司认可收到购房款，双方之间建立商品房买卖合同关系，该行为不违反法律规定。（3）W公司将涉案房屋交付给文某某使用，双方之间商品房买卖合同已经履行完毕，文某某已经取得涉案房屋的所有权，该房屋不能作为W公司破产财产进行处理。

W公司辩称，一审法院认定事实清楚，适用法律正确，请求二审法院依法驳回文某某的上诉请求，维持原判。

文某某向一审法院起诉请求：确认文某某对W公司写字楼第7楼5-16号、第8楼813号房享有所有权。

---

① 宿迁市中级人民法院（2017）苏13民终4771号。

3 一审法院观点

江苏省沭阳县人民法院认为,以物抵债是指债务人与债权人约定以债务人或经第三人同意的第三人所有的财产折价归债权人所有,用以清偿债务的行为。以物抵债是一种实践性合同,即债务清偿期届满后当事人达成以物抵债协议,在尚未办理物权转移手续前,债务人反悔不履行抵债协议,债权人要求继续履行抵债协议或要求确认所抵之物的所有权归自己的,人民法院应驳回其诉讼请求。本案中,2015 年 11 月 4 日,张某某、W 公司及文某某三方签署的协议书是三方达成以 W 公司的房屋冲抵张某某欠款的协议,至今未能办理物权转移手续,现 W 公司亦不同意继续履行合同,该以物抵债协议尚未成立并生效,文某某应以原债权债务关系主张权利,现经一审法院释明后,文某某仍坚持其诉讼请求。调解不成,依照《物权法》第 9 条、《破产管理法》第 18 条、第 58 条第 3 款,《民事诉讼法》第 142 条之规定,一审判决:驳回文某某的诉讼请求。

4 二审法院观点

宿迁市中级人民法院认为,不动产物权的设立、变更、转让和消灭,经依法登记,发生效力;未经登记,不发生效力,但法律另有规定的除外。本案中,文某某主张对 W 公司写字楼第 7 楼 5 – 16 号、第 8 楼 813 号房屋享有所有权,并要求予以确认,但上述房屋至今未办理不动产权属登记。文某某提供的 2015 年 11 月 4 日张某某、W 公司、文某某三方签署的协议书以及文某某、W 公司签订的 W 商务大厦认购协议书并不能产生物权变动的法律效力,故对文某某的主张不予支持。文某某主张 W 公司已经向其交付了涉案房屋,其已对涉案房屋进行了占有、使用和收益,但房屋所有权的变动并不以交付为标准,故对该主张不予支持。一审法院判决驳回文某某的诉讼请求并无不当。

综上所述,文某某的上诉请求不能成立,应予驳回;一审判决认定事实清楚,适用法律正确,应予维持。

专业释评

以物抵债是我国法律允许的一种债权实现、债务消灭的方式。根据债法原理,以物抵债也称代物清偿,是指当事人之间达成协议,由债权人受领他种给付以替代原定给付,进而使原债权债务关系归于消灭。

以物抵债的法定要求及效力:第一,约定的抵债物必须依法能够转让;第二,以物抵债协议所涉及的财产不能损害其他人的利益;第三,以物抵债属于实践性法律行为,若仅有以物抵债合意,而未实际履行物权转移的,原债务并未消灭,在实际履行物权转移后,原债务同时消灭;第四,在债务到期后当事人达成协议但未实际履行,当事人起诉请求法院确认并判决履行的,人民法院不予支持。经释明,当事人要求继续履行原债权债务合同的,人民法院应当继续审理；第五，当事人在执行程序中达成的以物抵债协议，如果抵债物是不动产或者需要办理权利转移手续的财产，在尚未办理权利转移手续前，该协议对双方不具有法律约束力，债务人反悔不履行代物清偿协议，债权人要求继续履行抵债协议或要求确认所抵之物的所有权归自己的，法院不予支持。

就本案而言，虽然张某某、W 公司及文某某三方签署的协议书是三方达成以 W 公司的房屋冲抵张某某欠款的协议，但由于未办理物权转移手续，且 W 公司亦不同意继续履行合同。所以，该以物抵债协议在三方之间并不具有约束力，文某某应以原债权债务关系主张权利，但在经法院释明后，文某某仍坚持其诉讼请求，只能被法院驳回。

问题四　如何认定破产过程中的债权属性

案例　部某某与湖北省B药化股份有限公司破产债权纠纷案①

1 案情简介

上诉人(原审原告):部某某。

被上诉人(原审被告):湖北省B药化股份有限公司(以下简称B药化)。

法定代表人:张某,公司董事长。

上诉人部某某因与被上诉人B药化破产债权确认纠纷一案,不服湖北省鹤峰县人民法院(2016)鄂2828民初690号民事判决,向恩施土家族苗族自治州中级人民法院提起上诉。

2 当事人诉求

部某某上诉请求:撤销一审判决,改判支持部某某的原审诉讼请求。事实及理由:(1)一审判决认定事实错误,部某某要求B药化支付违约金及赔偿失业保险金不能认定为职工债权。本案系B药化破产重整中,双方签订《协商一致解除劳动关系协议书》(以下简称《协议书》)以后,因B药化违约导致部某某损失而产生的纠纷。B药化管理人在破产公示中没有对欠缴社保费的情况进行公示,只对经济补偿一项进行了公示,现部某某并非针对经济补偿金提出异议,而是对B药化未缴纳失业保险费的维权行为。部某某与B药化解除劳动关系后,到社保局办理失业保险金领取手续时,才知B药化并没有按照法律、法规的规定为其缴纳失业保险费,导致部某某不能领取失业保险金。《协议书》第8条约定,任何一方违反本协议的约定,应向对方支付违约金人民币50,000元。(2)一审法院驳回部某某的请求没有法律依据。因部某某的诉讼请求不属于职工债权,故不能适用《企业破产法》第48条的规定。B药化未缴纳失业保险费违反最高人民法院《关于审理劳动争议案件适用法律若干问题的解释(三)》第10条的规定,一审判决适用法律错误,本案属劳动争议。一审法院按财产案件收取诉讼费错误,应按劳动争议案件收取诉讼费。

B药化辩称,部某某称本案不属于破产债权确认纠纷,但其提出诉讼请求的依据是《协议书》,《协议书》系公司破产程序中依据职工安置方案形成并经双方签字。《协议书》第2条第1款是双方对职工安置方案的确认,《协议书》约定B药化的主义务是支付经济补偿金,并协助部某某完成劳动关系转移手续。B药化履行了《协议书》的全部义务,不存在违约。部某某在法定公示期间内未对破产债权提出异议,现另行要求赔偿失业保险损失不应得到支持,请求

① 恩施土家族苗族自治州中级人民法院(2017)鄂28民终486号。

驳回上诉,维持一审判决。

部某某向一审法院起诉请求:判令 B 药化支付部某某违约金 50,000 元,赔偿失业保险损失 18,480 元,赔偿养老保险损失 13,664.64 元,赔偿医疗保险损失 7453 元,并承担本案诉讼费。

3 一审法院观点

湖北省鹤峰县人民法院认为,本案的争议焦点为:(1)部某某与 B 药化之间的争议是否属于劳动争议纠纷;(2)双方在签订《协商一致解除劳动关系协议书》后,部某某认为 B 药化没有按协议为其缴纳失业保险、养老保险、医疗保险,B 药化是否应就其损失承担赔偿责任,并承担 50,000 元的违约责任。

关于焦点一,部某某与 B 药化之间的争议是否属于劳动争议纠纷。根据《企业破产法》第 48 规定:"债权人应当在人民法院确定的债权申报期限内向管理人申报债权。债务人所欠职工的工资和医疗、伤残补助、抚恤费用,所欠的应当划入职工个人账户的基本养老保险、基本医疗保险费用,以及法律、行政法规规定应当支付给职工的补偿金,不必申报,由管理人调查后列出清单并予以公示。职工对清单记载有异议的,可以要求管理人更正;管理人不予更正的,职工可以向人民法院提起诉讼。"在本案中,管理人根据《职工安置方案》的规定,对职工债权进行了第一次公示,就职工对公示中提出的异议进行了更正,并就职工债权再次公示,在公示期内,部某某没有向人民法院提起诉讼。现部某某基于双方签订的《协商一致解除劳动关系协议书》的内容,认为 B 药化没有按协议书中的约定给部某某缴纳相关社会保险而发生的争议,即双方之间因社会保险等方面发生的争议属于职工债权的范畴,不属于劳动争议纠纷,应为职工破产债权确认纠纷。

关于焦点二,双方在签订《协商一致解除劳动关系协议书》后,部某某认为 B 药化没有按协议为其缴纳失业保险、养老保险、医疗保险,B 药化是否应就其损失承担赔偿责任,并承担 50,000 元的违约金。本案中,B 药化因不能清偿到期债务而进入破产重整程序,为了妥善安置职工,通过相关的程序和形式选举职工代表,并以职工代表大会的形式通过《职工安置方案》,明确职工安置的原则、职工债权的补偿范围和标准。B 药化根据《职工安置方案》对职工债权进行了公示,并告知部某某如对债权数额有异议可行使的权利,但是部某某没有在公示期内向法院提出诉讼。双方根据《职工安置方案》签订《协商一致解除劳动关系协议书》,就解除劳动合同、支付经济补偿金进行了约定,该协议只是对《职工安置方案》的执行,并不是对《职工安置方案》另行修改和补充,且 B 药化重整计划现已执行完毕。双方在 B 药化破产重整期间,已对职工相关社会保险的缴纳在《职工安置方案》《重整计划》执行过程中达成一致意见,体现了双方的意思自治。部某某对其主张因 B 药化的过错与其无法就业有直接的因果关系以及因此所造成经济损失的具体数额负有举证责任,现部某某没有证据证明有其直接因果关系,应承担举证不能的法律后果,故对部某某在重整计划现已执行完毕的情况下主张 B 药化赔偿相关损失的诉请,不予支持。根据最高人民法院《关于审理劳动争议案件适用法律若干问题的解释(三)》第10条之规定“劳动者与用人单位就解除或者终止劳动合同办理相关手续、支付工资报酬、加班费、经济补偿或者赔偿金等达成的协议,不违反法律、行政法规的强制性规定,且不存在欺诈、胁迫或者乘人之危情形的,应当认定有效”。因此,《协商一致解除劳动关系协议书》是双方的真实意思表示,合法有效,双方理应按约定履行。B药化根据《协商一致解除劳动关系协议书》的内容向部某某支付了经济补偿金,协助部某某办理了档案和社会保险转移手续,已履行了约定的全部义务,无违约行为,故对部某某要求B药化支付50,000元违约金的请求,不予支持。

综上所述,双方在B药化破产重整期间签订的《协商一致解除劳动关系协议书》,就社会保险等方面发生的争议属于职工债权的范畴,故本案应为职工破产债权确认纠纷。《协商一致解除劳动关系协议书》是双方的真实意思表示,合法有效,双方理应按约定履行。B药化已履行了协议书中约定的全部义务,部某某要求B药化支付50,000元违约金的请求不予支持。双方在B药化破产重整期间,已对职工相关社会保险的缴纳在《职工安置方案》《重整计划》执行过程中达成一致意见,体现了双方的意思自治。部某某没有证据证明造成其经济损失与B药化的过错有其直接因果关系,故部某某主张B药化赔偿相关损失的诉请不予支持。依照《企业破产法》第48条、《合同法》第8条、最高人民法院《关于审理劳动争议案件适用法律若干问题的解释(三)》第10条、最高人民法院《关于民事诉讼证据的若干规定》第2条之规定判决:驳回部某某的诉讼请求。

4 二审法院观点

恩施土家族苗族自治州中级人民法院认为,综合部某某的上诉理由及B药化的答辩意见,本案的争议焦点为:(1)双方争议是属于破产债权确认纠纷还是劳动争议纠纷;(2)部某某要求B药化赔偿因未缴纳失业保险金、医疗保险金、养老保险金造成的损失并支付违约金应否得到支持。

1. 关于双方争议是属于破产债权确认纠纷还是劳动争议纠纷的问题

《企业破产法》第107条第2款规定:“人民法院受理破产申请时对债务人享有的债权称为破产债权。”经审查,B药化于2014年3月10日向人民法院申请破产,二审法院于2014年3月28日裁定受理B药化的破产重整。在B药化进入破产程序之前,B药化未给部某某缴纳失业保险,一旦进入破产程序,部某某因用人单位未履行劳动法上的相关义务产生的债权就成为了破产债权,相关债权申报、清偿应当按照破产法的规定进行。现部某某上诉认为本案属于劳动争议,应当按照劳动争议的相关法律规定处理并收取诉讼费的上诉理由不能成立,本案应属于破产债权确认纠纷的范畴。

2. 部某某要求B药化赔偿因未缴纳失业保险金、医疗保险金、养老保险金造成的损失并支付违约金应否得到支持

B药化进入破产重整程序后,按照相应的程序对劳动者的债权进行了公示,并以职工代表大会的形式通过了《职工安置方案》,期间部某某并未就债权分配方案提出异议并向人民法院

提起诉讼,而是于《职工安置方案》公示后与B药化签订了《协商一致解除劳动合同协议书》,《协议书》明确约定B药化为部某某出具解除劳动合同证明并于15日内办理档案和社会保险关系移转手续。B药化已履行了上述义务。同时《企业破产法》第56条规定:“在人民法院确定的债权申报期限内,债权人未申报债权的,可以在破产财产最后分配前补充申报;但是,此前已进行的分配,不再对其补充分配。为审查和确认补充申报债权的费用,由补充申报人承担。债权人未依照本法规定申报债权的,不得依照本法规定的程序行使权利。”B药化在破产过程中,部某某应当就失业保险金债权进行申报,最迟应在重整计划草案提交债权人会议表决前补充申报债权。现部某某以B药化未缴纳失业保险金导致其损失为由起诉要求赔偿,超过了该期限,其请求不应得到支持。同时部某某在一审、二审中均未能举出充分有效的证据证实其符合《失业保险条例》规定的可以领取失业保险金条件的事实,以及B药化未按照《协议书》的约定履行社会保险关系移转手续的事实,现要求B药化赔偿因未缴纳失业保险费产生的损失以及承担50,000元违约金的依据不足,一审未支持其请求是正确的。医疗保险金包含在职工破产债权中,已经在破产重整中予以处理,故对部某某要求B药化支付其医疗保险金的请求,不予支持。

综上所述,上诉人部某某的上诉理由不能成立,应予驳回;一审判决认定事实清楚,适用法律正确,应予维持。依照《民事诉讼法》第170条第1款第1项 规定,判决如下:驳回上诉,维持原判。

专业释评

破产债权是针对破产人,并原则上基于破产宣告而发生的一种财产上的请求权。破产债权具有以下特点:(1)基于破产宣告前的原因成立,这是一般原则,在法律特别规定的情况下,某些债权虽发生于破产宣告之后,仍得为破产债权;(2)对破产人发生的无财产担保的债权,或放弃优先受偿权利的有财产担保的债权,必须依破产程序从破产财产中平等受偿;(3)为财产上的请求权,即必须是表现为金钱或能折算为金钱的债权,具有人身性质的财产权利不得作为破产债权;(4)可强制执行,故已过诉讼时效的自然债权或非法债权不得为破产债权;(5)依法申报登记并取得确认,有权在破产程序中实际受偿。

就本案而言,当事人主张因劳动关系产生的劳动债权,如果企业处于正常状态是可以的,但当企业进入破产状态时,面临着所有债权人共同受偿。此时普通债权就变成了破产债权。

问题五　如何认定破产案件中的共益债务

案例一 泰州Y有限公司与江苏X有限公司纠纷案①

1 案情简介

上诉人(原审被告):江苏X有限公司(以下简称X公司)。

法定代表人:吴某某。

诉讼代表人:X公司资产债务清算小组(系X公司管理人)。

负责人:沈某某,组长。

被上诉人(原审原告):泰州Y有限公司(以下简称Y公司)。

法定代表人:方某,董事长。

上诉人X公司因与被上诉人Y公司加工合同纠纷一案,不服泰州市海陵区人民法院(2015)泰海商初字第1340号民事判决,向泰州市中级人民法院提起上诉。

2 当事人诉求

X公司上诉请求:撤销原审判决,依法改判或发回原审法院重审;一审、二审诉讼费用由Y公司承担。事实和理由:(1)后五份合同双方已于X公司破产前供货完毕,标的物已经由第三人善意取得,Y公司已经丧失合同标的物的所有权,管理人已经没有挑拣履行权,该部分合同不是最高人民法院《关于适用〈中华人民共和国企业破产法〉若干问题的规定(二)》(以下简称《破产法司法解释(二)》)第34~38条规定的双方均未履行完毕的合同,本案非共益债务;(2)第一份合同除了三个单项订单外,其他也已履行完毕,所涉款项也非共益债务;(3)物的取回权的行使超过了2个月,未履行完毕的合同法定解除,且涉案货物在破产受理前已经由案外人取得所有权;(4)破产程序前,第三人善意取得所有权的因财产损失形成的债权,是普通债权,最后四笔送货是Y公司处分自己财产的权利,与X公司无关;(5)本案所涉货款确认是在破产程序前,因此本案是普通债权。

Y公司二审答辩称:(1)本案6份合同均有所有权保留条款,只要X公司存在欠款情形,买卖合同就属于未履行完毕的合同,双方确认欠款总额是11,965,628.55元,说明本案就是未履行完毕的合同,与欠款发生在破产受理之前还是之后以及是否送货完毕均无关,本案既有所有权保留又有未履行完毕的合同,结合一审法院查明的事实,本案未履行完毕的合同在继续履行和解除合同之间更符合继续履行合同的特征和条件。(2)2015年10月8日双方签订的加

① 泰州市中级人民法院(2016)苏12民终2740号。

工合同履约函实际上是一份买卖合同,系对原6份买卖合同部分内容的变更,实质上是一份未履行完毕的合同,同时仍然存在所有权保留条款。(3)2016年1月28日X公司管理人对加工合同履约函予以认可,同时确认欠付货款12,140,978.55元,Y公司必须将20批次待发货部分继续发送完毕,才能达到X公司管理人确认的总欠款数,因此,X公司管理人的意思表示即Y公司继续履行合同以达到管理人确认的总货款数。收货方并非X公司而是第三方,Y公司在X公司破产申请受理后的发货均是根据第三方的通知发货,这也是双方的交易习惯。破产申请受理后X公司仍然继续经营,一审查明的X公司的工作人员周某某在X公司破产申请受理后多次直接要求Y公司向第三方继续发货。Y公司是根据X公司及其管理人的意思表示继续履行,因此,X公司辩称Y公司擅自向第三方发货的理由不能成立。(4)X公司所欠Y公司全部货款均应以共益债务进行清偿,虽然待发货物价值仅占履约函约定货款总额的一部分,但是根据《企业破产法》规定,未履行完毕的合同在破产申请受理后只有两种选择方式,要么解除合同或要么继续履行,只要履行履约函中的一部分就是对履约函全部的继续履行,而不是继续履行的部分才属于继续履行。只要继续履行,原买卖合同中约定的支付价款就应支付,且应以共益债务清偿,X公司称本案应适用《破产法司法解释(二)》第30条的规定,我方认为第30条是关于非法转让的规定,本案货物为合法转让,同时司法解释第37条的规定涉及所有权保留的特别规定而30条并不针对所有权保留条款,所以X公司认为应适用《破产法司法解释(二)》第30条的理由不能成立。综上,原审法院适用法律正确,请求二审法院驳回上诉人的请求,维持原判。

Y公司一审起诉请求:(1)判令X公司支付货款12,140,978.55元,并按同期银行贷款利率从起诉之日支付利息;(2)判令X公司承担诉讼费用。一审审理中,Y公司变更第一项诉讼请求:确认X公司支付货款11,965,628.55元并要求以共益债务形式进行清偿。

3 一审法院观点

泰州市海陵区人民法院认为,双方签订的买卖合同合法有效,当事人应当按照约定全面履行自己的义务,Y公司依约完成供货义务,X公司作为买受人即应当支付货款。X公司对其尚欠Y公司货款人民币11,965,628.55元的事实无异议,但认为双方在系列合同中2015年2月6日、2015年5月7日签订的合同曾约定结算方式为“合同生效后验收合格,交付现场,出卖人开具全额增值税发票,买受人根据收到货款比例进度支付相应比例货款”,因案外人江苏省D物资供应公司尚未支付货款,故X公司付款的条件依约未成就。鉴于X公司在本案审理过程中被法院裁定破产清算,根据法律规定“未到期的债权,在破产受理时视为到期”,X公司应当及时向Y公司支付货款,X公司的该项抗辩理由依法不成立。

双方争议的焦点为案涉货款在X公司破产清算过程中性质的认定,系破产普通债权还是共益债务。我国《企业破产法》列举了六种情形的共益债务,其中一项为因管理人或者债务人请求对方当事人履行双方均未履行完毕的合同所产生的债务。买卖合同双方当事人在合同中约定标的物所有权保留,在标的物所有权未依法转移给买受人前,一方当事人破产的,该买卖合同属于破产法中双方均未履行完毕的合同。如买受人破产的,买受人管理人应当及时向出卖人支付价款,取得标的物的所有权。管理人无正当理由未及时支付价款,出卖人依法可以主张取回标的物。法律另规定,若第三人善意取得标的物所有权,致出卖人无法取回标的物,对于买受人未支付价款形成的债务应作为共益债务。本案中,双方在系列买卖合同中均约定"标的物所有权自到货日时起转移,但买受人未履行支付价款义务的,标的物属于出卖人所有",即标的物所有权保留,X公司作为买受人没有支付完货款前Y公司依约享有货物的所有权,合同履行过程中X公司破产清算,案涉合同即为双方均未履行完毕的合同。X公司管理人在Y公司向其申报物的取回权时,没有通知Y公司解除双方间的合同,仅要求Y公司申报债权,对其继续履行合同,支付货款不持异议;且根据Y公司提交的X公司破产清算后继续供货的证据,结合X公司认可Y公司交货义务已全部完成的陈述,亦可以认定双方间的买卖合同实际继续履行。又因X公司在未取得案涉货物所有权的情况下将货物出卖交付给案外人江苏省D物资供应公司,致Y公司无法实现物的取回权,Y公司主张X公司继续支付价款,应予支持,由此形成的债务依法应当归属为共益债务予以清偿。X公司辩称本案货款应当作为普通债权向管理人申报,于法无据,倘若将本案货款纳入普通破产债权序列清偿,与以买卖标的物担保价款支付权益的所有权保留制度设定的意义相冲突,出卖人约定所有权保留则毫无价值,实质为X公司在未支付对价的情况下取得Y公司货物的所有权,将Y公司的财产用于清偿X公司的破产债务,显然违反公平原则,故对该辩解不予采信。据此,依照《企业破产法》第42条、第43条第1款、第46条第1款、《破产法司法解释(二)》第34条、第37条之规定,判决:确认X公司欠付Y公司货款人民币11,965,628.55元的债务系共益债务,由X公司破产财产优先清偿。

4 二审法院观点

本案的争议焦点为:案涉货款在X公司破产清算程序中性质的认定,是破产普通债权还是共益债务。进一步讲,主要有以下三个方面:(1)本案所涉合同是否属于企业破产法概念上双方均未履行完毕的合同;(2)如果是,所涉合同是否实际继续履行;(3)双方未实际继续履行的合同(即X公司破产清算案受理前Y公司已供货完毕的合同)所涉货款应当如何处理。

关于争议焦点一,本案所涉合同是否属于企业破产法概念上双方均未履行完毕合同的问题。《破产法司法解释(二)》第34条规定:"买卖合同双方当事人在合同中约定标的物所有权保留,在标的物所有权未依法转移给买受人之前,一方当事人破产的,该买卖合同属于双方均未履行完毕的合同……也就是说,确定案涉合同是否属于破产法概念上双方均未履行完毕合同的关键,在于一方当事人破产时标的物所有权依法发生转移的条件是否成立,而非普通双务合同中所理解的双方是否按照合同约定履行完毕各自的义务。具体到本案,双方买卖合同中明确约定"买受人未履行支付价款义务的,标的物属于出卖人所有",标的物所有权发生转移的条件是买受人即X公司履行支付价款义务。X公司直至破产清算时仍然未完全支付价款,案涉合同即为双方均未履行完毕的合同。第三人取得标的物所有权只会导致出卖人Y公司无法依据《合同法》第134条等规定主张取回标的物,并不能据此否定案涉合同的性质,因此X公司认为因标的物已由第三人善意取得,案涉合同不是《破产法司法解释(二)》第34条规定的双方均未履行完毕的合同的理由不能成立。

关于争议焦点二,案涉合同有无实际继续履行的问题。二审法院认为,部分案涉合同在X公司破产清算案受理后仍然实际继续履行,理由如下:对Y公司而言,本案所涉合同履行涉及三方主体,分别是供货方Y公司、收货方江苏省D物资供应公司和付款方X公司。庭审中根据双方陈述,双方交易习惯为江苏省D物资供应公司(需方)根据项目需求与X公司(供方)签订采购合同,当X公司自身生产无法满足供货需求时,其即与Y公司签订相应的买卖合同,并将江苏省D物资供应公司的具体订单及所附图纸交Y公司,由Y公司根据要求安排生产,生产完毕后由Y公司根据江苏省D物资供应公司工作人员的具体指令在其工程项目所在地完成交付。2016年1月5日,苏州市吴江区人民法院受理X公司破产清算申请,此时X公司与江苏省D物资供应公司之间的采购合同尚未完全履行完毕,但X公司并未通知江苏省D物资供应公司取消或终止双方未履行完毕的采购合同,且2016年5月X公司员工周某某与莫某某仍然在与国网P市供电公司发展建设部联系相关配送单办理事宜。由此可见,X公司与江苏省D物资供应公司之间的采购合同实际仍然继续履行。X公司向江苏省D物资供应公司所供货物部分系由Y公司直接供货,2015年10月8日双方盖章确认的加工合同履约函中也载明尚有20批次的货物"待收货方(江苏省D物资供应公司)通知发货",Y公司作为X公司与江苏省D物资供应公司之间采购合同的供货方,其根据江苏省D物资供应公司的指令继续向其工程项目所在地供货符合双方的交易习惯。其次,根据有利于破产债权人利益最大化原则,X公司管理人继续履行与江苏省D物资供应公司的采购合同有利于破产财产的价值维持和增值,但其继续履行与江苏省D物资供应公司采购合同的前提是继续履行与Y公司之间的买卖合同。Y公司在合同实际履行过程中并无过错,因此X公司不能仅考虑自身利益实际继续履行与江苏省D物资供应公司之间的采购合同,而否认继续履行与Y公司之间的所有权保留买卖合同,从而损害Y公司的合法权益。因此,综合相关证据,应认定部分案涉合同实际已继续履行。

关于哪几份合同实际继续履行以及因此形成债务的性质应当如何认定的问题,二审法院认为,双方一共签订了6份所有权保留买卖合同,并于2015年10月8日以加工合同履约函的形式对双方6份合同的履行进行了梳理。Y公司在一审中举证证明了加工合同履约函第32、35、41、62等四个批次的货物是在X公司破产清算案申请受理后履行供货义务,X公司对此不予认可,认为所有批次货物均已在破产申请受理前供货完毕,但其在一审、二审中均未提供相应证据予以反驳,二审法院不予采信。从加工合同履约函中可以看出,第32、35、41、62等四个批次的货物分别对应2013年3月15日和2014年11月15日(合同编号为JSXW2014-11,加工物名称为J电厂110kV工程钢管杆)的工业品买卖合同,该两份合同实际继续履行。X公司称2013年3月15日的工业品买卖合同中仅有三个单项订单系进入破产程序后供货,不应认定全部价款为共益债务的上诉理由,二审法院认为,我国《企业破产法》明确规定,因合同继续履行所产生的债务属于共益债务,对该债务法律并没有作分割性排除。2013年3月15日的工业品买卖合同项下有59个单项订单,当案涉合同实际继续履行时,应当维持合同的不可分性,因该合同而产生的所有债务无论发生在破产清算案之前还是之后,均应作为共益债务优先清偿,X公司的该点上诉理由不成立。X公司未及时向Y公司支付合同价款,且货物均已实际用于江苏省D物资供应公司相关工程项目,Y公司客观上已无法行使取回权,根据《破产法司法解释(二)》第37条之规定,Y公司有权就该两份已实际继续履行的买卖合同向X公司管理人主张以共益债务清偿其损失。

关于争议焦点3,双方未实际继续履行的合同(X公司破产清算案受理前Y公司已供货完毕的合同)所涉货款应当如何处理的问题。除了2份已实际继续履行的合同之外,尚有4份合同在X公司破产前均已供货完毕。该4份合同仍然属于《破产法司法解释(二)》第34条所规定的双方均未履行完毕的合同,理由同上不再赘述。关于该4份合同的处理,X公司认为应当按照《破产法司法解释(二)》第30条的规定,作为普通债权处理。对此二审法院认为,《破产法司法解释(二)》第30条规定:"债务人占有的他人财产被违法转让给第三人,依法《物权法》第一百零六条的规定第三人已善意取得财产所有权,原权利人无法取回该财产的,人民法院应当按照以下规定处理……"从该条款的内容来看,应当适用于无处分权人即债务人将其占有的不动产或动产违法转让给第三人的情形,阐明了非债务人财产取回权在无法实现情形下的救济途径,其权利行使的基础是民法上的所有权和其他财产权利。而《破产法司法解释(二)》第37条、第38条中明确规定了出卖人取回权,是指当事人在买卖合同中约定所有权保留,在标的物所有权转移前,买受人未按约定支付价款或完成特定条件,或将标的物出卖、出质或者作出其他不当处分,对出卖人造成损害的,出卖人有权主张取回买卖标的物。由此可见,出卖人取回权是合同法上的权利在破产程序中的行使。具体到本案,双方之间的权利义务关系为买卖合同关系,且在买卖合同中约定了所有权保留条款,加之X公司进入破产清算程序后,Y公司向X公司管理人出具的"破产债权申报表"下方明确载明"本申报因有所有权保留,故此为物权取回权申报,并非债权申报",说明Y公司主张的是出卖人取回权,而非非债务人财产取回权,因此本案不应适用《破产法司法解释(二)》第30条的规定,而应适用《破产法司法解释(二)》中关于出卖人取回权的相关规定。在买受人X公司进入破产清算程序,且未及时支付价款的情况下,无论X公司是否决定解除案涉4份保留所有权买卖合同,Y公司均有权向X公司管理人主张出卖人取回权。X公司管理人以标的物已于X公司进入破产清算程序之前交付客户并由客户取得所有权为由拒绝其主张,无事实和法律依据。正如一审法院所述,"倘若将本案货款纳入普通破产债权序列清偿,与以买卖标的物担保价款支付权益的所有权保留制度设定的意义相冲突,出卖人约定所有权保留则毫无价值,实质为X公司在未支付对价的情况下取得Y公司货物的所有权,将Y公司的财产用于清偿X公司的破产债务,显然违反公平原则",因此,案涉4份未实际继续履行的合同之债应当作为共益债务进行清偿。

综上所述,X公司认为本案不属于双方均未履行完毕的买卖合同且未实际继续履行、涉案债务应以普通债权形式清偿的上诉理由不能成立,应予驳回。一审判决认定事实清楚,适用法律正确,应予维持。依照《民事诉讼法》第170条第1款第1项规定,判决如下:驳回上诉,维持原判。

案例二　曲阜J股份有限公司与河北L有限公司买卖合同纠纷案[1]

1　案情简介

上诉人(原审被告):曲阜J股份有限公司(以下简称曲阜J公司)。

代表人:曲阜J股份有限公司管理人。

负责人:刘某某。

被上诉人(原审原告):河北L有限公司(以下简称河北L公司)。

法定代表人:臧某某,该公司董事长。

上诉人曲阜J公司因买卖合同纠纷一案,不服河北省清苑县人民法院(2014)清民初字第1466号民事判决,向保定市中级人民法院提起上诉。

2　当事人诉求

一审法院判决后,被告曲阜J公司不服判决上诉称:(1)一审法院认定事实错误。根据《企业破产法》第16条,人民法院受理破产申请后,债务人对个别债权人的债务清偿无效。被上诉人私自克扣的行为不应视为上诉人偿还债务,即使偿还也是无效的。况且,被上诉人的业务人员郎某某也作出了承诺。(2)一审法院适用法律错误。共益债务是在重整期间产生的债务,而非重整前的债务,因此,优先偿还共益债务并不包含重整前的债务。重整前的债务,被上诉人应向曲阜J公司管理人申报债权;且该笔债权是否属于共益债务,应由曲阜J公司管理人在被上诉人依法申报债权后根据《企业破产法》相关规定作出认定,并报该重整案件的受理法院审核裁定,不属于一审法院的管辖和审理范围。综上所述,一审法院认定事实和适用法律均有错误,恳请二审法院依法改判。

3　一审法院观点

河北省清苑县人民法院认为,原告河北L公司与被告曲阜J公司协商一致于2014年4月10日签订的合同及2014年7月10日签订的补充协议是原、被告双方的真实意思表示,上述合同及补充协议均合法有效,一审法院予以确认。因双方约定的合同终止期限至2014年12月31日,现期限已届满,故原告诉请解除合同义务无意义。截至2014年6月30日被告欠原告货款2,461,974.16元,原、被告双方对上述欠款额均无异议。被告曲阜J公司进入重整程序后,被告曲阜J公司管理人为了企业的生存及债权人的利益,与原告协商一致在执行原合同其他条款的前提下,河北L公司继续供曲阜J公司产品,自7月10日至10月7日,被告累计欠原告

---

① 保定市中级人民法院(2015)保民四终字第162号。

货款 516,307.26 元。双方对上述事实均认可无异议,一审法院予以确认。被告曲阜 J 公司辩称,其支付河北 L 公司的 1,627,624.92 元应当返还给曲阜 J 公司。因被告曲阜 J 公司支付的该款项是按合同约定的滚动式付款,其主张将已付货款退回,没有法律依据,且被告未就此提起反诉,故对其主张一审法院不予支持。被告曲阜 J 公司进入重整后,管理人为了企业自救及全体债权人的利益而履行合同形成的欠款,属于共益债务,依照相关法律规定,被告曲阜 J 公司应予给付,原告的诉讼请求予以支持。原告按照合同约定请求被告按每日支付违约总金额的 2‰标准支付违约金:(1)截至 2014 年 5 月 5 日曲阜 J 公司应支付原告河北 L 公司货款 814,057.21 元,实际支付 760,000 元,扣除预付货款 4797.88 元,尚欠 49,259.33 元。自 2014 年 5 月 6 日起至 2014 年 6 月 5 日共计 31 天,被告曲阜 J 公司应向原告河北立中支付违约金 3054.08 元(49,259.33 元 × 2‰ × 31 天)。(2)被告曲阜 J 公司欠原告河北 L 公司的货款 2,461,974.16元,自 2014 年 6 月 6 日起至 2014 年 7 月 22 日,共计 47 天,被告应向原告支付违约金 231,425.57 元(2,461,974.16 元 × 2‰ × 47 天),两项共计违约金 234,479.65 元,属于原告履行上述合同形成的合法债权,一审法院予以确认。后原审法院依照《合同法》第 159 条、《企业破产法》第 25 条第 1 款第 6 项、第 7 项,第 42 条第 4 项,第 43 条第 1 款,第 46 条第 2 款和最高人民法院《关于民事诉讼证据的若干规定》第 2 条第 2 款的规定判决:1. 被告曲阜 J 公司本判决书生效之日起 5 日内给付原告河北 L 公司货款 516,307.26 元及违约金 234,479.65 元;2. 驳回原告河北 L 公司其他诉讼请求。

4 二审法院观点

保定市中级人民法院认为,《企业破产法》第 18 条规定:"人民法院受理破产申请后,管理人对破产申请受理前成立而债务人和对方当事人均未履行完毕的合同有权决定解除或者继续履行……管理人决定继续履行合同的,对方当事人应当履行……"《企业破产法》的此条规定赋予了管理人对合同的选择履行权。管理人决定是否继续履行合同并不是代表原合同当事人的意思,而是以原合同的价值取向决定合同是否该继续履行。也就是说,管理人决定解除或继续履行合同是以维护破产企业的权益和破产财产利益为标准,继续履行合同有利于破产财产的增值。《企业破产法》第 42 条规定:"人民法院受理破产申请后发生的下列债务,为共益债务:(一)因管理人或者债务人请求对方当事人履行双方均未履行完毕的合同所产生的债务……"此条规定确定了债务人请求对方当事人履行均未履行完毕的合同所产生的债务为共益债务,该规定并没有对债务做分割性排除,所以,当管理人决定继续履行合同时,因该合同而产生的所有债务无论发生在破产案件受理前后,均应作为共益债务优先清偿。本案中,被上诉人河北 L 公司与上诉人曲阜 J 公司于 2014 年 4 月 10 日签订的合同中约定了结算方式、期限及违约责任。2014 年 7 月 1 日上诉人由法院裁定受理对其进行重整后,2014 年 7 月 10 日上诉人又与被上诉人又签订了补充协议,双方约定继续履行合同,被上诉人给上诉人供货近 900 万元,且上诉人是滚动付款,截至 2014 年 10 月 7 日,上诉人累计欠被上诉人货款 516,307.26 元及按合同约定计算违约金的方法计算违约金(234,479.65 元)上诉人并无异议。二审法院认为,既然上诉人决定继续履行合同,所产生的债务应属共益债务。共益债务由债务人财产随时清偿。原审法院认定其为共益债务,判决上诉人给付欠款及违约金并无不当。上诉人称,偿还重整前的欠款无效,共益债务不包含重整前的债务的主张,二审法院不予支持。

综上所述,原审判决认定事实清楚,适用法律正确,依照《民事诉讼法》第 170 条第 1 款第 1 项的规定,判决如下:驳回上诉,维持原判。

专业释评

共益债务,是指在破产程序中,为债权人的共同利益所负担的债务。根据《企业破产法》规定,共益债务包括:因管理人或者债务人请求对方当事人履行双方均未履行完毕的合同所产生的债务;债务人财产受无因管理所产生的债务;因债务人不当得利所产生的债务;为债务人继续营业而应支付的劳动报酬和社会保险费用以及由此产生的其他债务;管理人或者相关人员执行职务致人损害所产生的债务;债务人财产致人损害所产生的债务。

就本案例一而言,双方在系列买卖合同中均约定“标的物所有权自到货日时起转移,但买受人未履行支付价款义务的,标的物属于出卖人所有”,即标的物所有权保留,X 公司作为买受人没有支付完货款前 Y 公司依约享有货物的所有权,合同履行过程中 X 公司破产清算,案涉合同即为双方均未履行完毕的合同。X 公司管理人在 Y 公司向其申报物的取回权时,没有通知 Y 公司解除双方间的合同,仅要求 Y 公司申报债权,对其继续履行合同,支付货款不持异议;且根据 Y 公司提交的 X 公司破产清算后继续供货的证据,结合 X 公司认可 Y 公司交货义务已全部完成的陈述,亦可以认定双方间的买卖合同实际继续履行。结合《企业破产法》的规定,显然属于共益债务。

就案例二而言,最为值得称道的是两级法院的观点:“因管理人或者债务人请求对方当事人履行双方均未履行完毕的合同所产生的债务为共益债务,该规定并没有对债务做分割性排除,所以,当管理人决定继续履行合同时,因该合同而产生的所有债务无论发生在破产案件受理前后,均应作为共益债务优先清偿。”该观点符合《企业破产法》的精神,应予肯定。

问题六　破产案件中的诉讼时效如何确定

案例一　湖州H有限公司与陆某某等追偿权纠纷案[①]

1 案情简介

上诉人(原审被告):陆某某。

上诉人(原审被告):楼某某。

被上诉人(原审原告):湖州H有限公司(以下简称H公司)。

法定代表人:沈某某,公司董事长。

原审被告:凌某某。

原审被告:姚某某。

上诉人陆某某、楼某某与被上诉人H公司、原审被告凌某某、姚某某追偿权纠纷一案,不服湖州市吴兴区人民法院(2016)浙0502民初19号民事判决,向湖州市中级人民法院提起上诉。

2 当事人诉求

陆某某、楼某某不服原审判决,向湖州市中级人民法院提起上诉称:原审认定事实不清,适用法律错误。(1)最高人民法院《关于适用〈中华人民共和国担保法〉若干问题的解释》第42条规定保证人行使追偿权的诉讼时效,自保证人向债权人承担保证责任之日起2年。H公司最后的代偿行为发生在2013年6月25日,直到2015年12月28日才向法院起诉追偿,远远超出法律规定的2年诉讼时效,早已丧失了胜诉权。(2)《企业破产法》第124条在于保护原始债权人,即本案中的原始出借人J银行湖州分行。而本案中,银行湖州分行已经全部受偿了本息。同时该条规定的主体非常明确,即破产人的保证人和其他连带债务人,而本案中H公司与陆某某、楼某某在该法条中系属同一主体。故原审法院适用该法条显属法律适用错误。综上,请求撤销一审判决,依法改判。

H公司二审答辩称:原审判决事实认定清楚,适用法律正确,判决合理合法,请求驳回上诉,维持原判。

H公司向原审法院起诉,请求判令:(1)被告凌某某立即向H公司偿还1,468,557元;(2)姚某某对凌某某的上述债务承担共同清偿责任;(3)陆某某立即向H公司偿还人民币1,079,388元;(4)楼某某对陆某某的上述债务承担共同清偿责任;(5)承担本案诉讼费。

---

① 湖州市中级人民法院(2016)浙05民终690号。

凌某某、姚某某原审未做答辩。

陆某某、楼某某原审答辩称：对为X公司在J银行湖州分行的贷款担保的事实没有异议。对H公司已为X公司在银行未能清偿的贷款承担保证责任及承担的金额没有异议。对X公司破产重整及H公司在破产重整案件中收到清偿的金额没有异议。但认为本案的诉讼时效应自H公司代偿之日起算2年，现H公司的起诉已超过诉讼时效。请求驳回华城公司对陆某某、楼某某的诉讼请求。

3 一审法院观点

湖州市吴兴区人民法院认为，X公司、H公司、凌某某、姚某某、陆某某、楼某某等人与J银行湖州分行签订的《开立银行承兑汇票合同》《小企业流动资金借款合同》《最高额保证合同》等系各方当事人真实意思表示，且未违反法律法规强制性规定，应受法律保护。本案的争议焦点为：H公司的诉讼请求是否超过了诉讼时效。H公司的代偿行为最早发生于2012年9月21日。2013年4月28日，湖州市中级人民法院受理了X公司的破产重整申请。2015年7月28日H公司依据破产重整程序获得最后一笔清偿款。根据《企业破产法》第124条之规定破产人的保证人和其他连带债务人，在破产程序终结后，对债权人依照破产清算程序未受清偿的债权，依法继续承担清偿责任。原告H公司履行了保证责任后，在诉讼时效保护期内，湖州市中级人民法院受理了债务人X公司的破产重整。该公司的破产重整构成诉讼时效的中止事由。2015年6月2日X公司破产重整程序由湖州市中级人民法院裁定终止。同年7月28日，H公司依据破产程序获得最后一笔清偿款，诉讼时效应自此继续计算，H公司在中止事由解除后6个月内向法院提起诉讼，未超过诉讼时效。故对于陆某某、楼某某的关于本案已过诉讼时效的辩称该院不予采信。H公司的诉讼请求符合法律规定，该院予以支持。借款人X公司未能按约返还银行贷款，H公司作为担保人代为偿还后，有权要求其余最高额保证担保人在借款人X公司未能清偿的范围内清偿其应当承担的份额。同时，对于各保证人应当承担的金额该院审核如下：(1)两份《小企业流动资金借款合同》项下，H公司已承担保证责任的金额为2,508,800元，按照重整方案H公司实际获得清偿金额为562,953元，未受偿总额为1,945,847元。该两份合同均由H公司、凌某某、王某某、JB公司、JH公司提供最高额保证担保，故凌某某在该两份合同项下应向原告H公司清偿的金额为389,169元，该笔债务为夫妻共同债务，凌某某的配偶姚某某应承担共同还款责任。(2)《开立银行承兑汇票合同》项下，H公司已承担保证责任的金额为8,352,400元，按照重整方案H公司实际获得清偿金额为1,874,071元，未受偿总额为6,476,329元。该两份合同由H公司、凌某某、陆某某、王某某、JB公司、JH公司提供担保，故凌某某、陆某某在该份合同项下应分别向H公司清偿的金额为1,079,388元，该笔债务为夫妻共同债务，凌某某、陆某某各自配偶姚某某、楼某某应承担共同还款责任。据此，依照《合同法》第196条、第206条，《担保法》第12条，《企业破产法》第124条，《民法通则》第139条，最高人民法院《关于适用〈中华人民共和国企业破产法〉若干问题的规定(二)》第24条，最高人民法院《关于适用〈中华人民共和国担保法〉若干问题的解释》第20条及《民事诉讼法》第144条之规定,判决:(1)凌某某、姚某某支付向H公司1,468,557元,限于判决生效之日起7日内清偿;(2)陆某某、楼某某支付H公司1,079,388元,限于判决生效之日起7日内清偿。

4 二审法院观点

湖州市中级人民法院认为,本案二审期间的争议焦点为:H公司的诉讼请求是否超过诉讼时效。1. H公司已经向法院申报了债权,在破产程序尚未终结前,其可以受偿的数额处于不确定状态,客观上也无法确定其余连带共同保证人应承担的责任范围。根据《民法通则》第139条的规定,在诉讼时效期间的最后6个月内,因不可抗力或者其他障碍不能行使请求权的,诉讼时效中止。从中止时效的原因消除之日起,诉讼时效期间继续计算。H公司依据破产程序受偿最后一笔债权后,其未受清偿部分才得以明确,针对其他连带保证人的追偿权诉讼时效应从此继续计算。2. 对于《破产法》第124条之规定,因H公司承担保证责任后,已经实际取代J银行湖州分行而成为债权人,原审适用该条对其债权予以保护并无不当。3. 诉讼时效制度,其最重要的目的在于平衡双方当事人的利益,维护社会秩序,而非偏于督促权利人行使权利,更不能成为义务人躲避债务的工具。本案中,H公司并未消极对待自身权利,其向其余保证人行使追偿权也并未超出诉讼时效,理应得到法律的保护。

综上所述,上诉人陆某某、楼某某的上诉理由不充分,二审法院不予支持。原判认定事实清楚,适用法律正确。根据《民事诉讼法》第170条第1款第1项之规定,判决如下:驳回上诉,维持原判。

案例二 C公司与湖南XQ集团股权转让纠纷案[①]

1 案情简介

2002年8月16日和2002年8月20日,湖南省××人民政府(以下简称××政府)和C公司、XQ集团分别签订了《C公司收购J公司股份框架协议》和《C公司收购J公司的实施协议》。2002年9月3日,经××政府同意,C公司与XQ集团签订了《股份转让协议》,XQ集团以每股4.01元的价格,将其所持有的J公司的8800万股国有法人股转让给C公司,转让总价款3.5288亿元。同年9月2日,C公司按《股份转让协议》的约定,通过湖南省CT有限公司向XQ集团支付股权转让款3亿元,C公司尚欠XQ集团股权转让款5288万元。由于C公司没有按照《股份转让协议》中约定的在股份过户至C公司名下后的7个工作日内一次性将股权转让欠款5288万元付清,2004年5月25日和2004年6月3日,XQ集团分别向××政府、C公司送达了《关于部分股权转让后几个遗留问题的请示》和《催款函》,要求C公司按《股份转

① 最高人民法院(2012)民提字第138号。

让协议》约定在股权过户手续完成后一个月内支付股权转让欠款5288万元。

2005年5月24日,湘西州中级人民法院(以下简称湘西中院)依法受理了XQ集团破产一案。2006年10月10日,湘西中院裁定宣告XQ集团破产还债,并成立了破产清算组。2008年5月20日,XQ集团向C公司送达了《偿还债务通知书》,要求C公司偿还欠款8,223,690元。

2 当事人诉求

由于C公司拒付股权转让余款,XQ集团于2008年10月6日将C公司诉至湘西中院,请求:(1)判令C公司支付股权收购款8,223,690元及利息;(2)C公司承担本案诉讼费用。

3 一审法院观点

湘西中院认为,XQ集团与C公司签订的《股份转让协议》,系双方当事人的真实意思表示,且得到相关职能部门批准同意,合法有效,亦已实际履行。C公司应向XQ集团支付股权转让款3.5288亿元,已支付3亿元,尚欠5288万元,抵减XQ集团向C公司的借款和垫付款4500万元,C公司尚欠XQ集团股权转让款本金788万元。由于XQ集团已被湘西中院裁定宣告破产,XQ集团破产清算组有权利向C公司主张该笔债权。但XQ集团破产清算组起诉C公司支付股权收购款8,223,690元,数额计算有误,应予纠正。由于C公司一直拖欠股权转让余款788万元,应按《股份转让协议》的约定,从2003年8月16日起按银行同期利率计算利息。

2003年7月15日XQ集团将其持有的8800万股权过户至C公司名下后,C公司一直未按《股份转让协议》的约定向XQ集团支付股权转让余款。为此,XQ集团从2004年6月起一直向C公司主张权利,C公司收到XQ集团的催款函后也进行了回复,因此本案发生诉讼时效中断,诉讼时效应重新计算,2006年6月诉讼时效才届满。2005年5月24日湘西中院受理了XQ集团破产案件,按照最高人民法院《关于审理民事案件适用诉讼时效制度若干问题的规定》第10条第1款第2项和第13条第3项的规定,本案从2004年6月和2005年5月24日两次发生诉讼时效中断情形,诉讼时效应重新计算,而且随着湘西中院对XQ集团宣告破产,诉讼时效中断的法定事由一直是延续状态。虽然XQ集团破产清算组于2008年5月20日才向C公司送达《偿还债务通知书》,但由于诉讼时效已发生了中断,而且破产案件尚未审理终结,故C公司提出XQ集团破产清算组的诉讼请求超过诉讼时效的理由,违反法律规定,法院不予支持。

综上所述,判决C公司偿还XQ集团股权转让欠款本金788万元和利息(利息从2003年8月16日起按银行同期贷款利率计算至清偿之日止。

4 二审法院观点

C公司不服湘西中院上述民事判决，向湖南省高级人民法院（以下简称湖南高院）提起上诉，湖南高院认为一审判决部分事实不清，依照《民事诉讼法》第153条第1款第3项之规定，裁定：撤销一审判决，发回重审。

湘西中院重审认为，本案争议的焦点之一是本案是否超过诉讼时效。

2003年7月15日，XQ集团将其持有的8800万股权过户至C公司名下后，C公司一直未按《股份转让协议》的约定向XQ集团支付股权转让余款。为此，XQ集团从2004年6月起一直向C公司主张权利，C公司收到XQ集团的催款函后也进行了回复，因此本案发生诉讼时效中断，诉讼时效应重新计算，2006年6月诉讼时效才届满。2005年5月24日湘西中院受理了XQ集团破产案件，按照最高人民法院《关于审理民事案件适用诉讼时效制度若干问题的规定》第10条第1款第2项和第13条第3项的规定，本案从2004年6月和2005年5月24日两次发生诉讼时效中断情形，诉讼时效应重新计算，而且随着湘西中院对XQ集团宣告破产，诉讼时效中断的法定事由一直是延续状态。XQ集团虽于2008年5月20日才向C公司送达《偿还债务通知书》，但由于诉讼时效已发生了中断，而且破产案件尚未审理终结，故C公司提出XQ集团诉讼请求超过诉讼时效的理由，于法不符，法院不予支持。

综上所述，判决：C公司偿还XQ集团股权转让欠款本金788万元和利息（利息从2003年8月16日起按银行同期贷款基准利率计算）。

C公司不服一审判决，向湖南高院提起上诉。

湖南高院认为，本案焦点之一是XQ集团主张权利是否已超过诉讼时效。

2003年7月15日，XQ集团将其持有的8800万股权过户至C公司名下后，XQ集团从2004年6月起一直向C公司主张权利，C公司收到XQ集团的催款函后也进行了回复，因此本案发生诉讼时效中断，诉讼时效应重新计算，2006年6月诉讼时效才届满。2005年5月24日湘西中院受理了XQ集团破产案件，按照最高人民法院《关于审理民事案件适用诉讼时效制度若干问题的规定》第13条“下列事项之一，人民法院应当认定与提起诉讼具有同等诉讼时效中断的效力……（三）申请破产、申报破产债权”及最高人民法院《关于审理企业破产案件若干问题的规定》第74条“债务人享有的债权，其诉讼时效自人民法院受理债务人的破产申请之日起，适用《中华人民共和国民法通则》第一百四十条关于诉讼时效中断的规定。债务人与债权人达成和解协议，中止破产程序的，诉讼时效自人民法院中止破产程序裁定之日起重新计算”的规定，本案自2005年5月24日因XQ集团申请破产而再次引起诉讼时效中断，且随着湘西中院对XQ集团宣告破产，诉讼时效中断的法定事由一直处于延续状态。虽然XQ集团破产清算组于2008年5月20日才向C公司送达《偿还债务通知书》，但由于诉讼时效已发生了中断，而且破产案件正在审理中，故C公司提出XQ集团的诉讼请求超过诉讼时效的理由不能成立，法院不予支持。综上所述，驳回上诉，维持原判。

5 最高人民法院观点

C 公司不服湖南高院上述民事判决,向最高人民法院申请再审。

最高人民法院经审理认为,本案再审争论的主要问题是:XQ 集团主张权利是否已超过诉讼时效。

根据最高人民法院《关于审理企业破产案件若干问题的规定》第 74 条的规定:债务人享有的债权,其诉讼时效自人民法院受理债务人的破产申请之日起,适用《中华人民共和国民法通则》第一百四十条关于诉讼时效中断的规定。湘西中院 2005 年 5 月 24 日裁定受理破产申请,构成诉讼时效的中断,诉讼时效应当自中断之日起重新起算,即从 2005 年 5 月 24 日受理之日起计算应至 2007 年 5 月 24 日止。XQ 集团破产清算组在上述 2005 年 5 月 24 日至 2007 年 5 月 24 日止的期限内一直未向 C 公司主张权利,而是直至 2008 年 5 月 20 日才向 C 公司送达《偿还债务通知书》,此时已超过上述期间,且 C 公司对该通知书提出了超过诉讼时效的异议。原审法院以随着湘西中院对 XQ 集团宣告破产,诉讼时效中断的法定事由一直处于延续状态为由,认定 C 公司提起本案诉讼,其诉讼时效未超过,属适用法律错误,最高人民法院予以纠正。依据《企业破产法(试行)》第 24 条和最高人民法院《关于审理企业破产案件若干问题的规定》第 73 条、第 74 条的规定,XQ 集团清算组均应在成立后接管破产企业并及时通过发出书面通知的方式要求其债务人 C 公司清偿债务,诉讼时效制度并未因异议裁决方式的不同而排除适用。XQ 集团关于其于 2008 年 5 月 20 日向 C 公司送达《偿还债务通知书》不应认定为超过诉讼时效的答辩理由,最高人民法院不予采信。

综上所述,判决如下:

(1)撤销湖南省高级人民法院(2011)湘高法民二终字第 15 号民事判决;

(2)撤销湖南省湘西土家族苗族自治州中级人民法院(2010)州民二重字第 1 号民事判决;

(3)驳回湖南 XQ 集团有限公司的诉讼请求。

案例三　重庆F科技有限公司与重庆P电力实业股份有限公司纠纷案[①]

1 案情简介

再审申请人(一审原告、二审上诉人):重庆 F 科技有限公司(以下简称 F 公司)。

法定代表人:扈某某,该公司董事长。

被申请人(一审被告、二审被上诉人):重庆 P 电力实业股份有限公司(以下简称 P 电力公司)。

法定代表人:张某,该公司董事长。

再审申请人 F 公司因与被申请人 P 电力公司技术合同纠纷一案,不服重庆市高级人民法

---

① 最高人民法院(2017)最高法民申 327 号。

院(2016)渝民终340号民事判决,向最高人民法院申请再审。

2 当事人诉求

F公司申请再审称:

1. 一审、二审判决认定事实错误

(1)F公司于2010年1月25日将发票送达重庆S有限公司(以下简称S公司),一审判决认定F公司将发票提交S公司的行为应当视为F公司向S公司主张剩余10万元债务的行为,二审判决认定可以视为是F公司要求S公司付款义务的行为,该认定错误。在此基础上确定诉讼时效起点也违背常理。首先,送达发票本身与主张债权不是同一概念,送达发票是F公司履行合同义务的一部分,主张债权是要求对方立即支付款项的意思表示;其次,二审判决的"可以视为"本身也可以是"不可以视为"即并没有达到高度可能性。(2)二审判决关于"P电力公司在2013年9月25日的公告中承诺偿还S公司的所有债务,应推定为P电力公司仅承诺就S公司转让的受法律保护的债务承担责任,不能得出P电力公司自愿承担已超过诉讼时效期间的自然债务的结论"的认定错误。从字面意思看,所有债务意思明确,所有债务当然包括自然债务;而且,自然债务只有在债务人提出抗辩的情况下,才丧失胜诉权。因此,P电力公司公告承诺清偿S公司的所有债务构成对债务的重新承诺偿还。在此情况下,二审判决不同意调取P电力公司吸收合并S公司时形成的原S公司的资产负债表及应付账款等证据存在错误。(3)一审、二审判决认定F公司的原董事长熊某某和总经理高某某为本案利害关系人,属于认定事实错误。

2. 一审、二审判决适用法律错误

(1)一审、二审判决在宽限期的确定上适用法律错误。根据最高人民法院《关于审理民事案件适用诉讼时效制度若干问题的规定》第6条之规定,除债务人在债权人第一次向其主张权利之时明确表示不履行义务之外,诉讼时效期间从债权人要求债务人履行义务的宽限期届满之日起计算。本案债务人即S公司在F公司提起本案诉讼之前,从未表示不履行义务,即本案诉讼时效应当从宽限期届满之日起计算。一审判决未给予宽限期,二审判决认为宽限期为6个月。首先,法院应当尊重当事人的实际约定,S公司一直处于待破产状态,让F公司等到其破产清算,F公司也同意等待,因此宽限期应为S公司破产清算完毕之日。其次,二审判决认定宽限期为6个月没有任何法律依据。(2)二审判决不采用高某某与柯某某、刘某的录音证据存在适用法律错误。(3)二审判决在诉讼时效起算点证明责任的分配上存在适用法律错误。P电力公司主张债权已超过诉讼时效,根据"谁主张,谁举证"的原则,其应当就诉讼时效起算点承担举证责任。在诉讼时效起算点已充分证明的情况下,F公司才有证明存在诉讼时效中止、中断、重新计算的义务。本案中,P电力公司提供的所有证据中,没有能够证明诉讼时效具体起算点的证据,应当由P电力公司承担相应的不利后果。依据《民事诉讼法》第200条第2项和第5项规定申请再审。

3 最高人民法院观点

最高人民法院认为，本案争议焦点是，F公司提起本案诉讼是否超过诉讼时效。本案中，2009年12月15日，F公司与S公司签订《FN节煤助燃催化剂试烧试验补充协议》，该补充协议确认S公司支付F公司20万元试验费用，S公司分别于2009年12月15日和2010年1月18日各支付5万元，尚有10万元未支付。该补充协议没有约定S公司履行还款义务的期限，因此，F公司可以随时要求S公司履行，S公司可以随时主动履行债务。2013年9月20日，P电力公司与S公司签订《吸收合并协议》，P电力公司出具《债务清偿或债务担保的说明》，承诺原S公司的所有债务均由P电力公司负责偿还。F公司以P电力公司为被告，提起本案诉讼，请求P电力公司支付试验费用10万元及从2009年12月15日起至实际付清之日止的利息损失。P电力公司主张该10万元的债权已经超过诉讼时效，其应对诉讼时效起算点负有证明责任。《民法通则》第135条规定："向人民法院请求保护民事权利的诉讼时效期间为二年，法律另有规定的除外。"第137条规定："诉讼时效从知道或者应当知道权利被侵害时起计算。但是，从权利被侵害之日起超过二十年的，人民法院不予保护。有特殊情况的，人民法院可以延长诉讼时效期间。"最高人民法院《关于审理民事案件适用诉讼时效制度若干问题的规定》第6条规定："未约定履行期限的合同，依照合同法第六十一条、第六十二条的规定，可以确定履行期限的，诉讼时效期间从履行期限届满之日起计算；不能确定履行期限的，诉讼时效期间从债权人要求债务人履行义务的宽限期届满之日起计算，但债务人在债权人第一次向其主张权利之时明确表示不履行义务的，诉讼时效期间从债务人明确表示不履行义务之日起计算。"根据上述规定，对于未约定还款期限的债权，债权人要求债务人履行义务的宽限期届满之日或者债务人第一次明确表示不履行义务之日等情形，属于债权人知道或者应当知道其债权被侵害。本案中，P电力公司没有证据证明存在上述发能公司知道或者应当知道其债权被侵害的情形。如果按照F公司主张的其同意S公司破产清算完毕之日为本案10万元债权的宽限期，S公司在P电力公司公告吸收合并S公司之日即2013年9月25日之前未向F公司支付本案10万元债权，从此时起F公司应当知道自己的权利被侵害，F公司于2015年5月12日提起本案诉讼，未超过2年诉讼时效。二审判决关于本案诉讼时效应当从F公司主张债权之日的6个月后即2010年7月25日开始计算的认定存在错误，F公司的申请再审理由成立，最高人民法院予以支持。

依照《民事诉讼法》第204条、第206条，最高人民法院《关于适用〈中华人民共和国民事诉讼法〉的解释》第395条第1款的规定，裁定如下：指令重庆市高级人民法院再审本案。

专业释评

诉讼时效,是指民事权利受到侵害的权利人在法定的时效期间内不行使权利,当时效期间届满时,债务人获得诉讼时效抗辩权。破产案件属于整个民事案件的一种特殊情况,时效制度大的原则仍然对其有效。

根据2008年最高人民法院《关于审理民事案件适用诉讼时效制度若干问题的规定》的第13条,债权人申请破产、申报破产债权,与提起诉讼具有同等诉讼时效中断的效力。诉讼时效从当事人向法院提出破产申请或向管理人申报破产债权之日起中断。

就本案例一而言,H公司依据破产程序受偿最后一笔债权后,其未受清偿部分才得以明确,针对其他连带保证人的追偿权才得以具体确定。从此时起直接关系到自己的权利与利益问题,所以,起诉诉讼时效从此刻算起符合法律有关诉讼时效制度的宗旨。由此,两级法院均认定H公司的起诉没有超过诉讼时效依法有据。

就案例二而言,最高人民法院与两个地方法院之所以会有不同的认识,是因为对"债务人享有的债权,其诉讼时效自人民法院受理债务人的破产申请之日起,适用《民法通则》第140条关于诉讼时效中断的规定"有不同的理解,但从文义解释的角度分析,此处没有"诉讼时效中断的法定事由一直处于延续状态"的含义,显然,两个地方法院的理解是错误的。

就案例三而言,2013年9月20日,P电力公司与S公司签订《吸收合并协议》,P电力公司出具《债务清偿或债务担保的说明》,承诺原S公司的所有债务均由P电力公司负责偿还。从此时起适用诉讼时效的一般规定。

问题七 破产程序中的债权范围如何认定

案例 广东G有限公司与贵州Y有限公司买卖合同纠纷案[①]

1 案情简介

上诉人(原审被告):广东 G 有限公司(以下简称广东 G 公司)。

法定代表人:陈某某,广东 G 公司总经理。

被上诉人(原审原告):贵州 Y 有限公司(以下简称贵州 Y 公司)。

法定代表人:朱某某,贵州 Y 公司董事长。

上诉人广东 G 公司与被上诉人贵州 Y 公司因买卖合同纠纷一案,不服贵州省贵阳市花溪区人民法院(2014)花民初字第 2399 号民事判决,向贵阳市中级人民法院提起上诉。

2 当事人诉求

截至 2014 年 8 月 27 日,原告销售经理李某某与被告采购部副经理谢某某电话联系,双方均确认双方的交易共产生运输费用 199,934.6 元。因原告、被告为付款问题协商未果,原告遂诉至法院,请求判令:(1)被告立即支付货款 6,132,991 元;(2)被告支付逾期付款违约金至货款付清时止(暂计至 2014 年 8 月 31 日止为 3,091,339 元);(3)被告支付原告支出的运输费 199,934 元;(4)本案全部费用由被告承担。

原审宣判后,上诉人广东 G 公司不服该判决,向法院提起上诉称:(1)一审判决适用法律错误,上诉人已经进入破产程序,一审判决为给付判决,如个别清偿违反破产法相关的规定,应当对上诉人的债务进行确认;(2)《企业破产法》第 64 条规定,人民法院受理破产案件后债务人未支付应付款项的滞纳金,包括债务人未执行生效法律文书应当支付的迟延利息和劳动保险金的滞纳金和破宣告后的债务利息,因此违约金仅能计算至上诉人破产重整受理日 2014 年 9 月 10 日。故上诉请求:(1)依法撤销原审判决,依法改判;(2)二审诉讼费由被上诉人承担。

3 一审法院观点

贵州省贵阳市花溪区人民法院认为,公民在民事活动中应当遵循自愿、公平、诚实信用的原则。本案原告贵州 Y 公司与被告广东 G 公司签订的《广东 G 公司产品买卖合同》,系双方真实意思表示,符合法律规定,法律予以保护。原告、被告签订的合同合法有效,对原告、被告

---

① 贵阳市中级人民法院(2015)筑民二(商)终字第 327 号。

双方均具有法律约束力,双方均应全面正确履行。原告已向被告交付合同约定的产品,被告亦应按照合同约定履行支付货款的义务。原告在2014年6月5日发出对账函,至本案开庭审理时,被告仍未回复确定。对此,在原告已提供证据证实向被告发送大量货物且被告并未付清货款的情况下,被告在原告给予的合理期限内对原告的货款对账请求,仅以其内部需核实货物清单为由拒绝对账,应由被告承担拒绝对账的不利法律后果,视为其认可原告主张的欠款金额,故原告诉请被告支付货款人民币6,132,991元,予以支持。原告要求被告支付运输费用199,934.6元,该费用已经双方口头确认且符合合同约定,原告此项请求予以支持。原告诉请被告支付逾期付款违约金3,091,339元至并继续承担至货款付清时止,根据双方签订的5份《买卖合同》,其中前两份约定先支付货款再供货,后三份约定货到付款。但根据本案已认定的事实,双方实际上是先供货再支付货款,以事实行为变更了前两份合同的付款方式约定。另外,原告从2013年5月16日至2014年4月23日共向被告发货445批,被告于2013年5月15日至2014年4月28日分24次支付原告货款19,616,502.83元,5份《买卖合同》约定的货物与被告的付款时间难以区分和对应,故以双方签订的最后一份买卖合同所约定的付款方式"货到付款"及被告确认的原告送货清单上载明的最后一次送货时间2014年4月24日,确定被告应付款时间为2014年4月24日,被告应承担之后的逾期付款违约责任。原告、被告双方签订的买卖合同中约定或按每日0.2%,或按每日0.5%计算违约金,审理中被告提出违约金计算标准过高,经法院核实,每日0.2%或0.5%均远远超过中国人民银行同期同类贷款利率的4倍,被告主张违约金过高符合法律规定,予以采信,故认定被告应承担的违约金应按中国人民银行同期同类贷款利率的4倍并以未付款项为基数予以计算,直至被告付清欠款本金为止。综上所述,根据《合同法》第8条、第60条、第107条、第114条,《企业破产法》第20条,之规定,判决:(1)被告广东G公司于本判决生效之日起30日内支付原告贵州Y公司货款6,132,991元、运输费199,934元,合计6,332,925元,并从2014年4月25日起,以未付款项为基数,按照中国人民银行同期贷款利率的4倍支付逾期付款违约金,直至上述款项付清之日止;(2)驳回原告贵州Y公司的其他诉讼请求。

4 二审法院观点

贵阳市中级人民法院认为,因广东省佛山市中级人民法院于2014年9月10日作出民事裁定,受理广东G公司的破产重整申请,并于当日指定广东H律师事务所为上诉人广东G公司的管理人。上诉人广东G公司于2014年9月10日进入破产重整程序,并于当日指定广东H律师事务所为上诉人广东G公司的管理人,而本案于2014年9月2日起诉,依照《企业破产法》第16条"人民法院受理破产申请后,债务人对个别债权人的债务清偿无效"及第20条"人民法院受理破产申请后,已经开始而尚未终结的有关债务人的民事诉讼或者仲裁应当中止;在管理人接管债务人的财产后,该诉讼或者仲裁继续进行"的规定,被上诉人贵州Y公司在法院受理上诉人广东G公司破产重整申请前起诉要求上诉人广东G公司支付因买卖合同产生的货款及违约金的主张,系当事人对自己民事权利的处分,并无不当。

对于违约金的计算,依照最高人民法院《关于审理企业破产案件若干问题的规定》第55条“下列债权属于破产债权:(十一)债务人在破产宣告前因侵权、违约给他人造成财产损失而产生的赔偿责任”及第61条“下列债权不属于破产债权……(二)人民法院受理破产案件后债务人未支付应付款项的滞纳金,包括债务人未执行生效法律文书应当加倍支付的迟延利息和劳动保险金的滞纳金;(三)破产宣告后的债务利息……”的规定,被上诉人贵州Y公司对上诉人广东G公司的迟延履行债务的违约金应计算至破产重整受理之日,即2014年9月10日止。

上诉人广东G公司的上诉理由部分成立,对其上诉请求,二审法院予以部分支持。综上所述,原判认定事实清楚,适用法律错误,二审法院依法予以改判。据此,依照《企业破产法》第16条、第20条,最高人民法院《关于审理企业破产案件若干问题的规定》第55条、第61条及《民事诉讼法》第170条第1款第2项、第175条之规定,判决如下:

维持贵州省贵阳市花溪区人民法院(2014)花民初字第2399号民事判决第2项,即驳回原告贵州Y公司的其他诉讼请求;

变更贵州省贵阳市花溪区人民法院(2014)花民初字第2399号民事判决第1项,为上诉人广东G公司于本判决生效之日起30日内支付原告贵州Y公司货款6,132,991元、运输费199,934元,合计6,332,925元,并从2014年4月25日起,以未付款项为基数,按照中国人民银行同期贷款利率的4倍支付逾期付款违约金至2014年9月10日。

专业释评

破产债权是针对破产人,并原则上基于破产宣告而发生的一种财产上的请求权。所谓可以通过破产程序得到满足,就是经过债权人申报债权并得到查实后,从破产财产中得到清偿。从宏观的角度讲,其范围包括:破产宣告前成立的无财产担保的债权;虽有财产担保但放弃优先受偿权的债权;虽有财产担保,但担保物的价款低于债权额,其未能受偿的债权等。但根据最高人民法院《关于审理企业破产案件若干问题的规定》第61条下列债权不属于破产债权:(1)行政、司法机关对破产企业的罚款、罚金以及其他有关费用;(2)人民法院受理破产案件后债务人未支付应付款项的滞纳金,包括债务人未执行生效法律文书应当加倍支付的迟延利息和劳动保险金的滞纳金;(3)破产宣告后的债务利息;(4)债权人参加破产程序所支出的费用;(5)破产企业的股权、股票持有人在股权、股票上的权利;(6)破产财产分配开始后向清算组申报的债权;(7)超过诉讼时效的债权;(8)债务人开办单位对债务人未收取的管理费、承包费。

就本案而言,二审法院正是以此为标准作出裁判,于法有据。

问题八　如何认定破产过程中的债权转让

案例　Y规划建设局诉Z公司等债权转让纠纷案[①]

1 案情简介

上诉人(原审被告):Y 规划建设局(以下简称 Y 规建局)。

法定代表人:詹某某,Y 规建局局长。

被上诉人(原审原告):Z 公司。

法定代表人:温某某,该公司总经理。

第三人:A 公司破产还债管理人(以下简称破产管理人)。

负责人:于某某,组长。

上诉人 Y 规建局因与被上诉人 Z 公司、第三人破产管理人债权转让合同纠纷一案,不服沈阳铁路运输法院(2013)沈铁民初字第 11 号民事判决,向沈阳铁路运输中级人民法院提出上诉。

本案具体情况是:2001 年,Z 公司与 A 公司组成招标联合体,共同承建鞍山市×××立交桥工程,A 公司将建设方本应支付给 Z 公司的工程款 1094.42 万元挪用。2005 年 6 月 24 日,A 公司因资不抵债,被鞍山市铁东区人民法院宣告进入破产还债程序,并成立了清算组。2005 年 12 月 1 日,Z 公司作为该公司的债权人,经鞍山市中级人民法院裁决,依法获得了 1094.42 万元工程款的取回权。清算组在鞍山市铁东区人民法院受理 A 公司破产案件后,依破产程序对破产财产进行清算,后申请鞍山市铁东区人民法院对 Y 规建局所欠其"×××桥"和"××路"两笔工程款共计 329 万余元强制执行。2010 年 1 月 4 日,鞍山市铁东区人民法院以裁定的方式确认了破产管理人提交的财产执行方案。2010 年 5 月 20 日,破产管理人与 Z 公司签署了债权分配项目确认书和破产债权转让协议,将 Y 规建局所欠的两笔债权分配给 Z 公司,其中一笔为本案数额为 161 万元的债权。2012 年 8 月 29 日,破产管理人向 Y 规建局邮寄送达了债权转让通知书,但 Y 规建局未按照债权转让合同履行还款义务,故 Z 公司诉至法院,请求法院判令其给付债权 161 万元,并偿付银行利息。

2 当事人诉求

一审宣判后,Y 规建局不服,向法院提出上诉称:第一,一审法院只论述 A 公司进入破产程序后的诉讼时效问题,并未论述破产前的诉讼时效问题。A 公司于 2000 年至 2005 年一直

---

① 沈阳铁路运输中级人民法院(2014)铁中民二终字第 00026 号。

未向其主张过本案转让的债权,该笔债权在该公司破产前已超过诉讼时效,只有在诉讼时效内才存在诉讼时效中断问题,故本案不存在诉讼时效中断情况。第三人在进入破产程序后并未向其发过清缴债务书面通知,也未向破产法院提出申请,法院也没有执行裁定,仅凭协助冻结存款通知书无法证明执行的就是本案的该笔债权,也无法证明执行申请人就是A公司,一审法院认为该笔债权已进入执行程序,有生效的法律文书予以认定,被上诉人无须对诉讼时效进行证明也是错误的。第二,上诉人在被上诉人起诉前并未收到债权转让通知书,第三人未尽到通知义务,债权转让对上诉人不发生效力,被上诉人在起诉时还未取得诉讼主体资格,一审法院已查明上诉人是本案诉讼过程中得到通知的,仍继续审理,并作出判决,属程序违法。被上诉人如果是在诉讼中取得主体资格的,应当撤诉,重新起诉。综上,被上诉人在起诉时未取得诉讼主体资格,且本案已经超过诉讼时效,请求二审法院撤销原审判决,依法改判驳回被上诉人的诉讼请求,一审、二审诉讼费用由被上诉人负担。

被上诉人Z公司答辩称:第一,2000年至2005年,A公司多次向上诉人积极主张债权,进入破产程序后,清算组对破产财产进行清缴,后破产法院对本案债权进行了强制执行,于2006年7月13日冻结了上诉人的银行存款,这是法院判决已成的既定事实,上诉人放弃向法院了解账户为何被冻结的权利,后果应由上诉人自行承担,本案债权不存在超过诉讼时效问题。第二,债权转让通知的欠缺并不影响债权转让人与受让人之间的债权转让效力,只是使债务人享有对抗受让人的抗辩权,此抗辩权一旦债权转让通知到达债务人即告消灭。现行的法律没有对债权转让通知送达人及送达时间作出规定,被上诉人及第三人在诉讼中向上诉人送达债权转让通知书,不会加重上诉人的义务,债权转让对上诉人发生效力,被上诉人具备诉讼主体资格,一审法院认定事实清楚,适用法律正确,应予以维持。

第三人破产管理人述称:原审认定事实清楚,适用法律正确,请求法院驳回上诉人的请求,维持原判。

3　一审法院观点

沈阳铁路运输法院认为:第一,第三人对Y规建局享有的"×××桥"和"××路"两笔工程欠款,其中"×××桥"工程欠款于2001年经营口市中级人民法院调解确认为2,079,366元,Y规建局偿还了50万元。因此,破产管理人与Z公司在签署债权转让协议和债权分配项目确认书时,将该笔债权数额确认为1,579,366元,且该数额与审计报告数额相符。故对Y规建局提出的债权数额应为111万元的抗辩意见不予支持,Z公司主张债权的数额准确无误。第二,《合同法》第80条第1款规定债权人转让权利的应当通知债务人,未经通知该转让不发生法律效力。由此可见,设立债权转让制度的立法本意在于使债务人明确债务履行的对象以便做出必要的准备,避免因未及时通知而给债务人造成损失,至于通知主体、时间、方式,法律并无明文规定。因此,只要债权人尽到通知义务,即应视为债权转让生效。本案中,破产管理人已经于2012年8月29日向Y规建局送达了债权转让通知书,且有邮局追踪回执证明其已收到,故对Y规建局提出未收到债权转让通知书的辩解不予支持,本案债权转让已经发生法律效力。第三,A公司破产一案已由破产法院依法审结,法院对破产管理人提出的财产执行方案进行了确认;而且,清算组在案件审理过程中依法定程序对破产财产进行了清算,后申请对Y规建局所欠的两笔债权进行强制执行,该法院于2006年7月13日冻结了Y规建局的银行账户,此过程符合最高人民法院《关于审理企业破产案件若干问题的规定》第73条第3款的规定。同时,根据最高人民法院《关于民事诉讼证据若干问题的规定》第9条的规定,已为人民法院发生法律效力的裁判所确认的事实,当事人无须举证证明,当事人有相反证据足以推翻的除外。Y规建局对其提出转让债权已过诉讼时效,不应受到法律保护的抗辩意见,未提供证据予以证明。因此,本案债权不存在超过诉讼时效问题,对其抗辩意见不予支持。综上所述,Z公司与破产管理人之间的债权转让合法有效,债权数额准确,应受到法律保护。Y规建局未及时清偿债务,是促成纠纷的原因,Z公司在法律规定的时效内主张权利,其诉求合理,应予支持。对Z公司要求Y规建局偿付利息的起算时间,应从该笔债权转让生效时间开始计算。依照《民法通则》第108条、《合同法》第79条、第80条之规定,一审法院判决:Y规建局于本判决生效之日给付Z公司债务161万元及利息(自2012年8月29日起至履行判决之日止,按中国人民银行同期贷款利率计算)。

4 二审法院观点

沈阳铁路运输中级人民法院围绕上诉请求和理由审理认为:

(一)关于本案债权破产前是否超过诉讼时效问题

上诉人虽否认接到过限期清缴债务通知书,并提出无法证明法院冻结的银行存款系A公司申请所为,但破产法院协助冻结存款通知书(回执)中冻结的存款数额与限期清缴债务通知书中催缴数额完全一致,双方之间又无其他债权债务纠纷,足以证明破产法院冻结的存款为A公司要求上诉人限期清缴的债务。同时,被上诉人提供的证据“法院特快专递存根”中收件人单位名称及地址均系上诉人的名称、地址,准确无误,且该邮件没有被退回,该情形完全符合最高人民法院(2003)民二他字第6号《关于债权人在保证期间以特快专递向保证人发出逾期贷款催收通知书但缺乏保证人对邮寄签收或拒收的证据能否认定债权人向保证人主张权利的请示的复函》的规定,在被上诉人提供法院特快专递邮件存根及内容的情况下,上诉人没有相反证据推翻该证据,应当认定上诉人收到过限期清缴债务通知书,清算组向上诉人主张了权利。本案在进入破产程序后,破产法院通过法院特快专递方式向上诉人邮寄送达了破产清算组的限期清缴债务通知书,并在上诉人既不向清算组清偿债务,又不在规定的异议期内提出异议的情况下,强制冻结了上诉人银行存款,上诉人对法院强制冻结银行存款也未提出任何异议。可见,上诉人对此笔债权的清缴视为接受,本案诉讼时效应重新计算。另外,最高人民法院《关于适用〈中华人民共和国企业破产法〉若干问题的规定(二)》第19条第2款规定:“债务人无正当理由未对到期债权及时行使权利,导致其对外债权在破产申请受理前一年超过诉讼时效期间的,人民法院受理破产申请之日起重新计算上述债权的诉讼时效期间。”该规定是为了防止破产企业消极放弃到期债权,恶意减少破产财产,损害破产企业利益制定的。虽该规定是在

A 公司破产之后施行,但根据该规定立法精神,对破产企业已经超过诉讼时效的对外债权,应重新计算诉讼时效期间。故对上诉人提出的此项上诉理由,二审法院院不予支持,本案的债权诉讼时效期间应重新计算。因此,该债权并未超过诉讼时效期间。

(二)关于诉讼中债权转让通知效力问题

债权转让通知是形成权,一经通知便对债务人发生效力,原债权人脱离债的关系,受让人成为新的债权人,至于通知的主体、时间、方式,法律并没有明确规定。最高人民法院《关于审理涉及金融资产管理公司收购、管理、处置国有银行不良贷款形成的资产的案件适用法律若干问题的规定》第 6 条第 2 款规定:“在案件审理中,债务人以原债权银行转让债权未履行通知义务为由进行抗辩的,人民法院可以将原债权银行传唤到庭调查债权转让事实,并责令原债权银行告知债务人债权转让的事实。”由此可见,为及时有效保护受让人的合法权益,减少当事人的诉累,对债权已经转让的,在原债权人未通知债务人的情况下,受让人直接向法院提起诉讼主张权利的,法院不宜直接驳回受让人起诉,应参照上述司法解释进行处理。本案的债权转让是基于破产管理人向破产企业债权人 Z 公司分配债权所产生的。本案中,被上诉人虽没有足够证据证明在起诉前,其或破产管理人将债权转让事宜通知了上诉人,但破产管理人作为本案第三人参加了一审、二审全部庭审,接受了法庭调查,并在一审诉讼中已明确向上诉人告知债权转让事宜,又于 2012 年 8 月 29 日通过特快专递向上诉人邮寄送达了债权转让通知书,根据邮件追踪回执证明上诉人已收到该通知书。据此,原债权人已向上诉人履行债权转让通知义务,债权转让对上诉人发生法律效力,被上诉人成为新的债权人,具备诉讼主体资格,本案应继续审理,不应驳回起诉。被上诉人起诉时虽未取得权利,但在重审的一审辩论终结前已取得了该权利,其诉讼请求应予以支持。故对上诉人提出被上诉人是在诉讼中取得主体资格,应撤诉,重新起诉的上诉理由,二审法院不予支持。

综上所述,上诉人的上诉请求没有事实根据和法律依据,上诉理由不能成立,二审法院不予支持。原审法院判决认定事实清楚,适用法律正确。依照《民事诉讼法》第 170 条第 1 款第 1 项之规定,判决如下:驳回上诉,维持原判。

专业释评

债权转让是指合同一方将合同的权利全部或部分地转让给合同以外的第三人的行为。债权转让必须符合一定的条件才能生效。具体来说:1. 必须是合法有效的债权且不得违背社会公共利益。2. 转让不得改变债权的主要内容。债权转让只是主体上的变更,如果存在债的主要内容变更,则发生新的合同关系,而不属于转让性质。3. 转让的债权必须具有可转让性。根据债的有关原理,某些合同是不可让渡的,其债权也应不可转让。(1)根据合同性质不得转让的合同债权。包括:一是基于个人特别信任关系发生的合同债权,这类合同债权因具有强烈的人身信任关系,故不得转让他人。二是“基于特定的债权人行为为内容的合同权利”。三是属于从权利的合同债权。(2)按照当事人的约定不可转让的债权。(3)法律规定不得转让的合同债权。例如,公法上的债权,包括抚恤金债权、退休金债权、劳动保险金债权等。4. 债权的转让必须通知债务人。《合同法》第 80 条规定:“债权人转让权利的,应当通知债务人,未经通知,该转让对债务人不发生效力。”5. 债权转让必须遵守一定程序和手续。一般合同的成立是当事人自愿原则,但《合同法》第 87 条也规定:“法律、行政法规规定转让权利或者转移义务应当办理批准、登记等手续的,依照其规定。”

破产过程中债权的转让同样要遵循以上要求。就本案而言,本案是一个普通的财产权,可以转让,另外履行了通知的义务,两级法院均认可了其转让的效力,于法有据。

问题九　国家特定政策对破产案件有何影响

案例一　X公司山西分公司与J公司借款纠纷案[①]

1　案情简介

1994年8月3日，L化肥厂与G银行签订《G银行技术改造贷款借款合同》，约定L化肥厂向G银行借款1500万元，借款期限为5年2个月，从1994年8月起至1999年10月30日止，贷款年利率为10.98%。1995年9月20日，L化肥厂与G银行再次签订《G银行技术改造贷款借款合同》，约定L化肥厂向G银行借款本金1200万元，借款期限为6年，从1995年9月20日起至2001年9月20日止，贷款年利率为15.3%。1994年7月30日及1995年9月8日，L兑镇煤矿就上述两笔贷款，分别向G银行提供两份《不可撤销的担保函》。1999年12月29日，G银行太原分行作为甲方，X公司太原办事处作为乙方签订《债权转让协议》，内容为甲方将对借款人L化肥厂截至1999年12月20日贷款债权本金余额2700万元和应收未收利息15,481,752.8元，合计债权42,481,752.8元转让给乙方。1999年12月23日，G银行太原分行向L化肥厂及L兑镇煤矿送达《债权转让通知》及《担保权利转让通知》，L兑镇煤矿于12月24日在《担保权利转让通知回执》上加盖公章并由其法定代表人签字。

2002年12月31日，L兑镇煤矿改制为J公司。2006年12月26日，L市中级人民法院作出(2006)吕法民二破字第39-1号民事裁定，宣告L化肥厂破产。2007年1月23日，X公司太原办事处向L市中级人民法院申报对L化肥厂的债权，称截至2006年12月26日，X公司太原办事处拥有对L化肥厂两笔债权本金2700万元、利息45,122,065.27元，本息合计72,122,065.27元。2010年12月20日，L市中级人民法院作出(2006)吕民二破字第39-11号民事裁定，认定L化肥厂的财产不足以清偿破产费用，裁定终结L化肥厂的破产程序。

2　当事人诉求

对于一审判决，X公司山西分公司上诉请求：(1)依法撤销(2015)晋商初字第18号民事判决第二项，改判J公司向X公司山西分公司支付自1999年12月21日起至欠款还清之日止按照合同约定计算的利息；(2)判令一审、二审的全部诉讼费用由J公司承担。

J公司辩称：(1)对最高人民法院《关于审理涉及金融不良债权转让案件工作座谈会议纪要》(以下简称《纪要》)第9条的含义，应当站在其出台背景以及条款设立的宗旨角度去理解。(2)一审法院判决正确，做到了将法律规则与国家政策精神相结合，体现了法律公平公正。综

---

① 最高人民法院(2016)最高法民终732号。

上所述,请求驳回 X 公司山西分公司的上诉请求。

X 公司山西分公司向一审法院起诉请求:(1)J 公司连带偿还借款本金 2700 万元,利息 86,585,970.6 元(利息计算至 2012 年 12 月 20 日);(2)J 公司支付自 2012 年 12 月 21 日至欠款还清之日止的利息;(3)该案诉讼费用由 J 公司承担。

3 一审法院观点

吕梁市中级人民法院法院认为,该案争议焦点为债务人 L 化肥厂政策性破产后,担保人 J 公司是否应对其所担保的债务,向债权受让人 X 公司山西分公司承担担保责任。

首先,关于债务人 L 化肥厂政策性破产后,J 公司是否可免除担保责任的问题。一审法院认为,债务人政策性破产导致银行核销呆坏账,系金融机构按照国家政策对呆坏账所实施的特殊财务处理方式,与其对外发生的民事法律关系无关,并不导致担保合同权利义务的终止,因此不产生对外消灭债权债务的法律效力。

其次,关于债务的利息问题。1999 年 12 月 29 日,G 银行太原分行与 X 公司太原办事处所签《债权转让协议》,约定转让本金余额为 2700 万元,应收利息为 15,481,752.8 元,但双方并未就转让后的利息作出约定。此外,最高人民法院《关于审理涉及金融不良债权转让案件工作座谈会议纪要》第 9 条指出"受让人向国有企业债务人主张利息的计算基数应以原借款合同本金为准;受让人向国有企业债务人主张不良债权受让日之后发生的利息的,人民法院不予支持"。因此,根据双方当事人并未就债权转让之后的利息作出约定的事实,并参照上述会议纪要,该院对 X 公司山西分公司主张债权转让之后利息的请求不予支持。

综上所述,债务人 L 化肥厂破产后,J 公司作为债务担保人,应根据合同约定及相关法律规定,向 X 公司山西分公司承担债权转让时的本金 2700 万元及利息 15,481,752.8 元,共计 42,481,752.8元。

4 最高人民法院观点

最高人民法院认为,本案二审争议的焦点为 X 公司山西分公司受让 G 银行债权后能否向担保人 J 公司主张债权受让日之后的利息问题。

首先,按照法律规定和合同约定,X 公司山西分公司有权向 J 公司主张债权受让日之后的利息。《担保法》第 22 条规定,保证期间,债权人依法将主债权转让给第三人的,保证人在原保证担保的范围内继续承担保证责任。同时,G 银行与 X 公司山西分公司于 1999 年 12 月 29 日签订的《债权转让协议》对于债权转让后的利息已有约定。1999 年 12 月 24 日、25 日,J 公司前身 L 化肥厂、L 煤矿盖章确认的《担保权利转让通知回执》《债权转让通知回执》均载明,G 银行与 L 化肥厂签订的合同编号为 9483060、9583093 的合同项下的权利,将依法全部转让给 X 公司,原合同条款和条件不变。

其次,J 公司主张适用《纪要》第 9 条的规定对受让日之后发生的利息予以免除的观点无依据。《纪要》第9条载明，受让人向国有企业债务人主张不良债权受让日之后发生的利息的，人民法院不予支持。《纪要》第12条载明：受让人是指非金融资产管理公司法人、自然人；金融资产管理公司包括华融、长城、东方和信达公司等金融资产管理公司和资产管理公司通过组建或参股等方式成立的资产处置联合体。通观《纪要》内容，每一条观点或看法都有特定的背景，均针对某一个特定的问题进行规范或调整，因此，在审理涉及金融不良债权转让的案件中，参照适用某一条款，尤其在《纪要》中已有明确解释的情况下，应当严格对应其文本规范，而不宜作扩大解释。本案中，债权受让人X公司山西分公司，系金融资产管理公司，按照《纪要》的适用范围，不在受让人之列，不受《纪要》第9条的调整。

综上所述，X公司山西分公司的上诉请求成立。一审法院判决J公司向X公司山西分公司支付42,481,752.8元（含未偿还借款本金2700万元及计算至1999年12月20日的利息15,481,752.8元），最高人民法院予以维持。对于X公司山西分公司请求J公司支付自1999年12月21日起利息的上诉请求，最高人民法院予以支持。1999年12月25日，L化肥厂在《债权转让通知回执》盖章并确认，截至1999年12月20日，尚欠借款本金2700万元，本息合计42,481,752.8元。2003年4月23日，L化肥厂确认，截至2003年3月20日，尚欠借款本金2700万元，本息合计54,165,042.87元。即自1999年12月21日起至2003年3月20日止，产生欠付利息为11,683,290.07元。关于2003年3月20日之后利息的计算标准和方式。案涉两份借款合同均约定，借款方未按本合同规定的分年还款计划按期偿还本贷款本息，贷款方对逾期贷款部分在本贷款利率基础上按中国人民银行的规定加收利息。《中国人民银行关于人民币贷款利率有关问题的通知》（银发〔2003〕251号）第3条关于罚息利率问题规定，逾期贷款（借款人未按合同约定日期还款的借款）罚息利率由现行按日0.021%计收利息，改为在借款合同载明的贷款利率水平上加收30%～50%。对逾期，从逾期之日起，按罚息利率计收利息，直至清偿本息为止。对不能按时支付的利息，按罚息利率计收复利。按照该规定以及本案借款合同约定，逾期贷款1500万元的罚息利率可以选择的范围是年利率14.27%～16.47%计收复利，逾期贷款1200万元的罚息利率可以选择的范围是年利率19.89%～22.95%计收复利。本案中，X公司山西分公司主张的利息是以日利率0.021%（折合为年利率7.665%）为标准计收复利。该利率低于按照合同约定可以选择的计算标准，X公司山西分公司的主张，系对自身民事权利和诉讼权利的处分，不违反法律规定，最高人民法院予以支持。最后判决：（1）维持山西省高级人民法院（2015）晋商初字第18号民事判决第一项；（2）撤销山西省高级人民法院（2015）晋商初字第18号民事判决第二项；（3）J公司从本判决生效之日起15日内支付X公司自1999年12月21日起至2003年3月20日止产生的利息11,683,290.07元；（4）J公司从本判决生效之日起15日内支付X公司山西省分公司自2003年3月21日起产生的利息（以54,165,042.87元为基数，按万0.021%的日利率按季计收复利，自2003年3月21日起计算至本判决确定的给付之日止）。

如未按本判决指定的期间履行给付金钱义务的，应当按照《民事诉讼法》第253条规定，加倍支付迟延履行期间的债务利息。

案例二 C公司乌鲁木齐办事处与新疆K公司等合同纠纷案[①]

1 案情简介

上诉人C公司乌鲁木齐办事处（以下简称C公司乌市办）为与被上诉人新疆K有限公司（以下简称K公司）、被上诉人新疆H有限责任公司（以下简称H集团）和被上诉人新疆X有限责任公司（以下简称X公司）借款担保合同纠纷一案，不服新疆维吾尔自治区高级人民法院（2008）新民二初字第5号民事裁定，向最高人民法院提起上诉。

2 当事人诉求

2007年11月29日，全国企业兼并破产和职工再就业工作领导小组做出《关于下达中国抽纱北京进出口公司等69户企业破产项目的通知》（〔2007〕25号），K公司被列入《2007年全国企业关闭破产项目表》。C公司乌市办于2007年12月12日向新疆维吾尔自治区高级人民法院提起诉讼，请求判令：（1）K公司返还借款55,400,000元、利息42,560,263元；（2）H集团在借款16,600,000元、利息13,172,159.40元的范围内承担连带责任；（3）X公司在借款38,800,000元、利息29,388,103.60元的范围内承担连带责任；（4）本案诉讼费用由K公司、H集团、X公司负担。

3 一审法院观点

新疆维吾尔自治区高级人民法院认为：国务院办公厅转发全国企业兼并破产和职工再就业工作领导小组《关于进一步做好国有企业政策性关闭破产工作意见的通知》（国办发〔2006〕3号）规定："对列入总体规划拟实施关闭破产的企业，有关金融机构不得在企业关闭破产方案实施前转让或出售已确认的债权（国有金融机构之间经国家批准的债权转让除外），也不得加紧追讨债权及担保责任。"由于K公司已被全国企业兼并破产和职工再就业工作领导小组列入《2007年全国企业关闭破产项目表》，C公司乌市办在此种情况下提起本案诉讼违反了国办发〔2006〕3号通知的规定，不符合人民法院受理案件的条件。该院根据《民事诉讼法》第108条、最高人民法院《关于适用〈中华人民共和国民事诉讼法〉若干问题的意见》第139条之规定，裁定：驳回C公司乌市办起诉。C公司乌市办预交的265,813.15元案件受理费予以退还。财产保全费5000元由C公司乌市办负担。

C公司乌市办不服新疆维吾尔自治区高级人民法院上述裁定，向其提起上诉称：第一，一审法院依据国务院办公厅转发全国企业兼并破产和职工再就业工作领导小组《关于进一步做

---

① 最高人民法院（2009）民二终字第28号。

好国有企业政策性关闭破产工作意见的通知》(国办发〔2006〕3 号)的内容,驳回上诉人 C 公司乌市办的起诉,缺乏法律依据。《关于进一步做好国有企业政策性关闭破产工作的意见》是通过国务院办公厅以“通知”的形式转发的政策性文件。既不是法规、更不是法律,其内容不能改变法律的规定。一审法院仅以国务院办公厅通知,即剥夺了法律所赋予当事人的诉权,显属适用法律错误。C 公司乌市办向法院起诉,仅仅是寻求法律确认享有合法债权的基本民事诉讼程序,并非对债务人的具体财产实施具体的追讨行为,并未违反国务院办公厅〔2006〕3 号文件规定。文件虽禁止加紧追讨债权及担保责任的行为,但同时还规定“对企业恶意逃废金融债权的行为,有关金融机构应依法维护自身合法权益”。本案被上诉人 K 公司应在 2002 年 10 月 12 号就还本付息,但时至今日也未能还款,却在庭审中,以列入政策性破产为由,不履行还款义务,这无疑说明被上诉人是为了恶意逃废金融债权而为之。第二,即使被上诉人进入破产程序,依据《企业破产法》规定,有关破产企业的诉讼在破产清算期间应继续进行。根据《企业破产法》第 20 条规定,人民法院受理破产申请后,已经开始而未终结的有关债务人的民事诉讼或仲裁应当中止,在管理人接管债务人的财产后,该诉讼或仲裁继续进行。第 13 条规定,人民法院裁定受理破产申请的,应当同时指定管理人。也应由破产管理人申请要求诉讼程序中止,在破产管理人接管债务人财产后,诉讼继续进行。故一审裁定驳回 C 公司乌市办的起诉,明显错误。第三,一审法院称 C 公司乌市办起诉不符合《民事诉讼法》规定的受理案件的条件不能成立。上诉人的起诉是完全符合《民事诉讼法》第 108 条规定所规定的起诉条件,人民法院应当依法受理。综上,请求二审法院查明事实,依法撤销一审法院裁定,并指令一审法院审理本案。

H 集团答辩称:(1)国办发〔2006〕3 号文件属于国务院下发的政策性文件,对全国范围内关闭破产企业的处理具有指导性作用,属于法律渊源的一种形式。因此,上述民事裁定书以该文件作为案件处理的法律依据,并无错误。该民事裁定书仅确认因 K 公司被纳入政策性关闭破产企业的范围,C 公司乌市办在此种情况下起诉,不符合人民法院的受理条件。因而,从程序上驳回 C 公司乌市办的起诉,并未从实体上驳回其权利主张。因此,并未剥夺 C 公司乌市办的合法诉权。(2)K 公司被纳入政策性关闭破产企业范围系经过全国企业兼并破产合职工再就业工作领导小组严格审核批准。C 公司乌市办称 K 公司进入政策性关闭破产属于恶意逃废金融债权,无任何事实证据。C 公司乌市办作为 K 公司的债权人,应当按照《破产法》的相关规定在 K 公司正式进入破产程序中,积极申报债权,并依法确认和清偿。(3)C 公司乌市办主张 H 集团承担担保责任的诉讼请求已超过法定诉讼时效,其诉讼请求应当依法驳回。综上所述,新疆维吾尔自治区高级人民法院新民二初字(2008)第 5 号民事裁定书认定事实准确,适用法律得当,理应维持。C 公司乌市办的上诉请求无事实依据和法律依据,请求二审法院依法驳回。

K 公司和 X 公司未作答辩。

4 最高人民法院观点

最高人民法院认为，最高人民法院《关于审理涉及金融不良债权转让案件工作座谈会纪要》（法发〔2009〕19号）对此类案件受理问题作出专门规定，明确"债权人向已列入经国务院批准的全国企业政策性关闭破产总体规划并拟实施关闭破产的国有企业债务人主张清偿债务的"，人民法院不予受理。依照该纪要的精神，债权人对列入政策性关闭破产范围的国有企业为债务人的案件，人民法院不予受理。根据《民事诉讼法》第108条的规定，当事人起诉必须属于人民法院受理民事诉讼的范围。因此，C公司乌市办对K公司的起诉因不符合上述法律和司法政策的规定，原审法院依法做出驳回起诉的裁定并无不当，最高人民法院予以维持。该纪要仅针对被列入政策性破产企业债务人作为被告的案件，人民法院不予受理作出规定，并不排除债权人对相关担保人提起诉讼的情形。同时，担保人的担保责任亦不因主债务人进入破产程序而当然免除。政策性破产企业的债务作为拟核销的呆坏账由债权银行予以核销，系金融企业对呆坏账按照国家政策性破产所实施的特殊财务处理方式，并不因此导致从债务即担保法律关系的消灭，担保人对担保债务仍应按照法律规定和合同约定承担相应责任。因此，C公司乌市办对担保人H集团和担保人X公司的起诉因符合《民事诉讼法》关于起诉与受理的有关规定，亦不与该纪要和相关政策相冲突，其诉权应受法律保护。原审法院裁定驳回C公司乌市办对担保人H集团和担保人X公司的起诉不当，最高人民法院予以纠正。

综上所述，裁定如下：

（1）驳回C公司乌鲁木齐办事处对新疆K公司的上诉，维持新疆维吾尔自治区高级人民法院（2008）新民二初字第5号关于驳回对新疆K公司起诉的裁定；（2）撤销新疆维吾尔自治区高级人民法院（2008）新民二初字第5号关于驳回C公司乌鲁木齐办事处对H集团、X公司起诉的裁定。该案由新疆维吾尔自治区高级人民法院审理。

专业释评

政策性破产，又称计划内破产，是指国务院有关部门确定的纳入国家破产兼并计划并享受相应优惠政策的国有企业的破产。在政策性破产过程中，国家出台了一系列文件，如国务院《关于在若干城市试行国有企业破产有关问题的通知》（国发199459号），国务院《关于在若干城市试行国有企业兼并破产和职工再就业有关问题的补充通知》（国发199710号）以及最高人民法院《关于审理涉及金融不良债权转让案件工作座谈会议纪要》等。正如最高人民法院法官的观点：通观该纪要内容，每一条观点或看法都有特定的背景，均针对某一个特定的问题进行规范或调整，因此，在审理涉及金融不良债权转让的案件中，参照适用某一条款，应当严格对应其文本规范，而不宜作扩大解释。这就指明了法院审理案件时以政策作为依据的要求。

问题十　金融机构破产申请人有何特别要求

案例　赵某再审审查与审判监督民事裁定书①

1 案情简介

再审申请人（一审申请人，二审上诉人）：赵某。

被申请人（一审被申请人，二审被上诉人）：滁州市 X 公司（以下简称 X 公司）。

诉讼代表人：黄某，该公司清算组临时负责人

再审申请人赵某因与 X 公司申请破产清算一案，不服安徽省高级人民法院（2016）皖民破4 号民事裁定，向最高人民法院申请再审。

2 当事人诉求

赵某依据《民事诉讼法》第 200 条第 6 项、第 7 项申请再审称：（1）原审法院对事实认识不清，审理没有公正公平，导致错判。X 公司已被列为撤销金融机构，营业执照在 2007 年已被滁州市工商局吊销。X 公司清算组成立至今已 14 年，清算却一直没有进展，也不召开债权人会议制定清算方案、偿还债务等。清算组领导、成员等现早已经调离岗位、退休或死亡，清算组现早已人去楼空，显然不能完成清算，也不能偿还到期债权。申请人于 2015 年 12 月 22 日向一审法院申请对 X 公司进行强制清算，但一审法院不予立案。2016 年 3 月 3 日申请人再次向一审法院提出破产清算还债请求，一审法院 2016 年 4 月 18 日作出了不予受理的裁定，属于对事实认识不清，没有进行合情合理、公正公平的审理，程序违法，导致错判。（2）一审法院适用法律错误，隐瞒二审证据，审判程序违法。原审法院依据《金融机构撤销条例》、最高人民法院《关于审理企业破产案件若干问题的规定》第 13 条作出不予受理裁定，适用法律错误；隐瞒申请人提交的新证据皖行复（2016）58 号文件，审判程序违法。

综上所述，申请人认为，一审法院认定事实不清、审判程序违法，侵犯了申请人权利，适用法律有误，对案件裁定不予受理错误，请求依法撤销安徽省滁州市中级法院（2016）皖 11 民破1 号裁定书、撤销安徽省高级人民法院（2016）皖民破 4 号裁定书，并依法裁定受理对 X 公司强制破产清算的申请。

被申请人 X 公司未提交书面意见。

---

①　最高人民法院（2017）最高法民申 343 号。

3 最高人民法院观点

最高人民法院认为，根据查明的事实，中国人民银行南京分行已于2002年7月决定撤销X公司，并委托滁州市政府组成清算组进行清算。虽然受人员安置政策限制、市直事业单位改制尚未开始导致无可依照的政策标准等因素影响，清算工作推进停滞，但清算至今尚未完成，也无证据证明X公司存在资不抵债等法定破产原因。在此情形下，赵某于2016年3月3日向滁州市中级人民法院申请对X公司破产清算，于法无据。即便X公司具备破产原因，根据《企业破产法》第134条规定，有权提出破产清算申请的主体也是国务院金融监督管理机构，赵某作为自然人债权人，并不具备申请X公司破产的主体资格。故原审法院根据X公司仍处于清算当中的实际情况，依照《金融机构撤销条例》第8条、最高人民法院《关于审理企业破产案件若干问题的规定》第13条的规定，裁定不予受理，认定事实和适用法律并无不当。

综上所述，最高人民法院认为，赵某的再审申请不符合《民事诉讼法》第200条第6项、第7项规定的情形。最高人民法院依照《民事诉讼法》第204条第1款、最高人民法院《关于适用〈中华人民共和国民事诉讼法〉的解释》第395条第2款之规定，裁定如下：驳回赵某的再审申请。

专业释评

金融机构，即依据有关法律设立的、从事某种金融业务的企业机构。由于国家根据不同金融机构的经营情况分别制定有若干不同的法律，金融机构分为若干不同的类别。我国的金融机构主要包括商业银行、证券公司、保险公司、信托投资公司、证券投资基金管理公司。此外，金融机构还包括依法设立的其他金融机构，如金融资产管理公司、有关财务公司、金融租赁公司、期货经纪公司等。

在破产过程中，金融机构具有不同于一般企业的特点：第一，金融机构所从事经营的资产由两部分构成。一是公司的自有资本或者固有财产，包括企业设立时由股东投入的出资与经营所形成的资产，为公司资本与权益；二是由金融机构管理的客户财产，包括吸收客户的存款，接受委托的投资，吸收的保费，管理的保证金等。金融机构破产时，能用于清偿债务的财产只限于其自有财产，不能拿客户的财产清偿债务。第二，由于上述特点，一旦市场变化或出现经营失误，造成的损失就不仅是金融机构自己的损失，也势必同时造成客户的损失。特别是像商业银行等金融机构的破产关闭涉及人数众多，关系社会稳定，如果启动破产程序，必须经监管机关批准。

金融机构破产总体上属于企业破产，要适用《企业破产法》规定的原则与程序，但金融机构有自己的特点，也不能完全依照该法的所有条文来执行。针对金融机构破产的特点，我国《企业破产法》第134条第1款规定，商业银行、证券公司、保险公司等金融机构有本法第

2条规定情形的,国务院金融监督管理机构可以向人民法院提出对该金融机构进行重整或者破产清算的申请。国务院金融监督管理机构依法对出现重大经营风险的金融机构采取接管、托管等措施的,可以向人民法院申请中止以该金融机构为被告或者被执行人的民事诉讼程序或者执行程序。

具体来说,第一,金融机构达到破产界限的,国务院金融监督管理机构可以向人民法院提出对该金融机构进行重整或者破产清算的申请。这对国务院金融监管机构来说是一种特定的权力。在一般企业的破产中,能够对债务人提出破产申请的,只有债务人与债权人,以及处于清算中的债务人的有关人员,如法定代表人、高管、股东等。而在金融机构破产中,需要破产的金融机构及其债权人,通常都不会主动提出破产申请,其风险和债务会继续积累、扩大。本条授权国务院金融监督管理机构可以向人民法院提出对有关金融机构进行重整或者破产清算的申请。金融监管机构对其监管的金融机构的风险既了解得比较详细,其评价也比较客观,规定金融监管机构向人民法院提出破产或重整申请对于及时防范、发现和处理这种经营风险十分必要,也有利于对出现经营困难的机构进行及时救助,使其摆脱困境,起死回生。国外很多法律也有这样的规定,有的甚至规定金融机构的破产只能由金融监管机构提出。当然,本条对金融监管机构提出破产申请的规定,并不排除金融机构本身及其债权人依法提出破产申请的权利。第二,国务院金融监督管理机构可以依法对出现重大经营风险的金融机构,采取接管或托管措施,采取必要的手段对其进行救助与"整改",使其摆脱困境。这是其他有关法律对监管机构的一种授权,即对于陷入困境的金融机构采取的相关救助措施,如《证券法》第153条规定,证券公司违法经营或者出现重大风险,严重危害证券市场秩序、损害投资者利益的,国务院证券监督管理机构可以对该证券公司采取责令停业整顿,指定其他机构托管、接管或者撤销等监管措施。《保险法》第144条规定,保险公司有下列情形之一的,国务院保险监督管理机构可以对其实行接管:(1)公司的偿付能力严重不足的;(2)违反本法规定,损害社会公共利益,可能严重危及或者已经严重危及公司的偿付能力的。被接管的保险公司的债权债务关系不因接管而变化。该法第145条规定,接管组的组成和接管的实施办法,由国务院保险监督管理机构决定,并予以公告。第三,对于对有关金融机构采取接管、托管等措施的,允许监管机构向人民法院申请中止以该金融机构为被告或者被执行人的民事诉讼程序或者执行程序,如以商业银行为被告的经济纠纷,以信托公司为被告的商事纠纷等。这一规定是针对当前金融机构清算中的特殊情况所采取的应对之策。近年来,国家对于出现风险的金融机构,绝大多数是由金融监管机构依照有关法律、行政法规的规定实施接管、托管等风险处置措施的。在此期间,经常发生债权人通过向各地法院提出诉讼或对诉讼结果要求强制执行,抢先取得金融机构的财产,使金融监管机构采取的行政处置措施无法正常实施的情形。为了顺利处置出现风险的金融机构,维护金融和社会稳定,有关监管机构只能进行个案处理,由最高人民法院发出通知,要求各级法院中止对被接管、托管的金融机构的民事案件的受理、审理和执行(所谓"三中止")。但由于法院采取

"三中止"措施法律依据不足,也引起一些当事人的非议,为此,上述规定为这种"三中止"措施的采取提供了法律依据,规定"国务院金融监督管理机构依法对出现重大经营风险的金融机构采取接管、托管等措施的,可以向人民法院申请中止以该金融机构为被告或者被执行人的民事诉讼程序或者执行程序"。人民法院对这样的申请进行审查后,认为符合法律要求的,应裁定对该申请予以支持,待接管、托管人接管相关业务后,再依据有关法律对这种中止的程序进行恢复或采取其他形式进行处理。

问题十一　如何理解破产财产的例外情况

案例　南通M装饰工程有限公司与乳山J置业有限公司债务纠纷案①

1 案情简介

申诉人(申请执行人):南通M装饰工程有限公司(以下简称M公司)。

法定代表人:蔡某春,M公司总经理。

被执行人:乳山J置业有限公司(以下简称J公司)。

诉讼代表人:乳山J公司管理人。

M公司不服山东省高级人民法院(以下简称山东高院)(2016)鲁执复234号执行裁定向最高人民法院申诉。

具体情况是M公司与J公司装饰装修合同纠纷一案,山东省威海市中级人民法院(以下简称威海中院)于2013年7月17日作出(2012)威民一初字第58号民事判决,判令J公司给付M公司工程款3,449,994.73元及逾期利息等。威海中院执行过程中,依法委托山东B房地产估价有限公司评估被执行人J公司名下的位于乳山银滩J花园第99幢尚未综合验收(配套费、防空费未交)的共计29套房产(威房预售证字第××号),总建筑面积1733.52平方米,评估价值为705.4万元。后委托威海市X拍卖有限公司拍卖其中的27套房产,经过三次公开拍卖,因无人竞买而流拍,流拍价为4,441,318元。经申请执行人M公司同意接收流拍的27套房产,以现状抵顶本案全部债务本息、诉讼费、评估费、拍卖费等共计约450万元。2015年1月14日,威海中院作出(2013)威执一字第351号执行裁定,裁定将上述27套房产以现状归M公司所有,财产权自该裁定送达申请执行人时起转移,财产过户税费由申请执行人自行负担。

2 当事人诉求

J公司不服,向威海中院提出异议称,2015年1月12日,乳山法院作出(2015)乳商破字第1号民事裁定书,裁定受理朱某某、蔡某根、张某某对J公司的破产重整申请,威海中院执行程序应当中止。2015年1月14日作出的(2013)威执一字第351号执行裁定违反法律规定,应予以撤销。

M公司答辩称,J公司对M公司的清偿行为不属于《企业破产法》第32条规定的个别清偿;J公司的清偿行为是经过诉讼程序对M公司进行的个别清偿且J公司与M公司没有恶意串通损害其他债权人的利益,符合最高人民法院《关于适用〈中华人民共和国企业破产法〉若

① 最高人民法院(2017)最高法执监151号。

干问题的规定(二)》[以下简称《破产法司法解释(二)》]第 15 条的规定,符合最高人民法院《关于如何理解〈最高人民法院关于破产法司法解释〉第六十八条的请示的答复》所规定的两种例外情况,因此,J 公司对 M 公司的清偿行为不能被撤销,所涉房产不应列入破产财产,请求驳回 J 公司的异议请求。

威海中院查明,2015 年 1 月 13 日,涉案房产第三次公开拍卖,因无人竞买而流拍;1 月 15 日,(2013)威执一字第 351 号执行裁定送达双方当事人。因上述 27 套房产未竣工验收,尚不能办理过户手续。另查明,2014 年 12 月 12 日,朱某某、蔡某根(系 300 余名业主代表)、张某某申请对 J 公司进行破产重整。山东省乳山市人民法院(以下简称乳山法院)于 2014 年 12 月 17 日通知了 J 公司,并于 2015 年 1 月 12 日裁定受理对 J 公司的重整申请,同日指定山东 L 律师事务所为 J 公司的管理人。

3 一审法院观点

威海中院认为,根据最高人民法院《关于如何理解〈最高人民法院关于破产法司法解释〉第六十八条的请示的答复》(民二他字〔2003〕第 52 号),认定系执行财产而非破产财产的两例情况是:(1)正在进行的执行程序不仅作出了生效的执行裁定,而且就被执行财产的处理履行了必要的评估拍卖程序,相关人已支付了对价,此时虽未办理变更登记手续,且非该相关人的过错,应视为执行财产已向申请人交付,该执行已完毕,该财产不应列入破产财产;(2)人民法院针对被执行财产采取了相应执行措施,该财产已脱离债务人实际控制,视为已向权利人交付,该执行已经完毕,该财产不应列入破产财产。乳山法院于 2015 年 1 月 12 日裁定受理对 J 公司的重整申请,威海中院于 2015 年 1 月 13 日进行第三次公开拍卖,该拍卖未成交,即在受理破产案件后,该案仍在拍卖执行程序中;且涉案房产并未竣工验收,未脱离被执行人 J 公司的控制,该房产亦不能视为已向权利人 M 公司交付,该案并未执行完毕。依据《企业破产法》第 19 条规定,人民法院受理破产申请后,有关债务人的财产的保全措施应当解除,执行程序应当中止;《破产法司法解释(二)》第 5 条规定,破产申请受理后,有关债务人财产的执行程序未依照《企业破产法》第 19 条的规定中止的,采取执行措施的相关单位应当依法予以纠正;依法执行回转的财产,人民法院应当认定为债务人财产等相关规定,涉案房产应系破产财产。据此,威海中院于 2016 年 8 月 17 日作出(2016)鲁 10 执异 117 号执行裁定,撤销该院(2013)威执一字第 351 号执行裁定。

4 二审法院观点

M 公司不服,向山东高院申请复议称:(1)威海中院存在严重的程序问题。威海中院审查过程中,并未经过庭审或听证程序就作出了异议裁定。(2)申请执行的依据是已经生效的(2012)威民一初字第 58 号民事判决,而该判决并未被依法撤销或变更。M 公司早于乳山法院作出(2015)乳商破字第 1 号民事裁定支付了对价,并为评估拍卖支付了评估拍卖费用,应当视为威海中院已将涉案 27 套房产的财产权交付给了 M 公司。(3)有学者就本案问题出具了专项法律事项论证书,明确 J 公司对 M 公司的清偿行为不能被 J 公司管理人撤销,上述 27 套房产不应列入破产财产。(4)乳山法院(2015)乳商破字第 1 号民事裁定书于 2015 年 1 月 17 日以后送达破产申请人,并于 2015 年 1 月 20 日以后送达威海中院。但威海中院的抵债裁定已于 2015 年 1 月 15 日送达给 M 公司,根据最高人民法院《关于人民法院民事执行中拍卖、变卖财产的规定》第 29 条的规定,不动产、有登记的特定动产或者其他财产权拍卖成交或者抵债后,该不动产、特定动产的所有权、其他财产权自拍卖成交或者抵债裁定送达买受人或者承受人时起转移。因此,27 套房产的所有权转移给 M 公司的时间早于乳山法院送达时间。

山东高院查明的事实与威海中院查明的事实一致。

山东高院认为,首先,根据《企业破产法》第 19 条的规定,人民法院受理破产申请后,有关债务人的财产的保全措施应当解除,执行程序应当中止。本案中,乳山法院于 2015 年 1 月 12 日裁定受理对 J 公司的破产重整申请,该裁定自作出之日即发生法律效力。而威海中院于 2015 年 1 月 13 日对涉案财产进行了第三次拍卖并作出了以物抵债裁定,即威海中院在乳山法院裁定受理被执行人的破产申请后,仍对被执行人采取了强制执行措施,与《企业破产法》第 19 条的规定相违背。其次,最高人民法院《关于审理企业破产案件若干问题的规定》(法释〔2002〕23 号)第 68 条规定:“债务人的财产被采取民事诉讼执行措施的,在受理破产案件后尚未执行的或者未执行完毕的剩余部分,在该企业被宣告破产后列入破产财产。因错误执行应当执行回转的财产,在执行回转后列入破产财产。”最高人民法院《关于如何理解〈最高人民法院关于破产法司法解释〉第六十八条的请示的答复》(民二他字〔2003〕第 52 号)适用于破产受理后尚未将财产交付给申请人的情形。该答复列出了两种例外情况:一是虽然执行中采取了评估拍卖措施但并未依法办理变更登记手续且相关人没有过错的,二是涉案财产脱离债务人实际控制的。这两种情况视为被执行财产已向申请人交付,不应列入破产财产范围。该答复中第一种例外情况应为保护司法拍卖公信力、保护善意买受人通过拍卖程序取得的财产权利,对于申请执行人而言还可另行通过申报债权实现权利救济。且威海中院的以物抵债裁定系在乳山法院作出受理破产裁定之后才作出的,不符合第一种例外情况的要求;而且抵偿的 27 套涉案房产虽然已被威海中院查封,但仍由被执行人管理使用,并未“脱离债务人实际控制”。因此,本案并不符合本院民二他字〔2003〕第 52 号答复所叙述的两种例外情况。最后,根据最高人民法院《关于人民法院办理执行异议和复议案件若干问题的规定》第 12 条规定:“人民法院对执行异议和复议案件实行书面审查。案件复杂、争议较大的,应当进行听证。”人民法院对执行异议和复议案件审查以书面审查为原则,可以根据案情的需要决定是否进行听证。因此,M 公司主张威海中院程序违法的复议理由不成立。综上所述,山东高院于 2016 年 11 月 14 日作出(2016)鲁执复 234 号执行裁定驳回 M 公司的复议申请。

M 公司不服山东高院复议裁定,向最高人民法院申诉。申诉理由与复议阶段一致。申诉人提交的学者专项法律事项论证书的主要内容为:(1)本案生效判决于 2013 年 7 月 17 日作出,判决生效后,债权债务关系已经确定,应以判决生效时间认定为 J 公司对 M 公司完成清偿的时点。后续执行措施仅是在程序上确保判决确定的金额复归 M 公司所有。(2)根据《破产法司法解释(二)》第 15 条规定,J 公司是经过诉讼程序对 M 公司进行的个别清偿,不应被撤销。(3)本案符合最高人民法院《关于如何理解〈最高人民法院关于破产法司法解释〉第六十八条的请示的答复》规定的两种例外情形,涉案财产应视为已经交付给 M 公司,且涉案财产已经脱离 J 公司实际控制。综上所述,涉案财产不应列入破产财产。

5 最高人民法院观点

最高人民法院认为,本案的争议焦点是涉案房产应否列入破产财产。

第一,《企业破产法》第 19 条规定:人民法院受理破产申请后,有关债务人的财产的保全措施应当解除,执行程序应当中止。第 71 条规定:人民法院经审查认为重整申请符合本法规定的,应当裁定债务人重整,并予以公告。第 72 条规定:自人民法院裁定债务人重整之日起至重整程序终止,为重整期间。根据上述规定,重整裁定自人民法院作出之日即发生法律效力,并不以送达或公告为生效条件,执行程序于重整裁定作出之日即应当中止。实践中,债务人通常有多个债权人,如以送达生效,将出现重整期间不一致的情形,无法实现公平清理债权债务的目的。本案中,乳山法院于 2015 年 1 月 12 日裁定 J 公司破产重整,该裁定自作出之日即发生法律效力。威海中院于 2015 年 1 月 13 日对涉案财产进行第三次拍卖,采取执行措施在破产申请受理之后,根据《破产法司法解释(二)》第 5 条规定,破产申请受理后,有关债务人财产的执行程序未依照《企业破产法》第 19 条的规定中止的,采取执行措施的相关单位应当依法予以纠正。威海中院裁定撤销该院(2013)威执一字第 351 号执行裁定符合法律和司法解释的规定。

第二,申诉人认为,根据《破产法司法解释(二)》第 15 条规定,债务人经诉讼、仲裁、执行程序对债权人进行的个别清偿,管理人依据《企业破产法》第 32 条的规定请求撤销的,人民法院不予支持。J 公司是经过诉讼程序对 M 公司进行的个别清偿,因此不应被撤销。同时,符合最高人民法院《关于如何理解〈最高人民法院关于破产法司法解释〉第六十八条的请示的答复》规定的不应列入破产财产的两种例外情形。上述申诉理由,均是以重整裁定送达生效为前提,认为因重整裁定晚于以物抵债裁定送达,因此晚于以物抵债裁定生效。如前所述,重整裁定作出即生效,申诉人对上述司法解释的理解不符合法律和司法解释的规定,亦不符合破产法关于公平受偿的立法精神。同时,申诉人认为应以本案执行依据生效时间认定为 J 公司对 M 公司完成清偿,没有法律依据。

第三,根据最高人民法院《关于人民法院办理执行异议和复议案件若干问题的规定》第 12 条的规定,人民法院对执行异议和复议案件审查以书面审查为原则,可以根据案情的需要决定是否进行听证。申诉人关于异议裁定程序违法的申诉理由不能成立。

综上所述,申诉人 M 公司的申诉理由不能成立。山东高院(2016)鲁执复 234 号执行裁定认定事实清楚,适用法律正确,应予维持。最高人民法院最终裁定驳回南通 M 装饰工程有限公司的申诉请求。

专业释评

从实体意义上讲，破产财产是指破产宣告时及破产程序终结前，破产人所有的供破产清偿的全部财产，其着眼点是财产的构成与来源。由于实践活动的复杂性，围绕着破产财产，最高法院进行了相应的司法解释，根据《破产法司法解释（二）》第 5 条规定，破产申请受理后，有关债务人财产的执行程序未依照《企业破产法》第 19 条的规定中止的，采取执行措施的相关单位应当依法予以纠正。而最高人民法院关于如何理解最高人民法院《关于破产法司法解释》第 68 条的请示的答复（2004 年 12 月 22 日〔2003〕民二他字第 52 号），则要求人民法院受理破产案件前，针对债务人的财产，已经启动了执行程序，但该执行程序在人民法院受理破产案件后仅作出了执行裁定，尚未将财产交付给申请人的，不属于司法解释指的执行完毕的情形，该财产在债务人被宣告破产后应列入破产财产。但应注意以下情况：1. 正在进行的执行程序不仅作出了生效的执行裁定，而且就被执行财产的处理履行了必要的评估拍卖程序，相关人已支付了对价，此时虽未办理变更登记手续，且非该相关人的过错，应视为执行财产已向申请人交付，该执行已完毕，该财产不应列入破产财产；2. 人民法院针对被执行财产采取了相应执行措施，该财产已脱离债务人实际控制，视为已向权利人交付，该执行已完毕，该财产不应列入破产财产。

就本案而言，是申诉人对上述司法解释的理解不符合法律和司法解释的规定所致。

问题十二　如何区分债务人财产与破产财产

案例　宁波Z有限公司与沃某某第三人撤销之诉案①

1 案情简介

再审申请人(一审原告、二审上诉人):宁波Z有限公司(以下简称Z公司)。

法定代表人:祁某某,Z公司董事长。

被申请人(一审被告、二审被上诉人):沃某某。

被申请人(一审被告):宁波D置业有限公司(以下简称D公司)。

诉讼代表人:梅某某,D公司破产管理人负责人。

再审申请人Z公司因与被申请人沃某某、D公司第三人撤销之诉一案,不服浙江省高级人民法院(2016)浙民终693号民事判决,向最高人民法院申请再审。

2 当事人诉求

Z公司申请再审称:

1. 原审判决适用法律错误

(1)关于最高人民法院《关于审理企业破产案件若干问题的规定》(以下简称《审理破产案件规定》)的适用问题。《审理破产案件规定》制定的依据是《企业破产法(试行)》,但该文件已被2006年《企业破产法》取代。同时,2006年《企业破产法》第136条明确规定:"本法自2007年6月1日起施行,《中华人民共和国企业破产法(试行)》同时废止。"因此《审理破产案件规定》的适用已失去前提与基础。鉴于商品房买卖涉及办理产权证或权属过户手续,就算能够适用,也应适用《审理破产案件规定》第71条第6项有关"尚未办理产权证或者产权过户手续但已向买方交付的财产"的规定,认定涉案商品房属于破产财产。《审理破产案件规定》第71条第5项只能适用于无需办理"产权证或者产权过户手续"的特定物。(2)根据最高人民法院《关于适用〈中华人民共和国企业破产法〉若干问题的规定(二)》[以下简称《破产法司法解释(二)》],涉案商品房不属于"不应认定为债务人财产"的情况,属于债务人(破产)财产。

2. 原审判决认定事实错误

原审判决均适用《审理破产案件规定》第71条第5项有关"特定物买卖中,尚未转移占有但相对人已完全支付对价的特定物"的规定,认定涉案商品房为非破产财产是错误的。(1)上述条款中的"尚未转移占有",应以该特定物客观上已可以转移为前提,如果该特定物客观上

---

① 最高人民法院(2017)最高法民申1429号。

尚无法转移占有,就不存在“尚未转移占有”的问题。涉案商品房为尚未建成的商品房,按规定不可以交付,也就本身不存在转移占有的问题。(2)与前述相关联的问题是,特定物要求该物已特定,该物已特定不仅仅要求该物可以特定,而且应该是已经成型、已经固定,且该成型、固定的物就是合同约定的可以交付(转移占有)的标的物。涉案商品房虽可以被特定,但尚未成型,也就不是标的物,该涉案商品房尚不可以交付。因此,该物并非特定物。综上所述,一审判决存在《民事诉讼法》第200条第2项、第6项规定之情形,应予再审。

被申请人沃某某提交意见称:

1. 原审判决事实认定清楚,沃某某全款购买的商品房属于特定物。(1)涉案D国际大厦已经基本建成,沃某某购买的是有明确楼层和房号的商品房,已经特定化,完全可以与其他业主所购买的商品房区分开来。宁波市中级人民法院(以下简称宁波中院)对于此大厦部分名为买房实为融资的17户购房人,已做出17份判决,将其所购商品房认定为让与担保的抵押物,这也表明宁波中院将涉案商品房认定为特定物。(2)《企业破产法》第18条赋予了管理人对双方均未履行完毕的合同是否解除的选择权,对于一方已履行完毕的合同,管理人无权选择解除合同,本案当事人应继续履行合同。经过判决,涉案商品房已经不再是D公司的破产财产,其所有权人为沃某某。(3)D公司基于合法建造的事实,当然成为涉案大厦的合法所有权人,经过宁波中院的判决,涉案商品房的所有权发生变更,沃某某作为全款购房人享有合法权益,并未损害Z公司的利益。

2. 原审判决适用法律正确。(1)从《审理破产案件规定》的性质看,该规定作为人民法院审理破产案件司法经验的总结,并不是《企业破产法(试行)》的专门司法解释。《企业破产法(试行)》被废止后,并不意味着该规定就应当被废止或者失去法律效力,最高人民法院也没有明确废止该规定,因此该规定仍是现行有效的司法解释。(2)《破产法司法解释(二)》第2条是关于不应认定为债务人财产的四种情形,债务人财产的概念不同于破产财产的概念,前者包括了债务人在重整、和解和清算三个程序中的财产,因此此条规定是适用于重整、和解、清算三个程序的共通性规定,也即《审理破产案件规定》第71条第5项规定与《破产法司法解释(二)》是可以兼容并存的,而非Z公司理解的后者是对前者的变更。(3)本案不应适用《审理破产案件规定》第71条第6项之规定。首先,该款项涉及的财产不仅仅指商品房,还包括车辆、船舶和航空器等需要进行产权登记的财产。其次,该款项并不表明需要进行产权登记的财产只能适用本项规定,而不能适用其他规定。最后,该款项是一个否定判断,但并不能据此得出“尚未办理产权证或产权过户手续且未向买方交付的财产属于破产财产”的结论,此种逻辑推理是错误的。综上所述,本案原判认定事实清楚,适用法律正确,Z公司的申请没有事实和法律依据,应当予以驳回。

被申请人D公司未提交书面意见。

3 最高人民法院观点

最高人民法院经审查认为,本案的焦点问题是:(1)原判决是否存在适用法律错误的问题;(2)讼争商品房是否应列入破产财产。

1. 关于原判决是否存在适用法律错误的问题。Z 公司主张,因《企业破产法(试行)》已被新的《企业破产法》取代,以《企业破产法(试行)》为制定依据的《审理破产案件规定》失去了适用前提和基础,且对比《破产法司法解释(二)》的相关内容,《审理破产案件规定》第 71 条第 5 项、第 6 项已被删除,原审适用法律错误。最高人民法院认为,《企业破产法》实施后,《审理破产案件规定》未被最高人民法院废止,且《破产法司法解释(二)》第 2 条规定的情形并未否定《审理破产案件规定》第 71 条第 5 项、第 6 项的适用,原审判决适用《审理破产案件规定》第 71 条第 5 项的规定并无不当。另外,对于 Z 公司"就算能够适用旧司法解释,也应适用相关条文的第 6 项,认定涉案商品房属于破产财产"的主张,根据原审查明的事实,涉案商品房并未向沃某某交付,本案不符合《审理破产案件规定》第 71 条第 6 项规定的情形。因此,Z 公司关于原判决适用法律错误的再审申请理由不能成立。

2. 关于讼争商品房是否应列入破产财产的问题。Z 公司主张涉案商品房尚未建成,因此不是标的物,客观上也无法转移占有,即涉案商品房并非特定物且不符合《审理破产案件规定》第 71 条第 5 项规定的情形。最高人民法院认为,沃某某与 D 公司签订的《商品房买卖合同》合法有效,且沃某某已支付全部购房款。沃某某所购商品房的楼层、房号、面积均具体明确,与其他房屋相区别,系特定物。《审理破产案件规定》第 71 条第 5 项规定的"尚未转移占有",不仅包括可以转移占有但尚未转移的情形,也应包括客观上不符合交付条件,尚无法转移占有的情形。故原审法院依据该规定认定涉案商品房不属于破产财产并无不当。

综上所述,Z 公司的再审申请不符合《民事诉讼法》第 200 条第 2 项、第 6 项规定的情形。依照《民事诉讼法》第 204 条第 1 款、最高人民法院《关于适用〈中华人民共和国民事诉讼法〉的解释》第 395 条第 2 款规定,裁定如下:驳回宁波 Z 有限公司的再审申请。

专业释评

《企业破产法》对"债务人财产"和"破产财产"作了清楚的区分。其第 30 条规定:"破产申请受理时属于债务人的全部财产,以及破产申请受理后至破产程序终结前债务人取得的财产,为债务人财产。"在"破产清算"一章中第 107 条规定:"债务人被宣告破产后,债务人称为破产人,债务人财产称为破产财产。"由此可见,在《企业破产法》中,破产财产仅在狭义上使用,指在清算程序中在债权人之间进行分配的财产。之所以对两者作出这种区分,主要是基于以下考虑。在此前我国的破产法律制度中,破产清算程序居于主导地位,破产财产在广义和狭义上区别不大。破产财产的概念侧重用于清算分配。而在《企业破产法》新增的以企业复兴为目标的重整程序中,破产企业的财产将在债务人或管理人的管理下进行继续经营,在成功的重整中,债权人要按照重整计划获得债权清偿,债务人的财产不再用于清算分配。故此时“破产财产”的提法不能准确涵盖重整程序下的债务人财产状态。

《企业破产法》对债务人财产的专章规定,强调了债务人财产的特殊法律地位。根据第四章债务人财产规定,在破产案件受理后,原破产企业的财产成为“债务人财产”,“债务人财产”已经不是一般意义上的债务人控制的财产,而是特定的具有特殊法律地位的财产集合。

就本案而言,沃某某与D公司签订的《商品房买卖合同》合法有效,且沃某某已支付全部购房款。沃某某所购商品房的楼层、房号、面积均具体明确,与其他房屋相区别,系特定物。因此,讼争商品房此时已经属于沃某某所有。

问题十三　强制清算是否受企业破产的影响

案例　杨某龙、黄某某等申请公司清算再审审查与审判监督民事裁定书[①]

1 案情简介

再审申请人(一审申请人、二审上诉人):杨某龙。

再审申请人(一审申请人、二审上诉人):黄某某。

再审申请人(一审申请人、二审上诉人):孙某某。

再审申请人(一审申请人、二审上诉人):杨某某。

再审申请人(一审申请人、二审上诉人):崔某某。

再审申请人(一审申请人、二审上诉人):李某某。

再审申请人(一审申请人、二审上诉人):沈某某。

再审申请人(一审申请人、二审上诉人):朱某亮。

再审申请人(一审申请人、二审上诉人):朱某源。

再审申请人(一审申请人、二审上诉人):张某某。

被申请人(一审被申请人、被上诉人):北京 G 房地产开发有限公司(以下简称 G 公司)。

法定代表人:张某。

再审申请人杨某龙、黄某某、孙某某、杨某某、崔某某、李某某、沈某某、朱某亮、朱某源、张某某因与被申请人 G 公司强制清算一案,不服北京市高级人民法院(2016)京民算 1 号民事裁定书,向最高人民法院申请再审。

2 当事人诉求

杨某龙、黄某某、孙某某、杨某某、崔某某、李某某、沈某某、朱某亮、朱某源、张某某申请再审称:G 公司于 2007 年 11 月 19 日被北京市工商行政管理局吊销了营业执照。在 G 公司的解散事由出现后,该公司股东没有对公司债权债务组织清算。根据《公司法》第 180 条、第 183 条的规定,公司因依法被吊销营业执照原因解散,应当在解散事由出现之日起 15 日内成立清算组,开始清算;逾期不成立清算组进行清算的,债权人可以申请人民法院指定有关人员组成清算组进行清算。再审申请人均对 G 公司享有债权,经各债权人向相关法院申请强制执行,G 公司仍未清偿债务。因此,再审申请人作为债权人可以申请人民法院指定有关人员组成清算组进行强制清算,人民法院应当受理。在中国 L 有限责任公司与 C 有限公司强制清算一案

---

① 最高人民法院(2017)最高法民申 2542 号。

中，最高人民法院也认为，虽然《企业破产法》规定企业法人不能清偿到期债务且明显缺乏清偿能力系债务人破产原因之一，但在企业法人解散但未清算、破产原因和强制清算原因竞合的情况下，债权人对是向人民法院直接申请债务人破产清算还是申请强制清算依法享有选择权。

3 最高人民法院观点

最高人民法院经审查认为：在公司解散后不及时进行清算的情形下，公司债权人向人民法院申请对该公司进行强制清算，是《公司法》第183条赋予公司债权人的权利，该权利的行使不受企业是否具有破产情形的限制。最高人民法院《关于审理公司强制清算案件工作座谈会纪要》中，对强制清算和破产清算的衔接问题也作了具体的规定。二审裁定认为本案强制清算会"加大G公司的清算成本，损害全体债权人利益"，没有法律依据，应予纠正。

再审申请人的申请符合《民事诉讼法》第200条第6项规定的情形。最高人民法院依照《民事诉讼法》第204条、最高人民法院《关于适用〈中华人民共和国民事诉讼法〉的解释》第395条第1款的规定，裁定如下：指令北京市高级人民法院再审本案。

专业释评

强制清算是通过公权力的介入，即由人民法院指定清算组进行的清算。根据最高人民法院《关于适用〈中华人民共和国公司法〉若干问题的规定（二）》的规定，公司应当在解散事由出现15日内自行组织清算，否则人民法院可以依申请指定清算组进行清算。申请公司强制清算的主体可以是公司的债权人，在特定情况下也可以是公司股东。《公司法》第183条规定，公司应当在解散事由出现之日起15日内成立清算组，开始清算。逾期不成立清算组进行清算的，债权人可以申请人民法院指定有关人员组成清算组进行清算。人民法院应当受理该申请，并及时组织清算组进行清算。由此可见，该权利的行使不受企业是否具有破产情形的限制。

问题十四　如何面对债务受让后债务人破产

案例　庄某某、湖北省咸宁市X区人民政府建设工程施工合同纠纷案[①]

1 案情简介

再审申请人（原审原告、二审上诉人）：庄某某。

被申请人（原审被告、二审被上诉人）：湖北省咸宁市X区人民政府（以下简称X区政府）。

法定代表人：李某某，该区政府区长。

再审申请人庄某某因与被申请人X区政府建设工程施工合同纠纷一案，不服湖北省高级人民法院（以下简称湖北高院）（2016）鄂民终327号民事裁定，向最高人民法院申请再审。

2 当事人诉求

庄某某申请再审称：（1）《合同法》第84条规定："债务人将合同的义务全部或者部分转移给第三人的，应当经债权人同意。"《企业破产法》第124条规定："破产人的保证人和其他连带债务人，在破产程序终结后，对债权人依照破产清算程序未受清偿的债权，依法继续承担清偿责任。"本案中，X区政府为逃废工程款债务，成立民营的咸宁市B有限公司（以下简称B公司），未经债权人同意违法将全部债务213万元转移给B公司后，该公司申请破产。依照《合同法》第84条、第90条，《公司法》第176条和《企业破产法》第124条的规定，债务接受方和债务转移方要对此承担法定的连带责任。（2）本案庄某某起诉的被告是X区政府，与此前B公司破产案件中的当事人、诉讼标的、诉讼请求均不相同，不符合最高人民法院《关于适用〈中华人民共和国民事诉讼法〉的解释》第247条规定的条件，庄某某的起诉不构成重复诉讼，湖北高级人民法院认定事实和适用法律错误。综上所述，原审裁定认定事实不清，适用法律错误，故请求撤销湖北高院（2016）鄂民终327号民事裁定，依法支持申请人的再审请求。

X区政府未提交书面意见。

3 最高人民法院观点

最高人民法院经审查查明，庄某某系浙江温岭市F建筑工程公司驻咸宁工程项目部（以下简称项目部）的实际出资人，咸宁市X区L公园领导小组（以下简称公园领导小组）系X区

① 最高人民法院（2017）最高法民申456号。

政府设立的临时机构，负责L公园建设项目的投资建设。公园领导小组不具有法人资格，没有独立承担民事责任的能力。庄某某以项目部名义与中国L公园筹建委员会（2001年5月14日更名为咸宁市X区L公园筹建委员会，以下简称筹建委员会）签订建筑工程施工合同，承建L公园办公楼及附属工程。工程竣工并经验收合格后，筹建委员会尚欠庄某某部分工程款及其他借款。2003年12月28日，公园领导小组办公室与B公司签订《咸宁市X区L公园建设项目移交协议书》，将涉及B公园建设项目的全部权利义务转移给B公司承担（含所欠庄某某债务），该债务转移行为未经债权人庄某某同意。2007年，B公司申请破产。2008年4月6日，咸宁市X区人民法院（以下简称X法院）宣告B公司进入破产还债程序，庄某某向B公司破产管理人申报债权619,477.72元，按40%清偿比例受偿247,791.09元，庄某某领取了破产债权分配额。2010年6月24日，X法院作出（2008）咸民破字第1－14号民事裁定，裁定终结破产程序，未得到清偿的债权不再清偿。2015年，庄某某以X区政府系B公司的连带债务人为由，起诉请求X区政府给付其未获清偿的债权478,266.21元。

最高人民法院认为，本案系债权人在债务人转让债务后因受让人破产未获足额清偿，又向原债务人主张债权而产生的纠纷，争议焦点是：债权人庄某某的起诉是否符合法律规定的条件。《合同法》第84条规定："债务人将合同的义务全部或者部分转移给第三人的，应当经债权人同意。"公园领导小组与B公司签订《咸宁市X区L公园建设项目移交协议书》，未经债权人庄某某同意，将筹建委员会所负债务全部转移给B公司，系对庄某某债权的无权处分行为，依照《合同法》第51条的规定，该债务转移行为在债权人追认前应属效力未定行为。但在B公司破产程序中，庄某某向管理人申报债权，参与破产财产分配，并按清偿比例领取了破产债权清偿款，应视为对公园领导小组与B公司之间债务转移行为的追认，经追认后该债务转移行为成立并有效，庄某某应向债务受让人B公司主张债权。同时，庄某某与X区政府之间的债权债务关系消灭，X区政府所欠庄某某的债务免除。庄某某在追认债务转移行为并参与破产财产分配后，又起诉请求原债务人X区政府给付未获受偿的欠款，没有事实和法律依据。B公司与X区政府之间并非法人分立关系，X区政府不构成B公司债务的连带责任人，庄某某向X区政府主张债权不符合《合同法》第90条、《公司法》第176条和《企业破产法》第124条的规定。综上所述，庄某某申请再审的理由不能成立。原审裁定认定事实清楚，适用法律正确，依法应予维持。

依照《民事诉讼法》第204条第1款，最高人民法院《关于适用〈中华人民共和国民事诉讼法〉的解释》第395条第2款规定，裁定如下：驳回庄某某的再审申请。

专业释评

合同义务的转移，指基于当事人协议或法律规定，债务人移转债务给第三人，由第三人取代债务人地位成为新债务人而向债权人履行债务的现象。《合同法》第84条规定："债务人将合同的义务全部或者部分转移给第三人的，应当经债权人同意。"该条规定的合同义务转移制度为当事人约定债务转移制度,具有如下法律特征:(1)债务是可转移的,必须由当事人亲自履行的债务不能转移。(2)约定债务转移的以债权人同意为必要条件。(3)产生了新的合同关系,转移前之合同关系消灭,转移后的合同关系产生。(4)合同主体已经变更,第三人成为合同当事人。

就本案而言,公园领导小组与B公司签订《咸宁市X区L公园建设项目移交协议书》,未经债权人庄某某同意,将筹建委员会所负债务全部转移给B公司,系对庄某某债权的无权处分行为,该行为对债权人庄某某没有约束力,庄某某依然有权向原债务人主张权利,但其后来的行为表明其对公园领导小组与B公司签订《咸宁市X区L公园建设项目移交协议书》是一种行为上的追认,此时公园领导小组与B公司签订《咸宁市X区L公园建设项目移交协议书》对其就具有了约束力。

问题十五　如何理解破产中实现债权的费用

案例　M有限公司管理人与P银行青岛分行金融借款纠纷案[①]

1 案情简介

2013年5月31日,P银行青岛分行(额度授予人)与D公司(额度申请人)签署《综合授信额度合同》,合同编号为P银青城支综字20130530第001号。合同约定,P银行青岛分行同意授予D公司10亿元的综合授信额度,综合授信额度期限为2013年5月31日至2015年5月30日,授信方式包括但不限于贷款、拆借、票据承兑和贴现、透支、保理、担保、贷款承诺、开立信用证等。合同项下授信发生欠息、逾期、垫款或未按双方约定的用途使用授信资金构成违约,有违约事件发生时,P银行青岛分行有权宣布本额度项下的授信全部或部分立即到期,要求D公司立即偿还部分或全部授信本金、利息及费用,并自违约事件发生之日起,对已发放的全部授信本金按罚息利率计收罚息,直至D公司清偿全部授信本金;费用包括但不限于P银行青岛分行为实现债权而支付的律师费、诉讼费、仲裁费、差旅费、公告费、送达费、执行费、过户费等所有费用,并且,P银行青岛分行还有权行使担保权利,要求保证人履行保证责任。

此后,P银行青岛分行分别与M公司、张某、赵某、A公司、W公司、J公司、JM公司、K公司、S公司、L公司、薛某等签署《最高额保证担保合同》。上述《最高额保证担保合同》均约定担保人分别对D公司在前述《综合授信额度合同》项下债务本金,以及相应的利息、复利、罚息及实现债权的费用提供连带责任保证担保。

合同签订后,P银行青岛分行依约履行了发放贷款的义务。D公司于2015年2月21日开始欠息。截至2017年2月14日,D公司在平银青城支贷字20130530第001号《贷款合同》项下,尚欠P银行青岛分行贷款本金1亿元,利息、罚息、复利22,526,828.79元;在平银青城支贷字20130619第001号《贷款合同》项下,尚欠P银行青岛分行贷款本金2亿元,利息47,068,567.04元;在平银青城支贷字20140812第001号《贷款合同》项下,尚欠P银行青岛分行贷款本金1亿元,利息29,931,829.04元。以上共计本金4亿元,共计利息、罚息、复利99,527,224.87元。2016年5月3日,P银行青岛分行与Z所签订《委托诉讼合同》,约定P银行青岛分行为本案支付律师费466.24万元。截至本案开庭前,P银行青岛分行已实际向Z所支付律师费466.24万元。

---

① 最高人民法院(2017)最高法民终454号。

2 当事人诉求

针对一审判决,M 公司上诉请求:(1)撤销一审判决第 2 项、第 3 项,改判驳回 P 银行青岛分行要求赔偿律师费损失 466.24 万元的诉讼请求,驳回 P 银行青岛分行关于 M 公司对平银青城支贷字 20140812 第 001 号《贷款合同》项下的 1 亿元贷款本金、29,931,829.04 元利息及 2017 年 2 月 15 日至实际支付之日的利息、罚息、复利承担连带清偿责任的诉讼请求,或将本案发回山东省高级人民法院重审。(2)本案全部诉讼费用由 P 银行青岛分行承担。

P 银行青岛分行答辩称,M 公司的上诉主张不能成立。1. 本案不应中止审理。(1)平煤机公司已被指定破产管理人,并已委托律师出庭诉讼。(2)M 公司主张中止审理缺乏法律依据。(3)因 M 公司的管辖权异议及各程序的公告导致本案一审至今已两年半之久,M 公司申请中止审理的目的是在拖延本案诉讼进程,请求尽快判决本案。2. M 公司关于律师费的上诉主张不能成立。(1)P 银行青岛分行并未否认《补充协议》的真实性,并已提交一审法院备查,最高人民法院《关于民事诉讼证据的若干规定》第 75 条规定的情形在本案中不存在。(2)Z 所的代理义务是案涉债权的诉讼及执行等全部工作,代理费的金额是固定的,且 466.24 元律师费已实际支付。(3)Z 所的代理费并不超过《山东省律师服务收费标准》对一个诉讼程序的政府指导收费标准,全部诉讼程序的委托代理费用限定在 466.24 万元,减轻了 D 公司的违约成本。(4)代理过程中预收代理费是行业惯例,已支付的代理费应由各被告承担。

D 公司述称:(1)同意中止审理;(2)对于律师费问题,同意 M 公司观点,只应认定 60 万元。

P 银行青岛分行一审诉讼请求:1. D 公司向 P 银行青岛分行偿还借款本金 4 亿元及按照合同约定计算的利息、罚息、复利;2. D 公司向 P 银行青岛分行支付律师费466.24万元;3. M 公司、A 公司、W 公司、J 公司、JM 公司、K 公司、S 公司、L 公司、张某、赵某、薛某、BY 公司、JS 公司、YY 公司对上述第 1 项、第 2 项诉讼请求承担连带清偿责任;4. 本案案件受理费、财产保全费、邮寄费、公告费等诉讼费用均由各被告承担。

3 一审法院观点

山东省高级人民法院认为,本案的争议焦点之一为:1. D 公司是否应赔偿 P 银行青岛分行的律师费损失;2. P 银行青岛分行与 M 公司签订的保证合同是否成立、是否有效,M 公司是否应承担责任。

1. 关于 D 公司是否应赔偿 P 银行青岛分行的律师费损失问题。P 银行青岛分行提交的证据证明 P 银行青岛分行根据委托代理合同的约定已实际向 Z 所支付律师费 466.24 万元。D 公司、M 公司认为 P 银行青岛分行与该律师事务所之间还存在补充合同,按补充合同约定,P 银行青岛分行不应足额支付上述律师费,应仅支付约定的部分律师费。对此 P 银行青岛分行主张上述补充合同不是本案的证据，并且已不履行。一审法院认为，D公司、M公司的抗辩理由不能推翻P银行青岛分行支付律师费466.24万元的事实，应当根据现有证据确认P银行青岛分行已经支付律师费466.24万元。在D公司发生未按时支付利息的违约行为后，P银行青岛分行以提起本案诉讼的方式宣布贷款提前到期，没有违反合同约定，不存在过错，亦不因此丧失合同约定的对实现债权费用的赔偿请求权。

2.关于P银行青岛分行与M公司签订的保证合同是否成立、是否有效以及M公司是否应承担责任问题。M公司还主张其与P银行青岛分行签订的担保合同没有成立、合同无效。对此，P银行青岛分行认可担保合同中签字人享有代理权。一审法院认为，P银行青岛分行已在担保合同上加盖印鉴并派工作人员签名，M公司关于担保合同没有成立的理由不能成立，应当确认合同已经成立。《公司法》第16条规定公司对外提供担保，应经股东会决议，但没有规定未经股东会决议而对外提供担保时应当确认担保合同无效，该规定应当理解为对公司内部管理的规定。综上，判决如下：（1）D公司自本判决生效之日起10日内赔偿P银行青岛分行律师费损失466.24万元；（2）M公司、A公司、W公司、J公司、JM公司、K公司、S公司、L公司、张某、赵某、薛某、BY公司、JS公司、YY公司对上述第一项所确定的D公司的债务承担连带清偿责任。

4 最高人民法院观点

最高人民法院认为，根据双方当事人的上诉请求和答辩意见，本案主要争议焦点是：1.本案是否应当中止审理；2.P银行青岛分行关于D公司赔偿律师费损失466.24万元的诉请应否全部支持。根据本案审理查明的事实和相关法律规定，分析评判如下：

一、关于本案是否应当中止审理的问题

最高人民法院认为，M公司关于中止审理本案的申请，不应得到支持。《企业破产法》第20条规定："人民法院受理破产申请后，已经开始而尚未终结的有关债务人的民事诉讼或者仲裁应当中止；在管理人接管债务人的财产后，该诉讼或者仲裁继续进行。"该规定的立法目的是保障破产管理人代表债务人参与诉讼的权利，而河南省平顶山市中级人民法院2017年10月27日（2017）豫04破2－1号决定书已指定M公司破产管理人并由魏某某担任清算组组长，M公司破产管理人亦委托律师到庭参与本案诉讼，M公司以其处于破产期间为由申请本案中止审理缺乏事实和法律依据。

二、关于P银行青岛分行主张D公司赔偿律师费损失466.24万元的诉请应否全部支持的问题

最高人民法院认为，一审判决对P银行青岛分行关于D公司赔偿律师费损失466.24万元的诉请全部予以支持，并无不当。首先，在案涉贷款合同及保证合同中明确约定，P银行青岛分行实现债权的费用包括律师费等由D公司及担保人负担，P银行青岛分行关于律师代理费损失赔偿的主张有合同依据；其次，本案诉讼标的超过499,527,224.87元，P银行青岛分行与Z所约定的本案律师代理费466.24万元，并不超过《山东省律师服务收费标准》关于非风险诉讼代理的律师收费指导标准,属于合理范畴;最后,案涉贷款合同及保证合同约定D公司及担保人承担的律师费应为P银行青岛分行的实际损失,而本案466.24万元律师费P银行青岛分行在一审庭审前已实际支付,且与《委托诉讼合同》《补充协议》约定的代理费总额均一致。即使P银行青岛分行不能实现本案全部债权,Z所需退还部分风险代理费,并相应减少本案债务人及担保人对P银行青岛分行律师费承担的数额,亦应用于偿还P银行青岛分行未实现的债权,一审判决关于律师费的认定并不加重债务人及担保人的负担。另外,《情况说明》系P银行青岛分行单方出具,不足以证明《补充协议》中双方当事人约定的权利义务不再履行,最高人民法院不予采信。

综上所述,M公司的上诉请求不能成立,应予驳回;一审判决认定事实清楚,适用法律正确,应予维持。最高人民法院依照《民事诉讼法》第170条第1款第1项规定,判决如下:驳回上诉,维持原判。

专业释评

合同一方当事人不履行合同义务,另一方当事人通过行使请求权实现债权时可能产生费用成本,即实现债权的费用。

首先,实现债权费用的性质。

向债务人主张实现债权的费用,主要法律依据源于最高人民法院《关于适用〈中华人民共和国合同法〉若干问题的解释(二)》中第21条"债务人除主债务之外还应当支付利息和费用,当其给付不足以清偿全部债务时,并且当事人没有约定的,人民法院应当按照下列顺序抵充:(一)实现债权的有关费用;(二)利息;(三)主债务"的规定。这是在司法解释层面明确规定了"实现债权的有关费用"的概念以及相关责任的主体。合同当事人正常履约的情形下,一般不会产生实现债权的费用,各方主体按照合同约定履行义务,所派生的费用作为正常履约的成本一般由各方主体根据交易习惯自行承担,或是在合同中明确约定相关费用的承担主体,如交易涉及的税费、手续费、登记费等。在一方当事人不履行合同项下债务,即出现违约情形时,债权作为一种相对权,另一方当事人在通过合法途径实现债权时需要支付一定的额外费用,尤其通过司法强制程序实现债权时存在必要的费用支出。该费用因违约方不履行义务而产生,成为对守约方造成的损失之一,因此违约方承担实现债权的费用属于其承担违约责任的一种形式。

在《合同法》第112条和第113条中规定了合同一方当事人不履行合同义务应承担赔偿损失的责任,并且明确了损失赔偿额不仅包括因违约已造成的损失,还包括合同履行后可获得的预期利益。因此,我们认为合同法司法解释中规定的债务人承担实现债权的费用应当属于民法及合同法规定的违约责任中损害赔偿的一种形式。在担保体系中,实现债权的费用作为债务人的损害赔偿责任,理应一并纳入担保范围。《担保法》相比于最高人民法院《关于适用〈中华人民共和国合同法〉若干问题的解释(二)》则更早地规定了担保人承担债权人实现债权的费用的责任。《担保法》第 21 条、第 46 条、第 67 条、第 83 条分别规定了保证、抵押、质押、留置对应的担保范围，一般情况下包括主债权及利息、违约金、损害赔偿金，以及各担保形式中实现债权、抵押权、质权、留置权的费用；特殊地，对于质权和留置权而言，质物和留置物的保管费用也纳入了担保范围。

其次，实现债权费用的特点。

在债权债务法律关系中可能涉及各类费用，何种费用属于实现债权的费用，现行法律中并未明确列举。本文认为，符合法律规定应由债务人承担的实现债权的费用，应当符合以下特点：第一，实现债权的费用应当出现在合同一方当事人违约的情形下。在各方当事人均按照合同履约的情形下，一方正常履行义务则另一方自然实现债权，所涉及的费用应当根据合同约定或交易惯例由各方承担。而债务人承担债权人实现债权的费用是一种损害赔偿责任，是守约方在出现违约情形后采取合同约定以外的措施实现债权时产生的费用。第二，实现债权的费用应当是在通过合法途径实现债权的行为中产生的必要费用。在债务人不履行义务时，债权人应当采取合法途径实现债权，如采取诉讼、仲裁等方式解决争议；通过催收维护债权诉讼时效等。通过非法手段实现债权所产生的费用不属于上述范围，并且非法手段对债务人造成损害还应承担赔偿责任。然而，对于实现债权费用的必要性的判断上，司法程序中存在一定的自由裁量权。一般认为诉讼、仲裁程序中涉及的由公权力决定的费用可以得到认可，但其他民事活动中涉及费用的必要性当事人应当充分举证，仍存在不被认可的风险。第三，实现债权的费用应当是合理的，符合一般市场规则。司法、行政程序中产生的行政费用如诉讼费，以及在司法、行政程序中由公权力监督确定的民事费用如拍卖费、评估费均有较为明确的标准，在合理性上往往不存在争议。然而在债权人自行主张权利或自行设立的民事法律关系中涉及的费用往往缺乏统一的标准，其中最常见的律师代理费在实践中差异极大，如无论金额大小均由债务人承担可能过分加重债务人的责任，在司法裁判中对费用合理性进行审查是基于对双方当事人利益的衡平。第四，实现债权的费用是否应已现实发生，在理论和实践中存在争议。作为损害赔偿责任之一，应用于弥补债权人所受到的损失，一般以现实发生的损失为准。但除守约方已受到的损失外，因违约方的违约行为造成守约方对第三人负有债务，应当也属于损害赔偿的范围。实践中，守约方对第三人负有债务尚未实际履行，由违约方先行承担赔偿责任可能导致守约方双重获利，因此司法实践中不轻易支持债权人尚未实际发生的费用。对于债权人而言，尽量确保实现债权的费用在争议进入审判程序时已基本确定是维护权益的方法之一。

就本案而言，突出的是该律师费用是否应承担的问题。466.24 万元律师费 P 银行青岛分行在一审庭审前已实际支付，且与《委托诉讼合同》《补充协议》约定的代理费总额均一致。即使 P 银行青岛分行不能实现本案全部债权，Z 所需退还部分风险代理费，并相应减少本案债务人及担保人对 P 银行青岛分行律师费承担的数额，亦应用于偿还 P 银行青岛分行未实现的债权，一审判决关于律师费的认定并不加重债务人及担保人的负担。

问题十六　破产中的划拨土地如何收回

案例　L县国土资源局与王某牛物权保护纠纷案[①]

1 案情简介

2003年L县饮食服务公司以该公司严重亏损,不能清偿到期债务为由向L县人民法院申请破产。L县人民法院受理后,于2003年12月16日做出(2004)L法破字第01号民事裁定:宣告L县饮食服务公司破产还债,并于同日做出(2004)L法破字第01号民事决定:L县饮食服务公司破产清算组及成员为该公司破产管理人,王某锋为负责人。2008年6月L县国土资源局委托商洛C地产评估有限公司对饮食服务公司服务楼土地进行评估,该评估公司做出商洛L(2008)洛(估)13号评估报告,评估土地面积1939.10平方米,评估价为人民币3,315,175.90元。2008年6月17日王某牛交纳了3000元竞买保证金,获得了竞买资格。2008年6月19日拍卖前,经服务楼拍卖领导小组研究,每亩按165万元,拍卖底价定为480.15万元。2008年6月19日拍卖中,王某牛以480.15万元竞买成功,并于当日与L县国土资源局签订了《国有土地使用权出让合同》,后王某牛按合同约定交清480.15万元,同时于2008年8月18日向L县建设局交纳了建设保证金20万元,但至今L县国土资源局未向王某牛交付该土地。2009年4月13日L县财政局做出洛财政发(2009)48号《L县财政局关于L县服务楼房地产拍卖中房产处置程序不规范的报告》报L县人民政府,该报告称2008年6月19日依法对饮食服务公司服务楼拍卖,虽然地产拍卖合法,但房产处置不合法,根据《企业国有资产监督管理暂行条例》第33条规定,对国有企业重大资产处置,需由国有资产监督机构批准,对服务楼国有资产处置未履行申报、审批程序,拍卖无效。

2 当事人诉求

原告以其是该宗土地的合法使用人,L县国土资源局无权处置,且在评估拍卖中仅对土地进行评估拍卖而未对服务楼房产进行评估,造成评估漏项,拍卖违法为由,提起诉讼,请求:1.确认2008年6月19日L县国土资源局组织的L县饮食服务公司服务楼拍卖结果无效;2.确认L县国土资源局与王某牛于2008年6月19日签订的《国有土地使用权出让合同》无效。

① 商洛市中级人民法院(2010)商中民三终字第1号。

3 一审法院观点

L县人民法院审理认为，L县饮食服务公司被依法宣告破产后，又依法成立了破产清算组，同时决定L县饮食服务公司破产清算组及其成员为L饮司破产管理人，负责履行管理破产企业的财产，参与诉讼等职责，故L饮司破产管理人以原告身份提起诉讼符合民事诉讼法的有关规定，L县国土资源局提出L饮司破产管理人不具有民事主体资格，不应对其提起诉讼的观点，依法不能成立；L县饮食服务公司服务楼于1997年8月取得了《国有土地使用证》，并于2005年3月取得了服务楼房产的产权证，因此，饮食服务公司对服务楼的房屋依法拥有所有权，对该土地使用证范围内的土地依法享有使用权。L县饮食服务公司进入破产程序后，L县人民政府授权L县国土资源局对L县饮食服务公司服务楼的房地产依法处置并无不当，根据最高人民法院《关于破产企业国有划拨土地使用权应否列入破产财产等问题的批复》规定，破产企业以划拨方式取得的国有土地使用权不属于破产财产，在破产时，政府可以将该土地予以收回，并依法处置。本案中在L县饮食服务公司服务楼的土地使用权未依法定程序被人民政府依法收回的情况下，L县国土资源局即委托评估单位对该土地进行评估、拍卖的行为侵犯了L县饮食服务公司对该土地的合法使用权，其应承担相应的法律后果。《城市房地产管理法》第31条规定：房地产转让时，房屋的所有权和房屋所占范围内的土地使用权应一并转让。据此，L县国土资源局未对饮食服务公司服务楼的房产委托评估并与土地使用权一并出让，造成破产企业的房屋为零资产，损害了破产企业即L县饮食服务公司的合法权益，违反了上述法律规定，其亦应承担相应的法律后果。综上所述，L县国土资源局未严格按照L县人民政府的授权履行职责，致使其对饮食服务公司服务楼使用的国有土地在未被人民政府收回的情况下而出让，造成对L县饮食服务公司服务楼的房地产处置明显不当，故L饮司破产管理人要求确认L县国土资源局与王某牛所签订的《国有土地使用权出让合同》无效的理由成立，依法应予支持。

4 二审法院观点

商洛市中级人民法院认为，本案是L县饮食服务公司破产中因财产处置而发生的争议，涉及两项财产，分别是L县饮食服务公司服务楼国有土地使用权和服务楼房产，该土地使用权是以划拨方式取得，于1997年8月取得的《国有土地使用权证》，该房产于2005年3月取得《房屋所有权证》，该公司《国有土地使用权证》范围内的土地使用权和房产的合法权益应受法律保护。企业进入破产程序后，对企业享有的土地使用权和所有的房产的处置法律有不同的规定，最高人民法院《关于破产企业国有划拨土地使用权应否列入破产财产等问题的批复》规定，破产企业以划拨方式取得的土地使用权不属于企业破产财产，政府可以依法收回处置；根据《企业破产法》的规定，破产企业所有的房产属破产财产，对该房产进行管理和处分是破产管理人的法定职责；由于房屋必须依附于土地而存在，《城市房地产管理法》第31条规定“房地产转让时，房屋的所有权和房屋所占范围内的土地使用权应一并转让”，即土地使用权和其上的房屋的所有权在转让时应一并转让。L县饮食服务公司进入破产程序后，该公司以划拨方式取得的服务楼《国有土地使用权证》范围内土地使用权不属于企业破产财产，政府可以依法收回处置，L县国土资源局依据L县人民政府2008年5月12日对L县经贸局《关于处置破产企业县饮食服务公司服务楼土地资产的请示》做出的批复，于2008年6月19日对L县饮食服务公司服务楼土地使用权拍卖前，未依法定程序收回该《国有土地使用权证》范围内土地使用权，至今该宗土地的使用权仍登记在L县饮食服务公司服务楼名下，其对服务楼土地使用权进行的拍卖违反了最高人民法院《关于破产企业国有划拨土地使用权应否列入破产财产等问题的批复》的规定。L县饮食服务公司服务楼《房屋所有权证》项下房产属L县饮食服务公司资产和破产财产，应由L饮司破产管理人对该房产进行管理和处置，未经L饮司破产管理人委托，任何单位和个人均无权对L县饮食服务公司的企业资产进行处置。虽然L县人民政府2008年5月12日对L县经贸局《关于处置破产企业县饮食服务公司服务楼土地资产的请示》做出的《批复》中有同意由L县国土资源局依法组织实施对L县饮食服务公司服务楼等房地产依法处置的表述，但L县国土资源局在拍卖前就《国有土地使用权证》范围内的房产未与L饮司破产管理人达成处置协议，亦未经L县饮食服务公司破产管理人委托，故其无权对L县饮食服务公司服务楼房产进行处置。L县国土资源局提交的服务楼拍卖底价研究会议记录中虽然提到房产价值，L县国土资源局据此认为2008年的拍卖底价中包含有房产价值，但该记录对拍卖底价中地产价值和房产价值各自的份额如何确定与划分无说明和记载，审理中L县国土资源局也未提供拍卖底价中地产价值和房产价值各自的份额的证据，拍卖所得价款全部上缴国家财政，体现不出L县饮食服务公司服务楼房产的合法财产份额，由此可证此次拍卖对房产未作处置。L县国土资源局在未依法定程序收回L县饮食服务公司服务楼《国有土地使用权证》范围内土地使用权即对该土地使用权进行拍卖，其无权对该土地使用权范围内的房屋所用权进行处置，事实上也未处置，L县国土资源局的上述行为，不但违反了最高人民法院《关于破产企业国有划拨土地使用权应否列入破产财产等问题的批复》的规定，而且致使L县饮食服务公司服务楼房产为零资产，侵害了L县饮食服务公司的合法财产权益和L县饮食服务公司债权人的合法权益，导致国有资产流失，亦与《城市房地产管理法》第31条的规定相悖。故一审认定王某牛和L县国土资源局签订的《国有土地使用权出让合同》为无效合同是正确的。

专业释评

根据最高人民法院关于破产企业国有划拨土地使用权应否列入破产财产等问题的批复，破产企业以划拨方式取得的国有土地使用权不属于破产财产，在企业破产时，有关人民政府可以予以收回，并依法处置。纳入国家兼并破产计划的国有企业，其依法取得的国有土地使用权，应依据国务院有关文件规定办理。

就本案而言，L县饮食服务公司进入破产程序后，该公司以划拨方式取得的服务楼《国有土地使用权证》范围内土地使用权不属于企业破产财产，政府可以依法收回处置，但政府在处置该问题时涉及到了L县饮食服务公司的财产，侵害了该企业的利益，所以，该次处置无效。

问题十七　强制还债时如何确定还债顺序

案例　G银行嘉兴分行与浙江嘉兴F公司等纠纷案[①]

1 案情简介

被执行人美国S有限公司(以下简称S公司)因债务纠纷,被一审法院强制执行其所有的房产及相关设施,该公司所有的财产经相关部门评估,总价值为35,938,288元,经一审法院委托嘉兴市D拍卖有限公司与海宁市J拍卖有限公司共同拍卖,得款28,000,000元。因被执行人S公司存在系列案件,所得拍卖款不能满足全部执行款项,故一审法院执行局制作了分配方案,方案如下:1.优先支付费用为3,374,235.77元,其中包括:(1)财产评估费31,432元;(2)被执行人应当负担64件案件受理费、保全费计481,442.50元;(3)评估拍卖过程中的财产保管费用104,400元;(4)被执行人拖欠的职工劳动工资、社保费用计2,756,961.27元。2.优先受偿债权:L公司、F公司享有建设工程优先权,G银行对已拍卖的被执行人所有的房地产享有抵押权,按照法律规定,建设工程款优先权优于抵押债权。根据拍卖收入扣除优先费用后的剩余额与评估价间的比例测算出拍卖款中不动产的价额为21,300,157.41元。清偿方案如下:(1)土地增值税617,591.87元;(2)申请执行人L公司建设工程款11,149,116.40元;(3)申请执行人F公司建设工程款4,800,000元;(4)申请执行人G银行抵押债权4,733,449.14元。经过上述分配后,不动产拍卖款余额为零。3.参与一般债权分配的债权共63笔,金额38,221,537.04元,根据拍卖收入扣除优先费用后的剩余额与评估价间的比例测算出拍卖款中动产的价额为3,325,606.82元,故分配比例为8.700871%。G银行对分配方案提出异议,L公司、F公司提出反驳意见,遂成讼。

另查明:1.一审法院(2009)秀洲民二初字第169号民事调解书及嘉兴市南湖区人民法院(2008)南民二初字第928号民事调解书确认,G银行对S公司的抵押物(位于嘉兴市秀洲区工业区××路,面积为22,582.54平方米的房屋所有权及66,910.40平方米土地使用权)享有优先受偿权。2.嘉兴市中级人民法院于2009年9月27日作出(2009)浙嘉民再字第2号民事判决,该判决确认:L公司对其承建的S公司的工程的折价或拍卖价款,在工程欠款11,149,116.40元范围内享有优先受偿权。3.一审法院于2008年7月24日作出的(2008)秀洲民一初字第535号民事调解书,确认F公司工程款享有优先受偿权。4.浙江M车业股份有限公司(以下简称M公司)因参与拍卖被执行人的财产,与拍卖公司签订拍卖规则,拍卖规则第6条约定"有证房产的交易过户的税费全部由买受人缴纳(包括应由原产权人支付的所有税费均由买受人缴纳)"。分配方案中出现的土地增值税617,591.87元,为拍卖房地产在过户

① 嘉兴市中级人民法院(2011)浙嘉执分终字第1号。

时所产生，由嘉兴市地方税务局第二税务分局以原产权人为纳税人进行收缴，现由 M 公司支付，共计金额为 1,235,183.74 元。

2 当事人诉求

G 银行上诉称：(1)一审判决将 S 公司拖欠职工劳动工资置入优先费用参与缺乏法律依据。即使企业破产，按照《企业破产法》规定，抵押权人对抵押财产的受偿也优先于职工工资，况且本案中的债务人 S 公司并未进入破产程序。(2)一审判决确认 F 公司分配金额为 480 万元、L 公司分配金额为 11,149,116.4 元缺乏事实和法律依据。这两被上诉人的上述工程款来源于其所承建的全部工程，但本案拍卖不动产所得款项是两被上诉人所承建的全部工程中的部分工程的拍卖款，因此两被上诉人的工程款优先权应按照其该次拍卖的承建工程占其总承建工程的比例进行分配，其他优先权应向其他工程追索，否则就损害了其他债权人的合法权益。S 公司欠 F 公司的 480 万元是 F 公司建造两幢宿舍楼形成的债权，而 L 公司的 11,149,116.4元是建造六幢厂房形成的债权。本案分配的不动产中，属于 F 公司建造的只有一幢，其参与分配的优先权最多只有 1/2，而属于 L 公司的只有两幢，可参与分配的优先权最多只有 1/3。(3)即使两被上诉人可以就尚欠全部的工程款参与分配，优先受偿部分也仅限于其所承建的工程拍卖所得的价款，不包括所占用的土地使用权，更不包括非两被上诉人承建工程所得的价款。根据法律规定和司法实践，对建设工程价款的优先受偿权仅限于建筑物本身，而不及于建筑物所占的土地使用权。本案中拍卖所得总价款为 2800 万元，扣除评估费、诉讼费、保全费等优先费用后剩余额为 27,382,725.5 元，与评估价 35,938,288 元相比，变现率为 0.7619。评估报告明细表中第 4 项即宿舍楼由 F 公司所建评估价为 3,924,127 元，变现得款应为 2,989,792 元。第 1、2 项的 1 号厂房、2 厂房，第 5 至第 12 项的附属工程也视为 L 公司所建，其总评估价为 7,865,412 元，变现得款 5,992,657 元。并非是一审判决认定的 L 公司优先受偿金额 11,149,116.4 元和 F 公司的优先受偿金额 4,800,000 元。综上所述，一审认定事实不清，适用法律错误。两被上诉人最多可得优先受偿金额共为 9,861,849 元，分配财产中不动产拍卖变现总价款 23,683,640 元(分配方案中不动产评估价 31,084,972 元乘以 0.7619)，扣除两被上诉人优先受偿金额 9,861,849 元，余额为 13,821,791 元。一审起诉时上诉人的抵押权优先受偿总债权为 12,702,175 元，上诉人的债权应当足额受偿。一审判决驳回上诉人的其他诉讼请求错误，请求二审法院撤销一审判决第 2 项，依法改判上诉人分配受偿额为 12,702,175 元；一审、二审诉讼费用由两被上诉人承担。

两被上诉人均口头答辩认为，一审判决认定事实清楚，适用法律正确，上诉人上诉理由不能成立。请求驳回上诉，维持原判。

3 一审法院观点

嘉兴市秀洲区人民法院经审理认为：被执行人 S 公司在被强制拍卖其固定资产后，已无其他可供执行财产，而经一审法院拍卖所得款项不能清偿其所有债务，一审法院执行局依照最高人民法院《关于人民法院执行工作若干问题的规定（试行）》，制作执行款分配方案并进行分配，符合相关精神。对G银行关于债务人拖欠的职工劳动工资、社保费用，应列入一般债权并优于其他一般债权进行受偿的主张，一审法院考虑到社会稳定及相关因素，保障劳动者相关权益，将该费用置入优先支付费用参与分配并无不妥。但分配方案中将土地增值税617,591.87元列入优先债权受偿，确有不妥，对G银行提出的该主张，一审法院予以采信。该税款为拍卖房地产过户时所产生的费用，在《拍卖规则》中已有明确约定，即《拍卖规则》第6条约定“有证房地产的交易过户的税费全部由买受人缴纳（包括应由原产权人支付的所有税费均由买受人缴纳）”。且该约定没有违反法律的禁止性规定，故该税款应由买受人即M公司缴纳，不应在分配方案中参与分配。关于G银行对L公司及F公司优先受偿债权范围的异议，一审法院认为建筑工程的承包人的优先受偿权优于抵押权和其他债权。建筑工程价款包括承包人为建设工程应当支付的工作人员报酬、材料款等实际支出的费用，不包括承包人因发包人违约所造成的损失。L公司及F公司所建房屋虽不止拍卖的房产数量，但其参与分配的债权均为剩余工程款，而非全部工程款；且在一审法院确定其享有优先受偿债权金额时，债务人所有的建筑房产仅剩被拍卖部分的房产，生效法律文书据此所确定的优先受偿债权金额并无不妥，应按此金额参与分配，即L公司优先受偿债权金额为11,149,116.40元，F公司优先受偿债权参与分配金额应为4,800,000元。同时，G银行抵押债权因抵押物拍卖余额不足，不足部分应作为一般债权参与分配。据此，一审法院依照《民事诉讼法》第64条、第128条的规定，判决：（1）M公司缴纳的土地增值税617,591.87元，不列入被执行人S公司的债权分配方案；（2）驳回G银行的其他诉讼请求。案件受理费100元，由G银行负担。

4 二审法院观点

嘉兴市中级人民法院认为，本案被执行人S公司因系列案件被一审法院强制执行，其财产经拍卖后已完全不能清偿到期债务，符合《企业破产法》规定的企业破产的情形。但根据《企业破产法》的规定，法院受理企业破产案件需依当事人申请。在无当事人申请破产的情况下，执行法院处理这类企业财产的拍卖所得时应当参照《企业破产法》的规定，将企业拖欠职工的工资和社会保险费用纳入优先支付的费用。以体现服务大局、为民司法的理念。上诉人上诉认为抵押权人对抵押财产的受偿应优先于职工工资，不符合《企业破产法》的规定。该法第132条规定，若破产财产不足以清偿破产企业拖欠职工工资、基本养老保险费用、基本医疗保险费用等的，不足清偿部分可就特定财产优先于对该特定财产享有担保权的权利人受偿。即负有担保权的这部分财产作为特定财产虽不被列入破产财产，但当破产财产不足以清偿职工工资、基本养老保险费用、基本医疗保险费用等时，职工工资等仍可优先于担保权人对该特定财产的优先权而受偿。可见，职工工资等的优先受偿不仅及于破产财产同样也及于担保财产。因此，一审确认将职工工资、社会保险费用纳入优先费用参与分配正确，二审应予确认。

有关两被上诉人参与分配的工程价款是否应以本次拍卖中两被上诉人各自建造的宿舍

楼、厂房为限的问题。上诉人认为，本次拍卖的不动产中，属于F公司建造的是一幢宿舍楼，属于L公司建造的是两幢厂房，而F公司的债权480万元是其建造两幢宿舍楼形成的，L公司的债权11,149,116.4元是其建造六幢厂房形成的，因此只能按本次拍卖中属于各自建造的房屋数量与其建造的房屋总数量的比例来参与分配。即F公司建造两幢，拍卖一幢，只能按其债权总额的1/2来确定其参与分配的债权，L公司建造六幢，拍卖两幢，只能按其债权总额的1/3来确定其参与分配的债权。对此，二审法院认为，两被上诉人主张参与分配的债权是其全部工程的剩余工程款。虽然拍卖的房屋只是其全部建造房屋的一部分，但就剩余工程款而言，其优先权应及于余下被拍卖的全部的房屋。上诉人主张以拍卖幢数与建造幢数的比例来确定两被上诉人剩余工程款的参与分配债权，依据不足。

其次，有关两被上诉人的优先受偿权是否及于土地使用权的拍卖价款及非两被上诉人承建工程的拍卖价款。经查，上诉人所指非两被上诉人承建的工程是指由浙江Z建设有限公司承建的“大厂房”，根据评估报告，该厂房的评估价值为5,964,487元，扣除之后经查实属于他人所有的配电房的一半等财产价值，余5,370,750元。而本次拍卖总得款2800万元，扣除优先费用3,374,235.77元后余24,625,764.23元，根据评估价中动产与不动产的比例测算出拍卖款中的不动产价值为21,300,157.41元，而属于“大厂房”部分的拍卖款即约为460余万元，两相扣减后，尚有1670余万元，足够支付两被上诉人参与分配的总的债权。因此上诉人认为其优先受偿了非属其建造的建设工程的价款，与事实不符。二审法院不予支持。至于优先受偿权是否及于土地使用权的拍卖价款，法律并无明确规定。相关上诉意见二审法院亦不予采纳。据此，驳回上诉，维持原判。

专业释评

《企业破产法》第132条规定，本法施行后，破产人在本法公布之日前所欠职工的工资和医疗、伤残补助、抚恤费用，所欠的应当划入职工个人账户的基本养老保险、基本医疗保险费用，以及法律、行政法规规定应当支付给职工的补偿金，依照本法第113条的规定清偿后不足以清偿的部分，以本法第109条规定的特定财产优先于对该特定财产享有担保权的权利人受偿。此条有两个含义：一是2007年6月1日本法施行后受理的案件；二是在2007年6月1日之前已经欠下的有关职工方面的利益如养老险、医疗险、补偿金等，按照该法要求顺序支付，突出了对职工权益的保护。

对本案来说，在无当事人申请破产的情况下，执行法院处理这类企业财产的拍卖所得时应当参照《企业破产法》的规定，将企业拖欠职工的工资和社会保险费用纳入优先支付的费用，符合立法精神。

问题十八 执行和解适用“买卖不破租赁”吗

案例 河南H科技有限公司等与河南Y置业有限公司赔偿纠纷案①

1 案情简介

郑州高新技术产业开发区人民法院查明,被告河南H科技有限公司与郑州Z技术有限公司于2003年12月15日签订了土地承租协议,承租了郑土权字第00512号土地上南至原科研楼北墙、北至原机械加工车间、东至东隔墙前道路西边、西至银屏路围墙之间面积为11.3亩的土地,租期为14年,自2003年12月20日至2017年12月19日,由河南H科技有限公司在租赁土地上修建轻钢结构车间2幢,租金32.4万元,于生产车间建成之日起一次性付清。双方同时约定,在租期内,河南H科技有限公司拥有对所租空地的使用权,并拥有对该块土地上投资建筑物的所有权。租赁期满后,承租人在空地上的建筑物归出租方所有,若承租方继续使用,应向出租方交纳房屋租金。在租期内,如因出租方经济纠纷引发承租方所租场地的产权变更,是承租方生产经营活动受到影响或者不能继续使用租用场地时,出租方应赔偿承租方一切经济损失,并将剩余租金退还。合同签订后,被告河南H科技有限公司全额支付了租金,并建造了两幢钢结构车间。上述租赁协议履行过程中,河南H科技有限公司于2008年8月23日与郑州B技术有限公司签订了租赁协议一份,将上述土地上建造的两幢钢结构车间南面的一幢建筑面积为180平方米的厂房及车间内的两台五吨行车租赁给郑州B技术有限公司使用,租赁自2008年9月1日至2010年8月31日,租金为40万元。2008年3月3日,法院依法受理了郑州Z技术有限公司破产清算一案,此后2个月内,管理人没有通知被告河南H科技有限公司继续履行合同。在破产案件审理过程中,郑州Z技术有限公司于2009年11月30日向法院申请和解,法院于2009年12月3日作出(2008)开民破字第1-2号民事裁定书,准予和解。法院于2010年3月26日作出(2008)开民破字第1-4号民事裁定书,确认和解协议并终止和解程序。法院于2010年5月11日依法作出(2008)开民破字第1-5号民事裁定书,载明:占无担保债权总额2/3以上的债权人通过了和解方案,实际出资人河南Y置业有限公司支付了和解协议所确认的收购对价。2010年5月7日,管理人请求法院对和解出让的资产予以权属确认。经法院审查,管理人的申请符合法律规定,法院依法裁定郑土权字第00512号国有土地使用权归原告享有。2008年8月,在郑州市国土资源局重新换发国有土地使用权证过程中,测绘核定的用地面积为56.913亩。该裁定同时对其他资产的权属也作出了确认。原告享有的上述土地位于郑州高新技术产业开发区××路5号。2010年8月4日,原告向被告河南H科技有限公司发出通知,期限腾交所占有的土地。原告提交的郑州市城乡规划局的文件

① 郑州市中级人民法院(2011)郑民一终字第975号。

显示该片土地上将建造公共租赁用房。现被告河南H科技有限公司仍占用该块土地,被告郑州B还在占有使用该块土地上的厂房,原告要求将该宗土地清场后交付原告。被告河南H科技有限公司提交郑州Z技术有限公司工商登记材料一份,证明郑州Z技术有限公司仍然存在。

上诉人河南H科技有限公司、郑州B技术有限公司因与被上诉人河南Y置业有限公司财产损害赔偿纠纷一案,不服河南省郑州高新技术产业开发区人民法院(2010)开民初字第2627号民事判决,向郑州市中级人民法院提起上诉。

2 当事人诉求

河南H科技有限公司不服向郑州市中级人民法院提起上诉称:1.(1)经查,郑州Z技术有限公司的工商登记档案显示该公司依然合法存续。(2)郑州高新技术产业开发区人民法院(2008)开民破字第1-4号民事裁定书确认和解协议并终止和解程序,说明郑州Z技术有限公司并未破产,本案适用《企业破产法》第18条不当。(3)鉴于郑州Z技术有限公司尚未破产,那么郑州高新技术产业开发区人民法院(2008)开民破字第1-4号民事裁定确认的和解协议实质上是郑州Z技术有限公司的资产买卖协议,其中就包括了土地的买卖。根据买卖不破租赁的法律基本原则,上诉人河南H科技有限公司与郑州Z技术有限公司签订的租赁协议,应当继续履行。(4)根据上诉人河南H科技有限公司与郑州Z技术有限公司签订的租赁协议第8条约定,上诉人河南H科技有限公司在租赁期内对本案涉案土地享有物权,而根据《企业破产法》有关优先受偿权的规定,法院应对本案涉案土地进行物权保护。综上,一审判决事实认定有误,应予以纠正。2.被上诉人河南Y置业有限公司虽然根据郑州高新技术产业开发区人民法院作出的民事裁定取得涉案土地的使用权,但截至一审判决时被上诉人并未到土地管理部门办理土地使用权变更登记,土地管理部门的登记显示该涉案土地的合法使用权人仍为郑州Z技术有限公司。根据《物权法》,被上诉人取得的是该涉案土地的债权而不是物权,因此,被上诉人以债权人的身份作为原告起诉,存在瑕疵,法院应当通知郑州Z技术有限公司作为被告或第三人参加诉讼,故一审程序存在问题。3.本案涉案土地由上诉人河南H科技有限公司承租后作为工商注册地及唯一的生产场所,如按一审所判,上诉人河南H科技有限公司将名存实亡,企业将遭受极大损失。请求二审法院予以改判或发回重审。

上诉人郑州B技术有限公司上诉称,一审判决适用《企业破产法》第18条不当,该条适用的情况是"债务人与对方当事人均未履行完毕的合同",而本案上诉人河南H科技有限公司已全部履行完毕与郑州Z技术有限公司签订的土地租赁协议的合同义务,所以解除该土地租赁协议无法定理由。根据买卖不破租赁的原则,原有的土地租赁协议对被上诉人有约束力,请求二审法院驳回被上诉人河南Y置业有限公司的诉请。

被上诉人河南Y置业有限公司答辩称:(1)本案是财产损害赔偿纠纷,郑州Z技术有限公司是否已经破产,一审判决并未予以认定,不存在事实认定不清。(2)①《企业破产法》第18条适用的条件是"人民法院受理破产申请后",而郑州Z技术有限公司的破产清算一案已于

2008 年 3 月 3 日由郑州高新技术产业开发区人民法院受理,所以根据《企业破产法》第 18 条的规定,作为该破产案件的管理人自破产申请受理之日起 2 个月内未通知上诉人河南 H 科技有限公司,上诉人河南 H 科技有限公司与郑州 Z 技术有限公司所签订的土地租赁协议视为已经解除。②上诉人取得本案涉案土地的使用权非通过买卖形式,破产和解是破产程序的一部分,适用破产法的相关规定,被上诉人依据《企业破产法》通过破产程序经法院依法取得涉案土地的使用权。因上诉人河南 H 科技有限公司与郑州 Z 技术有限公司之间的土地租赁协议已依法解除,根据《合同法》第 97 条的规定,合同解除,尚未履行的,终止履行,所以本案不适用“买卖不破租赁”的规定。③上诉人河南 H 科技有限公司虽然足额交纳租金,但根据其与郑州 Z 技术有限公司签订的土地租赁协议第 9 条、第 10 条、第 12 条的约定,上诉人河南 H 科技有限公司在租赁期内仍负有其他合同义务尚未履行完毕,在法院受理郑州 Z 技术有限公司破产申请后,双方签订的土地租赁协议属于《企业破产法》第 18 条规定的“债务人和对方当事人均未履行完毕的合同”的情形,所以一审适用法律正确。(3)被上诉人依据郑州高新技术产业开发区人民法院(2008)开民破字第 1-5 号民事裁定,合法取得本案涉案土地的使用权。鉴于上诉人河南 H 科技有限公司与郑州 Z 技术有限公司签订的土地租赁协议已解除,而二上诉人之间的租赁协议也已于 2010 年 8 月 31 日到期,现二上诉人违法占用被上诉人合法财产已构成侵权,一审判决二上诉人承担侵权的民事责任完全正确。(4)因河南 H 科技有限公司与郑州 Z 技术有限公司之间的土地租赁协议已法定解除,非协议解除,因此本案不应追加郑州 Z 技术有限公司作为本案被告或第三人,一审程序合法。(5)上诉人河南 H 科技有限公司将公司住所地注册在涉案土地上,不应作为其不归还土地的抗辩理由。(6)涉案土地将用于公共租赁用房的修建,该项目已得到政府的批准,应依法纠正二上诉人的侵权行为。上诉人河南 H 科技有限公司提到因合同解除产生的赔偿问题,已超出本案的审理范围,应另案诉讼。综上所述,请求二审法院维持一审判决,驳回二上诉人的上诉请求。

3 一审法院观点

河南省郑州高新技术产业开发区人民法院认为,《企业破产法》第 18 条规定,人民法院受理破产申请后,管理人对破产申请受理前成立而债务人和对方当事人均未履行完毕的合同有权决定解除或者继续履行,并通知对方当事人。管理人自破产申请受理之日起 2 个月内未通知对方当事人,或者自收到对方当事人催告之日起 30 日未答复的,视为解除合同。法院于 2008 年 3 月 3 日受理郑州 Z 技术有限公司破产清算一案,因管理人未通知被告河南 H 科技有限公司,河南 H 科技有限公司与郑州 Z 技术有限公司签订的协议书已经解除。合同解除后,承租人应当返还租赁物。根据法院(2008)开民破字第 1-5 号民事裁定书,原告取得该土地的使用权,被告河南 H 科技有限公司应将该块土地恢复原状,返还原告。被告河南 H 科技有限公司辩称买卖不破租赁,理由不能成立,法院不予采信。郑州 Z 技术有限公司在破产和解后,主体虽然存在,但本案所涉及的土地使用权已归原告享有,被告河南 H 科技有限公司辩称原告主体不适格,理由不能成立,法院不予采信。被告河南 H 科技有限公司与郑州 Z 技术有限公司签订的协议书解除后,被告郑州B技术有限公司亦无权占用该土地。二被告侵害了原告的合法权益,应当承担民事责任。最后判决:(1)被告河南H科技有限公司停止侵害,于本判决生效后30日内将占用原告河南Y置业有限公司位于郑州高新技术产业开发区××屏路5号的土地恢复原状,返还原告河南Y置业有限公司。(2)被告郑州B技术有限公司停止侵害,于本判决生效后30日内搬出原告河南Y置业有限公司位于郑州高新技术产业开发区××路5号的土地。

4　二审法院观点

郑州市中级人民法院认为:第一,2008年3月3日,郑州高新技术产业开发区人民法院依法受理了郑州Z技术有限公司的破产清算申请,至此根据《企业破产法》的规定,郑州Z技术有限公司进入破产程序。根据《企业破产法》的相关规定,破产和解属于处理破产案件的一种法定方式,所以上诉人称郑州Z技术有限公司申请破产和解后,因该公司未实际破产,工商登记显示该公司仍然存续,本案不适用《企业破产法》的上诉理由不能成立。第二,根据《企业破产法》,被上诉人依法定破产程序取得本案涉案土地的使用权,并非上诉人河南H科技有限公司所称实质上是通过资产买卖方式取得,所以本案不适用上诉人所称的"买卖不破租赁"及"优先受偿权"的规定。第三,虽然上诉人河南H科技有限公司向郑州Z技术有限公司支付了足额租金,履行了双方土地租赁协议的主要合同义务,但根据土地租赁协议其他条款的约定,在租赁期内,上诉人河南H科技有限公司须履行的合同义务并非仅为支付足额租金这一项义务,所以上诉人河南H科技有限公司与郑州Z技术有限公司所签订的土地租赁协议在法院受理破产申请后,符合《企业破产法》第18条规定的"债务人和对方当事人均未履行完毕的合同"的情形,故二上诉人该项上诉主张不能成立,二审法院不予支持。第四,因被上诉人是依法定程序合法取得本案涉案土地的使用权,虽然产权登记尚未变更,并不影响被上诉人作为土地权利人向二上诉人主张权利,郑州Z技术有限公司已因法院受理其破产申请且根据郑州高新技术产业开发区人民法院(2008)开民破字第1-4、1-5号民事裁定对本案涉案土地丧失相应的权利,所以上诉人河南H科技有限公司称应追加郑州Z技术有限公司为被告或第三人的上诉理由不能成立,二审法院不予支持。第五,上诉人河南H科技有限公司称本案涉案土地为其企业住所地,也是其唯一的生产场所,二审法院认为这不能作为二上诉人继续占用该涉案土地的法定事由。综上所述,上诉人河南H科技有限公司、郑州B技术有限公司的上诉理由均不能成立,其上诉请求二审法院均不予支持。原判正确,应予维持。依照《民事诉讼法》第153条第1款第1项之规定,判决如下:驳回上诉,维持原判。

专业释评

“买卖不破租赁”,即在租赁关系存续期间,即使所有权人将租赁物让与他人,对租赁关系也不产生任何影响,买受人不能以其已成为租赁物的所有人为由否认原租赁关系的存在并要求承租人返还租赁物。我国《合同法》第229条规定:租赁物在租赁期间发生所有权变动的,不影响租赁合同的效力。这在法理学上被称为“买卖不破租赁”。

就本案而言,被上诉人依法定破产程序取得本案涉案土地的使用权,并非通常意义上的是通过资产买卖方式取得,而是被上诉人在承担了破产和解协议约定的特定义务的基础上取得了本案涉案土地的使用权,所以本案不适用“买卖不破租赁”的规定。另外,河南H科技有限公司与郑州Z技术有限公司所签订的土地租赁协议在法院受理破产申请后,已经解除。所以,该案也不符合“租赁物在租赁期间发生所有权变动”的情形,最后法院驳回上诉人的诉请,于法有据。

问题十九 优先购买权受到侵害如何救济

案例 谢某某等与重庆市黔江区T公司等房屋租赁合同纠纷案[①]

1 案情简介

T公司系国有企业。2005年12月23日,经重庆市Q区人民政府批准同意实施破产清算。2006年8月31日,经重庆市黔江区人民法院(2006)黔法破字第01号民事裁定书裁定宣告破产还债。在T公司被宣告破产还债之前,Q区(县)房屋管理所及H公司曾对T公司的房屋进行过管理,谢某某、陈某某承租了T公司所有的坐落于某城东办事处××街368号3单元总层数8房号3-1-1房屋居住至今。房屋租金每月74元,租赁期限为不定期。T公司进入破产后,破产清算组将T公司所有的部分房屋委托Q区房地产交易所竞卖,张某某通过参与竞买受让成交了T公司所有的坐落于某城东办事处××街368号3单元总层数8房号3-1-1房屋一套。2009年7月2日,张某某与T公司破产清算组签订了《房地产转让协议》,张某某交清了房款,并于2009年10月28日取得了该房的产权证。

2 当事人诉求

张某某在受让该房后,谢某某、陈某某未向张某某支付租金,张某某向法院起诉,请求判令解除不定期租赁关系,谢某某、陈某某立即腾退房屋并按每月每平方米4元标准支付从2009年10月28日起到退房之日止的房屋租金。针对张某某的起诉,谢某某、陈某某答辩称:其只与T公司存在租赁关系,张某某与T公司的房屋买卖行为侵犯了承租人谢某某、陈某某的优先购买权,该房屋属于财政公房,该买卖行为损害了国家利益,买卖行为无效,请法庭驳回张某某的诉讼请求。第三人T公司述称:T公司处置的是公司的自有财产,不属财政公房,与张某某的房屋买卖行为是依法交易,双方签订的房屋转让合同合法有效。

3 一审法院观点

黔江区人民法院认为,当事人各方所争执的房屋在张某某购买之前,作为国有财产,虽曾先后经过黔江区(县)房屋管理所和黔江区H公司管理,但并未转变成为具有廉租住房等性质的政策性公房,该房作为T公司的财产的性质没有变化,T公司企业破产清算组有权对该诉争房屋依法处置,谢某某、陈某某以该房系财政公房的抗辩理由不能成立。从目前当事人各方提

---

① 重庆市第四中级人民法院(2011)渝四中法民终字第00155号。

供的证据看,没有证据证明张某某与T公司间签订的房地产转让协议存在无效的情形。谢某某、陈某某优先购买权受到侵犯系另一法律关系。谢某某、陈某某与T公司之间存在的不定期租赁关系,自T公司将该房屋转让给张某某之日起,张某某即享有该房屋的物权权利,依买卖不破租赁的合同法原理,张某某取得了原T公司享有的出租人的权利,即在张某某与谢某某、陈某某间形成了不定期租赁关系,谢某某、陈某某以双方不存在租赁关系的抗辩不能成立,而应履行承租人的义务。由于双方形成的是不定期租赁合同关系,张某某有权随时解除该租赁合同,且谢某某、陈某某在张某某取得房屋所有权后,未向张某某交纳租金,系根本性违约,张某某也有权请求解除该租赁合同。因此,张某某解除房屋租赁合同的主张,予以支持。其相应的腾退房屋、从取得房产证之日起支付租金的主张,应予以支持。张某某要求按市场价4元/(平方米·月)计算租金的主张,没有提供该计算标准的依据来源,故只能按原租赁合同约定的租金标准即每月租金74元来计算租金。最后判决:(1)解除张某某与谢某某、陈某某间的房屋租赁合同;(2)谢某某、陈某某自判决生效之日起20日内将张某某所有的位于黔江区城东办事处××街368号3单元总层数8房号3-1-1的房屋一套腾退给张某某;(3)谢某某、陈某某从张某某2009年10月28日取得号房地产权证之日起到腾退房屋之日止,每月向张某某支付租金74元,在判决生效之日起30日内支付完毕;(4)驳回张某某的其他诉讼请求。案件受理费130元,由张某某负担30元,谢某某、陈某某负担100元。

4 二审法院观点

谢某某、陈某某不服一审判决,向重庆市第四中级法院提起上诉,请求撤销原判,驳回张某某的诉讼请求。主要事实和理由是:(1)谢某某、陈某某与张某某间没有签订租赁房屋协议,一审法院错列当事人。谢某某、陈某某与T公司的租赁关系是合法的;(2)谢某某、陈某某依法享有优先购买权,T公司在谢某某、陈某某不知情的情况下出卖给张某某,剥夺了谢某某、陈某某的优先购买权。

被上诉人张某某答辩称:其是通过报纸知道T公司竞卖房屋,购买之前找过谢某某十几次,谢某某还叫其不要买。谢某某是知晓优先购买权的。请求二审驳回上诉,维持原判。

被上诉人T公司答辩称:张某某取得的房屋系T公司自建房。T公司与张某某的买卖是合法的。T公司破产清算组在处置资产前进行了告示,上诉人放弃了优先购买权。

二审法院认为,被上诉人张某某在本案提出解除租赁合同、腾退房屋、支付租金的诉讼请求欲得到支持,须其为讼争房屋所有人,以所有人的身份成为与谢某某、陈某某间租赁合同关系之合同主体,进而依债权请求权提出解除租赁合同、支付租金的请求和依物权请求权提出腾退房屋的请求。从本案查明事实可知,张某某是通过购买而取得本案讼争之房屋,那么,其与T公司破产清算组签订的《房地产转让协议》之效力即成为本案审查的重点,这也是本案双方当事人争议的主要问题。上诉人谢某某、陈某某认为,张某某与T公司破产清算组签订的《房地产转让协议》违反法律、行政法规的禁止性规定,损害了国家利益,且谢某某、陈某某享有优先购买权,因而买卖行为无效。然从T公司破产清算组与张某某签订《房地产转让协议》的情况看,T公司作为国有企业,其管理使用或者投资建设的公司财产在性质上属于国有财产,两者并不冲突。而T公司破产清算组作为T公司的破产管理人,其有权按照法律规定对公司的破产财产进行处置。可见,清算组与张某某签订《房地产转让协议》并未违反法律和行政法规的禁止性规定。本案讼争房屋作为T公司的财产,并不因谢某某、陈某某的租赁使用而成为其享有使用权的廉租房等性质的政策性公房,同时,没有证据能够证明清算组在出售讼争房屋时存在违法行为。可见,清算组出售房屋给张某某并未损害国家、集体或者第三人的利益。作为房屋的承租人谢某某、陈某某,对讼争房屋确享有优先购买权,但优先购买权成立与否并不影响合同的效力。换言之,承租人不能以优先购买权主张合同无效。如果谢某某、陈某某的优先购买权受到侵害,也只能另行提起损害赔偿之诉,原判认为优先购买权受到侵害系另一法律关系是正确的。前述可见,张某某与T公司破产清算组签订的《房地产转让协议》并无致合同无效的情形,该协议合法有效。

张某某依合法有效的《房地产转让协议》受让本案讼争房屋并办理了房屋产权登记,成为该房的所有人,同时也成为租赁合同关系的一方合同主体。其依债的角度请求解除租赁合同和支付租金的诉讼请求,应予支持。在解除租赁合同的情形下,谢某某、陈某某占有房屋即属无权,应当腾退。

综上所述,原判认定事实清楚,实体处理得当,应予维持。判决如下:驳回上诉,维持原判。

专业释评

我国《合同法》第52条规定,有下列情形之一的,合同无效:(1)一方以欺诈、胁迫的手段订立合同,损害国家利益;(2)恶意串通,损害国家、集体或者第三人利益;(3)以合法形式掩盖非法目的;(4)损害社会公共利益;(5)违反法律、行政法规的强制性规定。

就本案而言,张某某与T公司破产清算组签订的《房地产转让协议》并不存在致合同无效的情形,所以,该协议合法有效。另外,如果谢某某、陈某某的优先购买权受到侵害,也只能另行提起损害赔偿之诉,但不能因此否认张某某与T公司破产清算组签订的《房地产转让协议》的效力。

图书在版编目(CIP)数据

破产典型案件实务精要 / 张艾主编. -- 北京 : 法律出版社, 2019
ISBN 978-7-5197-3486-2

Ⅰ. ①破… Ⅱ. ①张… Ⅲ. ①破产法-案例-中国 Ⅳ. ①D922.291.925

中国版本图书馆 CIP 数据核字(2019)第 087799 号

破产典型案件实务精要
POCHAN DIANXING ANJIAN SHIWU JINGYAO

张 艾 主编

策划编辑 沈小英 陈 妮
责任编辑 陈 妮 贾方武
装帧设计 马 帅

出版 法律出版社
总发行 中国法律图书有限公司
经销 新华书店
印刷 中煤(北京)印务有限公司
责任校对 王晓萍
责任印制 吕亚莉

编辑统筹 法治与经济出版分社
开本 787 毫米×1092 毫米 1/16
印张 34.5
字数 816 千
版本 2019 年 6 月第 1 版
印次 2019 年 6 月第 1 次印刷

法律出版社/北京市丰台区莲花池西里 7 号(100073)
网址/www. lawpress. com. cn
投稿邮箱/info@ lawpress. com. cn
举报维权邮箱/jbwq@ lawpress. com. cn
销售热线/010-83938336
咨询电话/010-63939796

中国法律图书有限公司/北京市丰台区莲花池西里 7 号(100073)
全国各地中法图分、子公司销售电话:
统一销售客服/400-660-6393
第一法律书店/010-83938334/8335
西安分公司/029-85330678
重庆分公司/023-67453036
上海分公司/021-62071639/1636
深圳分公司/0755-83072995

书号:ISBN 978-7-5197-3486-2
定价:168.00 元